主力行为盘口解密

(精选版)

翁 富 著

地震出版社
Seismological Press

图书在版编目(CIP)数据

主力行为盘口解密:精选版 / 翁富著. —北京：地震出版社，2024.10
ISBN 978-7-5028-5663-2

Ⅰ．①主… Ⅱ．①翁… Ⅲ．①股票投资－基本知识 Ⅳ．①F830.91

中国版本图书馆CIP数据核字(2024)第107273号

地震版　XM5505/F(6501)

主力行为盘口解密(精选版)

翁　富　著
责任编辑：张　轶
责任校对：凌　樱

出版发行：地震出版社
　　　　　北京市海淀区民族大学南路9号
　　　　　发行部：68423031　68467993
　　　　　总编室：68462709　68423029
　　　　　http://www.seismologicalpress.com

经销：全国各地新华书店
印刷：大厂回族自治县德诚印务有限公司

版(印)次：2024年10月第一版　2024年10月第一次印刷
开本：787×1092　1/16
字数：460千字
印张：27.25
书号：ISBN 978-7-5028-5663-2
定价：98.00元

版权所有　翻印必究

(图书出现印装问题，本社负责调换)

序

A股市场从1990年年底创建至今已三十余载，笔者在1999年初入市时尚是一个朝气蓬勃的学子，如今已步入不惑之年。这二十余载间中国境内股票市场上市公司从不足四百家发展至五千余家。

《主力行为盘口解密》系列丛书出版，第一本上市已十余载，至今出版到第七本，第八本也在筹备中。

二十多年前，我是通过报刊获取数据来研究股市，至今仍坚持每天不断学习、研究、写策略、写心得、写经验、写教训——已成为每日常态工作。《主力行为盘口解密》丛书就是从这些笔记中诞生的，书中内容从笔记挑选而来。这完全属无心插柳柳成荫，从来没想过也没有意识要写一些股票方面的书，而大量的笔记整理成册就成了书。因此，最想告诉读者的一点感受就是"学习要多做笔记，学习过程中大量做书面化笔记，对投资有着非常大的帮助和提高，对理清自己的思路也有极大的帮助。"

自《主力行为盘口解密》系列丛书出版后，众多读者通过各种方式与笔者交流。他们一致建议将丛书中的精华内容做一次全面梳理，并加入现在的思想理论逻辑，整理成一部精简浓缩型著作。

细思此事，确有必要，故从《主力行为盘口解密》系列丛书各本中精挑细选出具有高价值的代表性文字，整理成现在您正在阅读的《主力行为盘口解密(精选版)》。

特别感谢各位投资者多年来的鼎力支持！

祝：阅读愉快，收益良多！

翁 富

目 录

第一章 交易思维和理念 ……………………………………… 1
　资金为王 …………………………………………………………… 2
　跟随主力究竟跟什么 ……………………………………………… 4
　揭秘股市"看对未必赚钱"的原因 ……………………………… 12
　"去强留弱"的错误操作 ………………………………………… 17
　剖析害怕踏空心理的危害性 ……………………………………… 20
　深度思考个股非理性疯狂状态 …………………………………… 22
　弱市早盘不入市操盘秘诀 ………………………………………… 25
　深度剖析止损 ……………………………………………………… 28

第二章 盘口分析 ……………………………………………… 33
　盘口分析的价值与魅力 …………………………………………… 34
　一分钟内价格变化对分时的影响 ………………………………… 40
　主力操盘制造大买单手段 ………………………………………… 45
　买盘挂巨单虚张声势盘口 ………………………………………… 48
　盘口主力夹板做盘机理 …………………………………………… 52
　盘口识别主力对敲技巧 …………………………………………… 56
　主力拔高出货与试盘区分技巧 …………………………………… 59
　盘口特殊数字挂单的意义（一） ………………………………… 64
　盘口特殊数字挂单的意义（二） ………………………………… 68
　主力笨拙的操盘手段 ……………………………………………… 72

・1・

第三章 吸筹行为 ……… 77
吸筹的几大典型盘口特征 ……… 78
资金入场与资金做高的区别 ……… 81
主力单纯拔高与拿货盘口的区别 ……… 84
通吃扫货手法和缘由 ……… 87
分析主力建仓盘口特征的步骤 ……… 91
判断个股是新主力入场还是老主力操盘的技巧 ……… 94
盘口识别主力制造大买单吸筹假象 ……… 98
如何看个股盘口攻击力 ……… 101

第四章 洗盘行为 ……… 107
识别主力洗盘的方法与介入时机 ……… 108
主力拉升前打压洗盘经典案例 ……… 112
上升趋势中主力特殊洗盘特征 ……… 117
大牛股上升趋势中的洗盘方式 ……… 121
主力洗盘与做差价相结合的操盘手法 ……… 126
超级大牛股的持股信心根源 ……… 133

第五章 出货行为 ……… 137
识别主力是拉高还是出货的方法 ……… 138
上升高位见顶最后一冲特征 ……… 143
高位见顶盘口分时走势特征 ……… 148
波段见顶判断方法之尾盘大跳水 ……… 152
机构反手出货的明显特征 ……… 156
连续大阳旺极而衰危险盘口分时信号 ……… 159
详析盘口分时八字形走势意义 ……… 162
主力快速出逃对股价的影响 ……… 168
九死一生开盘断崖式分时走势(一) ……… 172
九死一生开盘断崖式分时走势(二) ……… 176

第六章　护盘行为 …… 181
　　认识主力护盘的细节与目的 …… 182
　　主力托单与拉起结合护盘盘口 …… 185
　　大盘暴跌个股遇主力护盘拔高处理方法 …… 188
　　主力有限干预操盘失败实录 …… 192

第七章　不同市况下的选股思路 …… 197
　　个股赚钱走势排名 …… 198
　　深入剖析快速赚钱的选股方向 …… 203
　　牛市中选最强品种的思路和方法 …… 207
　　强势股的介入操作技巧 …… 211
　　抄底低位资金入场品种经验之谈 …… 216
　　熊市中寻找机会的两种思路 …… 221

第八章　涨停板 …… 225
　　做N连板必须具备的几大素质 …… 226
　　连续涨停个股如何持股 …… 229
　　盘口一波涨停品种的机会与风险 …… 233
　　个股短线暴涨原因之游资接力赛 …… 238
　　阶段内反复间隔涨停行为剖析 …… 241
　　阶段内反复多次涨停行为剖析 …… 245
　　无心封涨停盘口特征与原因 …… 249
　　揭秘涨停时主力频繁换单技巧 …… 268
　　涨停时需要提防的一些不健康盘口 …… 274
　　深入剖析尾盘封不了板遭狂砸原因 …… 278
　　委托列队机构特殊数字挂单解密 …… 282

第九章　主力运作案例 …… 287
　　盘面发现主力运作痕迹的方法 …… 288
　　短线主力操作联美控股多步曲——吸筹 …… 292
　　短线主力操作联美控股多步曲——洗盘 …… 296
　　短线主力操作联美控股多步曲——拉高与出货 …… 302

联美控股主力巧借国际板概念再掀波澜 ········· 306
千万级资金独立运作套利操作 ············· 311
主力滚动操盘一只股票数日的经典案例 ········· 314

第十章　特殊盘面分析 ················· 321
龙头股与跟风股特征表现比对 ············· 322
龙头股与跟风股的优劣对比 ·············· 326
认识"龙头"与"龙二"的关联性 ············ 329
大盘恐慌性急速跳水减仓技巧 ············· 333
恐慌性跳水行为与底部特征 ·············· 337
闪崩盘口特征以及处理方法 ·············· 246
最后恐慌急跌状态的后续表现 ············· 351
濒临死亡的分时走势 ················· 355
反弹的平盘价魔咒 ·················· 358
揭秘大户无知"挖坑自埋"行为 ············ 362
主力灵活操盘由出货到反手做多 ············ 367
揭秘主力运作思路 ·················· 381
发现主力活动的方法步骤 ··············· 385
盘中寻找主力入场推高品种 ·············· 389
同一主力操盘K线和分时留下的痕迹 ·········· 393
识别容易连续跌停的强势股 ·············· 397
操盘手"一招鲜,吃遍天"神奇手法 ·········· 401
盘中交易狠角色的影响力 ··············· 405
主力下午开盘瞬间拔高操盘技巧揭秘 ·········· 408
中午收盘前与下午开盘时主力瞬间拔高行为剖析 ····· 411
主力看盘看错后的操作 ················ 415
著名短线游资扎堆现象 ················ 423

第一章
交易思维和理念

资金为王

长期大量研究总结发现，技术分析归根到底实际就是数学概率学分析。以个股为例，通过现时走势去分析预测其未来一段时期表现，结论无非就是"上升、下跌、横盘"三种表现。而在得出结论前分析预测过程是需要收集大量数据的。做研究做分析自然就得有方法有步骤。这既与科学实验相似，又与生产制造业相同。做科学实验必须有严谨的步骤，制造一件物品也肯定有工序上的先后。下面笔者谈谈日常常用的以资金为王的一种分析思路。

第一步：分清现时影响目标股股价表现的主导力量是谁。

影响个股股价的因素非常多，而最终影响交易和主导股价升跌的力量可分两大类：①市场自由资金，②主力资金(这里专指以控盘为目的的资金)！个股在交易过程中无论是市场自由资金还是主力资金，其出手交易就会对股价产生影响，但影响的程度是不同的。分析目标股票时应先搞清楚该股近日是什么类别的资金作为主导资金在交易，对股价产生主导影响作用的是谁？这一步非常关键！对于目标股票未来一段时期的表现，不同的资金作为主导力量所起的影响作用往往是不同的。

就市场自由资金与主力资金这两类而言，市场自由资金是不结盟没有组织的资金，这些资金进出毫无计划性，行动既没有一致性也没有约束性。市场环境好或者阶段气氛好时，大众方向一致，市场资金汹涌而入也能令股价出现狂飙。但大多数时间里，市场自由资金是一盘散沙。主力资金是指以控盘为目的的资金，这种资金高度集中，被控制管理，交易往往具有计划性。掌握这类资金者大都掌握较高层次的操盘技艺。所以如果目标个股属这类资金作为主导力量在交易，那么目标股票将表现出更明显的独立性、计划性。通俗地表达：市场自由资金如一群没有领头羊的羊群难成大气候，主力资金如一群有严密组织有领头狼的狼群，一旦出手威力极大。

第二步：分清现时影响目标股股价表现的主力资金在做什么。

分清目标股票是哪一类资金作为主导力量这是第一步。第二步分析弄清楚主导资金现时所处什么阶段、在干什么？要了解现主导资金操盘现时干什么，可以通过 K 线走势表现、成交量、多日分时走势、盘口交易细节等去分析。

第三步：分清目标股票主导力量未来想做什么？

第一步找出影响目标个股的主体，第二步了解目标股票主导力量现时在做什么，那么第三步就是要了解目标股票主导力量未来想做什么，目标是什么。

实战中笔者发现，在分析过程中要想知道目标股票主导力量未来想做什么，就必须要先知道目标股票主导力量操盘现时在做什么，未来想做什么有哪几种最常见的目的。通过前期研究分析，将目标股票主导力量未来想做的多种可能性目的全部罗列出来，然后根据所掌握的依据去分析判断，哪一种目的是主导力量未来最想做的，哪一种的概率最大，这就是最终结论！

或者将目标股票主导力量未来最想做的各种目的，按照概率大小进行排序，从而得出目标股票未来如何走的大概率。

第四步：针对主导力量未来想做的各种目的制定应对策略。

对目标股票主导力量未来想做的目的进行概率大小排序后，针对每一种可能出现的走势做好对应的操作策略。

第四步是散户最欠缺的。大部分散户在完全买入后并没有制定具体详细的后市操作计划。有经验的散户一般会制定目标股票后面上升或下跌将如何持股和具体操作计划。而更高层次的操盘是针对目标股票未来可能出现的 N 种走势，都制定具体详细的应对操作策略。能做到这一步的，无论目标股票未来出现哪一种走势，操作者只需根据已制定的具体应对策略去执行即可。如此就不存在惊慌不知所措、手无对策的境况。

未雨绸缪总好过急中生智，做有计划的操作方能赚得轻松的利润。

跟随主力究竟跟什么

　　看盘分析判断一只股票现阶段有没有大资金介入并不难，难的是要弄清楚这是什么类别的资金。因为不同类别资金入场对目标个股的影响力度和影响结果差异很大。一般资金如普通机构、一般大户、投资型资金等介入的影响往往是介入时的那一时刻。这些资金买入后坐等股价上升实现获利，对目标股价后市上升基本没有其他贡献。另一种运作型资金是做盘主力资金，他们在建仓买入时就会影响股价；建仓后还将通过资金优势技术优势，影响干扰股价升跌。所谓的做盘主力在完成建仓买入后是一定会通过自身努力引导价格上升或者直接操纵拉抬股价牟利。一般人以为资金量大的机构就是做盘主力，而事实并非如此。投资类机构交易时因为进出资金量大，在交易时段对股价产生一定的影响，当其买卖交易结束影响就过去了。这类资金对股价的影响力仅限于在买卖交易时，交易后其行为就如一个大散户，这类资金并非是呼风唤雨的主力。

　　历史上许多基金经理先于或紧跟自己管理的基金买入大量相同品种，而结果大部分都没有赚到什么钱甚至没有跑赢大市。那些赚到丰厚利润的老鼠仓大部分是因为当时市场环境相当好的缘故。在市场环境相当好时也根本不用做老鼠仓跟着买，买其他品种也同样可以赚到不少钱，所以跟随主力并不是跟着有大资金进入的股票就能一劳永逸。譬如某个股、某基金阶段建仓上亿元甚至数亿元，其直接影响就在进场买入时段会将股价推高一段，建仓后就是持股等候目标股价自然或由其他资金入市推高。这跟一个散户买入后等候价格上升没有什么本质上的区别。跟这一类资金，唯一的好处就是介入的品种已经由该机构在基本面上帮你做了诊股，更安全一些。

　　发现大资金介入的品种不难，弄清楚介入的资金是什么类型难。弄清楚介入的大资金类型后，分析主力什么时间拉升，拉高幅度多少，就更难。

　　主力入场后什么时间拉升以及拉高幅度大小这些是由多方面因素决定的。短线主力与中长线主力有很大的区别，做差价的主力与做波段或中长线的主力也有非常大的区别。

主力入场后什么时间拉升以及拉高幅度等,与主力自身实力和规划有关,也与市场环境也有关,所以主力行为分析是一个系统分析,不是单因素行为分析。

下面以亚联发展为例,讲讲实战中资金入场以及运作过程中的一些确定性与不确定性。

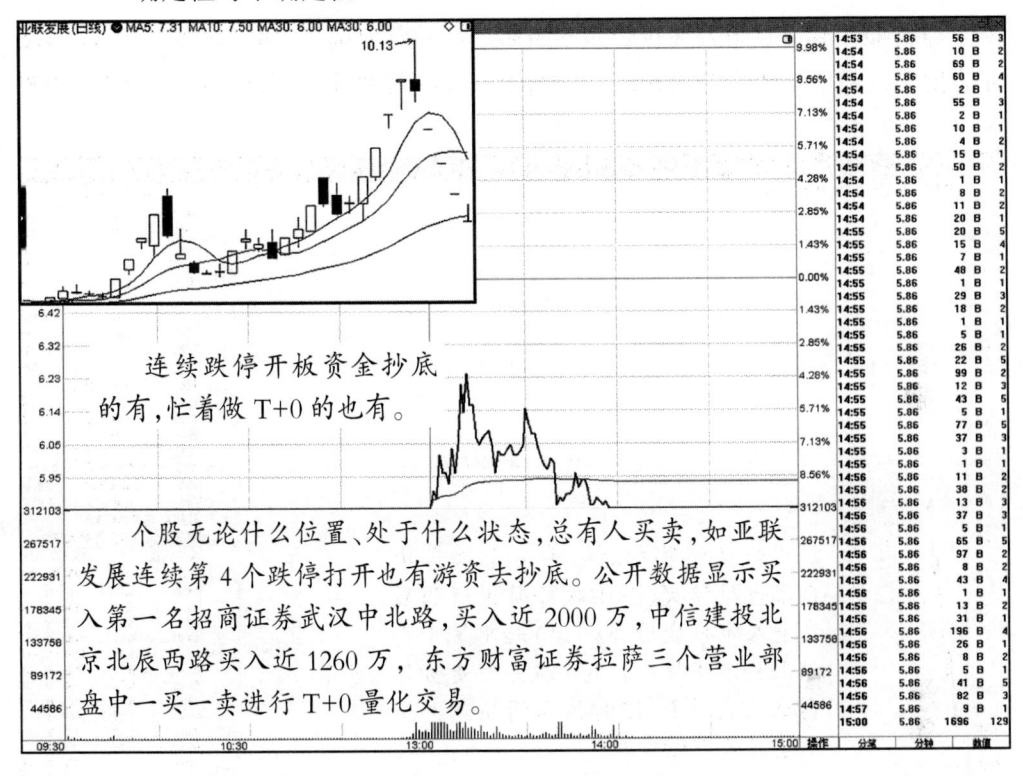

连续跌停开板资金抄底的有,忙着做T+0的也有。

个股无论什么位置、处于什么状态,总有人买卖,如亚联发展连续第4个跌停打开也有游资去抄底。公开数据显示买入第一名招商证券武汉中北路,买入近2000万,中信建投北京北辰西路买入近1260万,东方财富证券拉萨三个营业部盘中一买一卖进行T+0量化交易。

深圳证券市场2022年1月28日公开信息

亚联发展(代码002316)　换手率:37.70%　成交量:11216万份/万股

成交金额:66415万元

买入金额前5名营业部名称	买入金额(万元)	卖出金额(万元)
招商证券股份有限公司武汉中北路证券营业部	1976.5185	7.4831
东方财富证券股份有限公司拉萨东环路第一证券营业部	1721.2466	942.5053
东方财富证券股份有限公司拉萨东环路第二证券营业部	1262.2180	821.0458
中信建投证券股份有限公司北京北辰西路证券营业部	1261.1440	1570.4277
东方财富证券股份有限公司拉萨团结路第二证券营业部	1182.3659	1017.6578

主力行为盘口解密(精选版)

买入金额前 5 名营业部名称	买入金额（万元）	卖出金额（万元）
中信建投证券股份有限公司北京北辰西路证券营业部	1261.1440	1570.4277
中国银河证券股份有限公司北京学院南路证券营业部	1.1720	1530.2709
东方财富证券股份有限公司拉萨团结路第一证券营业部	985.5141	1163.4211
东方财富证券股份有限公司拉萨团结路第二证券营业部	1182.3659	1017.6578
东方财富证券股份有限公司拉萨东环路第一证券营业部	1721.2466	942.5053

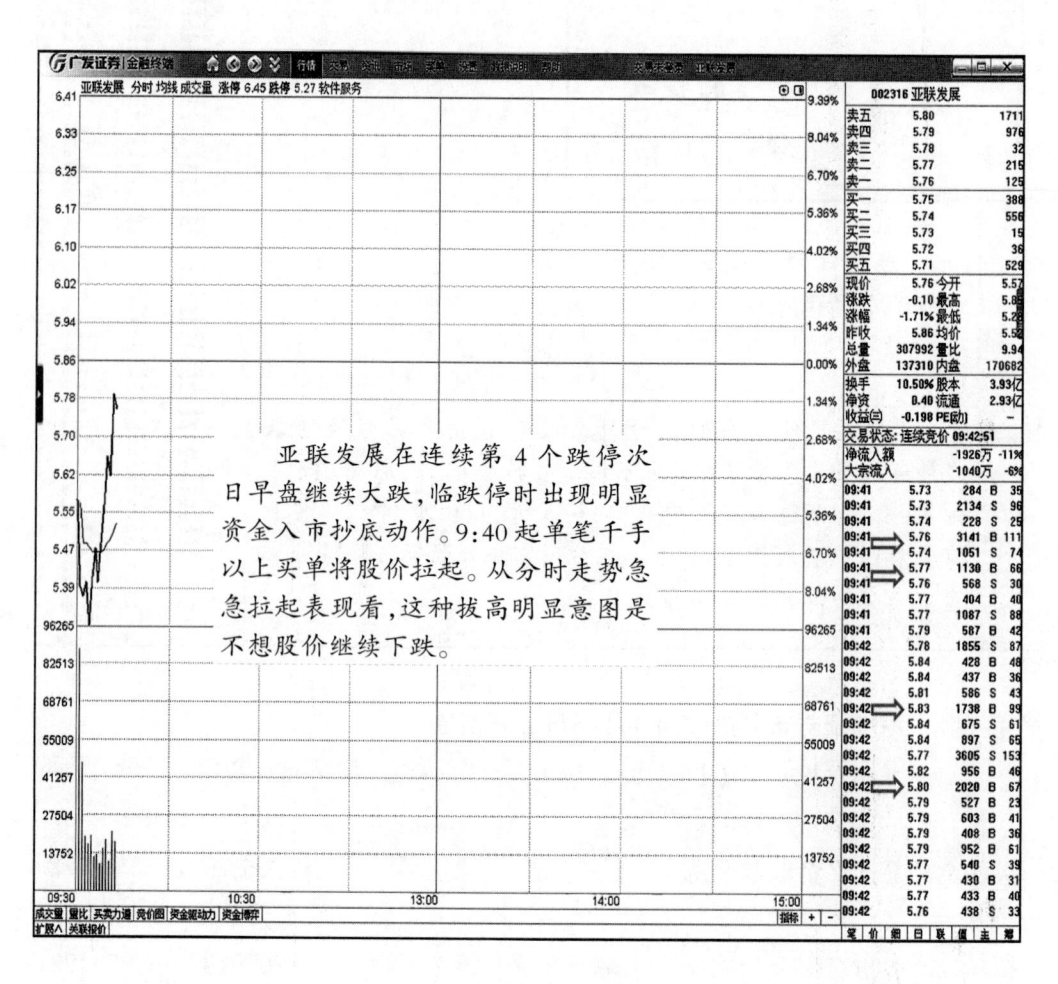

亚联发展在连续第 4 个跌停次日早盘继续大跌，临跌停时出现明显资金入市抄底动作。9:40 起单笔千手以上买单将股价拉起。从分时走势急急拉起表现看，这种拔高明显意图是不想股价继续下跌。

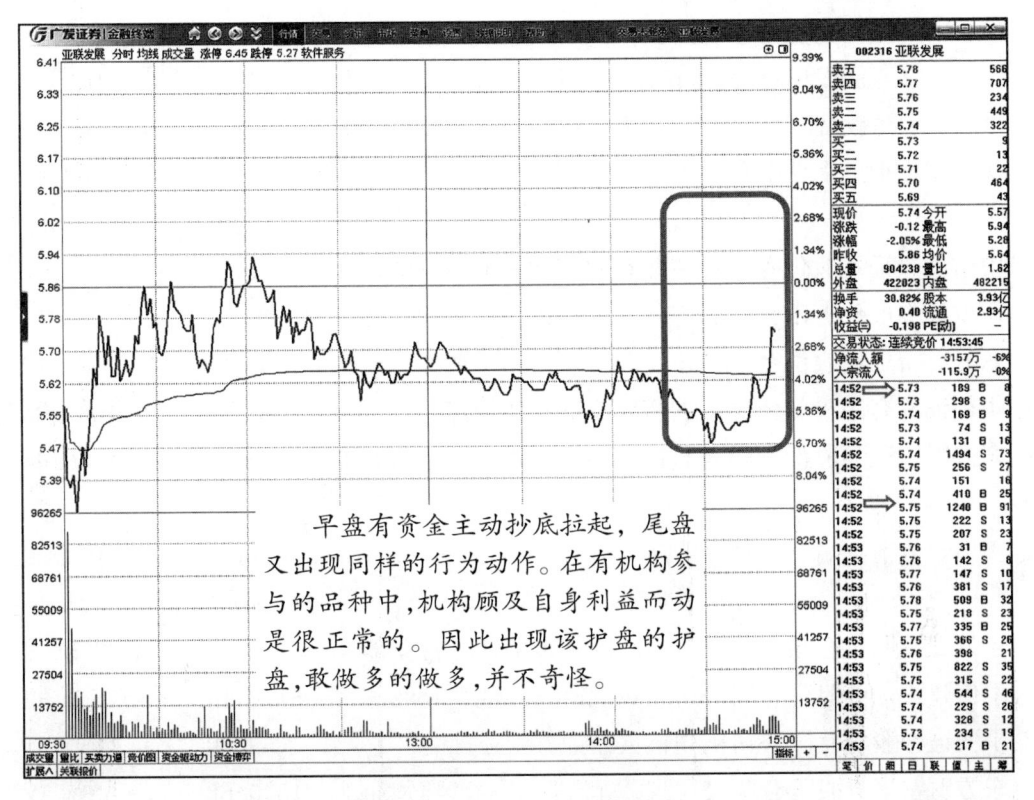

早盘有资金主动抄底拉起，尾盘又出现同样的行为动作。在有机构参与的品种中，机构顾及自身利益而动是很正常的。因此出现该护盘的护盘，敢做多的做多，并不奇怪。

在尾盘拉起动作中，单笔数量两千余手的买单较有规律出现。这是同一主力操盘交易的直接体现。盘口发现主力活动，看大买卖单笔数量及其过程是否呈规律性出现，是最有效的辨别方法。

主力行为盘口解密(精选版)

深圳证券市场2022年2月7日公开信息

亚联发展(代码002316)　信息类型:换手率达20%的证券

涨跌幅(%):-2.73　成交量(万股):9392.25　成交额(万元):52968

买入金额前5名营业部名称	买入金额(万元)	卖出金额(万元)
中信建投证券股份有限公司北京北辰西路证券营业部	5110.14	1233.82
东方证券股份有限公司上海闵行区都市路证券营业部	3399.74	1255.17
东方财富证券股份有限公司拉萨东环路第一证券营业部	1340.62	1133.12
华福证券有限责任公司深圳裕安路证券营业部	1032.07	1040.94
东方财富证券股份有限公司拉萨团结路第一证券营业部	954.94	646.64

卖出金额前5名营业部名称	买入金额(万元)	卖出金额(万元)
东方证券股份有限公司上海闵行区都市路证券营业部	3399.74	1255.17
中信建投证券股份有限公司北京北辰西路证券营业部	5110.14	1233.82
平安证券股份有限公司杭州杭大路证券营业部	58.59	1150.01
东方财富证券股份有限公司拉萨东环路第一证券营业部	1340.62	1133.12
华福证券有限责任公司深圳裕安路证券营业部	1032.07	1040.94

　　从当日公开数据看,中信建投北京北辰西路证券营业部盘中卖出上一交易日进场的1200万元之时又买入5100万元。东方证券上海闵行区都市路证券营业部,也卖出了上一交易日买进的1200万元并当天又进了3300万元。数据可见当日买进最多的就是这两个营业部机构。从买入金额分析,中信建投北京北辰西路是在早盘抄底拉高大量买进,东方证券上海闵行区都市路营业部在尾盘大量买入。两家机构盘中都有T+0交易。这种T+0交易行为为后面行情的判断增加了较大的难度。两机构做盘并非入场拿货就拉升如此单纯。先拉后砸或者先砸后拉等各种表现都反复存在,这对于一般投资者而言交易和持股难度大,较难预测次日或短线走势。

深圳证券市场2022年2月7日公开信息

信息类型:连续三个交易日内跌幅偏离值累计达20%的证券

涨跌幅(%):-2.73　成交量(万股):20789.41　成交额(万元):120560

买入金额前5名营业部名称	买入金额（万元）	卖出金额（万元）
中信建投证券股份有限公司北京北辰西路证券营业部	6371.29	2804.24
东方证券股份有限公司上海闵行区都市路证券营业部	3609.76	1858.80
东方财富证券股份有限公司拉萨东环路第一证券营业部	3076.45	2075.62
东方财富证券股份有限公司拉萨东环路第二证券营业部	2177.66	1783.38
东方财富证券股份有限公司拉萨团结路第二证券营业部	2132.43	1852.38

当天亚联发展公司也公布了连续3日的整体交易数据，中信建投证券北京北辰西路证券营业部在这3日中买入6371万元，卖出2804万元，沉淀资金3567万元。东方证券上海闵行区都市路证券营业部买入3609万元，卖出1858万元，沉淀资金1851万元。另外第三名东方财富证券拉萨东环路第一证券营业部每日都实施T+0交易，只有少量资金沉淀。公开数据显示的中信建投证券北京北辰西路证券营业部和东方证券上海闵行区都市路证券营业部是两个最大的交易机构，不排除有其他不上榜的营业部分仓其中。

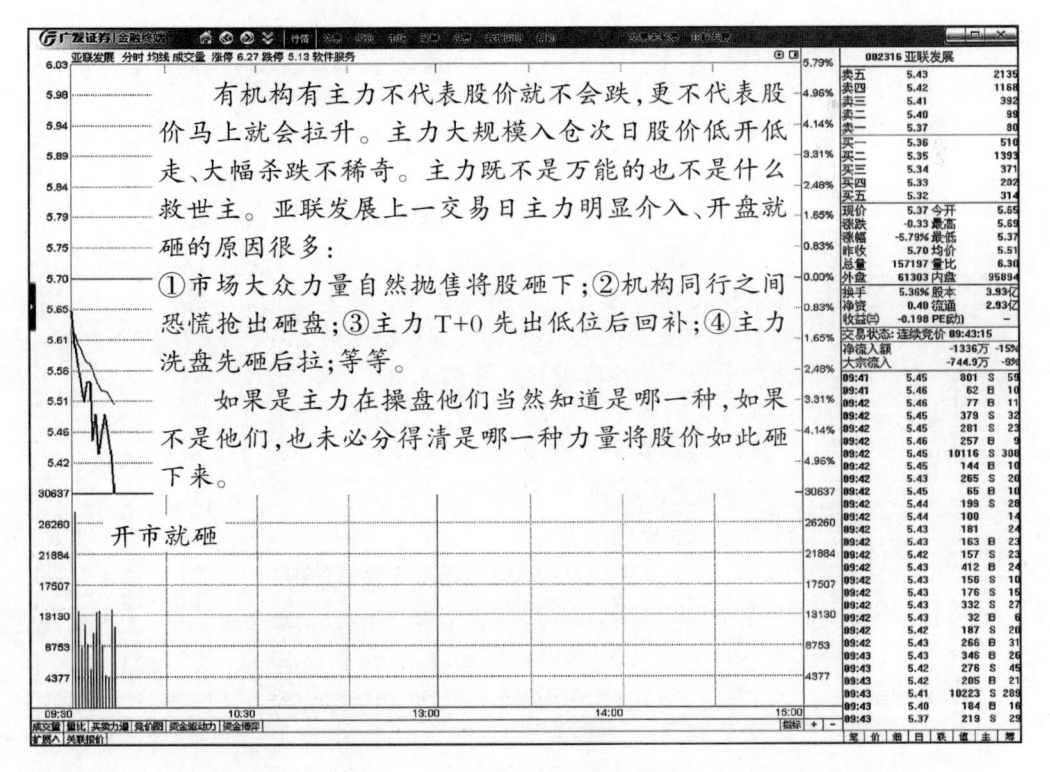

有机构有主力不代表股价就不会跌，更不代表股价马上就会拉升。主力大规模入仓次日股价低开低走、大幅杀跌不稀奇。主力既不是万能的也不是什么救世主。亚联发展上一交易日主力明显介入、开盘就砸的原因很多：

①市场大众力量自然抛售将股砸下；②机构同行之间恐慌抢出砸盘；③主力T+0先出低位后回补；④主力洗盘先砸后拉；等等。

如果是主力在操盘他们当然知道是哪一种，如果不是他们，也未必分得清是哪一种力量将股价如此砸下来。

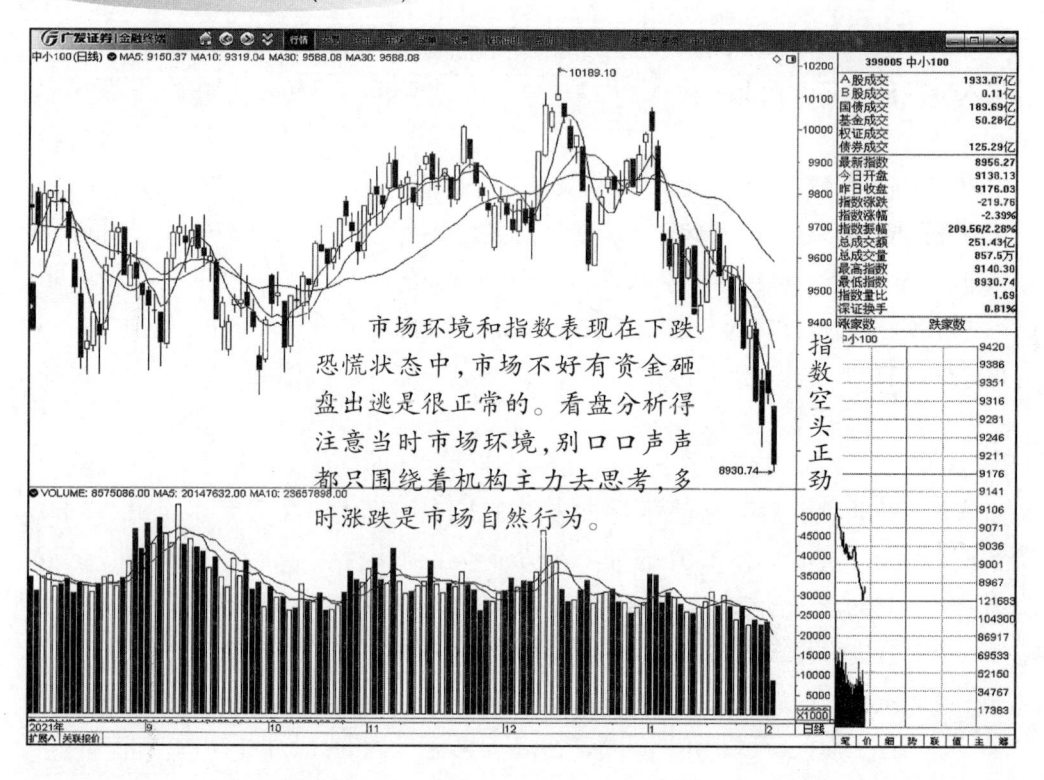

主力行为盘口解密(精选版)

市场环境和指数表现在下跌恐慌状态中,市场不好有资金砸盘出逃是很正常的。看盘分析得注意当时市场环境,别口口声声都只围绕着机构主力去思考,多时涨跌是市场自然行为。

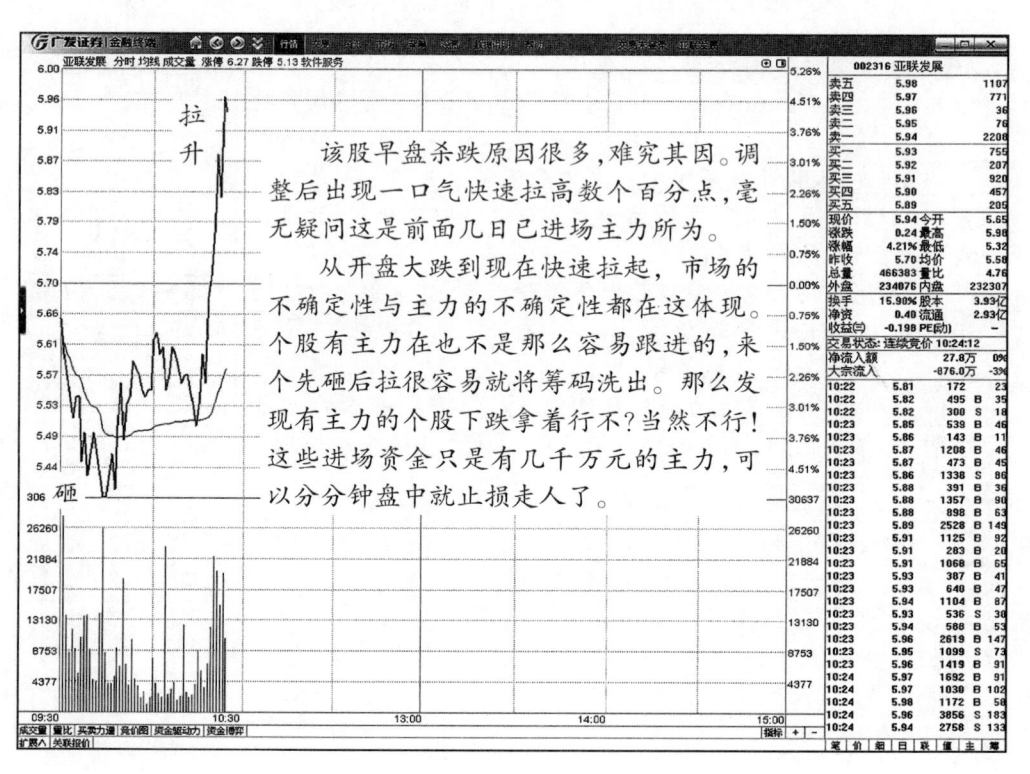

该股早盘杀跌原因很多,难究其因。调整后出现一口气快速拉高数个百分点,毫无疑问这是前面几日已进场主力所为。

从开盘大跌到现在快速拉起,市场的不确定性与主力的不确定性都在这体现。个股有主力在也不是那么容易跟进的,来个先砸后拉很容易就将筹码洗出。那么发现有主力的个股下跌拿着行不?当然不行!这些进场资金只是有几千万元的主力,可以分分钟盘中就止损走人了。

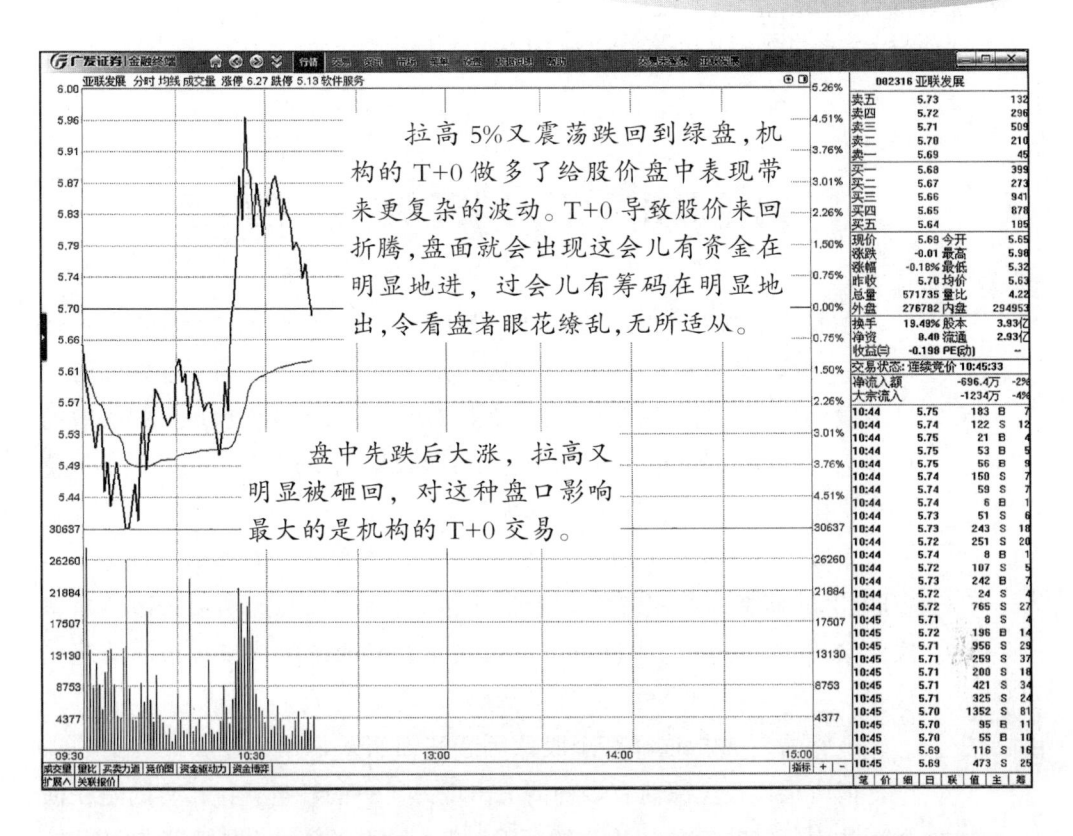

第一章 交易思维和理念

拉高 5% 又震荡跌回到绿盘，机构的 T+0 做多了给股价盘中表现带来更复杂的波动。T+0 导致股价来回折腾，盘面就会出现这会儿有资金在明显地进，过会儿有筹码在明显地出，令看盘者眼花缭乱，无所适从。

盘中先跌后大涨，拉高又明显被砸回，对这种盘口影响最大的是机构的 T+0 交易。

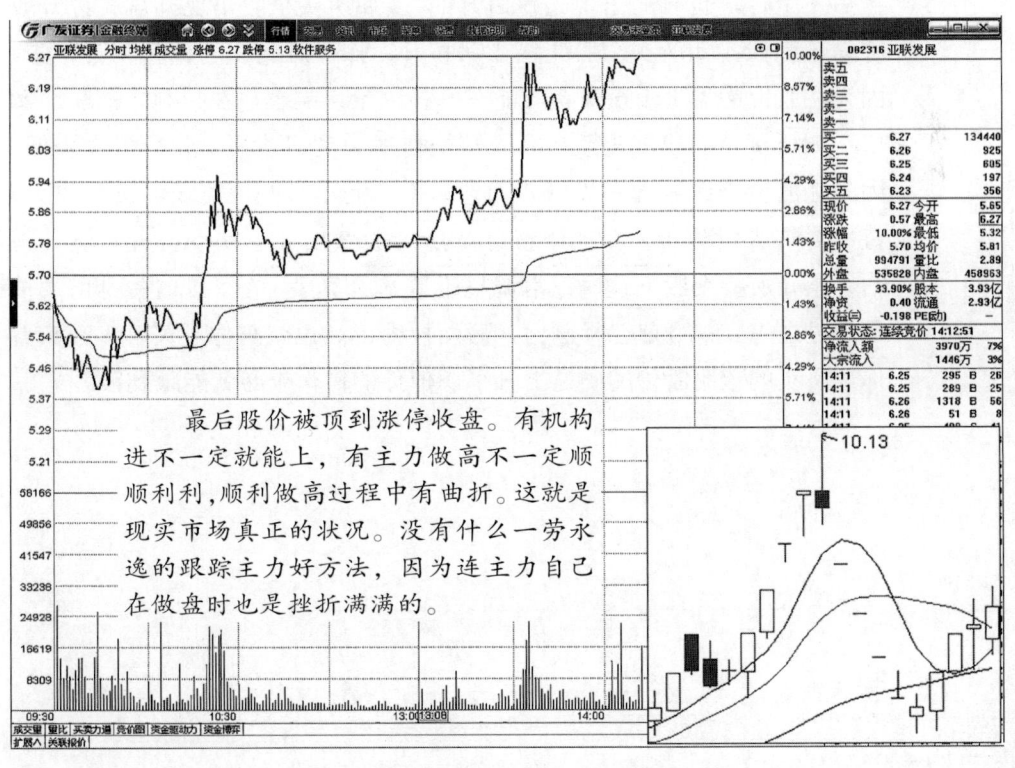

最后股价被顶到涨停收盘。有机构进不一定就能上，有主力做高不一定顺顺利利，顺利做高过程中有曲折。这就是现实市场真正的状况。没有什么一劳永逸的跟踪主力好方法，因为连主力自己在做盘时也是挫折满满的。

揭秘股市"看对未必赚钱"的原因

在股票市场中要保持长期稳定获利并非是一件易事。操作要获得较高的成功率,操盘者必须认清当前市场环境状况。在市场下跌较弱时大部分股票都会跟随市场下跌,此时入市从整体来讲操作出现亏损失败的概率大。市场上升较强势时大部分个股都跟随市场上升,此时入市从整体来讲操作成功实现盈利的概率大。

个股的操作结果分成功、平手、失败三种情况,每种情况理论上各占33.3%的概率。但在市场不好时因为整体胜率降低,所以失败的概率实际会更大。在跌市中操作也存在大量看对而不赚钱或亏损的情况出现。

所谓看对是指选择某个股票因看涨而买入,结果该股最终真的涨了。但所买该股上涨前有多种情况出现:"有的开盘就拉,有的是在横盘后才上行,也有的出现先跌后升的"。如所买个股出现开盘就拉升较容易赚到钱;如所买个股先横盘后拉升,操作赚到钱的概率就会下降,因为在股价横盘阶段投资者可能在各种因素影响下,在拉高之前就已卖出;如所买个股出现先跌后升,那操作者赚到钱的概率就会大大降低,因为在股价下跌过程中投资者因忍耐不了而早早割肉离场的机会较大,特别是在大盘处于弱状态下操作,所持股票出现下跌投资者必然会害怕,不知所持个股下跌属正常调整还是见顶下行,在下跌时拉升前卖掉是常见之事。拉升前已经割肉,后面拉得再高也就与你无关了。回头看你选所买的该股股价的确是上升了,但你的操作未必就能赚到钱。

股指下跌处于弱势时，投资者应降低操作频率，因为此时入市在整体操作上失败的概率大大增加。

如 2016 年 5 月 6 日起股指出现下跌，表现弱势，同样此时入市往往是凶多吉少。

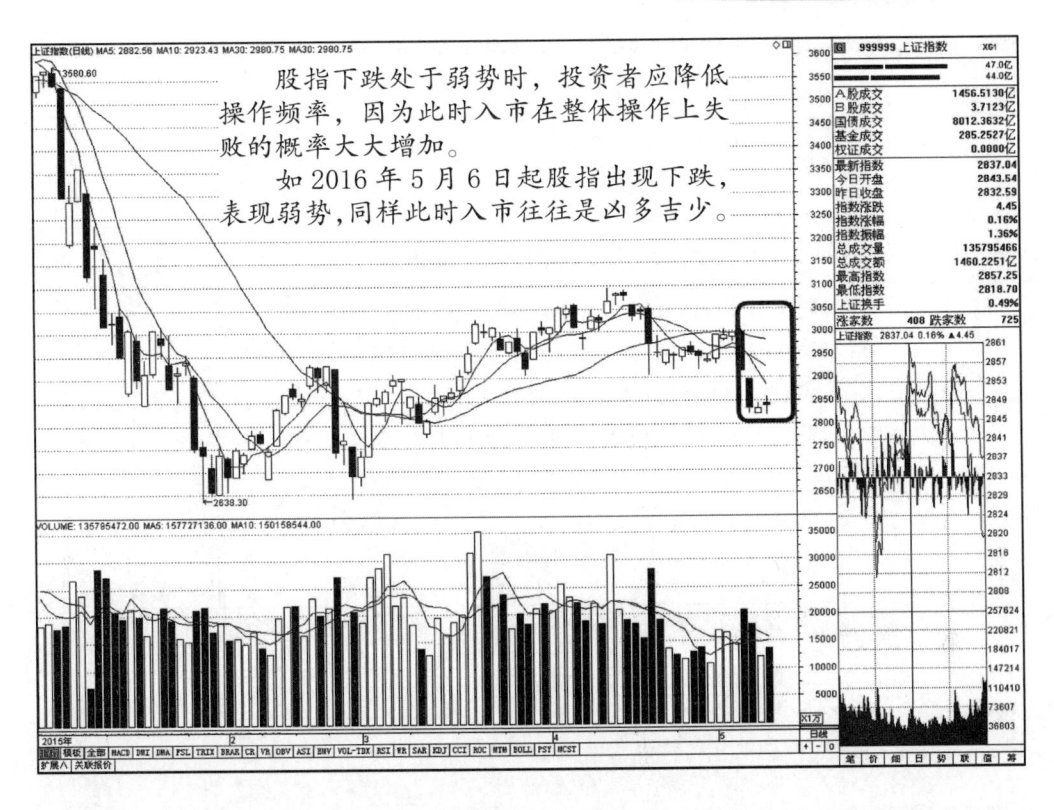

图中方框内是宝馨科技在弱市中几个交易日以来的强势表现。从该股多日强势表现看，这几日买了该股的人理论上大都应赚到钱了，实际是否如此？那得继续往下看了。

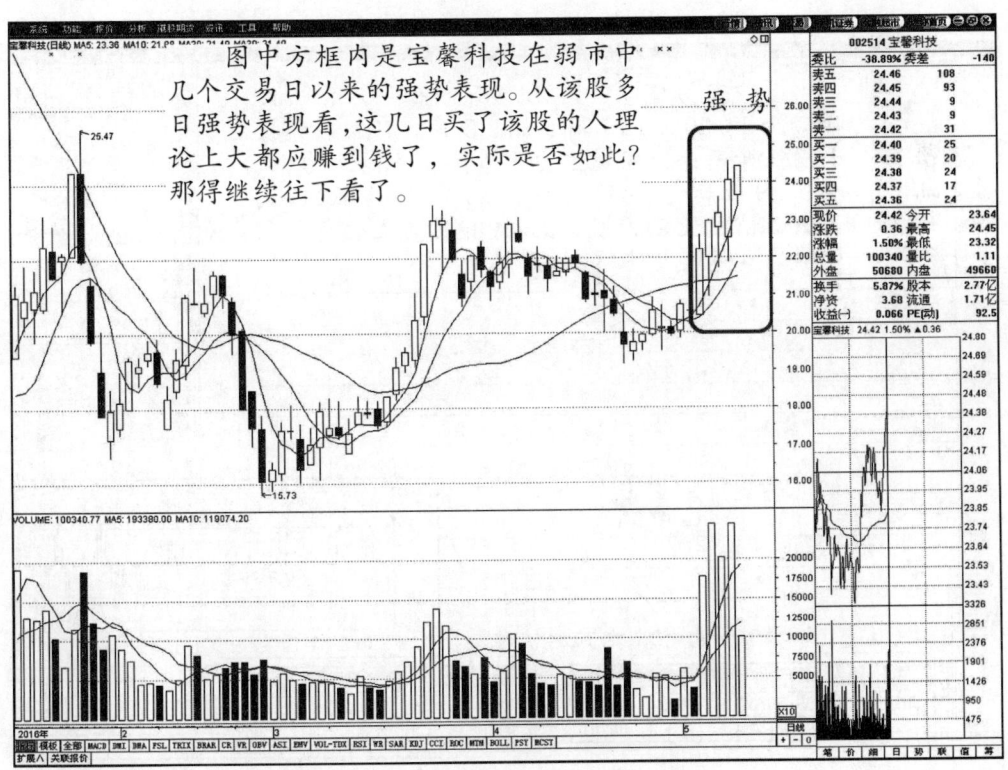

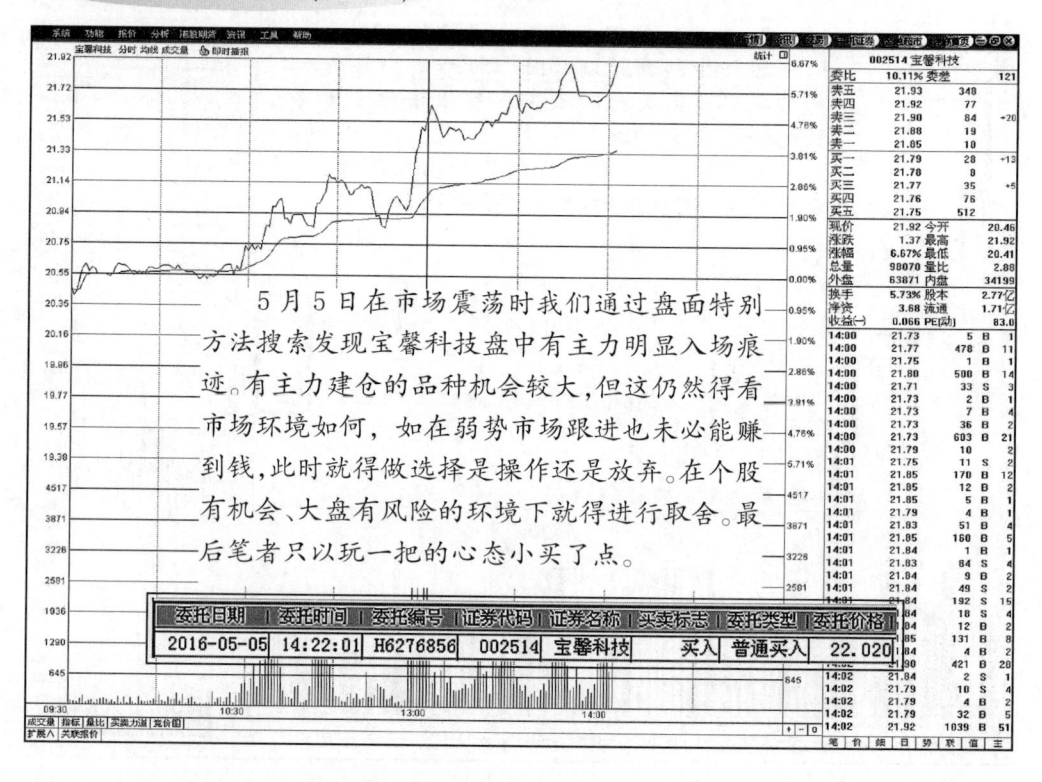

主力行为盘口解密(精选版)

5月5日在市场震荡时我们通过盘面特别方法搜索发现宝馨科技盘中有主力明显入场痕迹。有主力建仓的品种机会较大,但这仍然得看市场环境如何,如在弱势市场跟进也未必能赚到钱,此时就得做选择是操作还是放弃。在个股有机会、大盘有风险的环境下就得进行取舍。最后笔者只以玩一把的心态小买了点。

委托日期	委托时间	委托编号	证券代码	证券名称	买卖标志	委托类型	委托价格
2016-05-05	14:22:01	H6276856	002514	宝馨科技	买入	普通买入	22.020

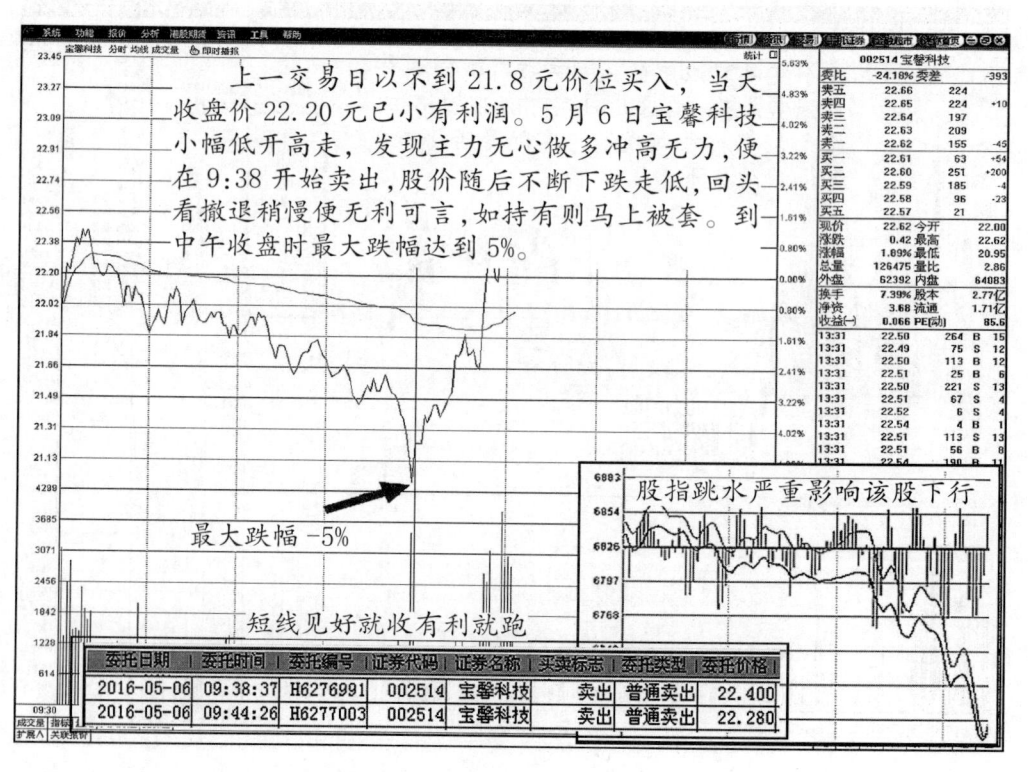

上一交易日以不到21.8元价位买入,当天收盘价22.20元已小有利润。5月6日宝馨科技小幅低开高走,发现主力无心做多冲高无力,便在9:38开始卖出,股价随后不断下跌走低,回头看撤退稍慢便无利可言,如持有则马上被套。到中午收盘时最大跌幅达到5%。

最大跌幅 -5%

股指跳水严重影响该股下行

短线见好就收有利就跑

委托日期	委托时间	委托编号	证券代码	证券名称	买卖标志	委托类型	委托价格
2016-05-06	09:38:37	H6276991	002514	宝馨科技	卖出	普通卖出	22.400
2016-05-06	09:44:26	H6277003	002514	宝馨科技	卖出	普通卖出	22.280

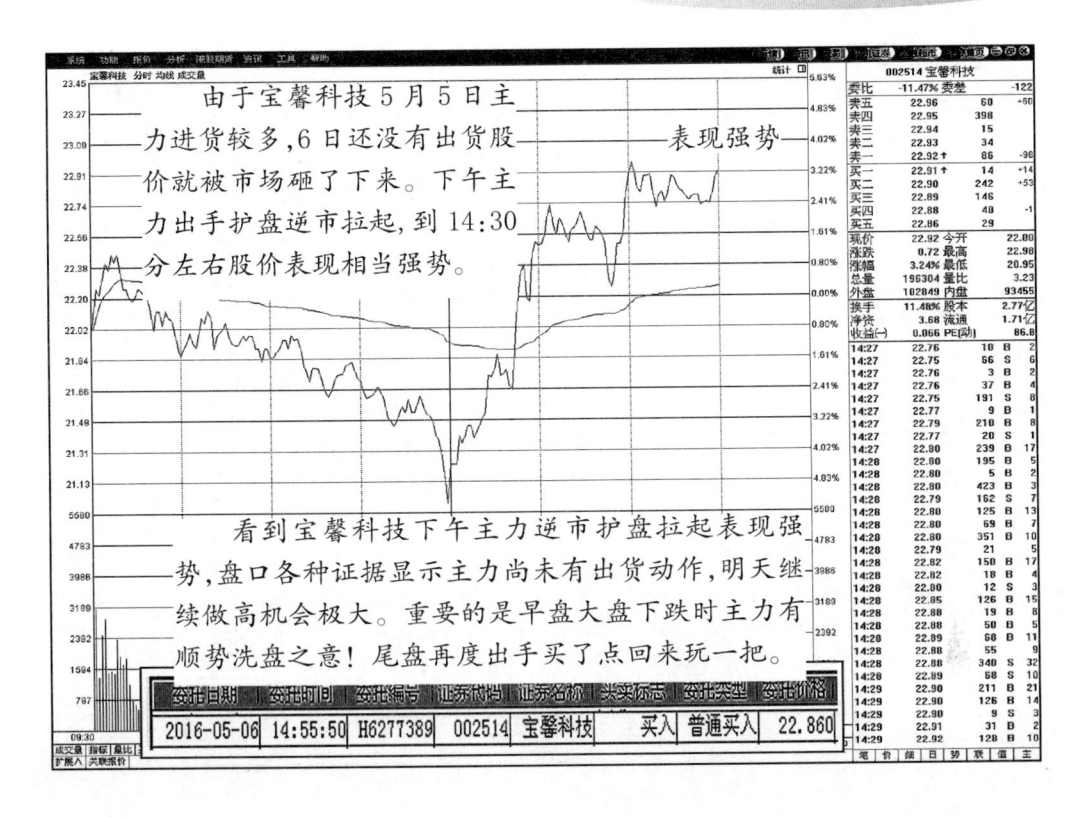

由于宝馨科技5月5日主力进货较多，6日还没有出货股价就被市场砸了下来。下午主力出手护盘逆市拉起，到14:30分左右股价表现相当强势。

表现强势

看到宝馨科技下午主力逆市护盘拉起表现强势，盘口各种证据显示主力尚未有出货动作，明天继续做高机会极大。重要的是早盘大盘下跌时主力有顺势洗盘之意！尾盘再度出手买了点回来玩一把。

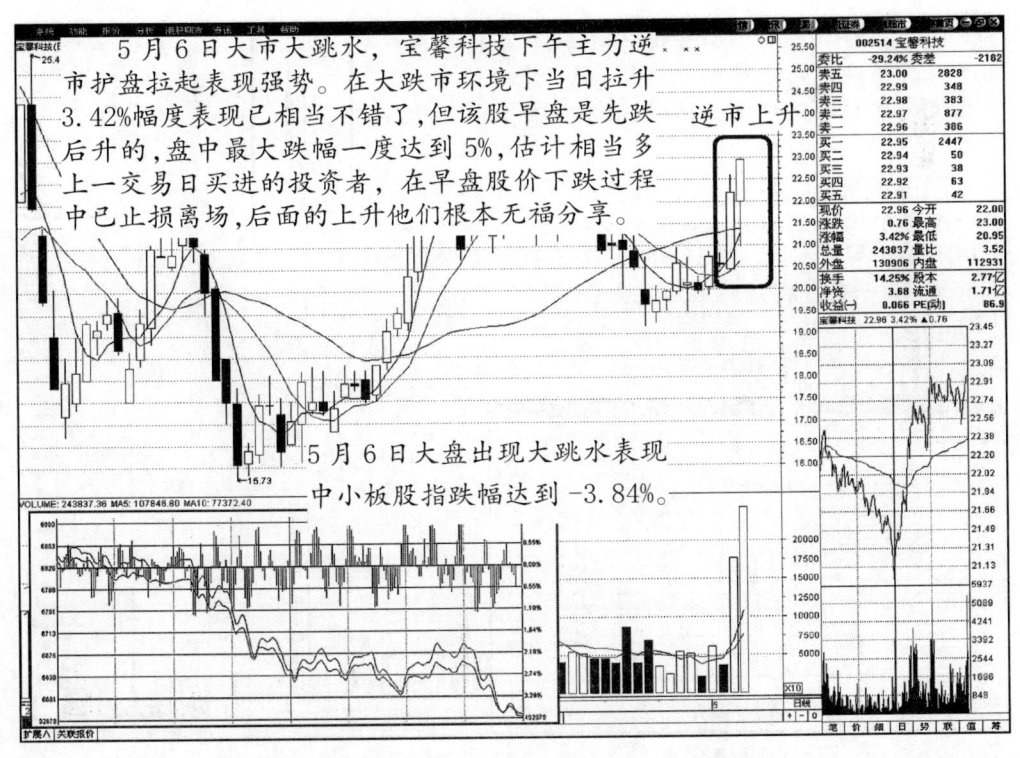

5月6日大市大跳水，宝馨科技下午主力逆市护盘拉起表现强势。在大跌市环境下当日拉升3.42%幅度表现已相当不错了，但该股早盘是先跌后升的，盘中最大跌幅一度达到5%，估计相当多上一交易日买进的投资者，在早盘股价下跌过程中已止损离场，后面的上升他们根本无福分享。

逆市上升

5月6日大盘出现大跳水表现中小板股指跌幅达到-3.84%。

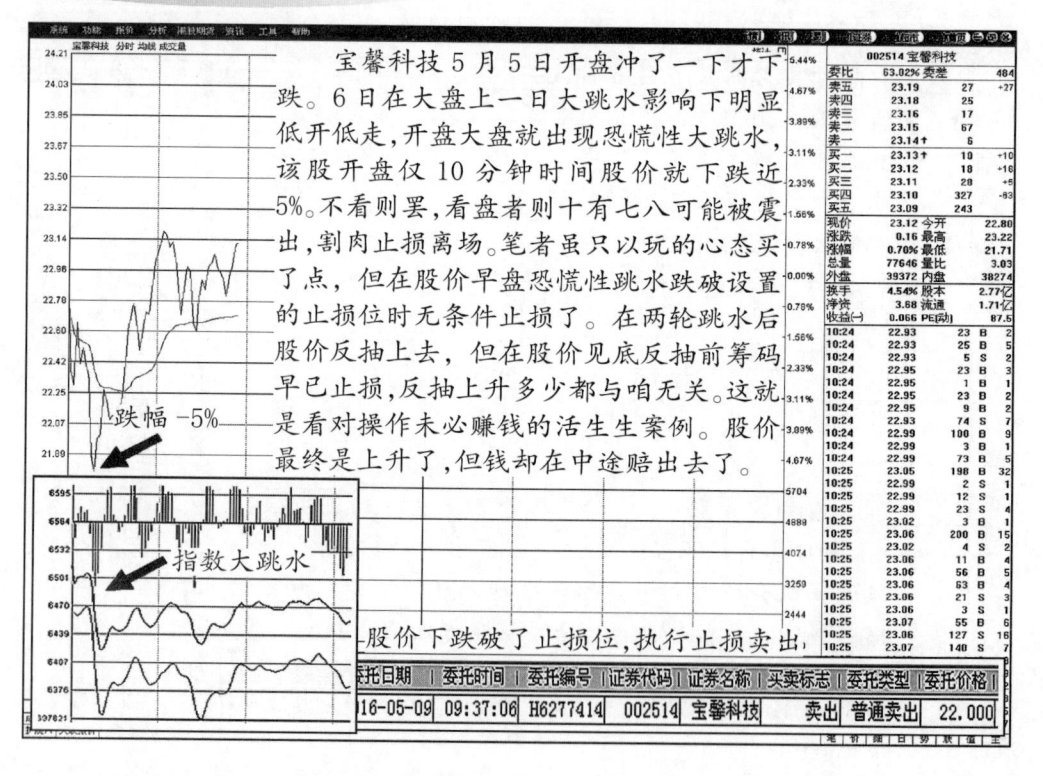

宝馨科技5月5日开盘冲了一下才下跌。6日在大盘上一日大跳水影响下明显低开低走，开盘大盘就出现恐慌性大跳水，该股开盘仅10分钟时间股价就下跌近5%。不看则罢，看盘者则十有七八可能被震出，割肉止损离场。笔者虽只以玩的心态买了点，但在股价早盘恐慌性跳水跌破设置的止损位时无条件止损了。在两轮跳水后股价反抽上去，但在股价见底反抽前筹码早已止损，反抽上升多少都与咱无关。这就是看对操作未必赚钱的活生生案例。股价最终是上升了，但钱却在中途赔出去了。

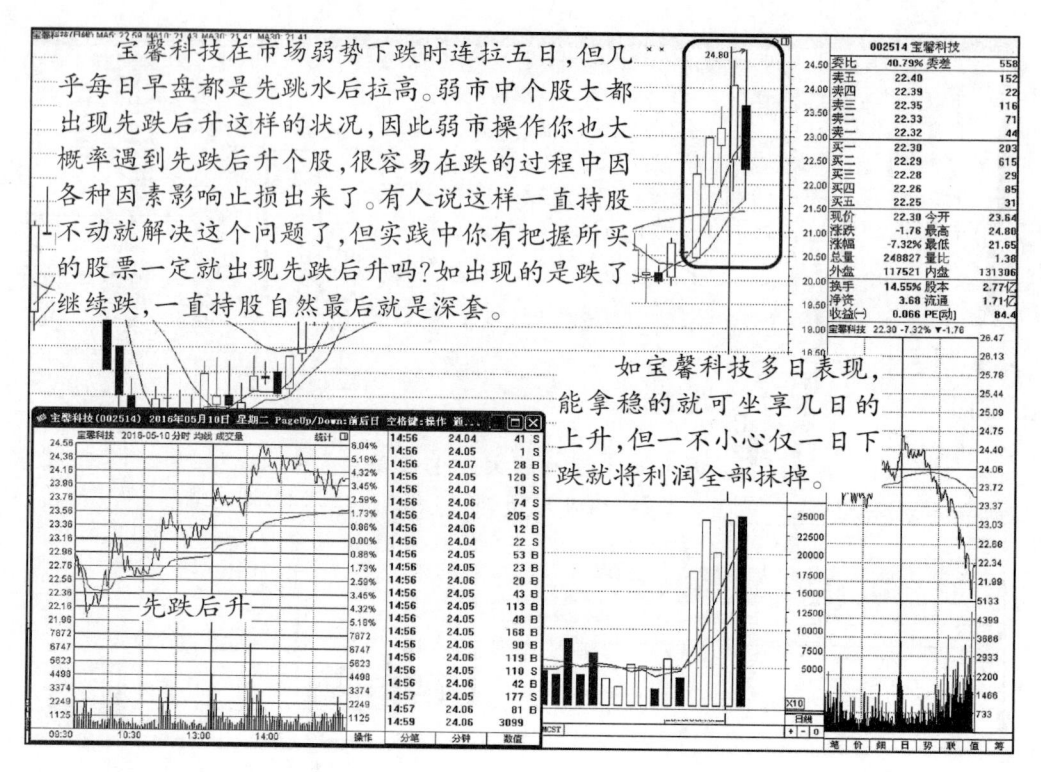

宝馨科技在市场弱势下跌时连拉五日，但几乎每日早盘都是先跳水后拉高。弱市中个股大都出现先跌后升这样的状况，因此弱市操作你也大概率遇到先跌后升个股，很容易在跌的过程中因各种因素影响止损出来了。有人说这样一直持股不动就解决这个问题了，但实践中你有把握所买的股票一定就出现先跌后升吗？如出现的是跌了继续跌，一直持股自然最后就是深套。

如宝馨科技多日表现，能拿稳的就可坐享几日的上升，但一不小心仅一日下跌就将利润全部抹掉。

"去强留弱"的错误操作

股票强弱多指一个股票在不同时期的强弱表现，或该股与指数同一时段比较的强弱。本文讨论的是两个或多个股票同一时段的强弱比较以及操作。

操作中正确的做法是"去弱留强"，但实践中大部分人的操作刚好与之相反，做的是"去强留弱"。同时持有的两只或多只股票，表现强势的品种赚得不多，匆忙跑了，表现偏弱没有赚头甚至亏损的个股却抱着观望。

去强留弱导致的结果是强势股大部分因跑快了，后面继续上涨和自己没有关系；最该早走的弱势股却留着，亏损继续扩大。这是导致长期下来赚不到钱的重要原因之一。假如你的交易也经常这样，那该好好反思以及规划好以后的交易了。

强势品种大部分都是账面已经产生利润的品种。操作上为什么大部分人都情不自禁"去强留弱"？总是先把最强的卖掉？这与操作者心理有重大关系。强势品种账面有盈利，人在账面盈利状态下容易产生落袋为安的心理。

盈利状态下最怕股价出现大幅震荡。日常或盘中股价出现大波动，分时走势上蹿下跳会令人捉摸不透。持股者是卖了怕继续涨，但拿着又怕已有的利润跌没了。震荡中心理挣扎，最后大部分偏向选择卖出，落袋为安，这是去强留弱的最大原因之一。

同时持有两个股票，一个强势赚钱，一个弱势亏损，当两者赚亏基本持平时，大部分人会产生两种心理：

第一，如果将赚钱的强势股先卖掉，强势股赚的钱可以抵消弱势股的亏损。如弱势股出现反弹就卖出这样整体可能还会有盈利。如果强势股不卖跌下来，弱势股也没有明显反弹，就会双双吃亏，难以做到不亏损或者少亏。

第二，将弱势股先卖掉把亏损控制在可控范围，强势股赚的钱现时基本可以抵消弱势股产生的亏损。继续持有强势股，如强势股继续上升就产生利润。

在实践中多数人会不由自主选择第一种。因为大部分人对已经产生利润的强势股也带有一种恐惧感，这种恐惧就是怕到手的利润跌回去跌没了。在另一个弱势股下跌心理暗示下，先保住能兑现的利润的心理尤为迫切。因此"去强留弱"成为多数人首选。

去强留弱中的"留弱"自然也与交易心理有直接关系。操作时表现弱势的品种大部分已经处于账面亏损状态。在账面亏损状态下，大部分人存在期待和幻想思维，产生一种等股价回升少亏、不亏，甚至有利润时就卖出的心理。这种心理是导致行为上留弱的重要原因！舍不得卖，是因为亏损的股票只要继续持有就只是账面亏损，一旦卖出就成了真亏损。继续持股则至少还有回升的机会。在卖出弱势品种的决断上大部分人都会犹豫不决。

"去弱留强"交易行为最容易出现在同一时期买入两个或多个股票后。这种现象特别以短线交易者最为突出。

同时期持有两个或多个股票去强留弱，分为盘中强弱比较和日K线级别强弱比较两种。短线及超短线交易者大部分在盘中进行去强留弱操作，非短线操作者以日K线级别进行比较后实施去强留弱交易。

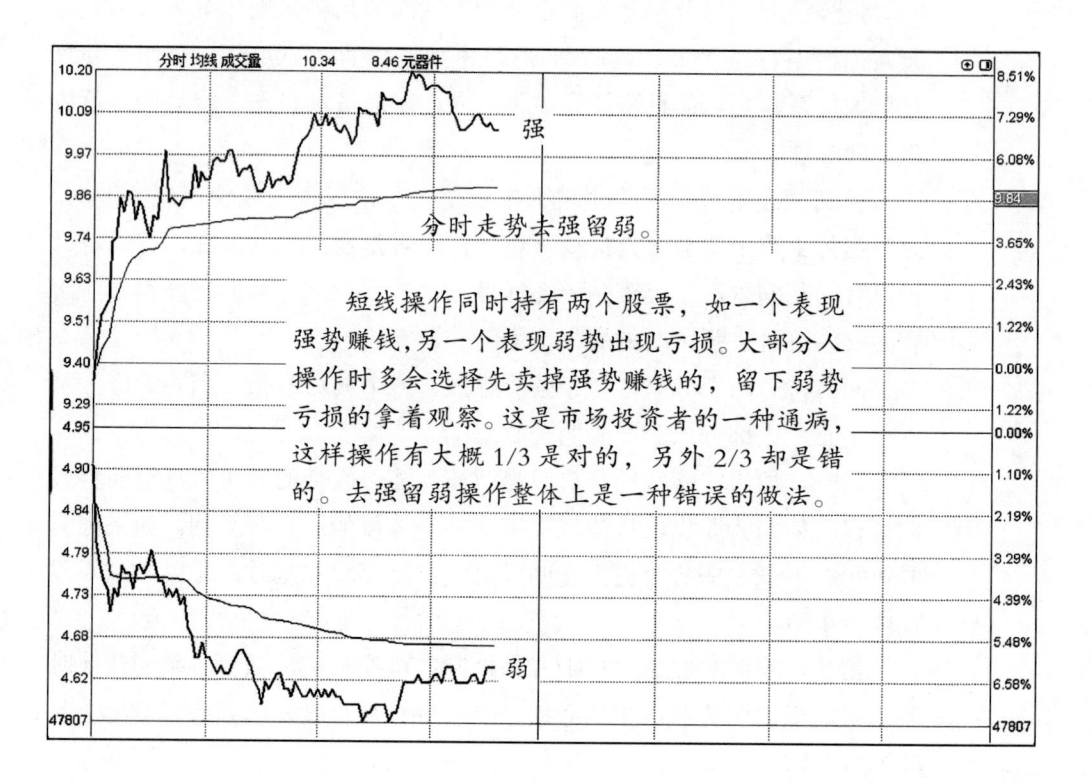

分时走势去强留弱。

短线操作同时持有两个股票，如一个表现强势赚钱，另一个表现弱势出现亏损。大部分人操作时多会选择先卖掉强势赚钱的，留下弱势亏损的拿着观察。这是市场投资者的一种通病，这样操作有大概1/3是对的，另外2/3却是错的。去强留弱操作整体上是一种错误的做法。

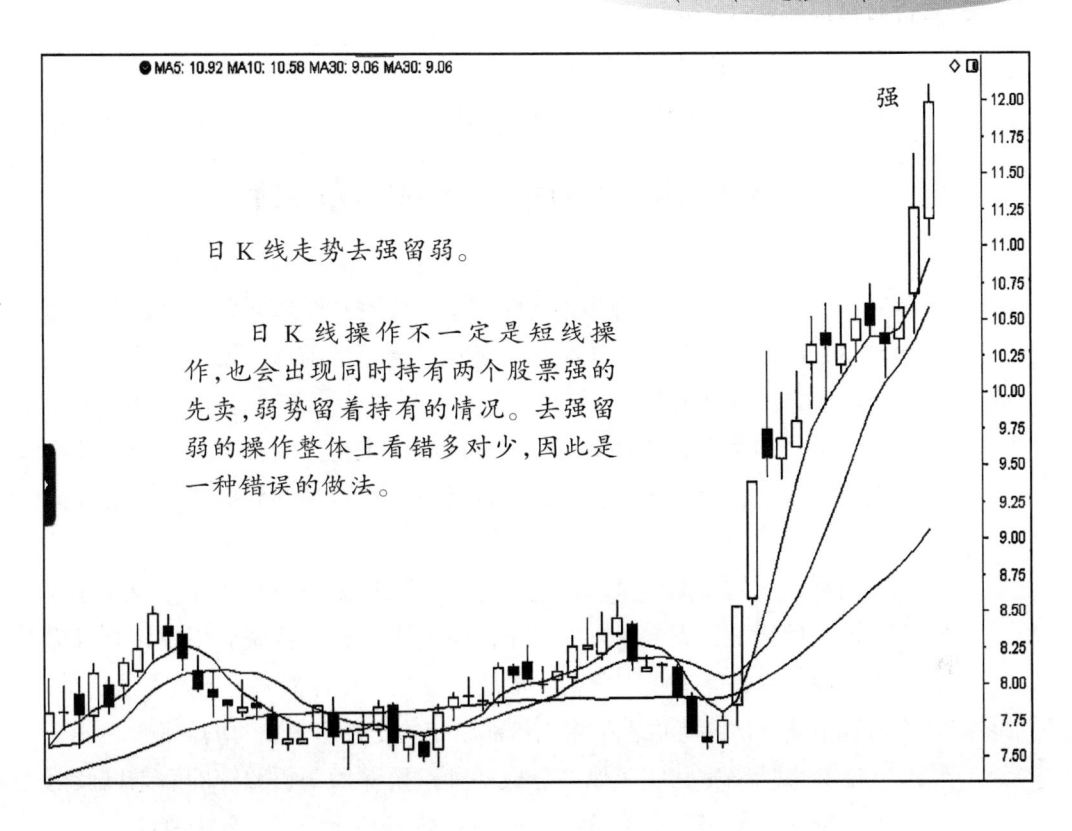

日K线走势去强留弱。

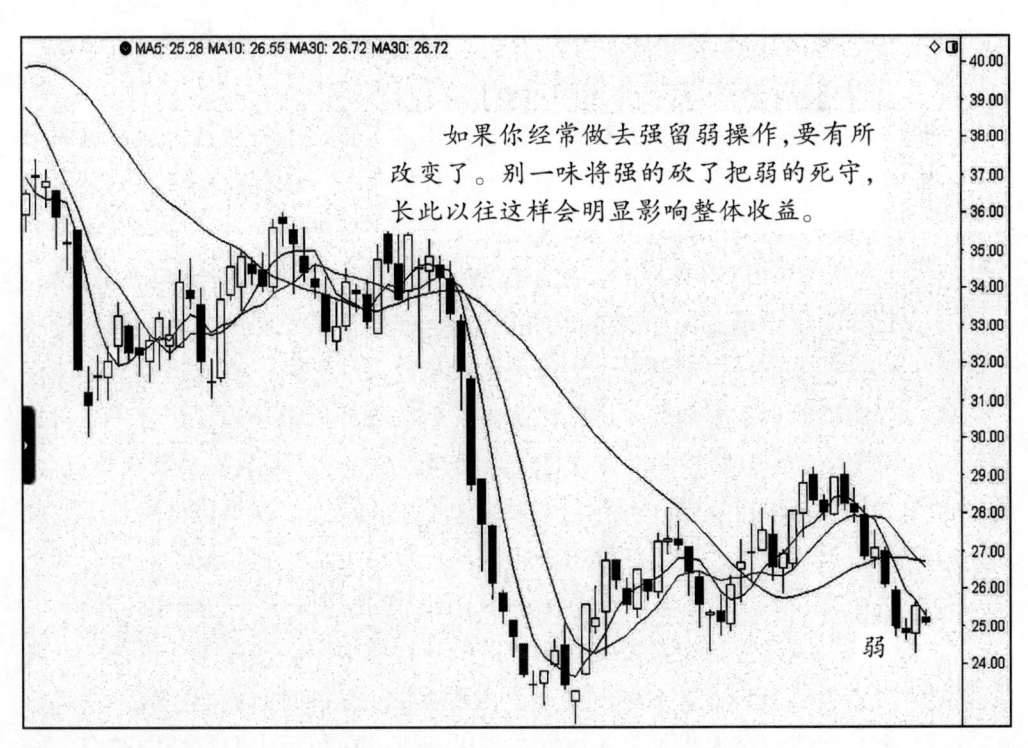

　　日K线操作不一定是短线操作,也会出现同时持有两个股票强的先卖,弱势留着持有的情况。去强留弱的操作整体上看错多对少,因此是一种错误的做法。

　　如果你经常做去强留弱操作,要有所改变了。别一味将强的砍了把弱的死守,长此以往这样会明显影响整体收益。

剖析害怕踏空心理的危害性

踏空：原意为走路脚步不稳踩空了。踩空意味着可能会栽跟斗、遭遇伤害！踏空在证券市场中指投资者在行情上涨前或上涨时未能及时买入证券，导致资金闲置。踏空的后果就是在机会面前空仓，没有赚到钱。

股市"踏空"有两种情况：①上涨行情来得太快，资金没能快速完成仓位布置；②因自身分析判断出问题，上涨行情出现时害怕或犹豫而未入市。

两种踏空有本质的区别。前者是行情来得太急没能快速完成建仓而踏空，这种情况只存在管理大资金的机构中。普通投资者下单建仓只需要几分钟时间就能完成，所以基本是不存在上涨行情来得太快无法上车。因为看不懂行情或犹豫害怕未入市而踏空才是投资者自身的问题。

证券市场踏空其实可以细分成多种，要深入剖析踏空的后果以及因害怕踏空而长期满仓等的危害，就要对踏空进行详细的分类总结。

踏空行情在时间上可分为：①单日行情踏空；②短线行情踏空；③波段行情踏空；④牛市踏空。

投资者在某日大升行情中空仓，错过了该日上升赚钱机会，这叫单日行情踏空。市场股指出现单日大涨行情常有，因此投资者在一年时间中错过几次很平常。但反思我们的交易，丰厚的利润并不是靠一年中几次单日上升行情赚来的。一年中错过几次单日上升行情影响不了大局。但如为了不错过每一次单日上涨行情，在熊市下跌趋势中重仓满仓持股则会严重危及资产安全。当市场出现某日大涨行情，自己没参与没能享受赚钱时也不要烦恼。应在大涨出现后认真分析市场表现，分析当日大涨的意义，判断行情的性质是短线反弹，还是阶段反转，从而去找机会。如仅仅属单日反弹，可弃之不理；如是短线反弹，次日仍可参与；如属阶段反转行情，则可在次日大胆入场。单日上涨行情出现，对于有远见者而言并不是什么事，对于鼠寸目光者而言则错失了一日赚钱机会。

短线行情踏空指投资者在多日上升行情中空仓错过赚钱机会。一般投资者手上的资金不大，买卖个股只需要几分钟时间就能完成。在单日上升行情中个人犹豫没入市参与可以理解。在数日上升行情中踏空，一般就是投资者的分析判断出了问题。对于一般投资者而言是不存在"踏空"这个概念的。除单日行情可能出现踏空，其他的就是自身问题了。大机构有"踏空"这个概念，因为大机构资金庞大，行情来得太快没能快速完成仓位布置而出现空仓或轻仓。

牛市行情是很少有踏空的，如在牛市踏空则有几种情况：没有资金参与；所买品种退市或长时间停牌；所持品种在牛市中没有表现导致踏空。一轮牛市持续时间短则三个月长则两年，只有局步不敢入市而踏空的。

踏空会对心理产生一定影响，踏空时容易产生懊怒、后悔、害怕、气馁等心理！对于踏空者而言，这些心理与情绪是复杂的。对于成熟者而言，踏空初期他们很快就能从这些复杂的心理情绪阴影中走出来，通过主动去分析市场现有走势预测未来方向，中途积极上车融入市场。

小部分踏空者则难以走出懊怒、后悔、气馁等负面情绪阴影，他们不去做理性的市场分析，不敢中途入市参与。实践中观察发现，害怕踏空者大部分掌握市场大势分析方面的知识经验比较有限。他们凭借自己的分析判断能力难以很好预测和理解市场未来的方向走势与持续时间，因此他们非常害怕踏空。对于这类投资者，要控制和摆脱踏空心理的影响，唯有不断多学习分析趋势与方向等方面的知识技能，通过学习掌握这些技能在实践中提高自身的投资水平才能走出害怕踏空心理阴影。

害怕踏空心理会导致另外两种盲目愚蠢行为发生：长期满仓和频繁入市交易。

当问及一些长年满仓者为什么要长年满仓时，通常会有三种答案：①长线持股；②被套被逼持股；③害怕出来后市场上升自己踏空而持股。

个人投资者因害怕踏空而长期满仓者比比皆是。这些人被套再多都不害怕，因为他们对股价下跌早已经麻木了。但如果他们卖出空仓若市场大涨一日都会接受不了，后悔不已，这是一种严重的心理扭曲。这些人中有部分也都明白在熊市中长期满仓持股是会遭遇大损失的，但他们更害怕一旦砍仓出来市场就暴涨自己踏空，两面挨耳光。心理扭曲蒙蔽人的心志，因害怕踏空而长年满仓这种行为的存在，主要是这类投资者在思维逻辑以及数学计算上处于低层次水平。要解决这类投资者这个问题，不但要有懂行者给他们讲道理，还要边讲边给他们做算术。

不想踏空，踏空就不安、懊怒、后悔、气馁，选择长期满仓者肯定避免不了下跌市场长期持股的风险。在跌市、熊市当中忽略风险，置风险不理者后果严重。

深度思考个股非理性疯狂状态

人生智慧之源莫过于思考！常问不勤于思考何生智慧？自问己若不做非常人之事与常人有何不同？

安静之时勤思考，思考之时有深度；多问自己所作所为与众有何区别？若所作所为与众人无异，成就何来天壤之别。观察和分析那些成大业者做事思维方式与众不同之处，学习他们并建立自己独立的思维模式非常有必要。成大业者均有其独有的个人特质：有理想、有梦想、自信、坚韧不拔、敢于冒险等。

股市交易中赚大钱者极少，若渴望成为其中一分子，就必须与众存异，得想众人不敢想做众人不敢做之事！

N年来A股市场实践证明，在股市中赚得巨额利润的途径有三种：①非常渠道获得内幕消息赚得巨额利润；②N年如一日长线投资持股获得N倍回报；③超短线高频交易通过利润累积获得N倍回报。

非常渠道通过内幕消息进行交易属非法行为，作奸犯科之路别走，若不是神通，投资者这条道想走也无路可走。

N年如一日长线持股属投资范畴，掌握投资方面知识，吃透个股基本面，进行中长线投资持股的确可以赚取高额利润，但这方面也需要各种渠道和上市公司的经营数据资源。

超短线高频交易属典型投机，赚得巨额利润者都通过高频率快进快出交易，累积利润，其中通过专业打板做涨停获得惊人利润最为突出。事实证明，专业打板做涨停是能获利惊人，当然这种方法的秘诀也仅为极少数者掌握并用好。这条道是散户唯一能快速获利的一条路，因为这条路只需要靠自己自身的努力即可，无须其他资源和渠道的协调。

如果你是技术派，是一名投机者，你必须思考股票市场上能在最短时间内赚到惊人利润的品种是什么？这些个股具有什么样的走势特征？其实你也根本不用去思考了，市场上成功者早已明确告诉所有人，那就是涨停品种，特别是连续涨停品种。按目前A股交易制度，连续涨停品种一定是最短时间内能赚到惊人利润的品种。面对连续涨停品种，我们应该深刻思考什么？

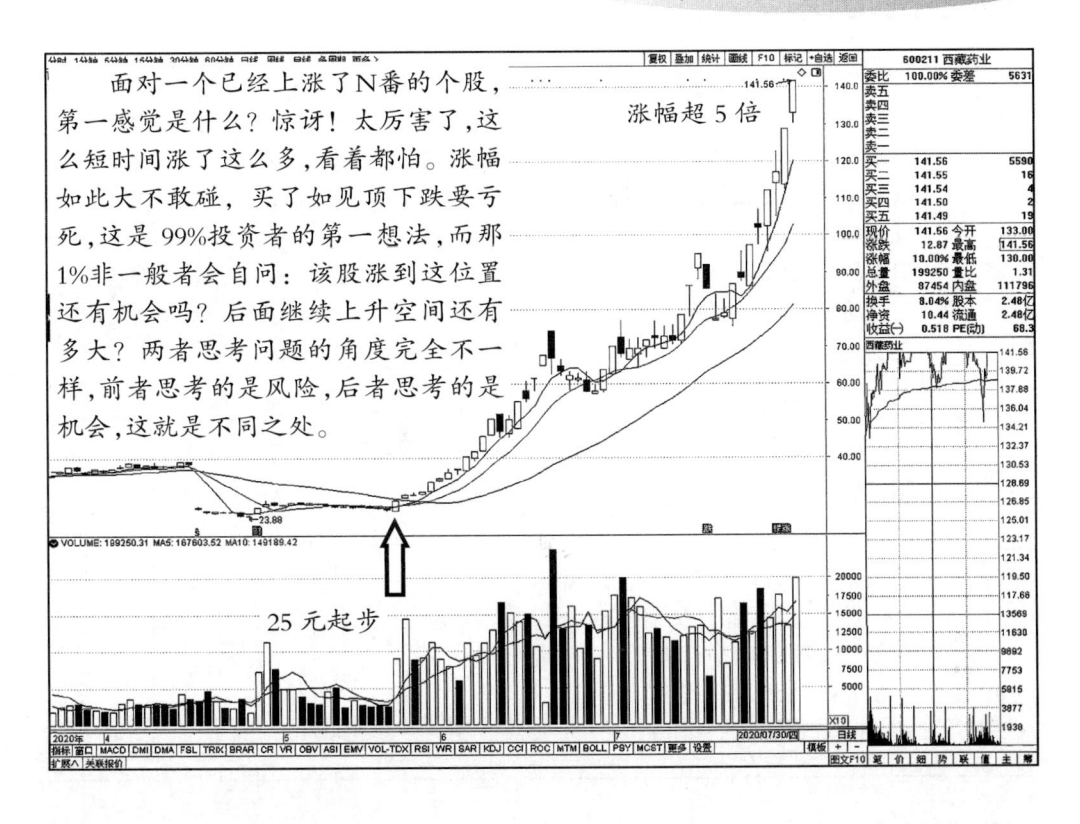

第一章 交易思维和理念

面对一个已经上涨了N番的个股，第一感觉是什么？惊讶！太厉害了，这么短时间涨了这么多，看着都怕。涨幅如此大不敢碰，买了如见顶下跌要亏死，这是99%投资者的第一想法，而那1%非一般者会自问：该股涨到这位置还有机会吗？后面继续上升空间还有多大？两者思考问题的角度完全不一样，前者思考的是风险，后者思考的是机会，这就是不同之处。

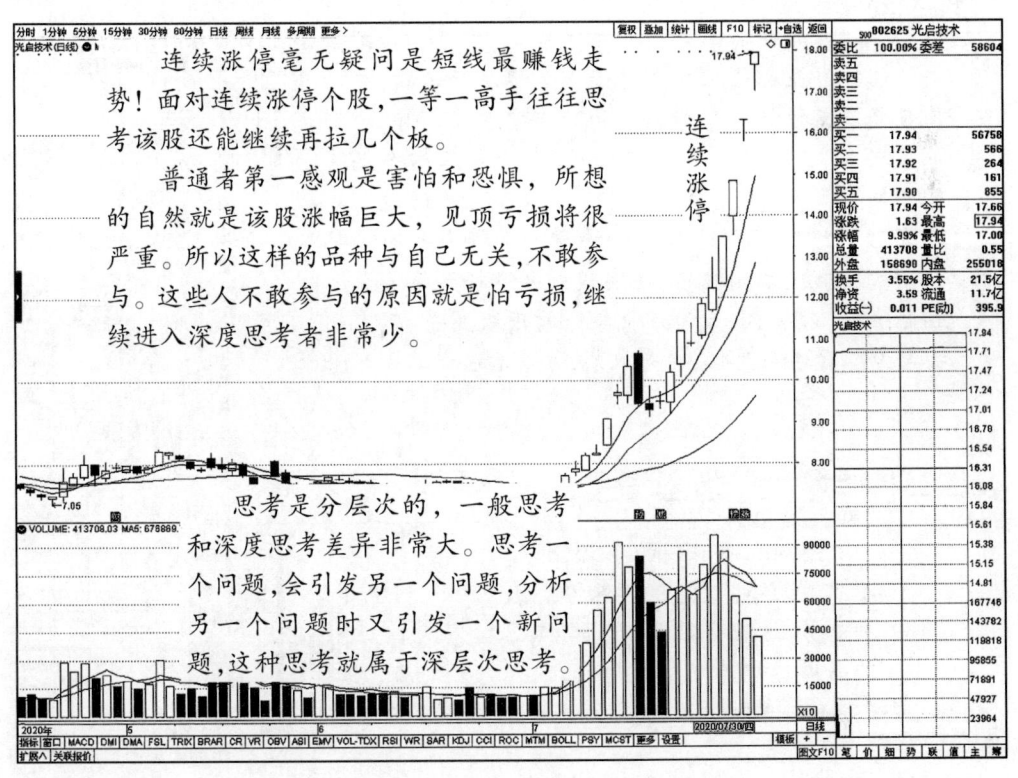

涨幅超5倍

25元起步

连续涨停毫无疑问是短线最赚钱走势！面对连续涨停个股，一等一高手往往思考该股还能继续再拉几个板。

普通者第一感观是害怕和恐惧，所想的自然就是该股涨幅巨大，见顶亏损将很严重。所以这样的品种与自己无关，不敢参与。这些人不敢参与的原因就是怕亏损，继续进入深度思考者非常少。

连续涨停

思考是分层次的，一般思考和深度思考差异非常大。思考一个问题，会引发另一个问题，分析另一个问题时又引发一个新问题，这种思考就属于深层次思考。

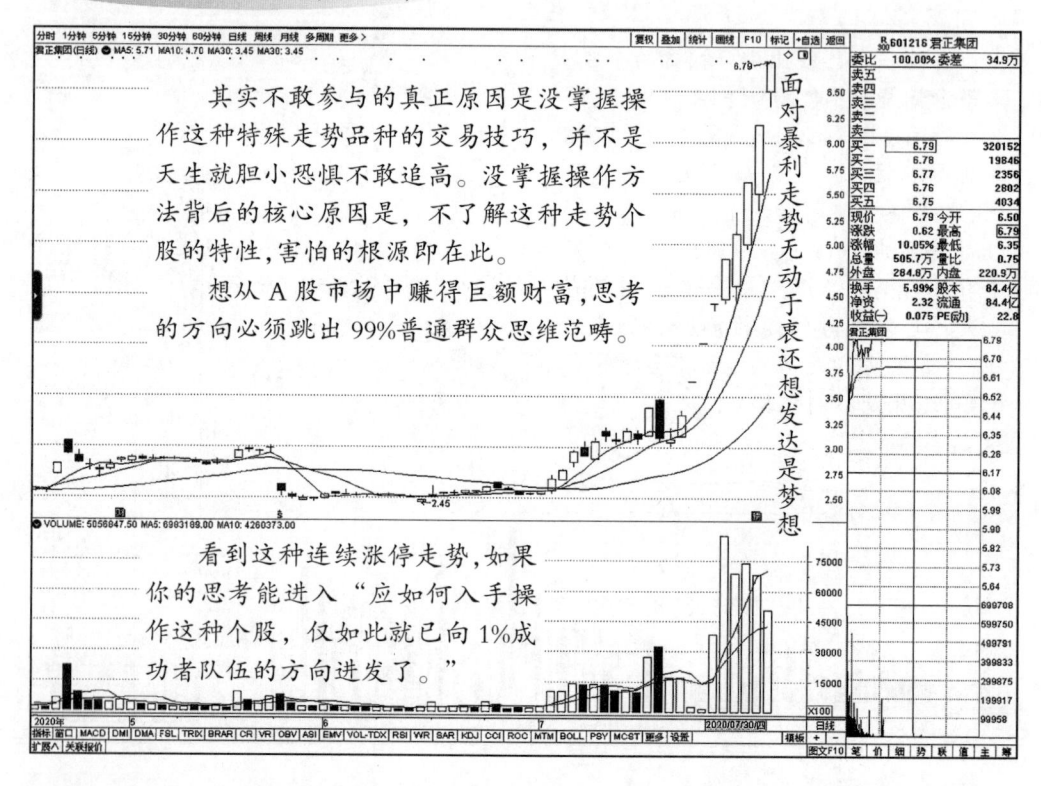

主力行为盘口解密(精选版)

其实不敢参与的真正原因是没掌握操作这种特殊走势品种的交易技巧，并不是天生就胆小恐惧不敢追高。没掌握操作方法背后的核心原因是，不了解这种走势个股的特性，害怕的根源即在此。

想从A股市场中赚得巨额财富，思考的方向必须跳出99%普通群众思维范畴。

面对暴利走势无动于衷还想发达是梦想

看到这种连续涨停走势，如果你的思考能进入"应如何入手操作这种个股，仅如此就已向1%成功者队伍的方向进发了。"

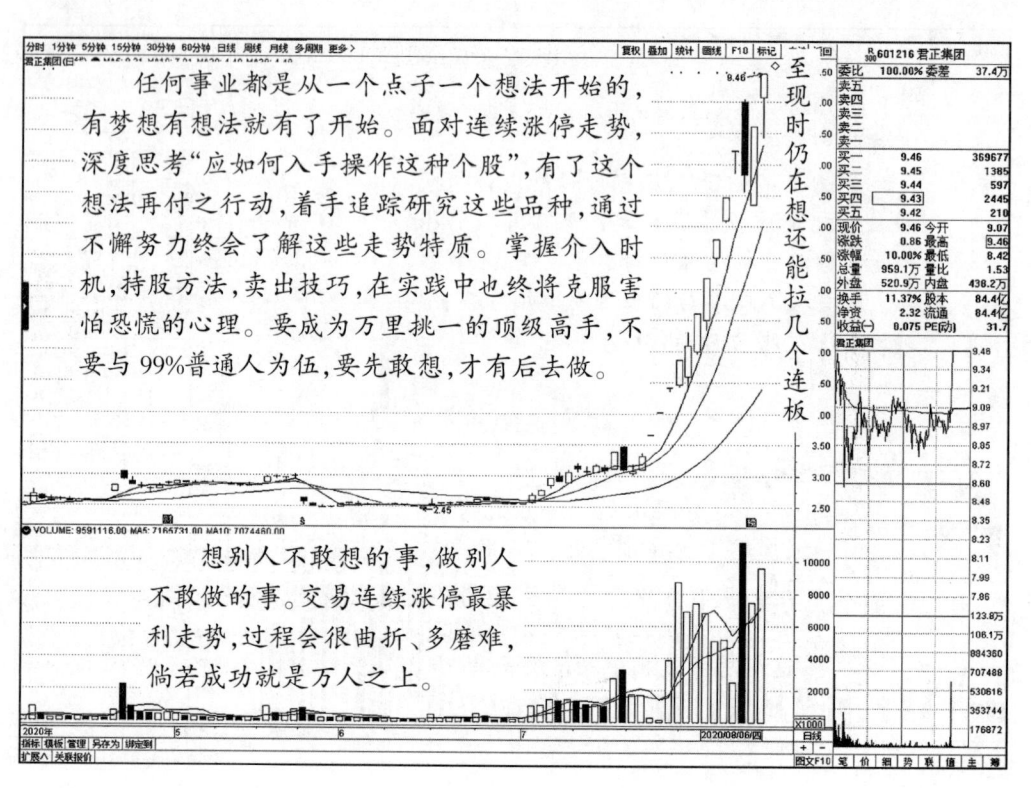

任何事业都是从一个点子一个想法开始的，有梦想有想法就有了开始。面对连续涨停走势，深度思考"应如何入手操作这种个股"，有了这个想法再付之行动，着手追踪研究这些品种，通过不懈努力终会了解这些走势特质。掌握介入时机，持股方法，卖出技巧，在实践中也终将克服害怕恐慌的心理。要成为万里挑一的顶级高手，不要与99%普通人为伍，要先敢想，才有后去做。

至现时仍在想还能拉几个连板

想别人不敢想的事，做别人不敢做的事。交易连续涨停最暴利走势，过程会很曲折、多磨难，倘若成功就是万人之上。

弱市早盘不入市操盘秘诀

牛市出股神，熊市愁死人！大多数股民都期待自己发现，发明股票市场成功率80%以上的操盘赚钱方法。从实践角度出发，牛市或强势市场某阶段短时间内是可以做到这种高成功比例的，但这样的胜率任何人或主力机构都保持不了较长时间。每一种交易方法都须经历一轮完整的牛熊市考验才能验证它的有效性和成功率。一轮中级调整行情中部分投资者或机构免幸于下跌实现盈利，而一轮熊市下跌无论是投资者还是机构绝对大部分都将受到市场的摧残洗礼！

熊市除了做空，无稳定必赚的方法，从大层面上看熊市是在比谁亏的少，亏的少就是英雄，能盈利的是大英雄！去探讨熊市有什么赚大钱的高招没有意义，讨论熊市如何回避风险那是正道、王道！熊市空仓是最高操盘境界，但空仓是说得容易做到难！实战中大家都不想错失每一波反弹，大部分个人更是难以忍受一根大阳出现手中没筹码。弱势市场少做虎口夺食操作，掌握如何尽量回避风险减少操作的方法更实际。

再弱的市场下行过程中都有反抽，作为投资者必须清楚大盘以及个股反抽的类别。笔者总结了以下四大类反弹级别：①日内反弹行情；②单日行情反弹；③短线几日反弹；④小波段反弹。

操作如是奔着大盘股指或个股反弹表现而去，就要判断反弹属哪种性质，投资者必须有自己明确的分析判断结果。根据对反抽行情性质的判断决定是否入市、仓位控制、买入后持股以及什么时间撤退。

弱势市场早盘不入市，这是笔者二十年实践刻骨铭心的操作经验与纪律。弱势市场早盘股指上升不代表下午仍能保持继续上升或强势表现。弱势市场股指最忌早盘出现明显大幅冲高大涨。实践证明弱势市场中股指早盘大涨，下午出现走弱或跳水的机会非常大，早盘追进的个股到了下午收盘被套是家常便饭。弱势市场之下早盘股指强势大涨难以定调全天表现，所以做不到空仓又想不错过每一根阳线的投资者，在弱势市场环境中要尽量避免早盘冲高状态匆忙入市，特别是直线拔高涨幅较大个股。

弱势市场早盘追高，收市被套个股常见盘口分时形态如下。

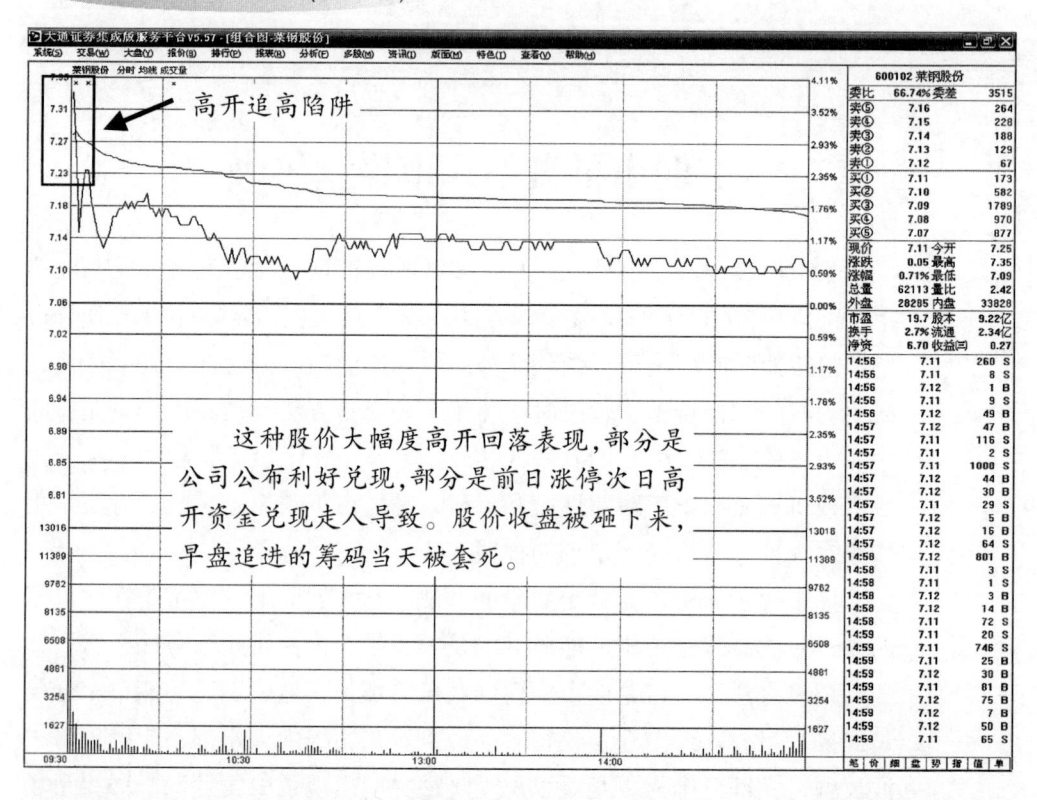

主力行为盘口解密(精选版)

→ 高开追高陷阱

这种股价大幅度高开回落表现,部分是公司公布利好兑现,部分是前日涨停次日高开资金兑现走人导致。股价收盘被砸下来,早盘追进的筹码当天被套死。

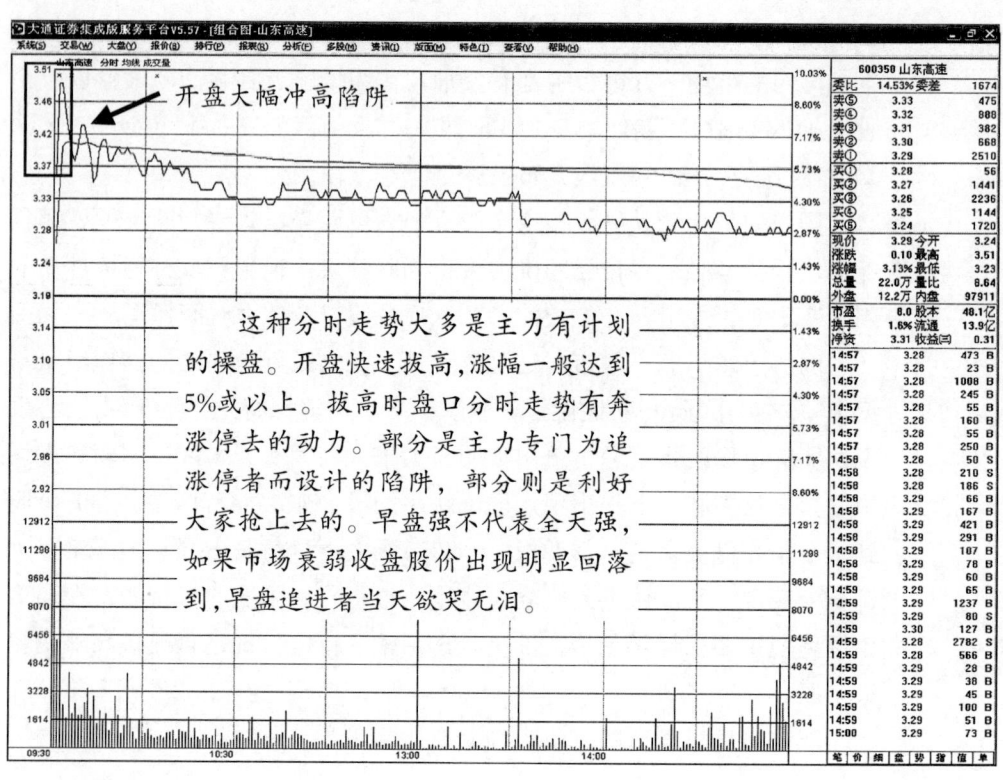

→ 开盘大幅冲高陷阱

这种分时走势大多是主力有计划的操盘。开盘快速拔高,涨幅一般达到5%或以上。拔高时盘口分时走势有奔涨停去的动力。部分是主力专门为追涨停者而设计的陷阱,部分则是利好大家抢上去的。早盘强不代表全天强,如果市场衰弱收盘股价出现明显回落到,早盘追进者当天欲哭无泪。

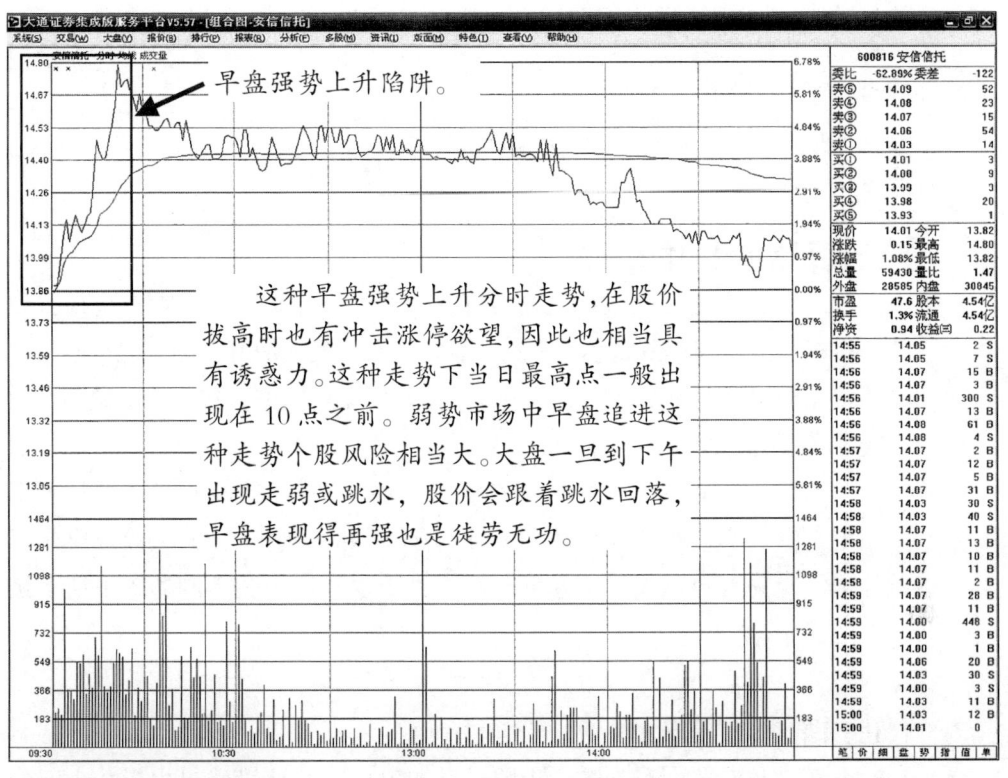

第一章 交易思维和理念

早盘强势上升陷阱。

这种早盘强势上升分时走势，在股价拔高时也有冲击涨停欲望，因此也相当具有诱惑力。这种走势下当日最高点一般出现在 10 点之前。弱势市场中早盘追进这种走势个股风险相当大。大盘一旦到下午出现走弱或跳水，股价会跟着跳水回落，早盘表现得再强也是徒劳无功。

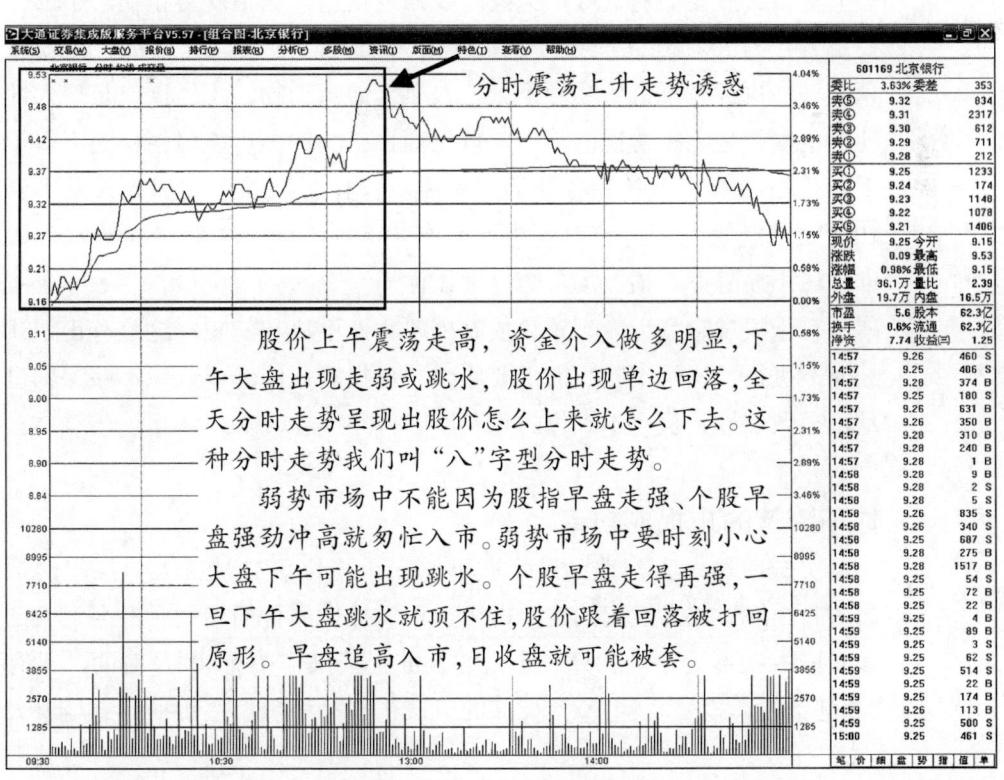

分时震荡上升走势诱惑

股价上午震荡走高，资金介入做多明显，下午大盘出现走弱或跳水，股价出现单边回落，全天分时走势呈现出股价怎么上来就怎么下去。这种分时走势我们叫"八"字型分时走势。

弱势市场中不能因为股指早盘走强、个股早盘强劲冲高就匆忙入市。弱势市场中要时刻小心大盘下午可能出现跳水。个股早盘走得再强，一旦下午大盘跳水就顶不住，股价跟着回落被打回原形。早盘追高入市，日收盘就可能被套。

27

深度剖析止损

止损是实践操作的必然

"止损"是交易过程中非常重要的环节。如要形象比喻，止损就如一台汽车上的刹车制动，没有刹车制动的汽车没人敢开上路。但在股市中用好止损这个刹车制动的交易只有少数，所见所闻但凡在止损上做不好的交易者没有几个是非常成功的！

股市中没有任何一种方法在实操中能达到90%的成功率。交易者哪怕已掌握一套实操成功率达到80%的方法，那么剩下的20%失败也要好好处理。交易者自从按下买入键开始，"止损"这个刹车制动就不屈不挠伴随其中。

止损割肉的意识

交易必然要面对失败，失败时要知道认错，认错就得止损。小部分投资者没有止损观念或止损意识淡薄，而实际上大部分人都有止损意识，只是执行时不去做和做不到。人属于情感动物，止损操作是反人性的！止损就是大家常说的割肉，自己割自己的肉不可能轻轻松松下得了手。止损面前总有各种各样的因素影响操作者，导致大部分人做不到100%如机器般毫无情感地去执行操作。市场不因个人感受而一直眷顾谁，该止损时不止损市场就会经常让你痛。

有止损观念意识，到该止损时出现犹豫不决和幻想，这是有止损计划而不执行、执行不坚决的主要原因。止损意识淡薄或认识不够深刻也是止损做不好、执行不到位的重要原因。

你不清楚的止损成功率

实操中每个人都遇到过个股下跌在止损位后立马就大幅拉起的烦恼，而止损后立马拉起的走势占个人止损操作品种的比例有多高？大部分人根本就不清楚。就算一个人的全部止损操作中有80%是对的，只有20%是错的，投资者也会对这20%的错误止损品种少量在止损后立马就大幅拉起的个股印象十分深刻。阶段内经历几次这样的情况后以至产生一种自己一止损就错而且是大错的感觉。在这种片面的感觉情绪迷惑下，更加不敢止损或执行止损时犹豫不决，害怕这次一旦止损又会是大错。做好止损计划并能很好地去执行，第一步要做的工作就是统计自己近几年的全部曾经止损品种数量，而且看看这些品种在止损后一阶段内目标股价的走势表现，了解自己长期以来的止损错对率，了解止损错误真正能大幅度拉高的比例。只有弄清楚这些，才知道自己的止损水平如何。如长期以来的止损错对比在3∶7，那就是不错的水平了，可以继续一直按照老方法去操作。如果长期止损错对比低于3∶7，那就需要继续在止损上下苦功夫改进。止损水平也是一种重要的交易技能，它也同样会影响你的盈亏。

止损错对比3∶7状态，也就是进行10次止损，错误3次，正确7次，这是没有问题的。若有这种实践数据作为支持，按照已有的方法所做的止损正确次数远多于错误次数，因此按照老办法执行止损就可以。

大量投资者在止损方面做得不好，是因为根本不知道自己长期以来止损错对比例处于什么水平，因此对自己的止损没有足够的信心。倒是对那些止损错误出来后立马拉高的案例印象特别深刻，双重因素影响令人操作犹豫不决。

止损高手与一般人的差别

统计自己长期以来的止损错对比例这太重要了。了解自己的止损错对比例，了解自己的止损数据状况，如长期以来止损正确比例还不到60%，那说明止损水平偏低，就要通过努力去提高。如自己长期以来止损正确率高达70%甚至更高，那么坚持原来的方法该止损时坚决执行就行。一个高手与一个普通投资者在止损方面的区别就是：第一"高手知道自己长期以来的止损正确率是多少？而大部分普通投资者根本就不清楚自己长期以来的止损正确率是多少"。

第二，"高手止损正确率高，普通投资者止损正确比例不高甚至比较低"。一个人在操作时该止损能做到坚决止损，不是他舍得割肉，不是他割得不痛，而是他知道自己的止损大概率正确，不止损危害性很大。高手的止损态度和决心并不是与生俱来的，而是后天在痛苦中锻炼出来的。止损做得很好的高手必然是经过反反复复的止损之痛，痛定思痛，大彻大悟后练出来的。

资金时间价值

资金具有时间价格，手上的资金放在银行可以获得利息，借给他人还可以收取比银行更高的利息，这就是资金的时间价值。资金进入股市是为了创造价值、令资产增值。被套品种短暂持有是正常的，但如果被深套，被动拿上很长时间，期间资金的时间价值就消失了。被深套长拿根本原因肯定是在止损这一环节没有做好，出了问题。资金自然时间价值并不高，存银行利率很低，但资金进入股市后讲的不是自然时间价值，而是进行投资，投机操作令资本增值。没有止损或不执行止损，资金长时间停留在亏损股中将错过很多其他客观存在的好机会。没止损、深套后被动持股本身就是一次错误，在持股过程中错过一次又一次的机会。止损没有做好不仅仅关系亏损和亏损放大，还关系到资金运转效率，市场上出现可以赚钱的机会因没有资金而错过也是必然。

止损做好，痛完有糖吃

要令一个人做好止损，光看亏损、谈割肉的痛是不足够的，还需要有甜。

这是什么意思？所谓的痛，就是亏钱让你感到痛。所谓甜，就是及时止损出来之后，买到好品种马上赚到丰厚的利润。经历止损割肉极度痛楚后尝到赚钱甜头，才能真正明白止损有多么重要。这样才能理解止损不仅仅是为了控制亏损，及时止损出来也是为了介入其他好目标，从而赚得丰厚利润的机会。如果资金耗在一个股票当中越陷越深会错失其他的赚钱机会。

一个人要经历多次亏损的痛楚和止损出来之后买到好股票、马上赚得丰厚的利润，就会领悟止损的真谛！光是经历止损割肉的痛是不完整的。

常人没能果断执行止损的原因探究

无论投资还是投机都有它的理论依据！在股市中投资或是投机都是为资产增值服务的，擅长哪一手就用哪一手，不必为谁高尚谁下作而争论！

实践有两种表现形式：一是理论指导实践，二是在实践中总结理论。理论指导实践是先有理论，已有的理论是前人探索总结出来的。有正确的理论作为指导，现行实践者更容易达到目标。而要通过自我实践探索，从中总结理论，其过程极其漫长甚为艰辛。

大多数事情想明白透彻才去做更容易得心应手地达到目标，边做边想边思考边总结也是一种方法，但过程漫长曲折。在股市中，大局上先有正确认识后，再在技术上深耕细作是正确思路，大局不顾只在技术分析上埋头苦干深耕细作，既看不清也走不远！

止损是操盘技术范畴中每位操作者必须过的一道关卡。几十年来很少听说世界投资大师巴菲特的"止损"故事，但2020年美股暴跌时，巴菲特重仓的航空股，老人家卖了又买，买了又卖，在咔嚓咔嚓声中大刀阔斧地止损。大师又何尝不需与止损打交道呢？更多的只是我们不知情罢了。

另一位大师常说：每次操作都设置好止损位，破位则无理由执行止损，不要找任何借口。做到了这条则离成功只有1米距离，做不到这点则离成功就有十万九千里！无论投资还是投机都需要用止损来规避可控和部分不可控的风险。

笔者接触过不少真正的交易高手，看过他们的交易记录。这些高手的交易各有特色，但有一点具有极高的一致性："止损"！他们的止损做得又狠又干脆。不行的品种都是咔嚓咔嚓快速出来然后换股，止损行为异常坚决果断！

止损执行不坚决的重大原因有二：①个人性格优柔寡断；②专业知识不够。

古语有云，性格决定命运！人的性格形成部分来自先天基因遗传，部分来自后天环境因素影响。遇事总有人举棋不定难以决断，也有人当机立断干脆利落。前者大多误时误事，后者则利于事成。股市操作遇到选股错误操作失误等不可控风险时，就需要及时止损离场，避免损失扩大。若个人性格优柔寡断，则易误时误事，导致损失扩大，甚至出现灾难性后果。

性格只是止损操作不坚决的原因之一，并非最大原因。笔者认为真正导致止损操作不坚决的原因是操盘者缺乏专业知识和研究理解深度不够。

专业知识不够是技能上的不足，这个可以通过不断学习去改变。A股市场仍然以散户为主，散户入市时间各有长短，但大多未经过专业培训，没有多少投资者掌握相关专业知识。

止损有风险吗？当然有。不可否认止损也是有风险的，止损出来后股价马上反抽或者一路高歌也不少见，错误的止损自然存在。投资者要坦然面对止损可能错误，不回避不恐惧，只有这样才能正常交易下去，并且最终获利。

对止损的深入研究发现，止损除了避免亏损进一步扩大外，还有更多广泛意义：①保障本金安全，本金在才有机会翻身赚大钱；②避免长时间停留在不健康的品种中浪费时间；③提高资金周转效率，腾出资金才能参与其他有机会品种；④斩断悲观、不安、绝望、彷徨等负面情绪，将精力集中到新研究中去。

认识不充分、研究不深入影响买卖决断。另外一种较的说法是：操作不设止损，设了止损没严格执行，是因为亏损的还不够多不够痛，待亏损足够多足够痛了，就会改，该止损的就会执行了。这话说得虽不好听，但也在理，自己想想，股市中哪些经验和教训不是反复亏出来的？

亏损无疑是伤害，吃亏时要不断总结，找到原因找到策略。亏损时有的人一味埋怨自己运气不好，从不思考自己的做法有问题；还有人不善总结，想改也不知道任何下手，这些人最终会被市场淘汰出局。

操作时犹豫不决，多是因为研究不够深、看得不够清楚，所以不知卖了是对是错，这都是专业知识范畴问题，不断总结自学就会有改变。

第二章
盘口分析

盘口分析的价值与魅力

对于动态盘口，有人不屑一顾，有人如获至宝。关注研究动态盘口的投资者中，花大量精力和时间跟踪研究者甚少，一般只掌握一些较为简单的盘口知识，分析过程中也只是一知半解。就拿个股卖盘出现大卖单这种卖单压顶的盘口来说，首先这种盘口可分为两大类：一是主力或者一般机构刻意操纵股价行为，二是市场大量投资者的大量卖盘在同一价格挂出累积自然形成的卖压。单区分二者属于哪一种性质就已经是比较难的事情。

属于主力刻意操纵具有哪些特征？属于由市场大量卖盘同一价格挂出自然形成的卖压又有什么特征？这些都是分析盘口必须掌握的技巧。

个股交易过程中卖盘出现大卖单压顶现象，按照以前大众的认识，这是股价上升遇到大抛压的体现。多年前不少主力操盘时利用这种大众思维进行反向操作，在拉升股价之前故意在卖盘挂出较大的卖单，欺骗部分不明真相的投资者卖出，洗盘完成后主力马上展开快速拉升。这种行为持续了相当一段时间后，被一些市场经验丰富的高手所识破，于是，在报纸上、电视财经节目中常有分析师或民间高手解密描述主力利用大卖单压顶洗盘这种操作手法。大量曝光后，这种手法被部分技术派投资者所了解，这种操盘手法随之慢慢失效。

当一种方法被曝光，众人皆知后，此方法逐渐失效是理所当然的，但并不意味着不会被主力反方向利用。现在A股市场上，个股交易过程中90%的卖盘出现几万手以上大卖单压顶现象，都是主力压单诱多出货的操作，这再也不是几年前的压单洗盘了。部分所谓的高手或投资者一条路走到黑，并没有意识到市场不断在变化，主力操纵手法也在跟着变化，看盘时总以之前的固有认识去分析研判，以致研判常遇挫折或者一错再错，产生盘口分析无用论，或者盘口不可预测的错乱思维。也有部分根本不懂盘口的投资者，因为他不懂而看不懂，所以觉得盘口分析这门研究方法无用！

主力操盘千百万化，但无论怎么变化都是以投资者的大众思维为基点，利用大众的盲点进行欺骗性操纵。再厉害的主力操盘手操作也会留下可辨别和破解的痕迹。下面通过个案剖析主力操盘手操作的高明之处和盘口破绽，展示盘口分析的魅力！

第二章 盘口分析

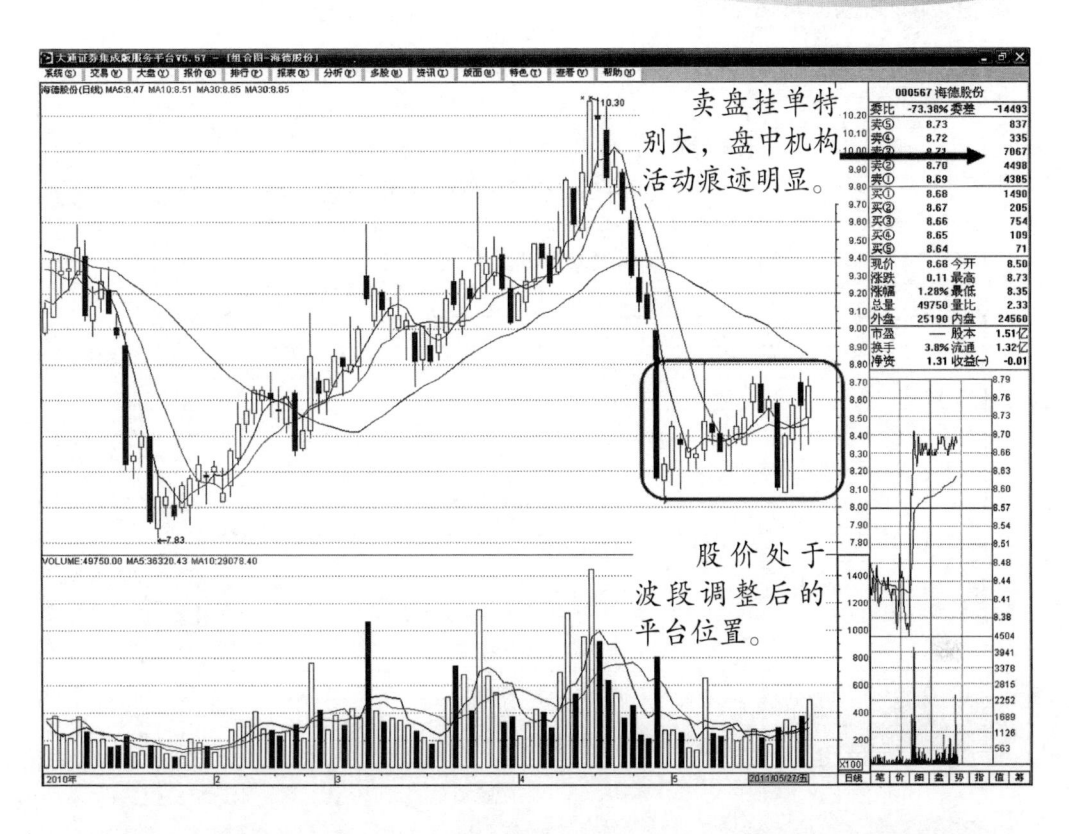

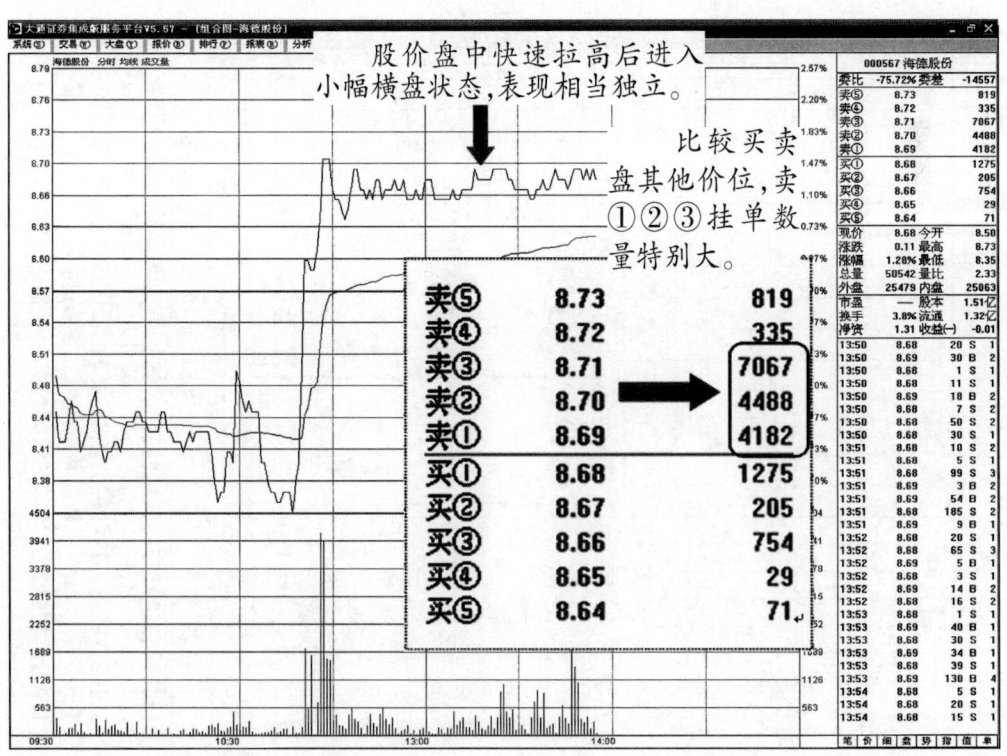

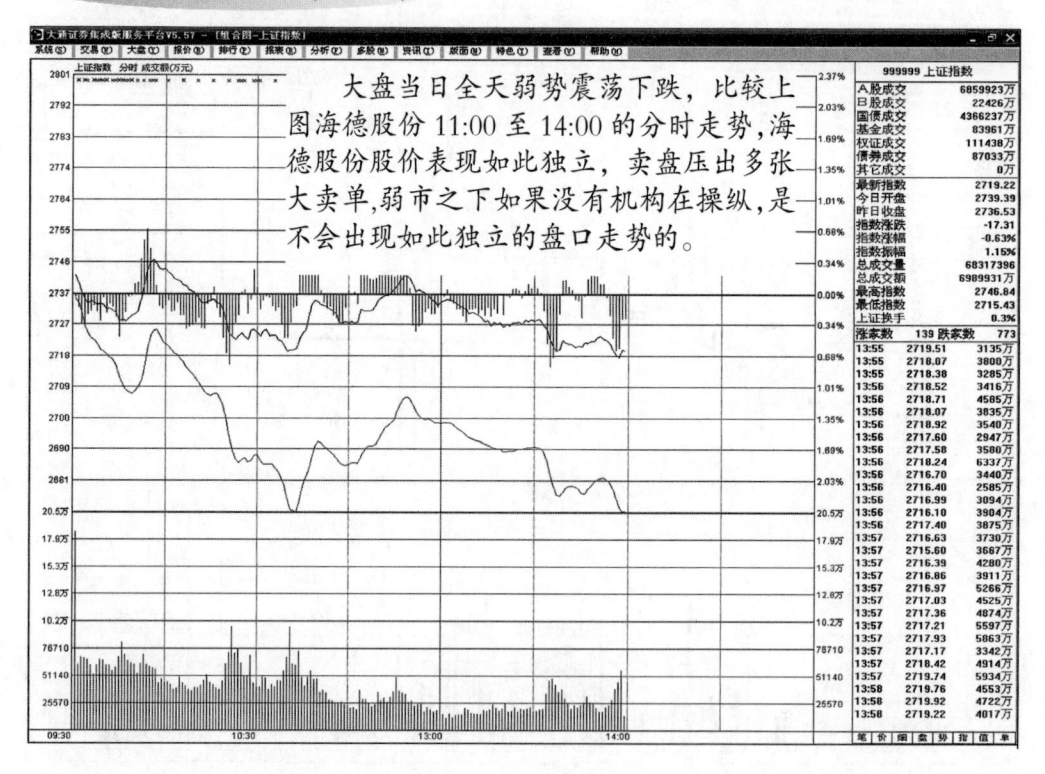

主力行为盘口解密(精选版)

大盘当日全天弱势震荡下跌,比较上图海德股份 11:00 至 14:00 的分时走势,海德股份股价表现如此独立,卖盘压出多张大卖单,弱市之下如果没有机构在操纵,是不会出现如此独立的盘口走势的。

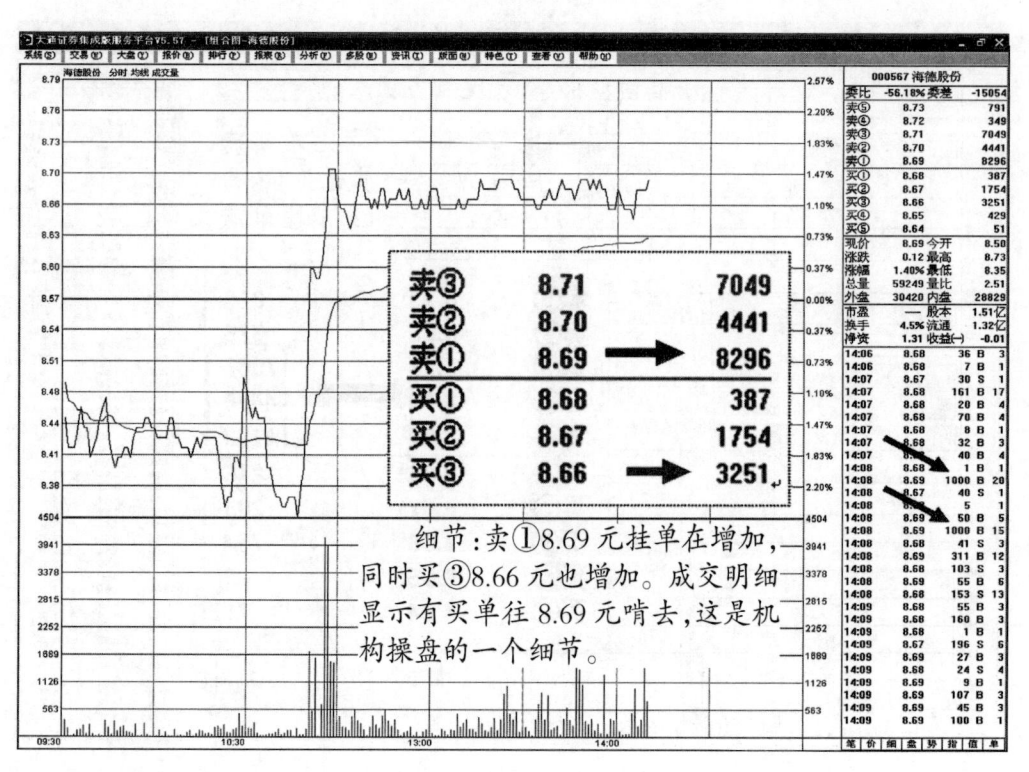

卖③	8.71	7049
卖②	8.70	4441
卖①	8.69 →	8296
买①	8.68	387
买②	8.67	1754
买③	8.66 →	3251

细节:卖①8.69元挂单在增加,同时买③8.66元也增加。成交明细显示有买单往8.69元啃去,这是机构操盘的一个细节。

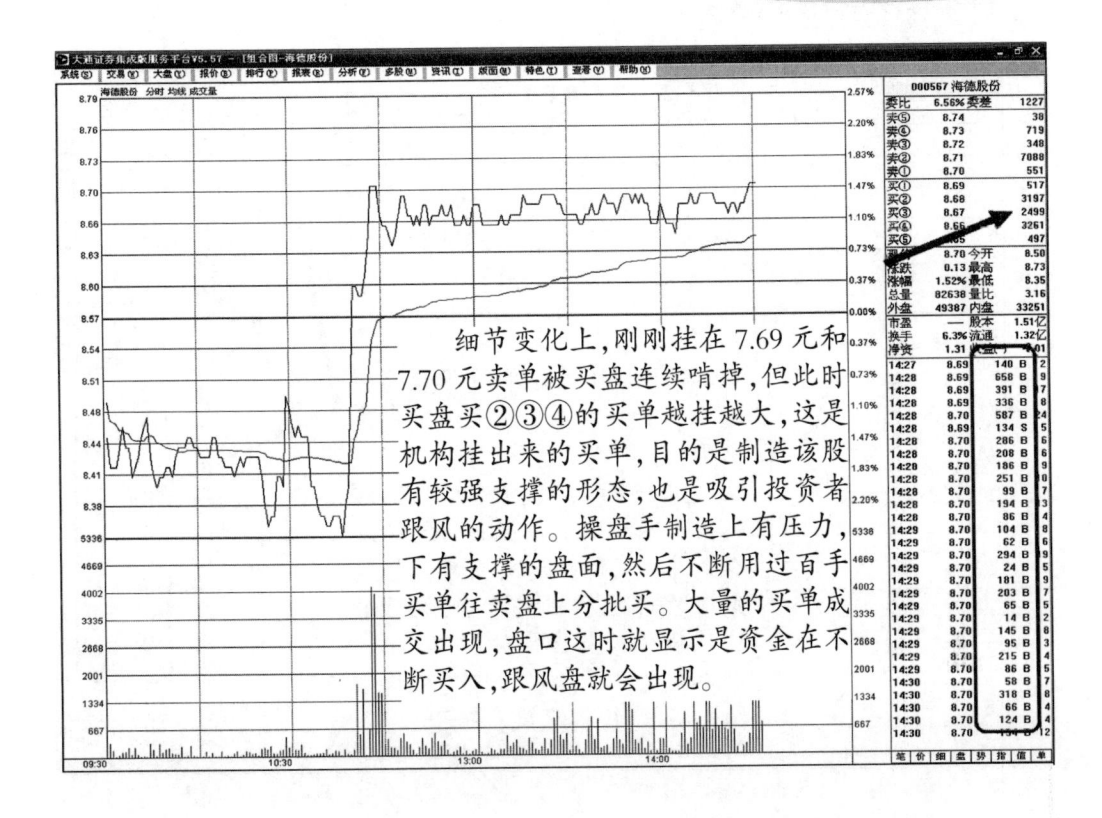

细节变化上，刚刚挂在7.69元和7.70元卖单被买盘连续啃掉，但此时买盘买②③④的买单越挂越大，这是机构挂出来的买单，目的是制造该股有较强支撑的形态，也是吸引投资者跟风的动作。操盘手制造上有压力，下有支撑的盘面，然后不断用过百手买单往卖盘上分批买。大量的买单成交出现，盘口这时就显示是资金在不断买入，跟风盘就会出现。

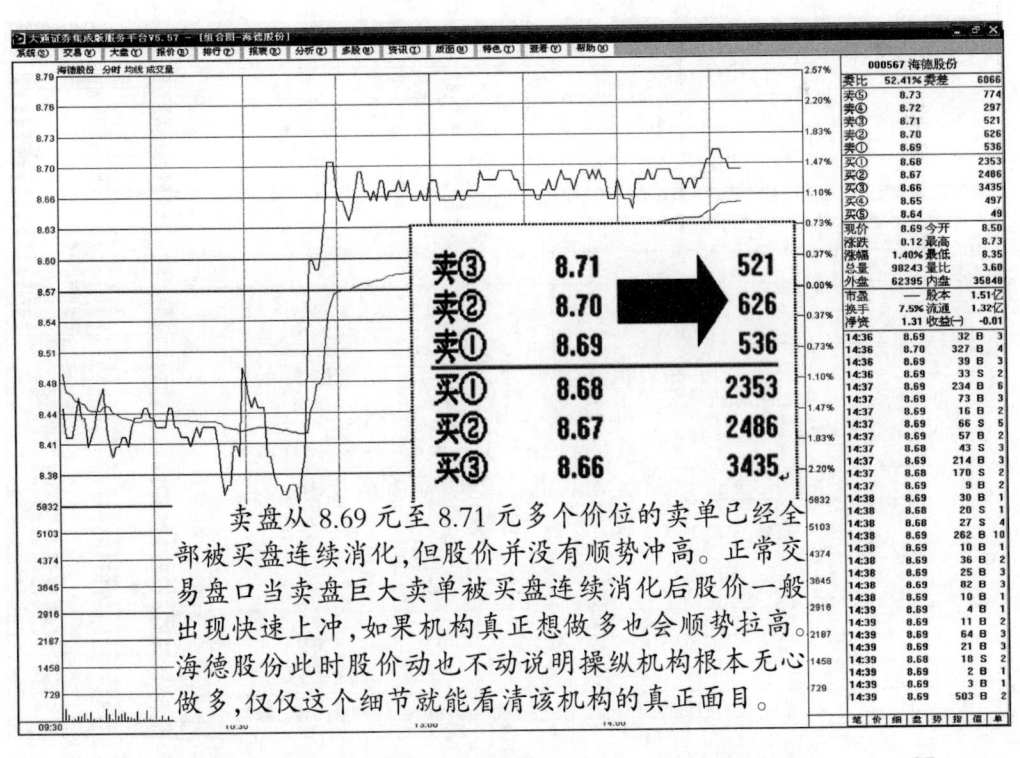

卖③	8.71	521
卖②	8.70	626
卖①	8.69	536
买①	8.68	2353
买②	8.67	2486
买③	8.66	3435

卖盘从8.69元至8.71元多个价位的卖单已经全部被买盘连续消化，但股价并没有顺势冲高。正常交易盘口当卖盘巨大卖单被买盘连续消化后股价一般出现快速上冲，如果机构真正想做多也会顺势拉高。海德股份此时股价动也不动说明操纵机构根本无心做多，仅仅这个细节就能看清该机构的真正面目。

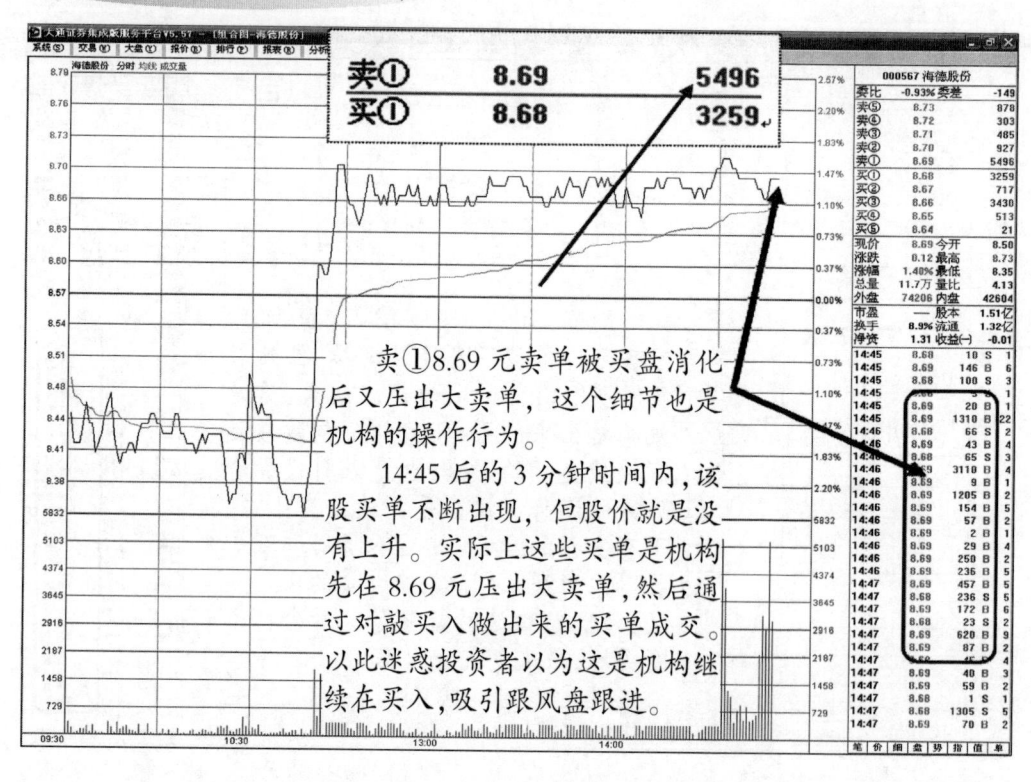

卖①8.69元卖单被买盘消化后又压出大卖单，这个细节也是机构的操作行为。

14:45后的3分钟时间内，该股买单不断出现，但股价就是没有上升。实际上这些买单是机构先在8.69元压出大卖单，然后通过对敲买入做出来的买单成交。以此迷惑投资者以为这是机构继续在买入，吸引跟风盘跟进。

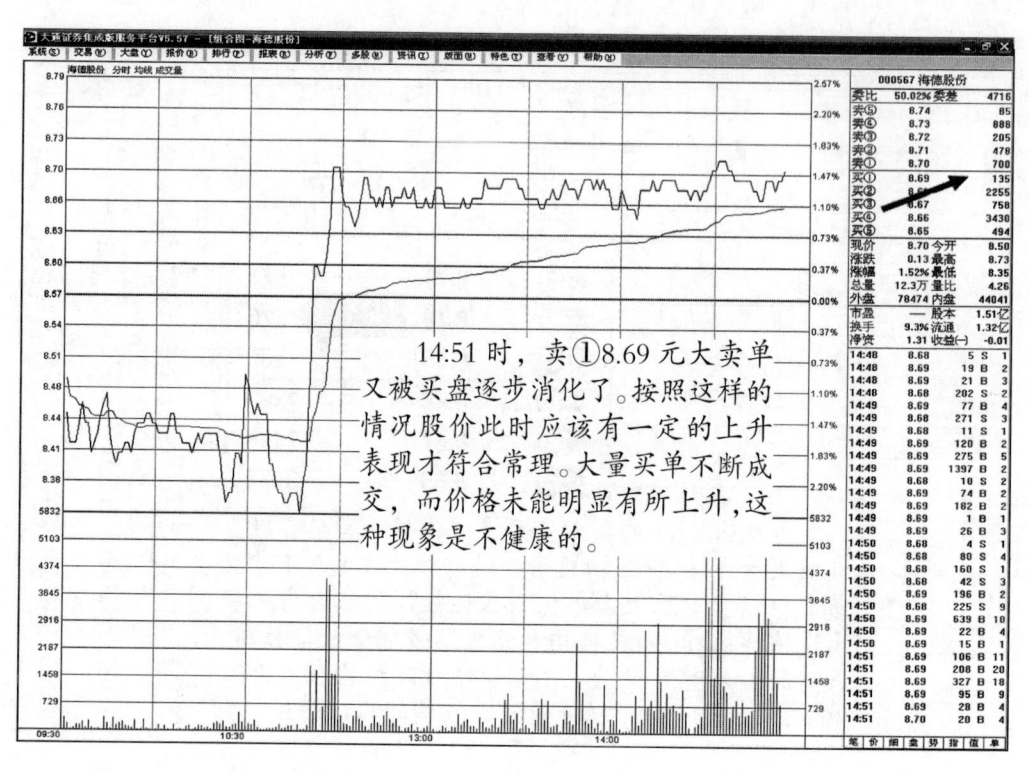

14:51时，卖①8.69元大卖单又被买盘逐步消化了。按照这样的情况股价此时应该有一定的上升表现才符合常理。大量买单不断成交，而价格未能明显有所上升，这种现象是不健康的。

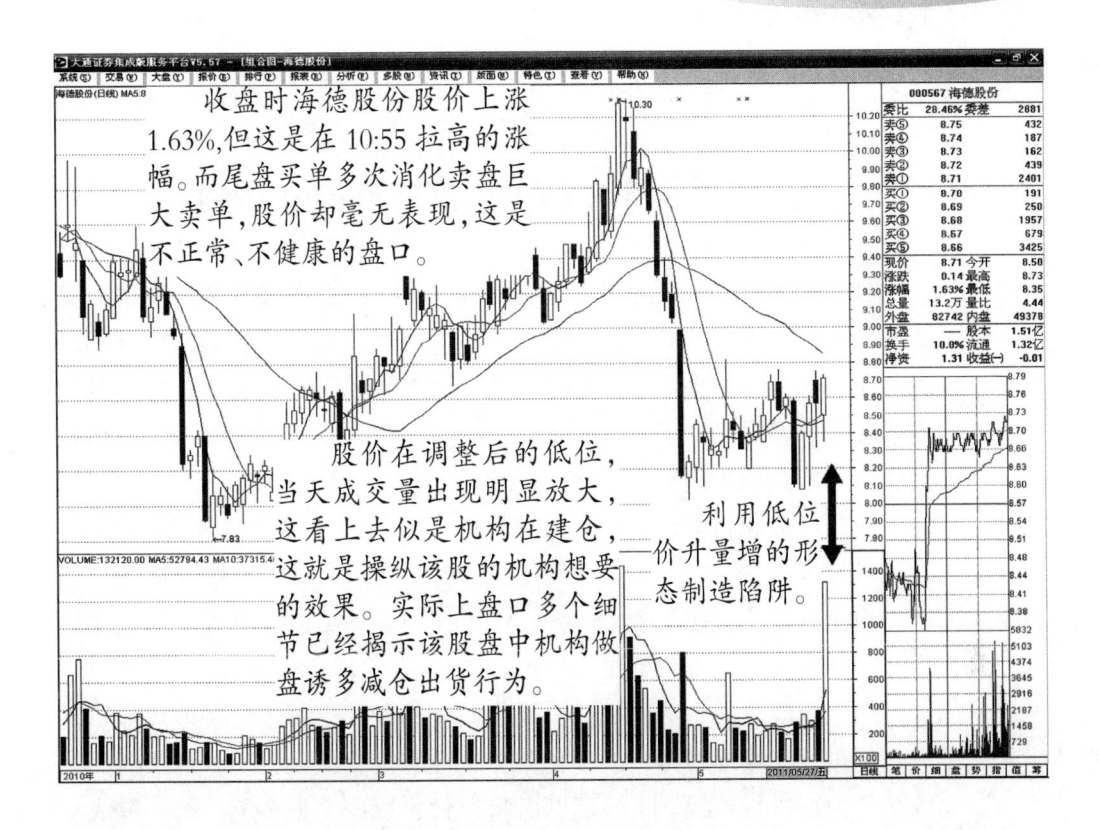

收盘时海德股份股价上涨1.63%，但这是在10:55拉高的涨幅。而尾盘买单多次消化卖盘巨大卖单，股价却毫无表现，这是不正常、不健康的盘口。

股价在调整后的低位，当天成交量出现明显放大，这看上去似是机构在建仓，这就是操纵该股的机构想要的效果。实际上盘口多个细节已经揭示该股盘中机构做盘诱多减仓出货行为。

利用低位价升量增的形态制造陷阱。

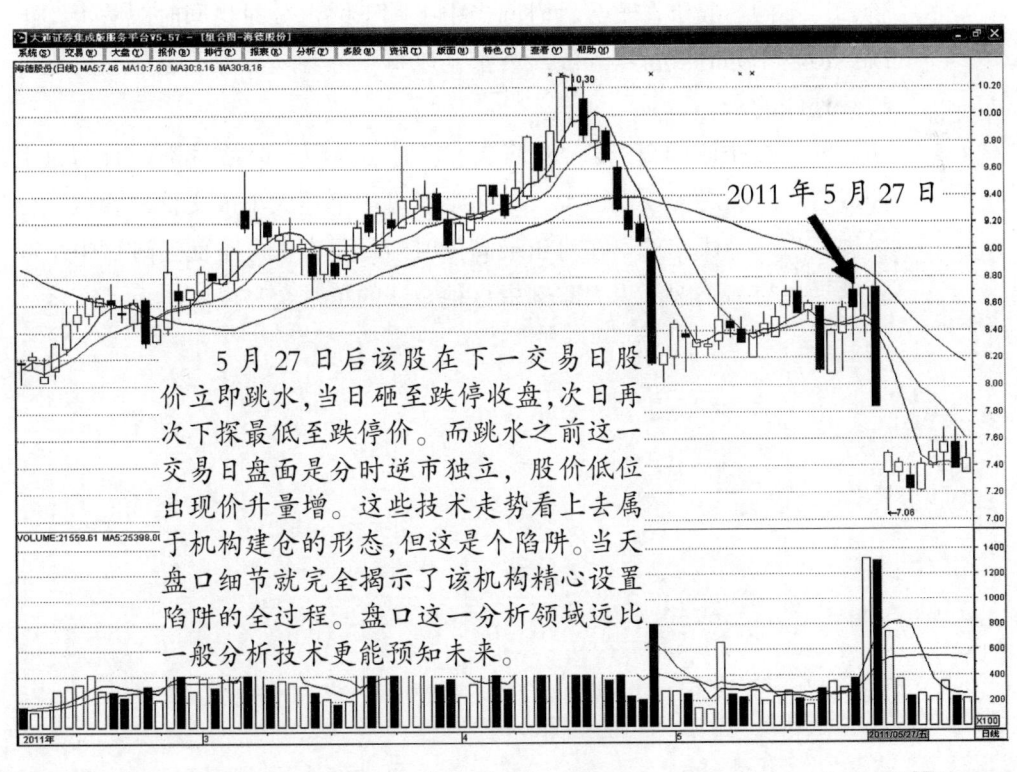

2011年5月27日

5月27日后该股在下一交易日股价立即跳水，当日砸至跌停收盘，次日再次下探最低至跌停价。而跳水之前这一交易日盘面是分时逆市独立，股价低位出现价升量增。这些技术走势看上去属于机构建仓的形态，但这是个陷阱。当天盘口细节就完全揭示了该机构精心设置陷阱的全过程。盘口这一分析领域远比一般分析技术更能预知未来。

一分钟内价格变化对分时的影响

技术分析中，单笔成交、分时线、K线存在直接关联性。单笔成交影响分时线、决定K线。分时线实际是由单笔成交连线组成的，分时线走势基本决定K线形状。了解这三个数据单元之间的关系和相互影响的原理是非常重要的。盘口分时和日K线中有些很简单的技术走势，因投资者不了解其原理结构从而无法理解

现由券商免费提供的证券行情软件中的单笔成交数据，其实并不是真正的"单笔成交"。如某股票交易所提供给其会员的免费行情数据中的"单笔成交"，是以6秒钟为一个时间单位，将6秒钟内所有的成交捏合在一起作为一笔打包数据。

至于个股分时走势的构成，是个股交易期间把每一分钟最后那一笔成交价进行连续连线得出的。如某分钟没有成交就以上一分钟最后一笔成交价为准进行连线。个股活跃时每分钟可以成交很多笔，每一笔成交价都可不同。股价在一分钟时间当中上蹿下跳，分时也同时跟着上蹿下跳。但盘中分时线每次连线最终都是以每一分钟最后那一笔成交价进行连续连线的。

相当多个股的日K线出现长上下影时，盘中分时线看不到有明显上冲或者下跌的对应表现出现。这与该股盘中单笔大单成交价，或这一分钟内最后一笔成交价不在对于最高位或最低位有关。下面通过盘中个股特殊动态交易个案，为大家剖析这种合法的正常交易现象。

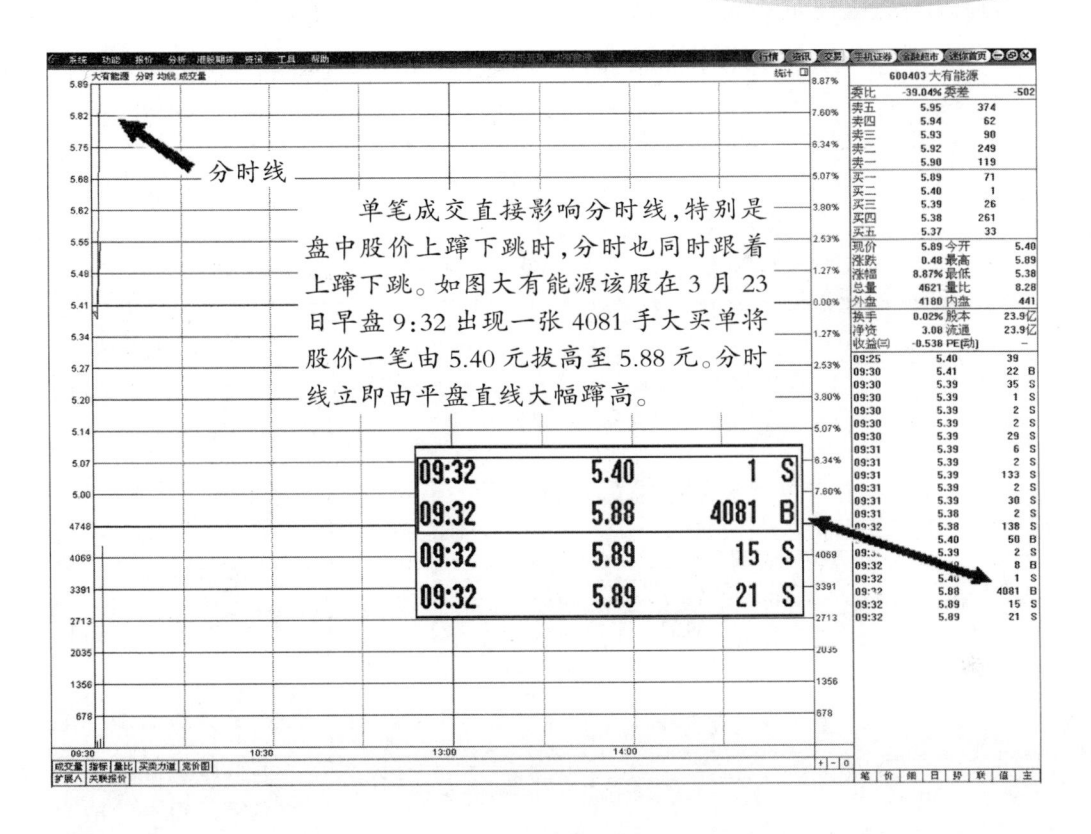

第二章 盘口分析

单笔成交直接影响分时线,特别是盘中股价上蹿下跳时,分时也同时跟着上蹿下跳。如图大有能源该股在3月23日早盘9:32出现一张4081手大买单将股价一笔由5.40元拔高至5.88元。分时线立即由平盘直线大幅蹿高。

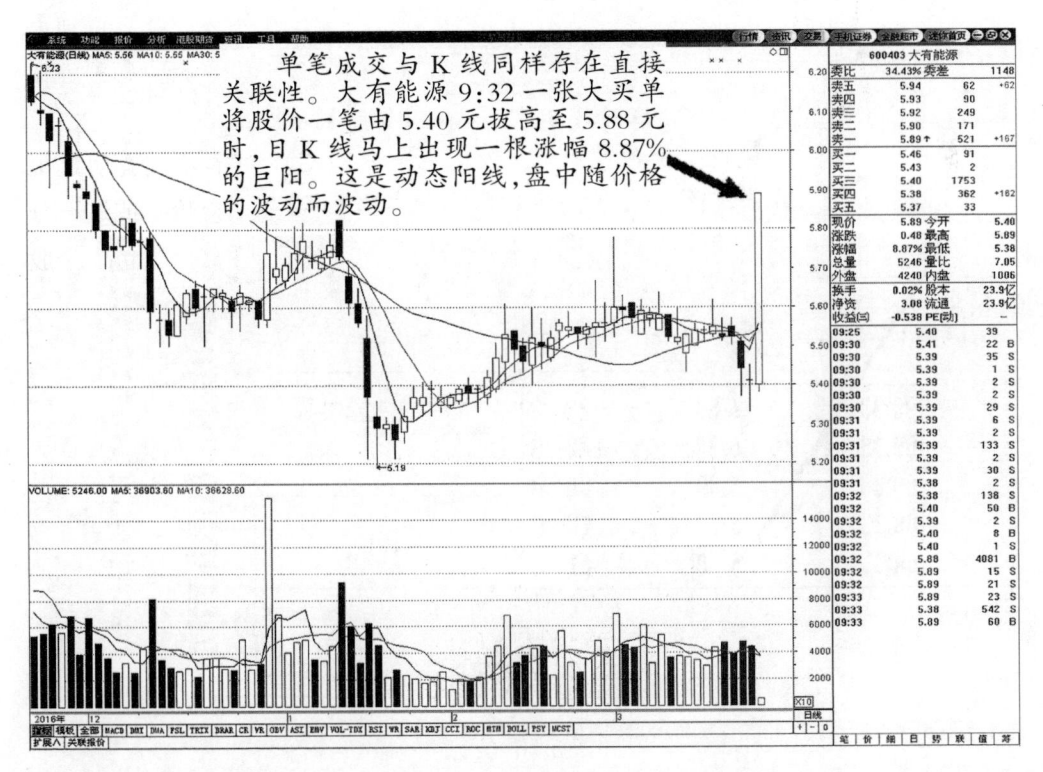

单笔成交与K线同样存在直接关联性。大有能源9:32一张大买单将股价一笔由5.40元拔高至5.88元时,日K线马上出现一根涨幅8.87%的巨阳。这是动态阳线,盘中随价格的波动而波动。

41

主力行为盘口解密(精选版)

— 分时走势维持在最高状态。

个股分时走势是把每一分钟最后那一笔成交价进行连续连线得出的。大有能源 9:32 一张大买单将股价由 5.40 元拔高至 5.88 元。9:32 最后一笔成交价是 5.89 元,属于盘中最高价所以分时走势维持在最高状态定格。

09:32	5.40	1	S
09:32	5.88	4081	B
09:32	5.89	15	S
09:32	5.89	21	S
09:33	5.89	23	S

9:32 最后一笔成交价是 5.89 元

个股活跃时每分钟可以成交很多笔,每一笔成交价都可不同。股价在一分钟时间当中上蹿下跳,分时也同时跟着上蹿下跳。

图中大有能源在 9:33 股价波动非常大,这是股价在 5.50 元成交时的分时表现。分时冲高大幅回落表现。

09:33	5.89	23	S
09:33	5.38	542	S
09:33	5.89	60	B
09:33	5.78	15	B
09:33	5.50	41	S

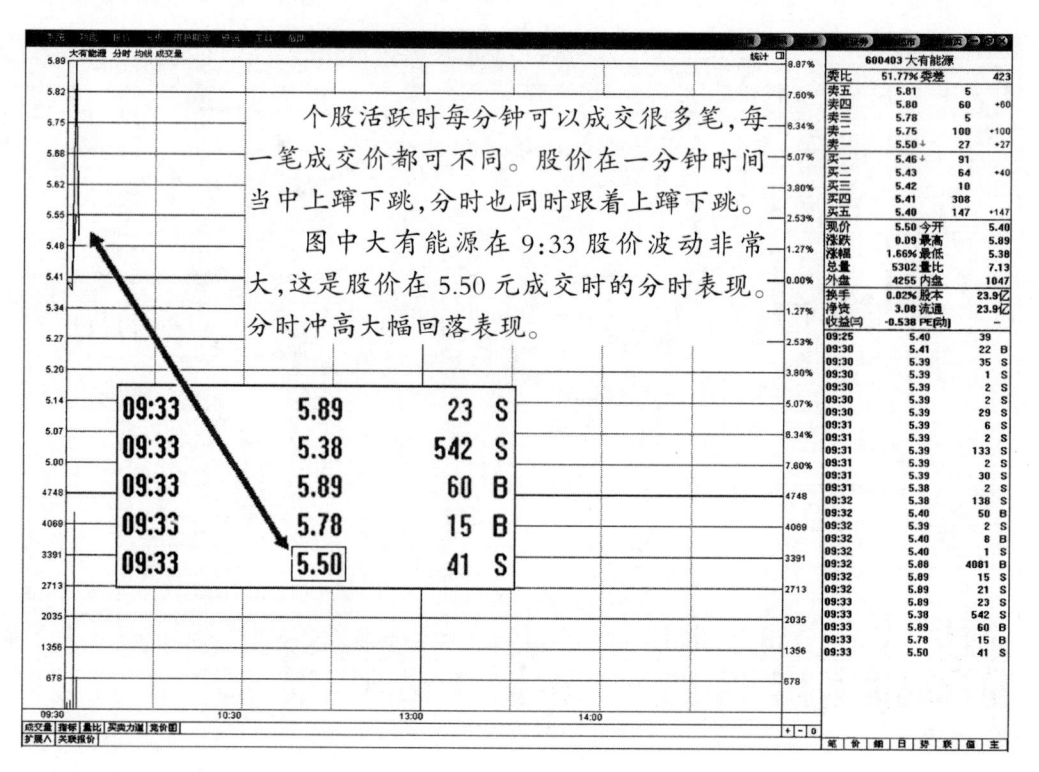

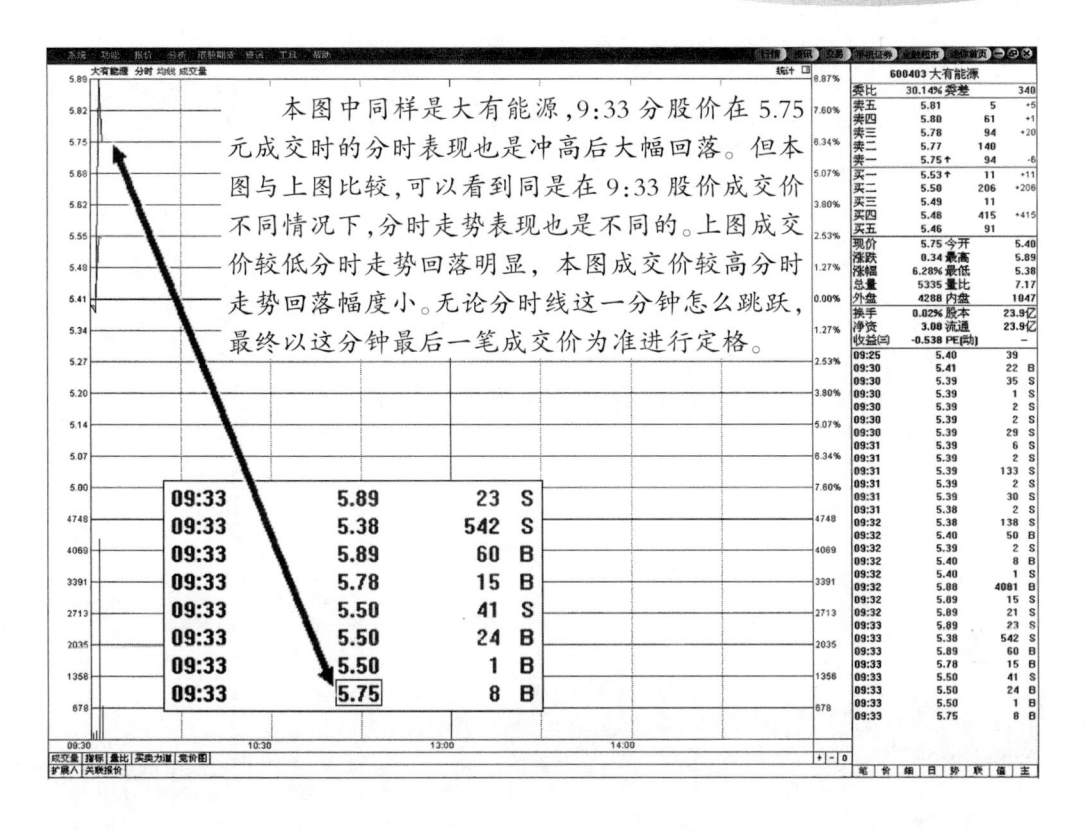

本图中同样是大有能源，9:33分股价在5.75元成交时的分时表现也是冲高后大幅回落。但本图与上图比较，可以看到同是在9:33股价成交价不同情况下，分时走势表现也是不同的。上图成交价较低分时走势回落明显，本图成交价较高分时走势回落幅度小。无论分时线这一分钟怎么跳跃，最终以这分钟最后一笔成交价为准进行定格。

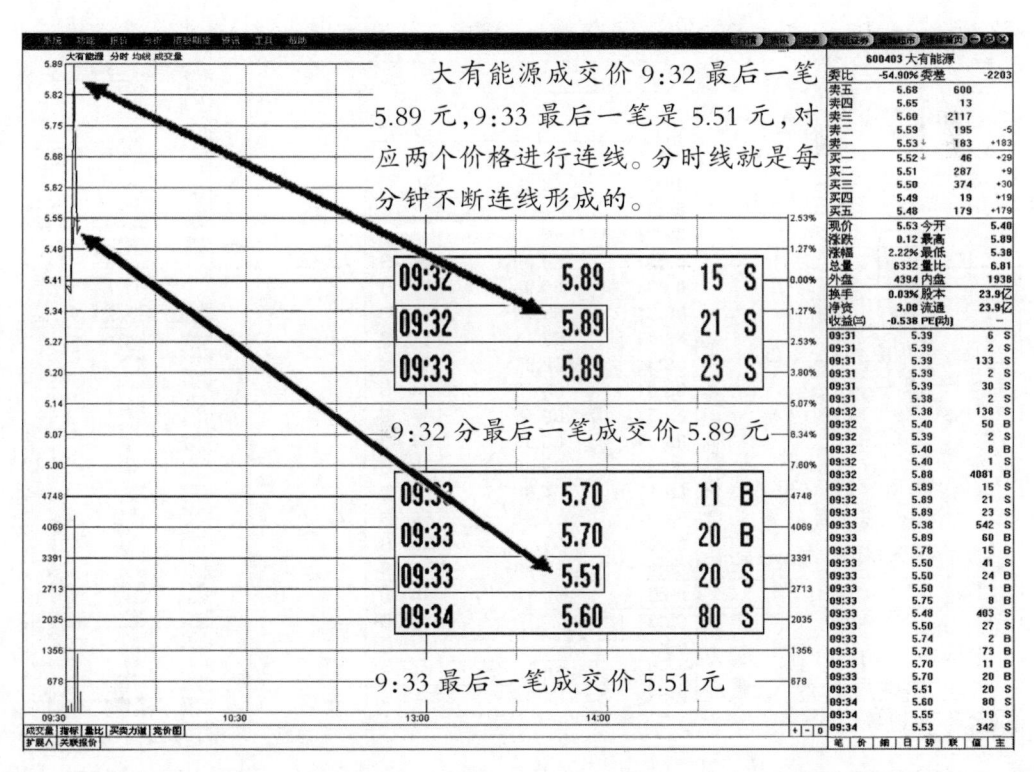

大有能源成交价9:32最后一笔5.89元，9:33最后一笔是5.51元，对应两个价格进行连线。分时线就是每分钟不断连线形成的。

9:32分最后一笔成交价5.89元

9:33最后一笔成交价5.51元

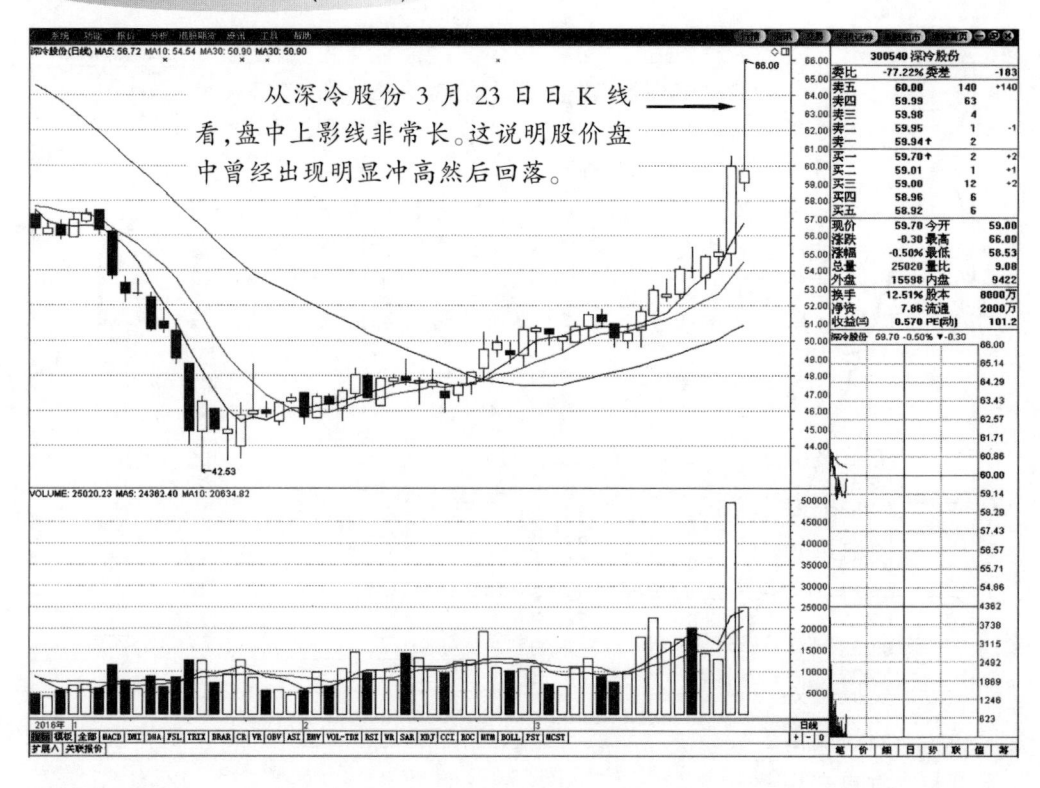

主力行为盘口解密(精选版)

从深冷股份3月23日日K线看,盘中上影线非常长。这说明股价盘中曾经出现明显冲高然后回落。

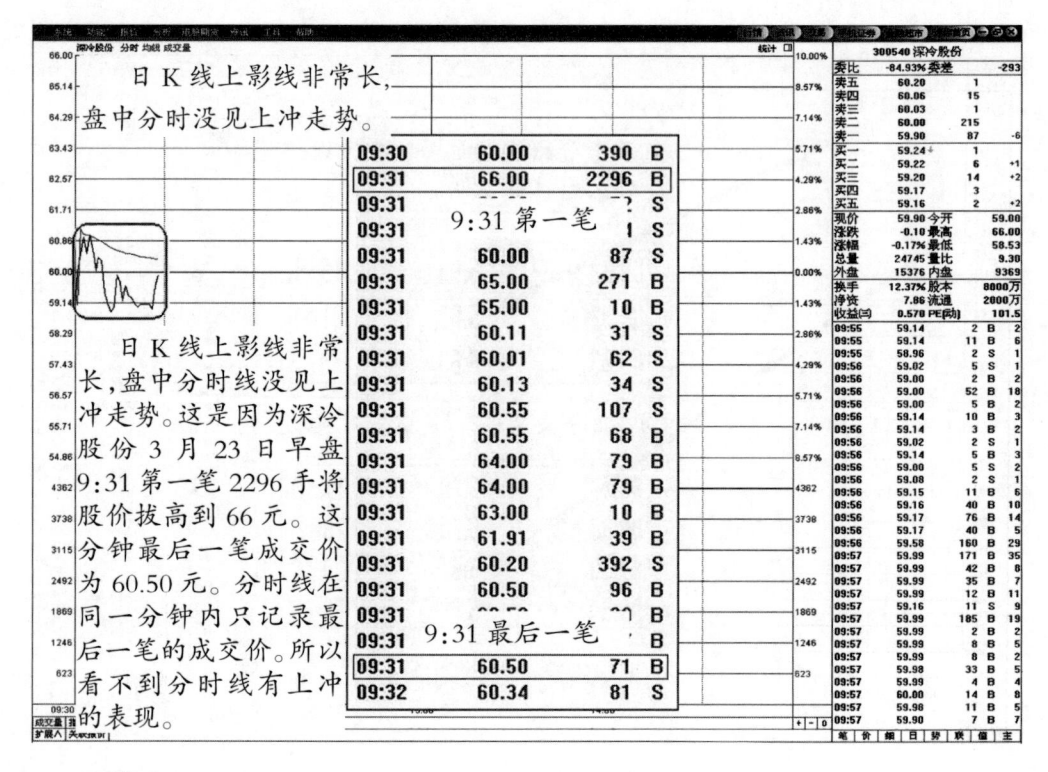

日K线上影线非常长,盘中分时没见上冲走势。

日K线上影线非常长,盘中分时线没见上冲走势。这是因为深冷股份3月23日早盘9:31第一笔2296手将股价拔高到66元。这分钟最后一笔成交价为60.50元。分时线在同一分钟内只记录最后一笔的成交价。所以看不到分时线有上冲的表现。

时间	价格	手数	B/S
09:30	60.00	390	B
09:31	66.00	2296	B
09:31			S
09:31		9:31 第一笔	S
09:31	60.00	87	S
09:31	65.00	271	B
09:31	65.00	10	B
09:31	60.11	31	S
09:31	60.01	62	S
09:31	60.13	34	S
09:31	60.55	107	B
09:31	60.55	68	B
09:31	64.00	79	B
09:31	64.00	79	B
09:31	63.00	10	B
09:31	61.91	39	S
09:31	60.20	392	S
09:31	60.50	96	B
09:31		9:31 最后一笔	
09:31	60.50	71	B
09:32	60.34	81	S

44

主力操盘制造大买单手段

个股中主力运作过程中少不了对敲，对敲过程中少不了做单。所谓做单，是指主力在不同环境下根据其需要，制造出非真实买卖为目的的大买单或大卖单！主力进场时制造大卖单出货痕迹；在出货时制造大买单入场盘面，以迷惑一般投资者或其他机构是常见的。拉升之前制造大买单吸引跟风盘入市以推高股价也是其中一种。

主力是如何制造大卖单或大买单的呢？具体操盘细节，下面就通过澳柯玛2011年5月4日主力操作盘口细节剖析说明。

首先认识一下股市专业名词"空中成交"。"空中成交"简单地说就是交易所下属会员(券商、具有席位资格的投资公司等)向交易所的成交撮合处理主机发送买卖交易单时，这些交易单还没有经过交易所对券商等行情终端反馈发送就已经撮合处理成交。这些在行情系统软件中没有显示出来而又成交了的买卖单就叫"空中成交"。"空中成交"属于正常的交易。

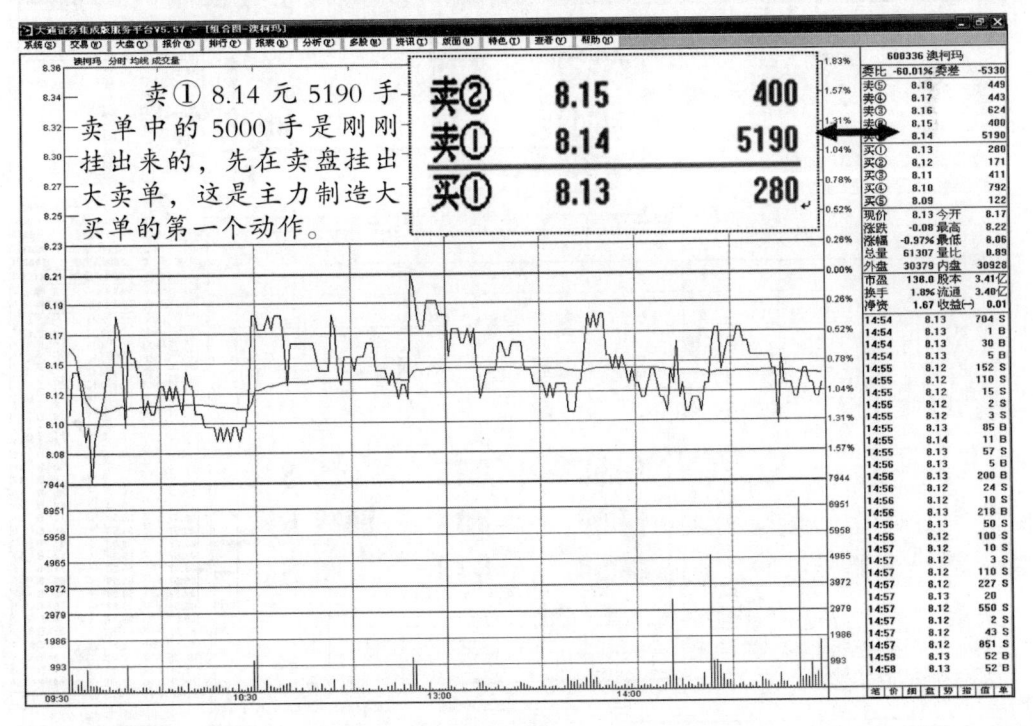

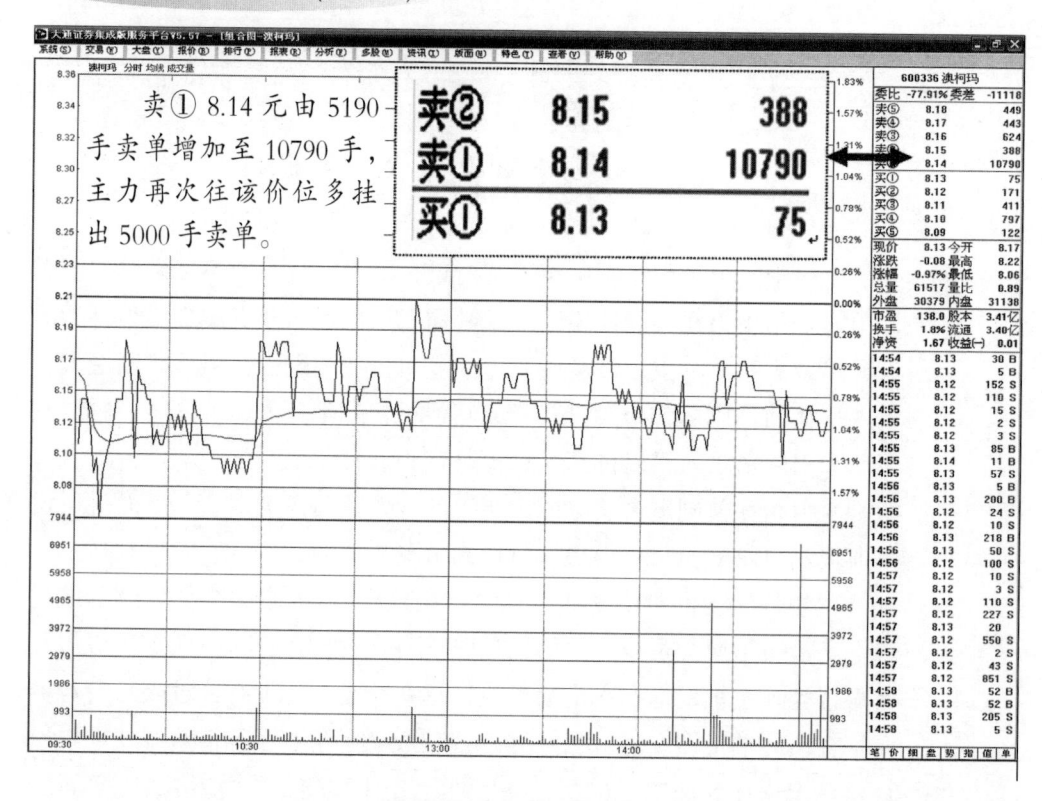

主力行为盘口解密(精选版)

卖① 8.14元由5190手卖单增加至10790手，主力再次往该价位多挂出5000手卖单。

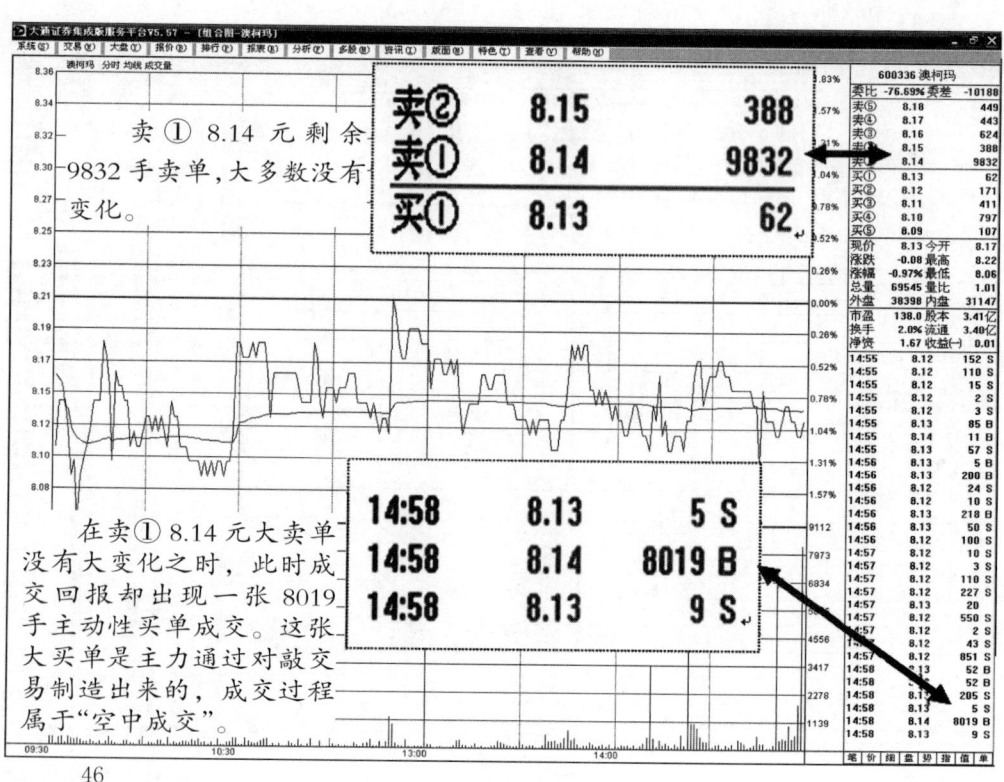

卖① 8.14元剩余9832手卖单，大多数没有变化。

在卖① 8.14元大卖单没有大变化之时，此时成交回报却出现一张8019手主动性买单成交。这张大买单是主力通过对敲交易制造出来的，成交过程属于"空中成交"。

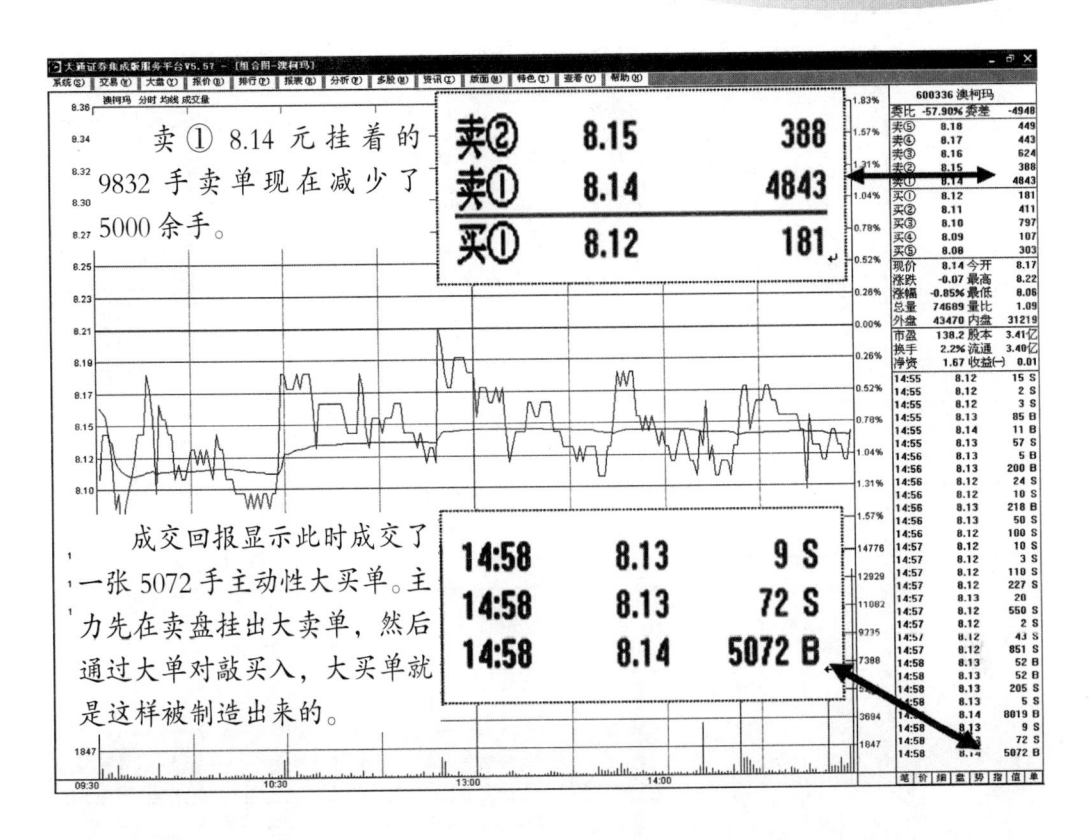

卖① 8.14元挂着的9832手卖单现在减少了5000余手。

成交回报显示此时成交了一张5072手主动性大买单。主力先在卖盘挂出大卖单，然后通过大单对敲买入，大买单就是这样被制造出来的。

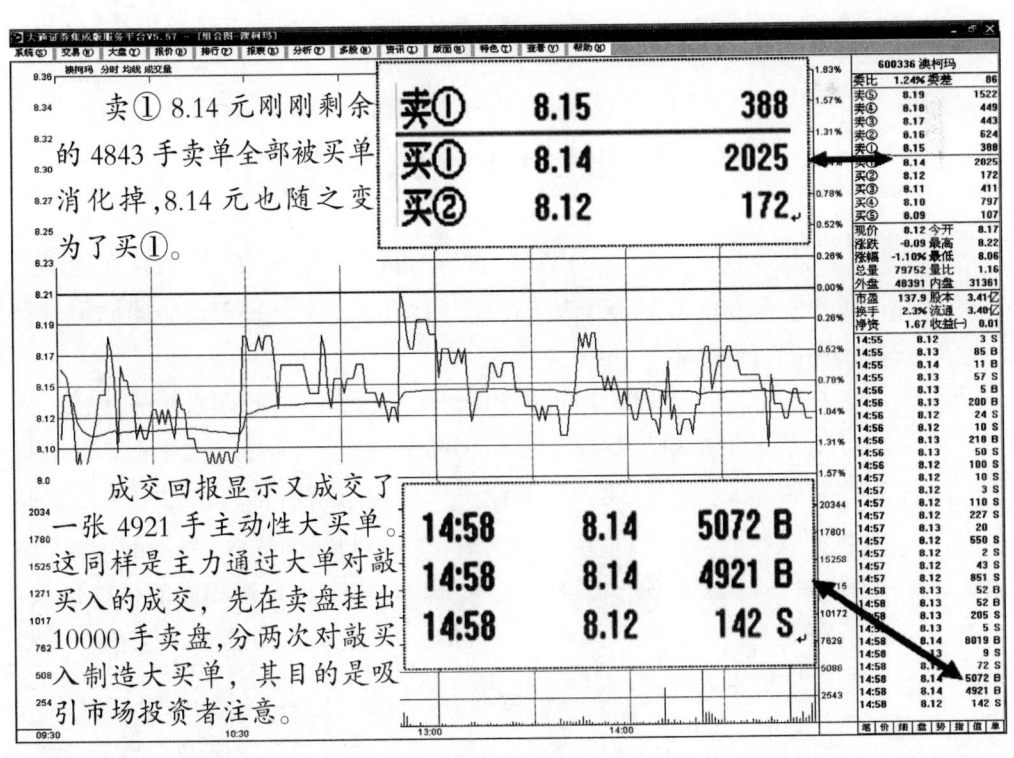

卖① 8.14元刚刚剩余的4843手卖单全部被买单消化掉，8.14元也随之变为了买①。

成交回报显示又成交了一张4921手主动性大买单。这同样是主力通过大单对敲买入的成交，先在卖盘挂出10000手卖盘，分两次对敲买入制造大买单，其目的是吸引市场投资者注意。

47

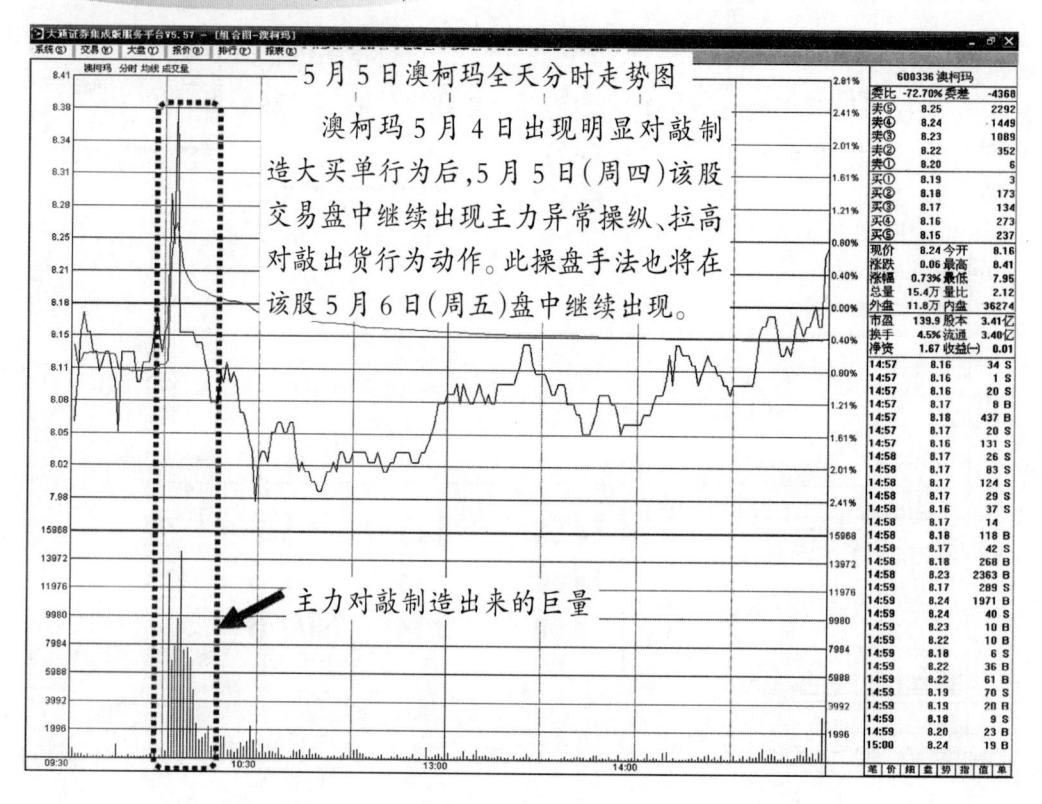

买盘挂巨单虚张声势盘口

　　虚张声势本是指弄虚作假，假装出强大的气势借以吓人，在战术上虚张声势也并非是毫无实力的作假，有时它只是一种制造假象欺骗对手蒙骗群众的策略。

　　在股市中主力通过虚张声势做盘经常可见。交易时大量对敲，盘口挂出巨大买卖单这些操作动作中都有虚张声势成分。通过虚张声势手段欺骗迷惑对手，或者蒙骗投资者达到自己的目的。如中国电建和国栋建设这两只股票就有主力在盘中做出明显的虚张声势动作，虚张声势的目的是想引诱散户去帮忙推高价格。主力使用相同的手段操盘，都是在盘中拉升时在买盘挂出巨大的、单笔超过10万手的买单。虚张声势故意暴露大资金入市动作以吸引眼球，吸引跟风盘。

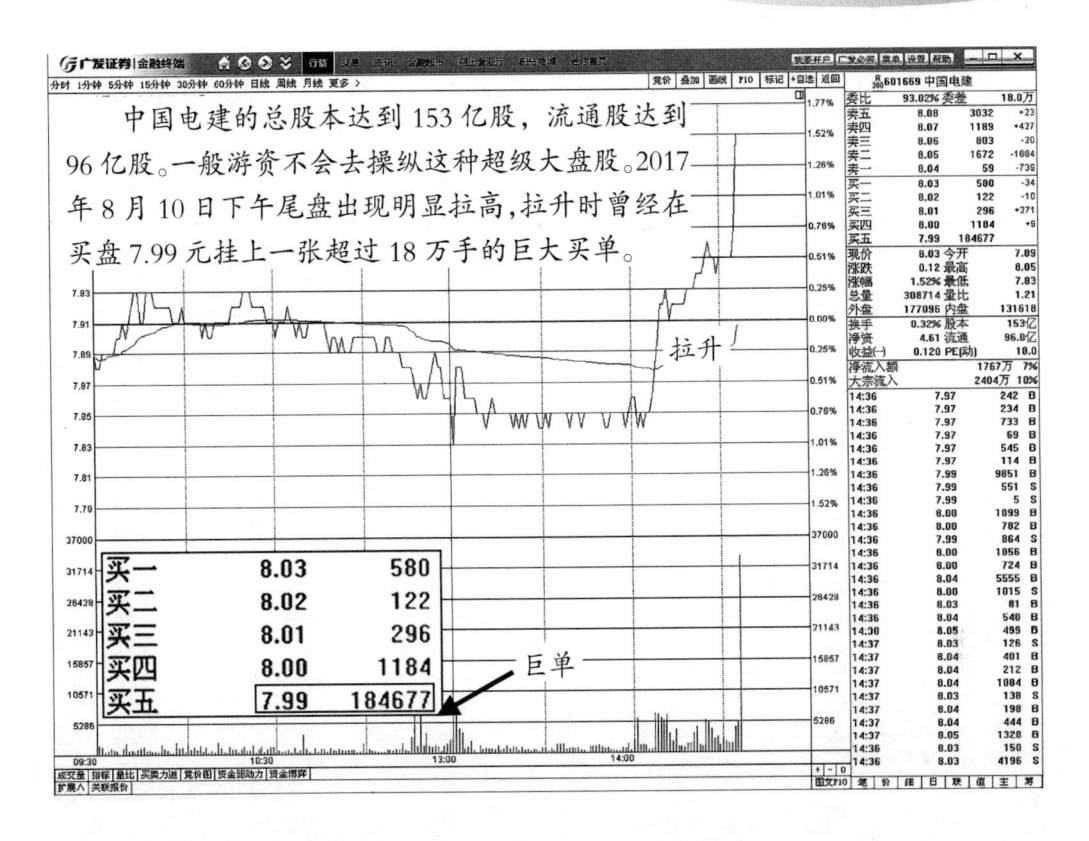

中国电建的总股本达到153亿股，流通股达到96亿股。一般游资不会去操纵这种超级大盘股。2017年8月10日下午尾盘出现明显拉高，拉升时曾经在买盘7.99元挂上一张超过18万手的巨大买单。

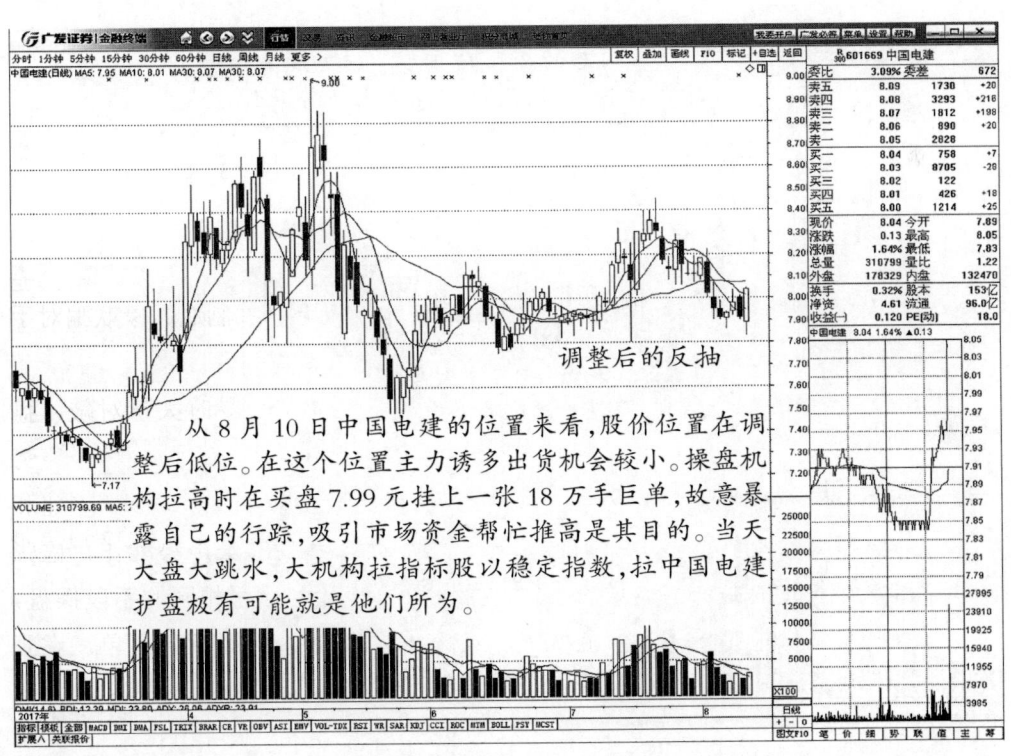

从8月10日中国电建的位置来看，股价位置在调整后低位。在这个位置主力诱多出货机会较小。操盘机构拉高时在买盘7.99元挂上一张18万手巨单，故意暴露自己的行踪，吸引市场资金帮忙推高是其目的。当天大盘大跳水，大机构拉指标股以稳定指数，拉中国电建护盘极有可能就是他们所为。

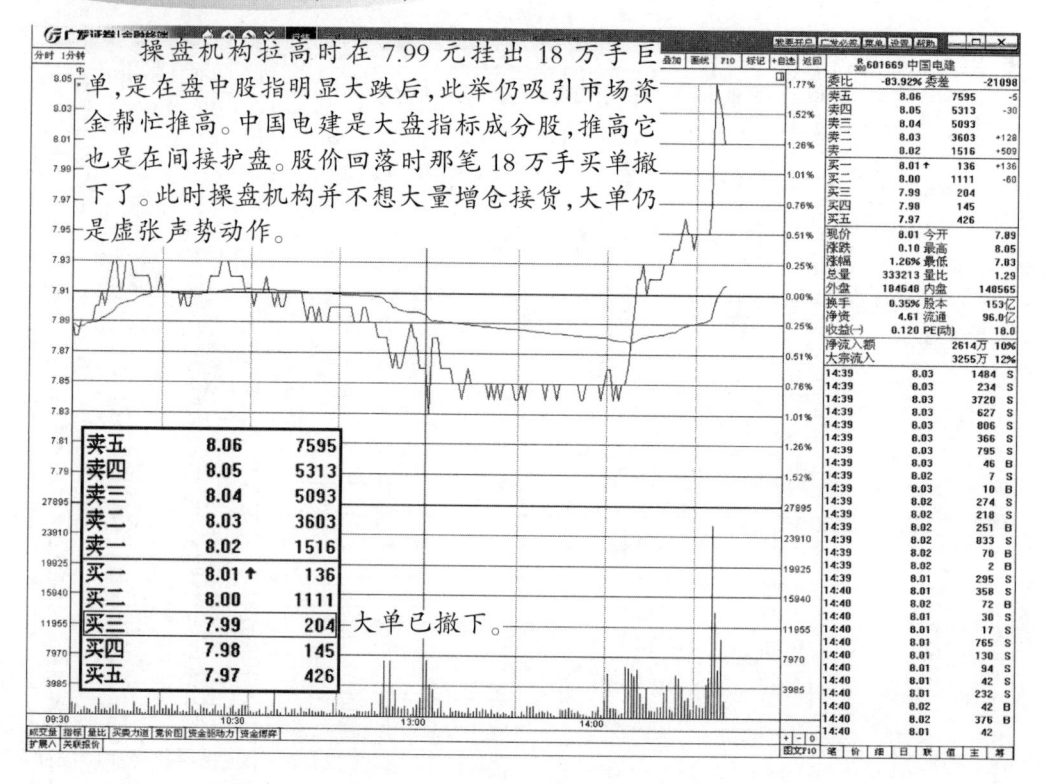

主力行为盘口解密(精选版)

操盘机构拉高时在7.99元挂出18万手巨单,是在盘中股指明显大跌后,此举仍吸引市场资金帮忙推高。中国电建是大盘指标成分股,推高它也是在间接护盘。股价回落时那笔18万手买单撤下了。此时操盘机构并不想大量增仓接货,大单仍是虚张声势动作。

大单已撤下。

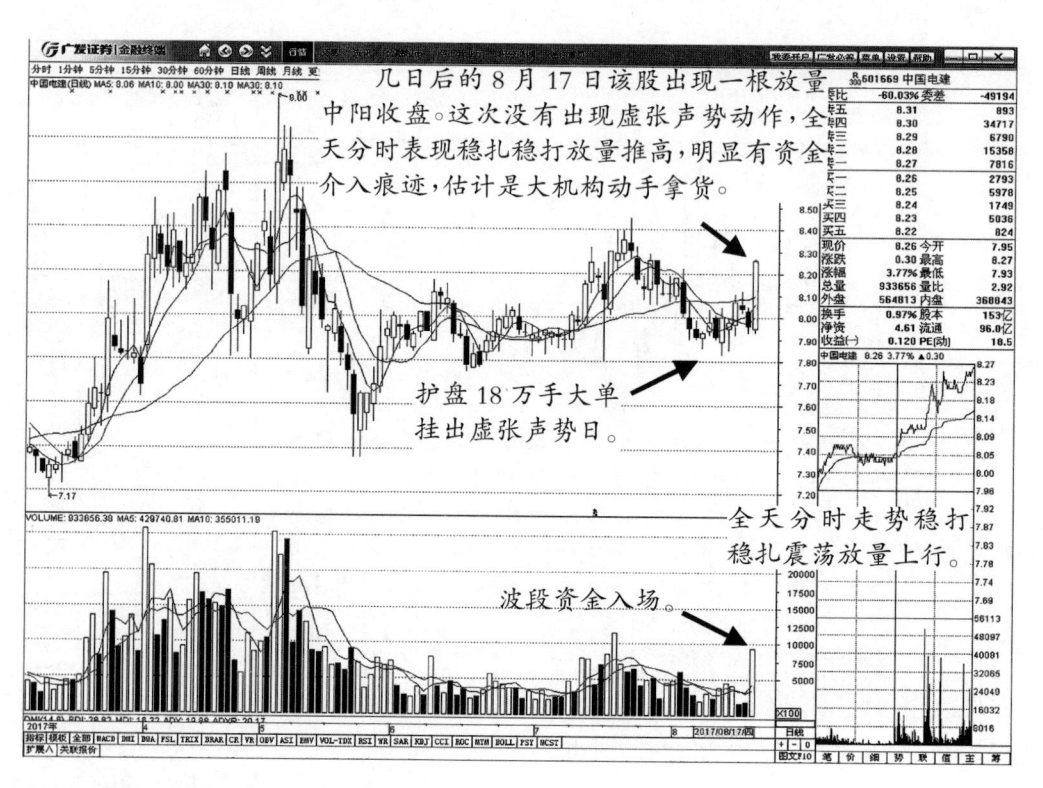

几日后的8月17日该股出现一根放量中阳收盘。这次没有出现虚张声势动作,全天分时表现稳扎稳打放量推高,明显有资金介入痕迹,估计是大机构动手拿货。

护盘18万手大单挂出虚张声势日。

全天分时走势稳打稳扎震荡放量上行。

波段资金入场。

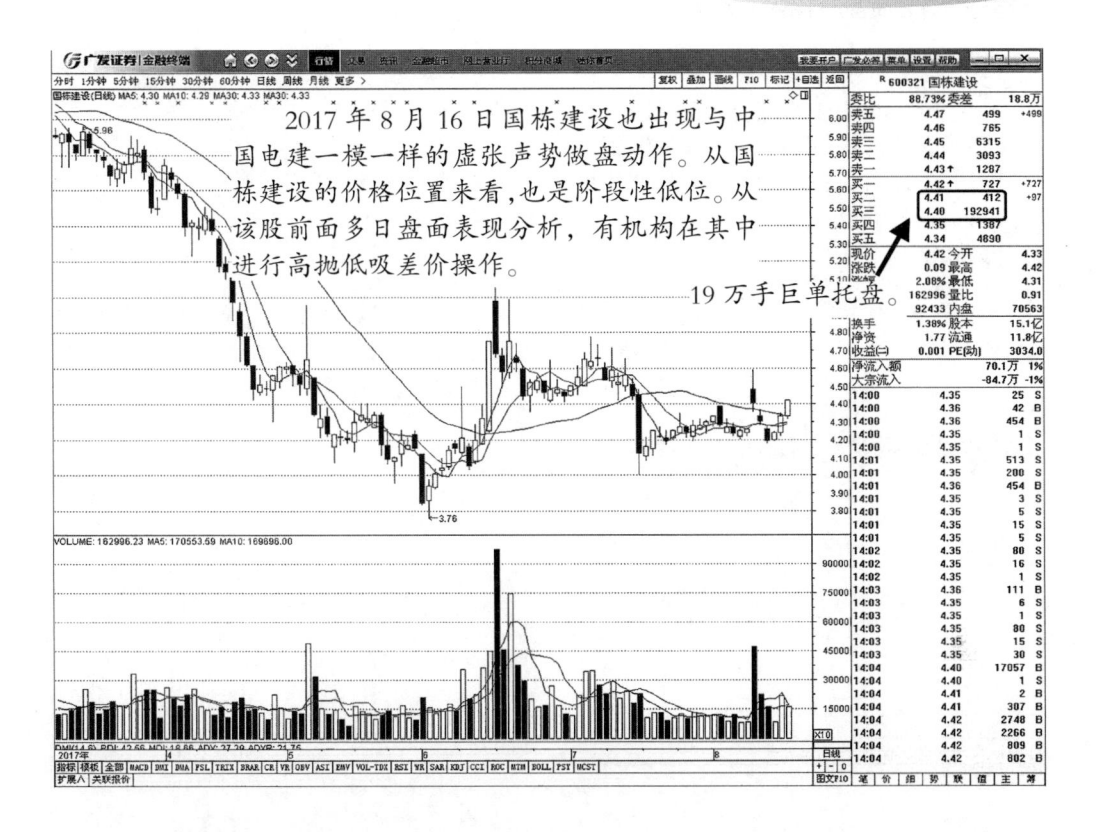

第二章 盘口分析

2017年8月16日国栋建设也出现与中国电建一模一样的虚张声势做盘动作。从国栋建设的价格位置来看，也是阶段性低位。从该股前面多日盘面表现分析，有机构在其中进行高抛低吸差价操作。

19万手巨单托盘

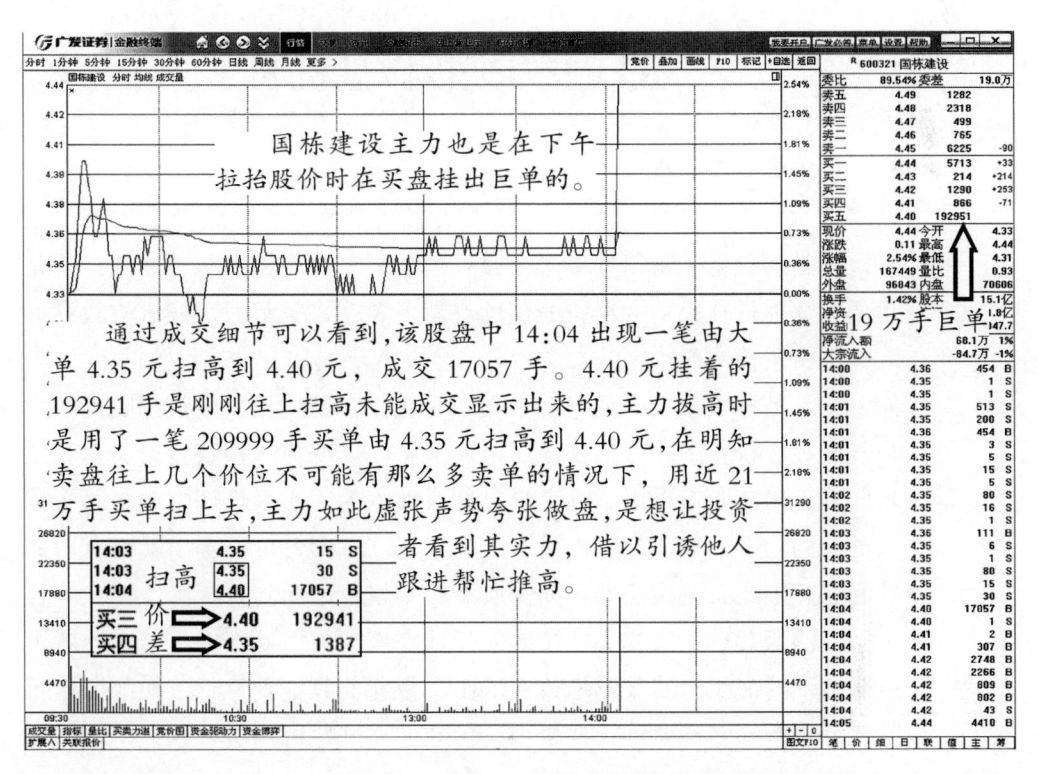

国栋建设主力也是在下午拉抬股价时在买盘挂出巨单的。

通过成交细节可以看到，该股盘中14:04出现一笔由大单4.35元扫高到4.40元，成交17057手。4.40元挂着的192941手是刚刚往上扫高未能成交显示出来的，主力拔高时是用了一笔209999手买单由4.35元扫高到4.40元，在明知卖盘往上几个价位不可能有那么多卖单的情况下，用近21万手买单扫上去，主力如此虚张声势夸张做盘，是想让投资者看到其实力，借以引诱他人跟进帮忙推高。

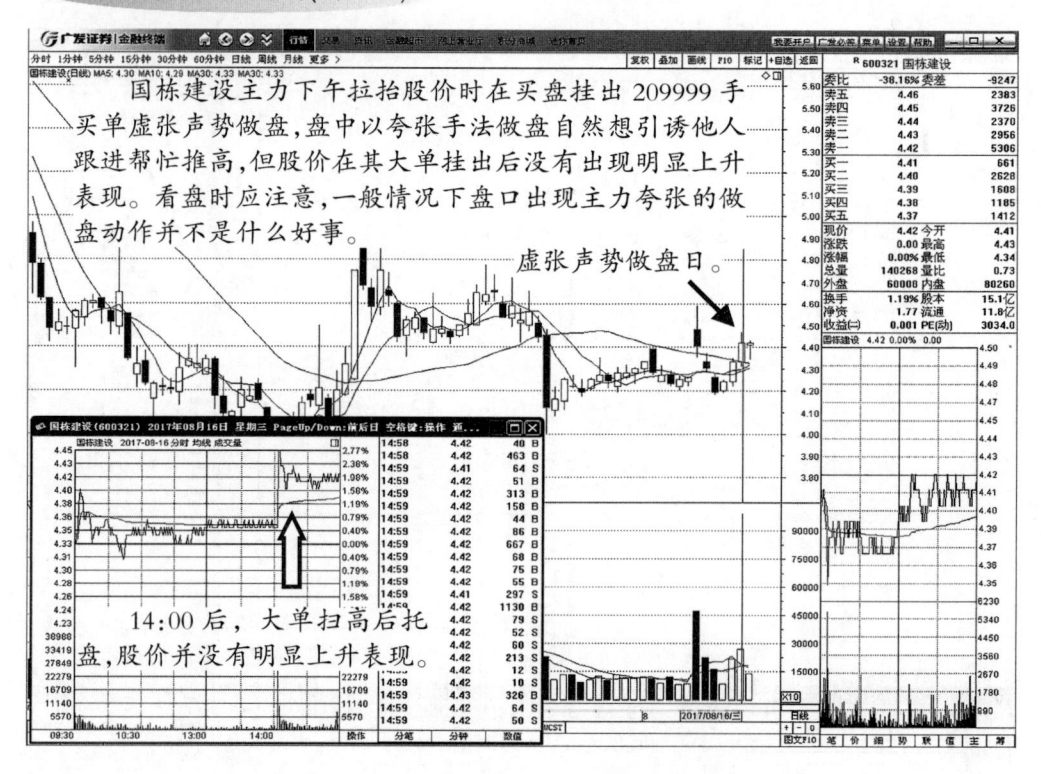

盘口主力夹板做盘机理

　　股市中夹板是指个股在交易过程中，出现卖盘委卖五档中挂有一张或多张大卖单压着，同时在买盘委买五档中也有一张或多张大买单托着，这是一种特殊盘口挂单，个股挂单出现夹板现象有两种情况：一是市场大众委托挂单巧合形成的市场自然现象；二是有大户或机构故意如此挂单希望影响股价。

　　交易过程中个股出现夹板动作本是正常市场现象，一些聪明机构大户发现夹板状态下的交易秘密后，逐渐将其转变为一种赚差价的套利技巧。西方国家股市采用 T+0 交易制度，他们的买卖报价规则跟 A 股有很大的不同，在一些品种中以买一价位买入，以卖一价位卖出就已有微薄的利润。因此有机构长期在同一股票最小报价区间同时在买一和卖一挂上巨大的买卖单，只要买一接到的货挂在卖一被市场吃掉，该主力就可以赚钱，挂在买一的买单遇他人砸出，他就能收集到筹码，如此操作每笔交易利润不多但通过长期累积就可观了。这些机构实力很强，他们也会在适当时间将股价做上一个台阶以赚得更多。A股市场基本没有这种套利机会，国内机构对夹板特殊盘口改进后，演变成出货时用于引诱买盘跟风接货技巧。

个股夹板既可以在买一价位和卖一价位挂出巨大挂单，也可以在其他价位挂出，同样也可以在买盘和卖盘挂多张大单，另外挂单数量上由做盘者根据他的情况去决定。

盘口夹板出现后，如属机构刻意操作的，还会有进一步动作出现，对敲往往是下一步不可少的动作。机构实施对敲时通过不断利用买单买入消化卖盘大卖单，制造大量买盘成交，以此去吸引市场注意，引诱部分投资者跟进买入。由于夹板上的大卖单是机构自己事前挂出来的，投资者买入就是把机构的筹码接走了，这是一种变相的减仓出货行为。现时A股市场出现个股盘口夹板动作，如明显有机构在活动的，此类大部分是主力展开减仓出货行为。

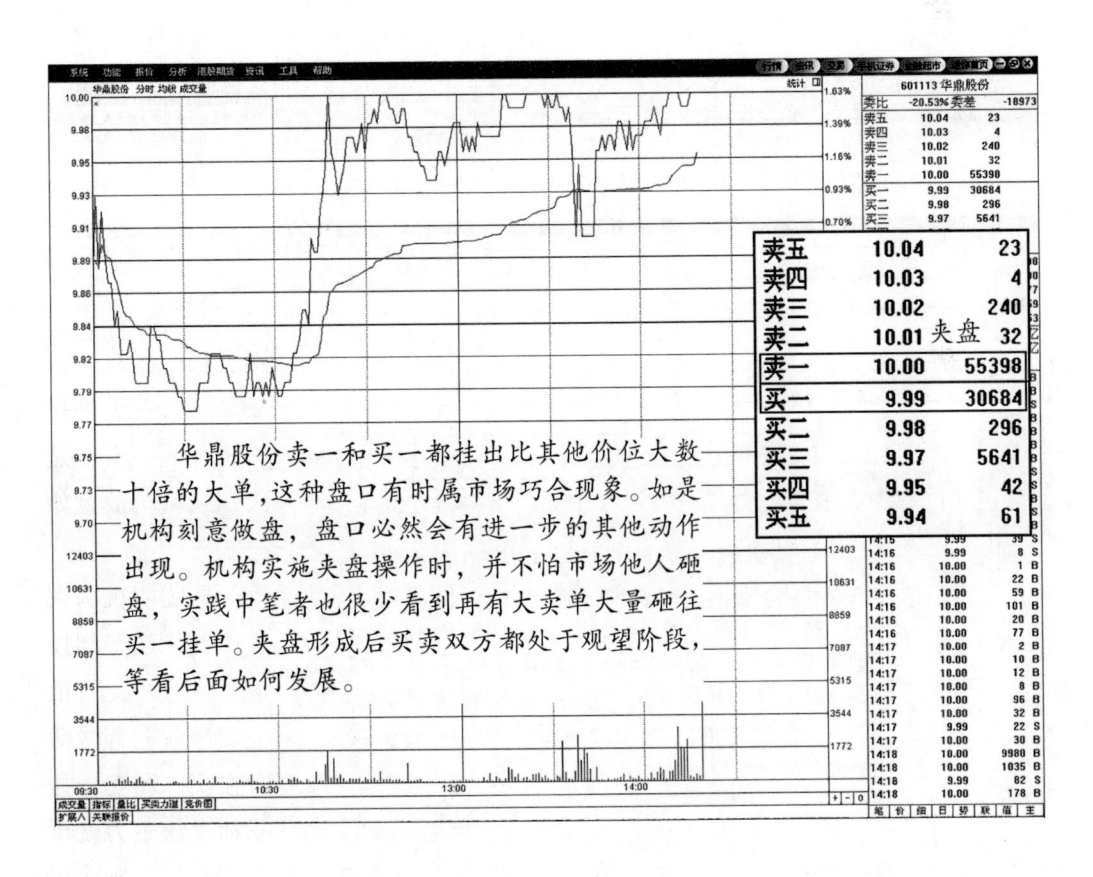

华鼎股份卖一和买一都挂出比其他价位大数十倍的大单，这种盘口有时属市场巧合现象。如是机构刻意做盘，盘口必然会有进一步的其他动作出现。机构实施夹盘操作时，并不怕市场他人砸盘，实践中笔者也很少看到再有大卖单大量砸往买一挂单。夹盘形成后买卖双方都处于观望阶段，等看后面如何发展。

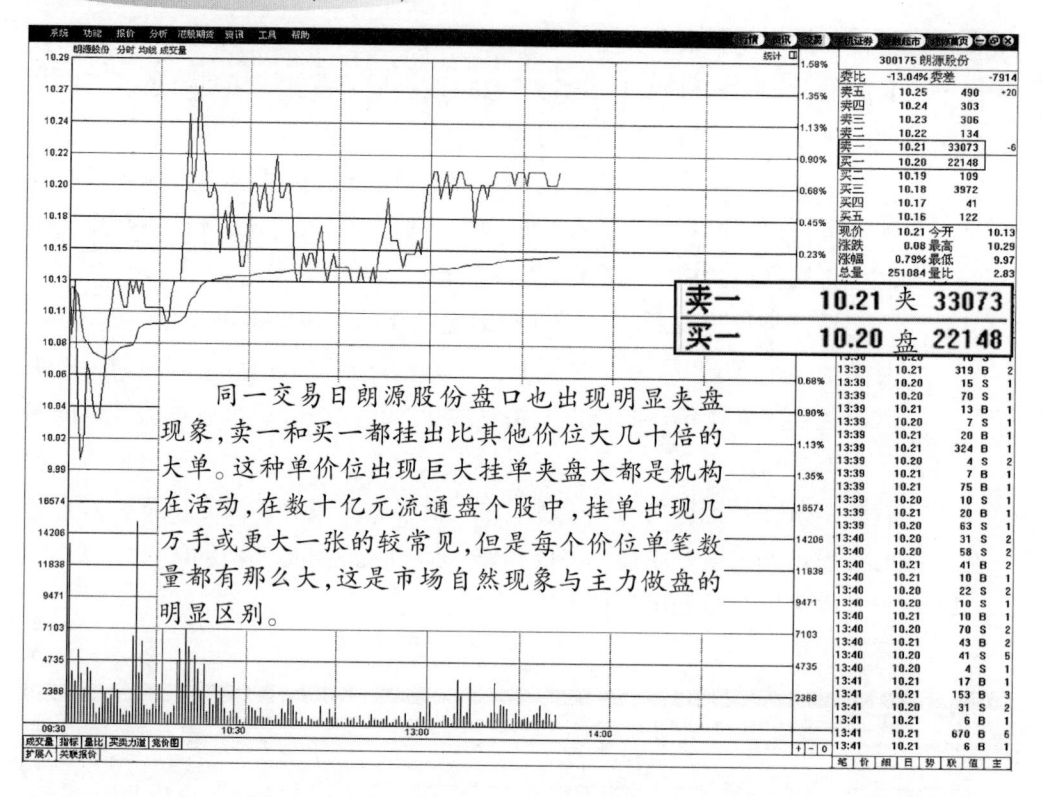

主力行为盘口解密(精选版)

同一交易日朗源股份盘口也出现明显夹盘现象，卖一和买一都挂出比其他价位大几十倍的大单。这种单价位出现巨大挂单夹盘大都是机构在活动，在数十亿元流通盘个股中，挂单出现几万手或更大一张的较常见，但是每个价位单笔数量都有那么大，这是市场自然现象与主力做盘的明显区别。

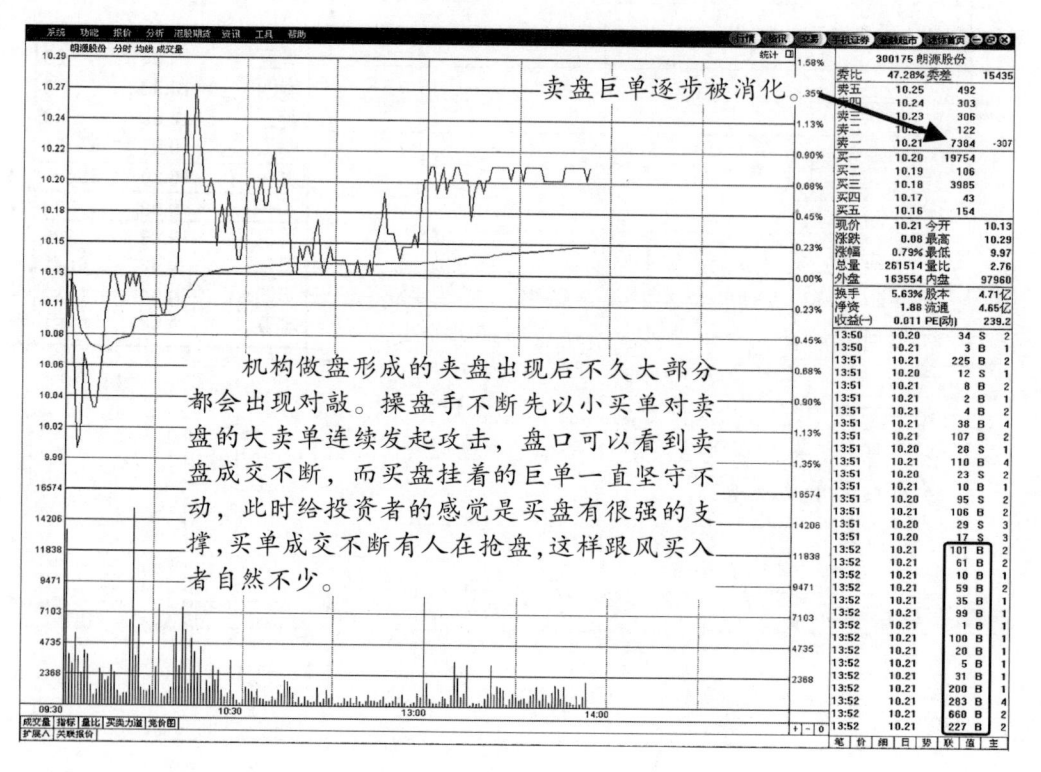

机构做盘形成的夹盘出现后不久大部分都会出现对敲。操盘手不断先以小买单对卖盘的大卖单连续发起攻击，盘口可以看到卖盘成交不断，而买盘挂着的巨单一直坚守不动，此时给投资者的感觉是买盘有很强的支撑，买单成交不断有人在抢盘，这样跟风买入者自然不少。

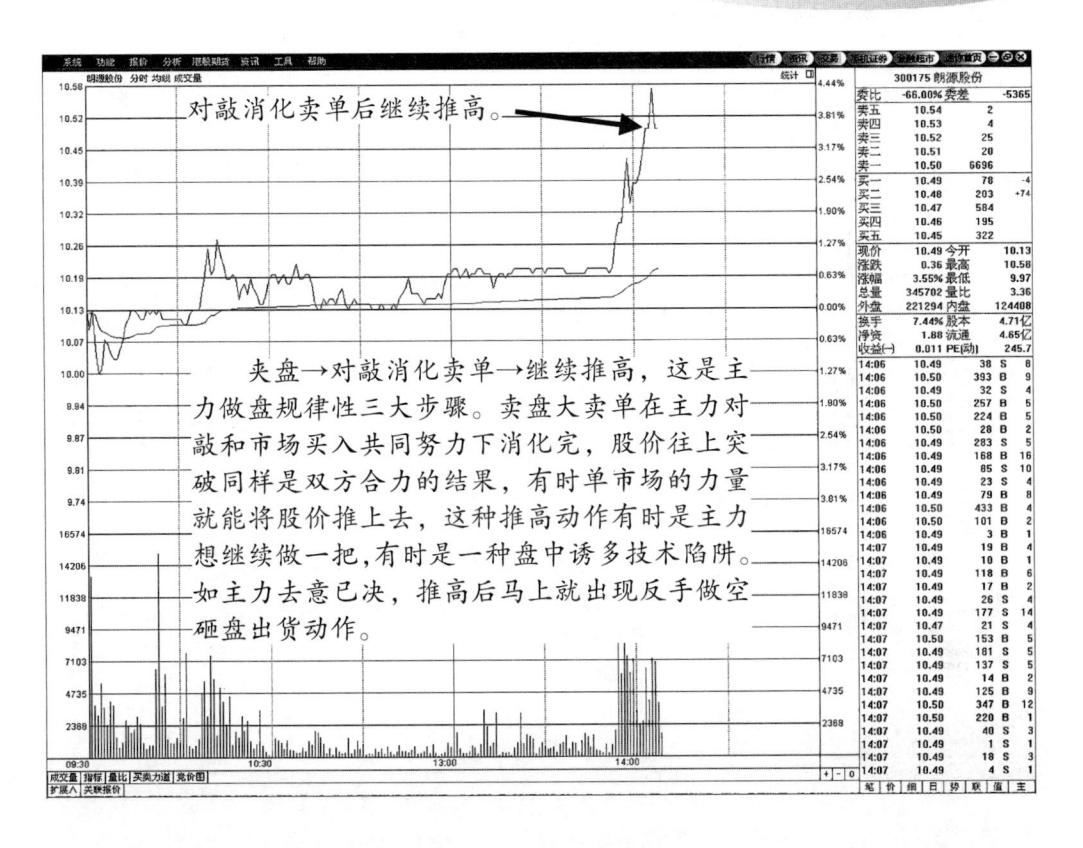

第二章 盘口分析

对敲消化卖单后继续推高。

夹盘→对敲消化卖单→继续推高，这是主力做盘规律性三大步骤。卖盘大卖单在主力对敲和市场买入共同努力下消化完，股价往上突破同样是双方合力的结果，有时单市场的力量就能将股价推上去，这种推高动作有时是主力想继续做一把，有时是一种盘中诱多技术陷阱。如主力去意已决，推高后马上就出现反手做空砸盘出货动作。

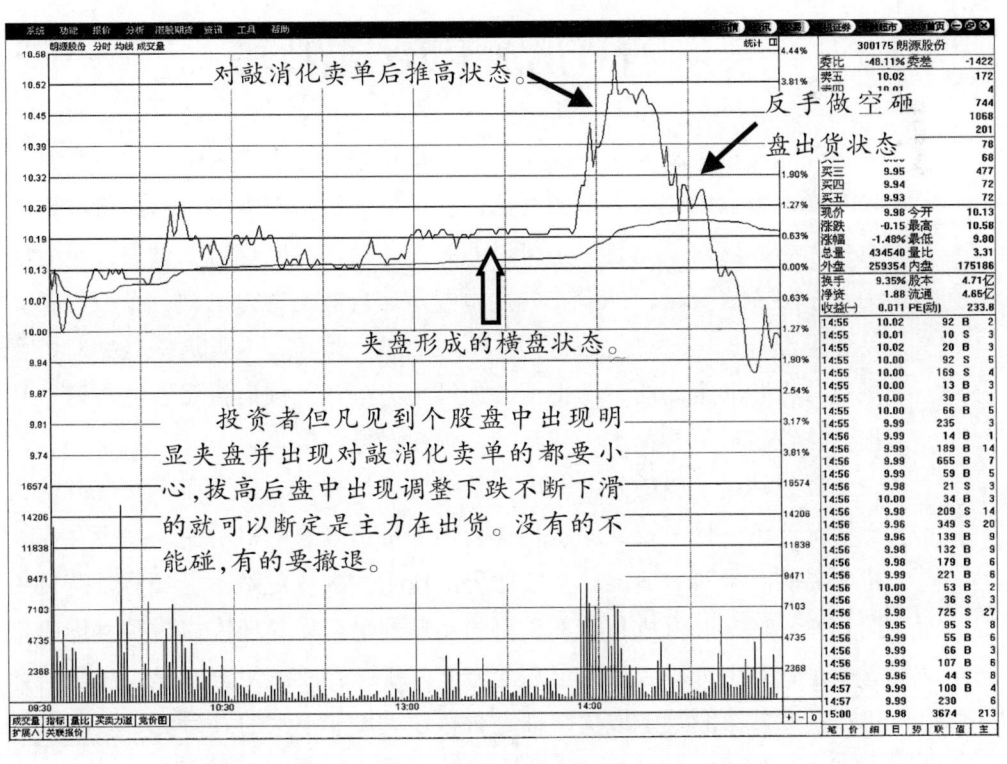

对敲消化卖单后推高状态。

反手做空砸盘出货状态

夹盘形成的横盘状态。

投资者但凡见到个股盘中出现明显夹盘并出现对敲消化卖单的都要小心，拔高后盘中出现调整下跌不断下滑的就可以断定是主力在出货。没有的不能碰，有的要撤退。

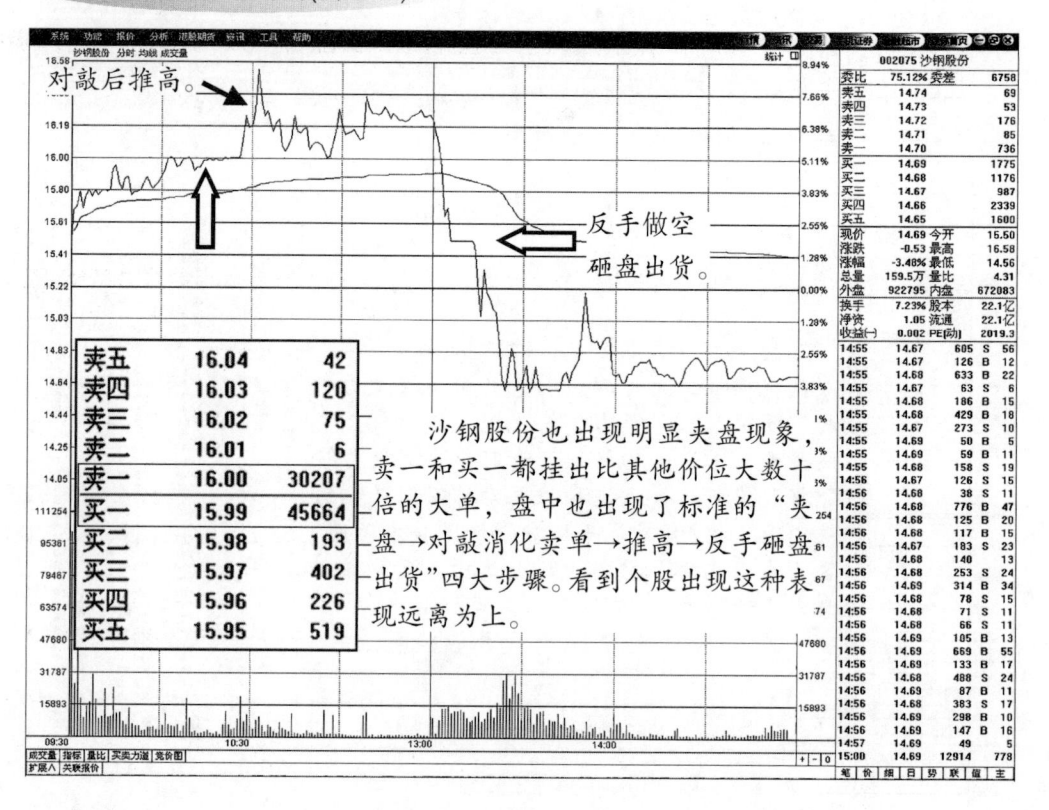

盘口识别主力对敲技巧

外盘是指主动性买入成交，内盘是指主动性卖出成交。内外盘是体现买卖双方盘中交易力量的对比。它是解释买卖双方力量对股价涨跌的直接因素。然而成交量大小可以做假，外盘内盘同样可以做假。谁有能力对个股的成交量、外盘、内盘做假？这自然是实力机构。个股日常交易如果没有机构刻意造假行为，那成交量、外盘、内盘这些数据对资金进出分析有非常高的参考价值。如经主力刻意造假后投资者分析这些数据，往往是雾里看花水中望月，欺骗性误导性极强。

要想利用个股的外盘、内盘数据去分析判断当日该股多空双方的买卖情况，第一件事要做的就是学会辨别目标股票当日的交易是否存在大量明显的对敲对倒情况。个股如果出现主力刻意对敲做盘必然是有目的的。通过把盘面做成与其真正目的相反的情况误导他人。辨别目标股票盘中是否有主力对敲行为可从两方面入手：①看该股分时是否出现怪异走势；②看该股盘中成交明细是否存在大量非正常的人为交易。

如出现以下情况基本可判定目标股票存在主力对敲行为：盘中出现主力大量对敲的个股分时走势大部分都表现很不自然，或表现甚为怪异；部分主力大量对敲个股的成交出现人为的制造雕刻痕迹，如同一价位出现大量同价格成交就是最明显的一种；该股股性并不活跃，但盘口价差甚小，而大单成交频繁。

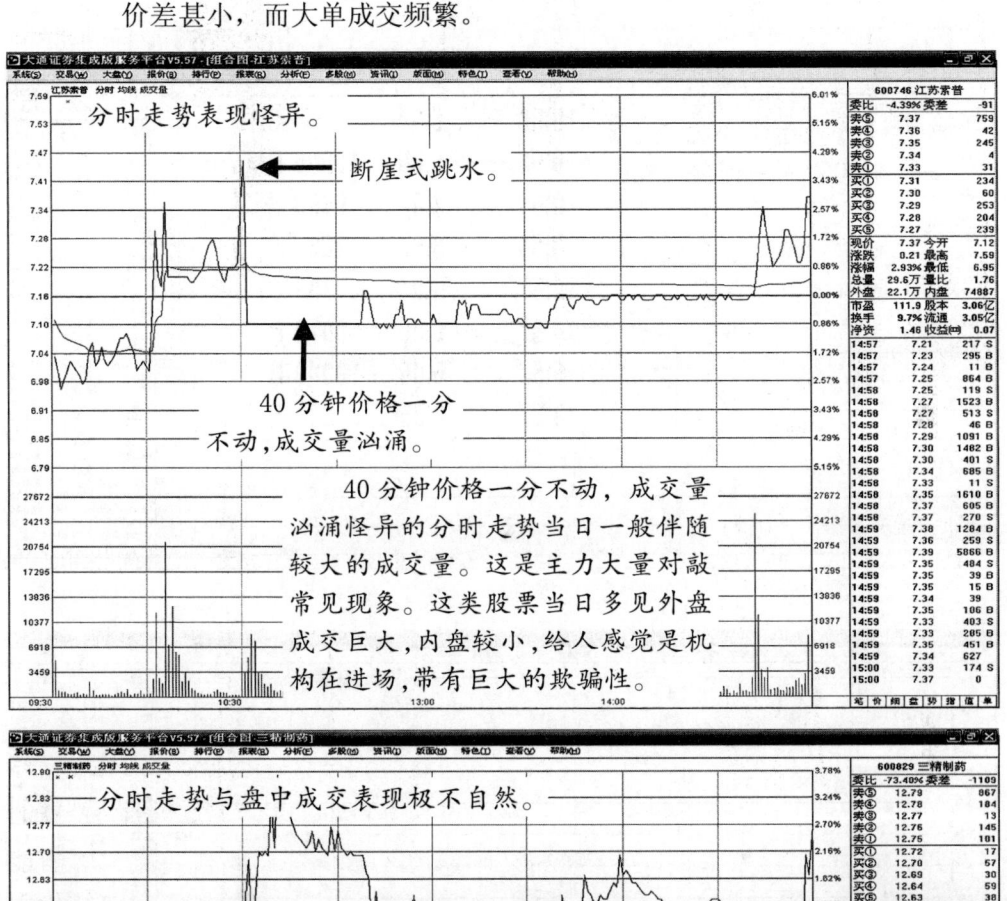

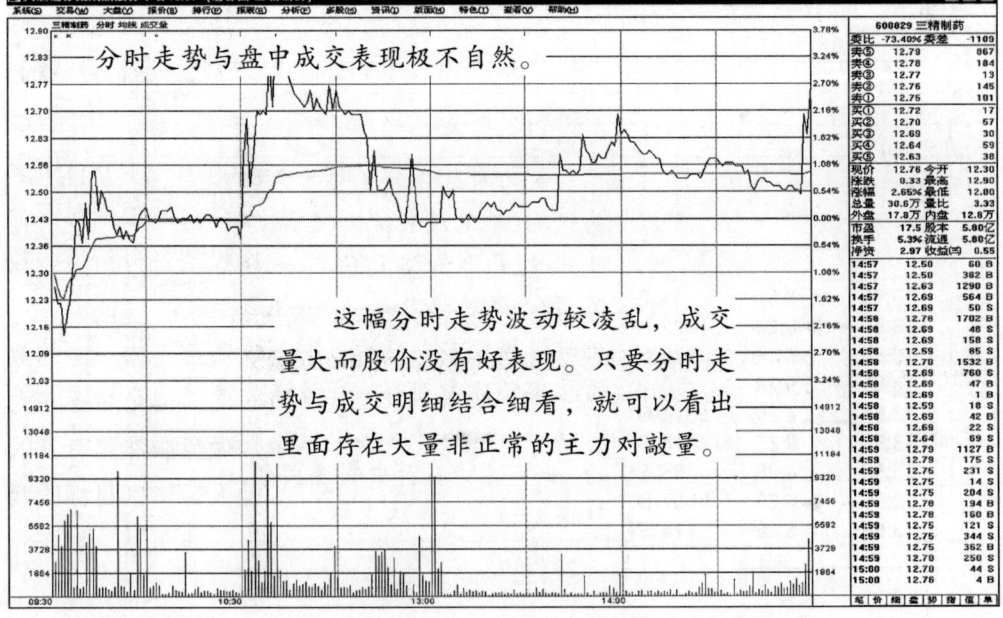

分时走势表现怪异。

断崖式跳水。

40分钟价格一分不动，成交量汹涌。

40分钟价格一分不动，成交量汹涌怪异的分时走势当日一般伴随较大的成交量。这是主力大量对敲常见现象。这类股票当日多见外盘成交巨大，内盘较小，给人感觉是机构在进场，带有巨大的欺骗性。

分时走势与盘中成交表现极不自然。

这幅分时走势波动较凌乱，成交量大而股价没有好表现。只要分时走势与成交明细结合细看，就可以看出里面存在大量非正常的主力对敲量。

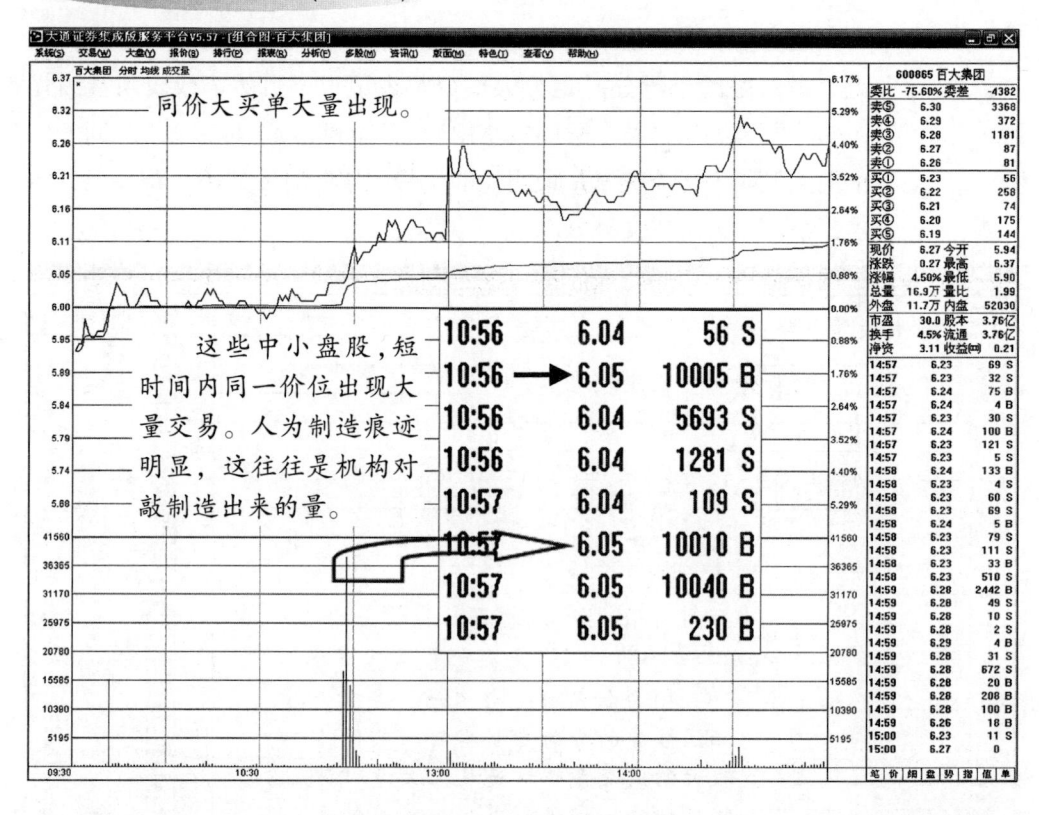

主力行为盘口解密(精选版)

同价大买单大量出现。

这些中小盘股，短时间内同一价位出现大量交易。人为制造痕迹明显，这往往是机构对敲制造出来的量。

10:56	6.04	56 S
10:56 →	6.05	10005 B
10:56	6.04	5693 S
10:56	6.04	1281 S
10:57	6.04	109 S
10:57 →	6.05	10010 B
10:57	6.05	10040 B
10:57	6.05	230 B

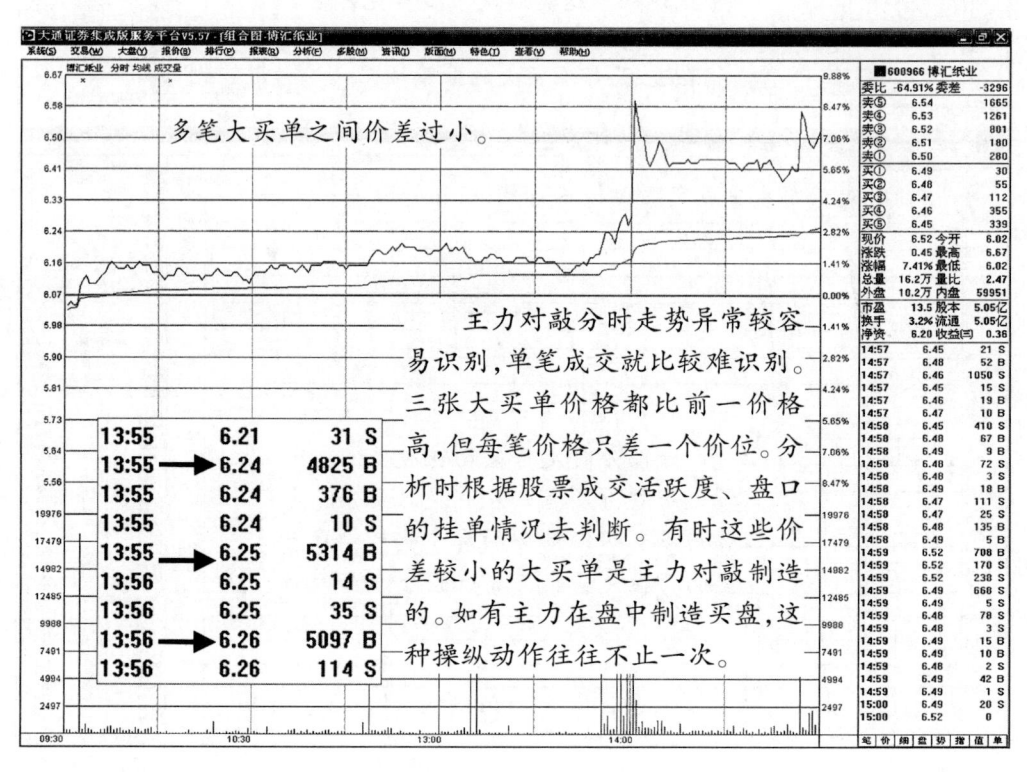

多笔大买单之间价差过小。

主力对敲分时走势异常较容易识别，单笔成交就比较难识别。三张大买单价格都比前一价格高，但每笔价格只差一个价位。分析时根据股票成交活跃度、盘口的挂单情况去判断。有时这些价差较小的大买单是主力对敲制造的。如有主力在盘中制造买盘，这种操纵动作往往不止一次。

13:55	6.21	31 S
13:55 →	6.24	4825 B
13:55	6.24	376 B
13:55	6.24	10 S
13:55 →	6.25	5314 B
13:55	6.25	14 S
13:56	6.25	35 S
13:56 →	6.26	5097 B
13:56	6.26	114 S

主力拔高出货与试盘区分技巧

试盘是指主力通对个股盘口进行刻意操纵测试，了解目标股票盘中相关信息，为其制定操盘策略收集各种信息数据。在建仓、拉升、出货等各阶段中主力都有可能先试盘再展开大规模的操作。了解主力试盘手段有助于了解把握主力的做盘方向和跟随主力操作。

主力试盘的方法很多，拉升前大单快速拔高试盘盘口就是其中一种。这种盘口是指交易时间内在没有任何预兆下出现一张或多张大买单，瞬间将股价拔高数个百分点的主力操纵行为。实盘中笔者经过长期观察研究发现，这种盘口操纵行为更多的不是真正的主力试盘，而是主力快速拔高然后展开出货的一种操作技巧。下面就以多个实例讲解主力快速拔高出货与试盘的区别。

主力行为盘口解密(精选版)

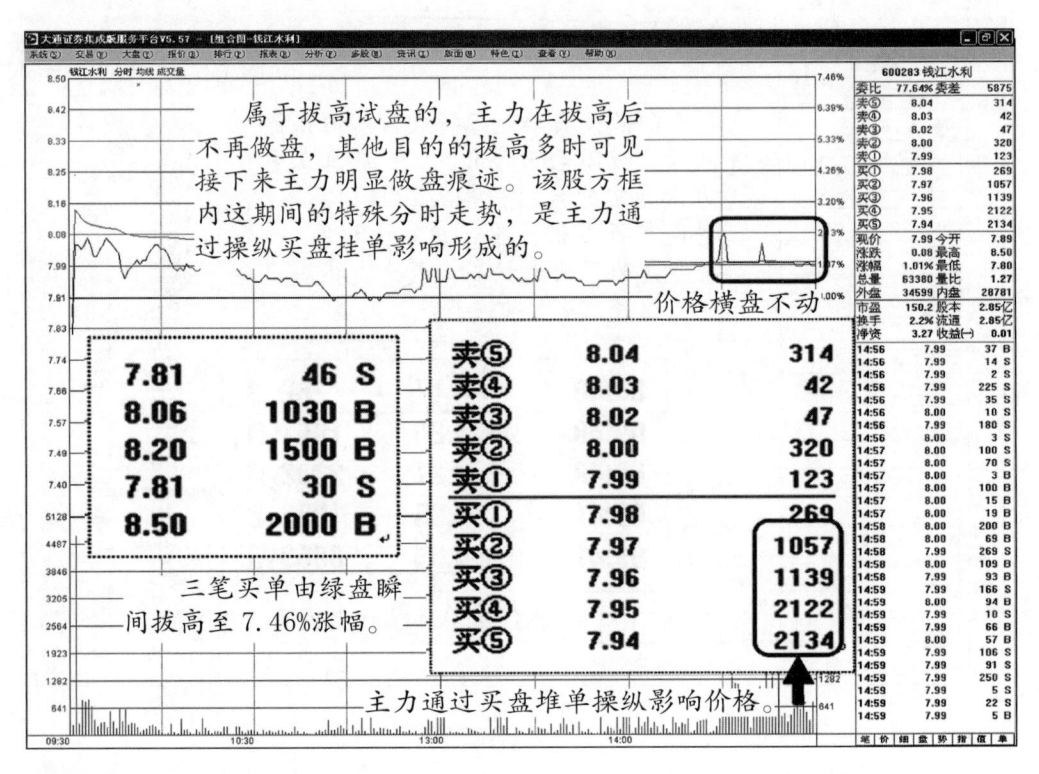

如属于拔高试盘，主力一般不会在拔高后再做盘，而是任由股价自由波动回落。主力此时的任务是观察盘口的交易情况。

如属于拔高价格或出货，拔高后股价回落到一定程度，主力就会出手稳定价格在一定的涨幅位置，否则用于拔高的资金就白干了。目的是护盘以保存拉高部分果实。为了拉高出货的也要护盘在红盘上，这样才获利更多。看盘时看拔高后股价回落时盘中有没有主力出手干预痕迹，如果明显有，那拔高就不是试盘行为。

属于拔高试盘，主力拔高后不再做盘，成交量在拔高后10分钟内比较活跃，随后恢复平静。主力拔高出货因要出手干预价格和派发，成交量接下来会继续比较活跃。

属于拔高试盘的，主力在拔高后不再做盘，其他目的的拔高多时可见接下来主力明显做盘痕迹。该股方框内这期间的特殊分时走势，是主力通过操纵买盘挂单影响形成的。

价格横盘不动

7.81	46	S
8.06	1030	B
8.20	1500	B
7.81	30	S
8.50	2000	B

三笔买单由绿盘瞬间拔高至7.46%涨幅。

主力通过买盘堆单操纵影响价格。

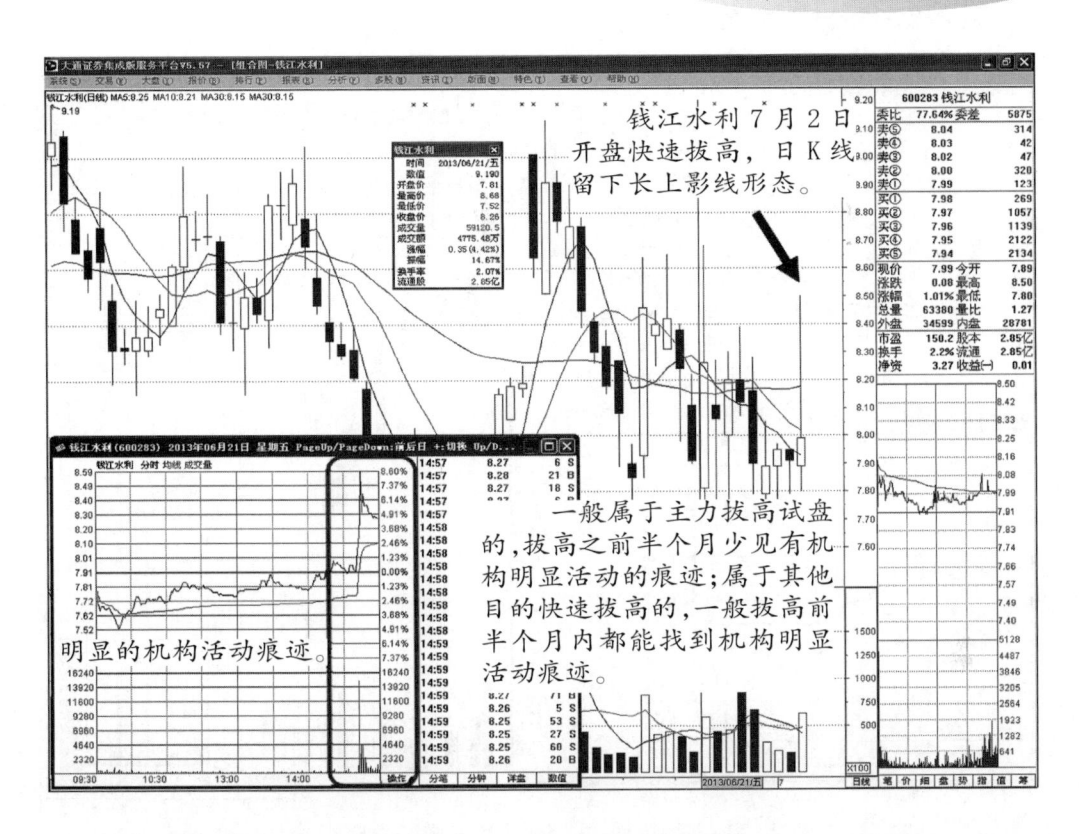

第二章 盘口分析

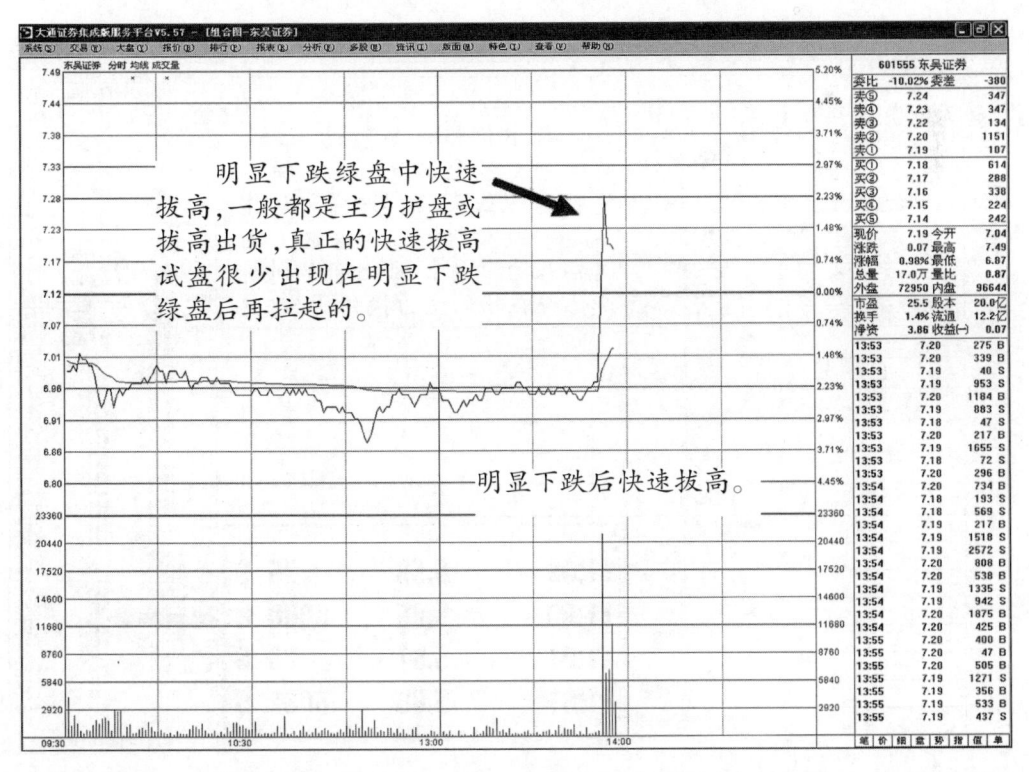

钱江水利7月2日开盘快速拔高，日K线留下长上影线形态。

一般属于主力拔高试盘的，拔高之前半个月少见有机构明显活动的痕迹；属于其他目的快速拔高的，一般拔高前半个月内都能找到机构明显活动痕迹。

明显的机构活动痕迹。

明显下跌绿盘中快速拔高，一般都是主力护盘或拔高出货，真正的快速拔高试盘很少出现在明显下跌绿盘后再拉起的。

明显下跌后快速拔高。

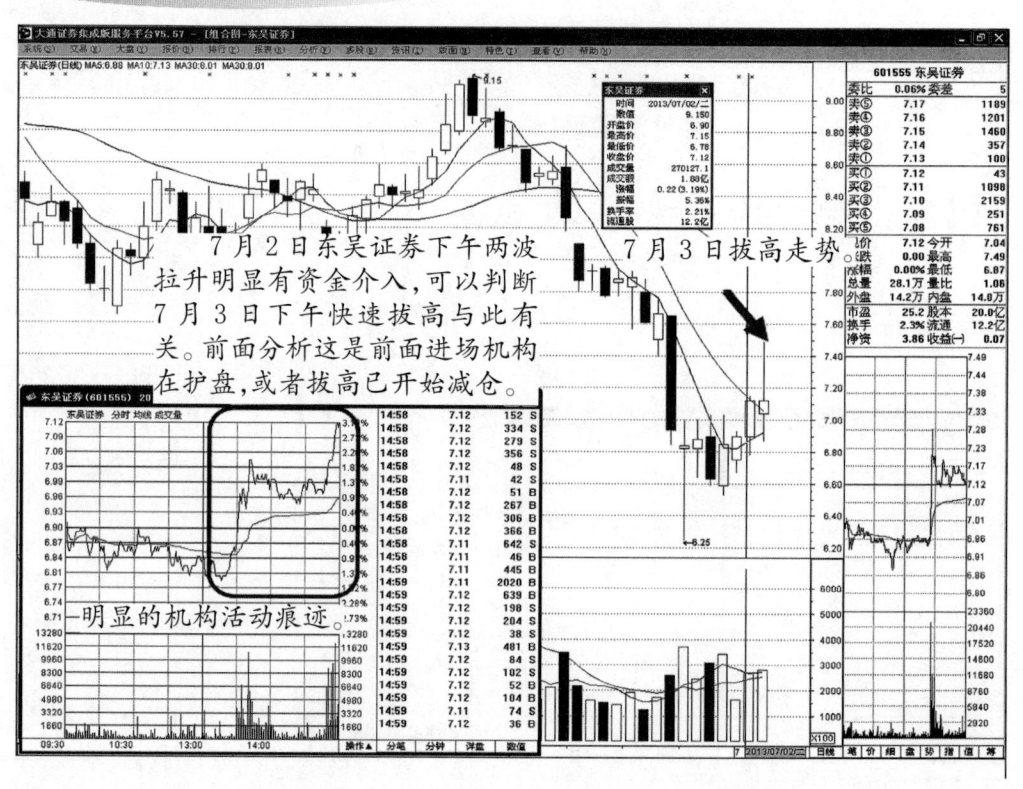

主力行为盘口解密(精选版)

7月2日东吴证券下午两波拉升明显有资金介入，可以判断7月3日下午快速拔高与此有关。前面分析这是前面进场机构在护盘，或者拔高已开始减仓。

7月3日拔高走势

明显的机构活动痕迹。

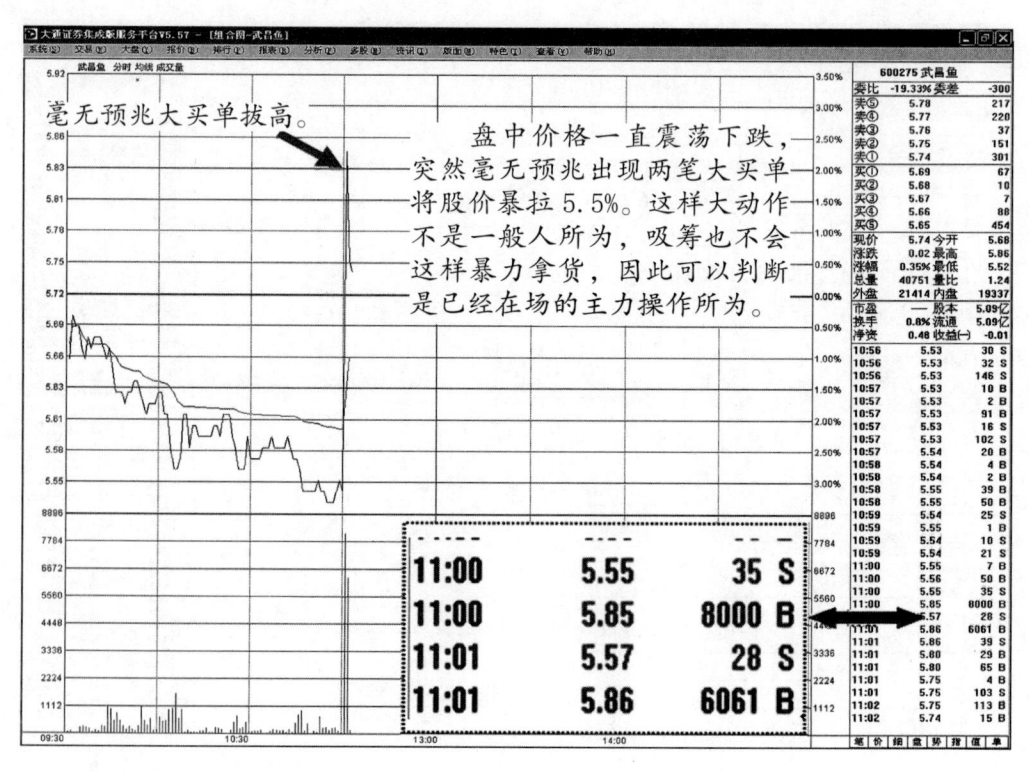

毫无预兆大买单拔高。

盘中价格一直震荡下跌，突然毫无预兆出现两笔大买单将股价暴拉5.5%。这样大动作不是一般人所为，吸筹也不会这样暴力拿货，因此可以判断是已经在场的主力操作所为。

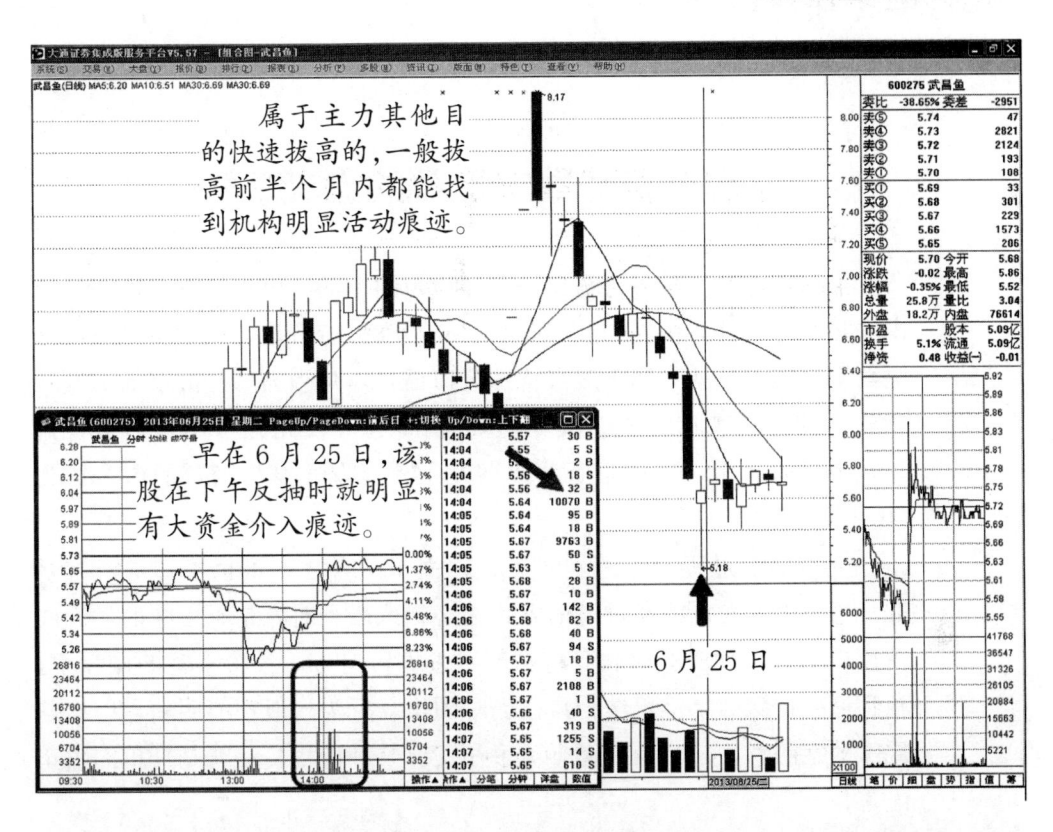

属于主力其他目的快速拔高的，一般拔高前半个月内都能找到机构明显活动痕迹。

早在6月25日，该股在下午反抽时就明显有大资金介入痕迹。

6月25日

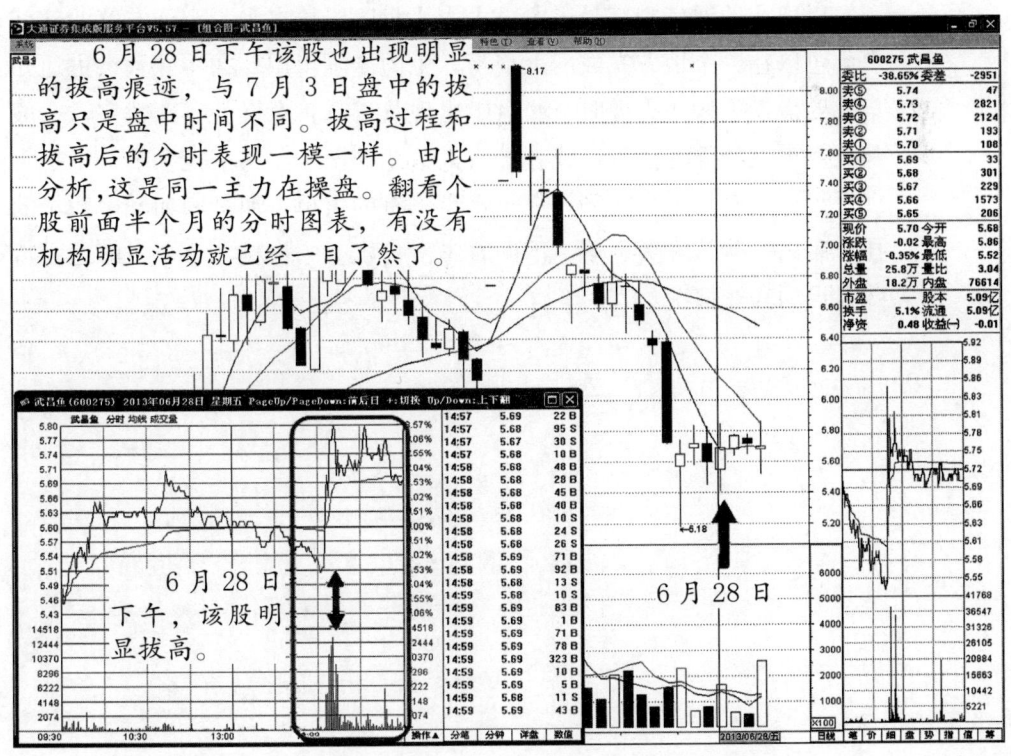

6月28日下午该股也出现明显的拔高痕迹，与7月3日盘中的拔高只是盘中时间不同。拔高过程和拔高后的分时表现一模一样。由此分析，这是同一主力在操盘。翻看个股前面半个月的分时图表，有没有机构明显活动就已经一目了然了。

6月28日下午，该股明显拔高。

6月28日

盘口特殊数字挂单的意义(一)

盘口特殊数字挂单是盘口语言知识范畴中的一个点。特殊数字挂单中的数字有哪些？例如144、4444、188、888、777这几组数字就是。这些数字之所以被认为属于股市特殊盘口语言，是因为这些数字的谐音具有一定的语言表达意义。例如144的谐音为"要死死"，444的谐音为"死死死"，188、888的谐音为"要发发""发发发"，777的谐音则为"出出出"等。

主力操盘过程中会遇到对手盘，由于两者之间谁也不知道对方是谁，想直接面对面或通过通信方式去警告或联系对方是不可能的，因此在盘口上挂出如888、444等特殊数字去警告对方。经验丰富的操盘手，看到这些特殊数字，再结合自己当时的操盘行为一般都能明白盘中这些特殊数字的意义。至少知道有对手在发出某种信号。这就是真正的盘口语言！

以现在的通信和交易手段，主力操盘时无论在多少个证券营业部开户都可以在一个地方完成网上交易。主力无须再用什么特殊数字去通知自己的操盘手操作。现时个股盘中出现具有真正意义的特殊数字，一般都是发出某种警告信号，或者是有人故意挂出一些特殊数字单以干扰大众看盘。也有的大户无聊，在买卖盘已有的大单上通过增加一定数量的挂单凑出一些特殊数字单。下面看中南传媒盘中机构斗争，了解这种特殊盘口的存在情况。

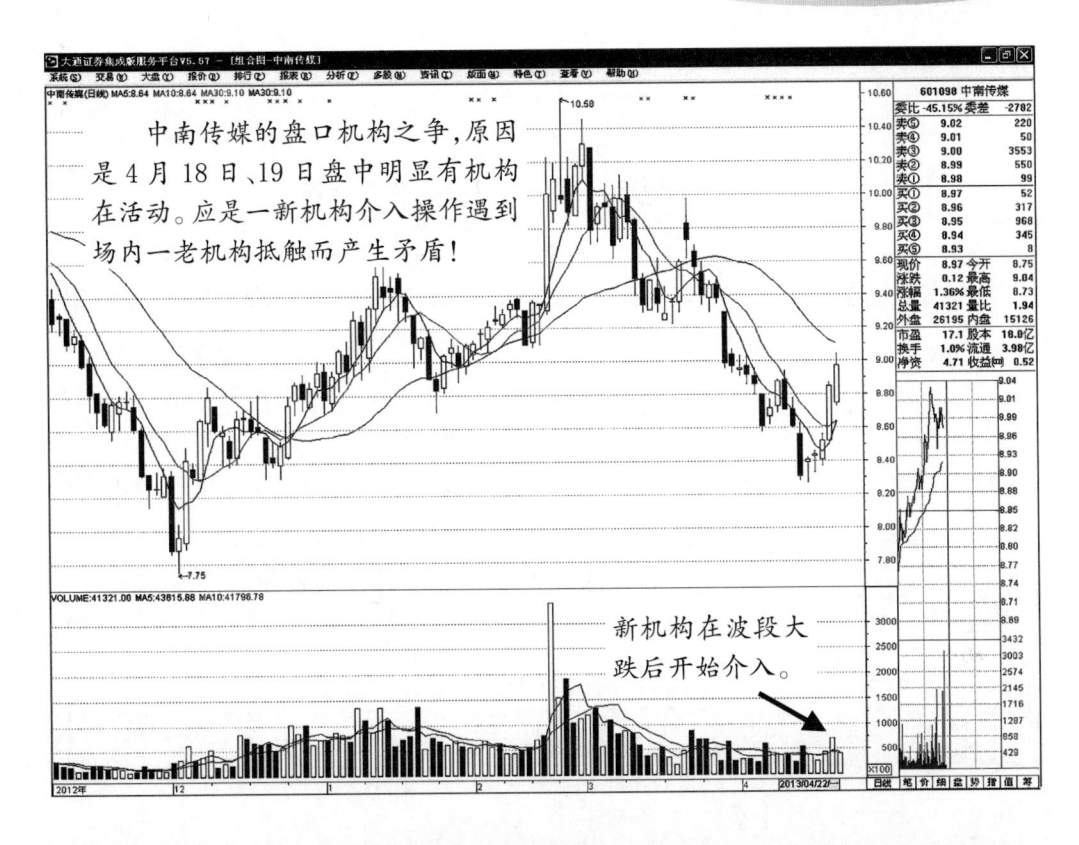

中南传媒的盘口机构之争,原因是4月18日、19日盘中明显有机构在活动。应是一新机构介入操作遇到场内一老机构抵触而产生矛盾！

新机构在波段大跌后开始介入。

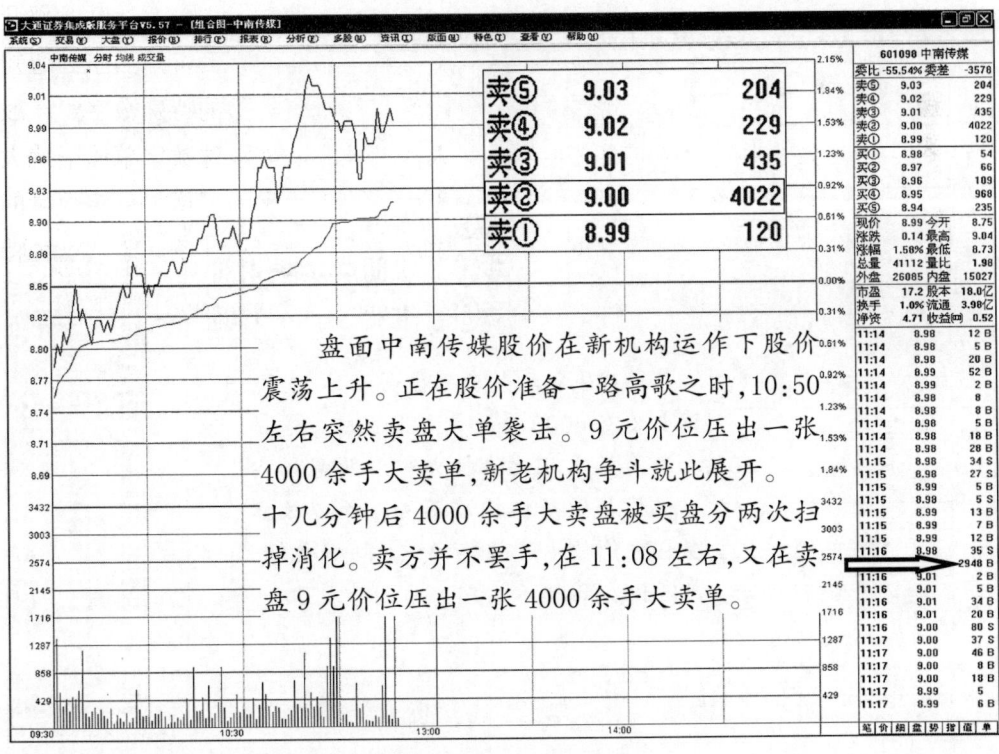

盘面中南传媒股价在新机构运作下股价震荡上升。正在股价准备一路高歌之时,10:50左右突然卖盘大单袭击。9元价位压出一张4000余手大卖单,新老机构争斗就此展开。十几分钟后4000余手大卖盘被买盘分两次扫掉消化。卖方并不罢手,在11:08左右,又在卖盘9元价位压出一张4000余手大卖单。

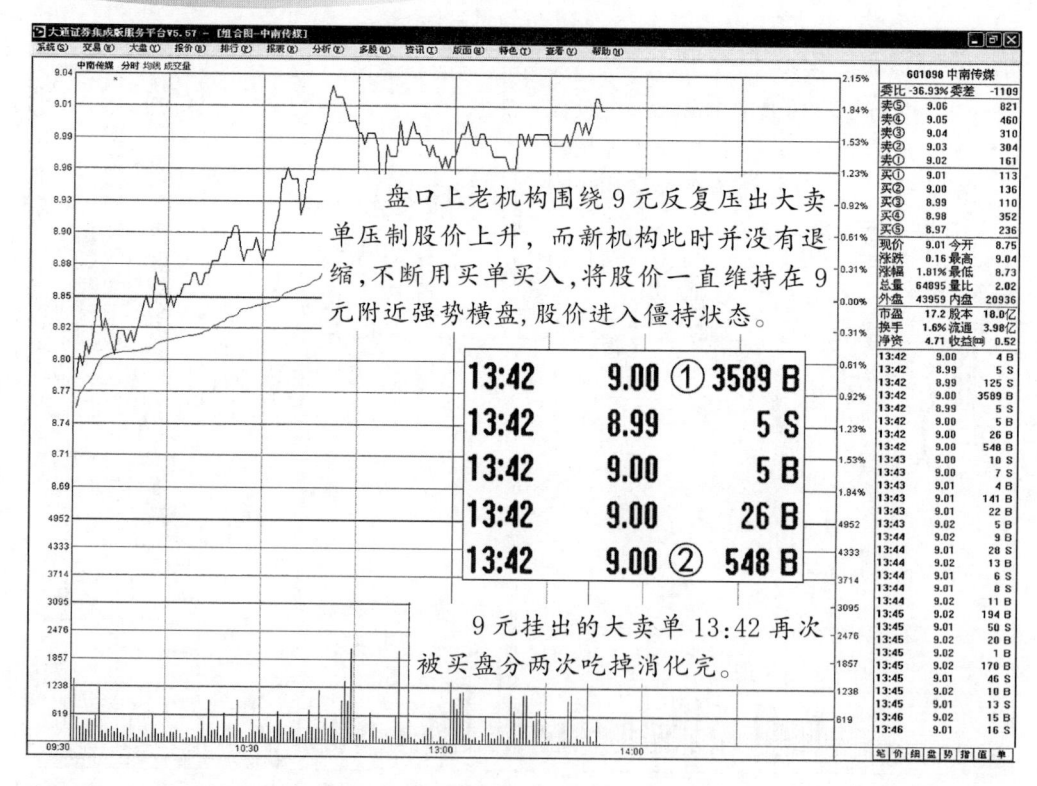

主力行为盘口解密(精选版)

盘口上老机构围绕9元反复压出大卖单压制股价上升，而新机构此时并没有退缩，不断用买单买入，将股价一直维持在9元附近强势横盘，股价进入僵持状态。

13:42	9.00	①	3589 B
13:42	8.99		5 S
13:42	9.00		5 B
13:42	9.00		26 B
13:42	9.00	②	548 B

9元挂出的大卖单13:42再次被买盘分两次吃掉消化完。

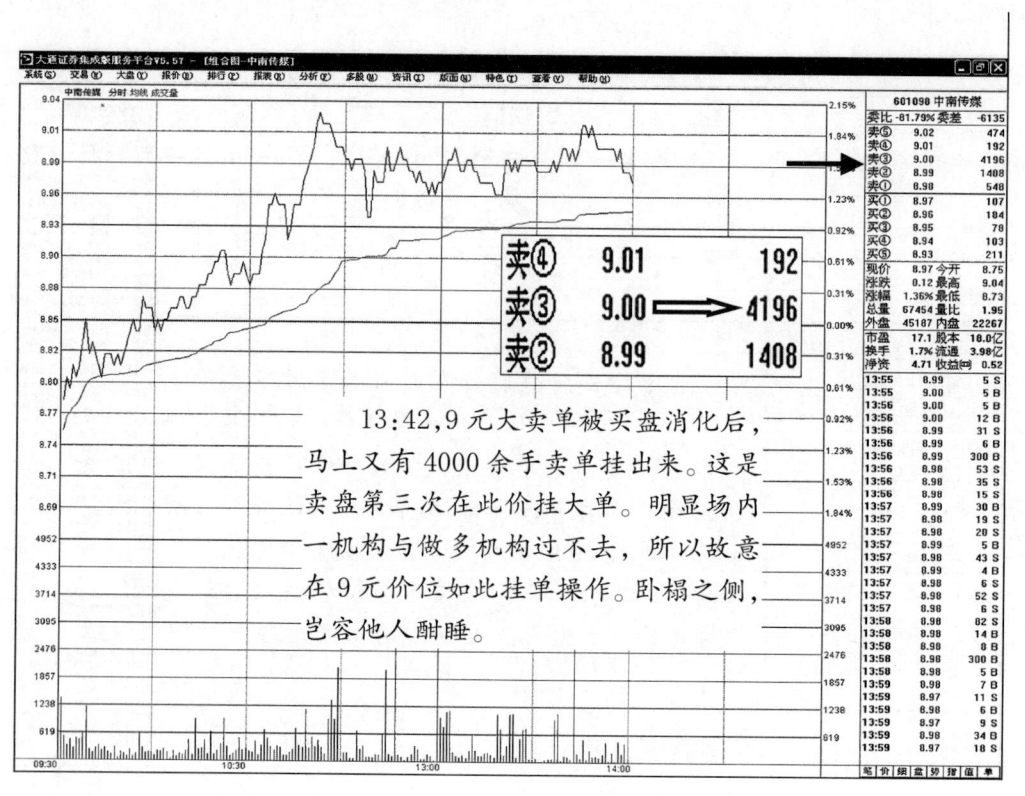

卖④	9.01	192
卖③	9.00 ⟹	4196
卖②	8.99	1408

13:42，9元大卖单被买盘消化后，马上又有4000余手卖单挂出来。这是卖盘第三次在此价挂大单。明显场内一机构与做多机构过不去，所以故意在9元价位如此挂单操作。卧榻之侧，岂容他人酣睡。

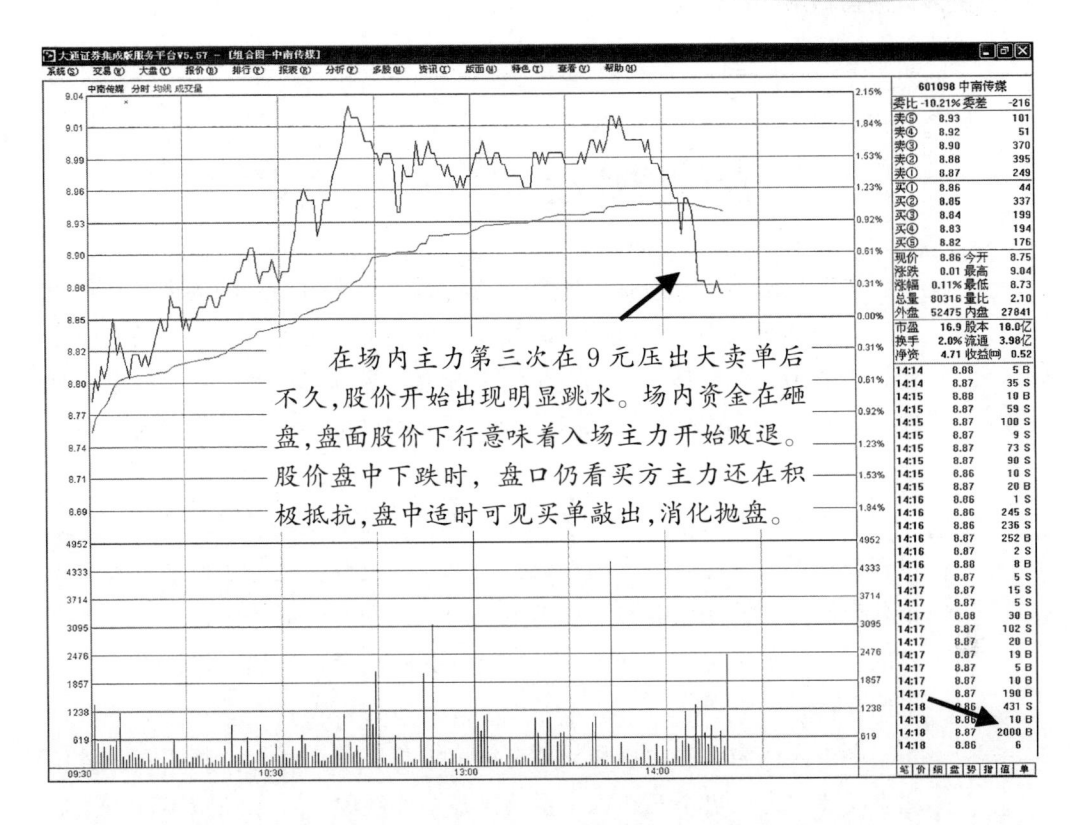

第二章 盘口分析

在场内主力第三次在9元压出大卖单后不久,股价开始出现明显跳水。场内资金在砸盘,盘面股价下行意味着入场主力开始败退。股价盘中下跌时,盘口仍看买方主力还在积极抵抗,盘中适时可见买单敲出,消化抛盘。

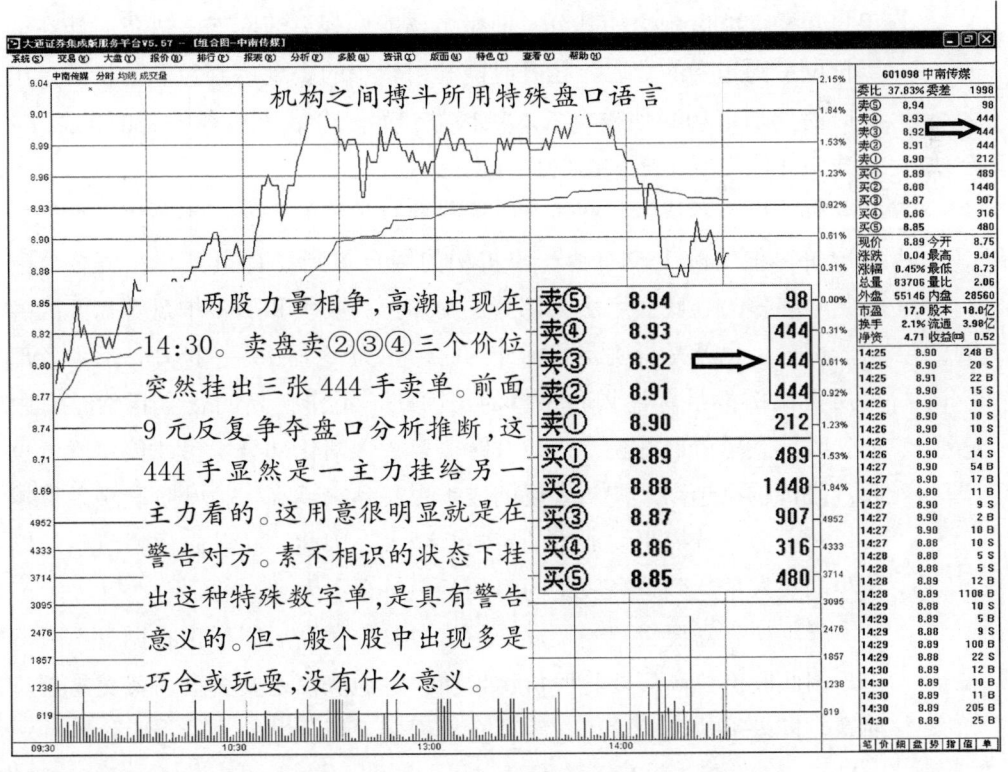

机构之间搏斗所用特殊盘口语言

两股力量相争,高潮出现在14:30。卖盘卖②③④三个价位突然挂出三张444手卖单。前面9元反复争夺盘口分析推断,这444手显然是一主力挂给另一主力看的。这用意很明显就是在警告对方。素不相识的状态下挂出这种特殊数字单,是具有警告意义的。但一般个股中出现多是巧合或玩耍,没有什么意义。

卖⑤	8.94	98
卖④	8.93	444
卖③	8.92	444
卖②	8.91	444
卖①	8.90	212
买①	8.89	489
买②	8.88	1448
买③	8.87	907
买④	8.86	316
买⑤	8.85	480

盘口特殊数字挂单的意义(二)

一般投资者很难直接接触到主力,想看到主力操盘的场面就更不可能了。因此对主力这些人物深感神秘。事实上,主力就是一个持有资金量较大的个人或集体。炒作资金的来源渠道多种多样,如自有资金、理财、拆借、银行贷款等。资金来源的构成往往也能决定运作的思路方式。

主力操盘手这一群体中既有运作家族资金的富家子弟、券商老总、投资公司老板、拥有巨大超额财富的个人,也有实战中拼搏成名被看中招募为操盘手的普通股民。在这庞大的机构操盘手群体中,操盘手各有各的特点,水平也不相同,既有精英,又有高手,当然,也少不了混日子的家伙。

不少人认为,主力操盘只要有钱有消息有渠道就行,其实真正运作起来需要主力操盘手有相当丰富的操盘运作经验。一个经验丰富的操盘手日常操盘能做到恰如其分,面对市场能做到灵活应变;进货时能在适当价位拿到想要的筹码,拉升时能利用较少的资金达到拉升的目的,出货时能调动市场其他投资者入场接盘。而一个缺乏实践经验的操盘手,操作中往往出现生搬硬套的操作套路。

有的投资者认为,在拉升阶段只要有足够的资金,不断买入就能拉高股价,但实际上没有哪一家机构的钱会多到没有预算。在资金分配上,吸筹作为仓底会用去大部分,用作拉高股价和后备护盘等需要的各占一部分。也就是说确定目标介入时,主力资金吸筹、拉升、后备各部分所占比例都是有计划和预算的。因此,用作拉高的资金自然是有限的。吸筹完毕后展开拉升,拉升时需要买入消化部分卖盘才能将股价拉起。股价越拉越高,购买筹码的成本也就越来越高。拉升阶段买入量越大,对主力所持筹平均成本的影响就越大。因此,拉升阶段操盘手能以较少的买入量达到拉高股价的目的是最符合主力利益的。

除了拉高需要投资资金,交易盘中股价拉高后同样也有抛盘不断抛出。因此股价拉高后要将股价维护在一定的涨幅还要护盘。就交易盘口而言,操盘手拉高股价后,需要在高位接下部分抛筹才能将股价维持一定的涨幅。拉升需要钱，拉高后护盘也是需要钱。没有一定的操作水准，这些环节比较难轻松做好。

拉升的目的就是为了拉高股价，交易中拉高股价的操作手法很多，常见的有直线拉高、震荡上行、波浪式拉高、阶段式拉高等。每种拉升方法都有它的优缺点。主力操作手根据自己的实力强弱、所操作个股控盘度高低、个股流通盘大小的差异、股性活跃程度等采用适当的拉高方法。

所谓直线拉高，也就是一口气拉高数个百分点。这是一种较为凶狠的拉升手法。此拉升手法的优点是快速拉高，不让跟风盘在低位有更多的进货时间。直线拉高省时，但由于股价在极短时间内拔高，没有足够的时间消化中途卖盘，因此用此种手法拉高后盘中股价往往面临十分沉重的抛压。

性格凶狠或者实力较强的主力操盘手，有时利用一张数千甚至数万手的巨大买单，一笔将股价拔高数个百分点，这也是常见的拉高手法。此法拔高出现在平常交易不十分活跃的个股中时，大买单成交后买①和卖①挂单之间则存在较大的价格空缺。如果买①和卖①挂单之间的大量价位较长时间没有买单挂出，那这是一种跟风不足的盘口。此时一张小小的卖单，就可以将原本拉高了数个百分点的股价砸回原形。为了避免这一情况发生，操盘手在利用巨单往上大幅拔高股价的同时，往往在巨单成交下面的空缺价位挂出多张小买单。此时挂出多张小买单的目的有二：一是制造该股有活跃的跟风盘；二是避免卖盘出现一张小卖单就将拉高了的股价砸回原形。

一般操盘手为了下单方便省事，在空缺价位挂出多张小买单时，下单全部用如100手、200手等数量相同的小单。为什么用数量相同的小单？就是为了下单输入时省事，这是多数操手做盘时的习惯。

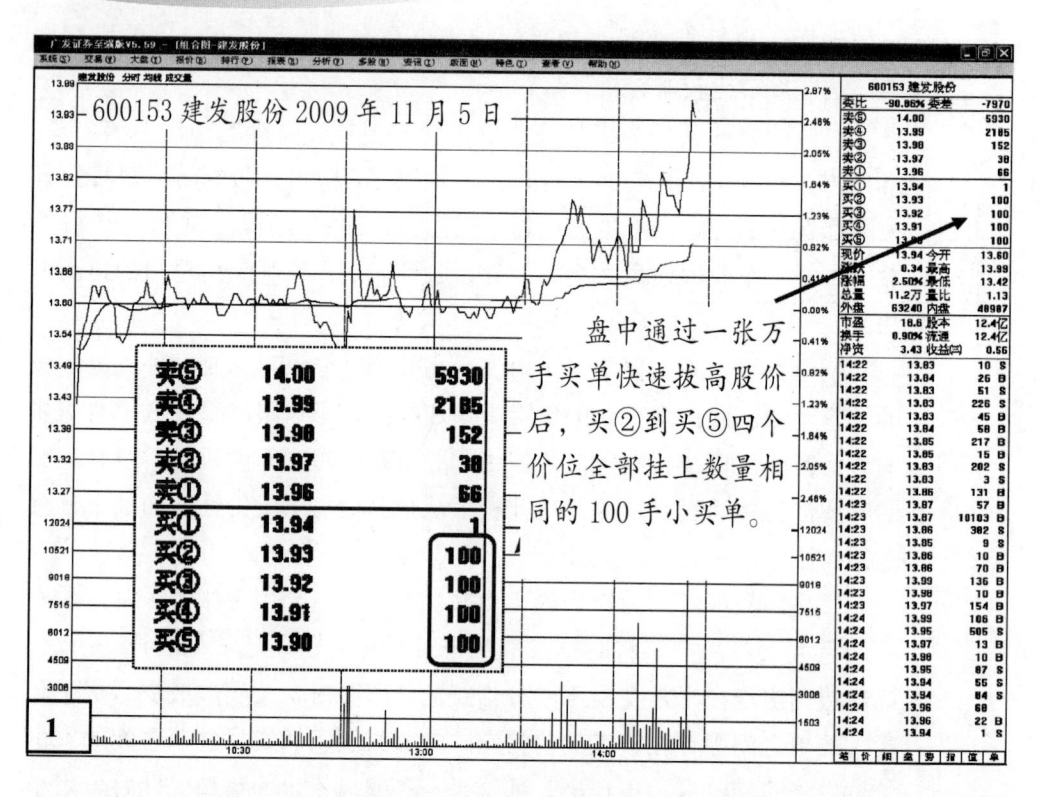

主力行为盘口解密(精选版)

1 600153 建发股份 2009年11月5日

盘中通过一张万手买单快速拔高股价后，买②到买⑤四个价位全部挂上数量相同的100手小买单。

卖⑤	14.00	5930
卖④	13.99	2185
卖③	13.98	152
卖②	13.97	38
卖①	13.96	66
买①	13.94	1
买②	13.93	100
买③	13.92	100
买④	13.91	100
买⑤	13.90	100

2 600824 益民商业 2009年11月5日

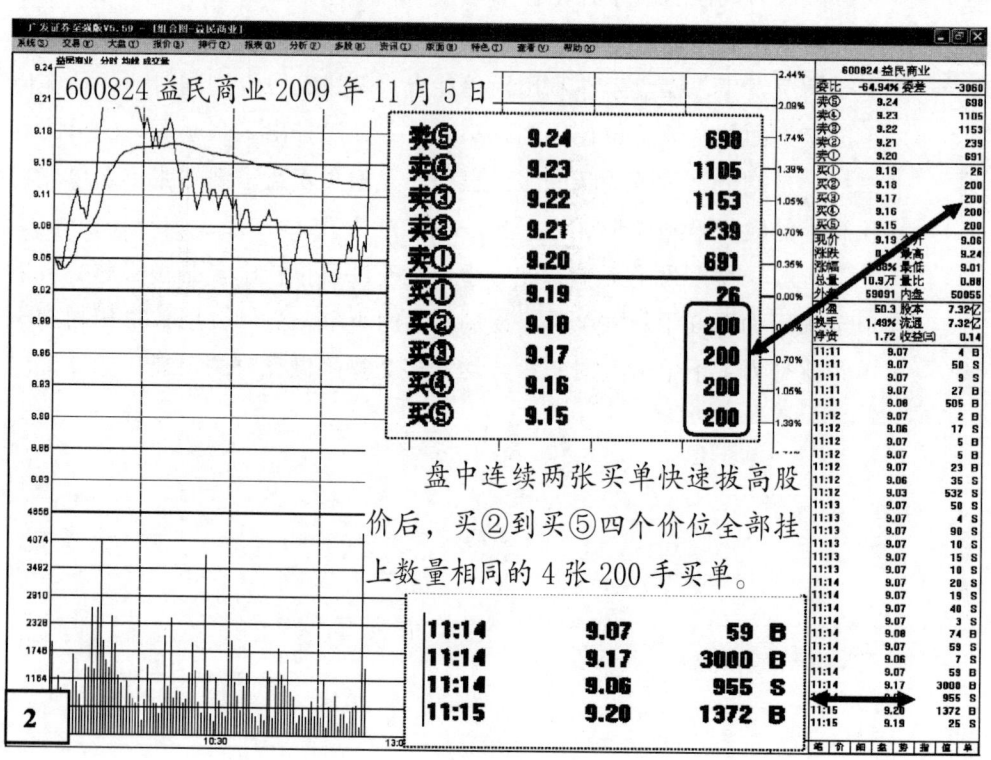

卖⑤	9.24	698
卖④	9.23	1105
卖③	9.22	1153
卖②	9.21	239
卖①	9.20	691
买①	9.19	26
买②	9.18	200
买③	9.17	200
买④	9.16	200
买⑤	9.15	200

盘中连续两张买单快速拔高股价后，买②到买⑤四个价位全部挂上数量相同的4张200手买单。

11:14	9.07	59	B
11:14	9.17	3000	B
11:14	9.06	955	S
11:15	9.20	1372	B

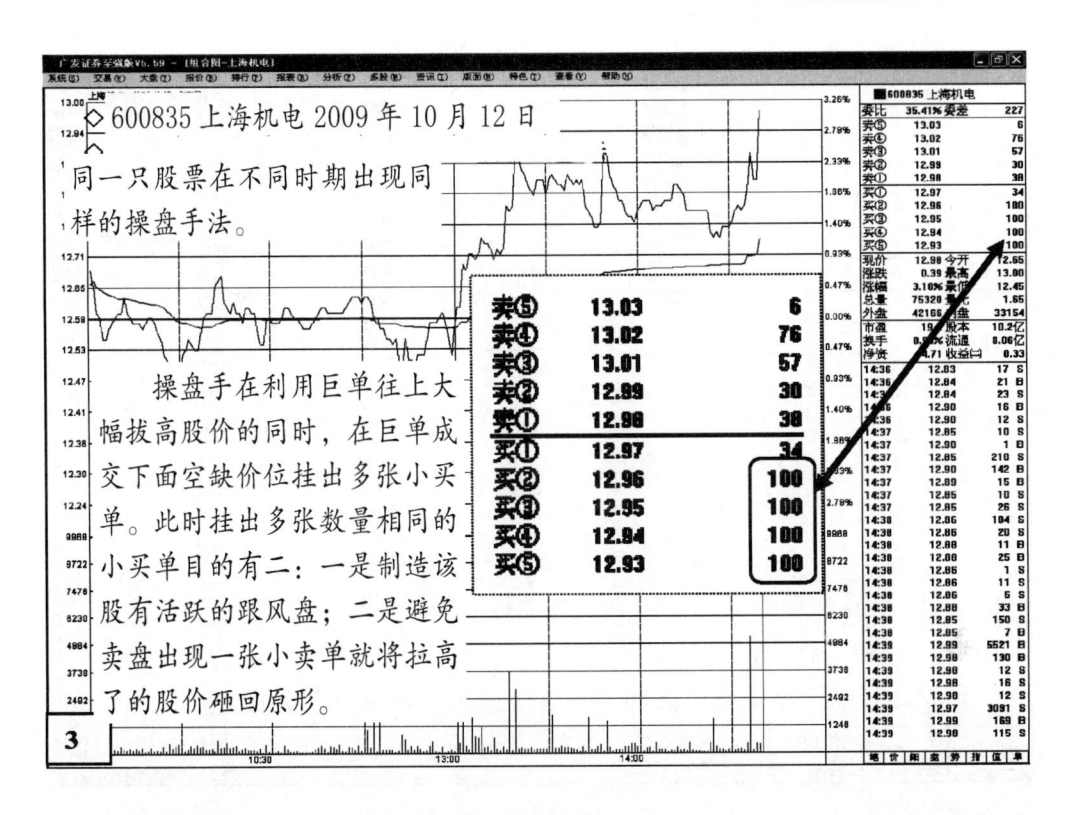

第二章 盘口分析

◇ 600835 上海机电 2009年10月12日

同一只股票在不同时期出现同样的操盘手法。

操盘手在利用巨单往上大幅拔高股价的同时，在巨单成交下面空缺价位挂出多张小买单。此时挂出多张数量相同的小买单目的有二：一是制造该股有活跃的跟风盘；二是避免卖盘出现一张小卖单就将拉高了的股价砸回原形。

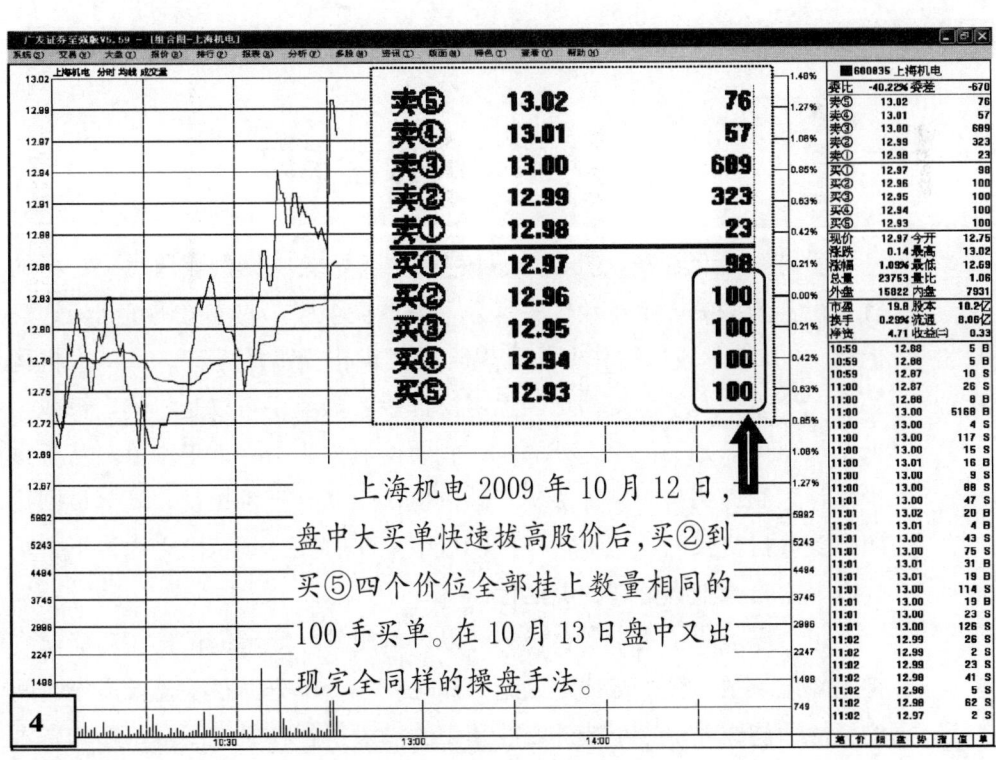

卖⑤	13.03	6
卖④	13.02	76
卖③	13.01	57
卖②	12.99	30
卖①	12.98	38
买①	12.97	34
买②	12.96	100
买③	12.95	100
买④	12.94	100
买⑤	12.93	100

卖⑤	13.02	76
卖④	13.01	57
卖③	13.00	689
卖②	12.99	323
卖①	12.98	23
买①	12.97	98
买②	12.96	100
买③	12.95	100
买④	12.94	100
买⑤	12.93	100

上海机电 2009年10月12日，盘中大买单快速拔高股价后，买②到买⑤四个价位全部挂上数量相同的100手买单。在10月13日盘中又出现完全同样的操盘手法。

主力行为盘口解密(精选版)

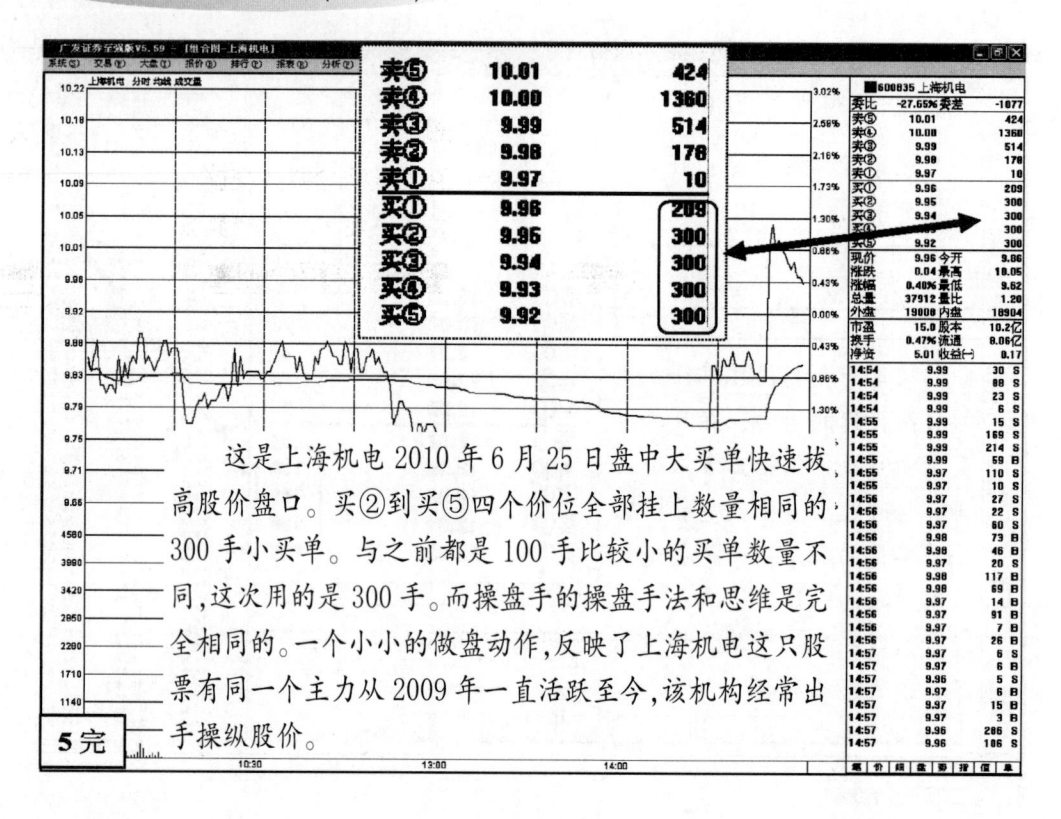

这是上海机电2010年6月25日盘中大买单快速拔高股价盘口。买②到买⑤四个价位全部挂上数量相同的300手小买单。与之前都是100手比较小的买单数量不同,这次用的是300手。而操盘手的操盘手法和思维是完全相同的。一个小小的做盘动作,反映了上海机电这只股票有同一个主力从2009年一直活跃至今,该机构经常出手操纵股价。

主力笨拙的操盘手段

　　手持数十亿巨资,控盘一只股票50%甚至更高比例流通盘,这样的行为已甚为少见。手持数亿资本介入中小盘个股,收集筹码量为流通盘的5%~20%,阶段性炒作行为是现阶段大机构操盘的主流。每一家机构都有一个或多个下单交易员,也叫操盘手。操盘手可以是机构老板或一把手,也可以是一把手之外的职业股票操盘人士。一把手操盘,从整体操作计划制订到盘中具体买卖一手包揽,除非一把手操盘,下单员则按照上头每日交代的计划进行操作,盘中操作时在计划范围之内,下单员也有一定自行把握处理的灵活性。

　　主力操盘除了集中资金优势可以影响股价,高超的做盘技巧能做到神不知鬼不觉,轻松赚钱走人无人知晓。一个优秀操盘手需要多年时间的磨炼才能成才,一个缺乏专业知识的操盘手往往做盘不顺,影响资本运作全局。下面以东力传动（002164）表现为例，认识一下该股主力运作时生疏的操盘手法，由于缺乏专业知识其操盘已导致出货困难。

从盘面上分析估算，东力传动运作主力总资本近亿元，该主力是什么时间潜伏进东力传动的较难判断。

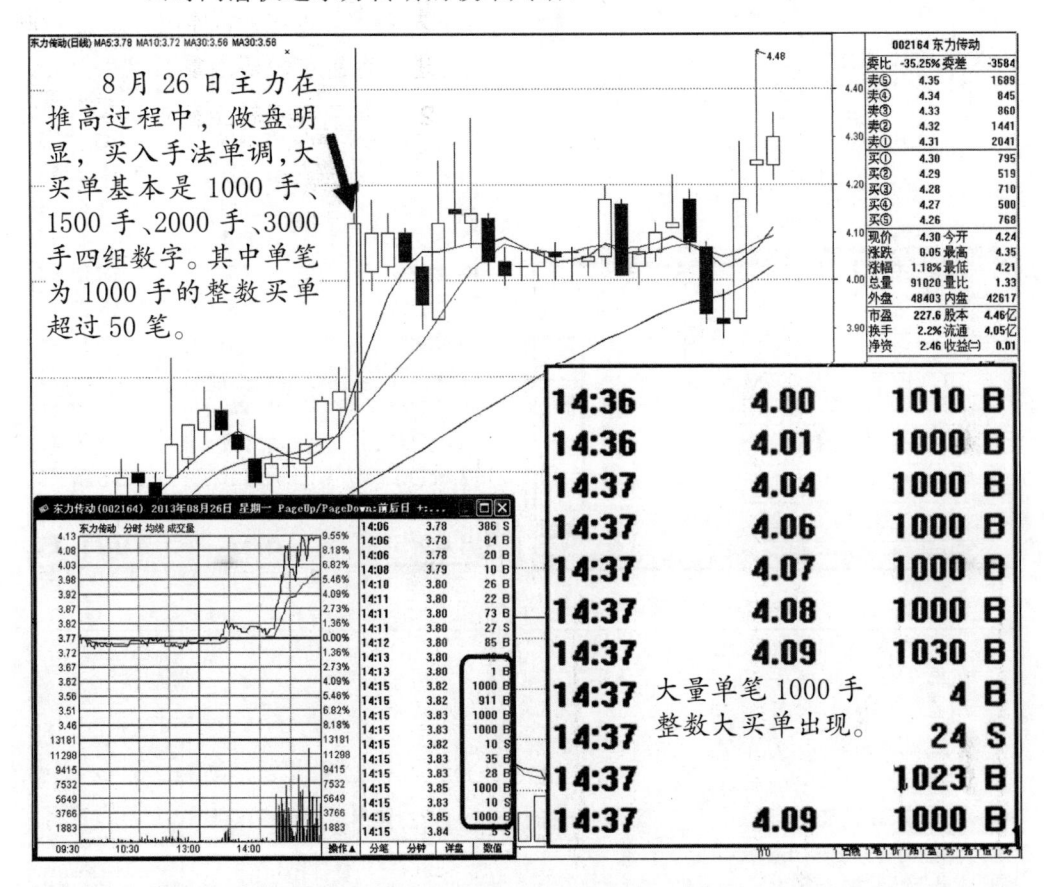

8月26日主力在推高过程中，做盘明显，买入手法单调，大买单基本是1000手、1500手、2000手、3000手四组数字。其中单笔为1000手的整数买单超过50笔。

大量单笔1000手整数大买单出现。

盘口显示，8月26日该主力明显有大量买入，当日主力做盘差3分钱不封涨停，这是有意回避涨停上榜被深交所公开其交易席位，以及其当天较大的买入金额。这一点操盘手很聪明，但盘中操作拿货动作却相当单调、笨拙。盘中拿货大买单90%是1000手、1500手、2000手、3000手四组数字。其中单笔为1000手的整数买单频繁出现，超过50笔，在随后多日的做盘过程中，东力传动盘面反复出现1000手、1500手的操盘痕迹。下面通过该股多日盘口操纵痕迹来了解这种做盘状况。

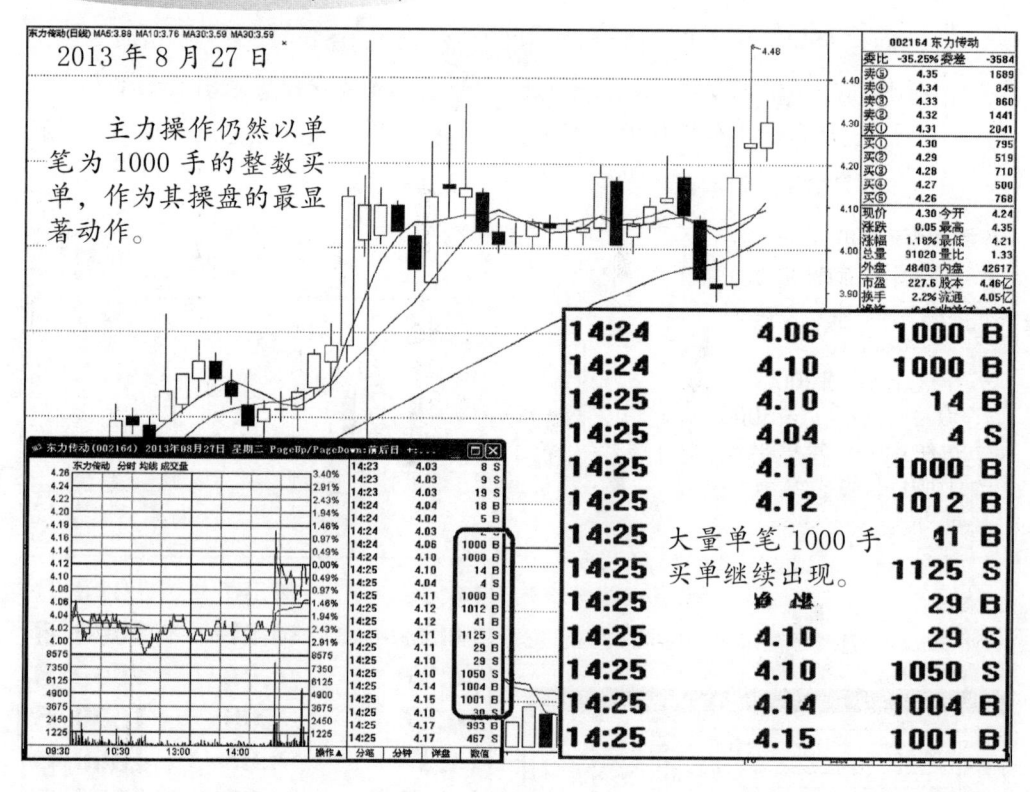

主力行为盘口解密(精选版)

2013年8月27日

主力操作仍然以单笔为1000手的整数买单，作为其操盘的最显著动作。

时间	价格	手数	方向
14:24	4.06	1000	B
14:24	4.10	1000	B
14:25	4.10	14	B
14:25	4.04	4	S
14:25	4.11	1000	B
14:25	4.12	1012	B
14:25	—	41	B
14:25	—	1125	S
14:25	—	29	S
14:25	4.10	29	S
14:25	4.10	1050	S
14:25	4.14	1004	B
14:25	4.15	1001	B

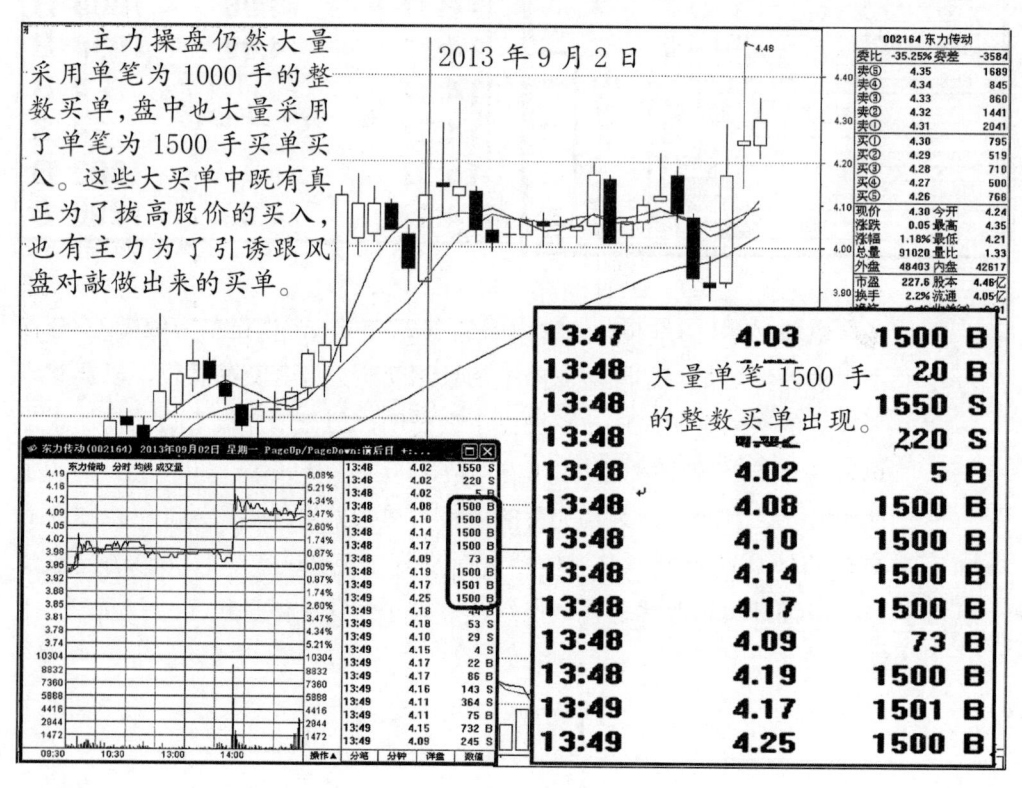

大量单笔1000手买单继续出现。

2013年9月2日

主力操盘仍然大量采用单笔为1000手的整数买单，盘中也大量采用了单笔为1500手买单买入。这些大买单中既有真正为了拔高股价的买入，也有主力为了引诱跟风盘对敲做出来的买单。

时间	价格	手数	方向
13:47	4.03	1500	B
13:48	—	20	B
13:48	—	1550	S
13:48	—	220	S
13:48	4.02	5	B
13:48	4.08	1500	B
13:48	4.10	1500	B
13:48	4.14	1500	B
13:48	4.17	1500	B
13:48	4.09	73	B
13:48	4.19	1500	B
13:49	4.17	1501	B
13:49	4.25	1500	B

大量单笔1500手的整数买单出现。

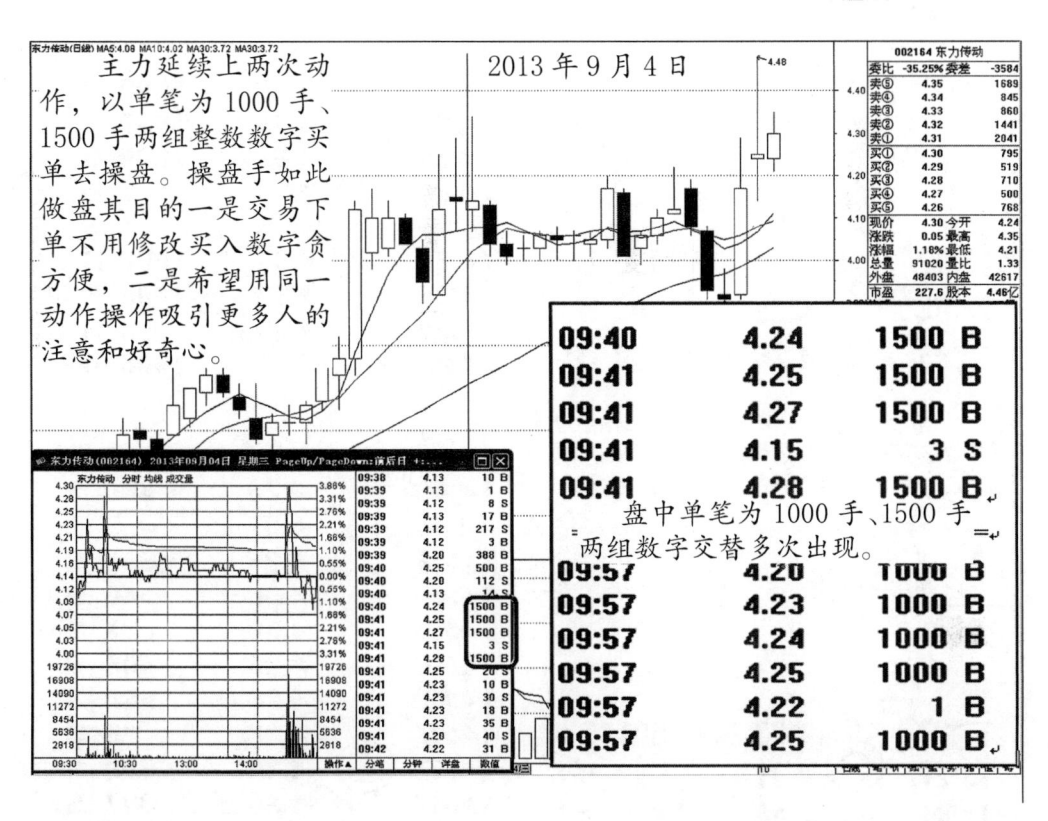

第二章 盘口分析

2013年9月4日

主力延续上两次动作，以单笔为1000手、1500手两组整数数字买单去操盘。操盘手如此做盘其目的一是交易下单不用修改买入数字贪方便，二是希望用同一动作操作吸引更多人的注意和好奇心。

09:40	4.24	1500 B
09:41	4.25	1500 B
09:41	4.27	1500 B
09:41	4.15	3 S
09:41	4.28	1500 B

盘中单笔为1000手、1500手两组数字交替多次出现。

09:57	4.20	1000 B
09:57	4.23	1000 B
09:57	4.24	1000 B
09:57	4.25	1000 B
09:57	4.22	1 B
09:57	4.25	1000 B

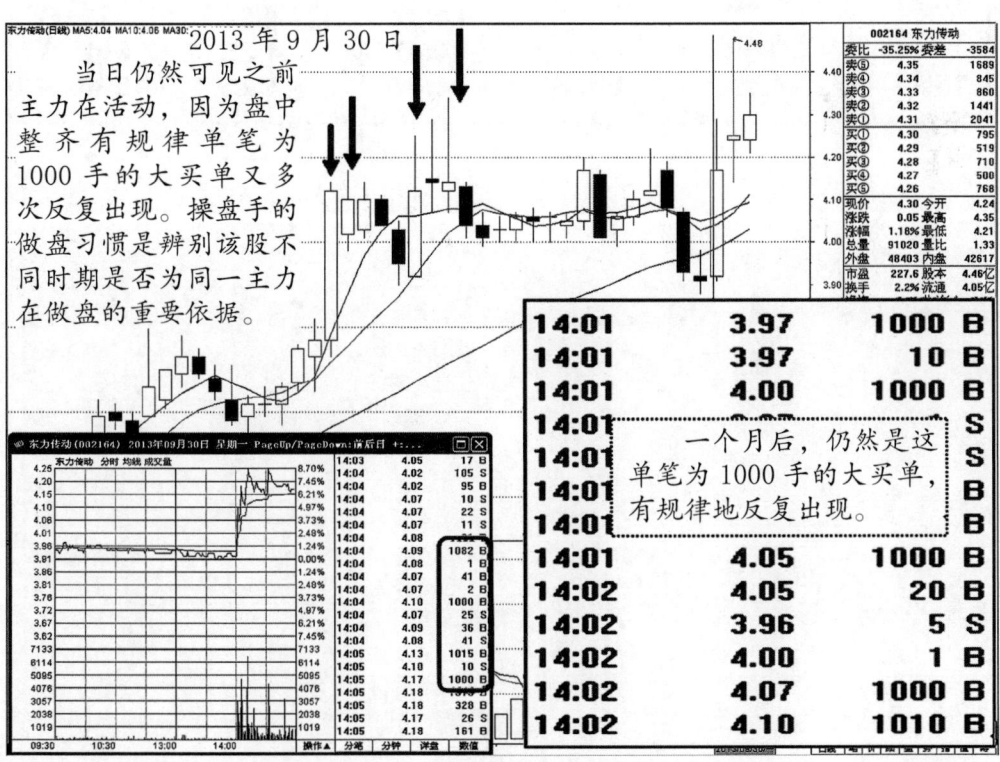

2013年9月30日

当日仍然可见之前主力在活动，因为盘中整齐有规律单笔为1000手的大买单又多次反复出现。操盘手的做盘习惯是辨别该股不同时期是否为同一主力在做盘的重要依据。

14:01	3.97	1000 B
14:01	3.97	10 B
14:01	4.00	1000 B
14:01		S
14:01		S
14:01		B

一个月后，仍然是这单笔为1000手的大买单，有规律地反复出现。

14:01	4.05	1000 B
14:02	4.05	20 B
14:02	3.96	5 S
14:02	4.00	1 B
14:02	4.07	1000 B
14:02	4.10	1010 B

主力行为盘口解密(精选版)

2013年9月4日

这是东力传动10月8日的部分交易盘口细节,单笔为1000手的大买单仍然多次有规律出现。

13:02	① 4.24	1000	B
13:03	① 4.25	1000	B
13:03	4.28	1000	B

14:25	4.35	1000	B
14:25	4.39	1000	B
14:25	4.35	1000	B
14:25	4.35	1	B
14:25	4.35	14	S
14:25	4.39	1000	B
14:25	② 4.38	1000	B
14:26	4.35	2	S
14:26	4.41	1000	B

10月8日,该股盘中拔高后主力有明显减仓动作,就连在主力减仓操作时,也用上了大量手数相同的卖单。连续多张200手、300手、500手的卖单盘中多次有规律出现,其中以500手卖单出现最多最明显。这种结果往往只有一个,即"进得去,出不来,痛苦不堪"。

13:27	4.33	501	S
13:27	③ 4.31	500	S
13:27	4.30	590	S
13:27	4.35	4	B
13:27	4.30	500	S

14:46	4.26	500	S
14:46	4.27	5	S
14:46	4.25	500	S
14:46	4.30	40	B
14:46	4.30	37	S
14:46	4.26	500	S
14:47	4.26	500	S
14:47	4.28	5	B
14:47	④ 4.26	500	S
14:47	4.26	307	S
14:47	4.26	11	B
14:47	4.25	682	S
14:47	4.25	500	S

第三章
吸筹行为

吸筹的几大典型盘口特征

主力开始吸筹时，为了顺利拿到筹码和避免其他大资金发现并跟随买入，保密性一般做得相当好。尽管如此，大资金在一只股票中运作，无论主力操盘手的运作技术手法有多么高明，在K线上、分时图上、盘口中，操盘手总会在有意或无意中露出一些操盘马脚。短线运作、波段运作的进场吸筹手法和技巧没有本质上的区别，盘口上所运用的吸筹手法大都雷同。部分短线主力因拿货量小，拿货所用时间短，所以在拿货时动作会比较激进。下面介绍一种目前市场上机构操盘手常用，而且较容易发现的主力吸筹盘口"大单往上扫货式吸筹盘口"。

大单往上扫货吸筹盘口的主要特征：

第一，个股中出现大单往上扫货式吸筹，出现单笔大买单高于现价数个价格往上扫去。

第二，大买单的出现在盘中是断续出现的，而出现的频率一般为10~20分钟出现一次。

第三，盘中出现不少单笔成交数量相同或非常接近的买单。

第四，吸筹时盘中股价重心上移、分时走势震荡上行，当日收盘收出中阳或大阳线。

盘中发现这类个股时，一定要注意看目标股票出现上述扫货走势时股价当时所处的位置，股价的位置不同，主力操作行为意义也不一样。一般上述主力吸筹行为，都是个股在下跌后的低位或短线调整后的低位发生。在个股连续上升或波段高位出现频繁的大单扫货行为，则要小心是主力在制造陷阱诱多。

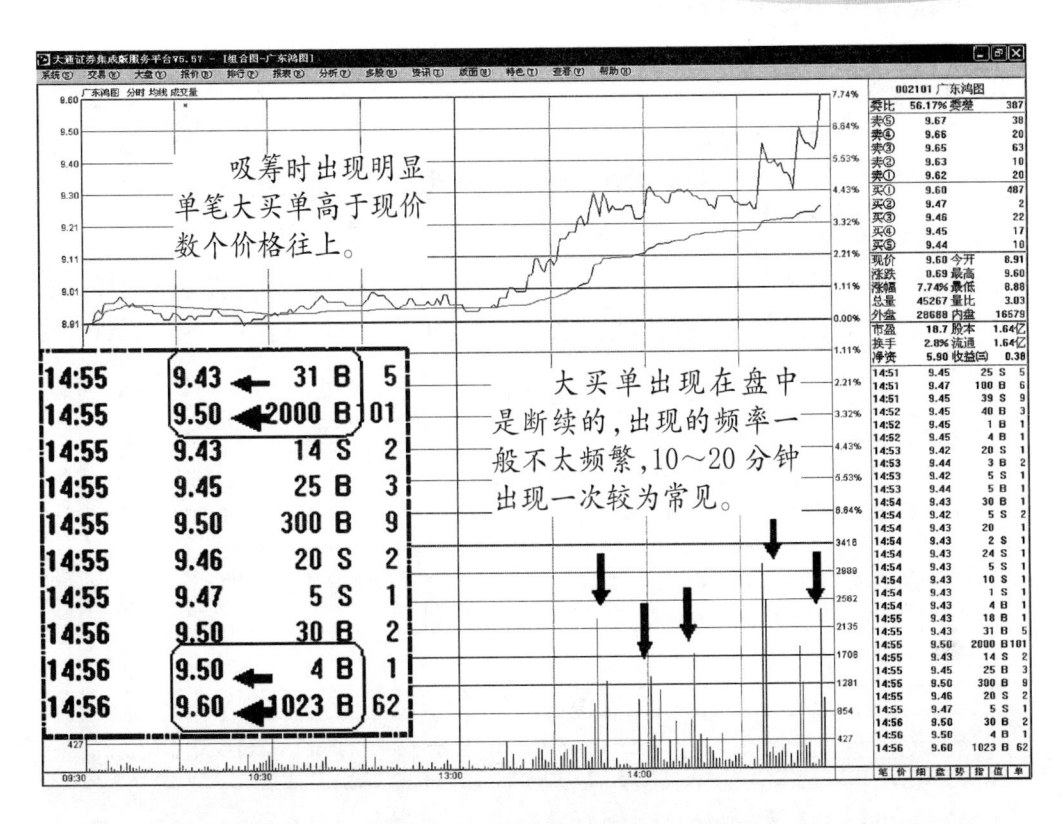

第三章 吸筹行为

吸筹时出现明显单笔大买单高于现价数个价格往上。

大买单出现在盘中是断续的，出现的频率一般不太频繁，10~20分钟出现一次较为常见。

盘中出现不少单笔200手的成交买单，这些买单数量相同或非常接近。其他个股上常出现如100手、200手、500手、2000手……

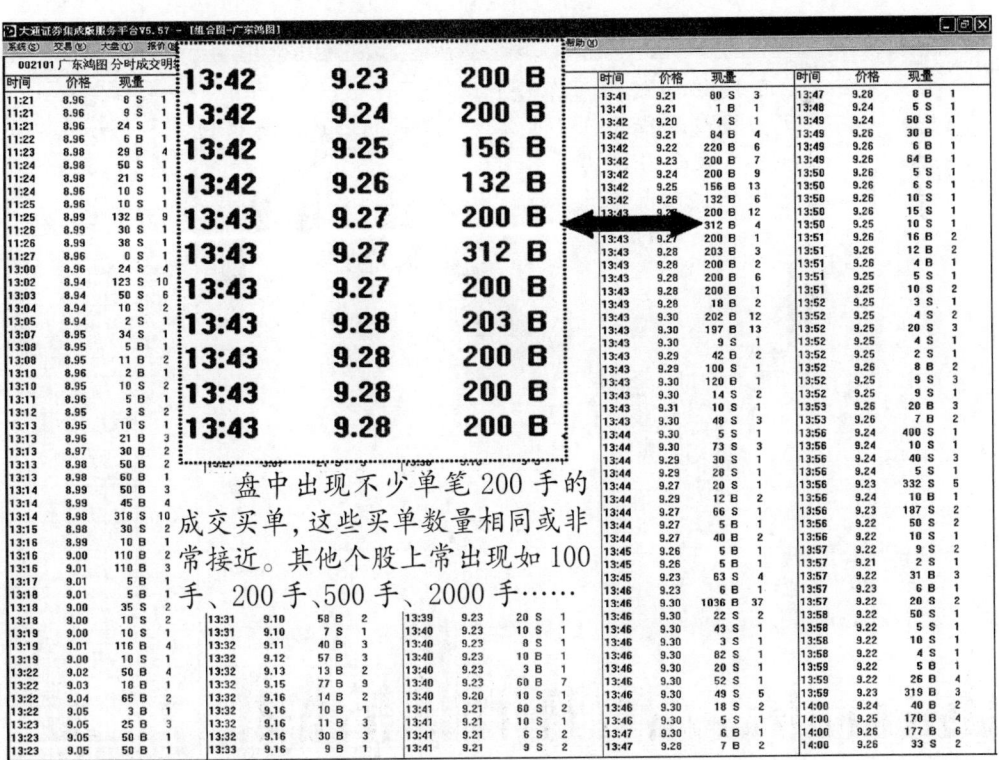

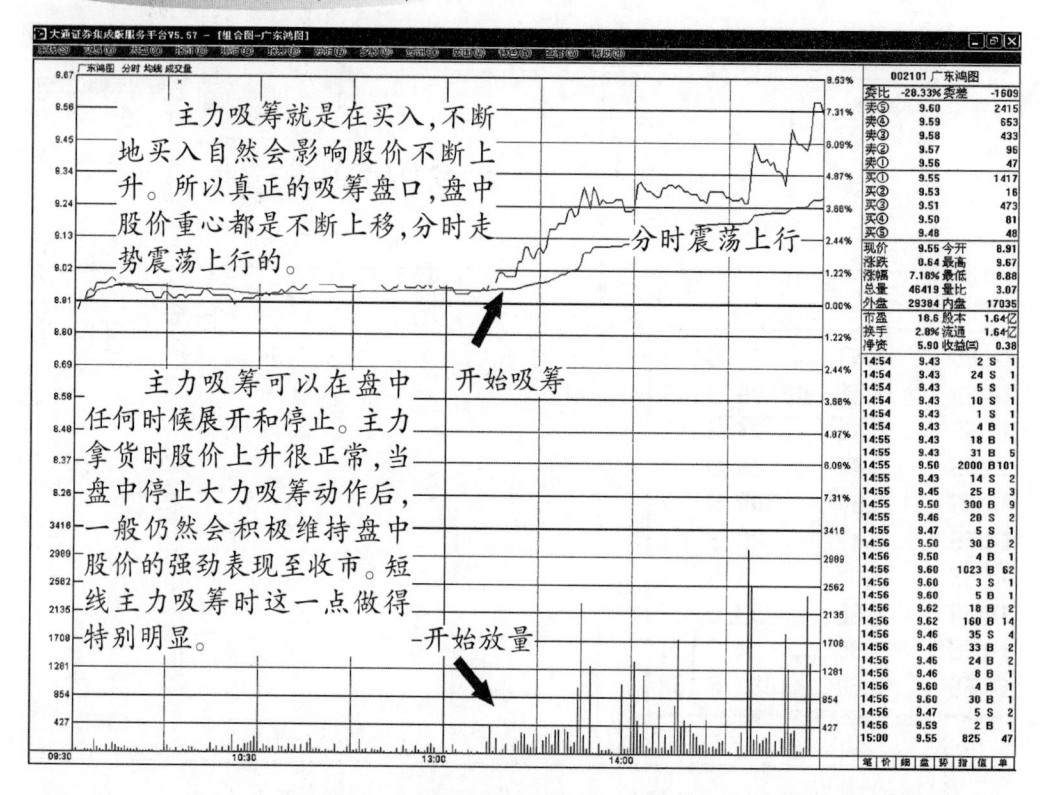

主力行为盘口解密(精选版)

主力吸筹就是在买入,不断地买入自然会影响股价不断上升。所以真正的吸筹盘口,盘中股价重心都是不断上移,分时走势震荡上行的。

分时震荡上行

开始吸筹

主力吸筹可以在盘中任何时候展开和停止。主力拿货时股价上升很正常,当盘中停止大力吸筹动作后,一般仍然会积极维持盘中股价的强劲表现至收市。短线主力吸筹时这一点做得特别明显。

开始放量

股价所处位置不同,主力操盘的行为意义也不一样。大部分主力吸筹都选择个股在下跌低位或者短线调整后的位置。

短线调整后出现低位

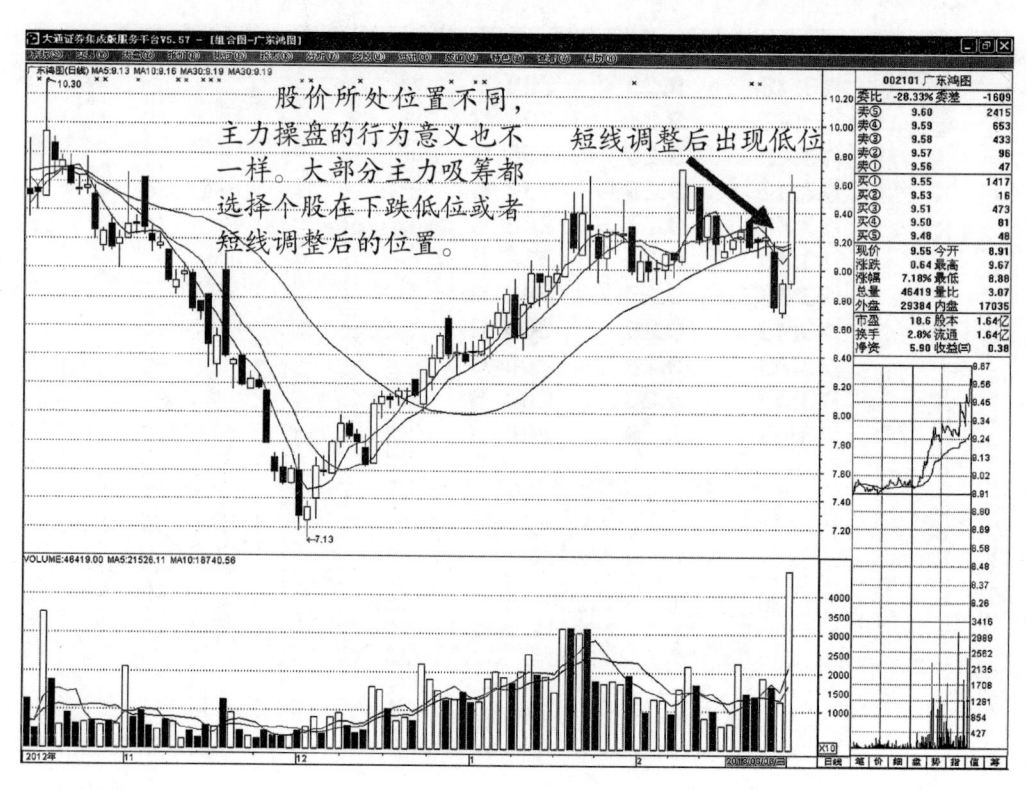

资金入场与资金做高的区别

入市时间长了就会发现，股票市场好比高校学堂里一门复杂的课程，一个博士研究生要做的课题，用5年、10年甚至一生的精力都未必能学好学精。每种研究在进入到一定深度后都会在大主题下面有小专题，专题下是提纲，提纲之下分门别类，分门别类中得分级次层次……

股市分析从多个角度入手，本文就谈谈资金入场与资金做高的一些区别。让更多投资者分清每笔买单的性质以及意义。

市场上有两种资金：一种是买入后持股待涨等待获利的资金。这类资金性质既有投机的也有投资的，不管属于哪一种它们不会主动操纵干预股价。

另一种资金是买入后并不单纯持股待涨等待获利。这类资金既有投机类也有投资类型的。它们会通过资金优势、技术优势、信息优势等操纵干预股价。

第一类资金买入后持股待涨等待获利，资金买入就是建仓，没有其二。第二类资金的买入则比较复杂，买入并不等同也不意味就是建仓。

实践中发现，上述第二类资金就其买入目的可分为以下几种：①买入属于建仓行为；②买入属于推高股价行为；③买入属于维护股价行为；④买入属于倒仓等其他行为。

通过盘口多方面观察研究那些单笔或连续成交大单，揣摩这些大资金入市目的属于哪一类，对于判断股价盘中接下来走势乃至未来表现有着重要意义。交易时间人人看盘，但每个投资者看盘观察和思考的东西各有不同。有正确看盘方法和分析思考思路的看才是真看盘，只是看着盘口数字不断闪烁看升跌的看盘只是盯梢股价。

看盘要区分哪些交易是一般资金、哪些是主力会操纵干扰股价的资金并不容易。股市中本就没有容易之事，轻轻松松就能看得清清楚楚就能赚钱之事本就没有，但即使不容易也得去看去干。

看盘就盘面而言可以这样看：先看个股盘面交投是否活跃→有没有大资金在活动→盘中表现属市场正常交易波动，还是有主力机构主导股

主力行为盘口解密(精选版)

价盘中涨跌→若没有主力机构明显活动,那么就分析市场大众行为对价格的影响→若有主力机构明显活动,则重点考虑市场主力行为对股价的影响力如何→有主力活动分析主力在做什么,对股价盘中影响几何和对后市影响几何→综合市场各方面表现分析预测股价下一步表现和后市走向。

看盘得有方法有思路,看盘过程中一定会遇到各种各样的问题难题,遇到难题不放弃不退缩,无论是做研究还是做交易总会遇到老问题还没有解决,新问题又接踵而来、不断出现。遇到问题,部分可以当场解决,部分是当场解决不了的,须日后通过研究慢慢领悟。不断解决问题的过程就是不断进步的过程。

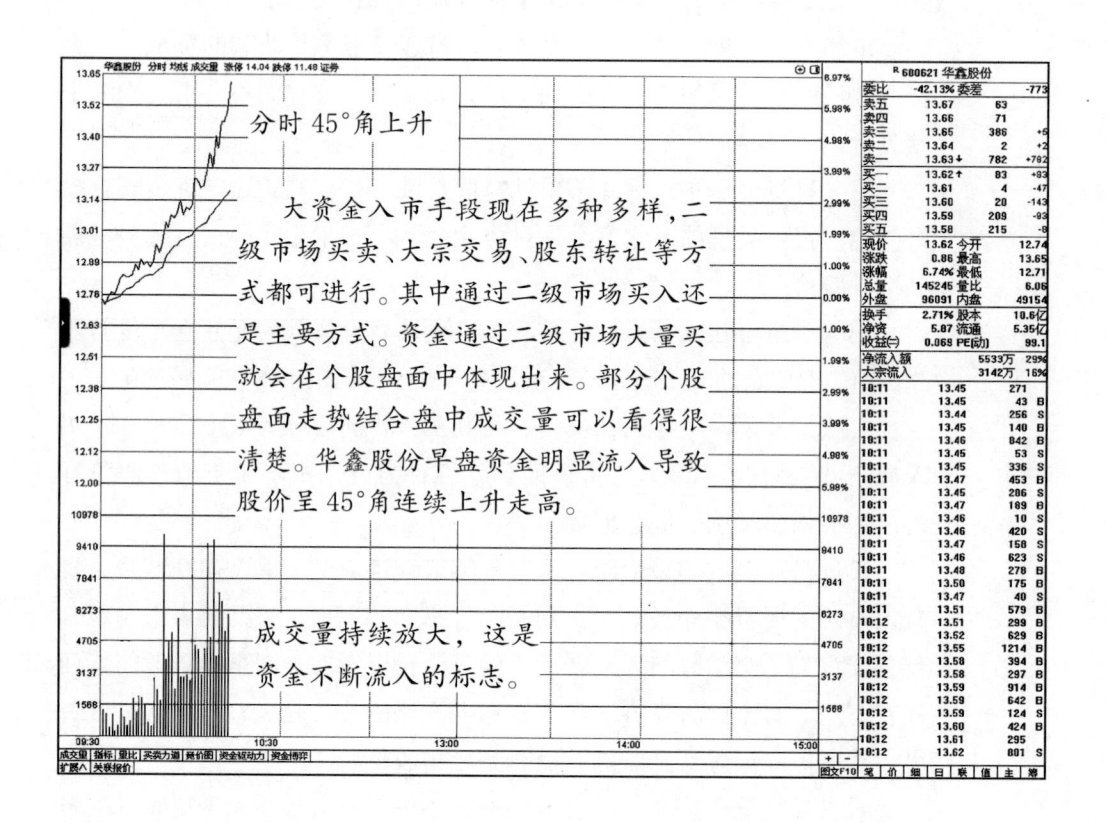

分时45°角上升

大资金入市手段现在多种多样,二级市场买卖、大宗交易、股东转让等方式都可进行。其中通过二级市场买入还是主要方式。资金通过二级市场大量买就会在个股盘面中体现出来。部分个股盘面走势结合盘中成交量可以看得很清楚。华鑫股份早盘资金明显流入导致股价呈45°角连续上升走高。

成交量持续放大,这是资金不断流入的标志。

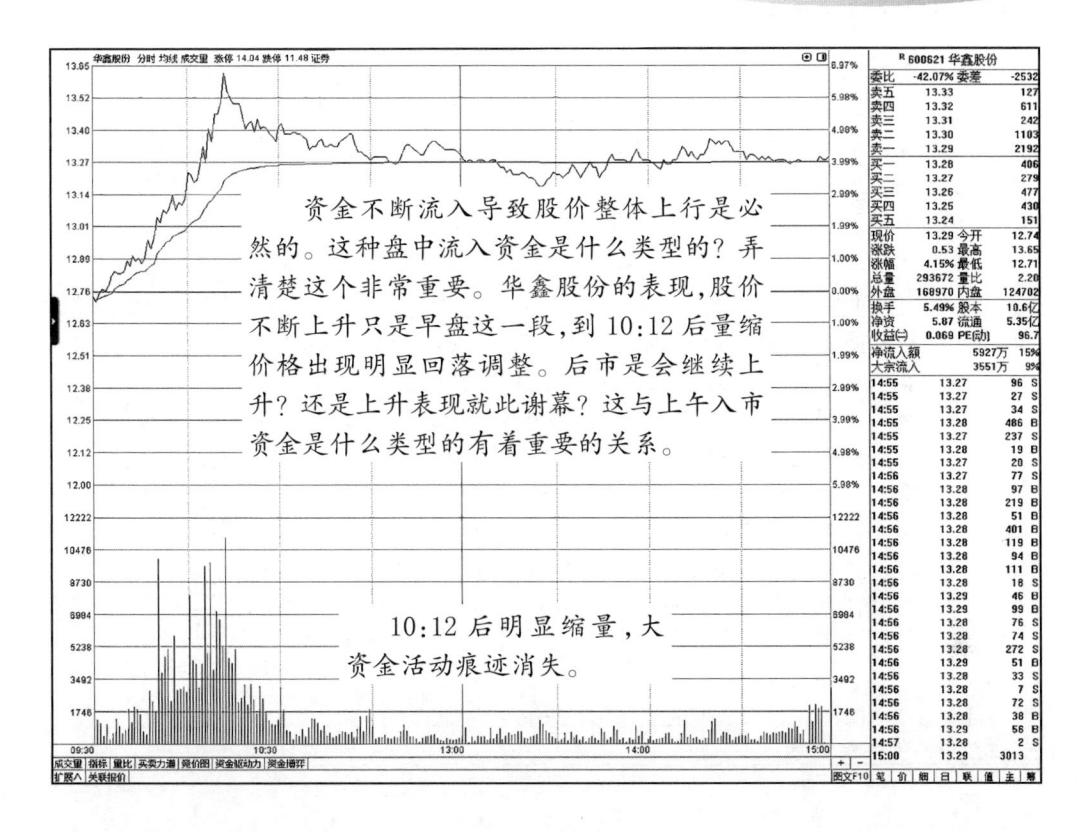

资金不断流入导致股价整体上行是必然的。这种盘中流入资金是什么类型的？弄清楚这个非常重要。华鑫股份的表现，股价不断上升只是早盘这一段，到10:12后量缩价格出现明显回落调整。后市是会继续上升？还是上升表现就此谢幕？这与上午入市资金是什么类型的有着重要的关系。

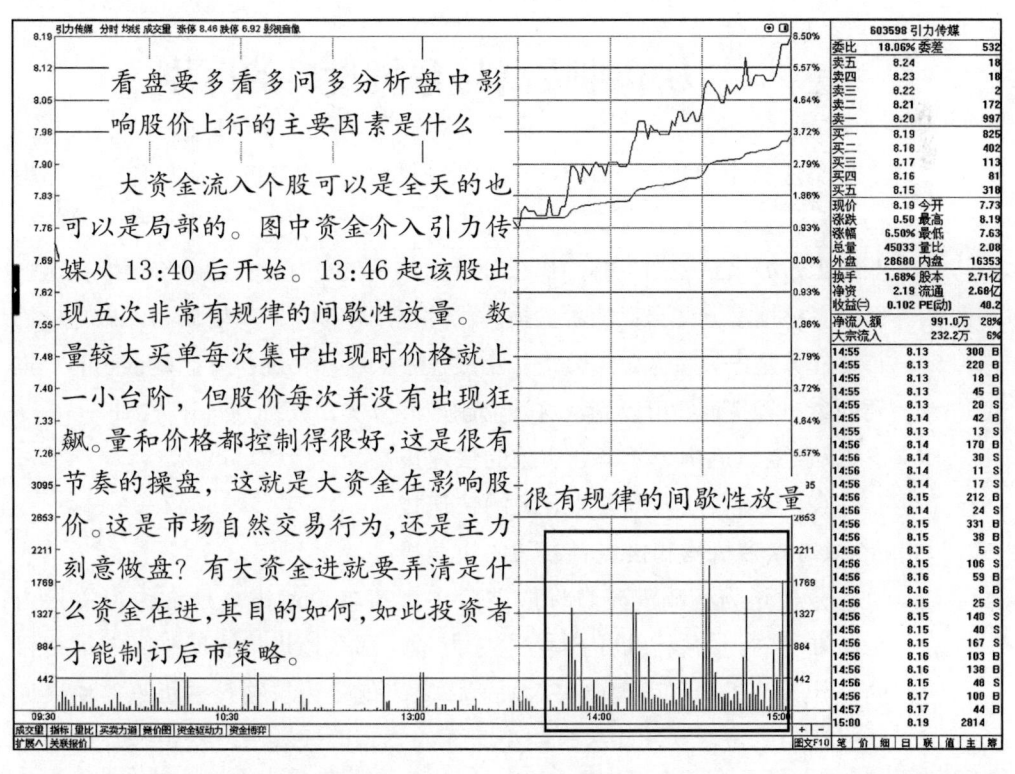

10:12后明显缩量，大资金活动痕迹消失。

看盘要多看多问多分析盘中影响股价上行的主要因素是什么

大资金流入个股可以是全天的也可以是局部的。图中资金介入引力传媒从13:40后开始。13:46起该股出现五次非常有规律的间歇性放量。数量较大买单每次集中出现时价格就上一小台阶，但股价每次并没有出现狂飙。量和价格都控制得很好，这是很有节奏的操盘，这就是大资金在影响股价。这是市场自然交易行为，还是主力刻意做盘？有大资金进就要弄清是什么资金在进，其目的如何，如此投资者才能制订后市策略。

很有规律的间歇性放量

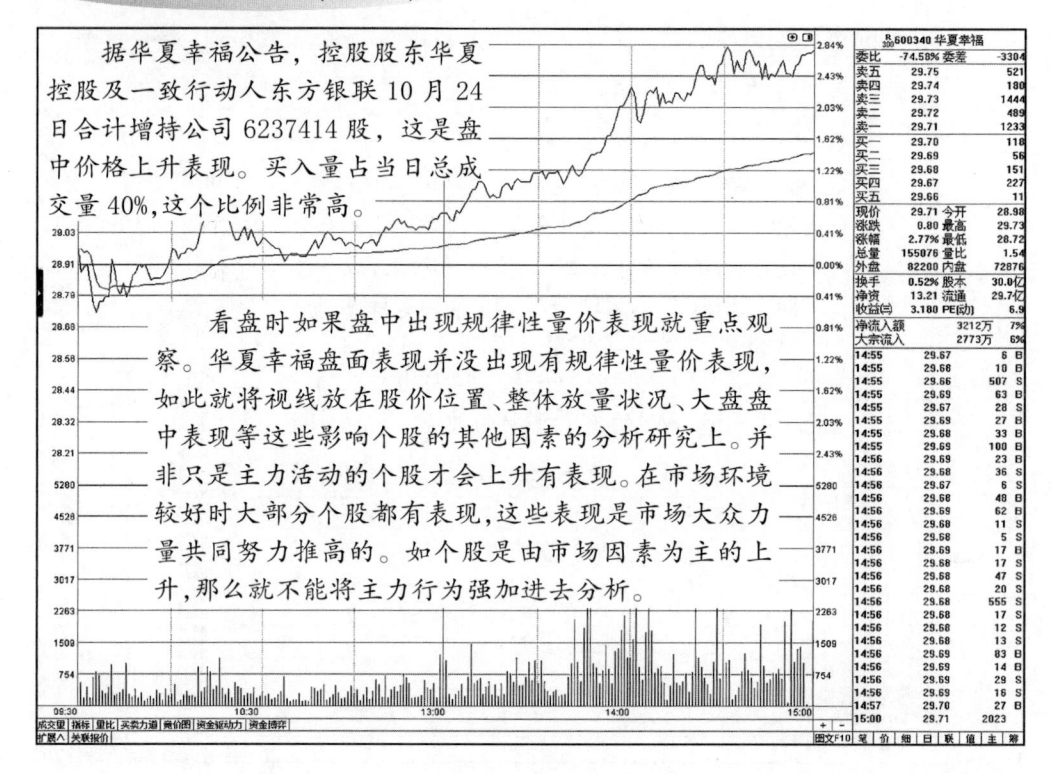

据华夏幸福公告，控股股东华夏控股及一致行动人东方银联10月24日合计增持公司6237414股，这是盘中价格上升表现。买入量占当日总成交量40%，这个比例非常高。

看盘时如果盘中出现规律性量价表现就重点观察。华夏幸福盘面表现并没出现有规律性量价表现，如此就将视线放在股价位置、整体放量状况、大盘盘中表现等这些影响个股的其他因素的分析研究上。并非只是主力活动的个股才会上升有表现。在市场环境较好时大部分个股都有表现，这些表现是市场大众力量共同努力推高的。如个股是由市场因素为主的上升，那么就不能将主力行为强加进去分析。

主力单纯拔高与拿货盘口的区别

个股盘中出现大买单不断涌入快速拉升，这是机构在吸货还是在做什么？相当多投资者对于这种盘面不时产生疑惑。做分析需掌握大量的专业知识，如只是一知半解，那么分析的结论就没有什么参考价值。在这方面笔者整理了一些自己的看盘技巧供各位同仁参考。笔者认为，做分析的首要任务是先大量做归纳分类。个股盘中大买单快速拉升，是谁干的？重要的参与者是谁？可以先从这一命题展开分类，大致方向分类为：

(1) 主力机构一手策划实施的快速拔高。

(2) 市场大众力量参与导致的快速拔高。

(3) 众多机构和投资者参与的快速拔高。

分类是为了搞清楚目标股票盘中大买单快速拔高是谁作为主导力量，谁干的。如属于机构作为主导力量，那么该机构快速拔高的最终目的是什么？机构利用大单买入快速拔高不就是为了吸筹拿货吗？如果你一直认为就是这样，那么只能说明你的知识面较狭窄，认识较片面。主

力机构大买单快速拔高拉升动作中,目的远不止拿货那么简单。目的有多少可以细分为以下几大类:

(1) 大买单买入是为了快速拔高扫货(建仓吸筹)。

(2) 大买单买入是为了快速拔高股价(将股价拉得更高)。

(3) 大买单买入是为了快速拔高股价然后出货(盘中出货前的最后拔高)。

(4) 大买单买入快速拔高是为了试探盘口(大家说的试盘)。

(5) 大买单买入快速拔高是为了吸引人气引起注意(引诱跟风盘)。

(6) 大买单买入快速拔高是接走老鼠仓筹码(利益输送)。

(7) 大买单买入快速拔高属对敲行为(出货、做量、调仓……)。

(8) 其他行为。

也就是说,某股票盘中出现大买单买进快速拔高时,如果是机构一手策划实施的,那么其目的就是上述情况中的一种,或者是其他目的的做盘,而不仅仅是拿货吸筹那么简单。每日盘中出现突然大买单买入快速拉高股价的个股很多。看盘要弄清楚那是谁干的,目的是什么,可以从上述笔者提供的基本思路入手分析。每一种操盘目的的背后,主力的操盘细节都有所不同,掌握丰富的专业盘口知识和技巧,是可以辨别出来的。下面笔者就从盘口出发,抽取盘口主力一些做盘细节,举例讲讲实践盘口如何做分析。

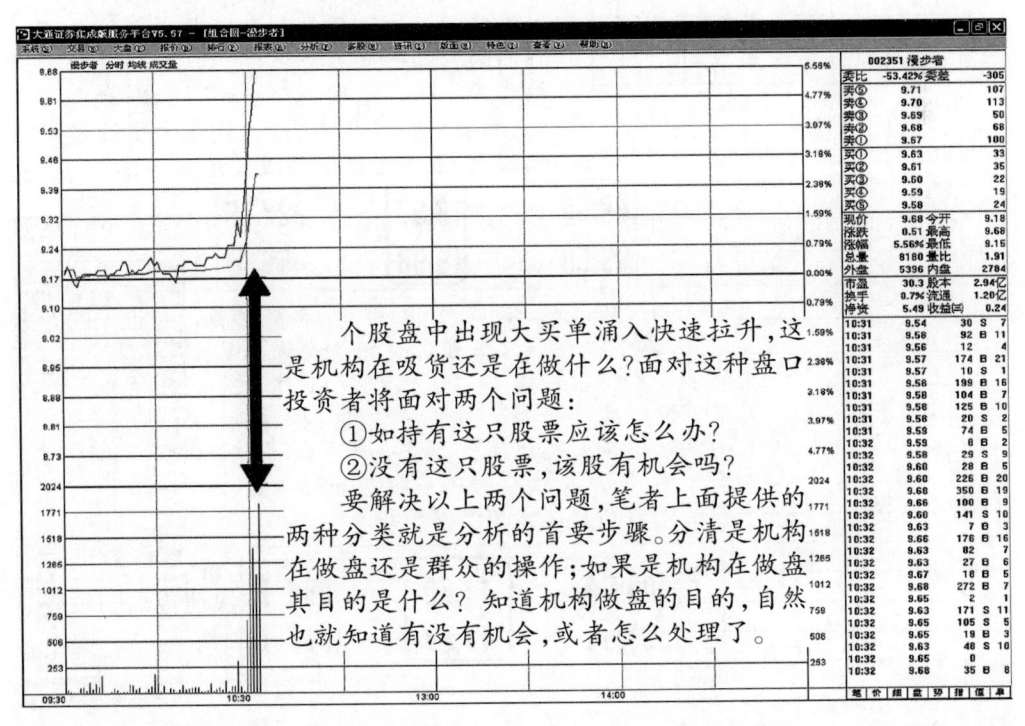

个股盘中出现大买单涌入快速拉升,这是机构在吸货还是在做什么?面对这种盘口投资者将面对两个问题:

① 如持有这只股票应该怎么办?

② 没有这只股票,该股有机会吗?

要解决以上两个问题,笔者上面提供的两种分类就是分析的首要步骤。分清是机构在做盘还是群众的操作;如果是机构在做盘其目的是什么?知道机构做盘的目的,自然也就知道有没有机会,或者怎么处理了。

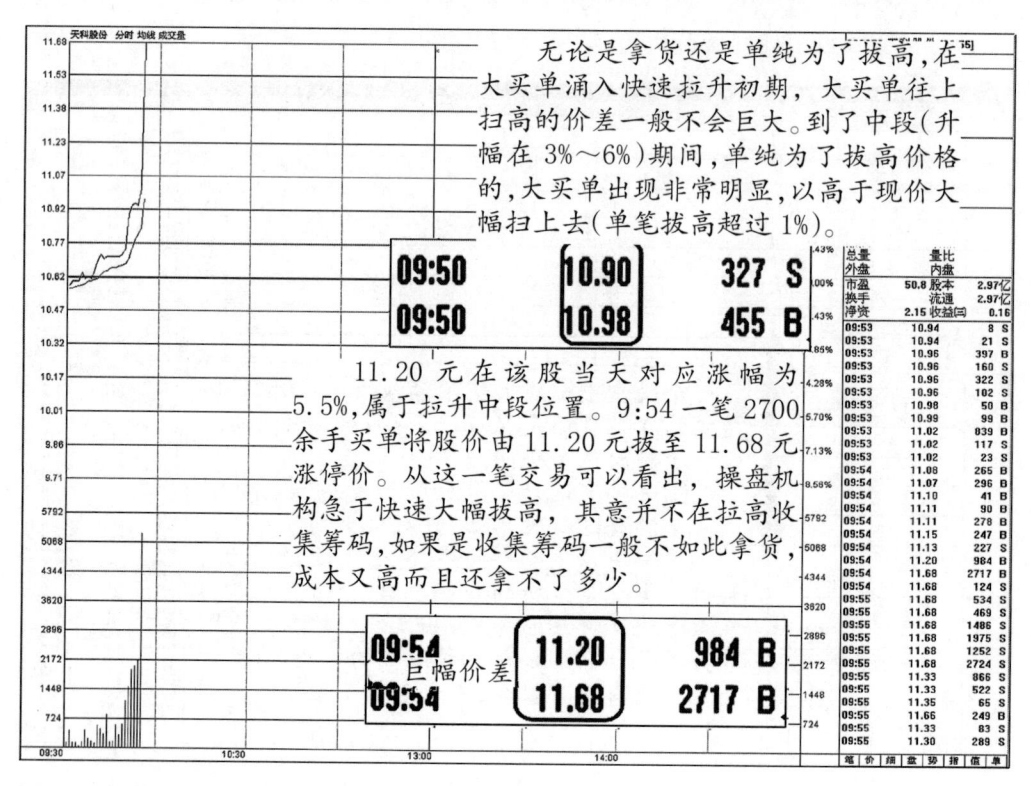

先看拉升单笔大买单的数量和市值大小。市值越大就越可能是机构在做盘。

241手将股价由9.25元拔高至9.30元，小单而且仅5分钱的价差不算特别大。无论是机构拿货还是单纯的拔高，这单笔和价差都是正常扫高范围之中。

在大买单涌入快速拉升初期，如出现一张或多张大买单，以巨大的价差(单笔拔高超过1%)大幅往上拔高，这种行为一般是机构为了快速拔高股价，特别是出现几张大买单都是如此，就更可信！

大幅扫高，主力还没有拿筹码股价已经大涨，除非特殊情况，一般机构不会如此仓促去建仓。通常盘口主力一个不经意，一个微不足道的做盘细节，就会暴露出其做盘目的。盘口语言就是这么神奇！

无论是拿货还是单纯为了拔高，在大买单涌入快速拉升初期，大买单往上扫高的价差一般不会巨大。到了中段(升幅在3%～6%)期间，单纯为了拔高价格的，大买单出现非常明显，以高于现价大幅扫上去(单笔拔高超过1%)。

11.20元在该股当天对应涨幅为5.5%，属于拉升中段位置。9:54一笔2700余手买单将股价由11.20元拔至11.68元涨停价。从这一笔交易可以看出，操盘机构急于快速大幅拔高，其意并不在拉高收集筹码，如果是收集筹码一般不如此拿货，成本又高而且还拿不了多少。

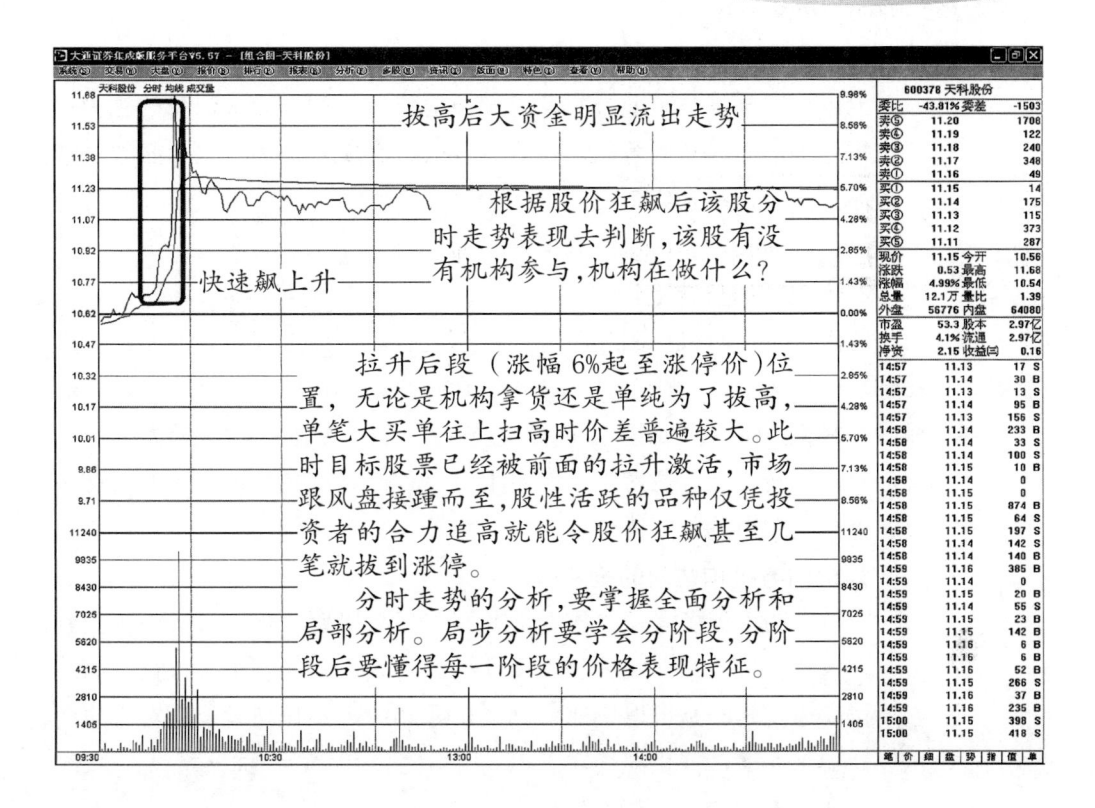

通吃扫货手法和缘由

　　通吃扫货，指主力看准目标股票后入市时，不计成本连续拉高股价往上买入快速抢货的行为。为什么会出现这种不计成本连续拉高股价买货的行为？这得从市场机构操作行为等去剖析。

　　近年来证券市场高速发展，规模越来越庞大，投资机构的构成也越来越复杂。机构主脑阅历不同，水平各异，操作持仓存在明显差异。任何点位都有机构因为看好而买入，任何点位都有机构因为看空而卖出，同样任何点位都有机构因为大盘走向没有把握没有信心而选择轻仓或空仓。这样的情况任何时间都存在，当大盘由下跌或者横盘出现快速转势出现暴涨时，轻仓或空仓的机构很被动，这种情况下快速建仓行为就随之出现。机构选好目标通吃扫货动作也就随之产生。

　　个股出现主力不计成本连续拉高扫货买入行为一般出现在以下几种情况。

1. 个股公布利好或马上就要公布利好

上市公司利好马上要公布,时间急迫已不容得知内幕消息的主力慢慢收集筹码,此时拿到筹码往往就有极大机会实现盈利。主力必须快速入市大量建仓,建仓成本也没有多少回旋空间可考虑。连续拉高股价往上买进,容易在短期内拿到大量筹码。

2. 大盘瞬时反转上行

任何点位都有机构因为没有把握、没有信心而选择轻仓或空仓。如此一来,当大盘反转往上时,这些轻仓或空仓机构就会非常焦急,在选择好目标股票后采用连续拉高通吃方式往上买入建仓。对于大机构而言,大盘反转往上行情走牛,而手上没有筹码踏空是非常危险的。这种快速建仓是对市场判断错误后的快速纠正。

3. 机构与机构之间的抢筹

同时有两家或者多家机构看好并买入一只股票。盘口上一方感觉到另一方也在买进,从而实施利用连续拉高通吃方式往上买入抢货。如此连续拉高通吃,一是可以快速拿到大量筹码;二是拉高股价让对方望而止步,知难而退,停止继续介入。

4. 大股东股权之争增持抢货

大股东之间为了争夺个股控制权,有时会通过二级市场买入增持筹码来争夺个股控制权。此时的买入往往容易出现不计成本的连续拉高买入行为。2009 年渤海物流、2010 年景谷林业和 ST 兴业等相当一批个股出现大股东之间为争夺个股控制权时,直接在二级市场采用连续拉高方式买入。

5. 短线主力建仓扫货

部分短线主力运作时为了快速收集筹码,建仓时采用连续拉高往上通吃方式扫货。往上通吃,一是能快速拿到大量筹码;二是边拉升边拿货,拿到的筹码当天就实现盈利。此类个股多出现在尾盘连续拉升。

2010 年 10 月大盘反转往上连续暴涨四日,金融、煤炭、汽车等蓝筹板块个股连续暴涨,另一标准蓝筹板块机械工程个股也整体走强,明显有机构群体大量介入。对于轻仓或空仓的机构现时选择这样的品种是合情合理的,个股上 14:08 中联重科就出现机构连续拉高通吃扫货盘面。根据笔者盘口跟踪观察,仅一个机构在半小时内,通过连续拉高通吃扫货投入中联重科资金量保守估计也达到 2 亿元。对于一个机构而言,这种介入能快速提高自己的整体仓位比例。

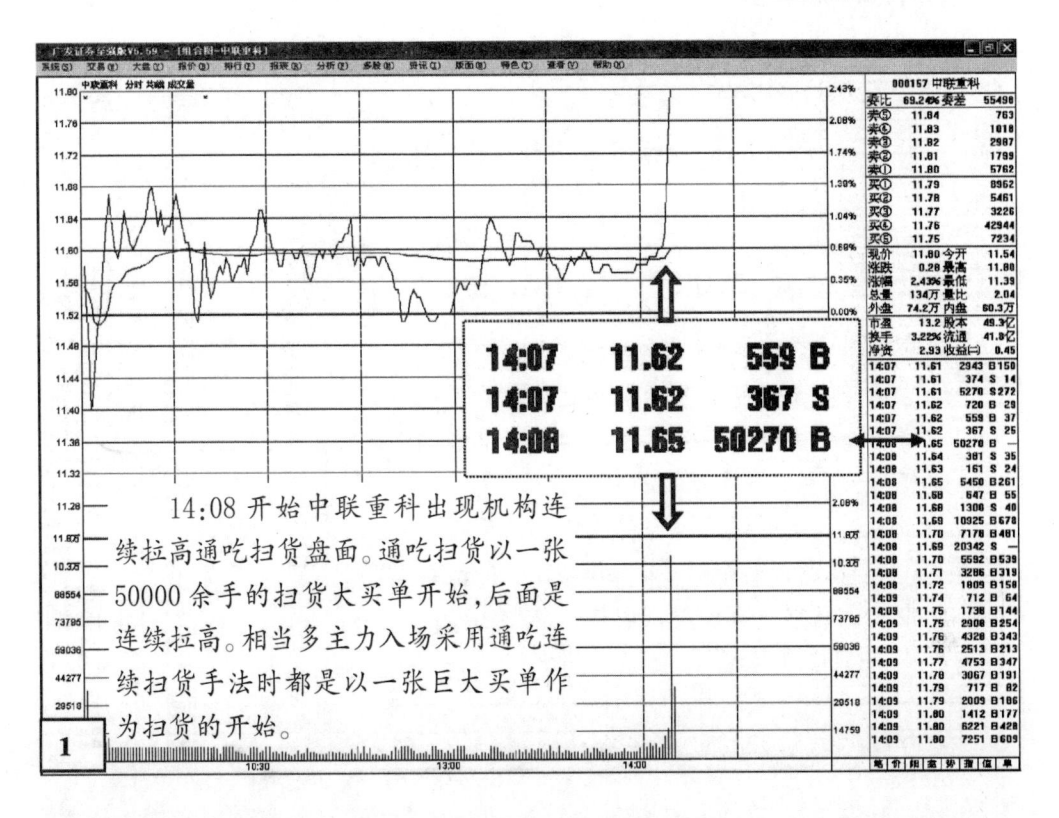

第三章 吸筹行为

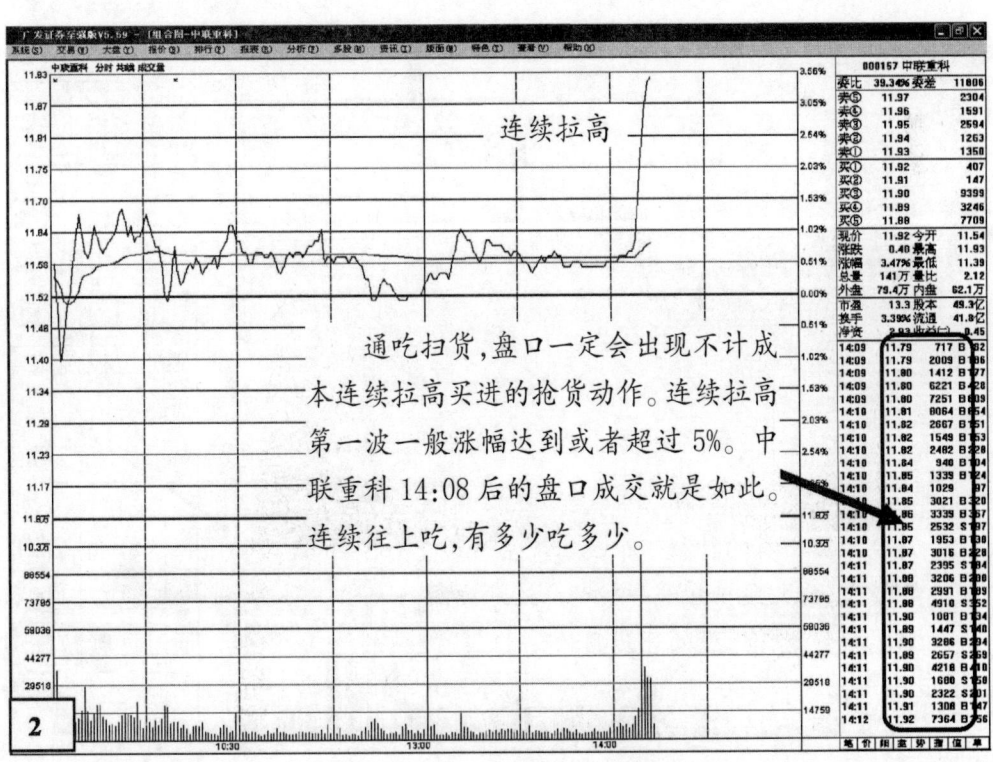

1. 14:08开始中联重科出现机构连续拉高通吃扫货盘面。通吃扫货以一张50000余手的扫货大买单开始,后面是连续拉高。相当多主力入场采用通吃连续扫货手法时都是以一张巨大买单作为扫货的开始。

2. 通吃扫货,盘口一定会出现不计成本连续拉高买进的抢货动作。连续拉高第一波一般涨幅达到或者超过5%。中联重科14:08后的盘口成交就是如此。连续往上吃,有多少吃多少。

89

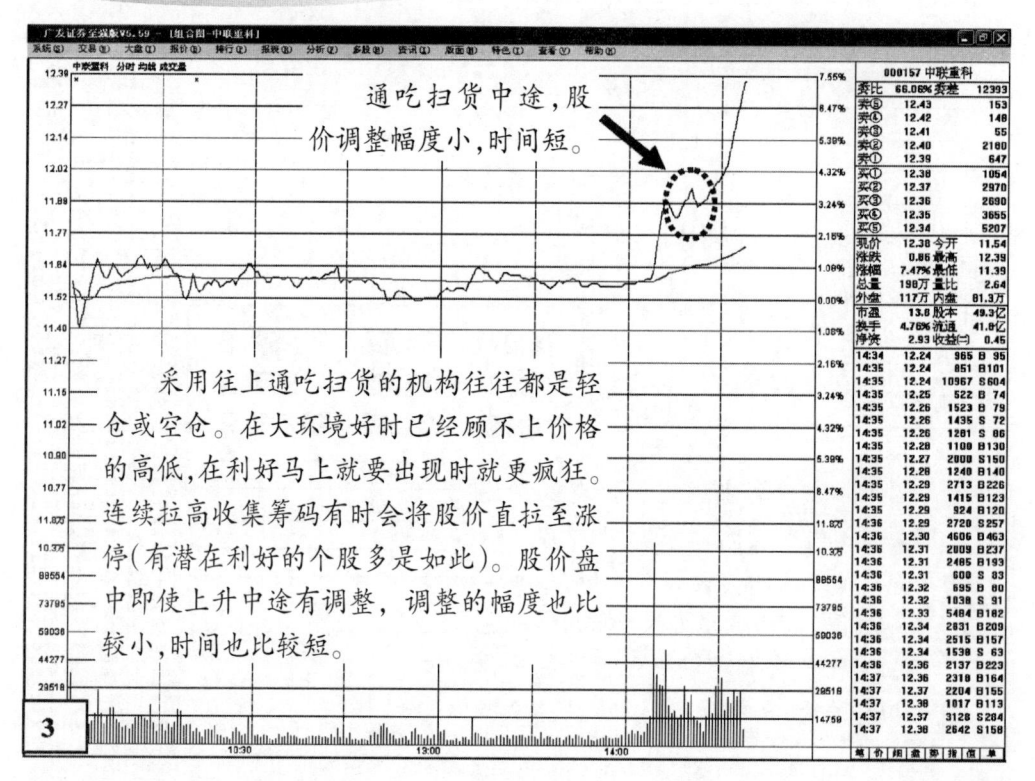

主力行为盘口解密(精选版)

通吃扫货中途,股价调整幅度小,时间短。

采用往上通吃扫货的机构往往都是轻仓或空仓。在大环境好时已经顾不上价格的高低,在利好马上就要出现时就更疯狂。连续拉高收集筹码有时会将股价直拉至涨停(有潜在利好的个股多是如此)。股价盘中即使上升中途有调整,调整的幅度也比较小,时间也比较短。

③

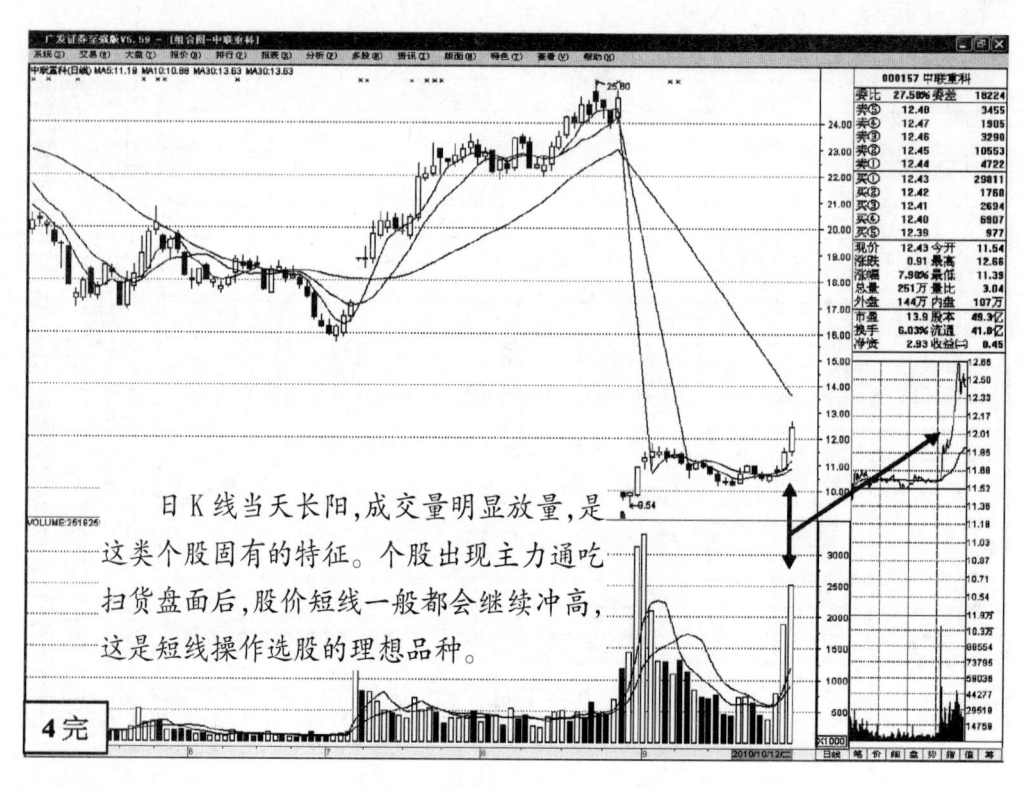

日K线当天长阳,成交量明显放量,是这类个股固有的特征。个股出现主力通吃扫货盘面后,股价短线一般都会继续冲高,这是短线操作选股的理想品种。

④完

分析主力建仓盘口特征的步骤

股票市场上大大小小的主力机构很多，因为是各自独立主体所以他们的进出并没有什么统一的步骤与协调，各自看法与仓位也不同。每日都有主力根据自己的操盘情况出货撤退，或者入场建仓，所以不存在股价高了或者低了就没有机构入场吸筹的情况出现。寻找主力入场吸筹的股票作为操作目标是获利的关键，如何入手寻找主力入场吸筹个股？下面给大家介绍几个基本步骤：

第一，以大买单成交的个股作为切入点。

第二，看目标股票目前股价日K线所在位置。

第三，看目标股票盘中分时走势形态。

第四，看盘中大买单单笔成交情况。

大部分行情软件都有大单成交提示功能。通过大单成交提示功能寻找盘中出现大买单的个股，然后进入盘口看是否有资金明显在流入该股。

选股位置是很重要的，无论什么位置都有机构在进入这是事实。但对于一般投资者而言，选择股价在调整低位或下跌底部区域，有机构明显收集筹码的个股最安全。选股时如果发现目标股票不断有大买单买进，但如果该股已经连续拉出多根大阳线或者在波段高位，就要谨慎对待这些品种。有机构入场收集筹码，成交量就会放大，看当日成交量时要注意看成交金额的大小。个股当日的成交金额如果只有千万元左右的话，这么小的成交金额机构是拿不到什么货的。

看完目标股票股价所在位置后，就去看目标股票盘中分时走势形态。主力无论进场、出货，还是其他操作行为，大部分都在分时走势形态上表现出明显活动痕迹。真正属于主力进场的个股，其分时走势一般表现比较强劲，盘中股价整体表现重心明显不断上移，盘口明显随着股价盘中上升，分时成交量也明显放大。

必要时还应该看盘中买单的成交情况，一般以看大买单的成交为主。另外看有没有出来大量有规律的买单，如100手、200手、1000手……这样的整数买单。部分机构吸筹时经常用这些整数买单有规律地拿货。

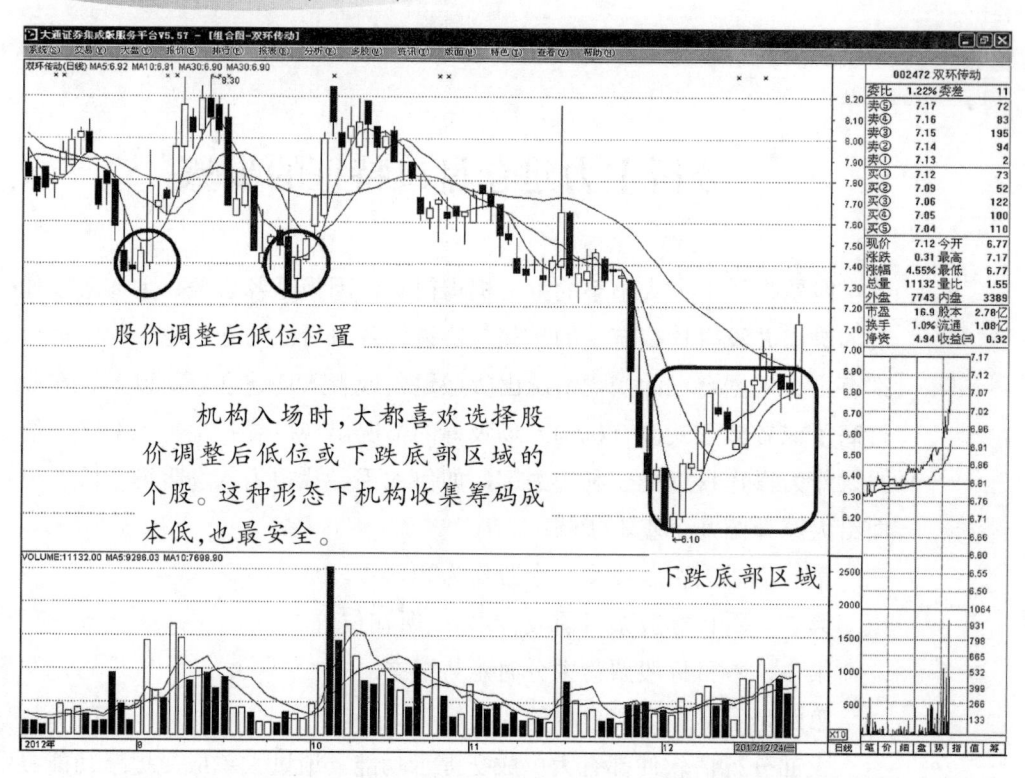

主力行为盘口解密(精选版)

股价调整后低位位置

机构入场时,大都喜欢选择股价调整后低位或下跌底部区域的个股。这种形态下机构收集筹码成本低,也最安全。

下跌底部区域

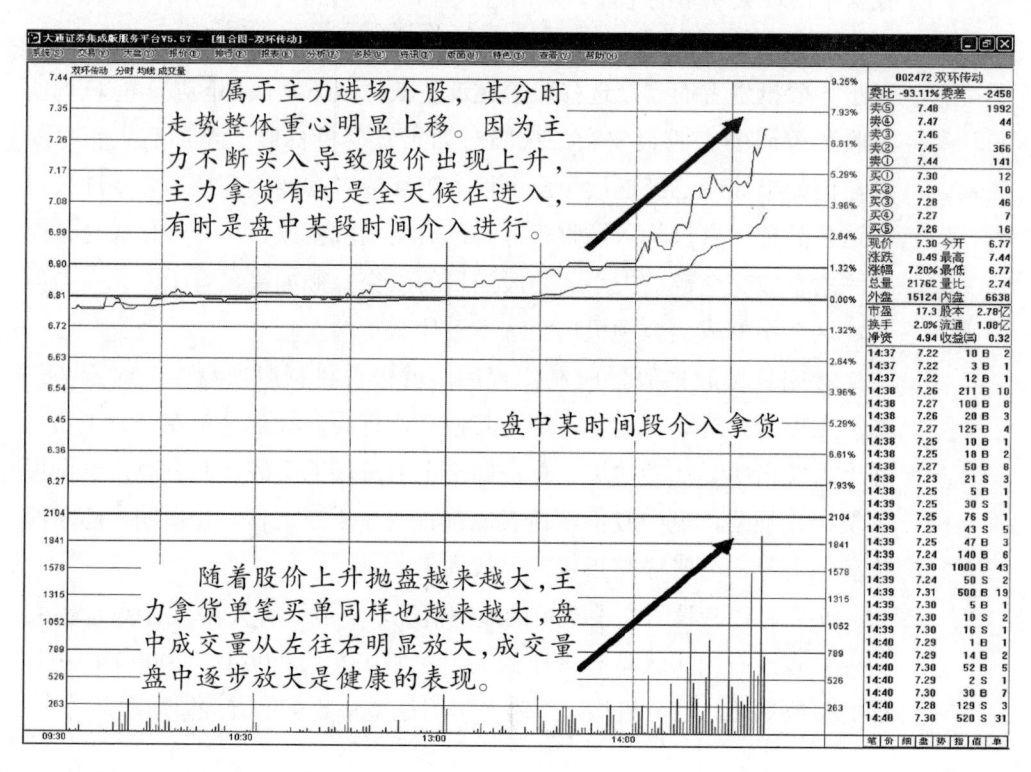

属于主力进场个股,其分时走势整体重心明显上移。因为主力不断买入导致股价出现上升,主力拿货有时是全天候在进入,有时是盘中某段时间介入进行。

盘中某时间段介入拿货

随着股价上升抛盘越来越大,主力拿货单笔买单同样也越来越大,盘中成交量从左往右明显放大,成交量盘中逐步放大是健康的表现。

第三章 吸筹行为

13:38	6.91	100 B	5	14:02	6.98	100 B
13:39	6.90	2 B	1	14:02	6.94	5 S
13:39	6.91	100 B	5	14:02	6.97	100 B

规律性整数买单

发现有主力建仓痕迹，可以去看盘中买单成交情况，一般以看大买单成交为主，越多往上扫高数个价格成交的买单越好。另外看有没有较多有规律的买单，如100手、200手、1000手等整数买单，部分机构吸筹时常用200、300、500这些不同数字组合的买单交替使用。如果出现大量这种特别买单就更进一步确认是有机构在拿货。

主力资金实力有强有弱，介入某只股票有深有浅，有的主力拿货出手就是几千手一笔，有的一两百手小单入场。另外主力有做中长线的，也有做波段和短线的，其中做波段和短线的主力拿到货后一般马上展开拉升。跟进这些主力建仓的股票才能快速盈利。

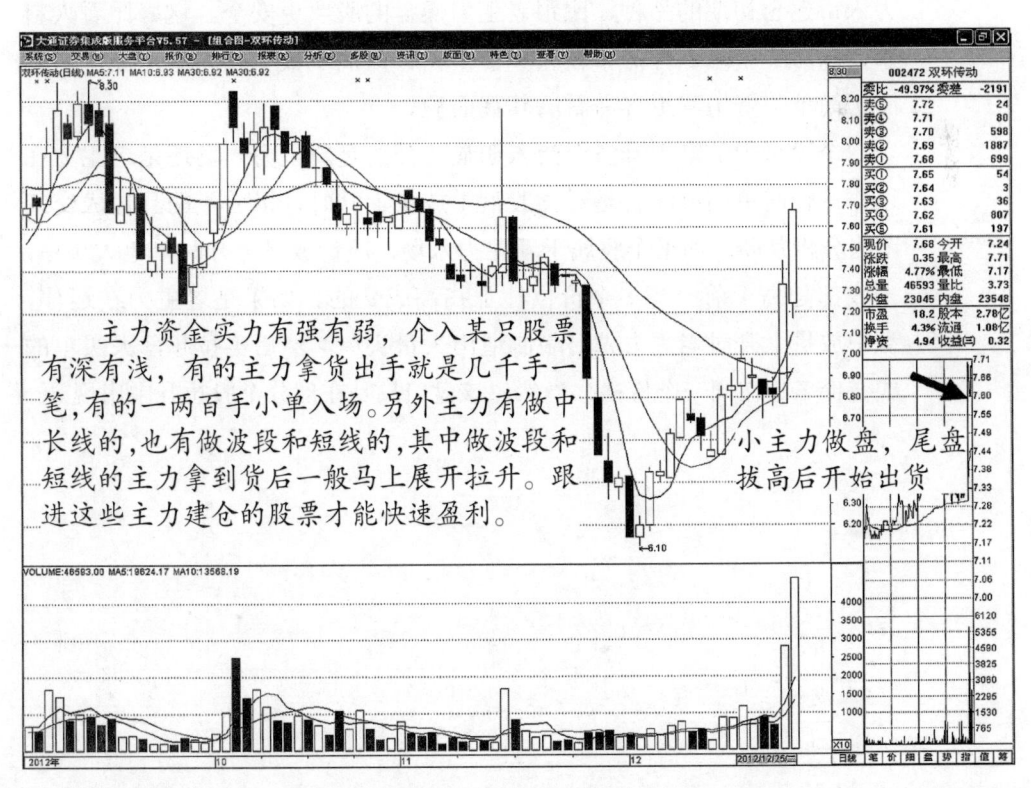

小主力做盘，尾盘拔高后开始出货

判断个股是新主力入场还是老主力操盘的技巧

看盘时经常看到个股盘中放量上升,分清是新主力入场还是该股的老主力在运作很重要。从理论角度上看,如一只股票有新主力入市,在资金不断流入之下股价就会有所表现。表现体现在两方面:一是新主力入市建仓不断买入就会推高股价;二是新主力入市建仓后可能主动拉抬股价拉出利润空间。跟随主力操作跟在新主力入市建仓初期,是比较安全和盈利最有保障的。

老主力操盘的股票较难预测和把握。老主力操盘的品种,主力什么时间进去的,平均成本在哪儿,都较难估计,大部分老主力日常交易中都进行高抛低吸,要计算其平均成本比较难。老主力操盘的股票运作久了,或账面利润较高后,什么时间出货撤退全由老主力操盘手决定,这些都不是看基本面、看技术面分析可以预测的。跟主力操作,跟进新主力入市建仓初期的品种,比跟老主力操盘的股票更安全。这好比看人料事,面对一个刚入行的年轻人和一个在行内混了数十载的老江湖,前者阅历简单、资历浅更容易看清其真面貌。

个股盘中放量上升资金流入明显,分清是新主力入场还是老主力在运作,较简单的办法就是看该股盘中放量上升时,以放量的具体成交细节去分析判断。如果个股属于新主力入场,股价放量上升时单笔大买单,一般都是高于前一笔多个价位往上扫高成交的。如果是老主力在运作,盘中放量上升时老主力先对敲制造出大量买单,然后再拉起,大买单的成交价多是在同一个价格!当然,该盘口只是在部分个股拉升中出现。

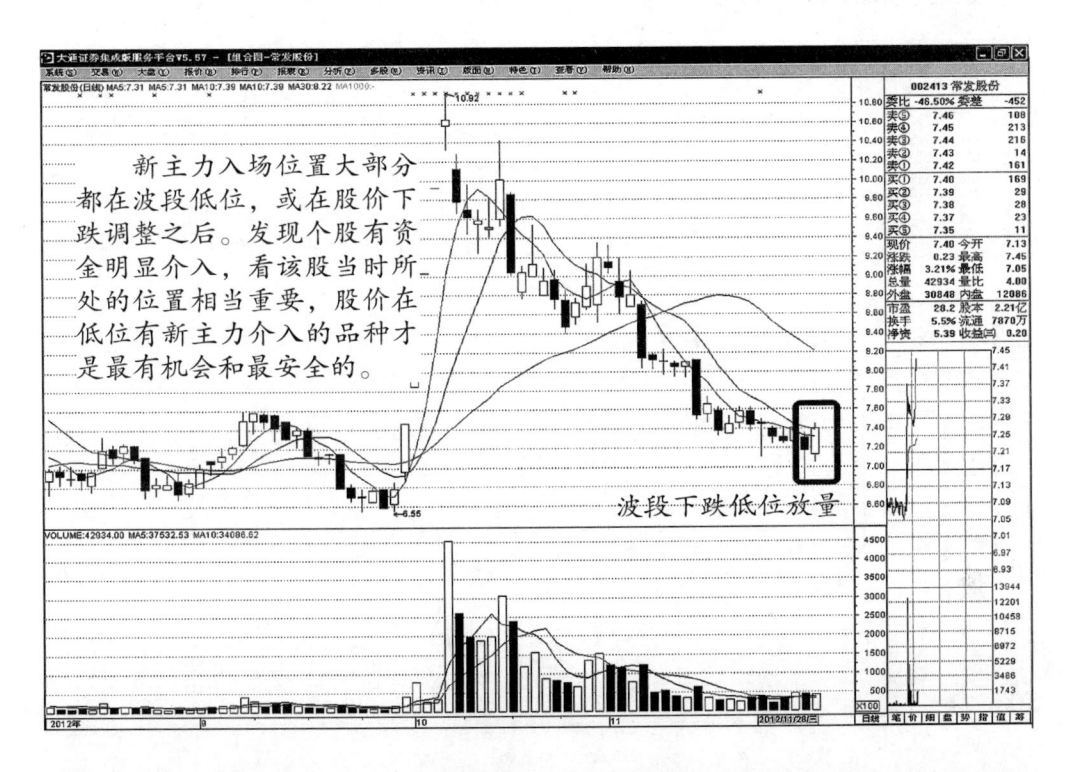

新主力入场位置大部分都在波段低位，或在股价下跌调整之后。发现个股有资金明显介入，看该股当时所处的位置相当重要，股价在低位有新主力介入的品种才是最有机会和最安全的。

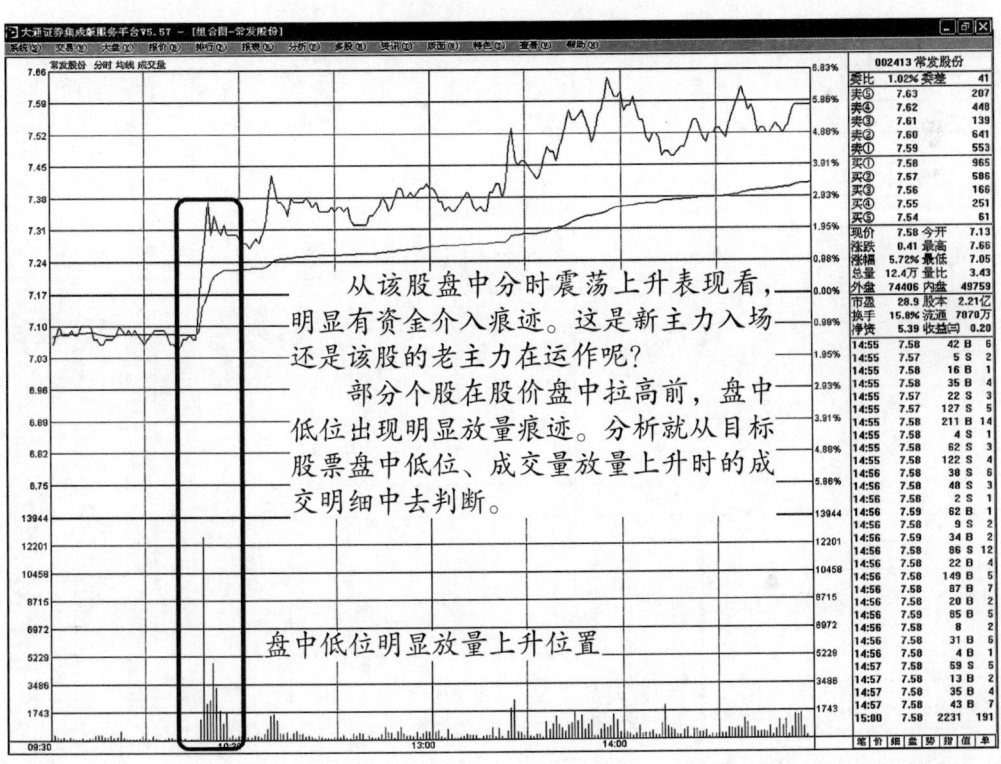

波段下跌低位放量

从该股盘中分时震荡上升表现看，明显有资金介入痕迹。这是新主力入场还是该股的老主力在运作呢？

部分个股在股价盘中拉高前，盘中低位出现明显放量痕迹。分析就从目标股票盘中低位、成交量放量上升时的成交明细中去判断。

盘中低位明显放量上升位置

主力行为盘口解密(精选版)

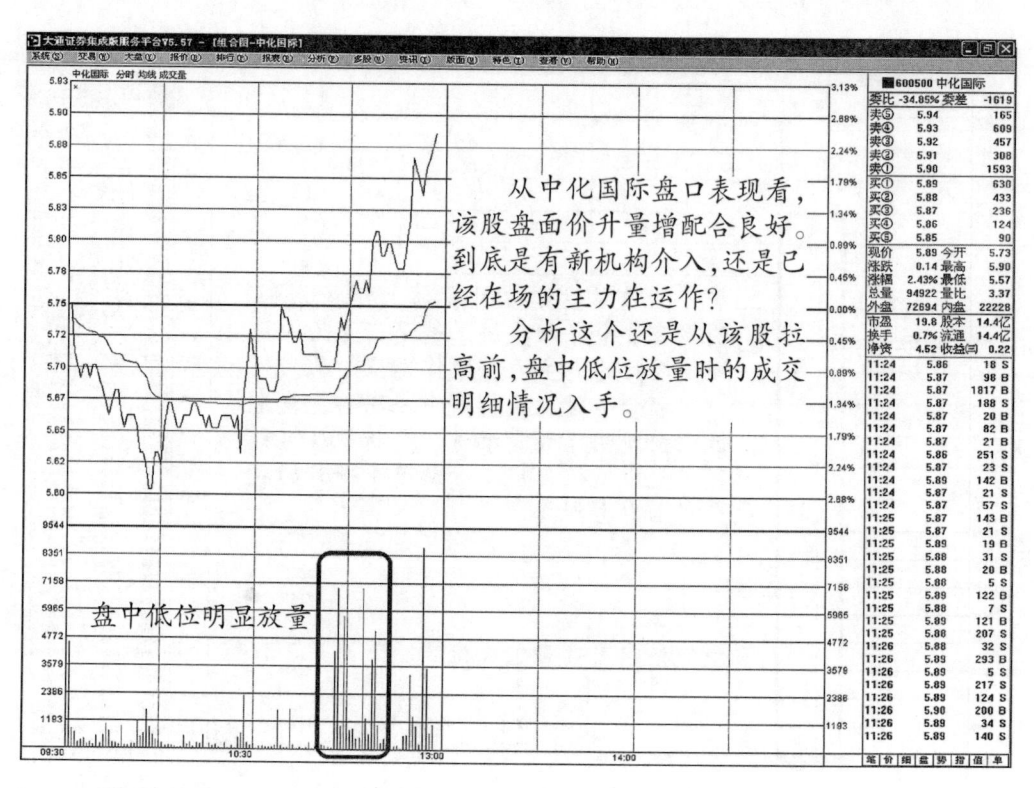

从常发股份盘中低位明显放量时的成交看，常发股份拉高前于7.16元连续成交了多笔大买单，数量达到8000余手。以该股正常的交易挂单情况看，一个价位并没有8000余手如此大的卖单挂出。这些大量成交一般是老主力为了吸引大众眼球，盘中通过做盘手段故意对敲制造的。要进行对敲交易就必须先手中持有筹码，所以该股明显属于老主力在运作。

时间	价格	现量
10:16	7.15	427 B
10:17	7.16	2004 B
10:17	7.16	2550 B
10:17	7.15	10 S
10:17	7.16	4017 B
10:17	7.16	371 B
10:17	7.18	3149 B

从中化国际盘口表现看，该股盘面价升量增配合良好。到底是有新机构介入，还是已经在场的主力在运作？

分析这个还是从该股拉高前，盘中低位放量时的成交明细情况入手。

盘中低位明显放量

第三章 吸筹行为

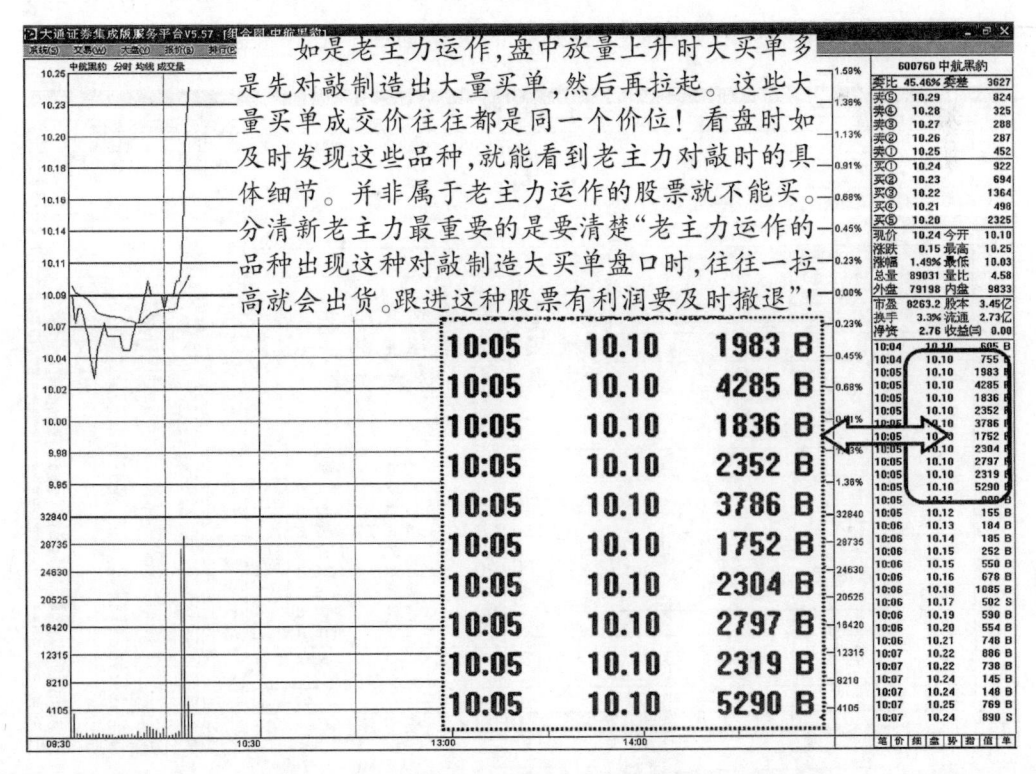

时间	价格	现量
10:55	5.72	2015 B
10:55	5.72	400 B
10:56	5.73	1502 B
10:56	5.73	905 B
10:56	5.73	200 B
10:56	5.73	808 B
10:56	5.73	903 B
10:56	5.73	156 B
10:56	5.73	735 B
10:56	5.73	792 B

5.73元同一价位出现大量买单成交

时间	价格	现量
10:58	5.74	3647 B
10:58	5.74	2012 B
10:59	5.73	20 B
10:59	5.74	1440 B

5.74元同一价位又出现大量买单成交

时间	价格	现量
11:04	5.77	3202 B
11:04	5.76	12 B
11:04	5.76	1 B
11:04	5.77	3612 B

在不同时间段5.76元同一价位又出现大买单成交。老主力为吸引跟风盘,盘中多次对敲制造大量大买单是常见的。

如是老主力运作,盘中放量上升时大买单多是先对敲制造出大量买单,然后再拉起。这些大量买单成交价往往都是同一个价位!看盘时如及时发现这些品种,就能看到老主力对敲时的具体细节。并非属于老主力运作的股票就不能买。分清新老主力最重要的是要清楚"老主力运作的品种出现这种对敲制造大买单盘口时,往往一拉高就会出货。跟进这种股票有利润要及时撤退"!

时间	价格	现量
10:05	10.10	1983 B
10:05	10.10	4285 B
10:05	10.10	1836 B
10:05	10.10	2352 B
10:05	10.10	3786 B
10:05	10.10	1752 B
10:05	10.10	2304 B
10:05	10.10	2797 B
10:05	10.10	2319 B
10:05	10.10	5290 B

主力行为盘口解密(精选版)

盘口识别主力制造大买单吸筹假象

广大投资者分析发现个股有机构入场常用的两种方法是：①看个股的日K线和成交量；②看个股的盘中交易出现大量的大买单。

个股低位出现大阳线加成交量明显放大，是分析判断有机构入场建仓的一种重要手段。交易盘口出现大量大买单往上吃货动作，也是分析判断大机构建仓的一种方法。这两种传统看盘分析方法是技术派分析研判的基础。而同样的方法不同的使用者分析得出的结论，操作的结果有着很大的差别。

技术分析领域，任何被广大投资者所熟悉和掌握的技术方法，都有可能被一些大机构反向利用为其自身利益服务。每一种技术方法本身都存在不足，这些分析方法被一些无良机构反向利用后，对股民的误导与危害相当严重。下面介绍一种主力出货或借用市场资金推高股价，操盘手通过做盘操纵分时走势，对敲制造大买单，制造机构建仓假象误导投资者的行为，以及教你如何从盘面上识别这一造假做盘行为。

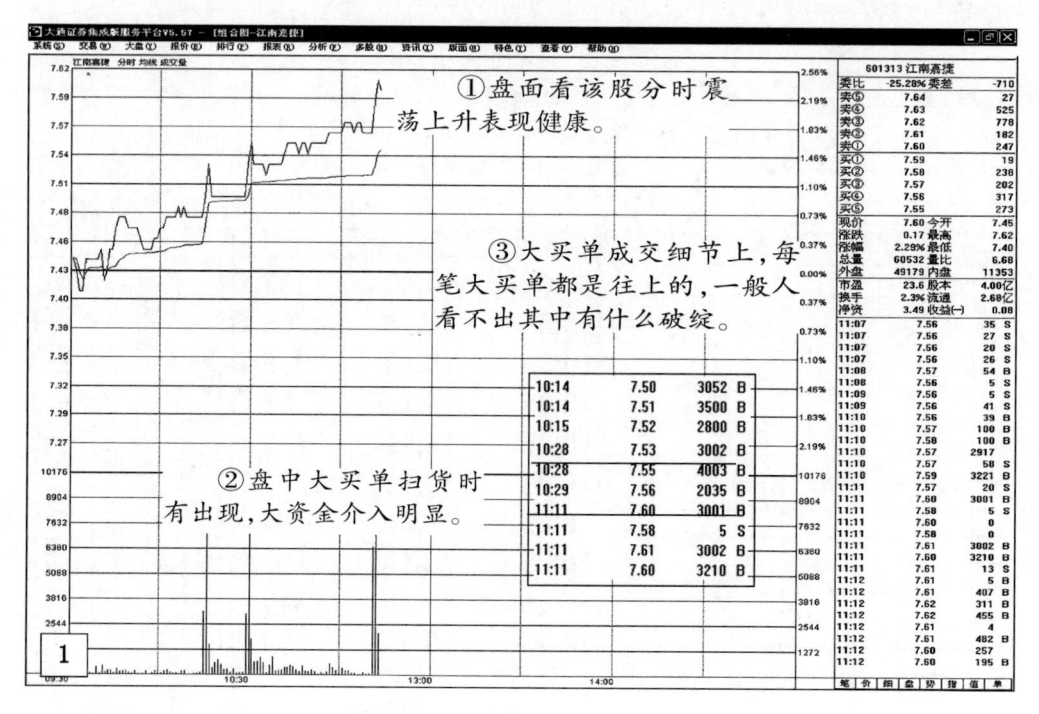

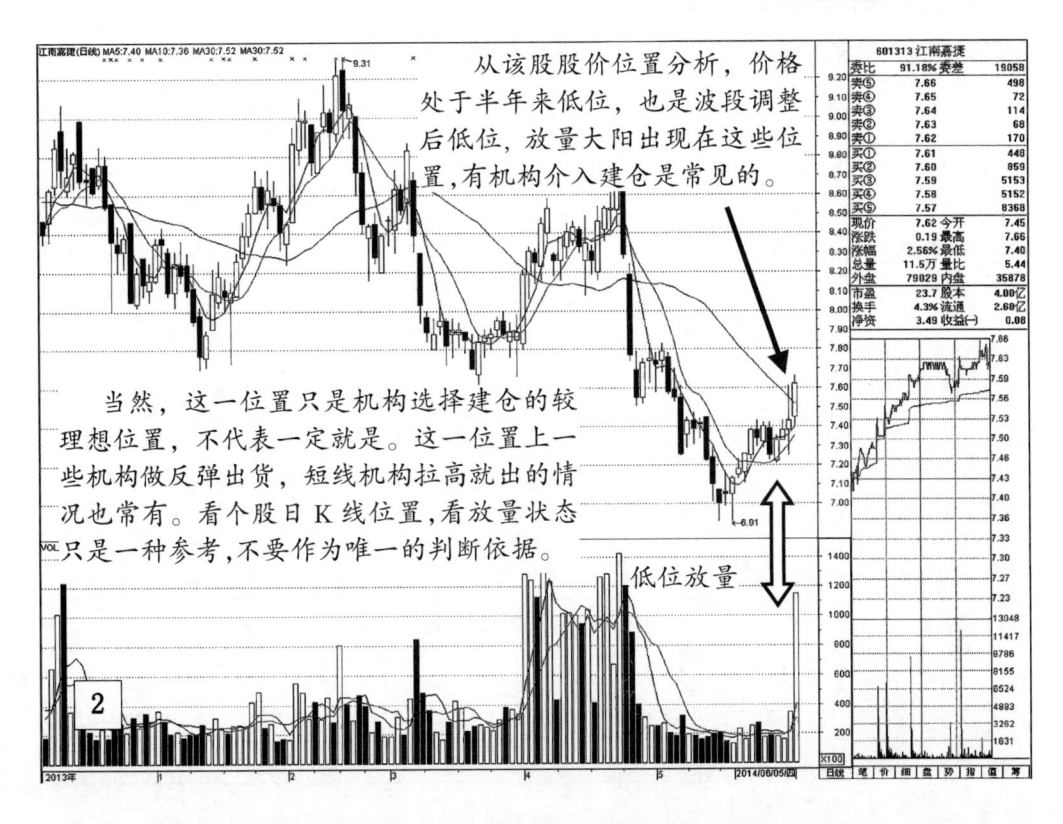

第三章 吸筹行为

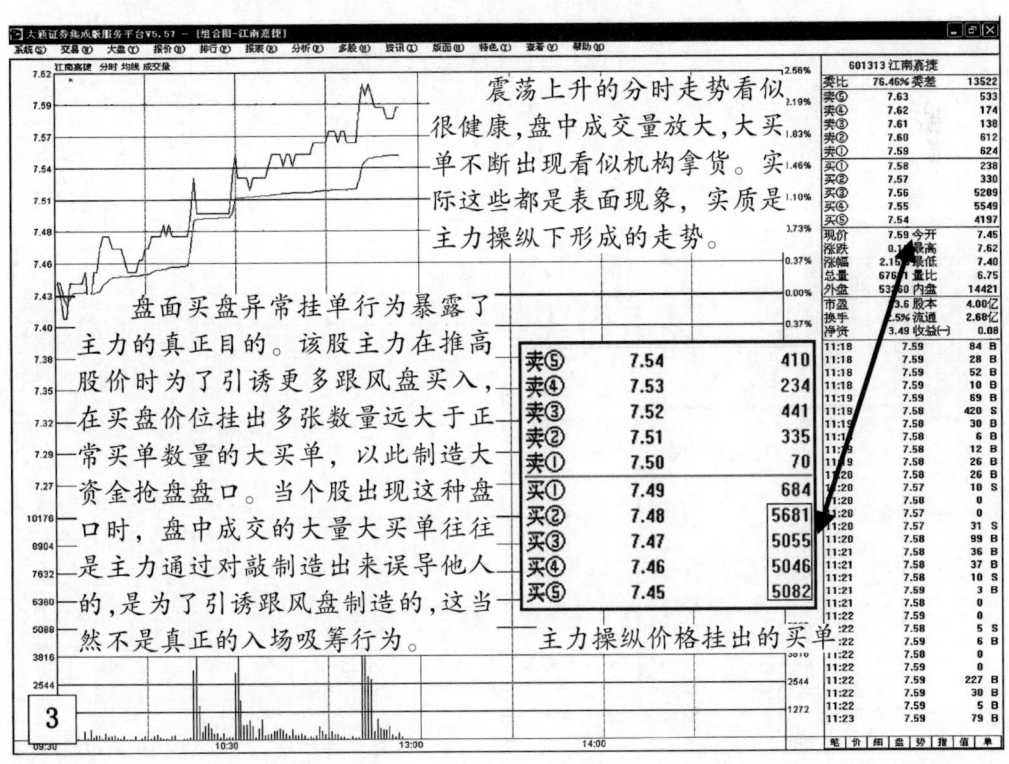

从该股股价位置分析，价格处于半年来低位，也是波段调整后低位，放量大阳出现在这些位置，有机构介入建仓是常见的。

当然，这一位置只是机构选择建仓的较理想位置，不代表一定就是。这一位置上一些机构做反弹出货，短线机构拉高就出的情况也常有。看个股日K线位置，看放量状态只是一种参考，不要作为唯一的判断依据。

低位放量

震荡上升的分时走势看似很健康，盘中成交量放大，大买单不断出现看似机构拿货。实际这些都是表面现象，实质是主力操纵下形成的走势。

盘面买盘异常挂单行为暴露了主力的真正目的。该股主力在推高股价时为了引诱更多跟风盘买入，在买盘价位挂出多张数量远大于正常买单数量的大买单，以此制造大资金抢盘盘口。当个股出现这种盘口时，盘中成交的大量大买单往往是主力通过对敲制造出来误导他人的，是为了引诱跟风盘制造的，这当然不是真正的入场吸筹行为。

主力操纵价格挂出的买单

99

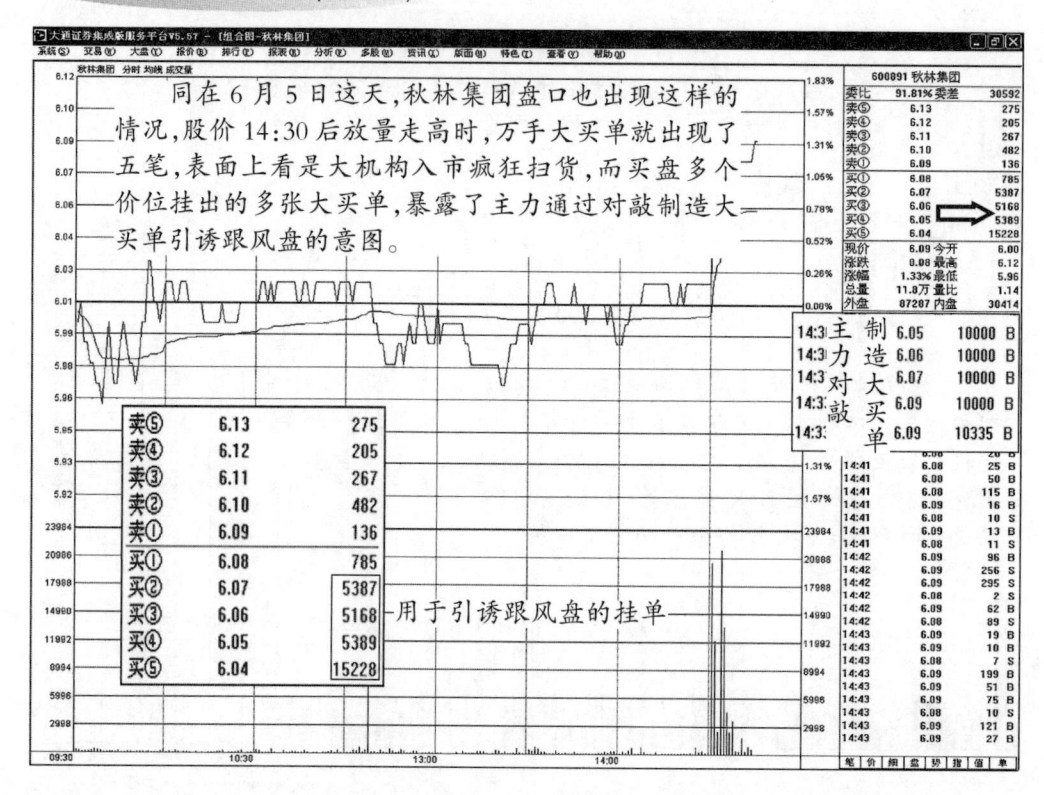

主力行为盘口解密(精选版)

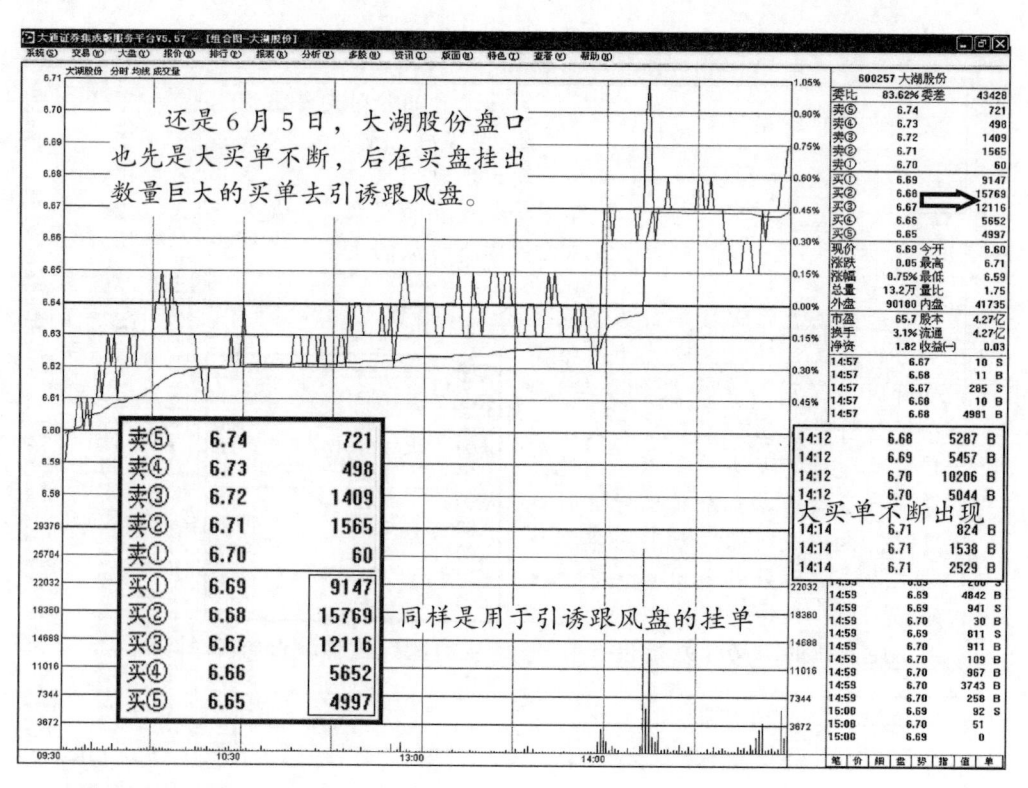

同在6月5日这天,秋林集团盘口也出现这样的情况,股价14:30后放量走高时,万手大买单就出现了五笔,表面上看是大机构入市疯狂扫货,而买盘多个价位挂出的多张大买单,暴露了主力通过对敲制造大买单引诱跟风盘的意图。

卖⑤	6.13	275
卖④	6.12	205
卖③	6.11	267
卖②	6.10	482
卖①	6.09	136
买①	6.08	785
买②	6.07	5387
买③	6.06	5168
买④	6.05	5389
买⑤	6.04	15228

用于引诱跟风盘的挂单

主力制造对敲大买单

还是6月5日,大湖股份盘口也先是大买单不断,后在买盘挂出数量巨大的买单去引诱跟风盘。

卖⑤	6.74	721
卖④	6.73	498
卖③	6.72	1409
卖②	6.71	1565
卖①	6.70	60
买①	6.69	9147
买②	6.68	15769
买③	6.67	12116
买④	6.66	5652
买⑤	6.65	4997

同样是用于引诱跟风盘的挂单

大买单不断出现

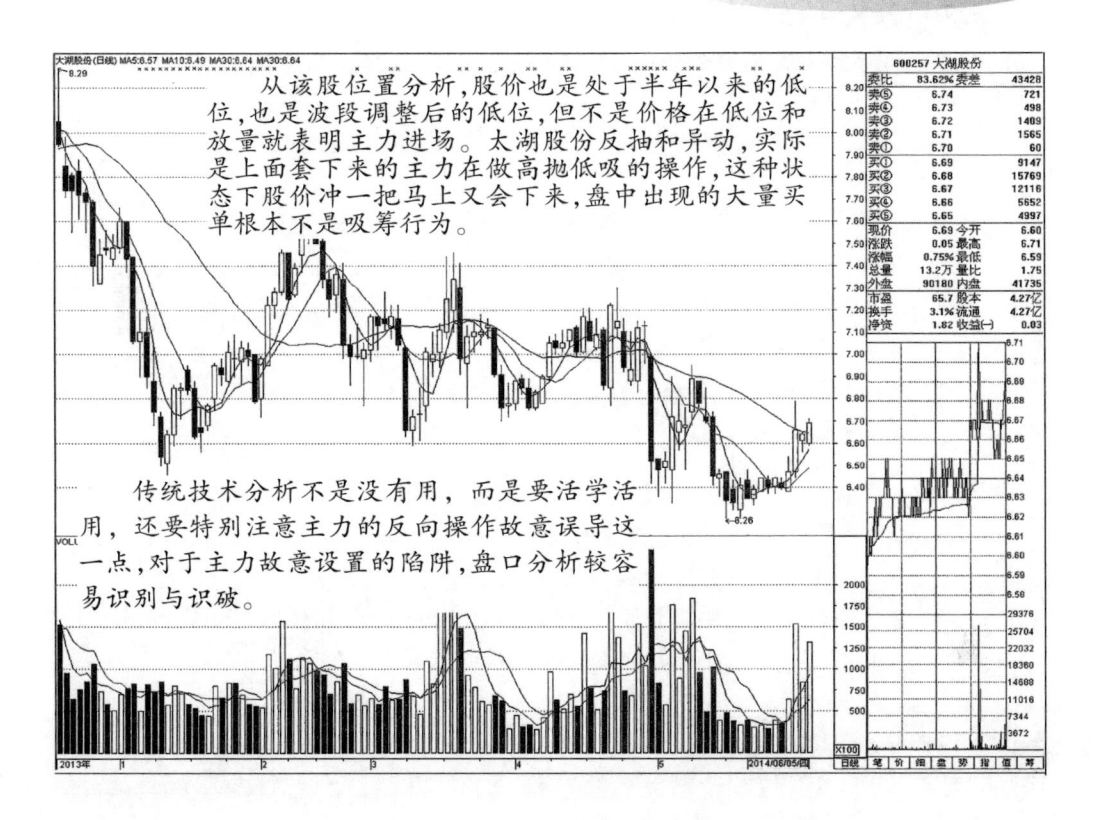

从该股位置分析,股价也是处于半年以来的低位,也是波段调整后的低位,但不是价格在低位和放量就表明主力进场。太湖股份反抽和异动,实际是上面套下来的主力在做高抛低吸的操作,这种状态下股价冲一把马上又会下来,盘中出现的大量买单根本不是吸筹行为。

传统技术分析不是没有用,而是要活学活用,还要特别注意主力的反向操作故意误导这一点,对于主力故意设置的陷阱,盘口分析较容易识别与识破。

如何看个股盘口攻击力

  短线影响个股股价波动的因素非常多,而归根结底到交易盘面上还是资金进出的影响。什么样的大资金参与以及参与大资金的心态、目的影响目标股票股价的表现和方向。有实力资金参与作为主导,与都是大众化资金参与的结果往往差异很大。如有实力资金引导股价表现就有更大不同。

  一般市场中大部分个股都是自然正常的升跌波动,只有小部分个股在大资金实施有计划的操作下波动。若能看清实力操盘机构的活动痕迹,揣摩清楚主力操作意图,就可以在跌时先出来回避风险,升时跟进分一杯羹。看实力机构操盘从盘面入手,看大资金的交易态度可以从拉升上攻做高股价时的表现入手。大资金操盘态度是否坚决是机会大小的重要参考。

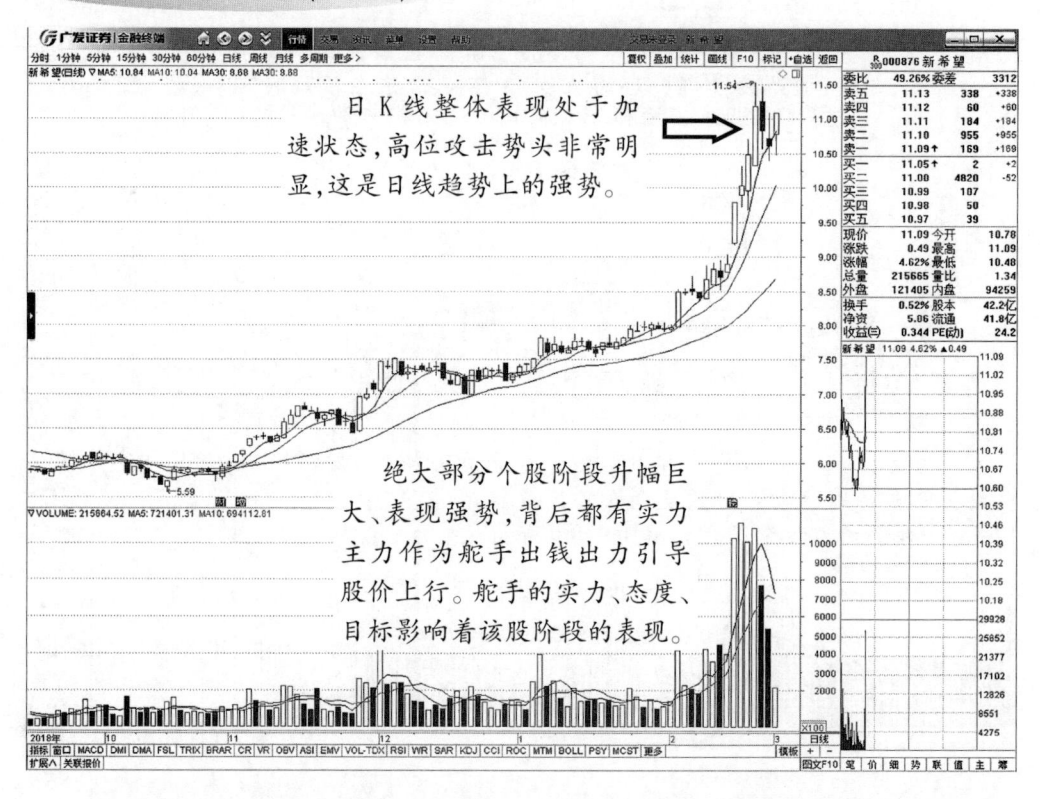

主力行为盘口解密(精选版)

日K线整体表现处于加速状态，高位攻击势头非常明显，这是日线趋势上的强势。

绝大部分个股阶段升幅巨大、表现强势，背后都有实力主力作为舵手出钱出力引导股价上行。舵手的实力、态度、目标影响着该股阶段的表现。

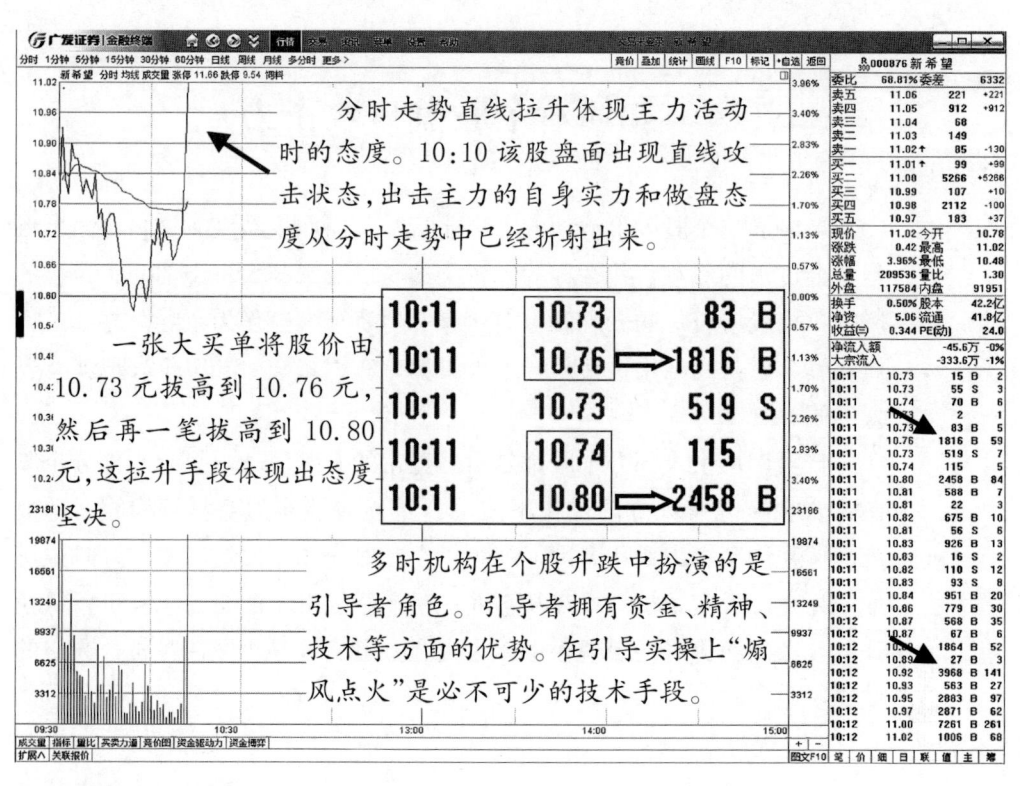

分时走势直线拉升体现主力活动时的态度。10:10该股盘面出现直线攻击状态，出击主力的自身实力和做盘态度从分时走势中已经折射出来。

一张大买单将股价由10.73元拔高到10.76元，然后再一笔拔高到10.80元，这拉升手段体现出态度坚决。

多时机构在个股升跌中扮演的是引导者角色。引导者拥有资金、精神、技术等方面的优势。在引导实操上"煽风点火"是必不可少的技术手段。

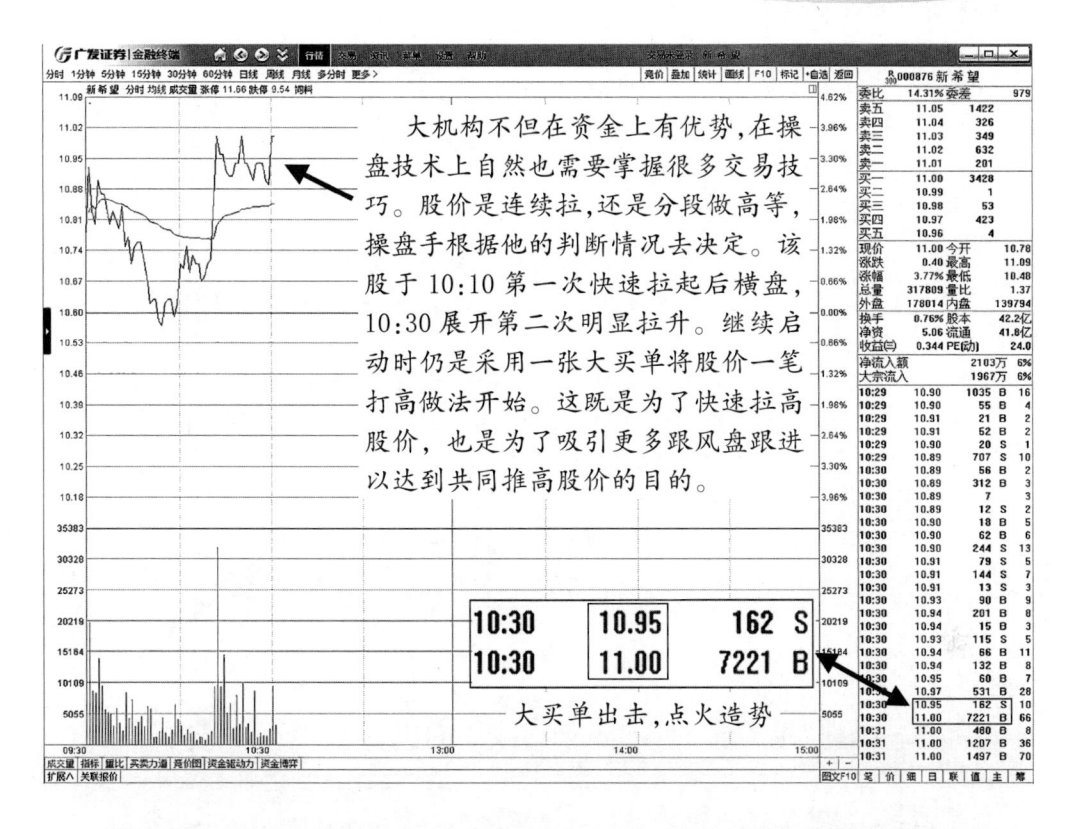

大机构不但在资金上有优势,在操盘技术上自然也需要掌握很多交易技巧。股价是连续拉,还是分段做高等,操盘手根据他的判断情况去决定。该股于10:10第一次快速拉起后横盘,10:30展开第二次明显拉升。继续启动时仍是采用一张大买单将股价一笔打高做法开始。这既是为了快速拉高股价,也是为了吸引更多跟风盘跟进以达到共同推高股价的目的。

| 10:30 | 10.95 | 162 S |
| 10:30 | 11.00 | 7221 B |

大买单出击,点火造势

继续推高

继续上行过程中10:36又出现一张大买单将股价由11.03元拔高到11.09元。这种跳跃式攻击性大买单已经N次出现在该股盘口。细节上操盘手段几乎完全一样,可见是同一人所为。每次大单都在展开上攻时出现,节奏和出现频率都把握得很到位。这是位经验丰富的操盘手在做交易。

| 10:36 ⇨ 11.03 | 884 S |
| 10:36 ⇨ 11.09 | 5098 B |

主力行为盘口解密(精选版)

大买单在上行中恰到好处地反复出现，单笔数量特别大的大买单将股价拔高。这种大单当然不排除部分属于主力之外的他人买单。无论是谁的，在价格上升时出现频率越高越好。它有利于股价快速上升和吸引大量跟风盘。如是主力不断这样交易，说明其信心十足、态度坚决。

| 14:15 | 11.25 | 1 | S |
| 14:15 | 11.30 | 9444 | B |

上攻

分时走势上扬回撤小

卖五	11.25	234
卖四	11.24 压	61
卖三	11.23 力	98
卖二	11.22 单	3377
卖一	11.21	100
买一	11.20	1023
买二	11.19	1663
买三	11.18 支	2019
买四	11.17 撑	10019
买五	11.16	82

个股上升过程中一定会遇到抛压，主力面对抛压时是否处理妥当很关键。不让价格出现大幅回撤这是做多信心坚决的体现，看盘掌握这一点非常重要。图中卖盘有大抛单，买盘主力挂出更大的买单以示决心。

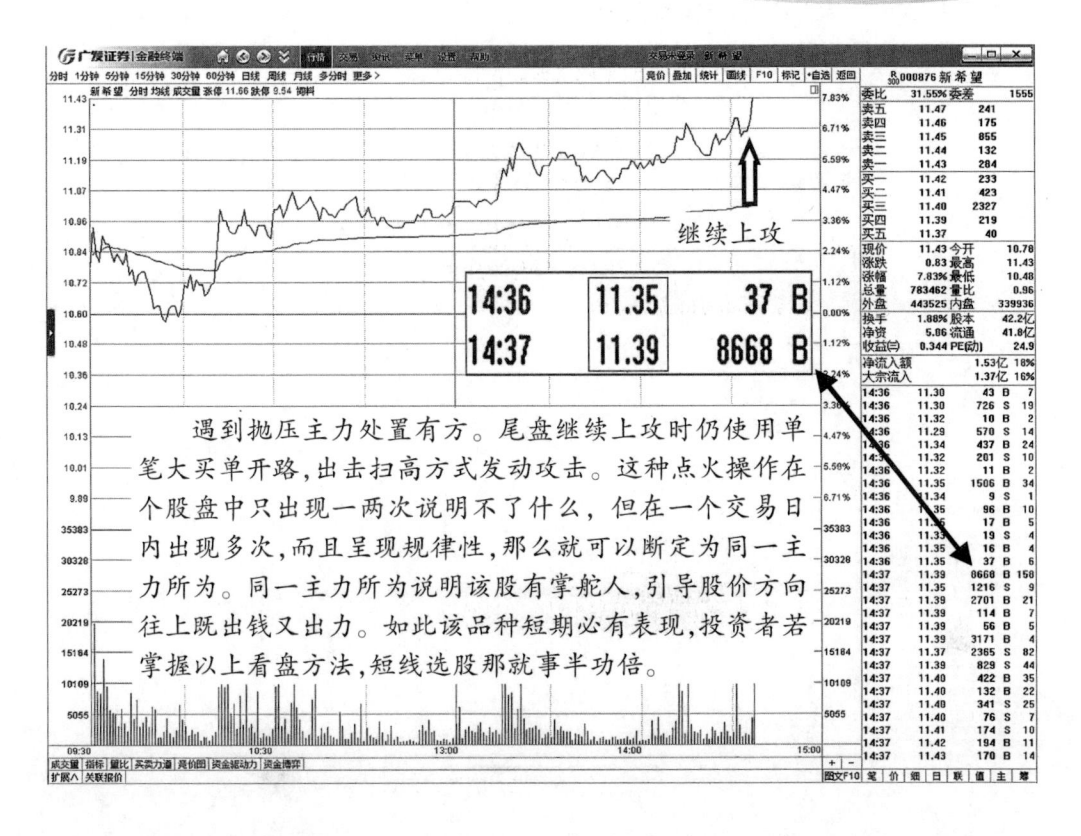

遇到抛压主力处置有方。尾盘继续上攻时仍使用单笔大买单开路,出击扫高方式发动攻击。这种点火操作在个股盘中只出现一两次说明不了什么,但在一个交易日内出现多次,而且呈现规律性,那么就可以断定为同一主力所为。同一主力所为说明该股有掌舵人,引导股价方向往上既出钱又出力。如此该品种短期必有表现,投资者若掌握以上看盘方法,短线选股那就事半功倍。

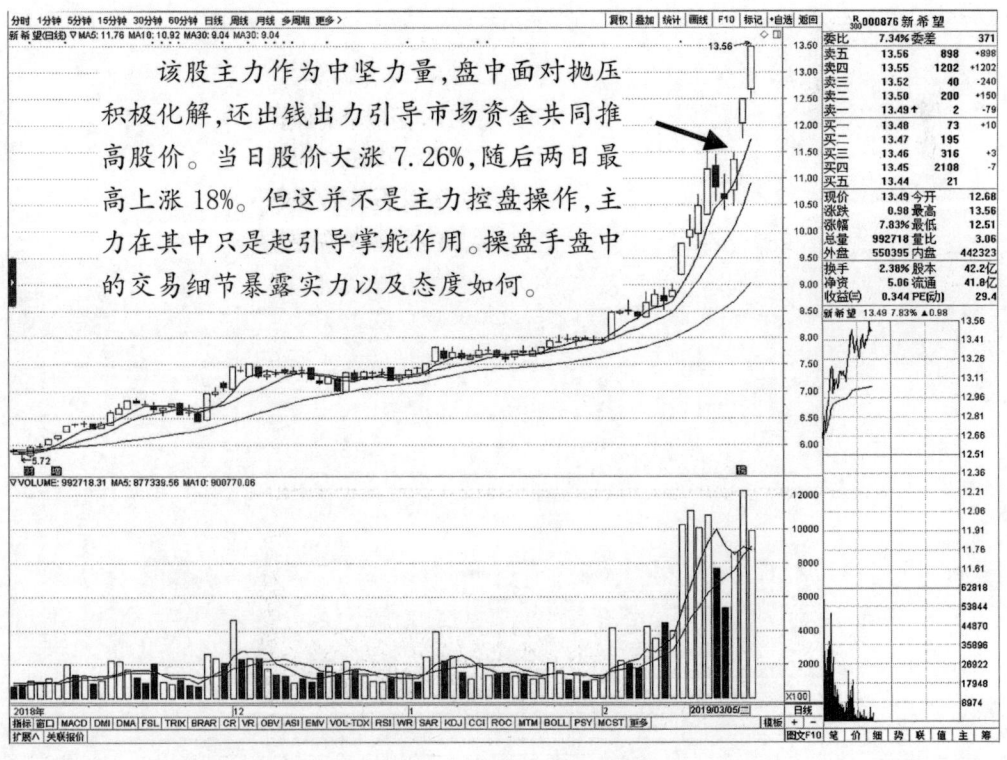

该股主力作为中坚力量,盘中面对抛压积极化解,还钱出力引导市场资金共同推高股价。当日股价大涨7.26%,随后两日最高上涨18%。但这并不是主力控盘操作,主力在其中只是起引导掌舵作用。操盘手盘中的交易细节暴露实力以及态度如何。

第四章
洗盘行为

识别主力洗盘的方法与介入时机

"洗盘"是股市中一个专业术语。主力洗盘是为了将部分盈利幅度大和持股心态不稳的浮动筹码清洗出去。每拉一阶段主力就通过洗盘让筹码在某一区域充分换手,以此提高市场他人持股平均成本。

个股洗盘手法很多,具体到不同个股各有形态上的差别。市场存在的洗盘行为可以分为几大类:①制造或借用利空消息洗盘;②通过股价长期横盘反复震荡折磨洗盘;③先拉高股价然后再砸下来恐吓加威逼洗盘;④直接打压砸低股价恐吓洗盘;⑤利用卖盘挂出数量巨大的卖单制造压力等手段恐吓洗盘。

一般情况下洗盘越往后成交量越萎缩才是正常的,因为跟风盘在洗盘过程中不断被震出到最后只会是越来越少,但现在的主力行为更为复杂,展开打压股价洗盘时往往还隐藏另外一个目的:"高抛低吸"差价套利,也就是说有的主力在砸盘洗盘时既是做减仓出货动作,也是在洗盘,盘面上投资者根本无法识别,只有操盘手自己才清楚地知道自己在做什么。为了达到洗盘目的,通过砸盘砸出中阴线大阴线,甚至通过对敲把成交量做大,这是在K线走势上对持有者进行恐吓,科伦药业就出现了如此情况。

2017年9月27日科伦药业出现主力拉高就减仓的盘面动作,9月29日更明显,国庆节后首日继续出现拉高就减仓的做盘动作。下面通过科伦药业股价异常表现去看该股主力是如何通过砸盘对敲做量恐吓吃瓜群众的。

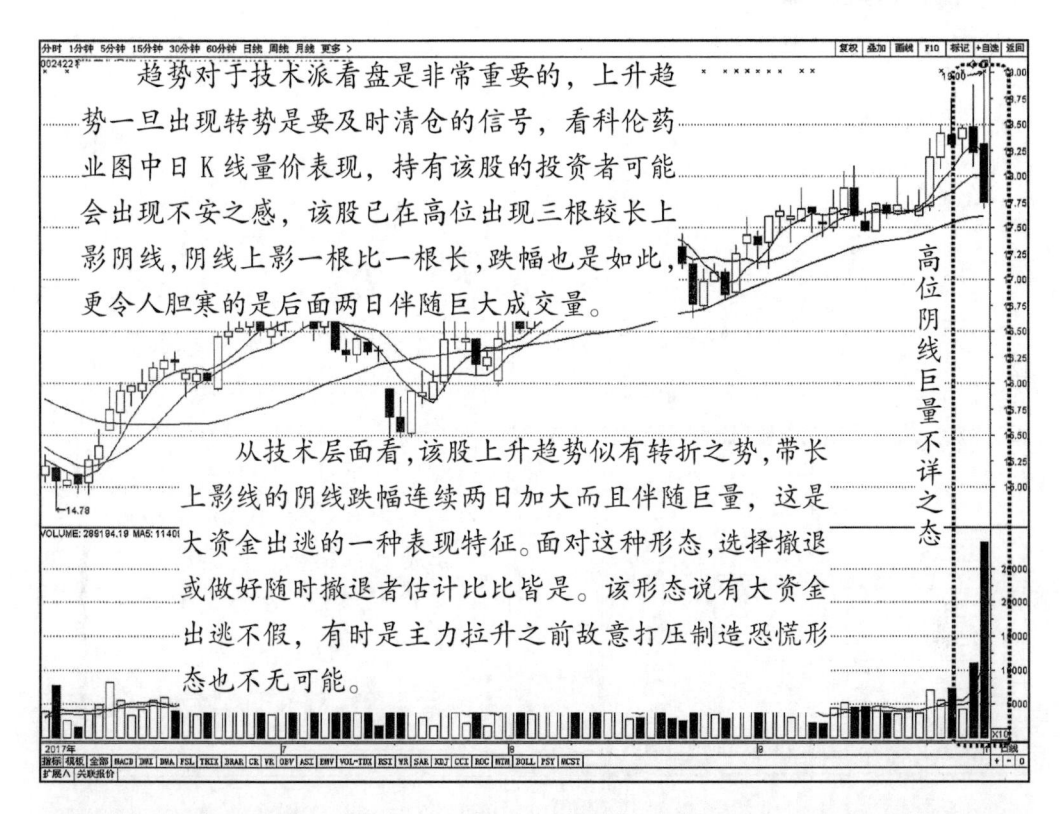

趋势对于技术派看盘是非常重要的，上升趋势一旦出现转势是要及时清仓的信号，看科伦药业图中日K线量价表现，持有该股的投资者可能会出现不安之感，该股已在高位出现三根较长上影阴线，阴线上影一根比一根长，跌幅也是如此，更令人胆寒的是后面两日伴随巨大成交量。

从技术层面看，该股上升趋势似有转折之势，带长上影线的阴线跌幅连续两日加大而且伴随巨量，这是大资金出逃的一种表现特征。面对这种形态，选择撤退或做好随时撤退者估计比比皆是。该形态说有大资金出逃不假，有时是主力拉升之前故意打压制造恐慌形态也不无可能。

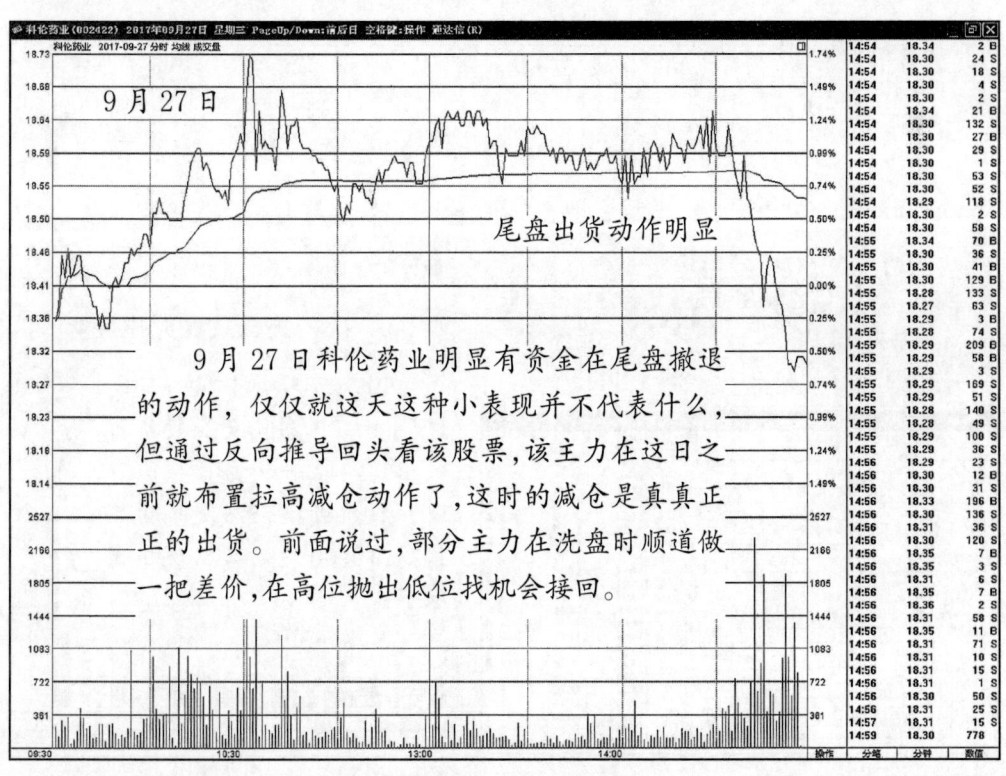

高位阴线巨量不详之态

9月27日科伦药业明显有资金在尾盘撤退的动作，仅仅就这天这种小表现并不代表什么，但通过反向推导回头看该股票，该主力在这日之前就布置拉高减仓动作了，这时的减仓是真真正正的出货。前面说过，部分主力在洗盘时顺道做一把差价，在高位抛出低位找机会接回。

尾盘出货动作明显

9月27日

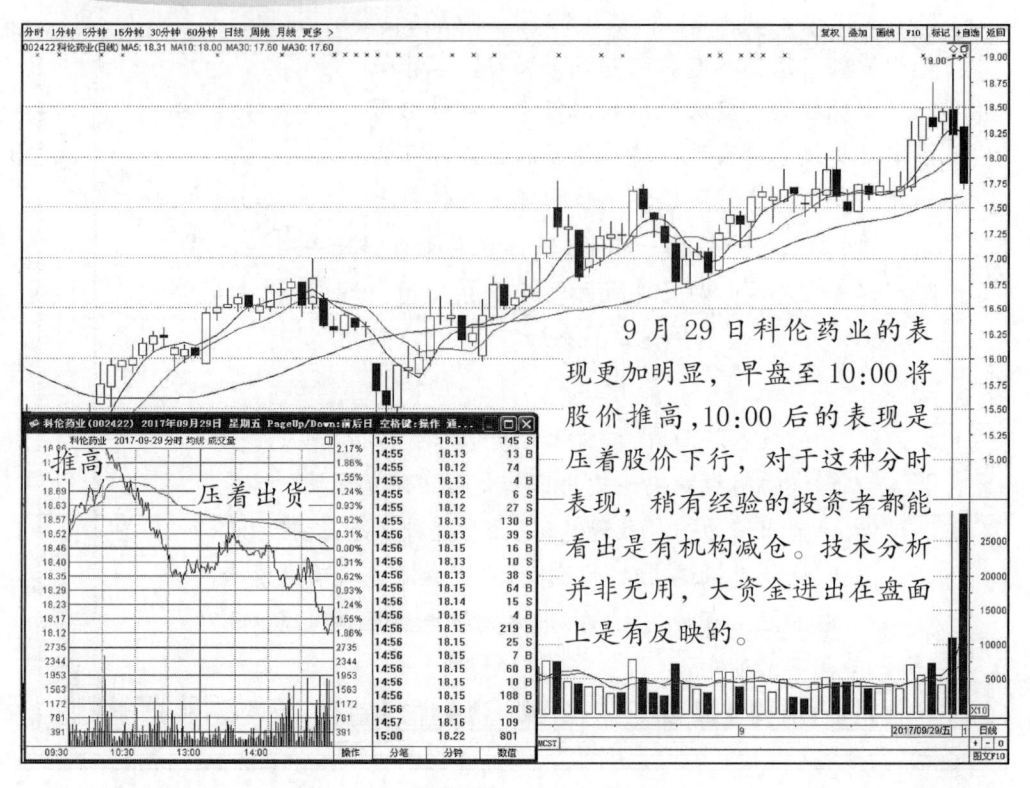

主力行为盘口解密(精选版)

9月29日科伦药业的表现更加明显，早盘至10:00将股价推高，10:00后的表现是压着股价下行，对于这种分时表现，稍有经验的投资者都能看出是有机构减仓。技术分析并非无用，大资金进出在盘面上是有反映的。

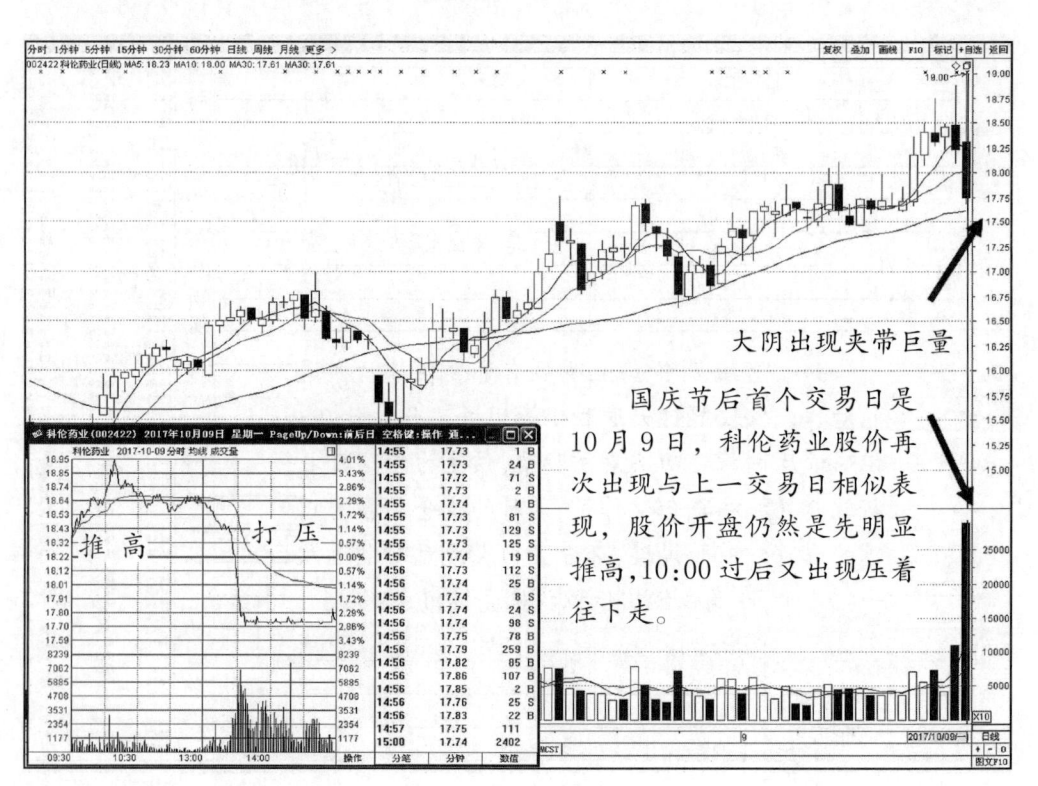

大阴出现夹带巨量

国庆节后首个交易日是10月9日，科伦药业股价再次出现与上一交易日相似表现，股价开盘仍然是先明显推高，10:00过后又出现压着往下走。

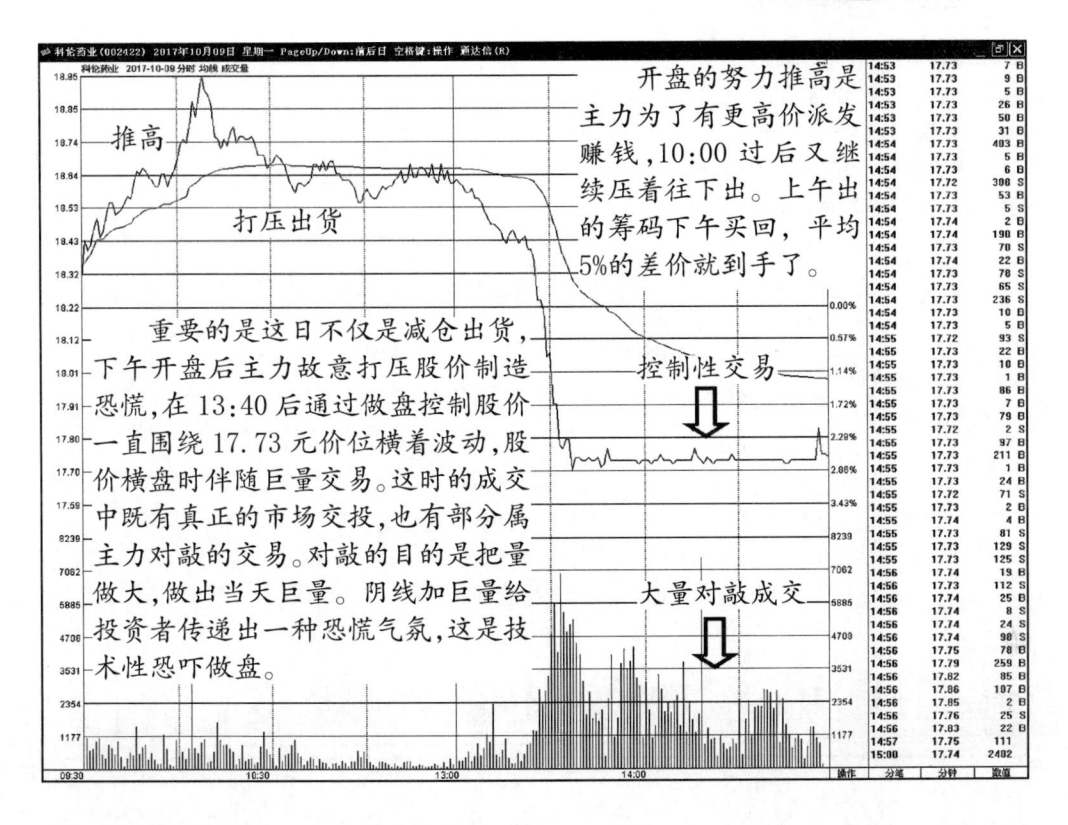

第四章 洗盘行为

开盘的努力推高是主力为了有更高价派发赚钱，10:00过后又继续压着往下出。上午出的筹码下午买回，平均5%的差价就到手了。

推高

打压出货

重要的是这日不仅是减仓出货，下午开盘后主力故意打压股价制造恐慌，在13:40后通过做盘控制股价一直围绕17.73元价位横着波动，股价横盘时伴随巨量交易。这时的成交中既有真正的市场交投，也有部分属主力对敲的交易。对敲的目的是把量做大，做出当天巨量。阴线加巨量给投资者传递出一种恐慌气氛，这是技术性恐吓做盘。

控制性交易

大量对敲成交

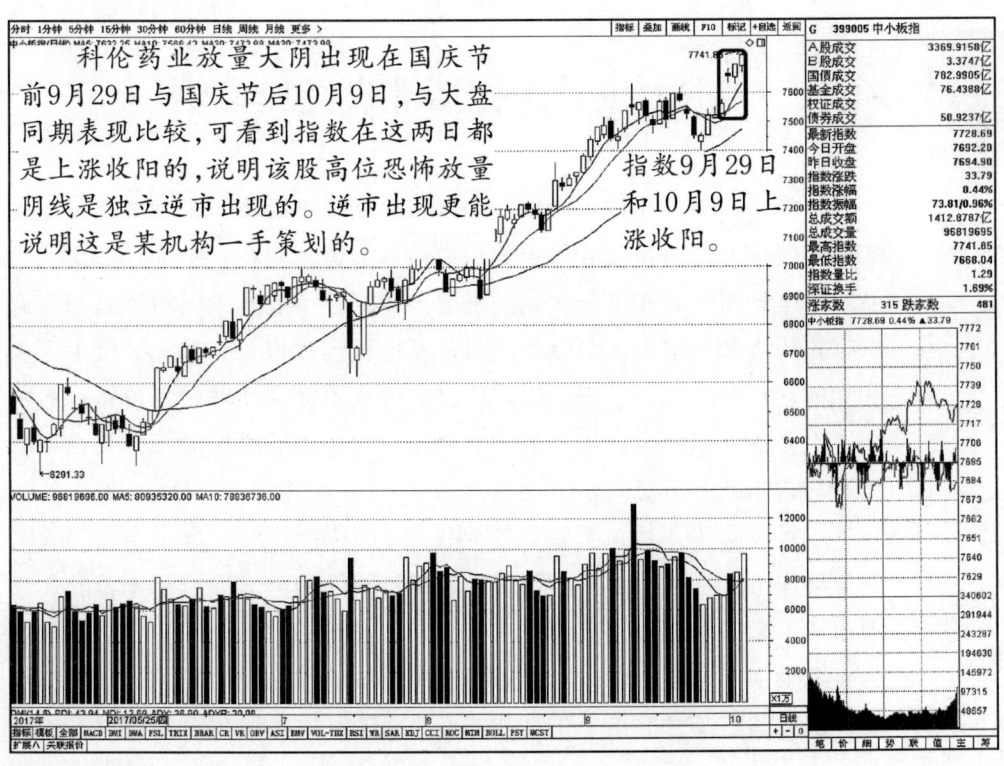

科伦药业放量大阴出现在国庆节前9月29日与国庆节后10月9日，与大盘同期表现比较，可看到指数在这两日都是上涨收阳的，说明该股高位恐怖放量阴线是独立逆市出现的。逆市出现更能说明这是某机构一手策划的。

指数9月29日和10月9日上涨收阳。

111

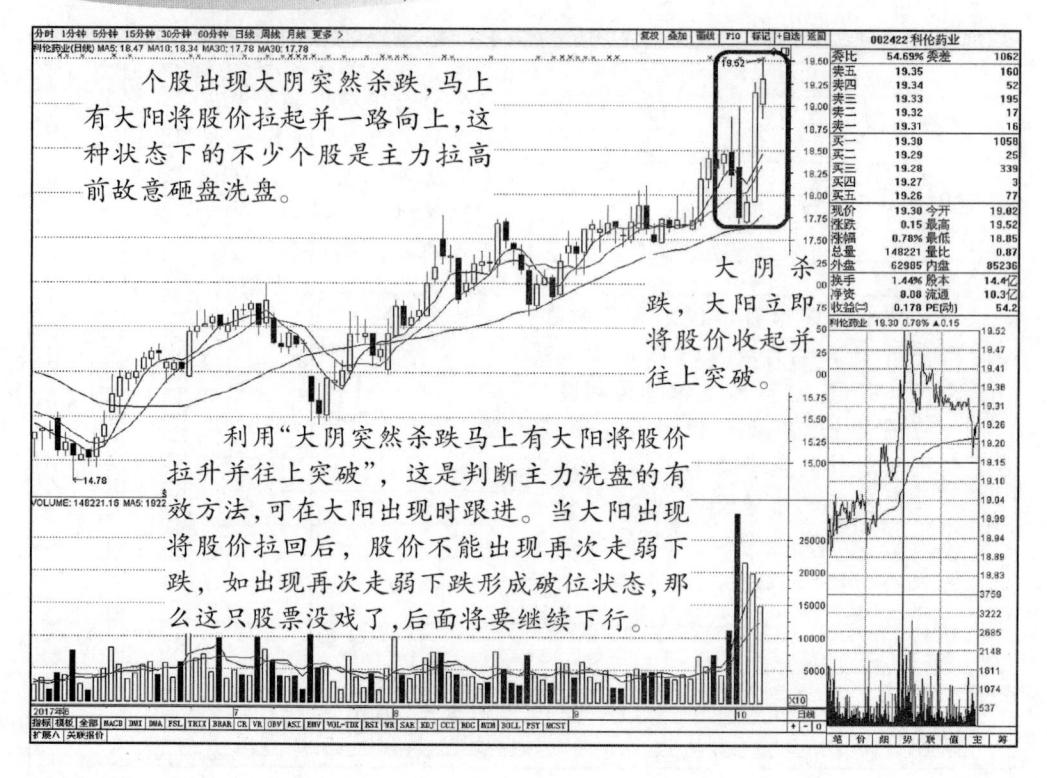

个股出现大阴突然杀跌,马上有大阳将股价拉起并一路向上,这种状态下的不少个股是主力拉高前故意砸盘洗盘。

大阴杀跌,大阳立即将股价收起并往上突破。

利用"大阴突然杀跌马上有大阳将股价拉升并往上突破",这是判断主力洗盘的有效方法,可在大阳出现时跟进。当大阳出现将股价拉回后,股价不能出现再次走弱下跌,如出现再次走弱下跌形成破位状态,那么这只股票没戏了,后面将要继续下行。

主力拉升前打压洗盘经典案例

　　洗盘是主力运作过程中的一个环节。从大视野看,主力炒作一个股票拉高股价时,每拉高到一定的价位后就会进行洗盘,把前期低价买进意志不坚的投资者和部分机构洗出去,以减轻上升压力。有卖就必定有买,投资者和机构抛出股票的同时,其他机构和投资者将逐一接手。买和卖的动作发生后,筹码转手,后进者的成本就是当时交易价格。股价不断上升的环境中,后进者的成本无疑比前进者更高,如此一来市场整体平均成本就有所提高。

　　市场整体平均成本提高,有利于主力的操作控制和拉高后的减仓。洗盘动作可以出现在主力运作时的任何价格区间内,洗盘基本目的是清理市场多余的浮动筹码或者非主力持仓者过大的利润空间。当然有时是为了把个别资金量特别大,介入量过多的机构或大户清理出去。简单地说:洗盘的主要目的在于垫高其他投资者的平均持股成本,把过多的跟

第四章 洗盘行为

风盘赶出去,以减少进一步拉升股价的压力。同时主力在操作时进行高抛低吸赚取差价,以弥补其在拉升阶段付出的交易成本。

打压洗盘是洗盘行为中的一种,直接体现在交易盘口中。主力通过有计划刻意卖出已持有的筹码打低目标股票价格。打压洗盘具体的操作形式和细节是多种多样的,下面以彩虹股份为例剖析这一主力操盘行为。

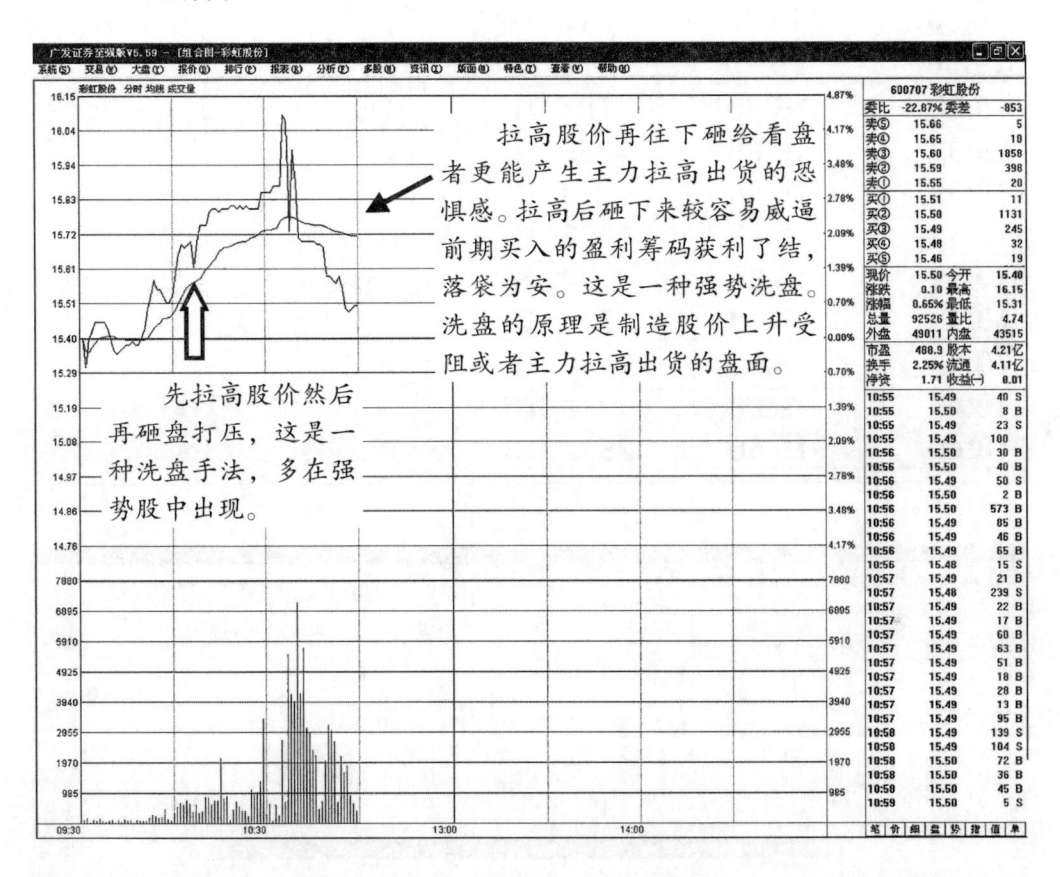

时间	价格	手数	B/S
10:36	16.09	24	B
10:36	16.15	58	B
10:36	16.10	43	S
10:36	15.70	3186	S
10:37	15.98	40	B
10:38	15.98	3	B
10:38	15.90	14	B
10:38	15.70	865	S
10:38	15.98	184	B
10:39	15.90	1035	S
10:39	15.90	4	B
10:39	15.89	1026	S
10:39	15.80	24	S
10:39	15.70	775	S
10:49	15.68	10	B
10:49	15.68	2	B
10:49	15.60	2592	S

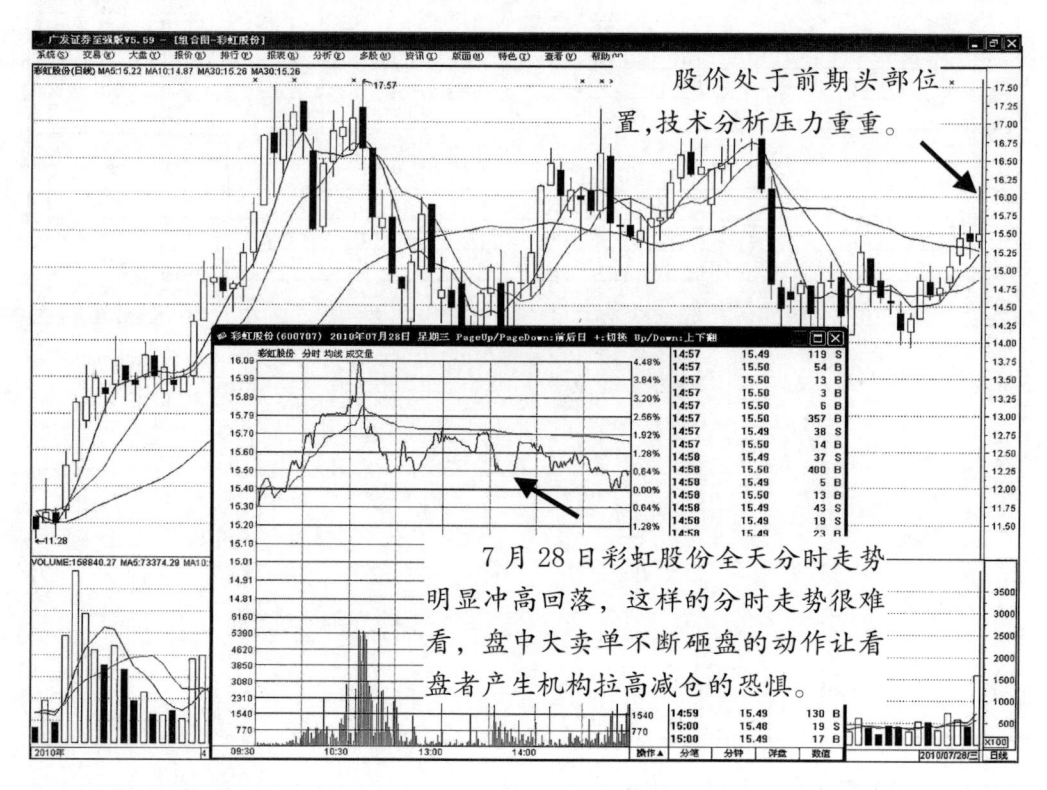

拉高打压洗盘行为，盘口表现和真正机构拉高出货动作几乎没有什么区别。为了制造恐慌把部分筹码洗出去，盘中主力经常利用过千手的大卖单低于现价数个价位往下砸盘（注意方框内的成交价格）。这样的卖单成交在盘口上产生机构筹码在大规模撤退的痕迹。反复多次出现的大卖单砸盘、不断走低的分时图给持股者强大的心理压力。如此一来，自然不少盈利筹码选择卖出。

股价处于前期头部位置，技术分析压力重重。

7月28日彩虹股份全天分时走势明显冲高回落，这样的分时走势很难看，盘中大卖单不断砸盘的动作让看盘者产生机构拉高减仓的恐惧。

第四章 洗盘行为

彩虹股份7月28日股价冲高回落，盘中出现明显的砸盘出货盘口。但第二个交易日立即出现强势拉升，当天大涨了8.33%。从该股盘口表现看，主力做多相当坚决。上一个交易日的出货盘口其实就是主力拉升前的有计划的刻意打压洗盘行为。

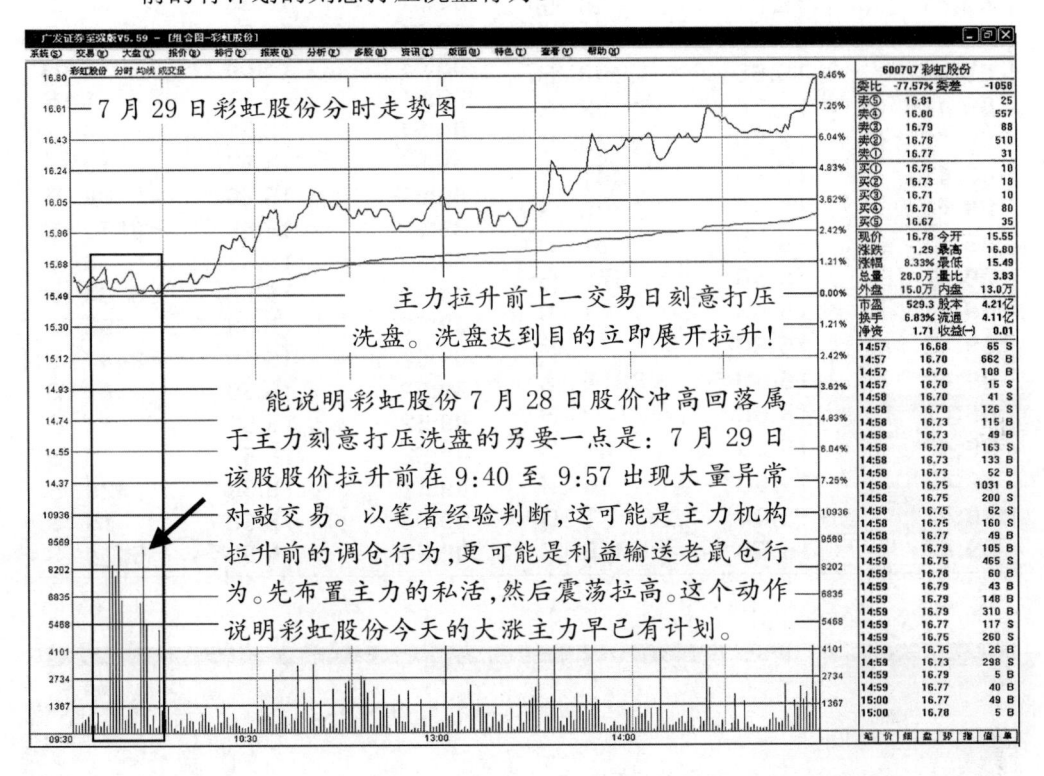

7月29日彩虹股份分时走势图

主力拉升前上一交易日刻意打压洗盘。洗盘达到目的立即展开拉升！

能说明彩虹股份7月28日股价冲高回落属于主力刻意打压洗盘的另要一点是：7月29日该股股价拉升前在9:40至9:57出现大量异常对敲交易。以笔者经验判断，这可能是主力机构拉升前的调仓行为，更可能是利益输送老鼠仓行为。先布置主力的私活，然后震荡拉高。这个动作说明彩虹股份今天的大涨主力早已有计划。

7月29日彩虹股份拉升前，9:40至9:57在股价波动并不大的情况下出现大量异常交易。9:40至9:57的17分钟内出现多次大卖单往15.50元砸出，在15.50元固定价格成交数量近50000手，成交金额达到8000万元。以专业的眼光分析判断，这些成交并非市场真正自然交易，很明显属于有组织有计划的对敲交易行为。

主力行为盘口解密(精选版)

时间		价格	成交量	买卖	时间	价格	成交量	买卖
09:40		15.65	30	S	09:50	15.60	10	B
09:40	17	15.66	50	B	09:50	15.58	107	S
09:40	分钟内，	15.50	◇3021	S	09:50	15.50	◇5012	S
09:41	15.50	15.50	201	B	09:51	15.57	2	S
09:41	元多次	15.50	100	B	09:51	15.50	◇1394	S
09:41	出现大	15.50	10	B	09:51	15.50	6	B
09:41	量异常	15.65	690	B	09:51	15.56	3	B
09:41	成交。	15.50	◇902	S	09:51	15.51	41	S
09:41		15.50	1498	B	09:51	15.51	4	S
09:41		15.50	341	S	09:51	15.52	10	B
09:41		15.50	◇2490	S	09:51	15.56	30	B
09:41		15.50	21	B	09:52	15.50	◇2053	S
09:41		15.50	673	B	09:52	15.52	3	B
09:41		15.53	1	S	09:52	15.50	3104	S
09:42		15.60	1	B	09:52	15.50	◇900	S
09:42		15.50	◇3015	S	09:52	15.50	2447	S
09:42		15.60	128	B	09:52	15.50	67	B
09:42		15.60	81	B	09:52	15.50	18	B
09:42		15.60	6	B	09:52	15.50	79	B
09:42		15.60	1	B	09:52	15.50	420	B
09:42		15.50	◇5056	S	09:53	15.50	10	S
					09:53	15.50	◇5014	S

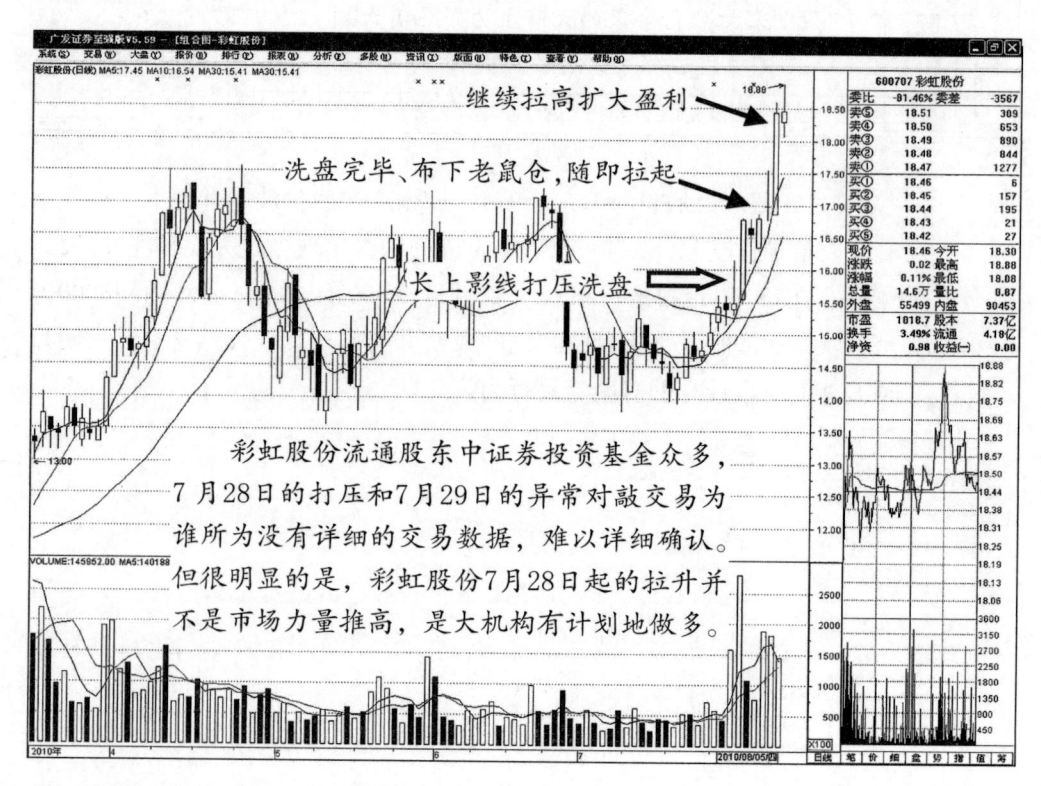

彩虹股份流通股东中证券投资基金众多，7月28日的打压和7月29日的异常对敲交易为谁所为没有详细的交易数据，难以详细确认。但很明显的是，彩虹股份7月28日起的拉升并不是市场力量推高，是大机构有计划地做多。

上升趋势中主力特殊洗盘特征

洗盘是主力操盘过程中的一个环节，特别是中长线主力运作的品种，洗盘行为必不可少。短线、超短线主力运作的品种洗盘动作出现较少，主力操作个股期间有计划的洗盘并不会频繁出现。相当多的投资者操作时手上的股票一跌就联想到是主力在洗盘，因看不懂或者是忍受不了股价下跌痛苦，散户给自己找个主力洗盘理由去自我安慰非常普遍。大部分股票多时股价下跌或者横盘并不是什么主力在洗盘，而是正常地随市场波动而波动。

主力主导的洗盘手法有三大类别：一是先拉高后打压；二是直接将股价砸下去；三是控制性压制股价横盘，与投资者比耐心，折磨投资者。这三种是大方向洗盘手法的归类，每一种状态都会出现各种不同细节。如先拉高后打压洗盘，这种洗盘可以在一个交易日内盘中实施，也可以用在日K线级别中，先将股价拉高几日然后进行打压洗盘。如何拉高如何打压由主力根据自己的分析判断去决定。

真正属于主力主导的洗盘行为，股价在洗盘结束后往往大部分马上就被拉起并创短期新高，因为主力洗盘目的大都是为拉高做清洗浮筹准备，洗完了就拉是最常见的。投资者盘中或当时若判断不了个股是否属于主力在主导洗盘，可看目标股票下跌后能否快速拉起，并创短期新高。

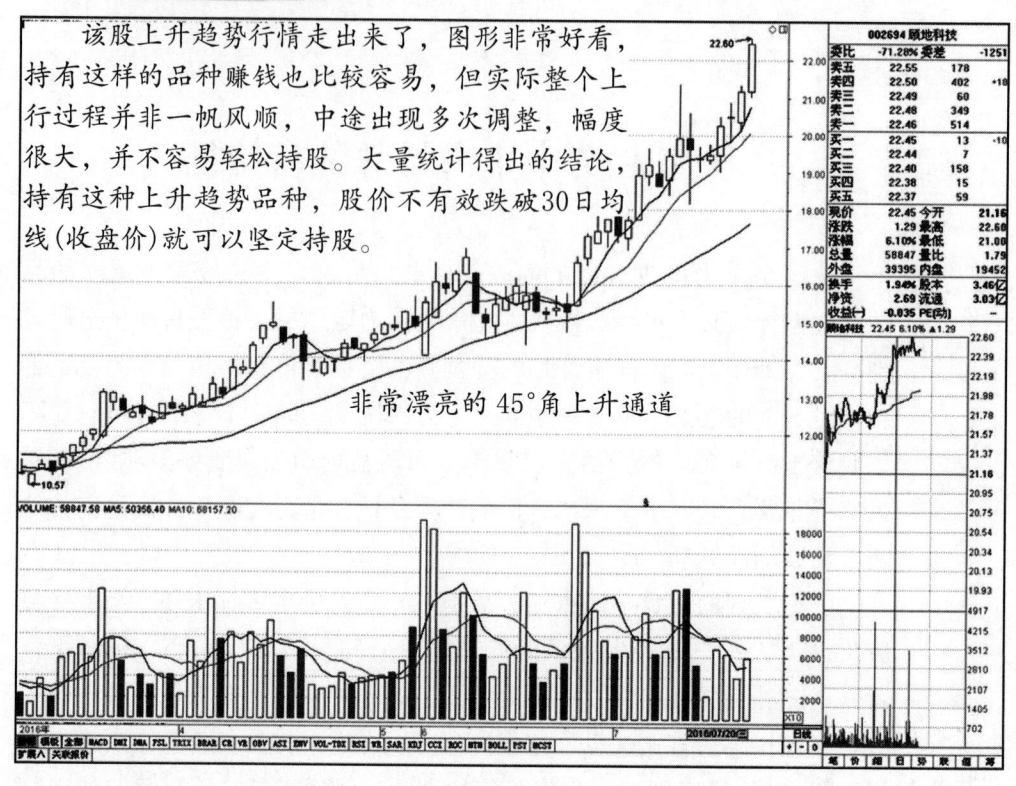

主力行为盘口解密(精选版)

该股上升趋势行情走出来了,图形非常好看,持有这样的品种赚钱也比较容易,但实际整个上行过程并非一帆风顺,中途出现多次调整,幅度很大,并不容易轻松持股。大量统计得出的结论,持有这种上升趋势品种,股价不有效跌破30日均线(收盘价)就可以坚定持股。

非常漂亮的45°角上升通道

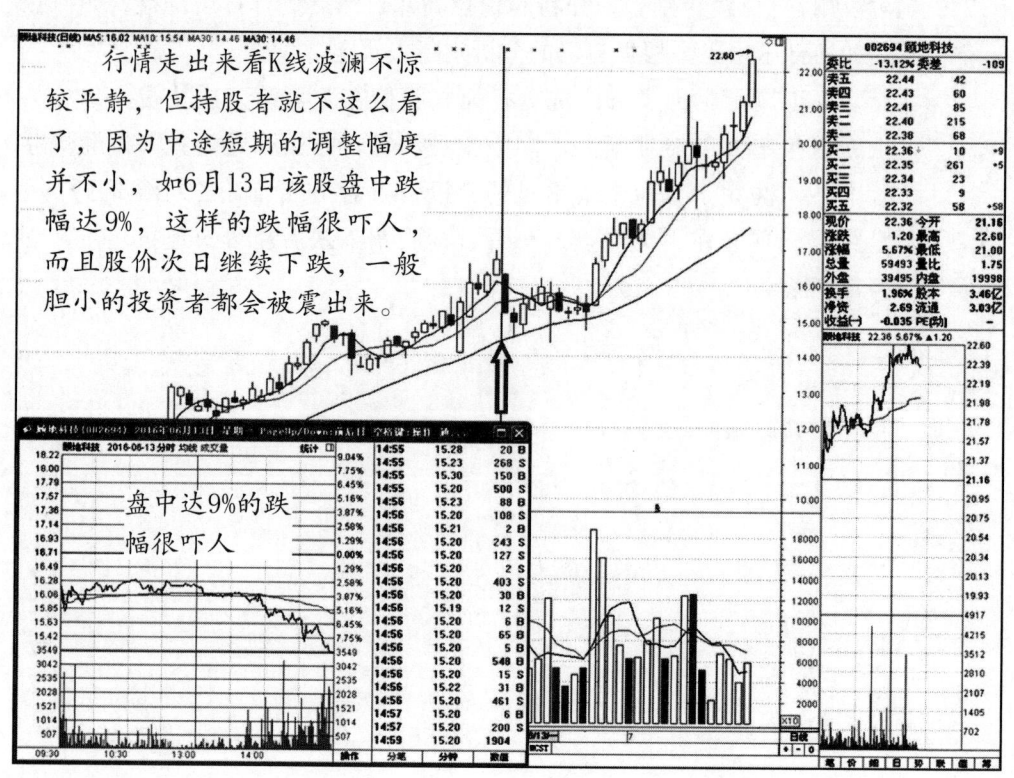

行情走出来看K线波澜不惊较平静,但持股者就不这么看了,因为中途短期的调整幅度并不小,如6月13日该股盘中跌幅达9%,这样的跌幅很吓人,而且股价次日继续下跌,一般胆小的投资者都会被震出来。

盘中达9%的跌幅很吓人

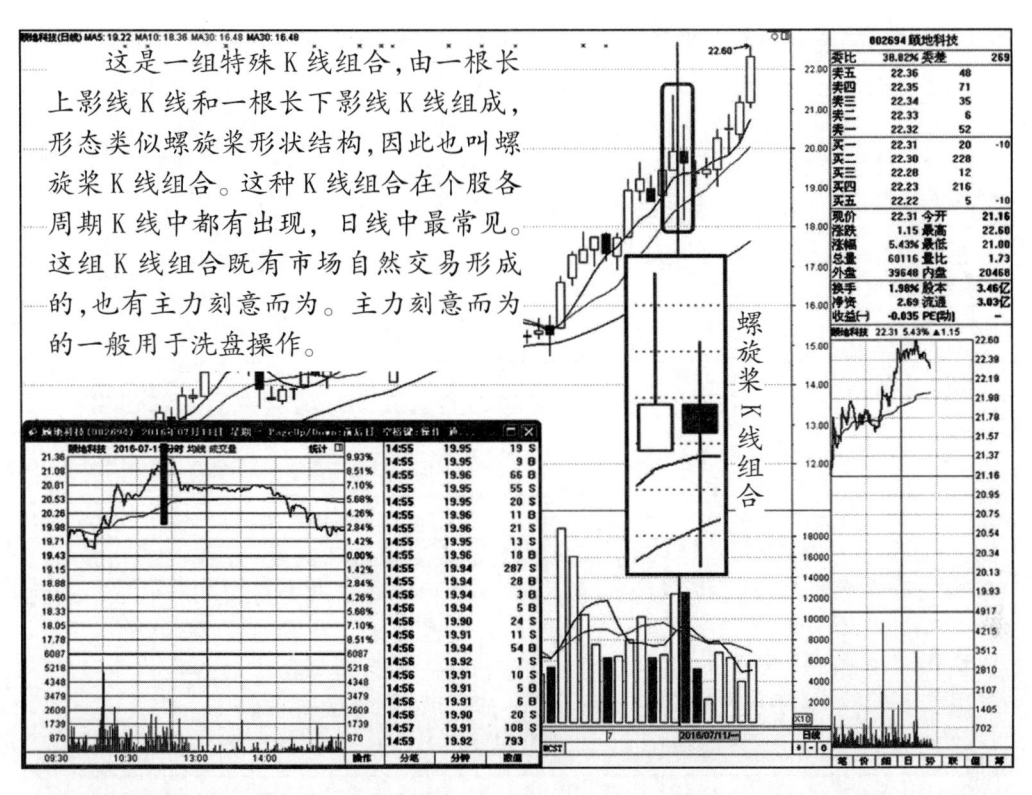

第四章 洗盘行为

这是一组特殊K线组合，由一根长上影线K线和一根长下影线K线组成，形态类似螺旋桨形状结构，因此也叫螺旋桨K线组合。这种K线组合在个股各周期K线中都有出现，日线中最常见。这组K线组合既有市场自然交易形成的，也有主力刻意而为。主力刻意而为的一般用于洗盘操作。

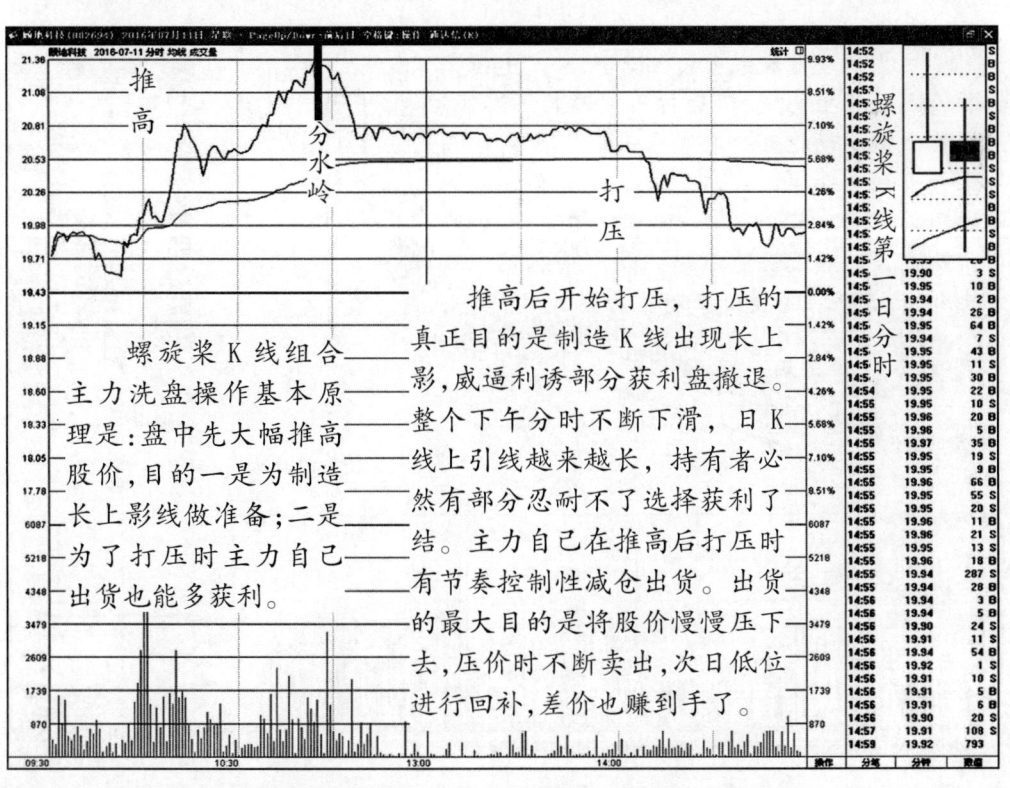

螺旋桨K线组合主力洗盘操作基本原理是：盘中先大幅推高股价，目的一是为制造长上影线做准备；二是为了打压时主力自己出货也能多获利。

推高后开始打压，打压的真正目的是制造K线出现长上影，威逼利诱部分获利盘撤退。整个下午分时不断下滑，日K线上引线越来越长，持有者必然有部分忍耐不了选择获利了结。主力自己在推高后打压时有节奏控制性减仓出货。出货的最大目的是将股价慢慢压下去，压价时不断卖出，次日低位进行回补，差价也赚到手了。

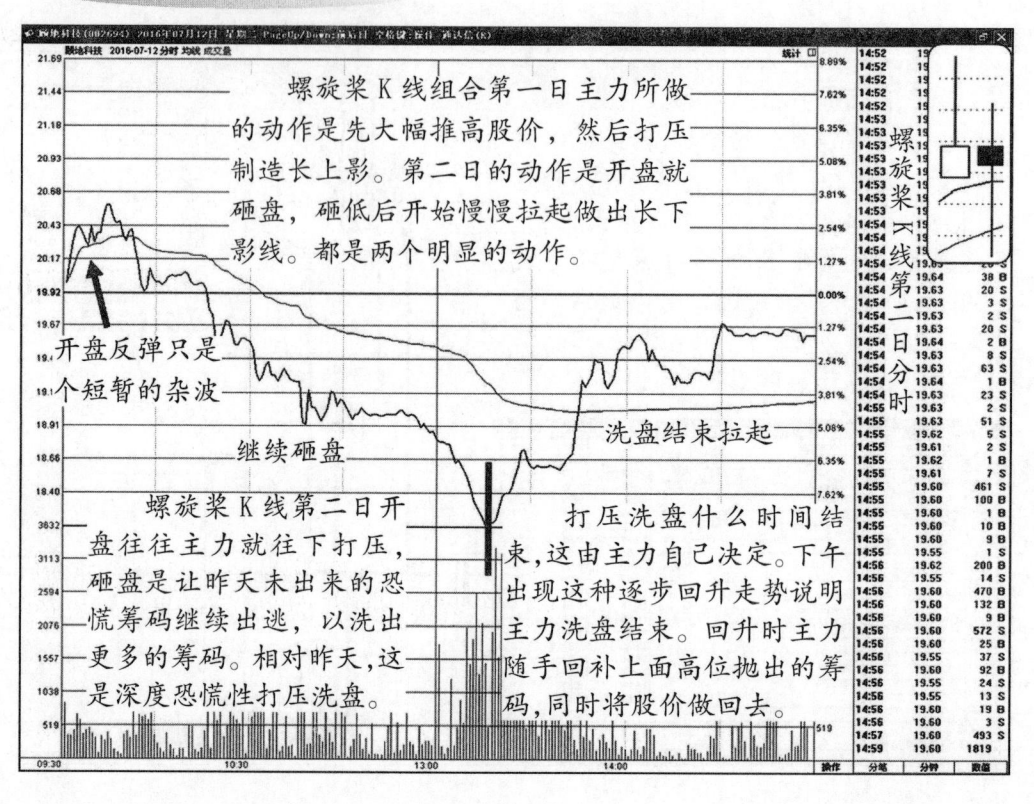

主力行为盘口解密(精选版)

螺旋桨K线组合第一日主力所做的动作是先大幅推高股价，然后打压制造长上影。第二日的动作是开盘就砸盘，砸低后开始慢慢拉起做出长下影线。都是两个明显的动作。

开盘反弹只是个短暂的杂波

继续砸盘

洗盘结束拉起

螺旋桨K线第二日开盘往往主力就往下打压，砸盘是让昨天未出来的恐慌筹码继续出逃，以洗出更多的筹码。相对昨天，这是深度恐慌性打压洗盘。

打压洗盘什么时间结束，这由主力自己决定。下午出现这种逐步回升走势说明主力洗盘结束。回升时主力随手回补上面高位抛出的筹码，同时将股价做回去。

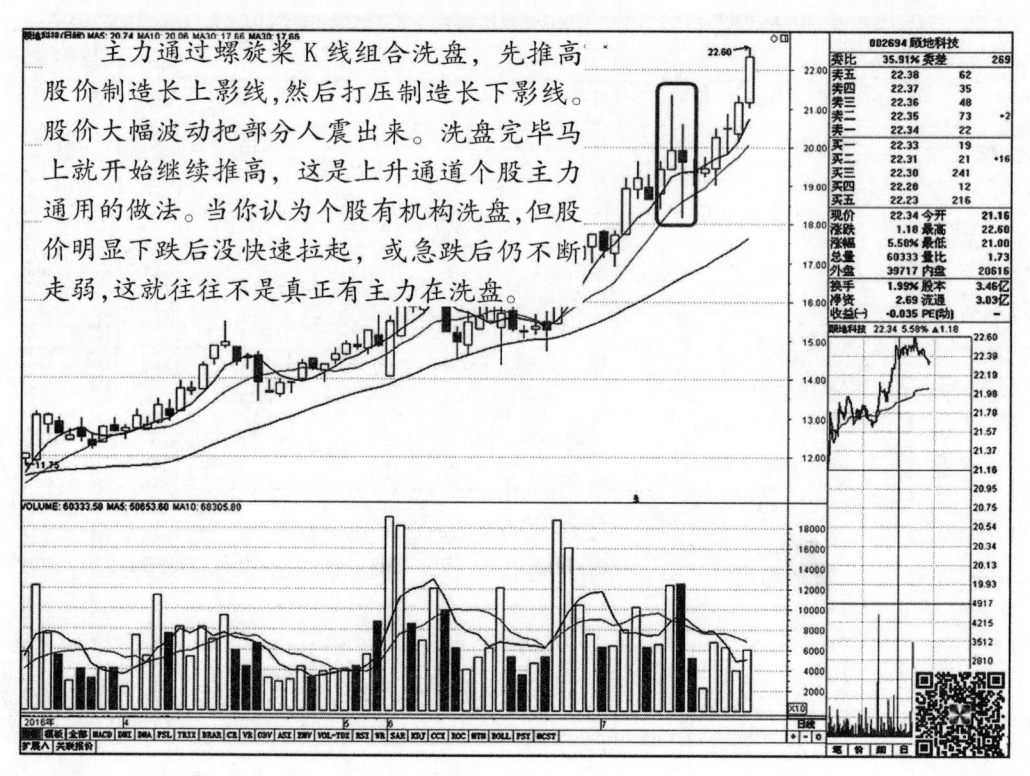

主力通过螺旋桨K线组合洗盘，先推高股价制造长上影线，然后打压制造长下影线。股价大幅波动把部分人震出来。洗盘完毕马上就开始继续推高，这是上升通道个股主力通用的做法。当你认为个股有机构洗盘，但股价明显下跌后没快速拉起，或急跌后仍不断走弱，这就往往不是真正有主力在洗盘。

大牛股上升趋势中的洗盘方式

股价出现明显阶段上升后上升趋势才会形成，上升趋势构成背后的原理主要是资金不断流入。资金可分为三大类：市场资金、机构类资金、具有影响操纵股价能力的主力资金。

前两类资金为主推动股价上升形成明显的上升趋势，特别是上升周期达到或超过3个月的上升趋势，一般都是市场环境较好、指数整体呈上升趋势时出现较多。有能力影响股价的资金介入的品种，无论市场好坏都能走出明显的上升趋势。大部分主力运作的个股也都只是在其中进行有限干预操作，市场群众资金、机构类资金也都会参与其中。最大的差别是有主力的个股必要时主力会出手护盘、洗盘、点火做盘。没有主力在里面的个股一般机构是不会做这些动作的，因为一般机构持有量不大，做影响价格动作并不符合自身最大利益。

有主力运作的个股上升过程中各个阶段总避免不了伴随洗盘这个动作。每拉升一定幅度洗一下将一批浮筹赶下车是操盘手必做的。洗盘方式有多种具体形式，在盘面上有以下几种表现形式：挖坑、大阴、高开低走、低开高走、长上影、长下影、横盘装死、宽幅波动等。个股若有大主力运作达半年以上，以上所述洗盘手段将被大部分轮用。因此有必要认识辨别这些主力操盘常用手段。

下面将介绍宏达矿业近三个月时间，大主力在整个上升趋势过程中多次用不同手段洗盘的动作。认识主力洗盘手段，可以避免中途被赶下车，也可以从中寻找洗盘后继续拉升机会。

三个月时间股价从3元起步，马上超越12元，涨幅300%。用当下一流行词表达"不香吗"？自然是香，可也不香。该股在近三个月上涨过程中，主力用尽可能使出各种手段折磨驱赶坐顺风车者。下面就来看主力多次明显洗盘动作，认识了解让人懊悔没能好好持有这些牛股的原因。

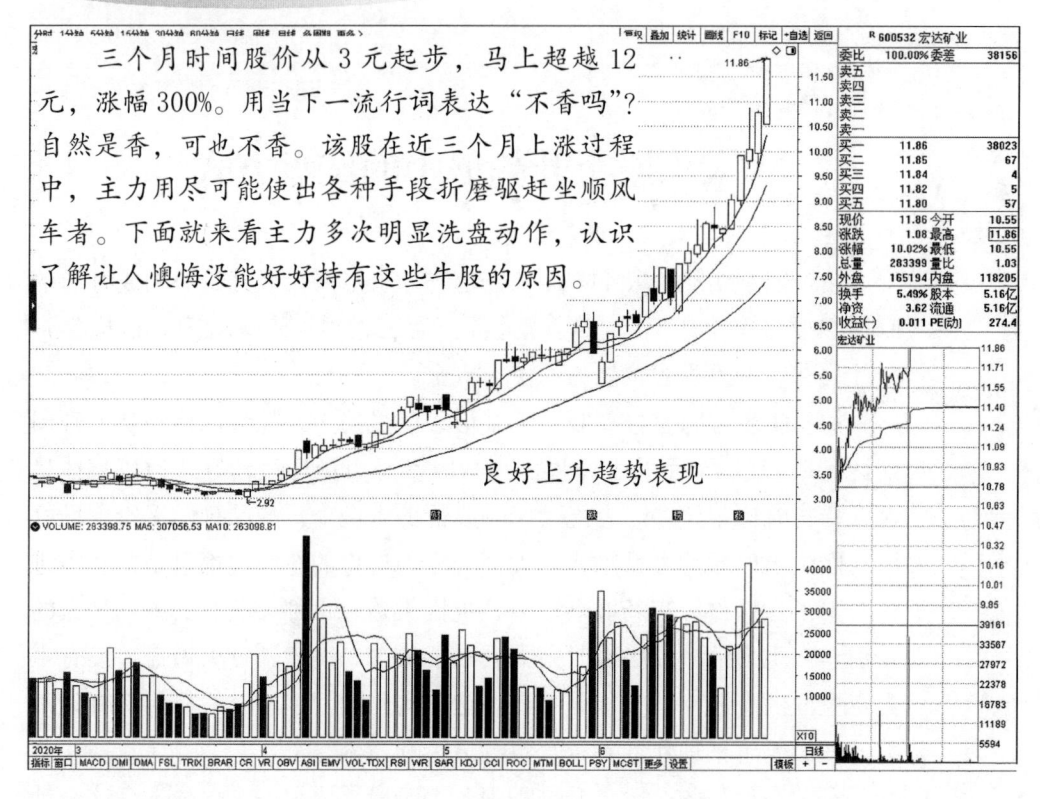

良好上升趋势表现

在宏达矿业3元起步翻番时主力开始凶狠洗盘。5月29日盘中砸往跌停，下午14:00后股价被牢牢封死在跌停上。次日直接跌停低开，手段残忍。多少利润丰厚的跟风盘经这两日的砸盘后出逃了。实践中属于主力真正的洗盘行为往往是砸得越狠，洗盘后的上升空间越大。

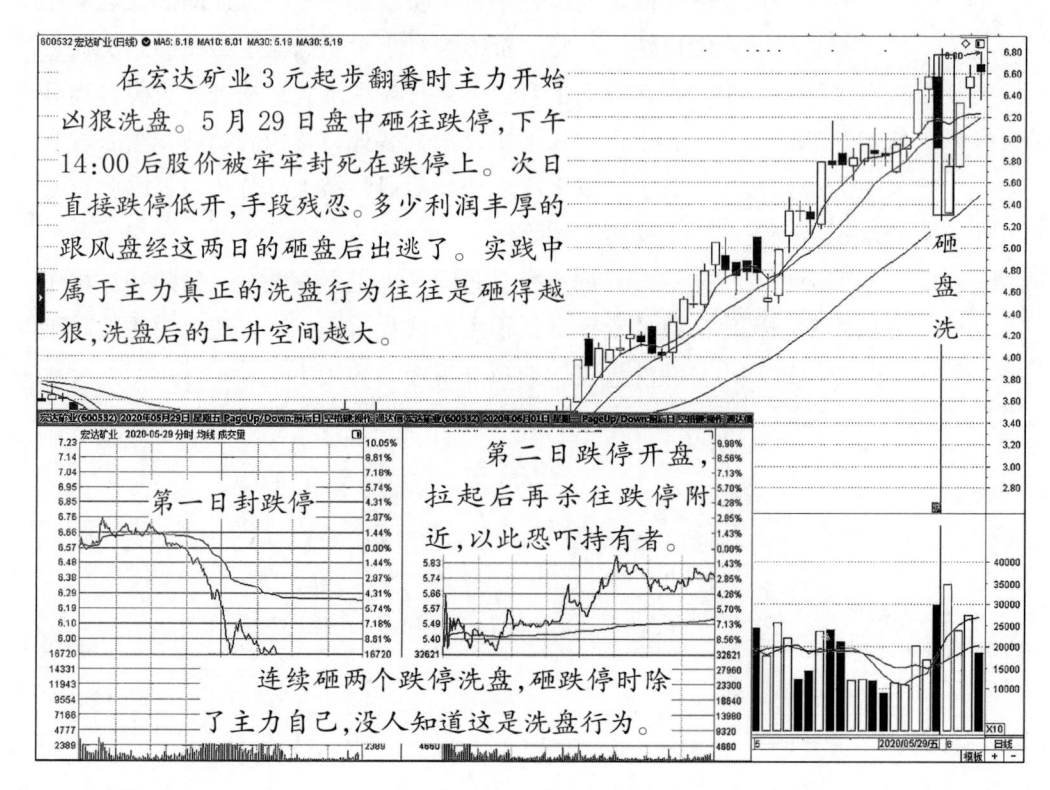

砸盘洗盘

第一日封跌停

第二日跌停开盘，拉起后再杀往跌停附近，以此恐吓持有者。

连续砸两个跌停洗盘，砸跌停时除了主力自己，没人知道这是洗盘行为。

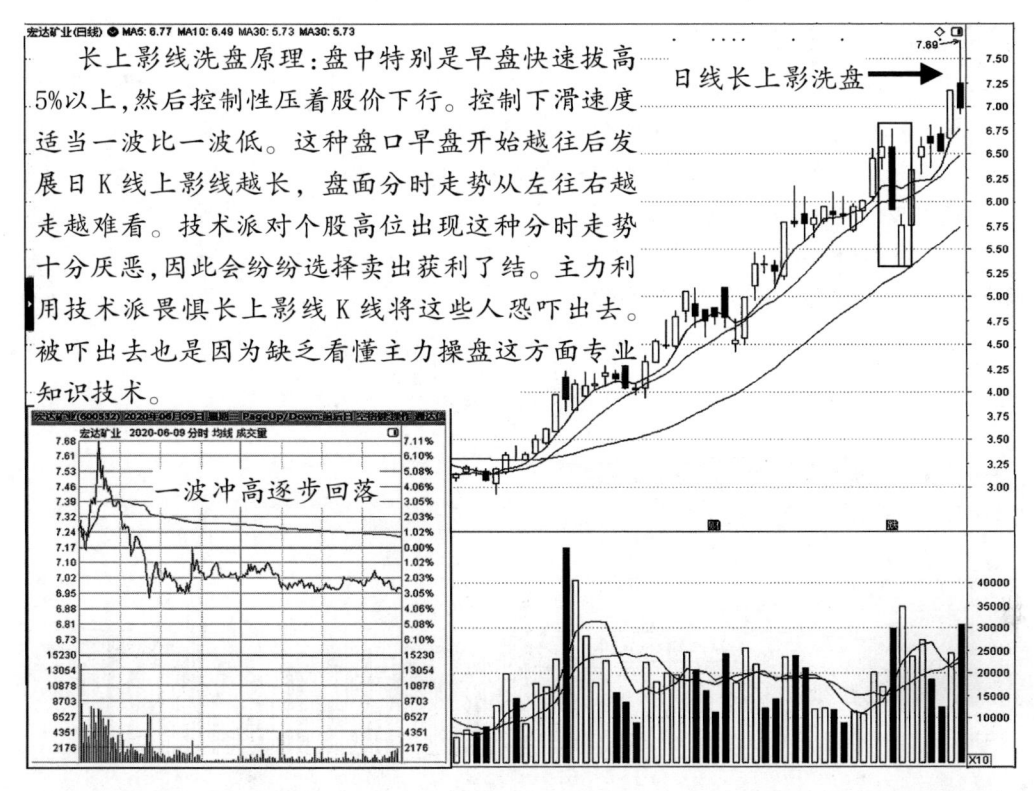

第四章 洗盘行为

长上影线洗盘原理：盘中特别是早盘快速拔高5%以上，然后控制性压着股价下行。控制下滑速度适当一波比一波低。这种盘口早盘开始越往后发展日K线上影线越长，盘面分时走势从左往右越走越难看。技术派对个股高位出现这种分时走势十分厌恶，因此会纷纷选择卖出获利了结。主力利用技术派畏惧长上影线K线将这些人恐吓出去。被吓出去也是因为缺乏看懂主力操盘这方面专业知识技术。

（图注：日线长上影洗盘；一波冲高逐步回落）

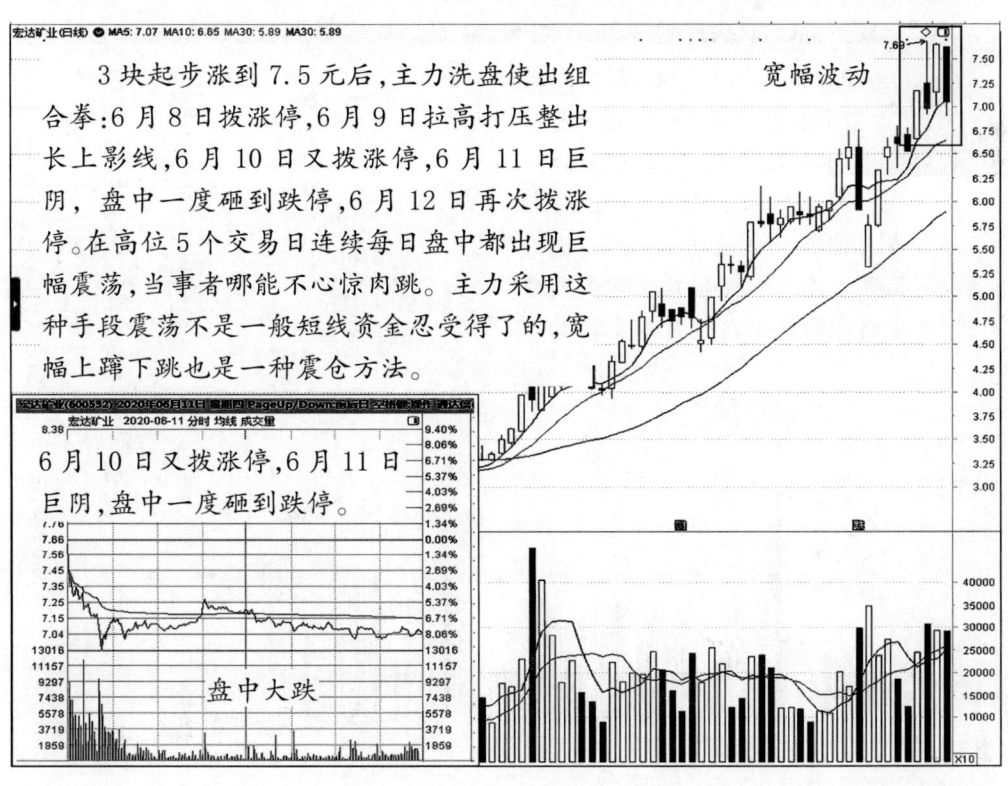

3块起步涨到7.5元后，主力洗盘使出组合拳：6月8日拔涨停，6月9日拉高打压整出长上影线，6月10日又拔涨停，6月11日巨阴，盘中一度砸到跌停，6月12日再次拔涨停。在高位5个交易日连续每日盘中都出现巨幅震荡，当事者哪能不心惊肉跳。主力采用这种手段震荡不是一般短线资金忍受得了的，宽幅上蹿下跳也是一种震仓方法。

（图注：宽幅波动；6月10日又拔涨停，6月11日巨阴，盘中一度砸到跌停。盘中大跌）

主力行为盘口解密(精选版)

6月9日主力利用长上影线洗盘明显，到6月16日仍然继续利用长上影线洗盘。这次洗盘砸盘发生在尾盘，两点半后一路砸下来，上影线长达6.5%。

尾盘砸盘大多数是资金出逃动作，当然也不能排除是其他一般机构的撤退动作。

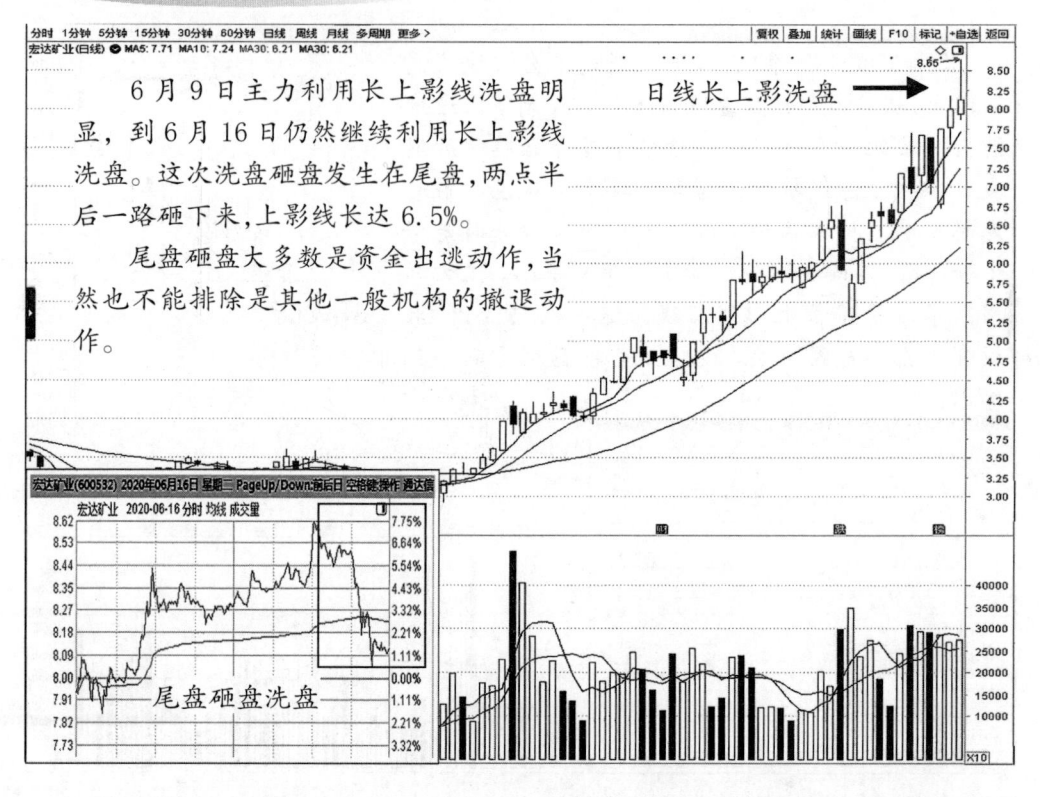

日线长上影洗盘 →

尾盘砸盘洗盘

6月24日还是老手段，长上影线洗盘，盘口做盘仍然是在尾盘。先拉高后砸盘，当日上影线长度达8.36%，日K线上影线越长，威慑力越大，上影线当天伴随成交量明显放大，普通人不怕也心虚。个人如掌握更多主力操盘方面专业知识自然可以不怕的。

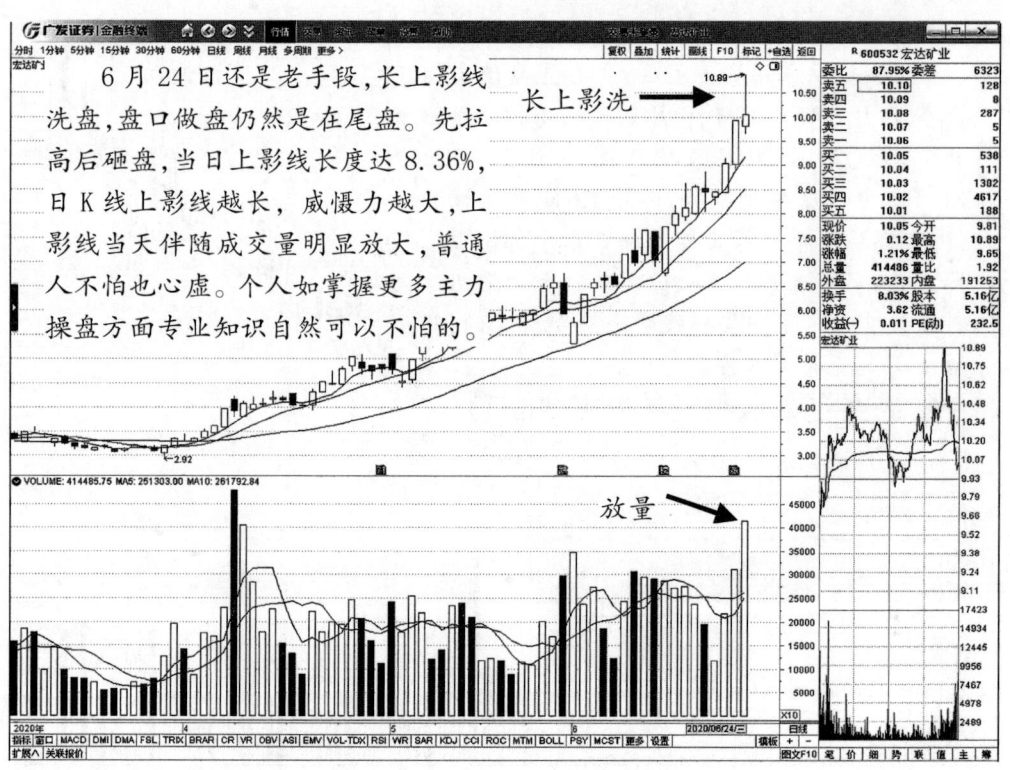

长上影洗 →

放量

124

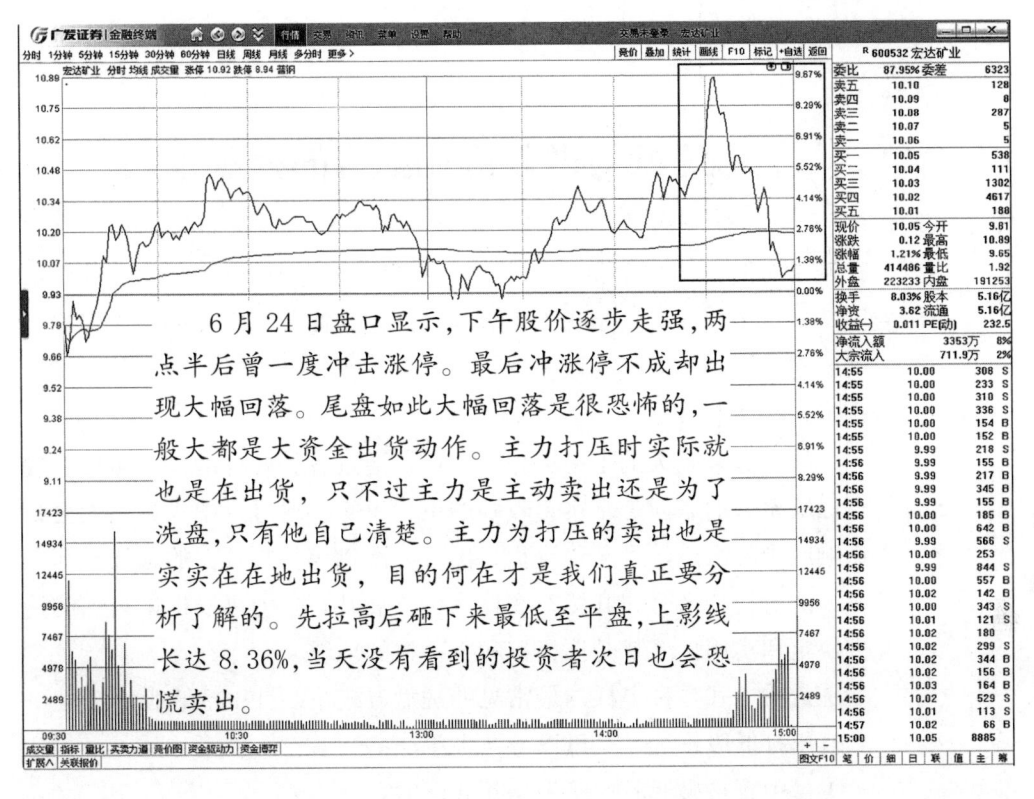

第四章 洗盘行为

6月24日盘口显示，下午股价逐步走强，两点半后曾一度冲击涨停。最后冲涨停不成却出现大幅回落。尾盘如此大幅回落是很恐怖的，一般大都是大资金出货动作。主力打压时实际就也是在出货，只不过主力是主动卖出还是为了洗盘，只有他自己清楚。主力为打压的卖出也是实实在在地出货，目的何在才是我们真正要分析了解的。先拉高后砸下来最低至平盘，上影线长达8.36%，当天没有看到的投资者次日也会恐慌卖出。

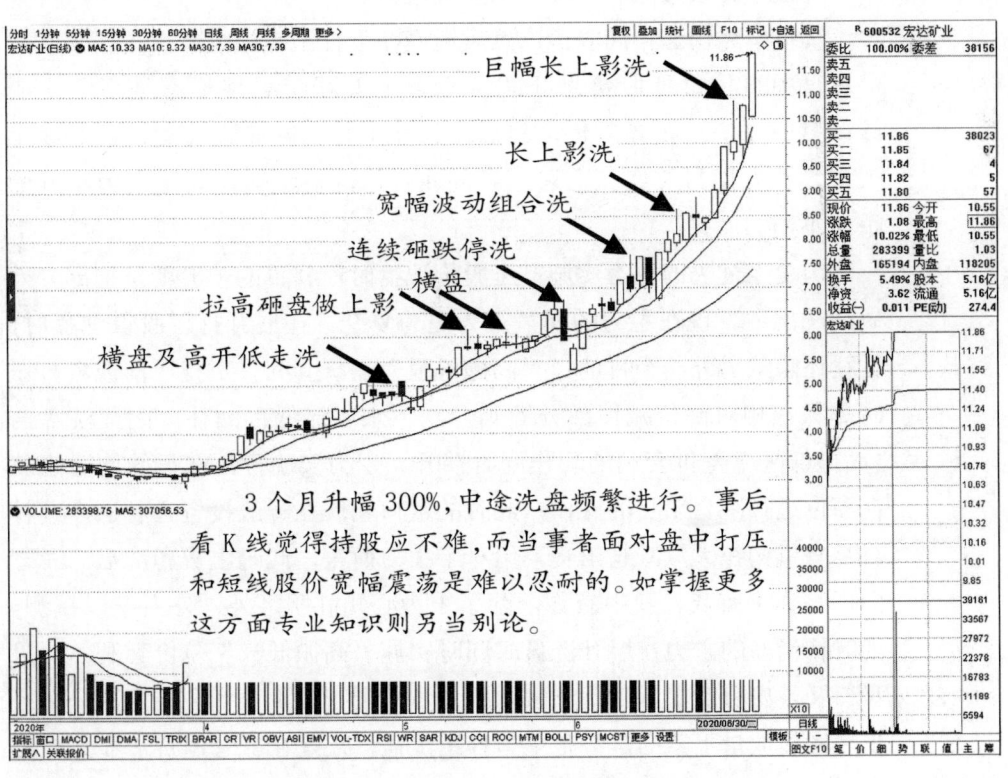

3个月升幅300%，中途洗盘频繁进行。事后看K线觉得持股应不难，而当事者面对盘中打压和短线股价宽幅震荡是难以忍耐的。如掌握更多这方面专业知识则另当别论。

主力洗盘与做差价相结合的操盘手法

经常有股友问，主力运作个股出货和洗盘有哪些区别？如何区分？要回答好这个问题可真是相当不容易。原因很简单，现在的主力运作个股时经常进行高抛低吸套取差价，出货和洗盘往往同时进行，使之难以区别辨认。

一般资金量较大的主力运作个股可以通过各种各样的手段引导股价往自己所希望的方向走。实力较强的主力可直接通过盘中大量买卖交易去影响股价的涨跌，且无论进货、出货、洗盘等都具较大的选择权和主动权。洗盘，什么时间开始？在什么价位展开？主力可以根据自己的情况去决定和实施，这就是选择权和主动权的体现。

洗盘的方式多种多样，最常见的洗盘方式是：打压打低股价洗盘。

打压打低股价洗盘又可以分两大手法：

①盘中直接砸低股价实施恐吓式洗盘。

②盘中先快速拉高股价，然后慢慢往下打压实施威逼式洗盘。

盘中直接砸低股价恐吓式洗盘，日K线上表现形态是下跌大阴线；盘中先快速拉高股价，然后慢慢往下打压威逼式洗盘，日K线上表现是长上影日K线。上述二者同属打压洗盘范畴，只是主力实施的手法不同。

历史上过去的主力实施打压股价洗盘时，其目的一般就是把部分筹码清洗出去。现在主力的操盘行为更为复杂，在展开打压股价洗盘时，往往还隐藏另外一个目的："高抛低吸"差价套利。在打压前或者打压时尽量在相对高位减掉部分筹码，跌下来了逢低再回补。因此洗盘与"高抛低吸"差价套利的动作同时展开。主力实施打压洗盘的同时也就在高位进行减仓出货的操作，此时的盘口表现在一般投资者看来，纯粹就是有机构在大量减仓出货。但对于主力而言，此时出货和洗盘二者之间，是你中有我，我中有你，除了主力心知肚明之外，外人难以揣测。现时相当多的主力在展开洗盘时同时实施"高抛低吸"差价套利。洗盘盘口又是出货盘口，如此一来，投资者想通过盘面技术分析，区分个股出现明显放量下跌的走势是主力打压洗盘，还是在减仓出货，显然是相当难的。当然，也并不是完全没有办法区分，在思路上仍然有区别洗盘和出货的办法。

笔者长期实践研究发现，个股出现明显打压出货盘口，如果属于主力大规模出货逃跑行为，那么该股在后市相当一段时间内整体表现都是震荡下跌的，主力的出货行为严重影响着股价的持续走低。

个股出现明显的打压出货盘口，如属主力刻意打压股价进行洗盘行为，那么该股经历短暂洗盘下跌后，短期内股价就会出现快速放量拉起并一路上升。根据下跌后短期内目标股票后续走势去区分个股前期的下跌是主力打压洗盘还是减仓出货，这是一种分析思路。

上述分析思路大方向整体上相当有效，但也不是一般人所能轻松掌握和理解的。打压后什么时间内快速拉起？拉高的幅度要达到多少？没有明确的时间期限和拉升幅度大小。因为每只股票的情况都不同，这些数据都是没有明确定义的，所以分析判断时分析者多靠经验。经验运用需要掌握适当的判断"度"去衡量。如何掌握适当的"度"，则需要投资者具有扎实的功底。

请看下面案例。

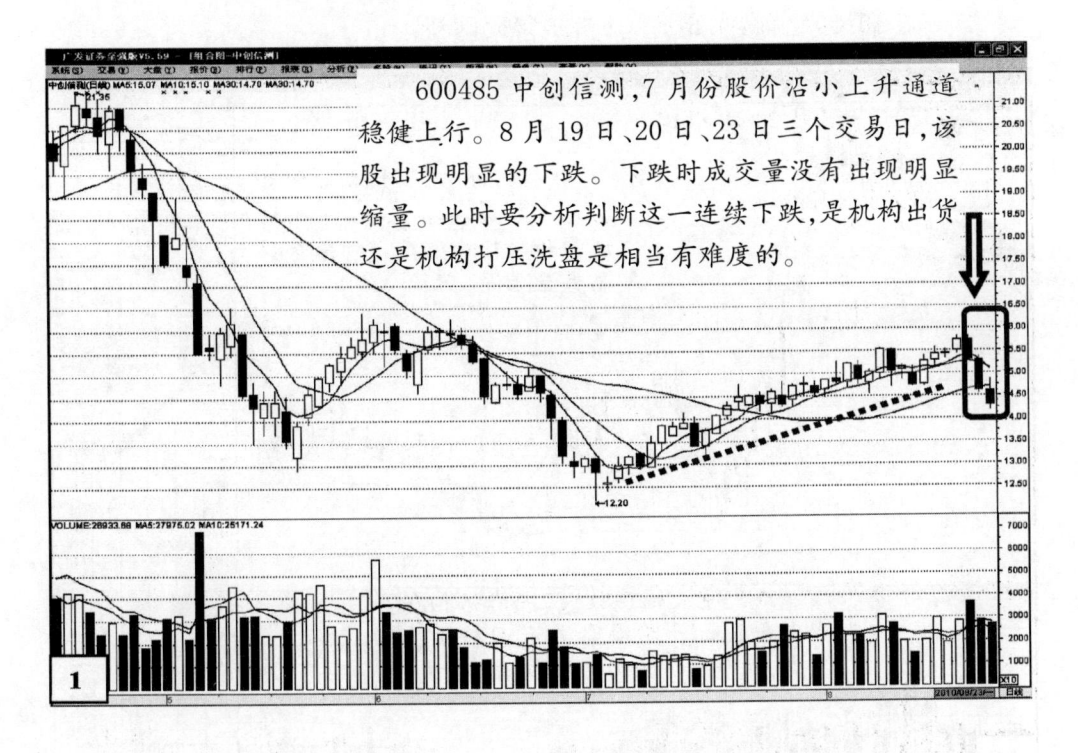

600485 中创信测，7月份股价沿小上升通道稳健上行。8月19日、20日、23日三个交易日，该股出现明显的下跌。下跌时成交量没有出现明显缩量。此时要分析判断这一连续下跌，是机构出货还是机构打压洗盘是相当有难度的。

中创信测的涨停属于极端行为。14:00后该股几乎以连续上升方式拉升,最后稳封涨停,这说明影响该股上涨的主力是有备而来的。这有备而来的操作背后反映出该股前面连续三日的下跌调整极有可能就是主力拉升前的刻意打压洗盘行为。当然,这只是一种推断,也不排除是新机构的介入。

中创信测8月24日(周二)涨停,收盘后公开交易数据显示五大机构专用席位卖出金额近1亿元,占当天总成交金额1.76亿元的56%。由此分析,明显昨天涨停机构在大量出逃,其他资金在介入。昨天机构大量抛售,今天股价低开低走出现大跌7%,这让看盘者难以判断,那么今天该股大跌到底是主力打压洗盘还是在抛售出货,还是以洗盘为最终目的的出货打压洗盘呢?

如果不看中创信测下午的股价表现,那么早盘中创信测股价一路走低明显是有机构在出货。而14:00后中创信测的股价强势大幅拉起,似乎说明昨天和早盘股价的下跌并不是机构出逃那么简单,更像是故意打压洗盘。当然,在打压过程中,主力兼顾着进行高抛低吸的差价操作。理论上主力昨天早盘15元以上抛掉的筹码,完全可以在今日早盘10:30之前14.5元以下完成筹码回补。

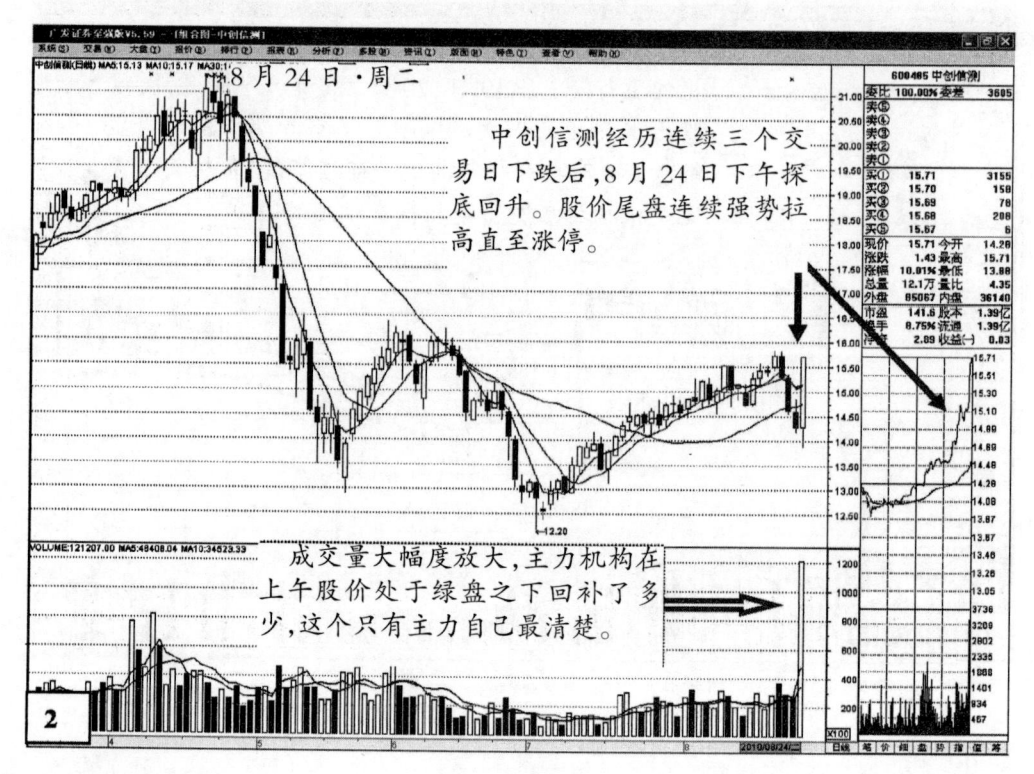

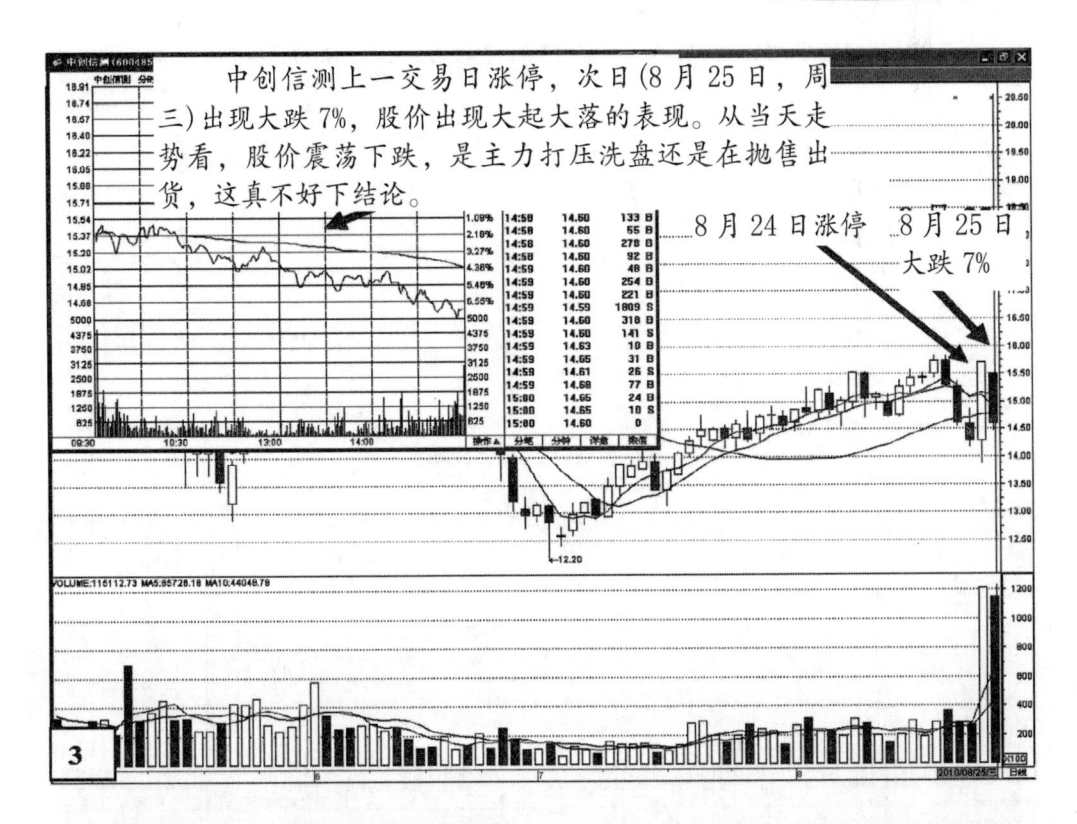

中创信测上一交易日涨停，次日(8月25日，周三)出现大跌7%，股价出现大起大落的表现。从当天走势看，股价震荡下跌，是主力打压洗盘还是在抛售出货，这真不好下结论。

8月24日涨停　8月25日，大跌7%

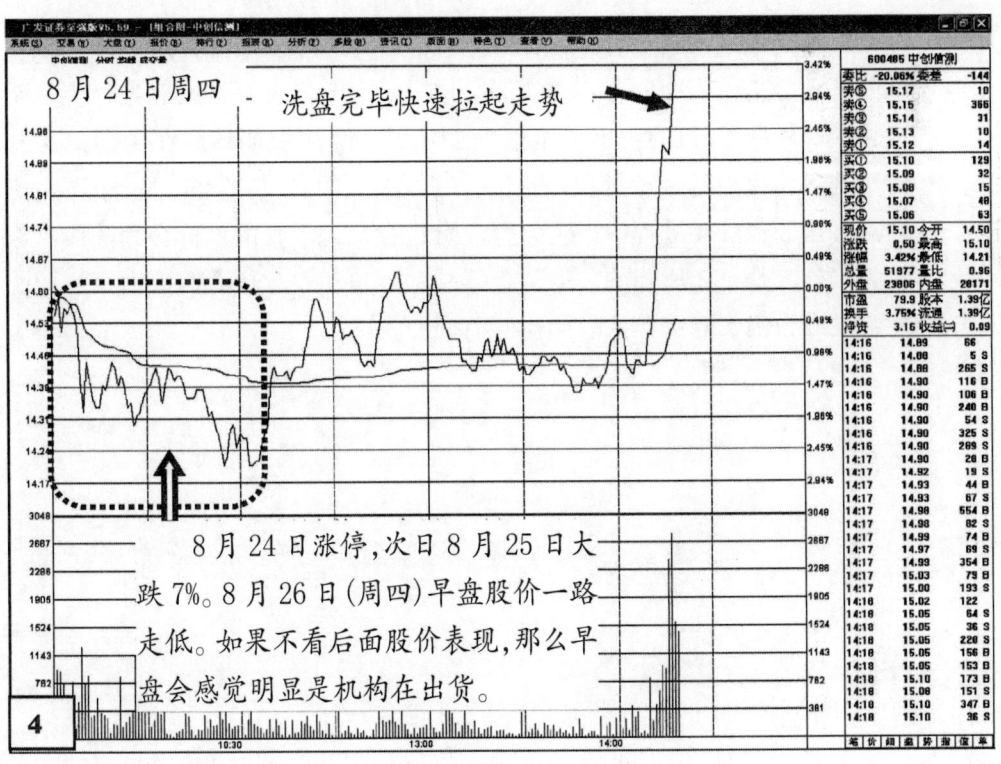

8月24日周四　洗盘完毕快速拉起走势

8月24日涨停，次日8月25日大跌7%。8月26日(周四)早盘股价一路走低。如果不看后面股价表现，那么早盘会感觉明显是机构在出货。

主力行为盘口解密(精选版)

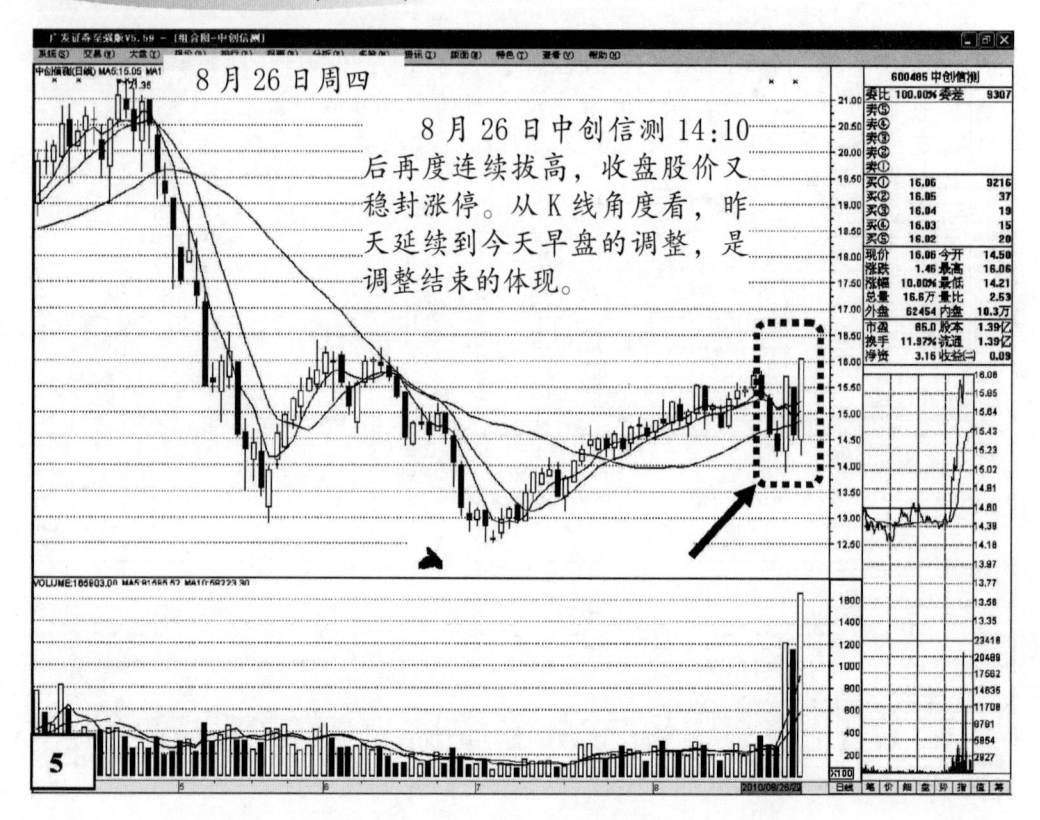

8月26日中创信测 14:10 后再度连续拔高，收盘股价又稳封涨停。从K线角度看，昨天延续到今天早盘的调整，是调整结束的体现。

结合中创信测8月24日涨停、25日大跌、26日涨停这三个交易日的表现分析，8月24日涨停后主力在8月25日大幅打压洗盘行为是明显的。8月26日的再度放量涨停，从另一角度说明该股在主力刻意打压洗盘结束后继续放量拉升行情。在8月24日、8月25日上午主力刻意打压股价洗盘过程中，主力有没有进行高抛低吸的差价套利操作，作为局外人是一无所知的。但从连续跟踪盘口观察分析看，主力在打压洗盘过程中确实有高抛低吸操作的痕迹。

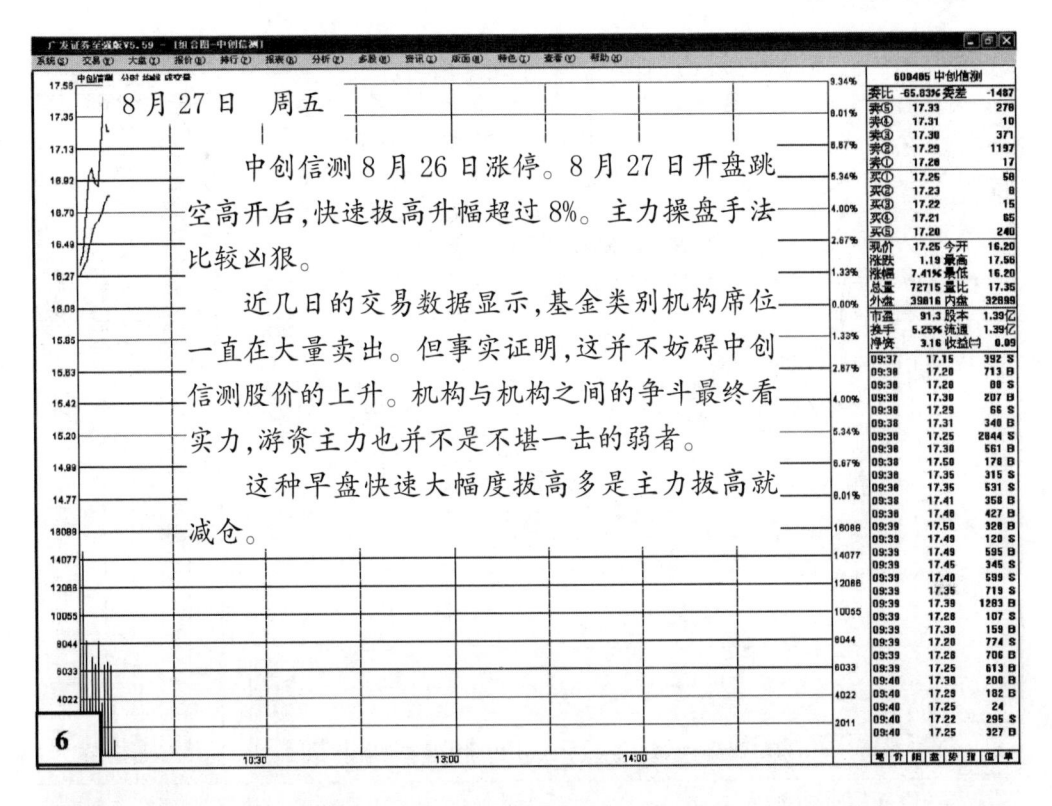

8月27日 周五

中创信测8月26日涨停。8月27日开盘跳空高开后，快速拔高升幅超过8%。主力操盘手法比较凶狠。

近几日的交易数据显示，基金类别机构席位一直在大量卖出。但事实证明，这并不妨碍中创信测股价的上升。机构与机构之间的争斗最终看实力，游资主力也并不是不堪一击的弱者。

这种早盘快速大幅度拔高多是主力拔高就减仓。

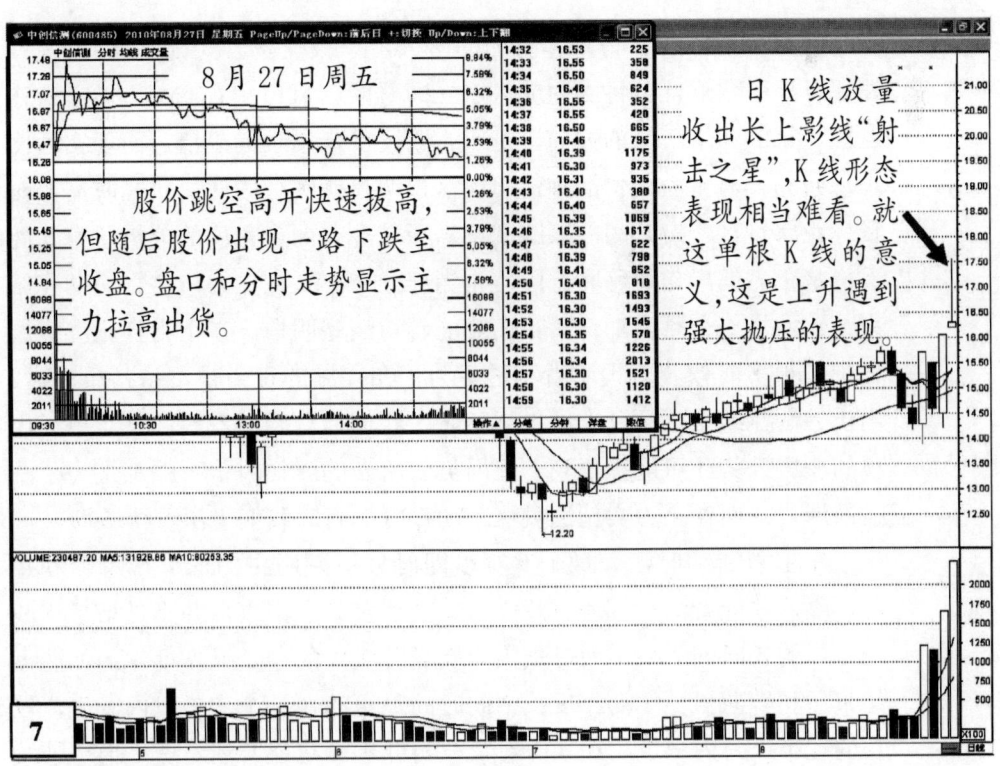

8月27日周五

股价跳空高开快速拔高，但随后股价出现一路下跌至收盘。盘口和分时走势显示主力拉高出货。

日K线放量收出长上影线"射击之星"，K线形态表现相当难看。就这单根K线的意义，这是上升遇到强大抛压的表现。

主力行为盘口解密(精选版)

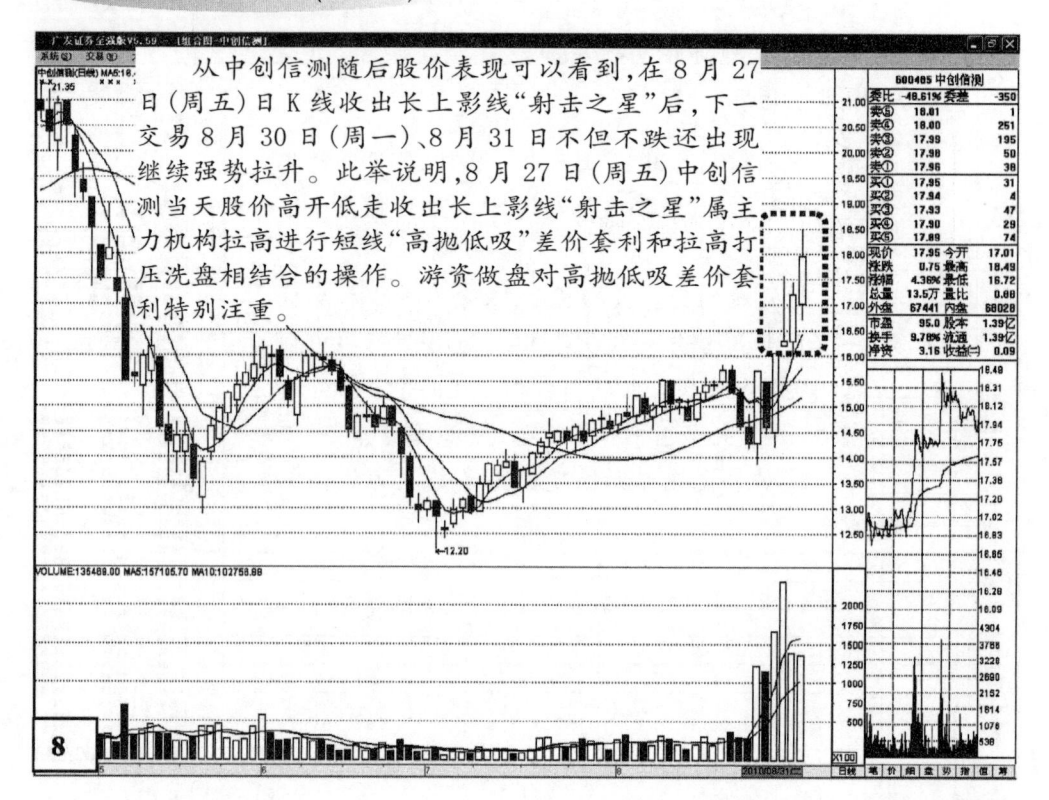

从中创信测随后股价表现可以看到,在8月27日(周五)日K线收出长上影线"射击之星"后,下一交易8月30日(周一)、8月31日不但不跌还出现继续强势拉升。此举说明,8月27日(周五)中创信测当天股价高开低走收出长上影线"射击之星"属主力机构拉高进行短线"高抛低吸"差价套利和拉高打压洗盘相结合的操作。游资做盘对高抛低吸差价套利特别注重。

　　看盘分析,对主力操作行为的研究,一般投资者大都寄托看盘时,发现目标股票后几分钟之内就可以立即看明白盘口。看透主力做盘操作意图、目的和下一步的方向,是所有股民梦寐以求的事情。而现实远比理想残酷。对主力运作品种,出现盘口明显操纵行为时,研究时需要对目标股票进行一定时间的跟踪观察。经过多方面多角度的分析研究才能看清楚主力的操作思路和意图。相当部分个案是在主力一个行为动作结束、转入另一个行为动作后我们才能看得清楚明白。在主力打压洗盘过程中,很多时候我们根本看不透主力正在实施的行为是不是打压洗盘。当主力洗盘结束"拉升"动作展开时,我们通过跟踪观察洗盘结束后出现的凌厉升势才可能领悟到,前面盘中所做的一切股价折腾都是为了洗盘而展开。而在主力实施洗盘这个动作时,有时我们无法看得透彻。

　　在主力活动时,大量个案难以即时分析判断主力的操作思路和意图,事后才能看清,这还有意义吗?当然有!所谓事后并不是指半年或一年后的长时间之后,而是指主力操盘时盘中的一个操作动作,如洗盘结束后和转向另一个动作后。中间时间最短的在一个交易日内发生,较长的在半个月内出现。在当时看盘分析并不一定能看清看透,通过连续的紧密跟踪研究，当主力一个操纵动作结束，另一个动作展开时，或者展开后，此时如能领悟前期主力所做的一切，也为时不晚。大部分操作仍能及时修正或者改变，大部分机会也能在一定程度上把握或能参与其中部分行情。

看盘不要生硬地强调非要在第一时间看清弄明主力操盘动向，没有人可以完全做到这一点。只要在关键时刻能看清道明，操作上及时做出快速反应就足矣。笔者对主力操纵行为研究近10年，对于个股盘中出现主力明显刻意操作股价的行为动作，从发现到研究能在几分钟之内看清并敢于下结论的仍然是少数。大部分个股需要跟踪研究才能看清楚主力操作意图，部分个股主力某阶段的活动到底在干什么是永远没有答案的。

出货和洗盘有哪些区别？又如何区分呢？这个问题看似简单，但细分其内容量却是相当庞大的，以后笔者将慢慢谈及自己的分析方法。对于主力洗盘与差价相结合操盘手法如何判断？笔者上面已经把实战思维结合个案介绍了，实践运作则需要各位多看多想多练习去掌握。

超级大牛股的持股信心根源

一些仅用几个月时间股价就翻几番的超级大牛股上车者无数，而真正赚得暴利者仅是少数，因拿不住中途离场是通病。在深度分析和思考如何尽可能长时间拿住牛股这一问题上，笔者总结了一些能坚定持股者的思维，大方向上有两种：一是极度了解该上市公司状况而做到坚定持股，二是因为信仰而坚定持股！

极度了解一家上市公司的状况，指的是对该上市公司从公司架构、领军人物风格与能力、所属行业、财务状况、经营发展等都有深入透彻了解。能有如此能耐的人物要么就是大股东，要么就是与公司核心人物相当熟悉。

一家公司经营能保持长时间健康高速发展不断壮大，其内在价值一定会被二级市场发掘出来，股价也肯定会有与该出于公司自身价值相对应的表现。掌握公司情况者根本不必理会股价中短期一时半刻的升跌波动，中长期看公司的发展股价是一定会有大表现的。因此股价在某阶段连翻数番也不会感觉拿得心虚害怕，这类投资者是最有机会赚暴利者。

因为信仰而坚定持股,信仰是一种不讲逻辑、不讲证据的盲信盲从行为,股市信仰可以细分为几种。

①某些投资者极度了解某家上市公司各种真实情况,对其经营发展状况了如指掌、信心十足。这种情况下坚信这家上市公司有大表现,持股信心十足,这也属于一种信仰,它的正面力量非常强大。

②某些投资者对某上市公司明朗的或潜在的独特题材概念有非常深刻的专业性认识,极度相信该股会因这一明朗或潜在的独特题材概念有惊人表现。股价上升出现某阶段连翻数番也不会心虚害怕,能守得住。

③股市中有不少新股民或已经交易了几年的投资者,根本就没真正好好学习过股票方面的知识,可以说是什么也不会,什么也不懂。这类人在不懂不明情况下买到了牛股就一根筋死守,一根筋者多为偏执者。

④有些因客观原因而多年不看股市的投资者持股特别有能耐。他们客观上不看所以也不怕了,股价在某阶段连翻数番仍能坚守持股。

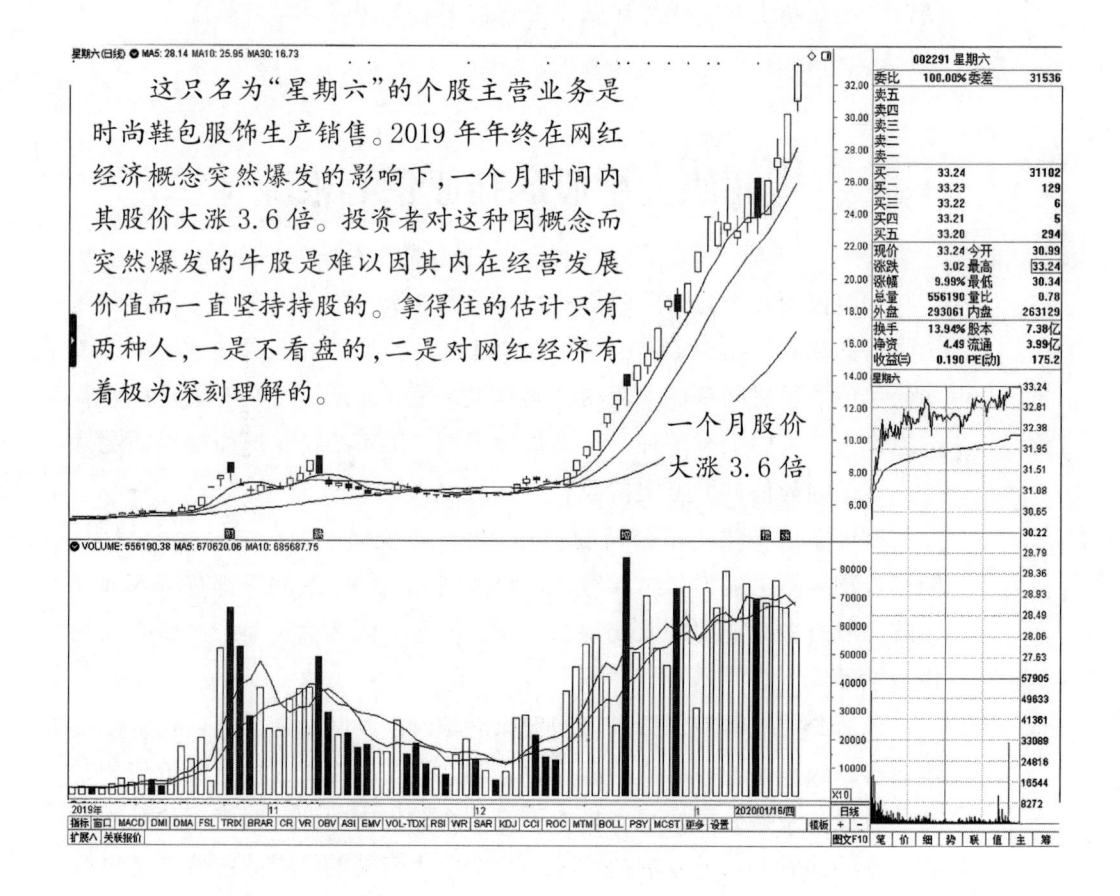

这只名为"星期六"的个股主营业务是时尚鞋包服饰生产销售。2019年年终在网红经济概念突然爆发的影响下,一个月时间内其股价大涨3.6倍。投资者对这种因概念而突然爆发的牛股是难以因其内在经营发展价值而一直坚持持股的。拿得住的估计只有两种人,一是不看盘的,二是对网红经济有着极为深刻理解的。

一个月股价大涨3.6倍

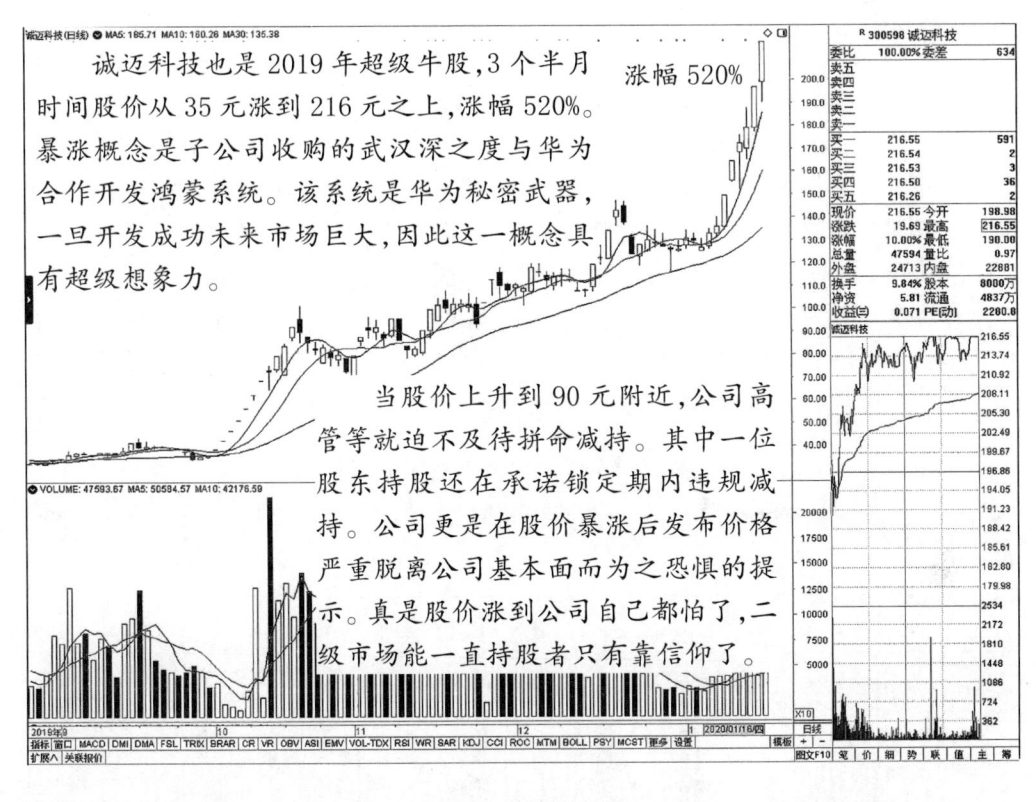

诚迈科技也是2019年超级牛股,3个半月时间股价从35元涨到216元之上,涨幅520%。暴涨概念是子公司收购的武汉深之度与华为合作开发鸿蒙系统。该系统是华为秘密武器,一旦开发成功未来市场巨大,因此这一概念具有超级想象力。

当股价上升到90元附近,公司高管等就迫不及待拼命减持。其中一位股东持股还在承诺锁定期内违规减持。公司更是在股价暴涨后发布价格严重脱离公司基本面而为之恐惧的提示。真是股价涨到公司自己都怕了,二级市场能一直持股者只有靠信仰了。

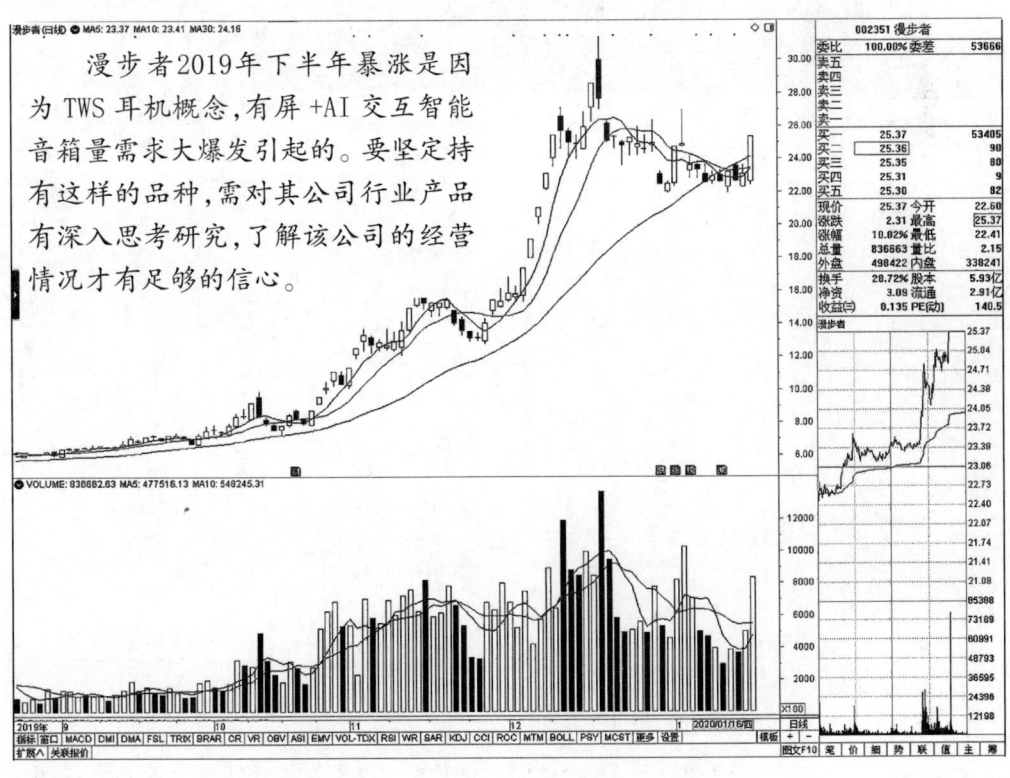

漫步者2019年下半年暴涨是因为TWS耳机概念,有屏+AI交互智能音箱量需求大爆发引起的。要坚定持有这样的品种,需对其公司行业产品有深入思考研究,了解该公司的经营情况才有足够的信心。

主力行为盘口解密(精选版)

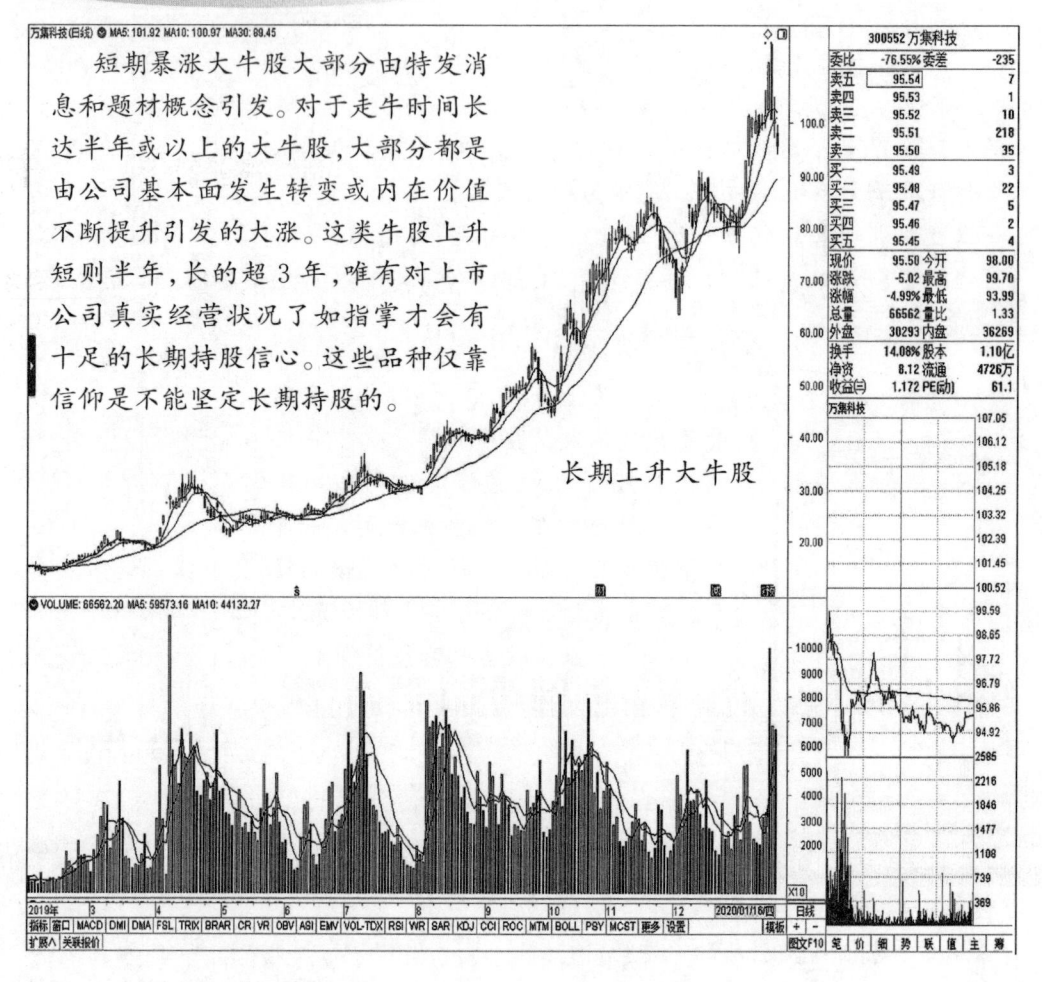

短期暴涨大牛股大部分由特发消息和题材概念引发。对于走牛时间长达半年或以上的大牛股，大部分都是由公司基本面发生转变或内在价值不断提升引发的大涨。这类牛股上升短则半年，长的超3年，唯有对上市公司真实经营状况了如指掌才会有十足的长期持股信心。这些品种仅靠信仰是不能坚定长期持股的。

长期上升大牛股

第五章
出货行为

识别主力是拉高还是出货的方法

短线操作的投资者都面对一个问题，盘中个股启动拉升或持续拔高时非常看好，但又不敢轻易出手买入。原因是相当多只个股盘中快速大幅拔高后主力展开出货。一旦遇到这情况，股价盘中拉得再高，涨得再好，都会在收盘时被砸回来，且次日低开低走的概率很大。机会与风险并存，投资者既想把握短炒机会又害怕风险，以至错失很多短线操作获利机会。

以上问题是属于技术操作层面的问题，技术问题终归由技术解决。对于以上问题，笔者经多年来的实践总结出一些经验，下面整理列举供各位参考。

(1)盘中股价快速拉升时首先看盘口是否存在明显对敲行为。

(2)看该股日K线，分析股价所处位置去判断拉升的阶段以及性质。

(3)看该股日K线数日以来有没有明显放量，是否明显有机构建仓痕迹。

(4)看急拉过后股价是强势横盘还是震荡下跌。

(5)看急拉过后盘口有没有明显大资金出货痕迹等去分析评估风险的大小。

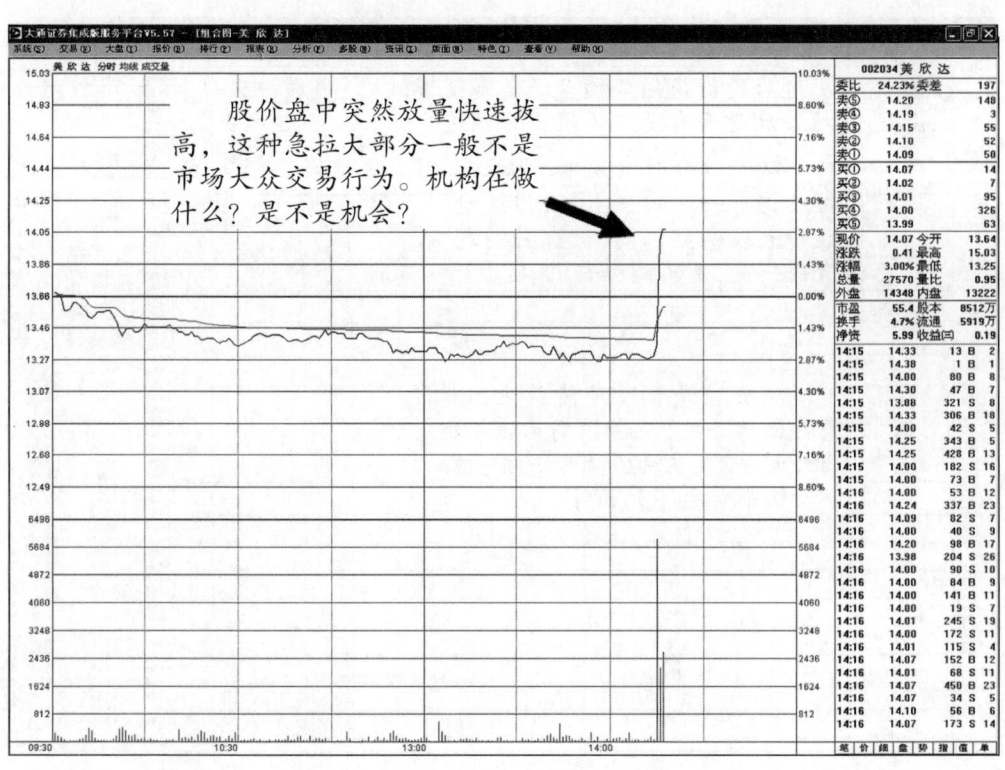

第五章 出货行为

股价盘中突然放量快速拔高，大都为机构有计划的操盘。

发现目标是不是机会？①股价快速拉升时首先看拉高盘口是否存在明显的对敲行为。部分机构为了吸引大众眼球，引诱大量跟风盘跟进，拉高时故意通过对敲制造大量买单。这类盘口要特别小心。

3万手买单都以8.02元成交

中小盘股动不动就成千上万手一笔，而成交价并没出现大幅往上扫高成交，这些成交部分属于机构有计划对敲制造大买单。

股价盘中突然放量快速拔高，这种急拉大部分一般不是市场大众交易行为。机构在做什么？是不是机会？

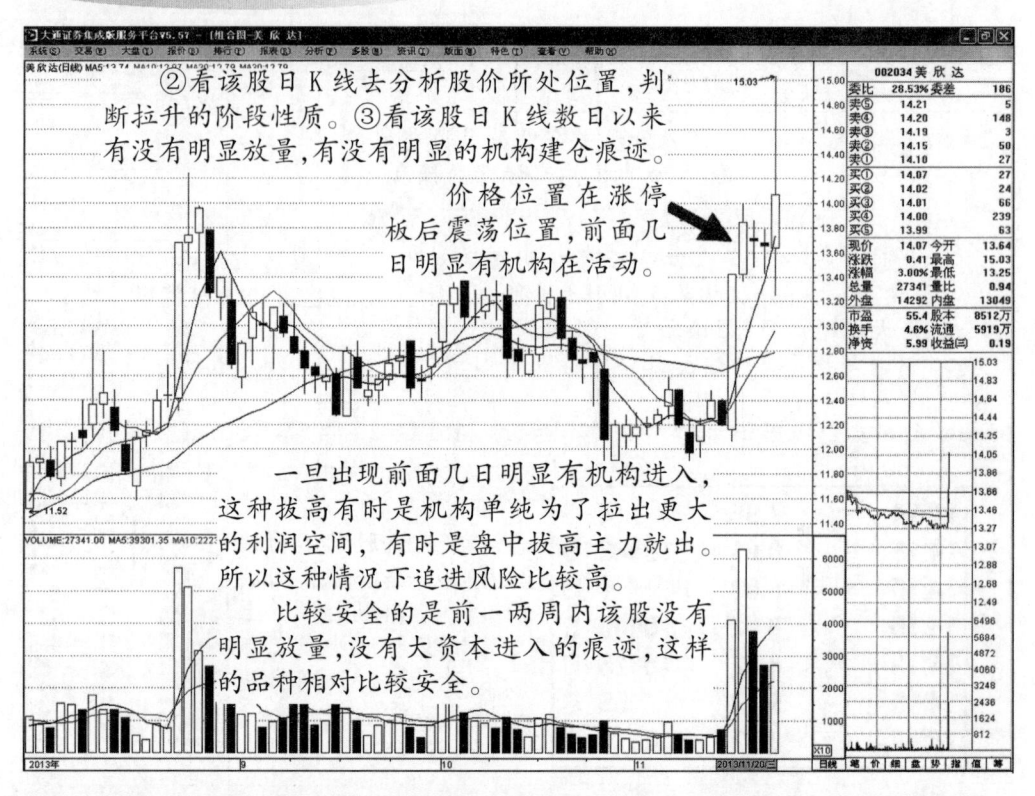

主力行为盘口解密(精选版)

② 看该股日K线去分析股价所处位置,判断拉升的阶段性质。③ 看该股日K线数日以来有没有明显放量,有没有明显的机构建仓痕迹。

价格位置在涨停板后震荡位置,前面几日明显有机构在活动。

一旦出现前面几日明显有机构进入,这种拔高有时是机构单纯为了拉出更大的利润空间,有时是盘中拔高主力就出。所以这种情况下追进风险比较高。

比较安全的是前一两周内该股没有明显放量,没有大资本进入的痕迹,这样的品种相对比较安全。

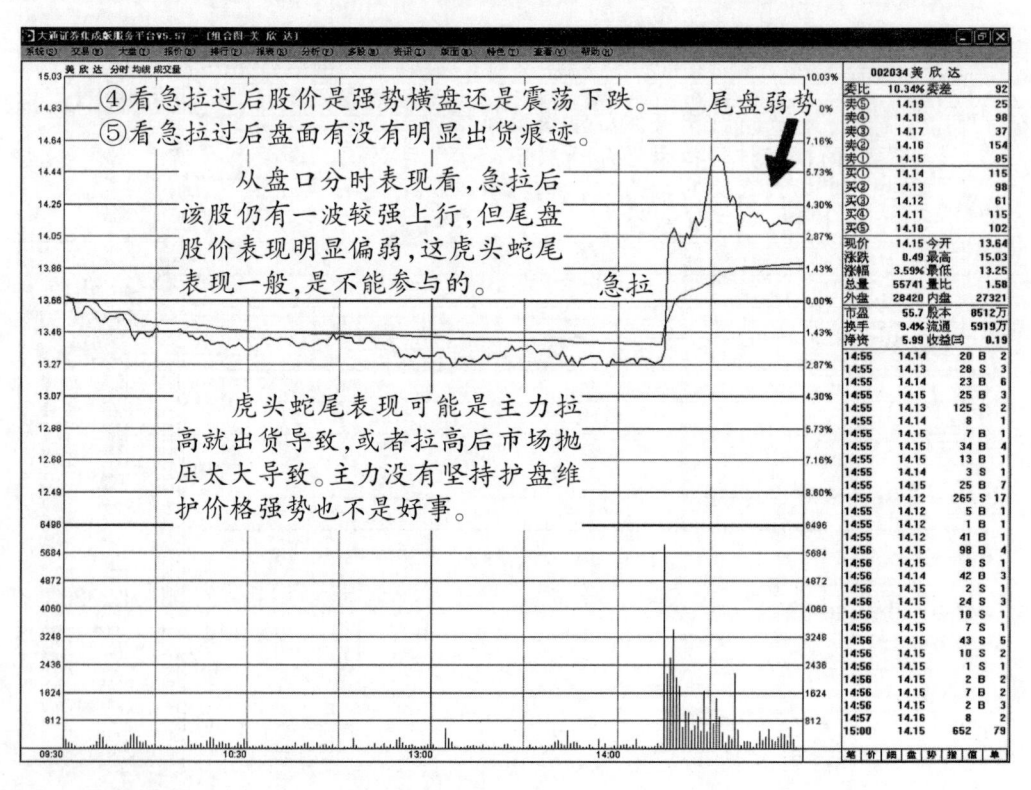

④ 看急拉过后股价是强势横盘还是震荡下跌。 尾盘弱势
⑤ 看急拉过后盘面有没有明显出货痕迹。

从盘口分时表现看,急拉后该股仍有一波较强上行,但尾盘股价表现明显偏弱,这虎头蛇尾表现一般,是不能参与的。

急拉

虎头蛇尾表现可能是主力拉高就出货导致,或者拉高后市场抛压太大导致。主力没有坚持护盘维护价格强势也不是好事。

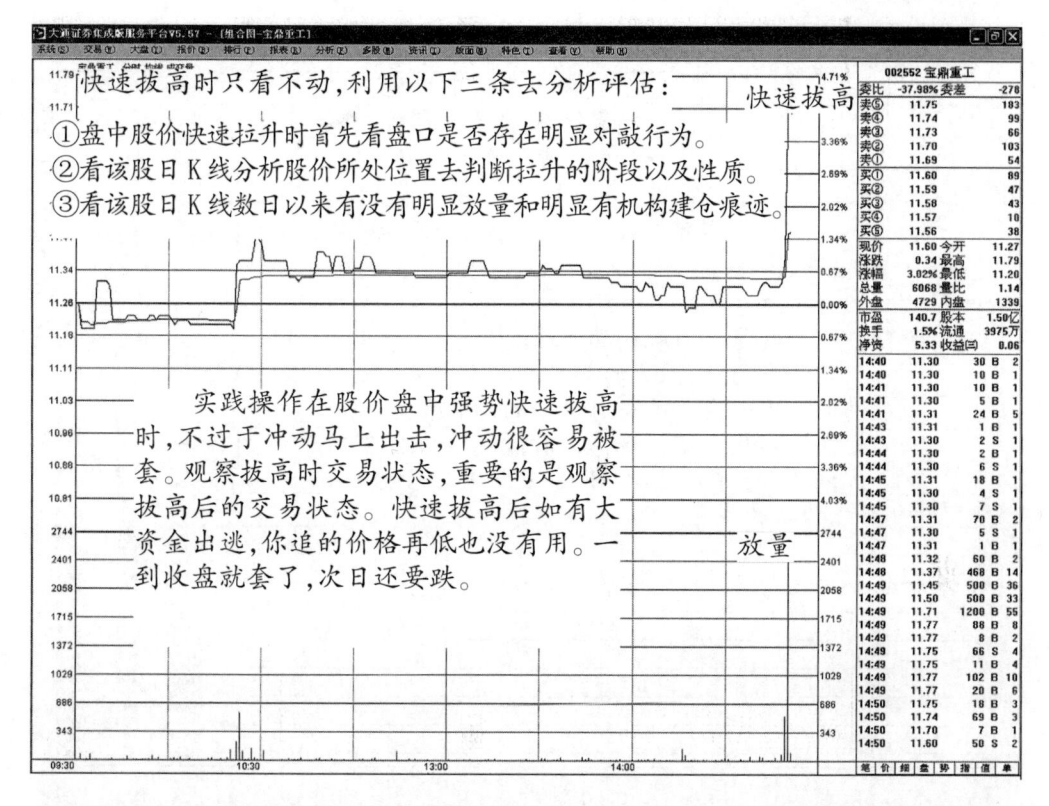

第五章 出货行为

快速拔高时只看不动，利用以下三条去分析评估：　　　　快速拔高
① 盘中股价快速拉升时首先看盘口是否存在明显对敲行为。
② 看该股日K线分析股价所处位置去判断拉升的阶段以及性质。
③ 看该股日K线数日以来有没有明显放量和明显有机构建仓痕迹。

　　实践操作在股价盘中强势快速拔高时，不过于冲动马上出击，冲动很容易被套。观察拔高时交易状态，重要的是观察拔高后的交易状态。快速拔高后如有大资金出逃，你追的价格再低也没有用。一到收盘就套了，次日还要跌。

放量

　　盘中股价再强也不算强，收市股价表现强势才是真正强！尾盘股价震荡下跌走势是短线的大忌。错误买入尾盘股价下跌大资金出逃的股票风险极大。

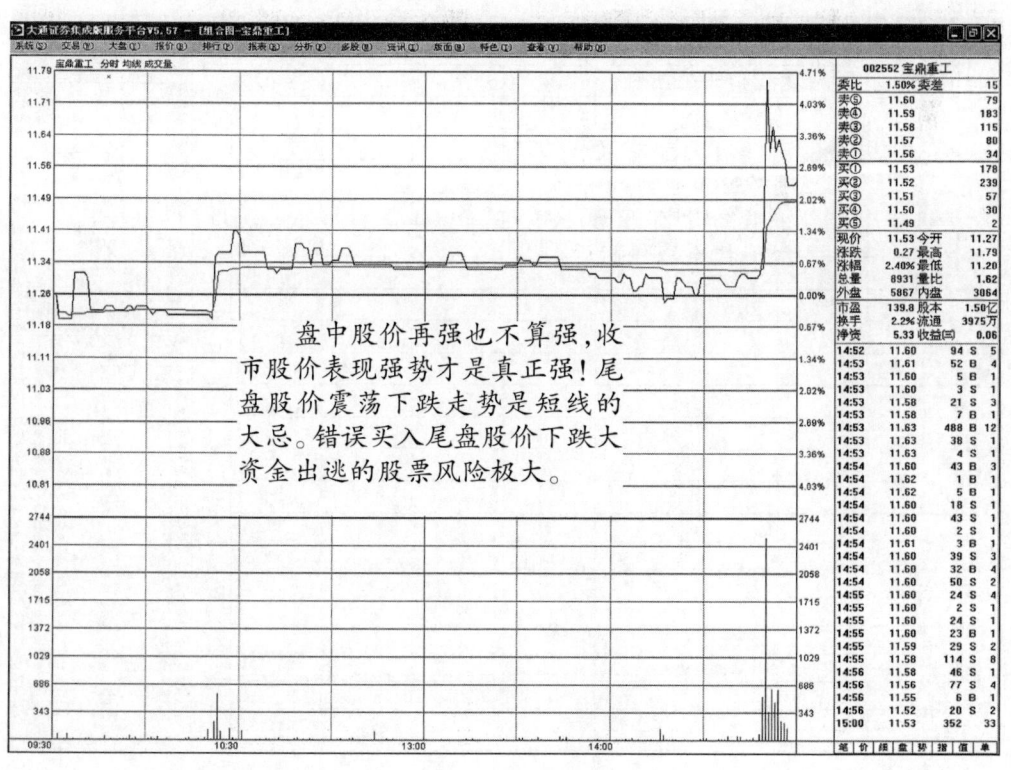

主力行为盘口解密(精选版)

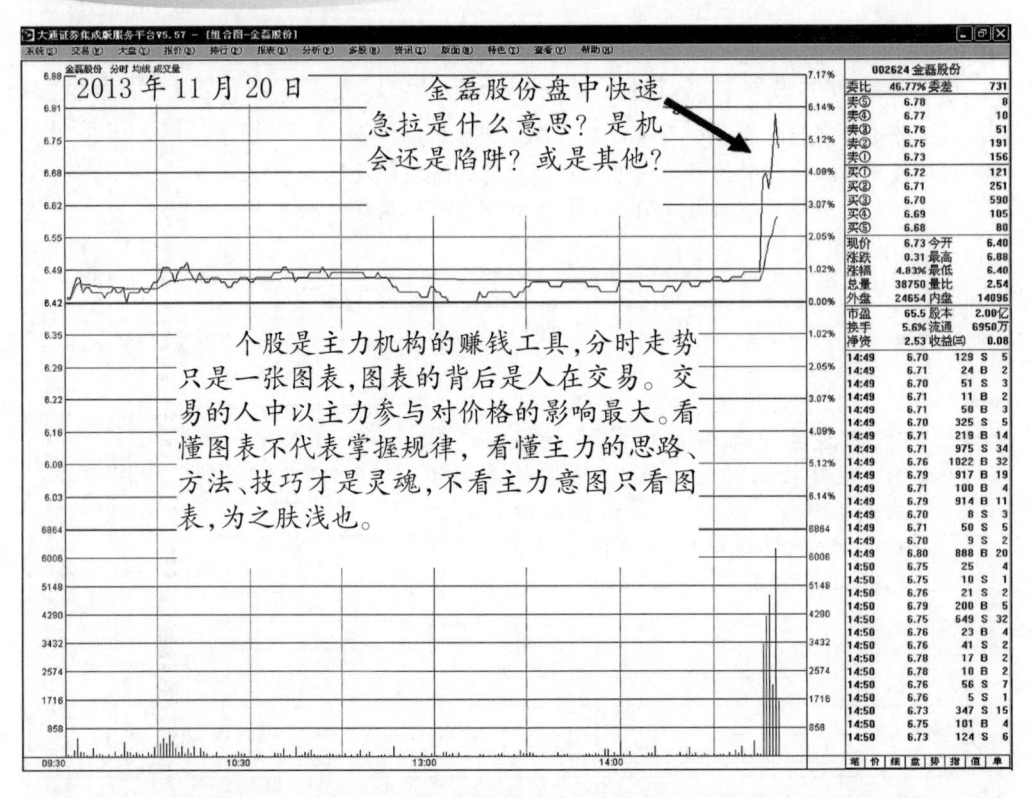

2013年11月20日 — 金磊股份盘中快速急拉是什么意思？是机会还是陷阱？或是其他？

个股是主力机构的赚钱工具，分时走势只是一张图表，图表的背后是人在交易。交易的人中以主力参与对价格的影响最大。看懂图表不代表掌握规律，看懂主力的思路、方法、技巧才是灵魂，不看主力意图只看图表，为之肤浅也。

11月21日 — 有因才有果，有11月20日主力的介入，金磊股份才有开盘一气呵成地拔至涨停附近。

上升高位见顶最后一冲特征

股票市场本不存在一种既简单又方便的判断所有股票阶段最高点的方法。分析研判高低点也没有一劳永逸的简单高效方法，买点卖点的研判需要掌握大量专业知识技能。实践中做研究要收集大量客观数据作为分析依据，需对各种数据进行全面综合分析研判。学习股票分析知识技能过程中要善于总结，总结中进行分门别类。股价波动虽然没有绝对规律可循，但类似表现总是在不断反复呈现。

个股上升过程中阶段性见顶方式，90％都在30种K线模式中。掌握这些模式就较容易判断大部分个股顶部区域或见顶日的确切时间。大部分个股阶段性见顶前或见顶日都有明显的参考物。本文将探讨个股阶段性上升高位最后一冲见顶盘面特征。

阶段上升高位最后一冲即见高位是个股上升见顶的其中一种现象。这类见顶特征需要日K线与分时表现结合判断。日K线表现有三种具体特征：涨停或连续涨停；连续多根大阳上升；波段强势上升高位。三种表现股价都有一段明显上升，上升方式在日K线上表现形式不同。

日K线出现以上三种表现个股，某日股价开盘就快速拉升，分时上升角度超过45°角或更陡峭。开盘急拉升幅超3%，表现凶狠地直冲到涨停，随后股价回落一波比一波低。大部分个股开盘就拉一波见当日盘中最高点。收盘日K线收长上影K线。长上影K线既有红的也有绿的，成交量明显放大。这是一种个股阶段性见顶的常见方式。每日都有个股以这种方式形成阶段性高点。

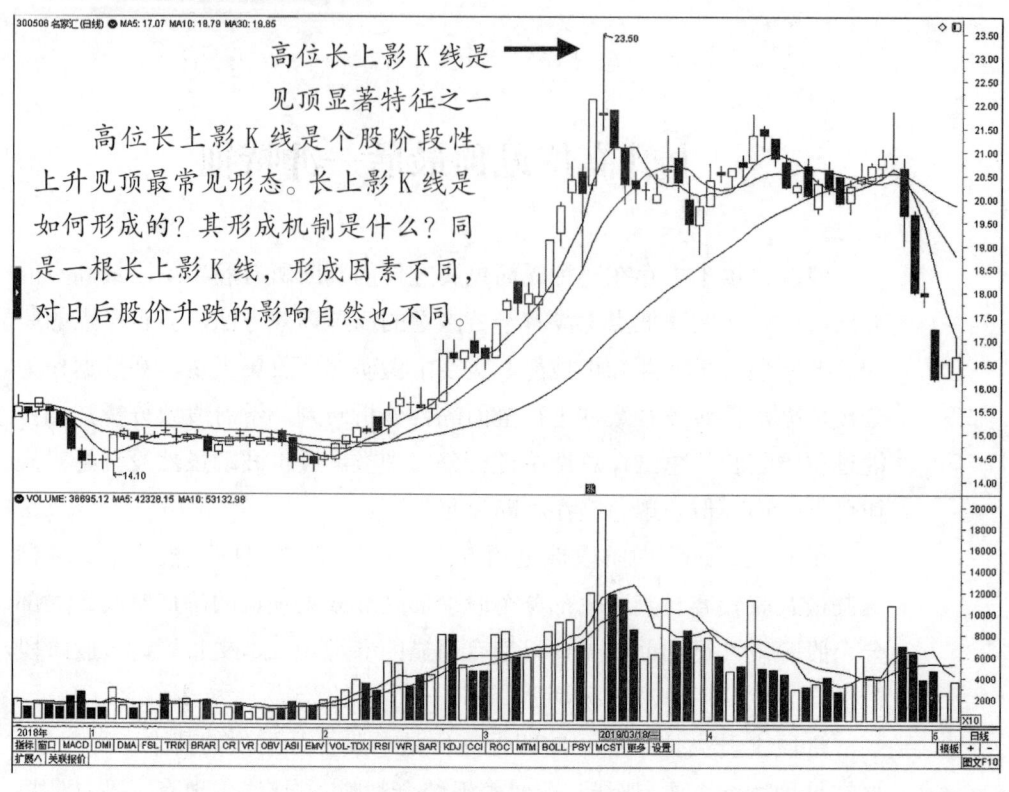

主力行为盘口解密(精选版)

高位长上影 K 线是见顶显著特征之一

高位长上影 K 线是个股阶段性上升见顶最常见形态。长上影 K 线是如何形成的？其形成机制是什么？同是一根长上影 K 线，形成因素不同，对日后股价升跌的影响自然也不同。

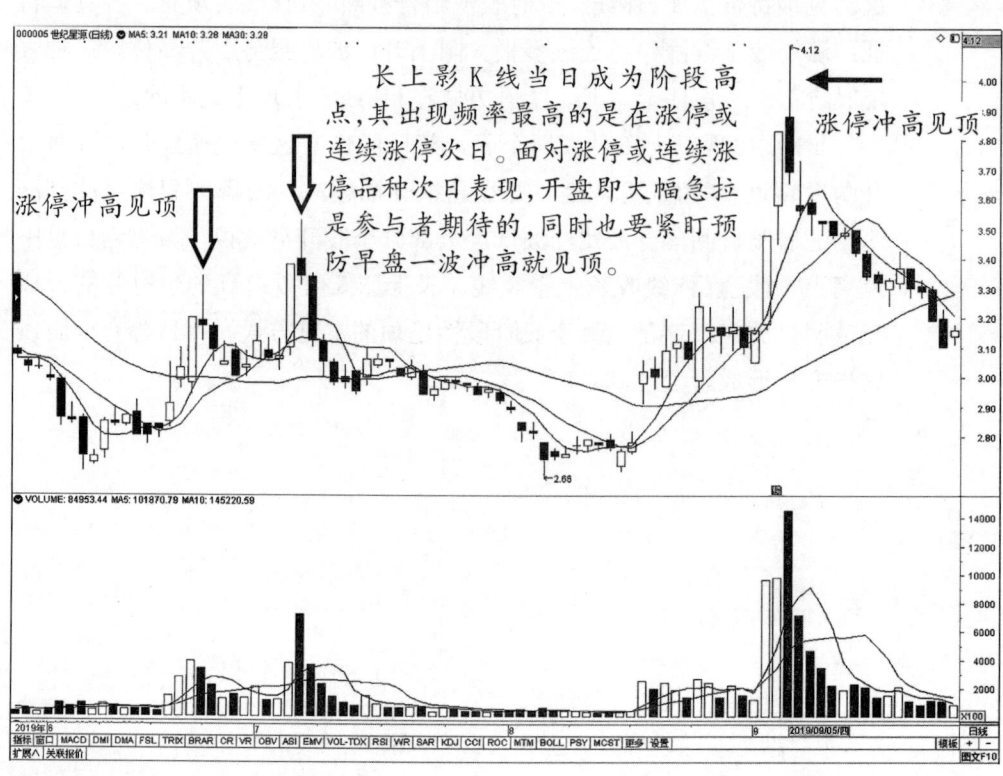

长上影 K 线当日成为阶段高点，其出现频率最高的是在涨停或连续涨停次日。面对涨停或连续涨停品种次日表现，开盘即大幅急拉是参与者期待的，同时也要紧盯预防早盘一波冲高就见顶。

涨停冲高见顶

涨停冲高见顶

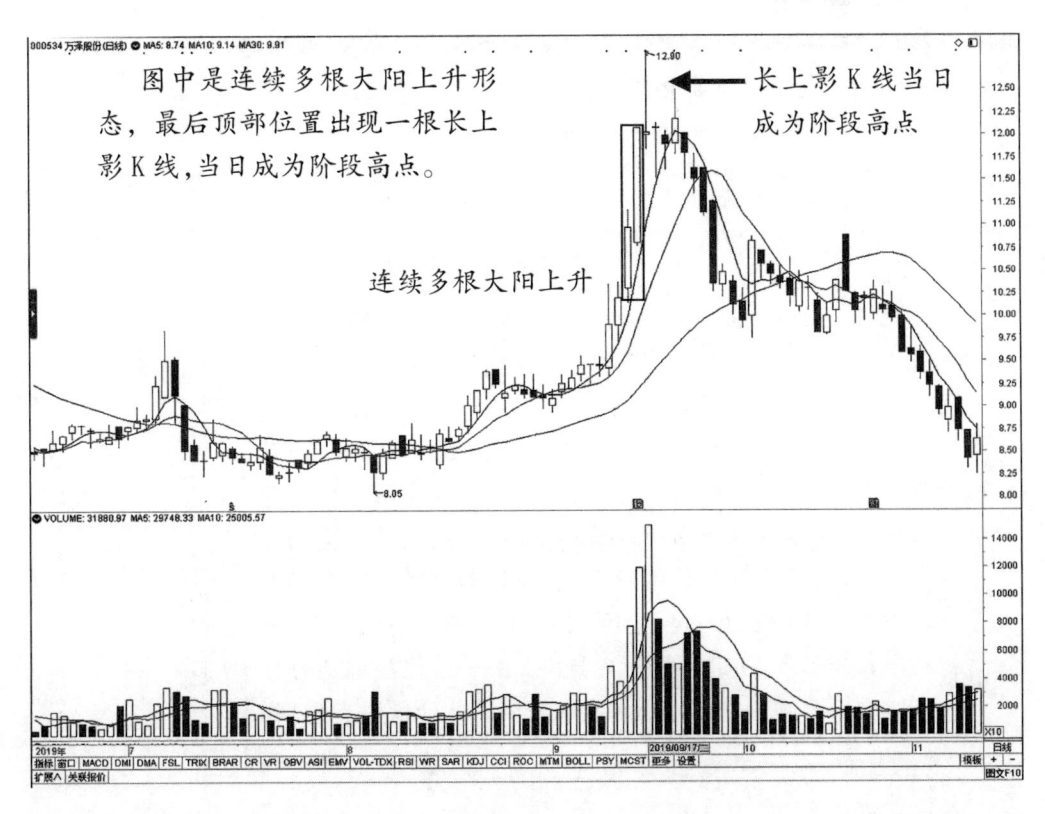

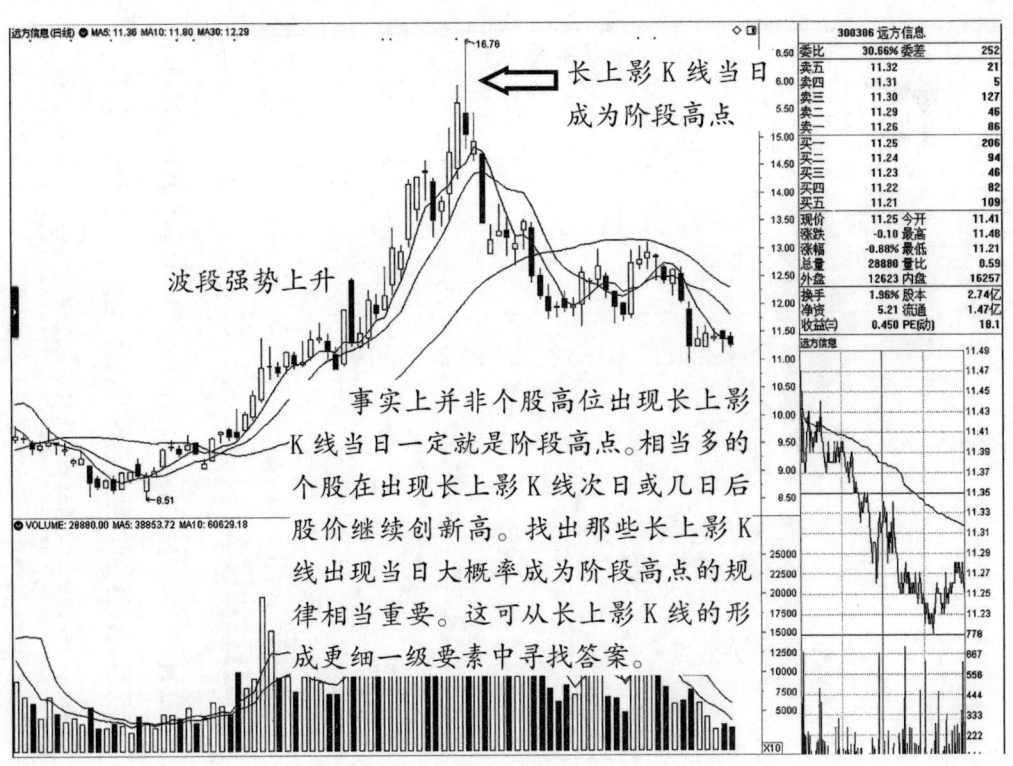

图中是连续多根大阳上升形态，最后顶部位置出现一根长上影K线，当日成为阶段高点。

长上影K线当日成为阶段高点

连续多根大阳上升

长上影K线当日成为阶段高点

波段强势上升

事实上并非个股高位出现长上影K线当日一定就是阶段高点。相当多的个股在出现长上影K线次日或几日后股价继续创新高。找出那些长上影K线出现当日大概率成为阶段高点的规律相当重要。这可从长上影K线的形成更细一级要素中寻找答案。

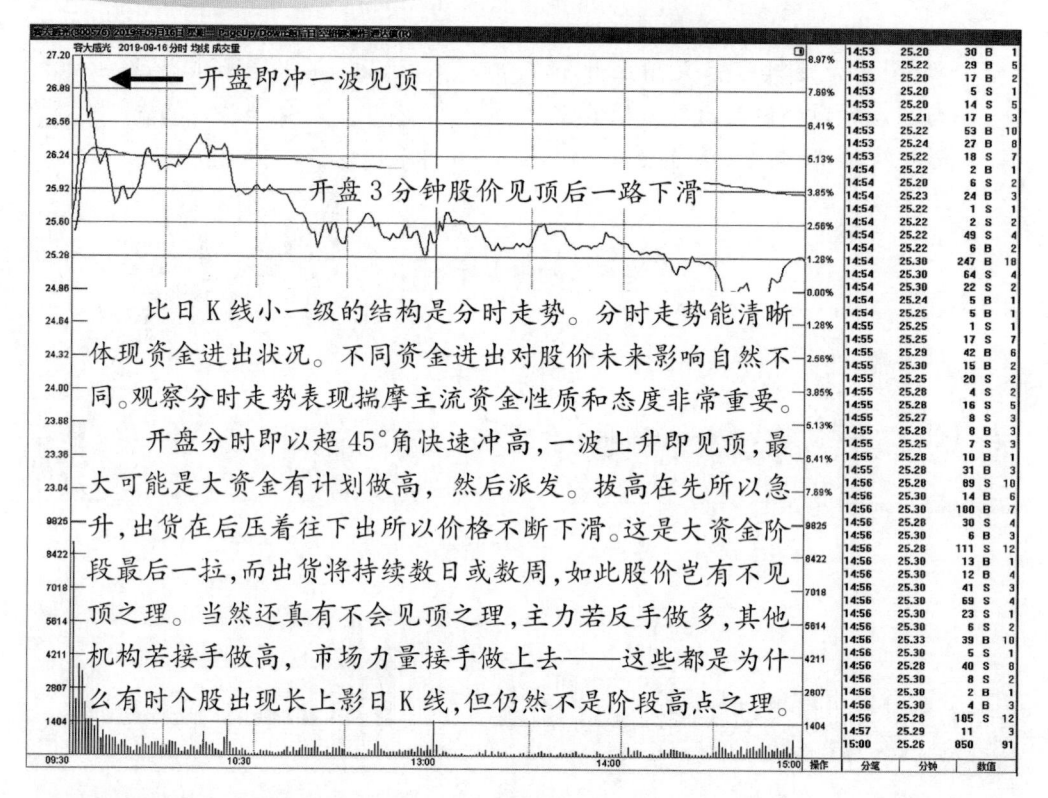

主力行为盘口解密(精选版)

比日 K 线小一级的结构是分时走势。分时走势能清晰体现资金进出状况。不同资金进出对股价未来影响自然不同。观察分时走势表现揣摩主流资金性质和态度非常重要。

开盘分时即以超 45°角快速冲高,一波上升即见顶,最大可能是大资金有计划做高,然后派发。拔高在先所以急升,出货在后压着往下出所以价格不断下滑。这是大资金阶段最后一拉,而出货将持续数日或数周,如此股价岂有不见顶之理。当然还真有不会见顶之理,主力若反手做多,其他机构若接手做高,市场力量接手做上去——这些都是为什么有时个股出现长上影日 K 线,但仍然不是阶段高点之理。

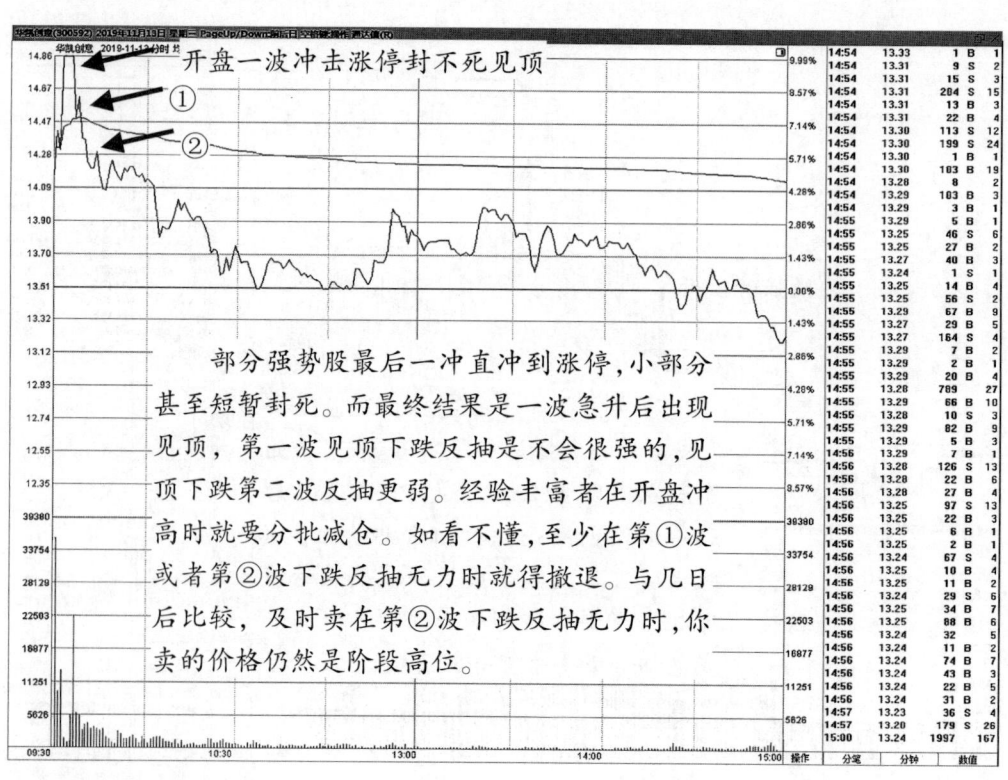

部分强势股最后一冲直冲到涨停,小部分甚至短暂封死。而最终结果是一波急升后出现见顶,第一波见顶下跌反抽是不会很强的,见顶下跌第二波反抽更弱。经验丰富者在开盘冲高时就要分批减仓。如看不懂,至少在第①波或者第②波下跌反抽无力时就得撤退。与几日后比较,及时卖在第②波下跌反抽无力时,你卖的价格仍然是阶段高位。

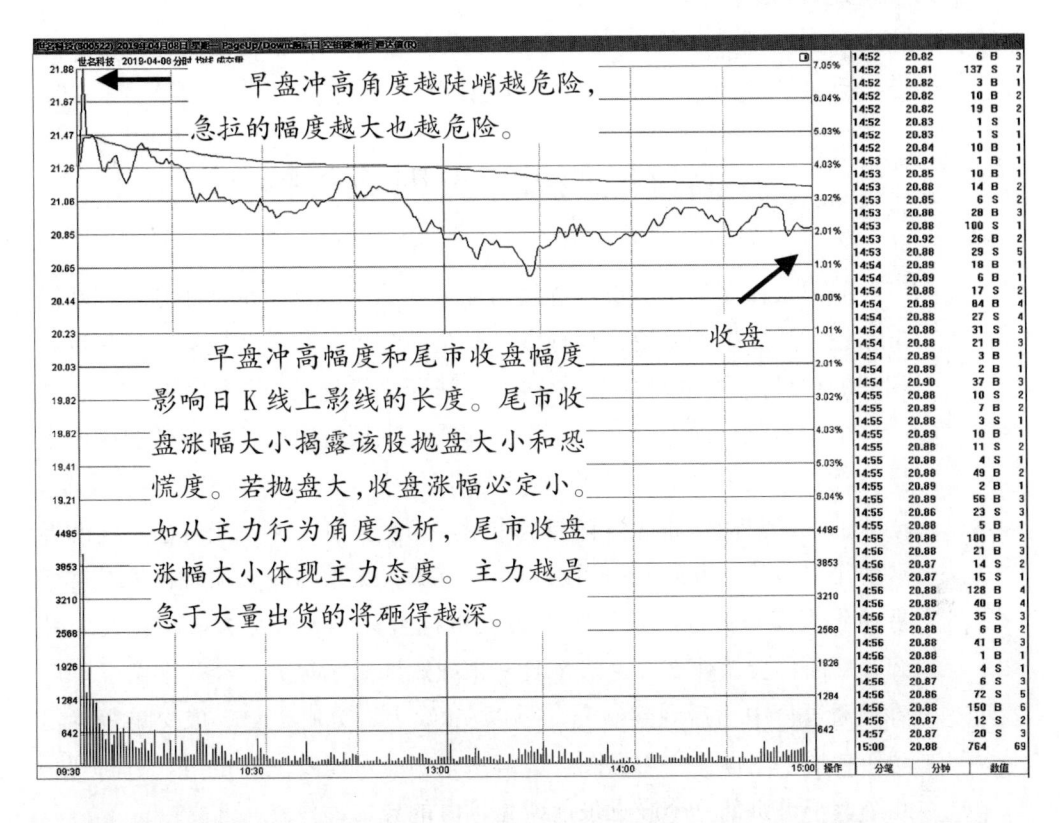

第五章 出货行为

早盘冲高角度越陡峭越危险，急拉的幅度越大也越危险。

收盘

早盘冲高幅度和尾市收盘幅度影响日K线上影线的长度。尾市收盘涨幅大小揭露该股抛盘大小和恐慌度。若抛盘大，收盘涨幅必定小。如从主力行为角度分析，尾市收盘涨幅大小体现主力态度。主力越是急于大量出货的将砸得越深。

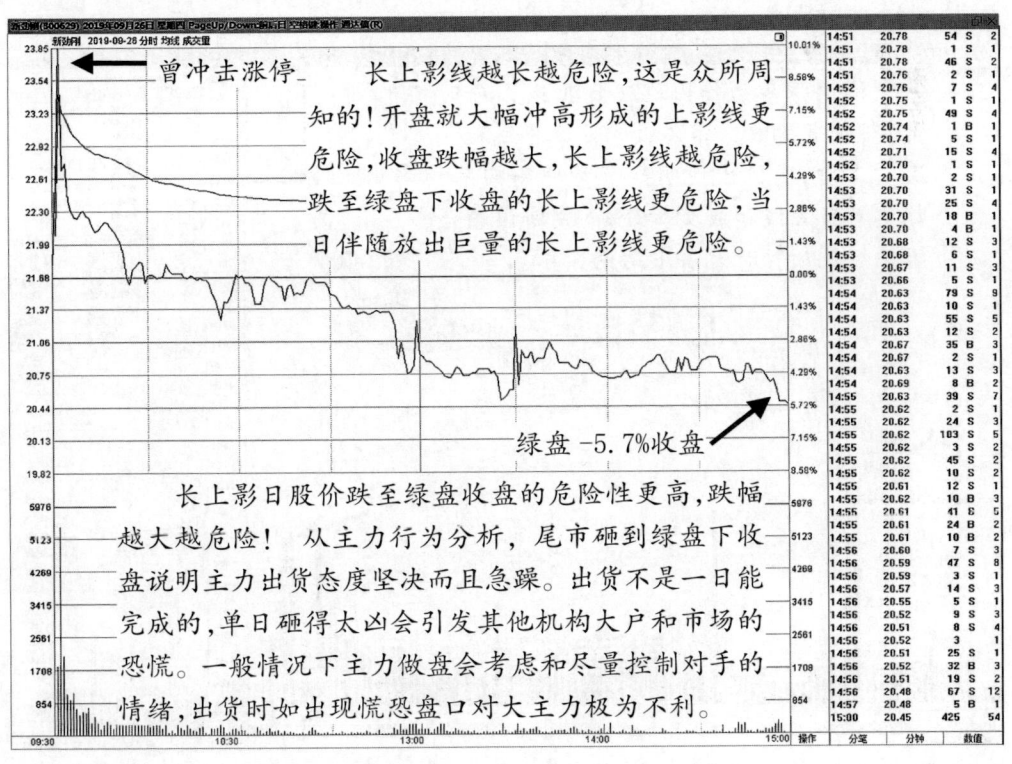

曾冲击涨停

长上影线越长越危险，这是众所周知的！开盘就大幅冲高形成的上影线更危险，收盘跌幅越大，长上影线越危险，跌至绿盘下收盘的长上影线更危险，当日伴随放出巨量的长上影线更危险。

绿盘 -5.7%收盘

长上影日股价跌至绿盘收盘的危险性更高，跌幅越大越危险！从主力行为分析，尾市砸到绿盘下收盘说明主力出货态度坚决而且急躁。出货不是一日能完成的，单日砸得太凶会引发其他机构大户和市场的恐慌。一般情况下主力做盘会考虑和尽量控制对手的情绪，出货时如出现慌恐盘口对大主力极为不利。

高位见顶盘口分时走势特征

　　股票操作无论是买卖、持股、加减仓等，需要的是全面分析判断后下结论，然后根据结论去执行操作。全面分析研判需要搜集各种与专题相关的材料，懂得收集相关材料的方法和途径就显得非常重要了。

　　个股高位见顶大部分都在见顶前或者见顶时出现各种各样的可辨别异常动作。这些异常动作可出现在日K线上、盘口分时走势、成交量、挂单中。异常动作通常具有警示作用，当然投资者能不能看懂不同的异常动作，与其掌握的专业知识和经验有关。见顶前或见顶时各种异常交易动作大都与目标股票场内主力大机构有关。大资金大机构正在做什么？后面将会做什么？这对该股未来或短期影响很大。经验丰富学识广博者通过盘中盘后观察研究，可以在K线上、分时走势、成交量等异常动作中揣摩出操盘主力意图，了解未来极有可能发生的走向。下面列举几个例子讲讲部分个股见顶前或见顶时的异常动作。

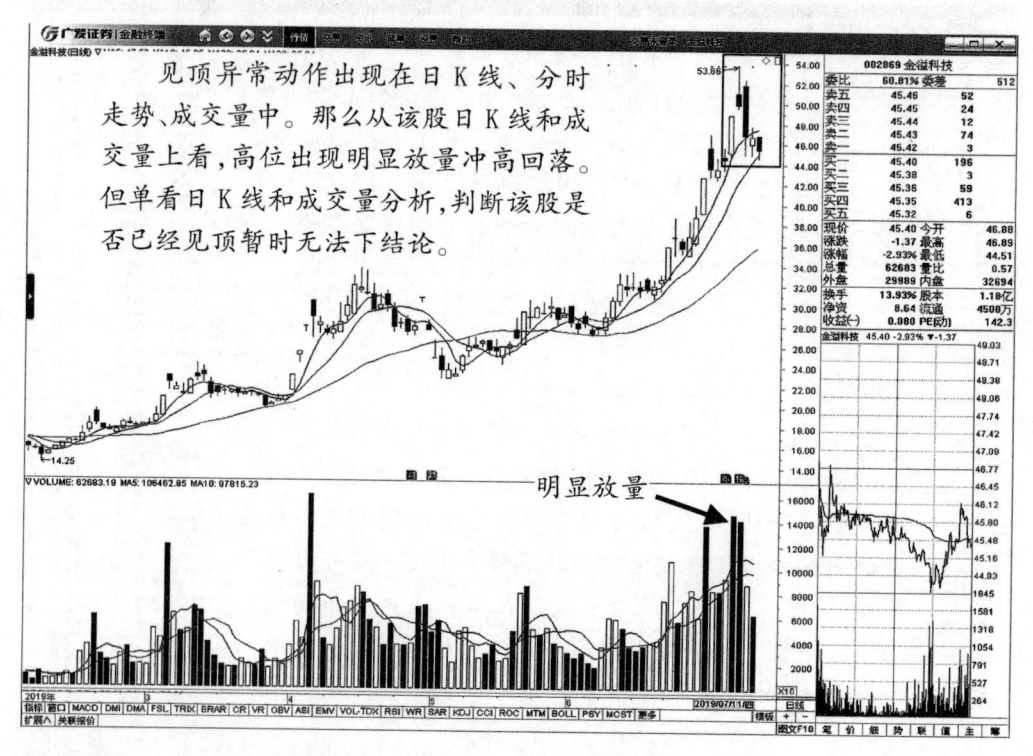

见顶异常动作出现在日K线、分时走势、成交量中。那么从该股日K线和成交量上看，高位出现明显放量冲高回落。但单看日K线和成交量分析，判断该股是否已经见顶暂时无法下结论。

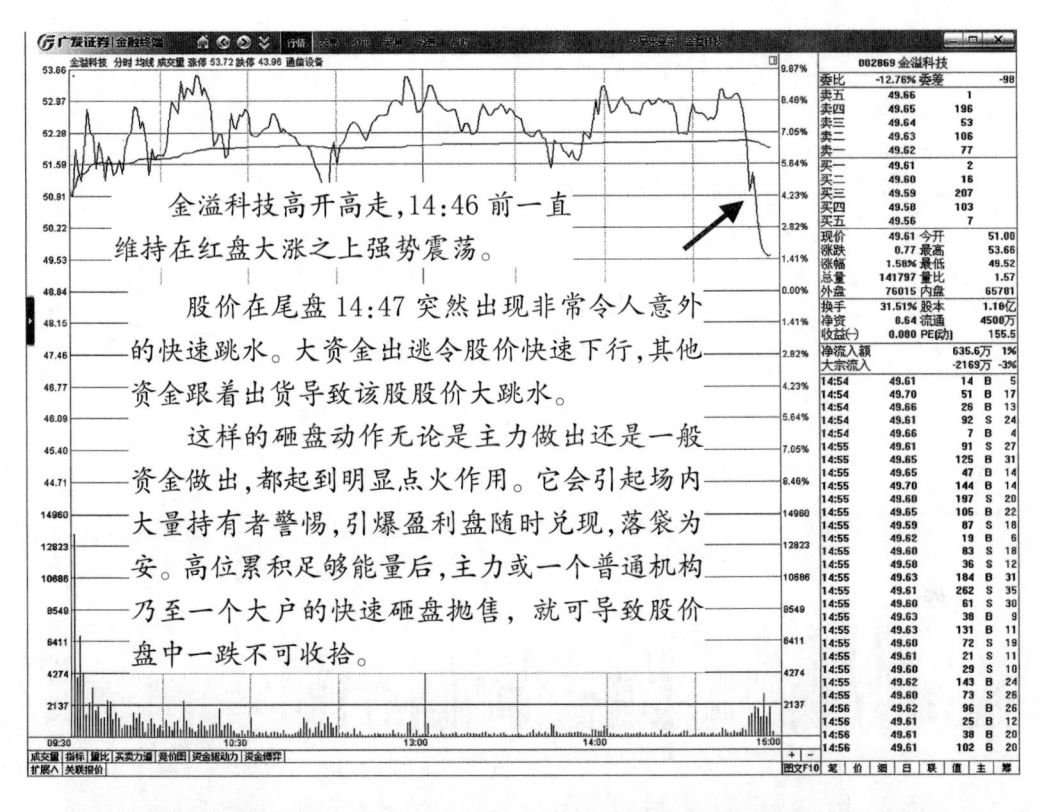

金溢科技高开高走，14:46前一直维持在红盘大涨之上强势震荡。

股价在尾盘14:47突然出现非常令人意外的快速跳水。大资金出逃令股价快速下行，其他资金跟着出货导致该股股价大跳水。

这样的砸盘动作无论是主力做出还是一般资金做出，都起到明显点火作用。它会引起场内大量持有者警惕，引爆盈利盘随时兑现，落袋为安。高位累积足够能量后，主力或一个普通机构乃至一个大户的快速砸盘抛售，就可导致股价盘中一跌不可收拾。

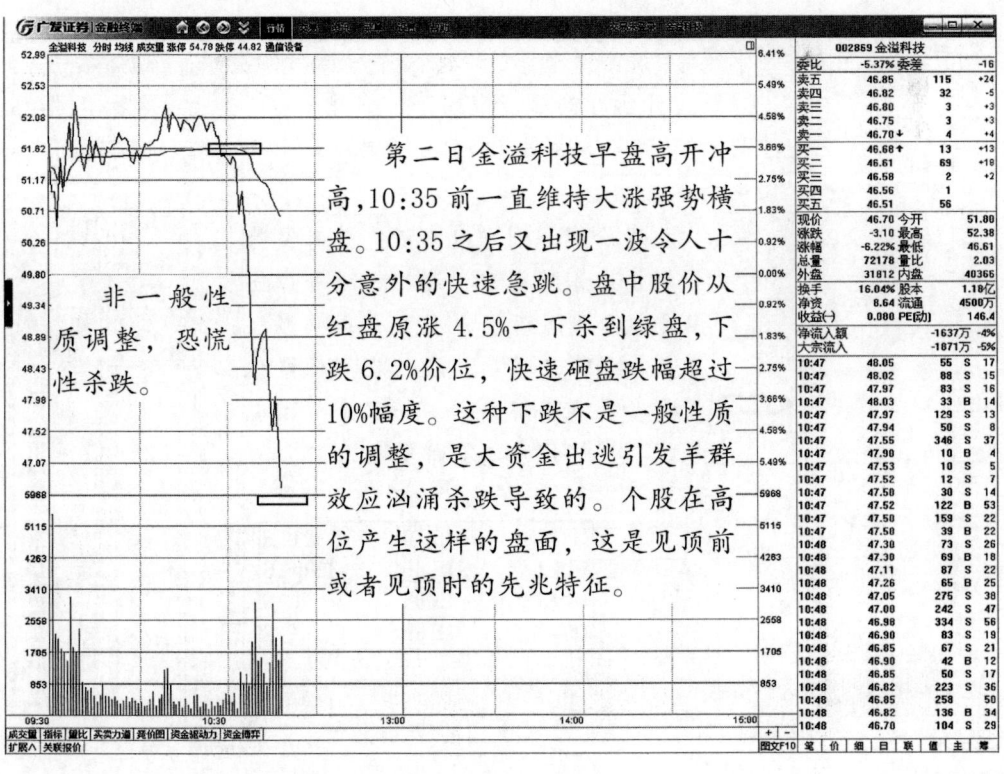

非一般性质调整，恐慌性杀跌。

第二日金溢科技早盘高开冲高，10:35前一直维持大涨强势横盘。10:35之后又出现一波令人十分意外的快速急跳。盘中股价从红盘原涨4.5%一下杀到绿盘，下跌6.2%价位，快速砸盘跌幅超过10%幅度。这种下跌不是一般性质的调整，是大资金出逃引发羊群效应汹涌杀跌导致的。个股在高位产生这样的盘面，这是见顶前或者见顶时的先兆特征。

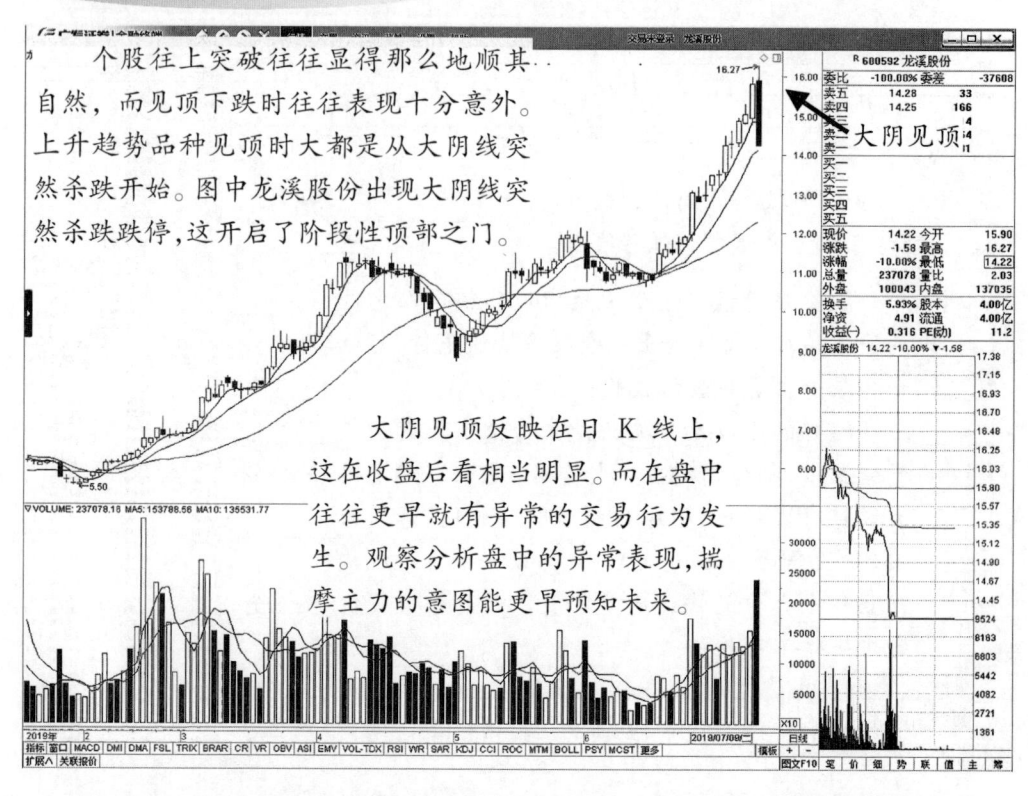

主力行为盘口解密(精选版)

个股往上突破往往显得那么地顺其自然，而见顶下跌时往往表现十分意外。上升趋势品种见顶时大都是从大阴线突然杀跌开始。图中龙溪股份出现大阴线突然杀跌跌停，这开启了阶段性顶部之门。

大阴见顶反映在日K线上，这在收盘后看相当明显。而在盘中往往更早就有异常的交易行为发生。观察分析盘中的异常表现，揣摩主力的意图能更早预知未来。

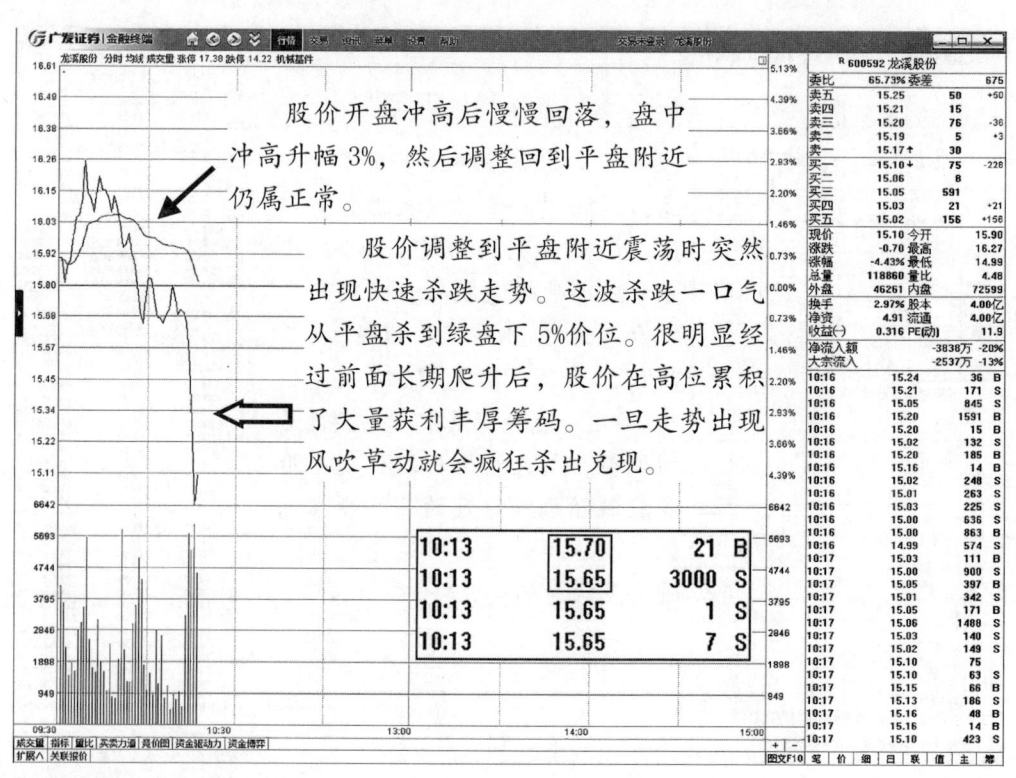

股价开盘冲高后慢慢回落，盘中冲高升幅3%，然后调整回到平盘附近仍属正常。

股价调整到平盘附近震荡时突然出现快速杀跌走势。这波杀跌一口气从平盘杀到绿盘下5%价位。很明显经过前面长期爬升后，股价在高位累积了大量获利丰厚筹码。一旦走势出现风吹草动就会疯狂杀出兑现。

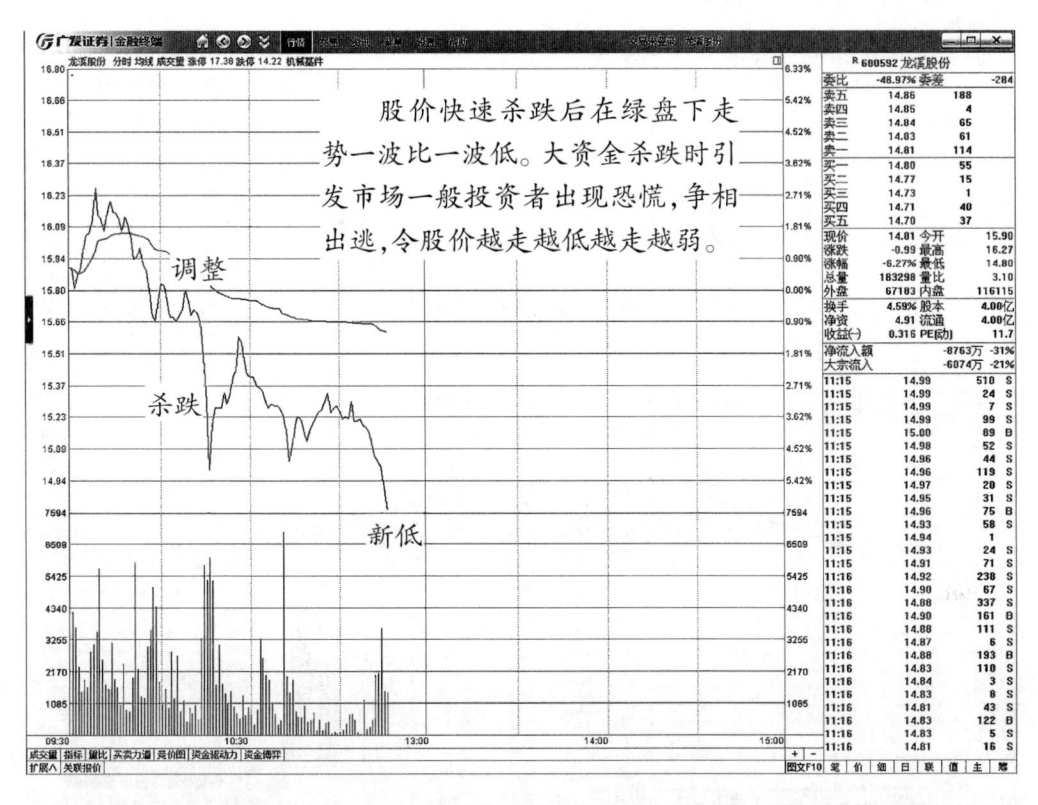

第五章 出货行为

股价快速杀跌后在绿盘下走势一波比一波低。大资金杀跌时引发市场一般投资者出现恐慌，争相出逃，令股价越走越低越走越弱。

调整

杀跌

新低

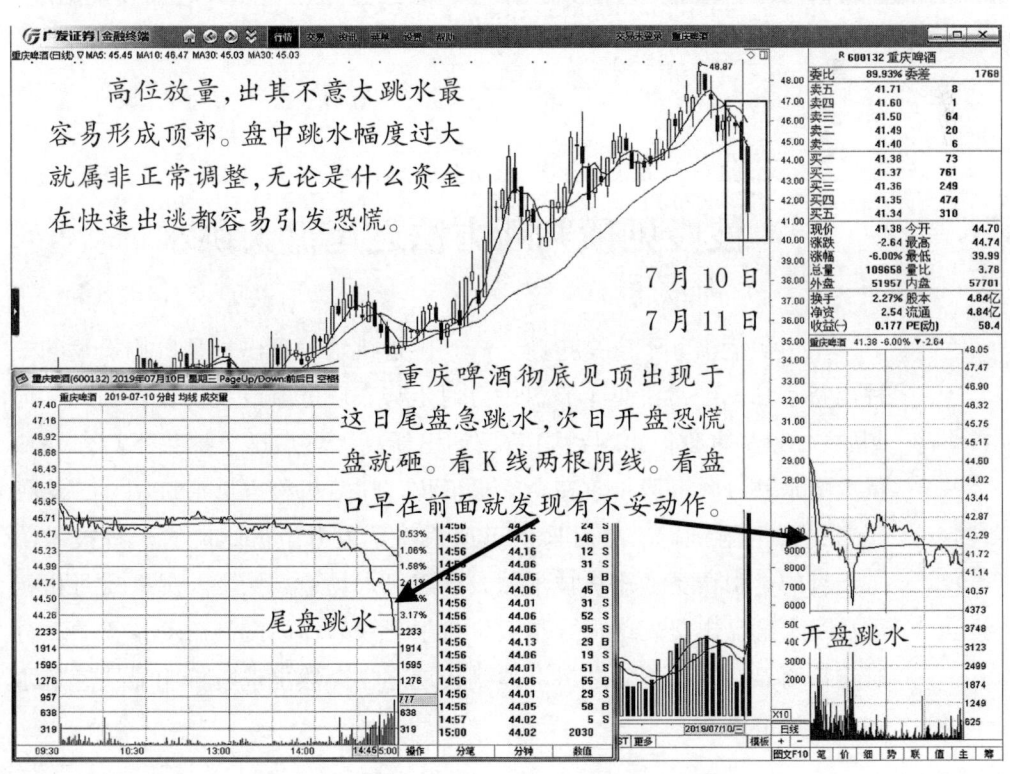

高位放量，出其不意大跳水最容易形成顶部。盘中跳水幅度过大就属非正常调整，无论是什么资金在快速出逃都容易引发恐慌。

7月10日
7月11日

重庆啤酒彻底见顶出现于这日尾盘急跳水，次日开盘恐慌盘就砸。看K线两根阴线。看盘口早在前面就发现有不妥动作。

尾盘跳水

开盘跳水

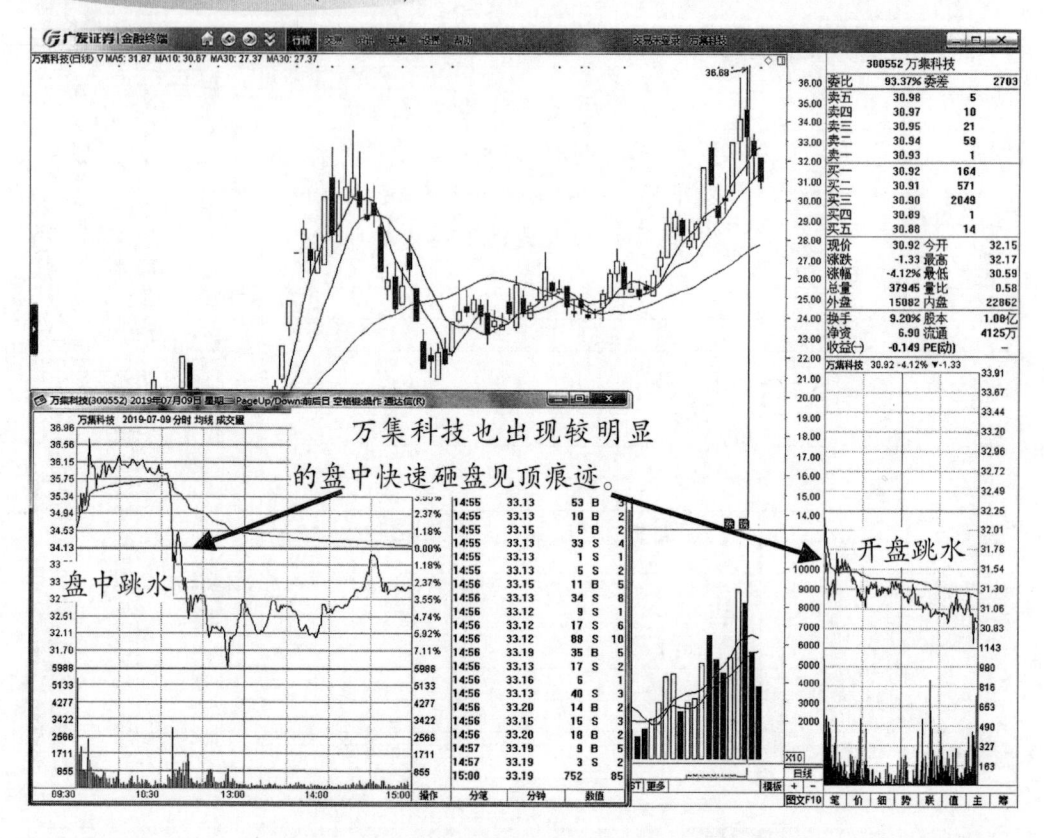

波段见顶判断方法之尾盘大跳水

主力操盘出其不意是招数之一！尾盘跳水砸盘出货是机构操盘的一种出货手法。经常可见个股盘中分时走势表现健康或股价表现强劲，但到了14:30左右股价出现盘中急拉创出新高，然后马上掉头下行一路放量大幅杀跌，收盘股价收在全天最低位，尾盘机构出逃痕迹明显。这种尾市先来个创新高，然后马上迅速杀跌是主力做盘制造的一种技术陷阱，目的是引诱更多短线技术派人士跟风入场追高接货。另外一种机构尾盘跳水砸盘出货表现形式是股价盘中下跌后横向震荡波动，盘中看分时走势明显有跌不下去之势，但到接近尾盘突然出现股价明显快速跳水砸盘出货痕迹。

尾盘跳水砸盘出货个股一般都是大资金出逃造成的。个股尾盘每日最后半小时的表现对于该股未来短线表现十分关键。某股票在14:30之前价格走势较强，或股价没有出现什么走坏等异常表现时，持有者到尾盘时就会慢慢放松看盘警惕性，主力机构选择尾盘这个时段快速出货最容易得手。如投资者看到手上持有的股票盘中表现强势，而到尾盘或14:30后出现快速放量下跌就要特别小心了。

尾盘跳水出货个股的形态位置一般出现在两种情况下，一是在价格相对上升的高位出现，二是在股价处于横盘震荡状态时出现。尾盘跳水个股当天成交量越大越说明有问题，属于大主力快速砸盘出货的可能性就越大。下面的图表个案就是机构尾盘跳水出货经典例子。

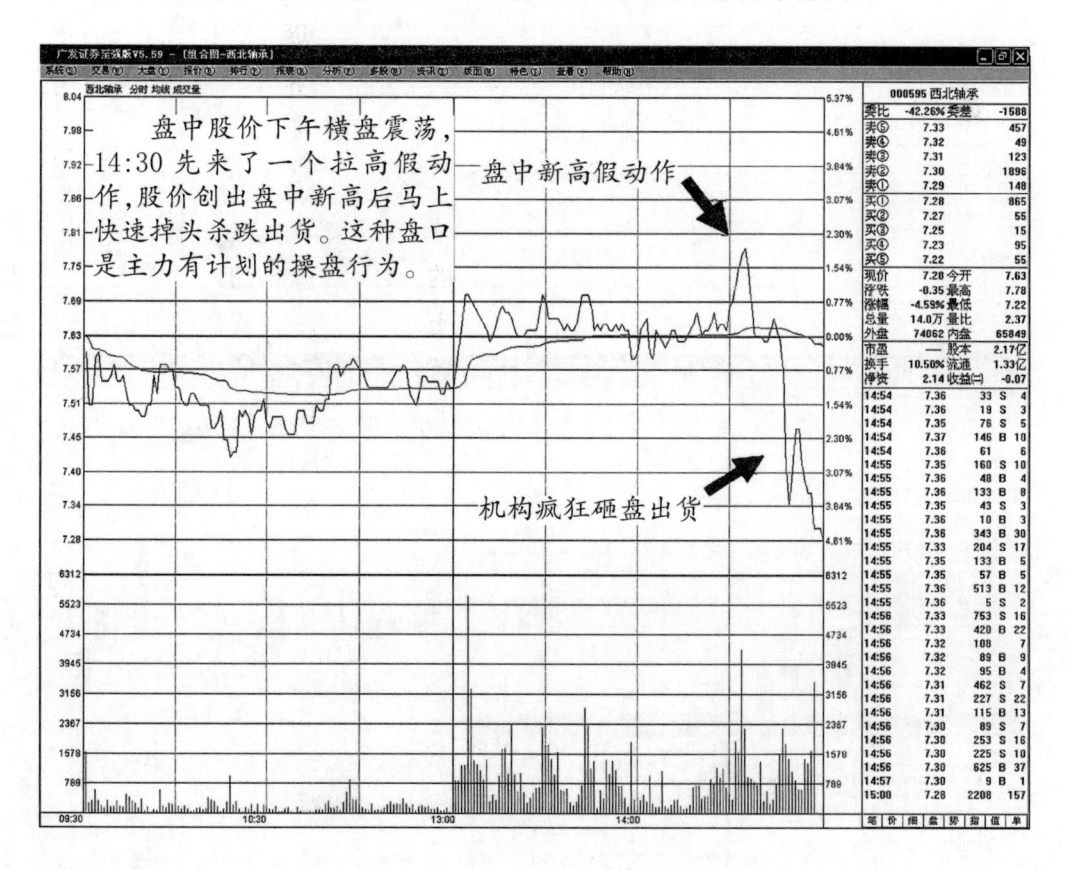

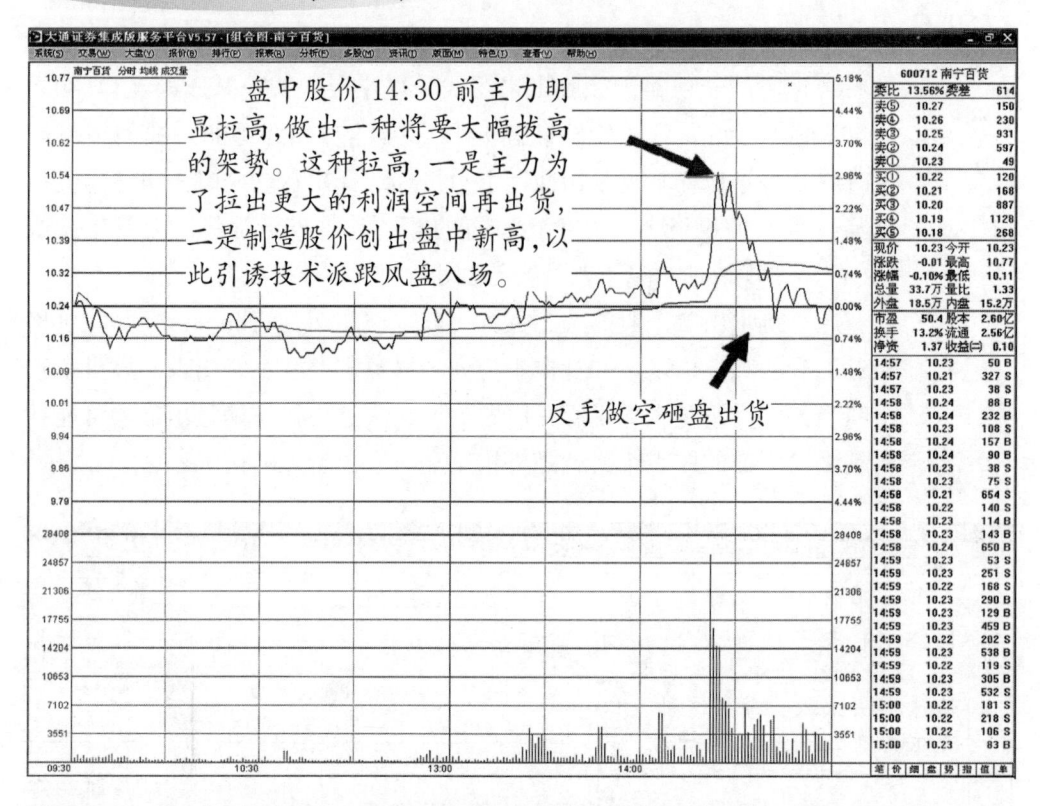

主力行为盘口解密(精选版)

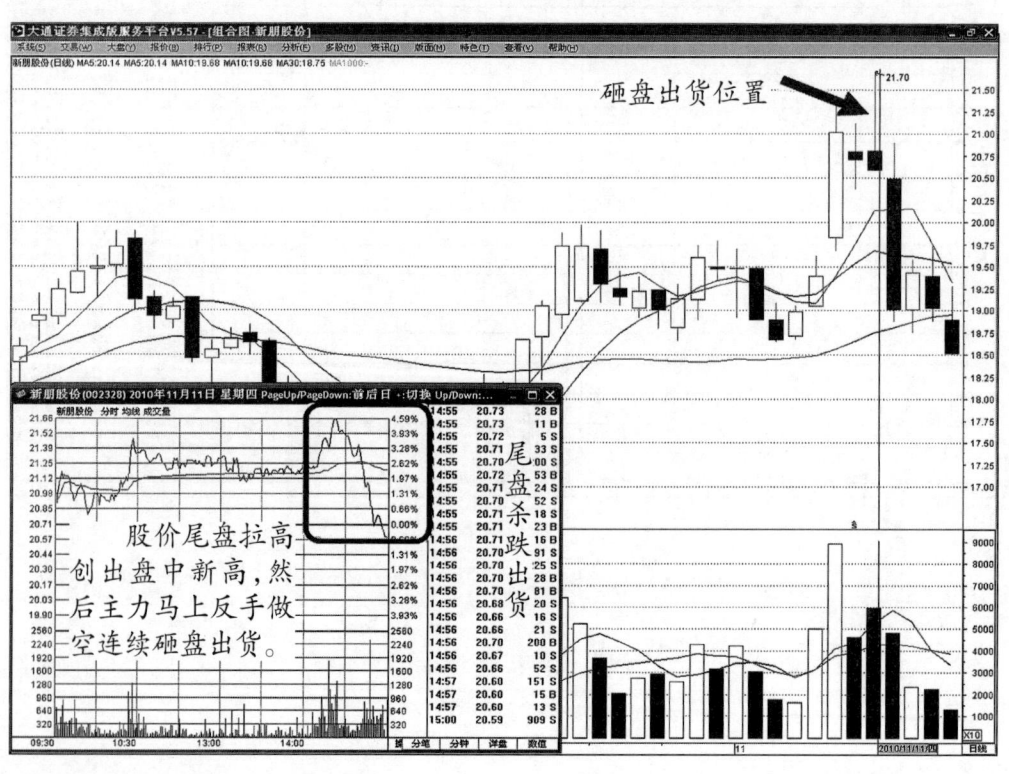

盘中股价14:30前主力明显拉高,做出一种将要大幅拔高的架势。这种拉高,一是主力为了拉出更大的利润空间再出货,二是制造股价创出盘中新高,以此引诱技术派跟风盘入场。

反手做空砸盘出货

砸盘出货位置

股价尾盘拉高创出盘中新高,然后主力马上反手做空连续砸盘出货。

尾盘杀跌出货

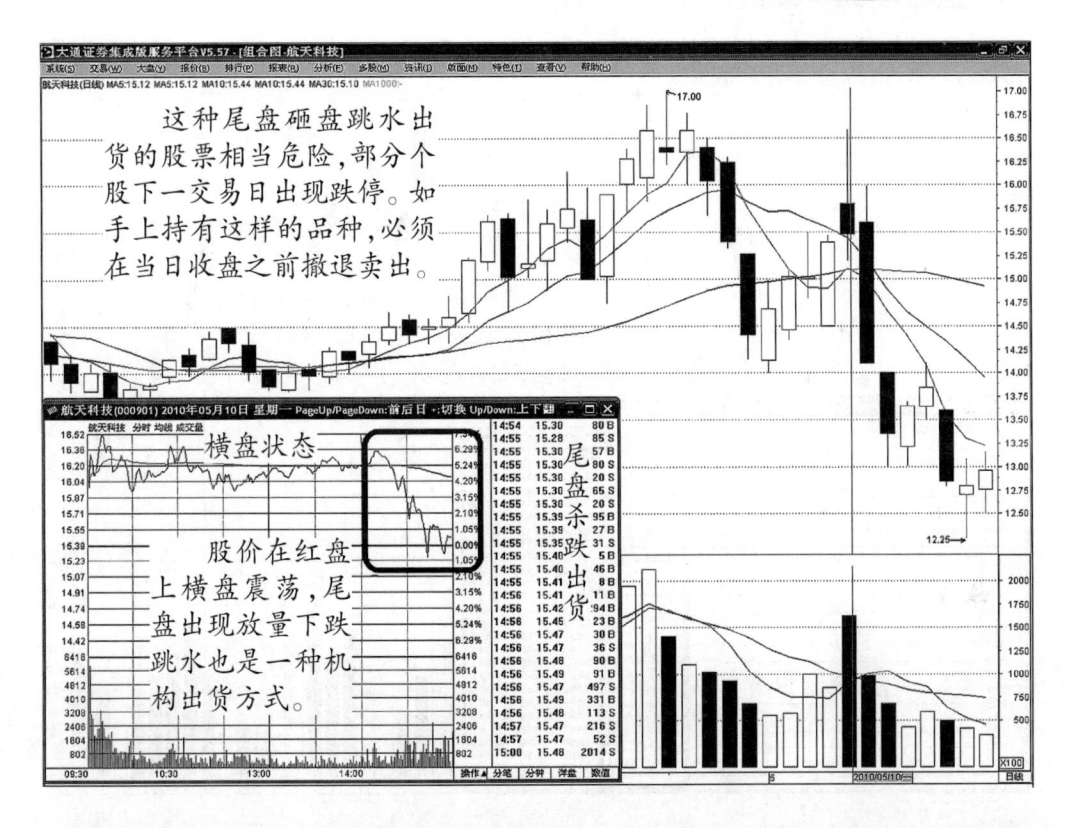

这种尾盘砸盘跳水出货的股票相当危险,部分个股下一交易日出现跌停。如手上持有这样的品种,必须在当日收盘之前撤退卖出。

横盘状态

股价在红盘上横盘震荡,尾盘出现放量下跌跳水也是一种机构出货方式。

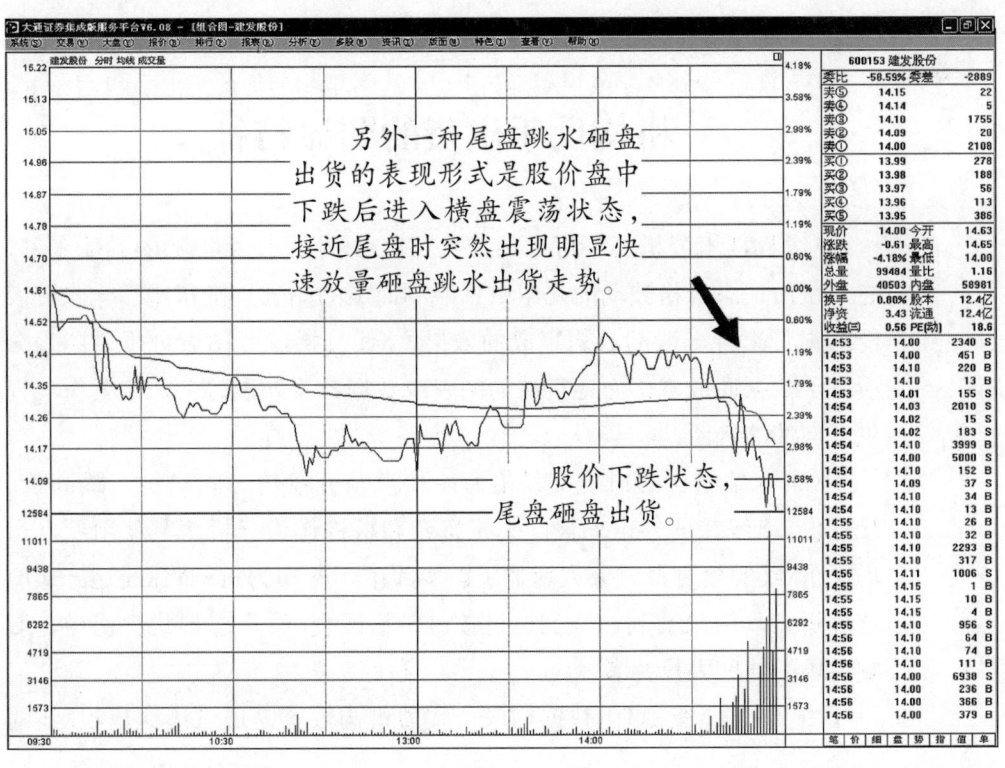

尾盘杀跌出货

另外一种尾盘跳水砸盘出货的表现形式是股价盘中下跌后进入横盘震荡状态,接近尾盘时突然出现明显快速放量砸盘跳水出货走势。

股价下跌状态,尾盘砸盘出货。

主力行为盘口解密(精选版)

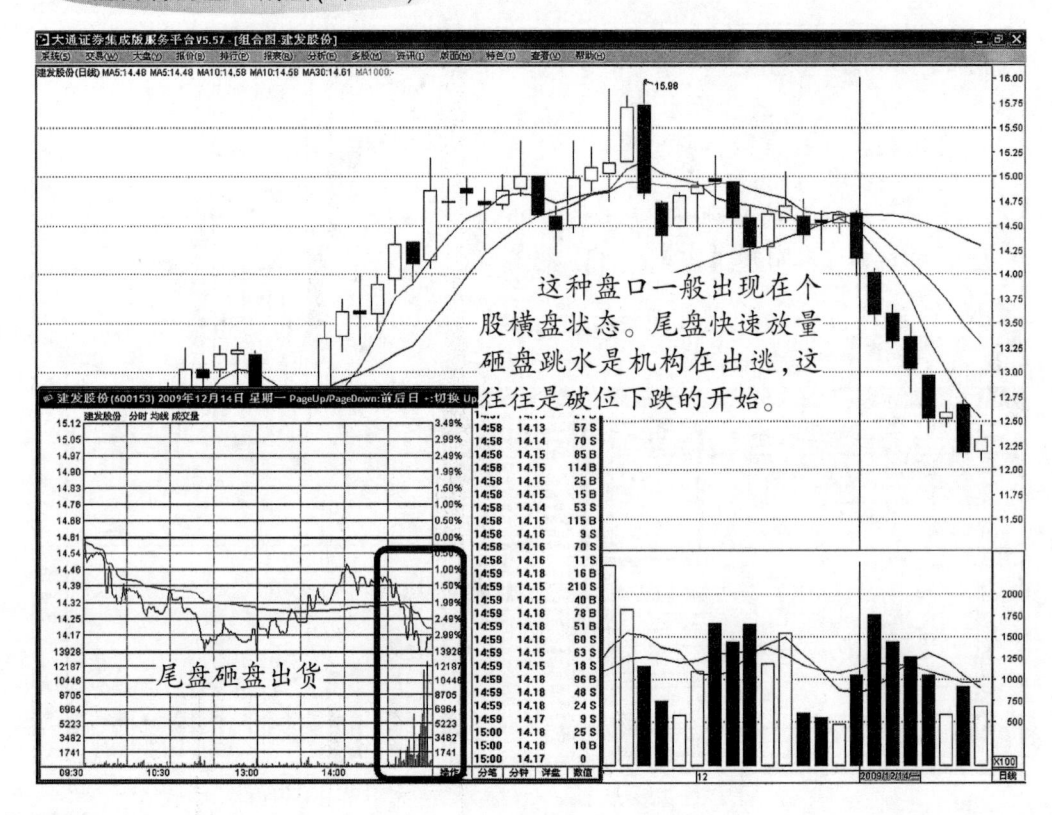

这种盘口一般出现在个股横盘状态。尾盘快速放量砸盘跳水是机构在出逃，这往往是破位下跌的开始。

尾盘砸盘出货

机构反手出货的明显特征

K线是技术分析必不可少的工具！但K线不是什么神秘的万能工具，它只是由记录价格波动的几组数据绘制而成的图表，别指望靠一张图表能给你带来神一般的心想事成的效果。K线分析就是图表分析，图表分析基于数据而成立，而连贯性的图表或数据会反映出趋势，给分析者提供方向性的判断。

K线本身包含的市场交易最原始信息是开盘价、收盘价、最高价、最低价，K线在证券市场被广大投资者和机构作为分析工具使用后，市场赋予K线的信息量就大大增加了。实践中一些实力机构将K线这一最广泛分析工具用来套利，他们通过控制价格改变K线形态形状去诱导、影响市场中的广大投资者。

由于单根K线由4组数据构成，实力机构较容易通过影响单根K线的结构来诱导投资者。技术派在分析时要掌握一定的甄别能力，慧眼识K线。笔者长期研究K线发现一种规律："大阳线过后马上就是一根大阴线杀回"，个股出现这样的两根连续K线大都不是什么好事。

个股出现一根大阳线代表股价当日升势磅礴如日中天，然而次日股价没有延续上一日气势如虹的表现，而是马上出现一根大阴线杀跌回来，这是升势变跌势，瞬间乾坤扭转。个股出现这种K线形态极为不健康，是有大资金在价格上升狂欢中突然打压出逃，股价后市看空。特别是目标股票处于横盘或新高往上突破时，出现一根放量大阳线往上突破，次日马上一根大阴线杀跌，往往是主力有备而来制造的一个K线技术性陷阱。个股出现这样的K线走势，短线远离为上！

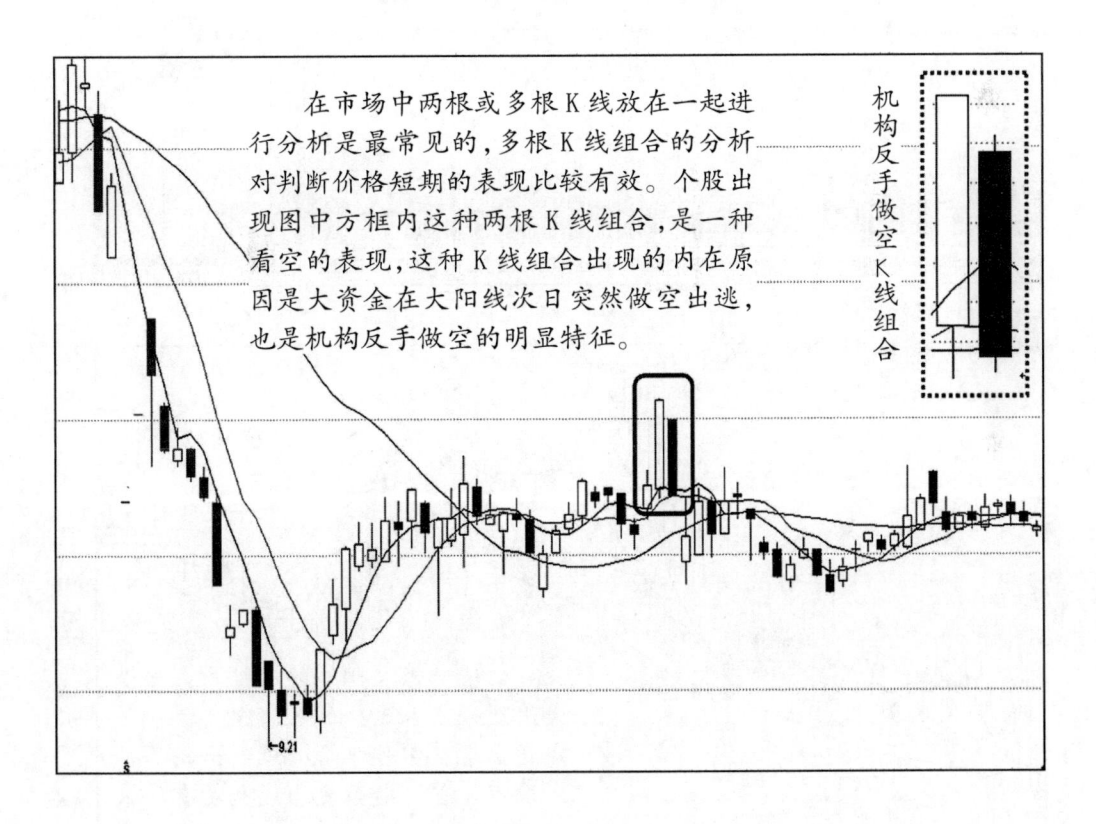

在市场中两根或多根K线放在一起进行分析是最常见的，多根K线组合的分析对判断价格短期的表现比较有效。个股出现图中方框内这种两根K线组合，是一种看空的表现，这种K线组合出现的内在原因是大资金在大阳线次日突然做空出逃，也是机构反手做空的明显特征。

机构反手做空K线组合

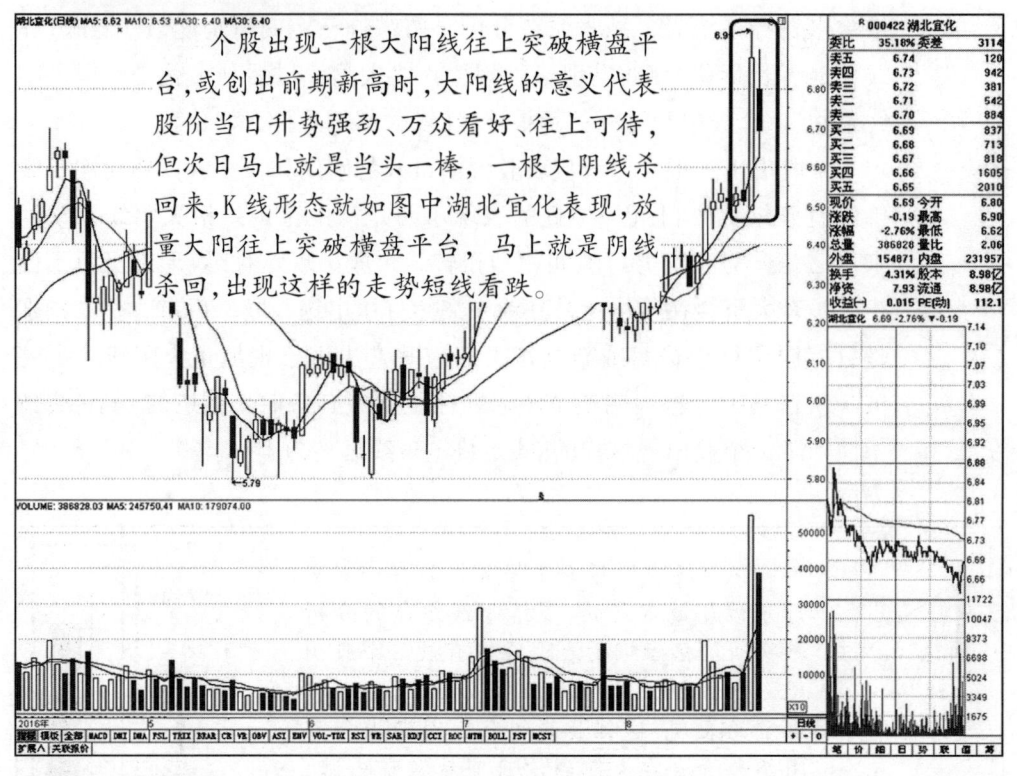

个股出现一根大阳线往上突破横盘平台，或创出前期新高时，大阳线的意义代表股价当日升势强劲、万众看好、往上可待，但次日马上就是当头一棒，一根大阴线杀回来，K线形态就如图中湖北宜化表现，放量大阳往上突破横盘平台，马上就是阴线杀回，出现这样的走势短线看跌。

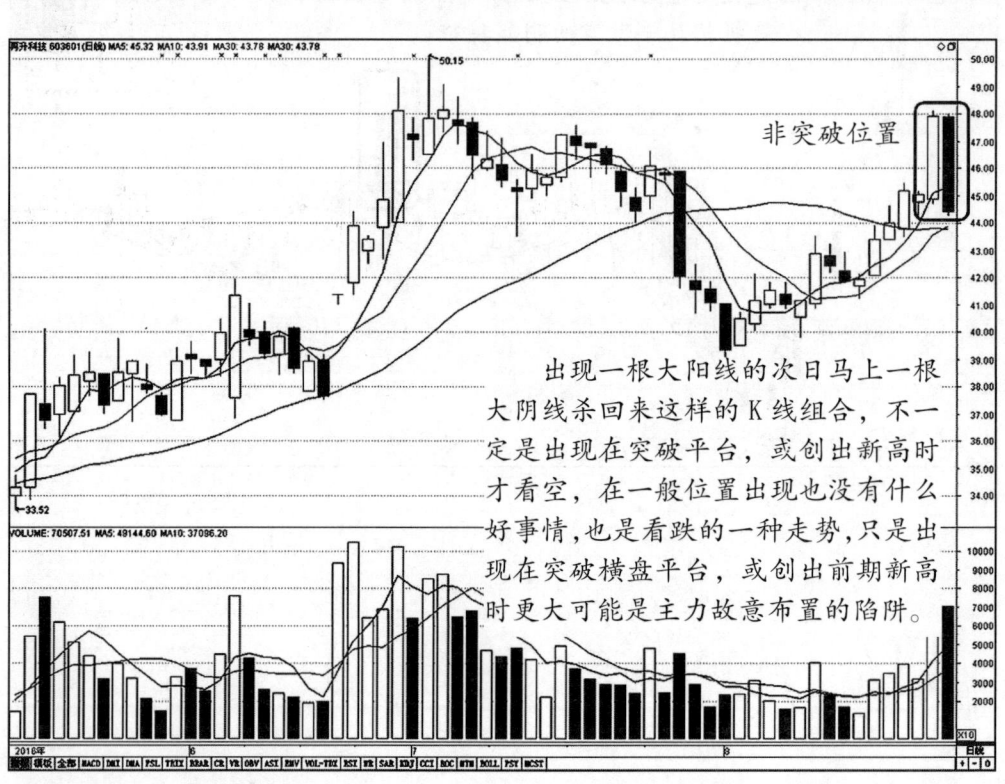

非突破位置

出现一根大阳线的次日马上一根大阴线杀回来这样的K线组合，不一定是出现在突破平台，或创出新高时才看空，在一般位置出现也没有什么好事情，也是看跌的一种走势，只是出现在突破横盘平台，或创出前期新高时更大可能是主力故意布置的陷阱。

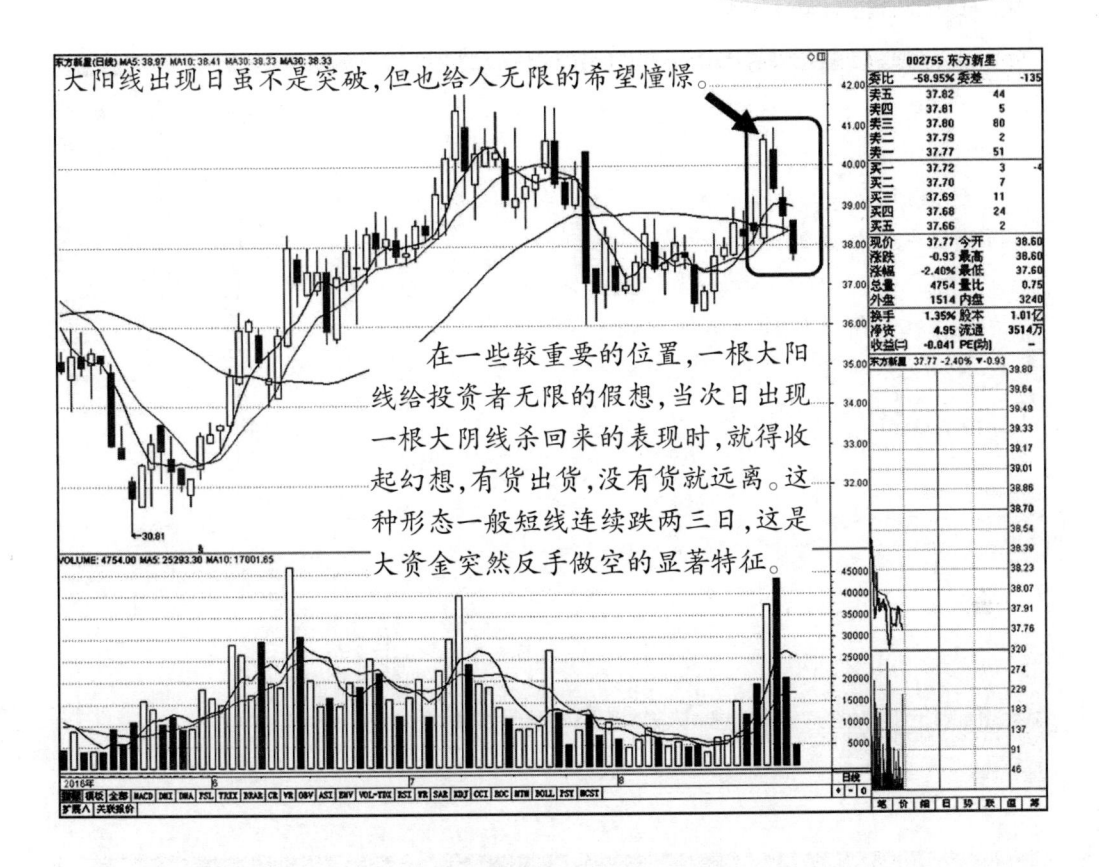

[图表说明文字：
大阳线出现日虽不是突破，但也给人无限的希望憧憬。

在一些较重要的位置，一根大阳线给投资者无限的假想，当次日出现一根大阴线杀回来的表现时，就得收起幻想，有货出货，没有货就远离。这种形态一般短线连续跌两三日，这是大资金突然反手做空的显著特征。]

连续大阳旺极而衰危险盘口分时信号

物极必反指的是事物发展到极端会向相反方向发生转折，现实生活中的确存在这种现象。但物极必反这种事件发生转折是没有时间规律的，也没有确切的可参照物。物极必反现象只能在有限条件下预估它出现的大概时间范围，通过事件转折前出现的各种要素研判其大概率发生转折的价值是很大的。预测转折的目的是在转折出现前制定对应策略，做好防范工作。

股市里无论个股还是指数出现极端的单边表现时都会出现物极必反现象。如下跌时出现连续急跌，市场一片哀号时，暴涨市场举国入市炒股时，都可能进入物极必反变盘局势。下面以个股为例讲一些短线炒作旺极转衰的表现。

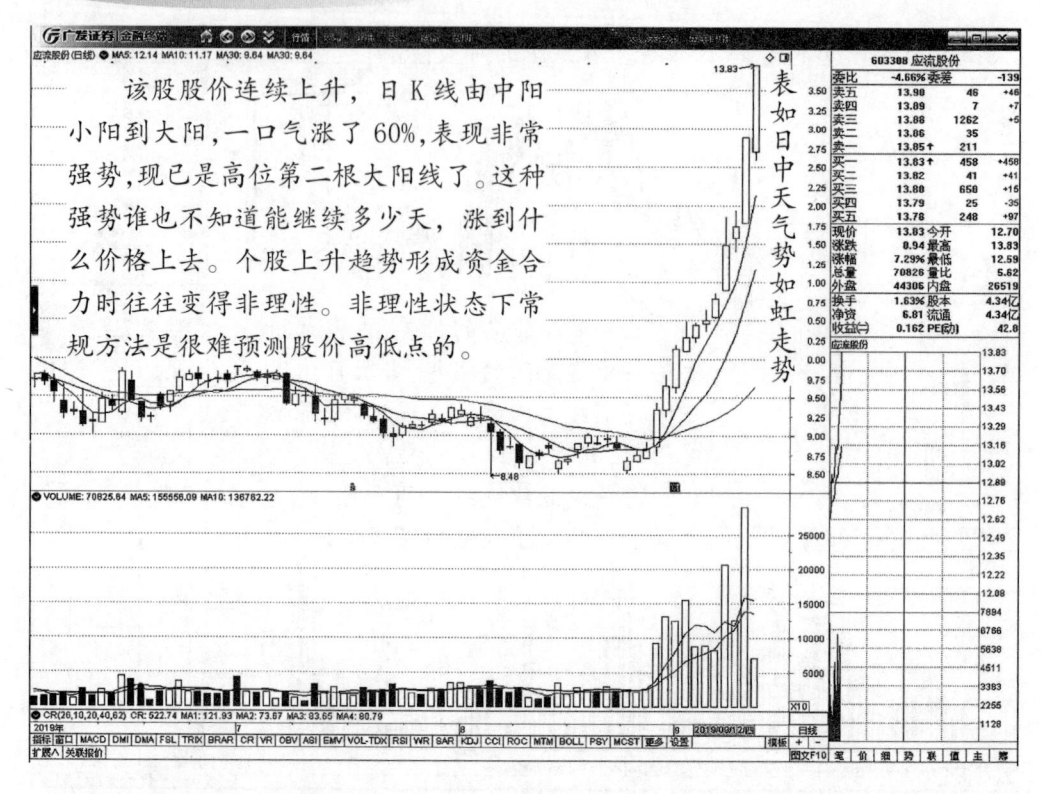

主力行为盘口解密(精选版)

该股股价连续上升，日K线由中阳小阳到大阳，一口气涨了60%，表现非常强势，现已是高位第二根大阳线了。这种强势谁也不知道能继续多少天，涨到什么价格上去。个股上升趋势形成资金合力时往往变得非理性。非理性状态下常规方法是很难预测股价高低点的。

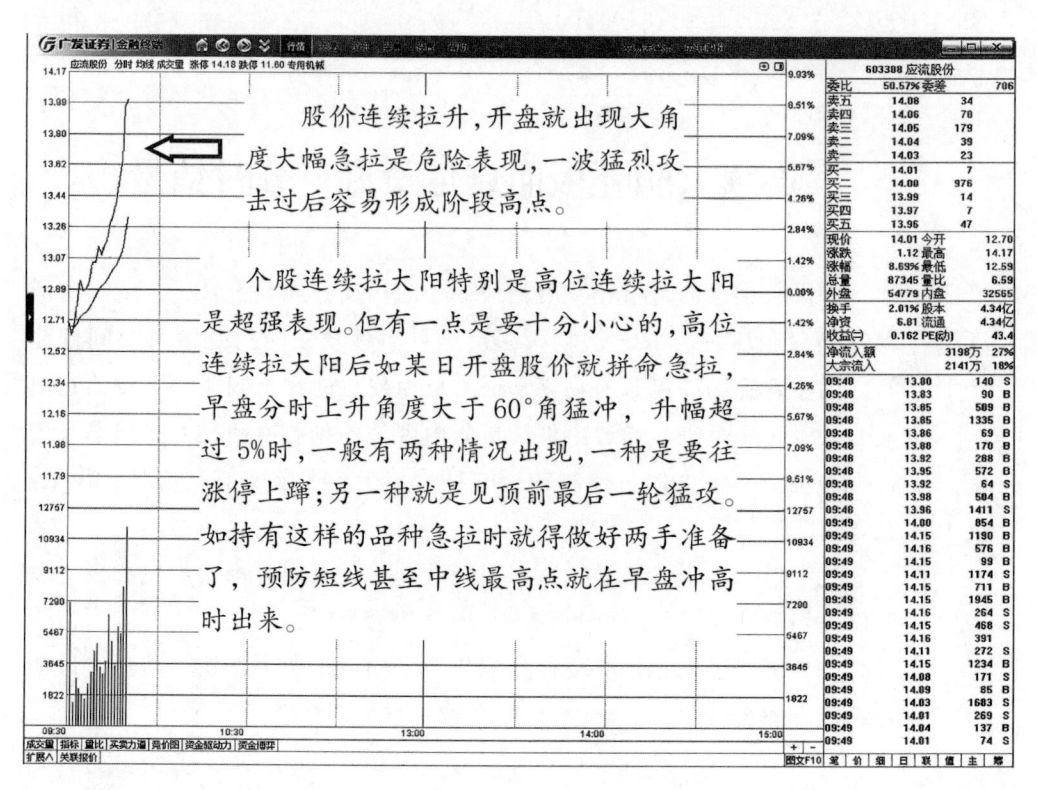

表如日中天气势如虹走势

股价连续拉升，开盘就出现大角度大幅急拉是危险表现，一波猛烈攻击过后容易形成阶段高点。

个股连续拉大阳特别是高位连续拉大阳是超强表现。但有一点是要十分小心的，高位连续拉大阳后如某日开盘股价就拼命急拉，早盘分时上升角度大于60°角猛冲，升幅超过5%时，一般有两种情况出现，一种是要往涨停上蹿；另一种就是见顶前最后一轮猛攻。如持有这样的品种急拉时就得做好两手准备了，预防短线甚至中线最高点就在早盘冲高时出来。

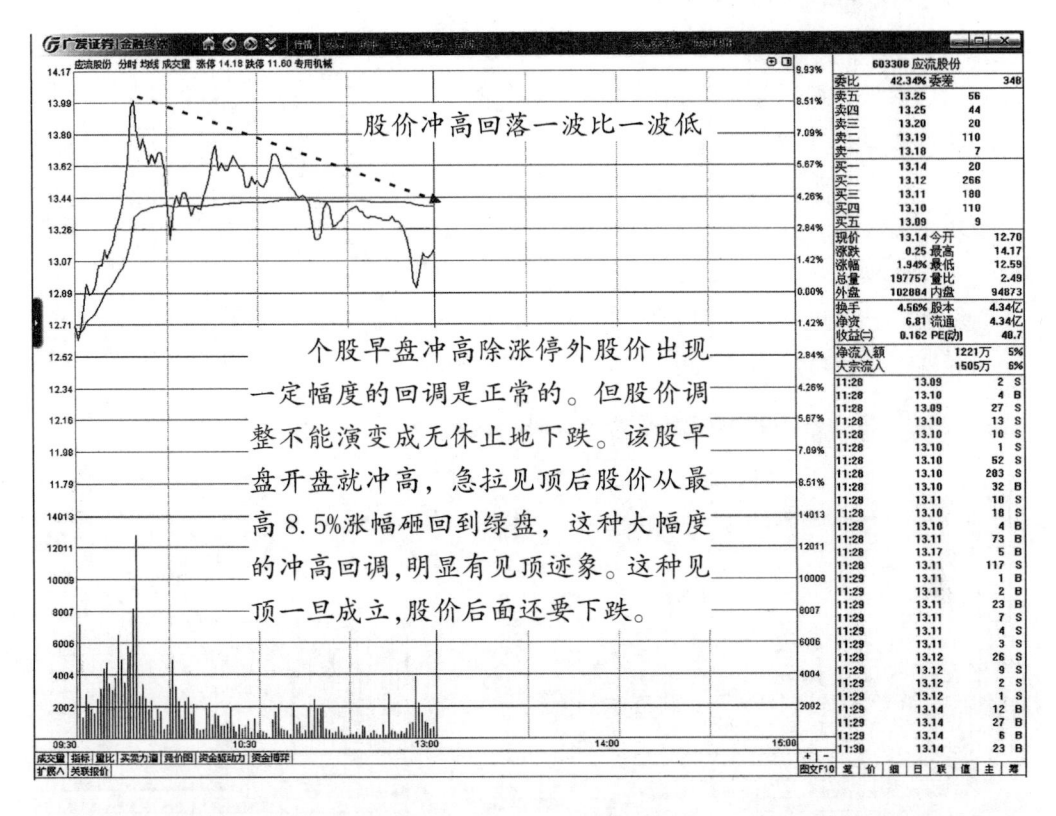

第五章 出货行为

（图：股价冲高回落一波比一波低）

个股早盘冲高除涨停外股价出现一定幅度的回调是正常的。但股价调整不能演变成无休止地下跌。该股早盘开盘就冲高，急拉见顶后股价从最高8.5%涨幅砸回到绿盘，这种大幅度的冲高回调，明显有见顶迹象。这种见顶一旦成立，股价后面还要下跌。

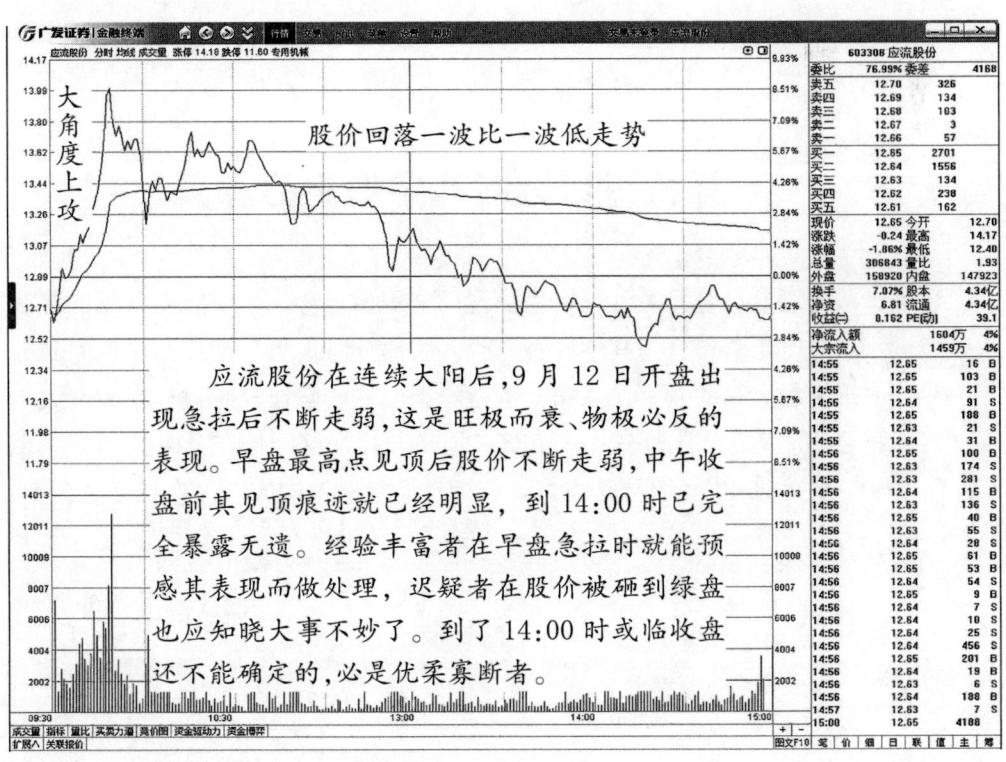

（图：大角度上攻；股价回落一波比一波低走势）

应流股份在连续大阳后，9月12日开盘出现急拉后不断走弱，这是旺极而衰、物极必反的表现。早盘最高点见顶后股价不断走弱，中午收盘前其见顶痕迹就已经明显，到14:00时已完全暴露无遗。经验丰富者在早盘急拉时就能预感其表现而做处理，迟疑者在股价被砸到绿盘也应知晓大事不妙了。到了14:00时或临收盘还不能确定的，必是优柔寡断者。

主力行为盘口解密(精选版)

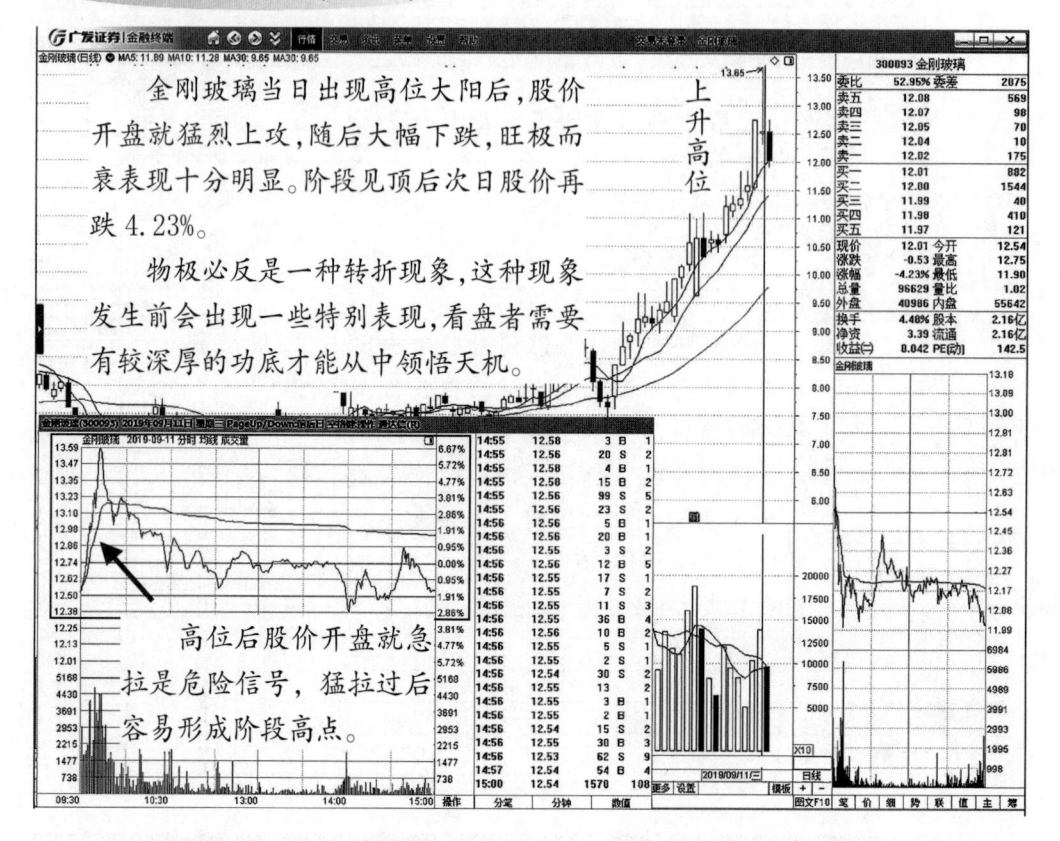

金刚玻璃当日出现高位大阳后,股价开盘就猛烈上攻,随后大幅下跌,旺极而衰表现十分明显。阶段见顶后次日股价再跌4.23%。

物极必反是一种转折现象,这种现象发生前会出现一些特别表现,看盘者需要有较深厚的功底才能从中领悟天机。

高位后股价开盘就急拉是危险信号,猛拉过后容易形成阶段高点。

详析盘口分时八字形走势意义

个股盘口分时表现最容易出现局部规律走势,如个股中常见的"八字形分时走势"就是其中一种。"八字形分时走势"是什么样的?其分时形态如大写的八字。八第一笔是一撇,这一撇在分时盘口中表现为一种分时45°角上升形态,八字第二笔是一捺,这一捺在分时盘口中表现是一种分时45°角下降形态,八字的这两笔撇捺构成一幅直观分时图。

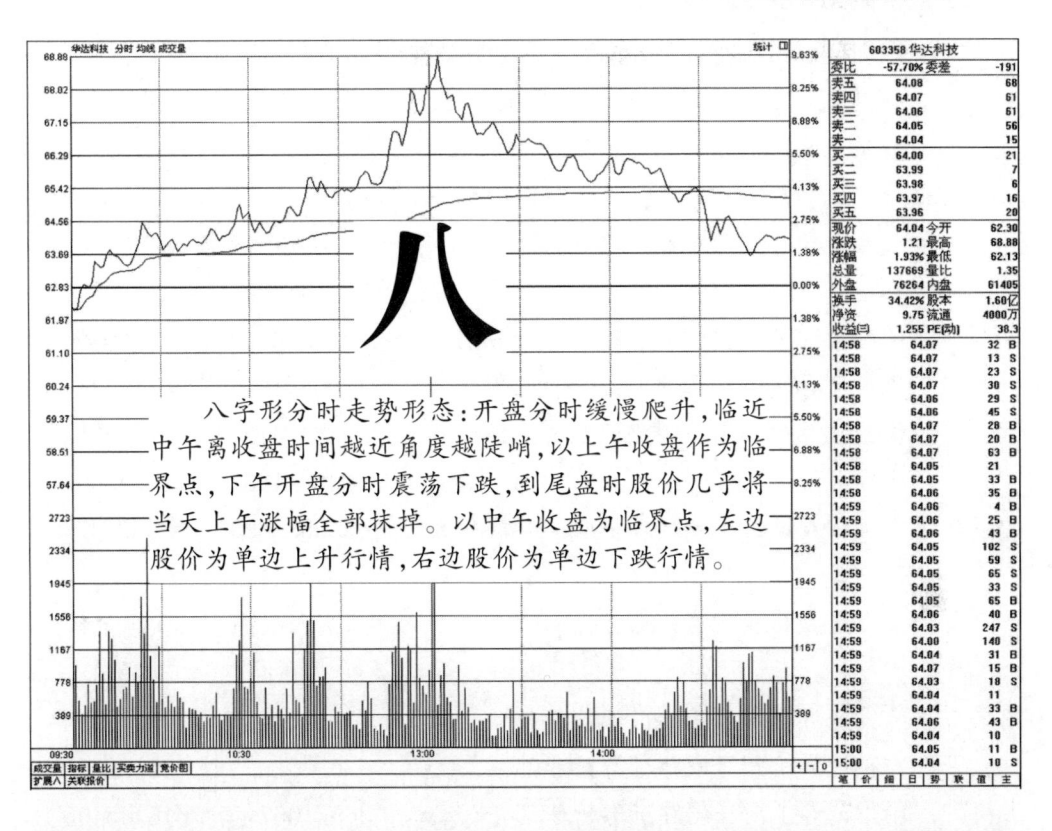

八

八字形分时走势形态：开盘分时缓慢爬升，临近中午离收盘时间越近角度越陡峭，以上午收盘作为临界点，下午开盘分时震荡下跌，到尾盘时股价几乎将当天上午涨幅全部抹掉。以中午收盘为临界点，左边股价为单边上升行情，右边股价为单边下跌行情。

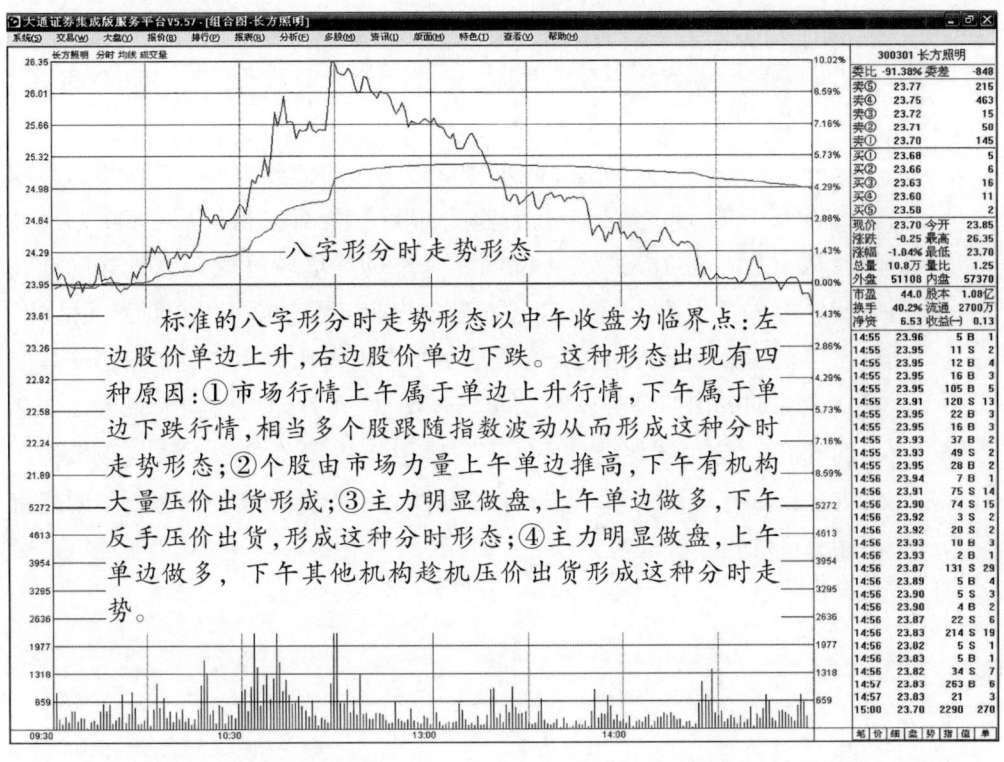

八字形分时走势形态

标准的八字形分时走势形态以中午收盘为临界点：左边股价单边上升，右边股价单边下跌。这种形态出现有四种原因：①市场行情上午属于单边上升行情，下午属于单边下跌行情，相当多个股跟随指数波动从而形成这种分时走势形态；②个股由市场力量上午单边推高，下午有机构大量压价出货形成；③主力明显做盘，上午单边做多，下午反手压价出货，形成这种分时形态；④主力明显做盘，上午单边做多，下午其他机构趁机压价出货形成这种分时走势。

主力行为盘口解密(精选版)

深圳证券市场2012年8月1日公开信息

证券代码：300301　　证券简称：长方照明　　换手率：40.18（%）

成交量：10850000股　　成交金额：27064万元

买入金额前5名营业部名称	买入金额（万元）	卖出金额（万元）
中国银河证券杭州解放路证券营业部	448.9293	2.5012
光大证券杭州庆春路证券营业部	385.1354	425.9643
华泰证券福州六一中路证券营业部	384.4124	397.6495
中信证券上海长寿路证券营业部	368.1367	618.4549
中国中投证券杭州环球中心证券营业部	353.5823	3.9437

卖出金额前5名营业部名称	买入金额（万元）	卖出金额（万元）
广发证券深圳民田路证券营业部	0.2764	2323.7695
方正证券杭州延安路证券营业部	0	676.8233
中信证券上海长寿路证券营业部	368.1367	618.4549
国盛证券抚州赣东大道证券营业部	1.4560	479.7018
方正证券台州解放路证券营业部	6.7789	454.0099

分析长方照明八字形分时走势形态当天的公开数据，该股当天总成交金额2.7亿元，买入前五名营业部买入量都在300万～500万元之间，从该数据看当天股价上涨明显是市场环境较好大众力量共同推高的。看卖出数据卖出第二名至第五名营业部在400万～600万元之间，对比当天该股总量，这几大营业部单个卖出占比也小，而卖出第一名广发证券深圳民田路证券营业部卖出量达2324万元，占当天总量2.7亿元的8.6%，这个比例已经不小了，该股下午股价单边下跌与该机构压价大量出货有直接关系。这是个股盘口八字形分时走势形态下午明显有机构出货的代表性品种。

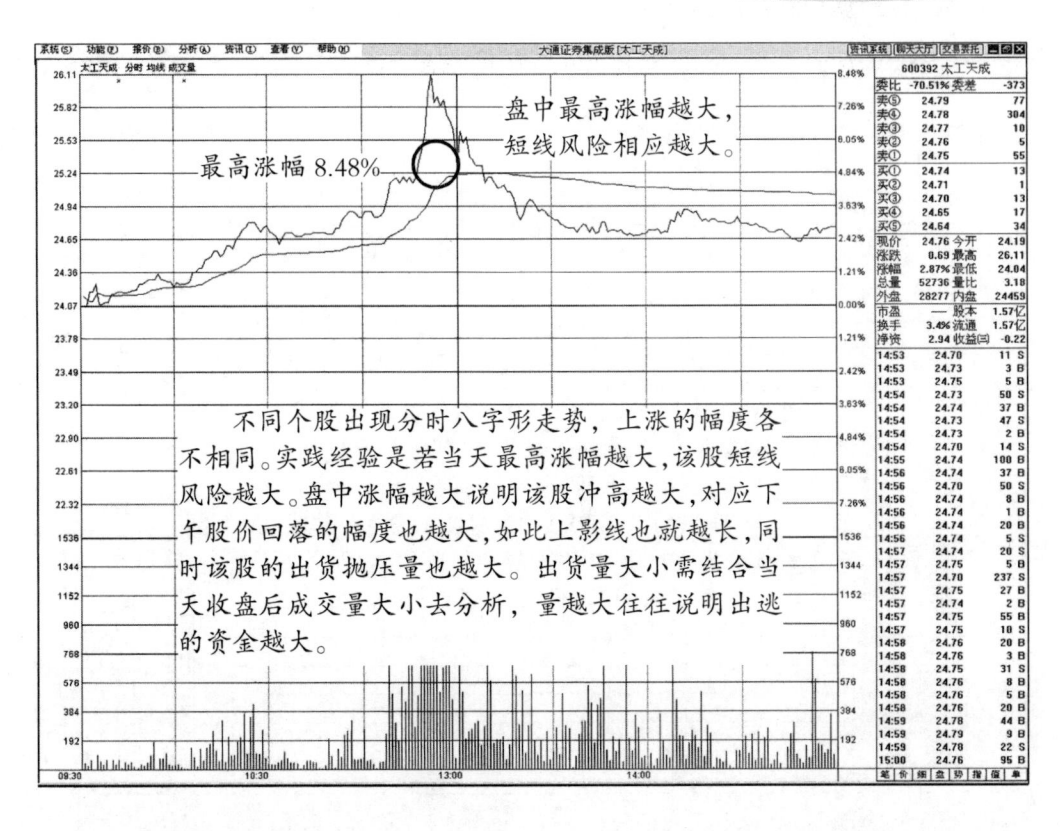

第五章 出货行为

盘中最高涨幅越大，短线风险相应越大。

最高涨幅 8.48%

不同个股出现分时八字形走势，上涨的幅度各不相同。实践经验是若当天最高涨幅越大，该股短线风险越大。盘中涨幅越大说明该股冲高越大，对应下午股价回落的幅度也越大，如此上影线也就越长，同时该股的出货抛压量也越大。出货量大小需结合当天收盘后成交量大小去分析，量越大往往说明出逃的资金越大。

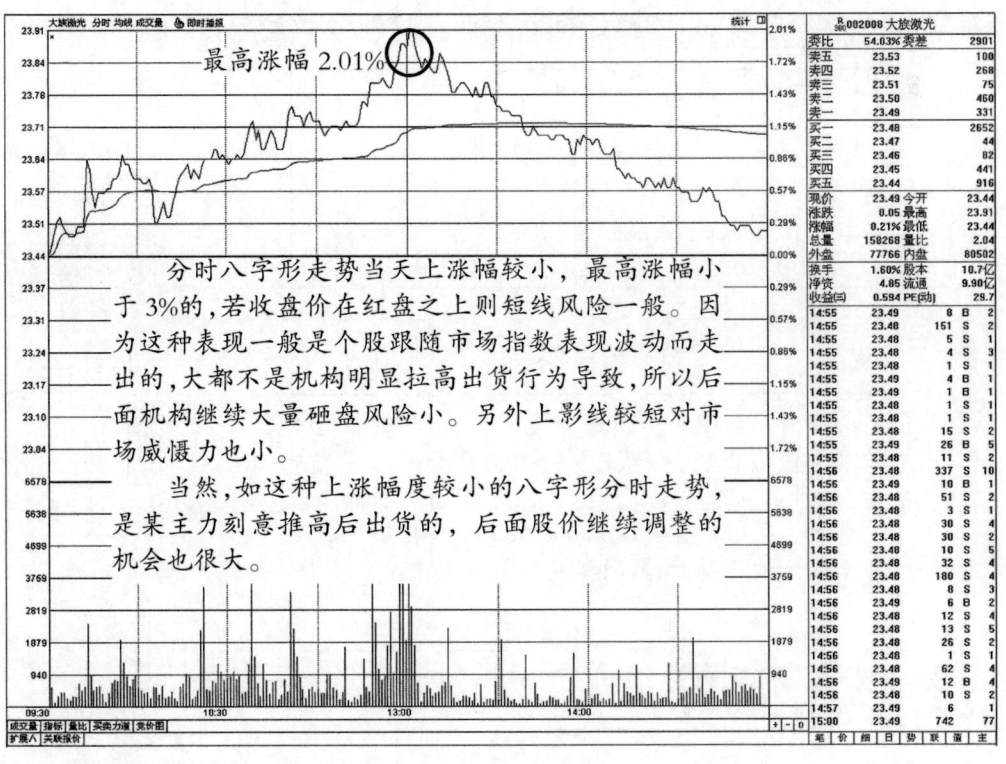

最高涨幅 2.01%

分时八字形走势当天上涨幅度较小，最高涨幅小于3%的，若收盘价在红盘之上则短线风险一般。因为这种表现一般是个股跟随市场指数表现波动而走出的，大都不是机构明显拉高出货行为导致，所以后面机构继续大量砸盘风险小。另外上影线较短对市场威慑力也小。

当然，如这种上涨幅度较小的八字形分时走势，是某主力刻意推高后出货的，后面股价继续调整的机会也很大。

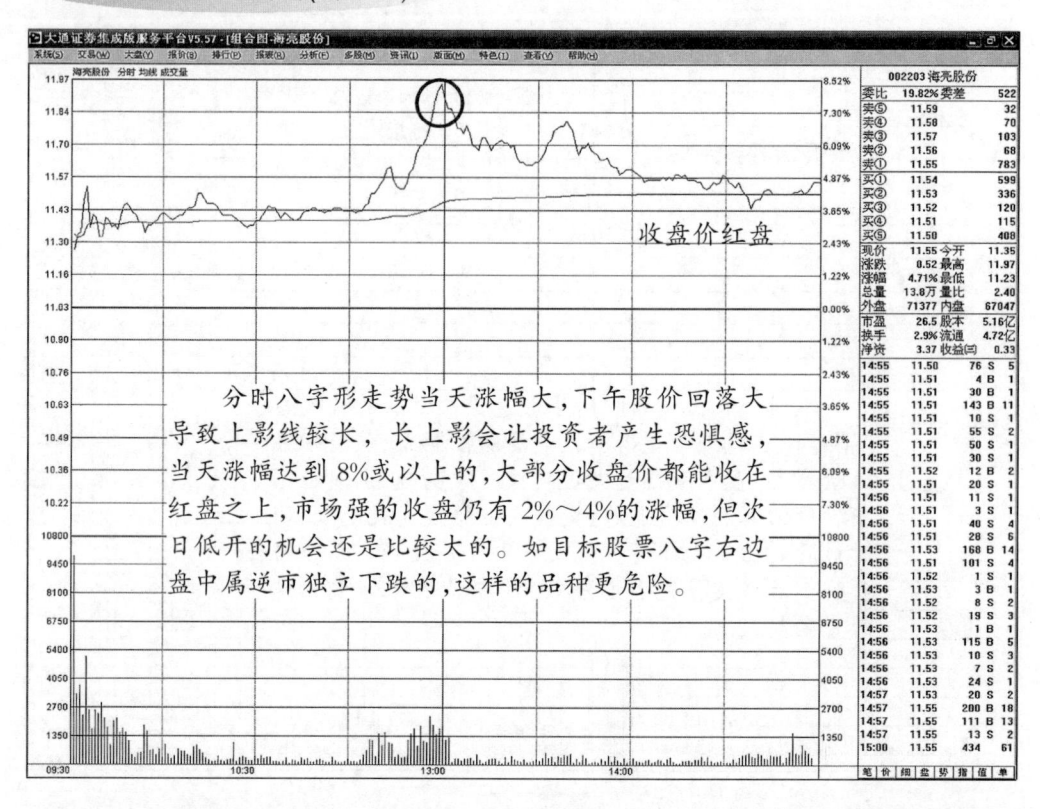

主力行为盘口解密(精选版)

收盘价红盘

分时八字形走势当天涨幅大，下午股价回落大导致上影线较长，长上影会让投资者产生恐惧感，当天涨幅达到8%或以上的，大部分收盘价都能收在红盘之上，市场强的收盘仍有2%~4%的涨幅，但次日低开的机会还是比较大的。如目标股票八字右边盘中属逆市独立下跌的，这样的品种更危险。

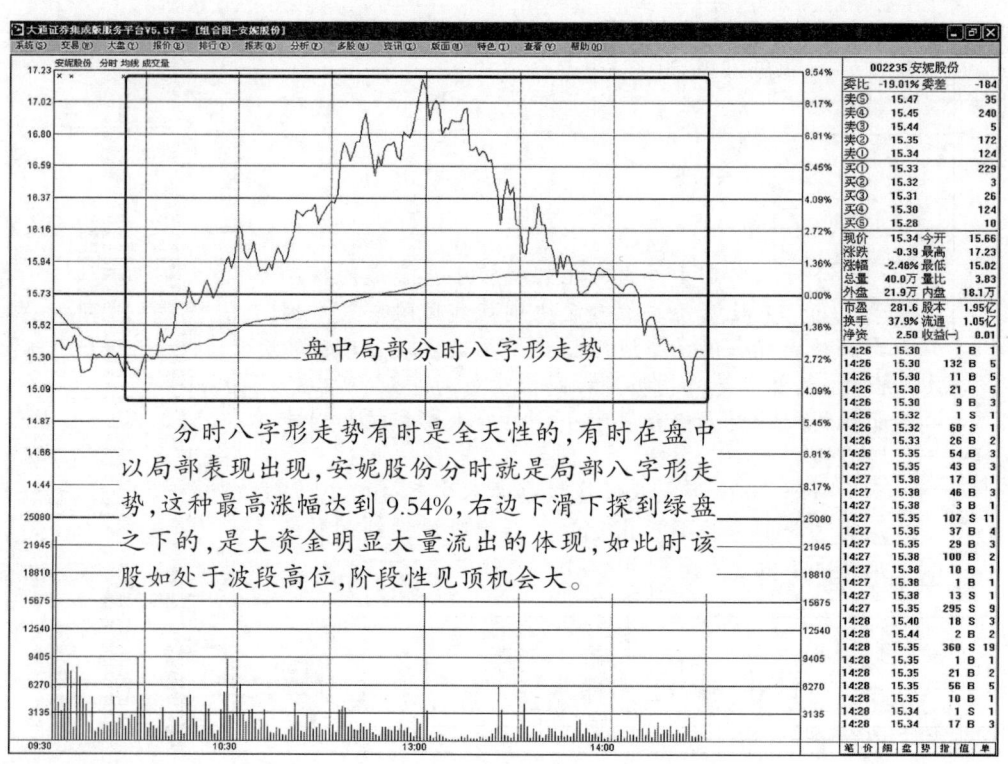

盘中局部分时八字形走势

分时八字形走势有时是全天性的，有时在盘中以局部表现出现，安妮股份分时就是局部八字形走势，这种最高涨幅达到9.54%，右边下滑下探到绿盘之下的，是大资金明显大量流出的体现，如此时该股如处于波段高位，阶段性见顶机会大。

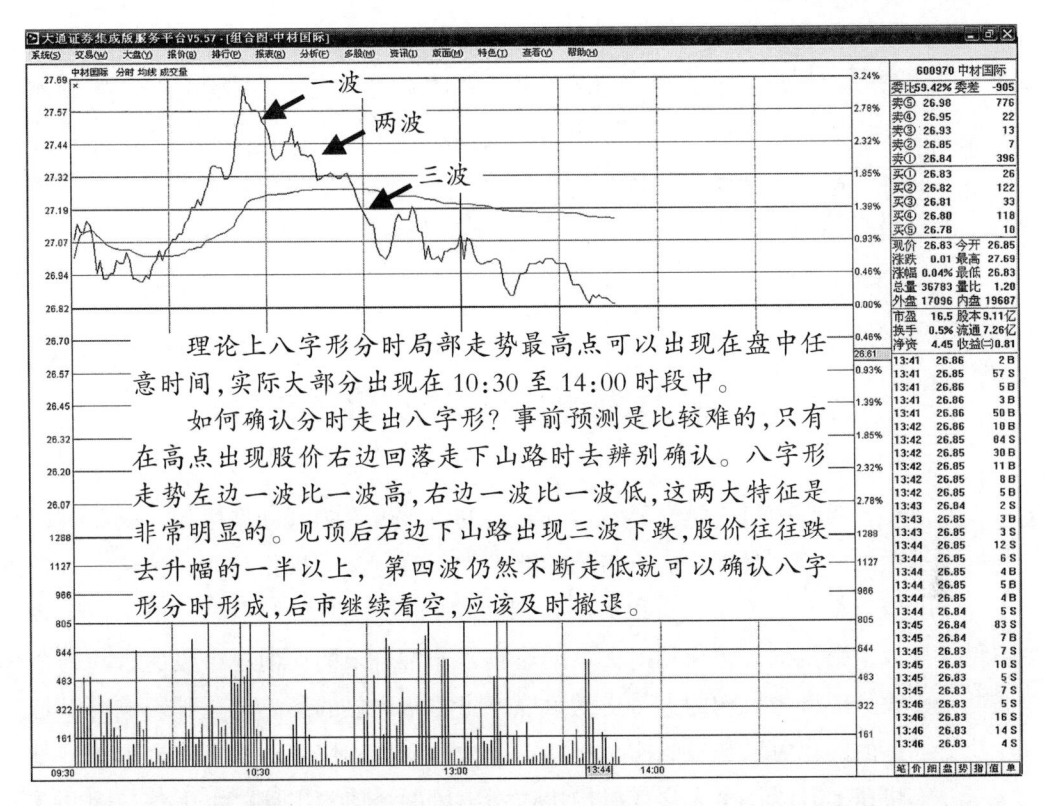

理论上八字形分时局部走势最高点可以出现在盘中任意时间,实际大部分出现在10:30至14:00时段中。

如何确认分时走出八字形?事前预测是比较难的,只有在高点出现股价右边回落走下山路时去辨别确认。八字形走势左边一波比一波高,右边一波比一波低,这两大特征是非常明显的。见顶后右边下山路出现三波下跌,股价往往跌去升幅的一半以上,第四波仍然不断走低就可以确认八字形分时形成,后市继续看空,应该及时撤退。

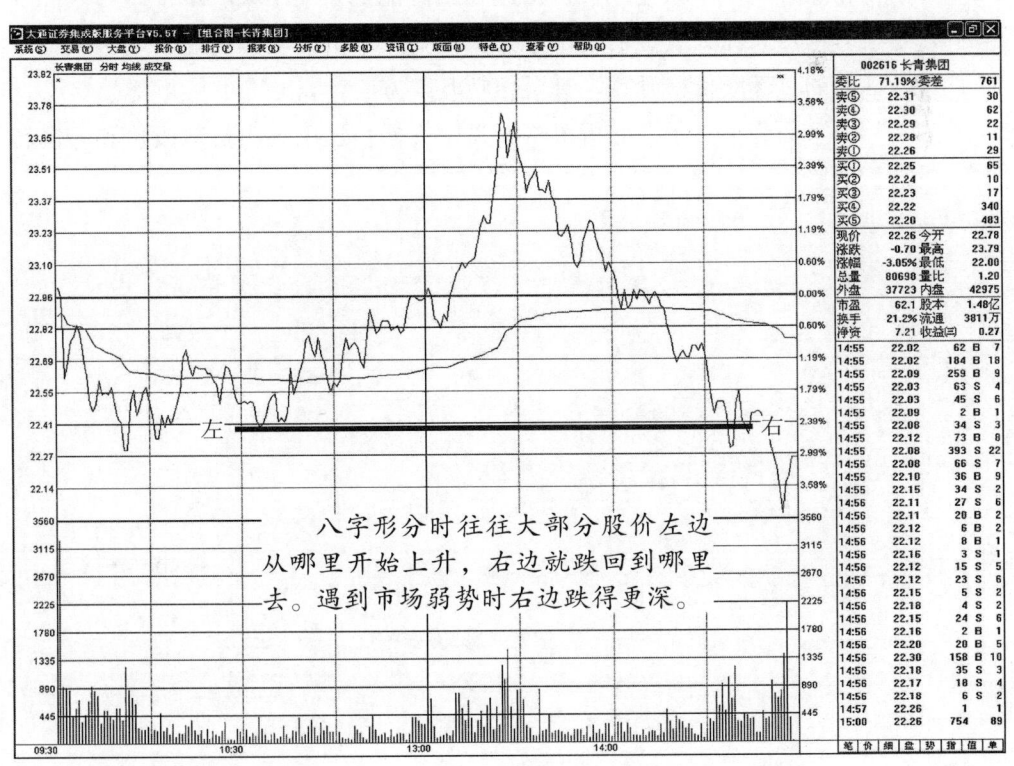

八字形分时往往大部分股价左边从哪里开始上升,右边就跌回到哪里去。遇到市场弱势时右边跌得更深。

无论是全天八字形分时，还是盘中局部八字形分时走势，强势的一般都在红盘之上收盘，而弱势的大都收在绿盘之下，遇到市场不好跳水时也大都收在绿盘之下。所拿品种出现八字形分时，不要因为股价比当天高点低了很多而犹豫不决不舍得卖出，在波段高位出现八字形分时多是见顶的第一天。

主力快速出逃对股价的影响

市场中每一笔交易背后都是人的决策转变为行动产生的，交易过程中每一笔交易都是影响市场的要素。一笔交易的操作时间、价格、数量等对个股的影响力有很大的差别。A股市场现时规模很大，单个投资者或单个机构个体交易对市场的影响是非常有限的。但对个股而言，一个大户或一个机构的大量交易可以产生非常明显的影响。这种影响可以是正面的也可以是负面的。例如一个大户或机构快速买入可能会引领该股快速上升，一个大户或机构快速卖出可能令该股出现跳水下跌。因此看盘时重点关注大资金的进出行为很重要。大资金动作能影响或引领他所活动的目标股价格升跌，甚至扭转升跌方向。

下面列举例子，分析机构在盘中突然快速砸盘出货对股价和方向转折的影响。

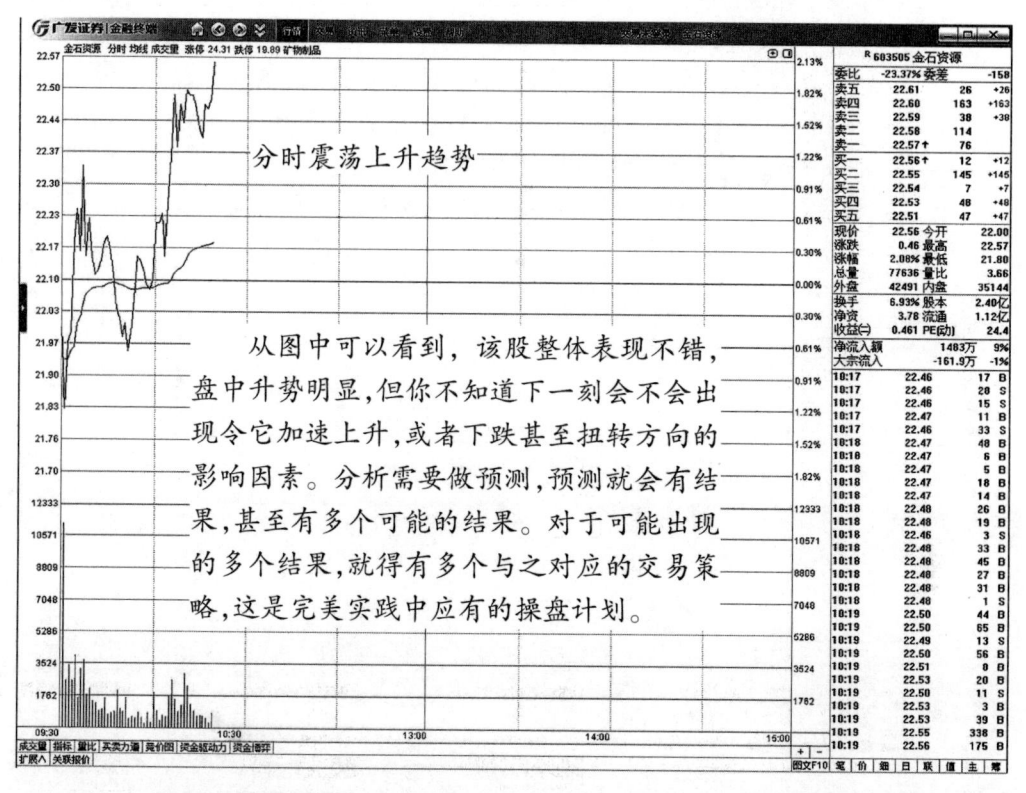

第五章 出货行为

分时震荡上升趋势

从图中可以看到，该股整体表现不错，盘中升势明显，但你不知道下一刻会不会出现令它加速上升，或者下跌甚至扭转方向的影响因素。分析需要做预测，预测就会有结果，甚至有多个可能的结果。对于可能出现的多个结果，就得有多个与之对应的交易策略，这是完美实践中应有的操盘计划。

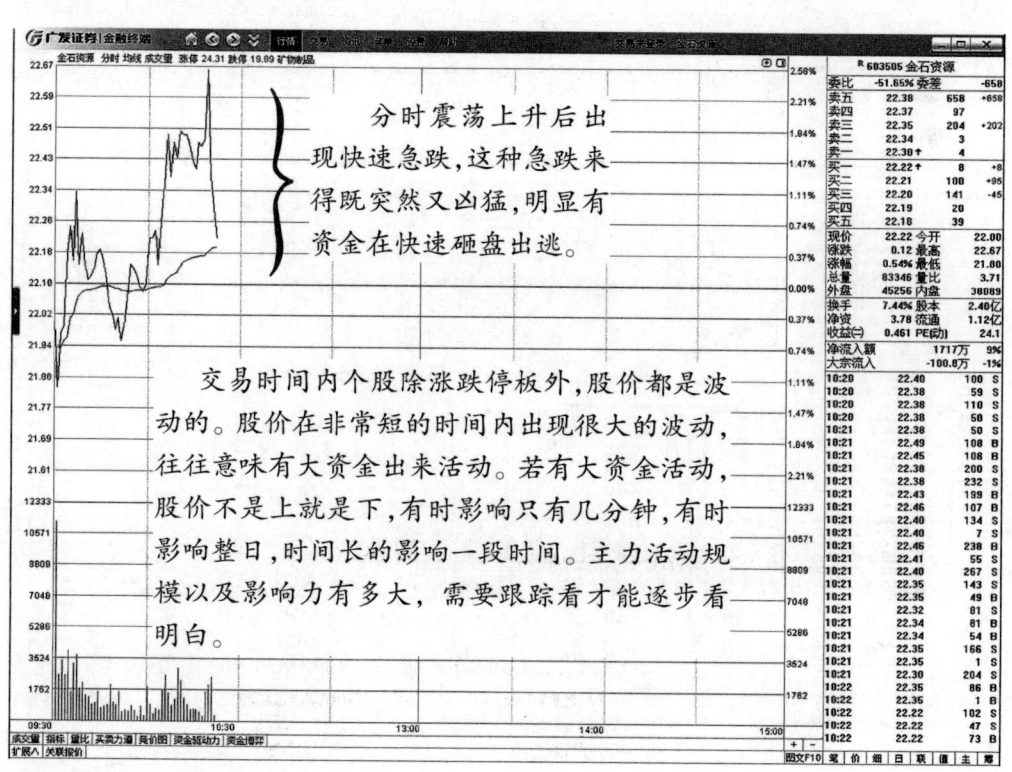

分时震荡上升后出现快速急跌，这种急跌来得既突然又凶猛，明显有资金在快速砸盘出逃。

交易时间内个股除涨跌停板外，股价都是波动的。股价在非常短的时间内出现很大的波动，往往意味着有大资金出来活动。若有大资金活动，股价不是上就是下，有时影响只有几分钟，有时影响整日，时间长的影响一段时间。主力活动规模以及影响力有多大，需要跟踪看才能逐步看明白。

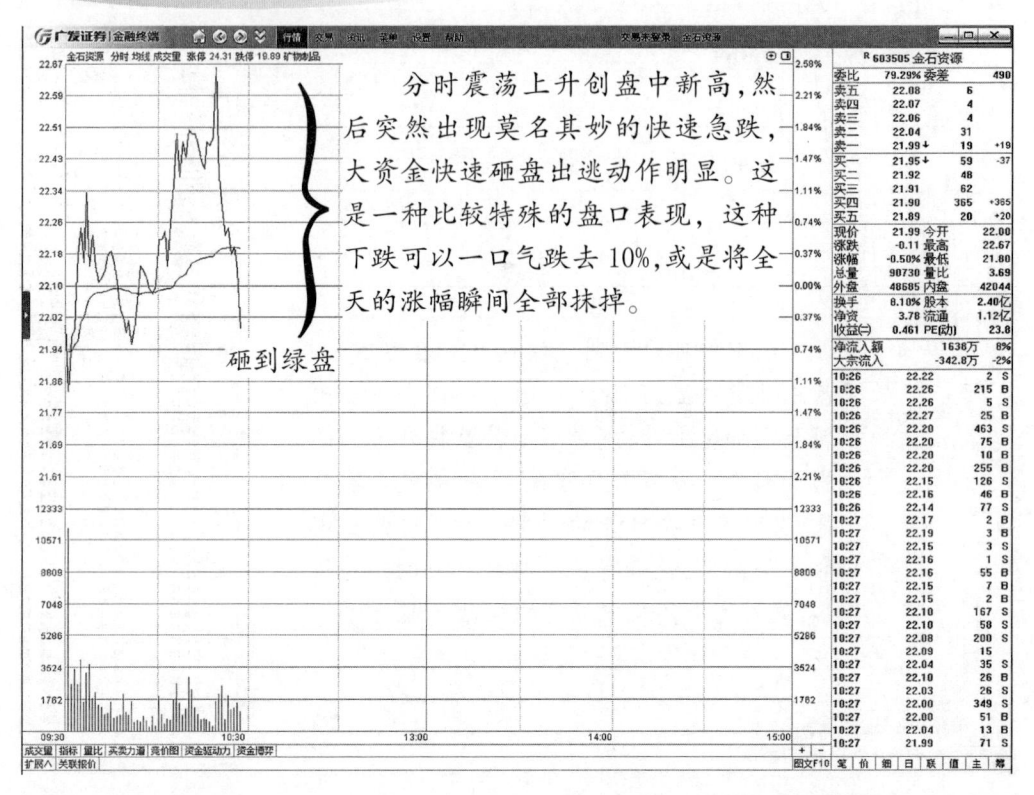

主力行为盘口解密(精选版)

分时震荡上升创盘中新高，然后突然出现莫名其妙的快速急跌，大资金快速砸盘出逃动作明显。这是一种比较特殊的盘口表现，这种下跌可以一口气跌去10%，或是将全天的涨幅瞬间全部抹掉。

砸到绿盘

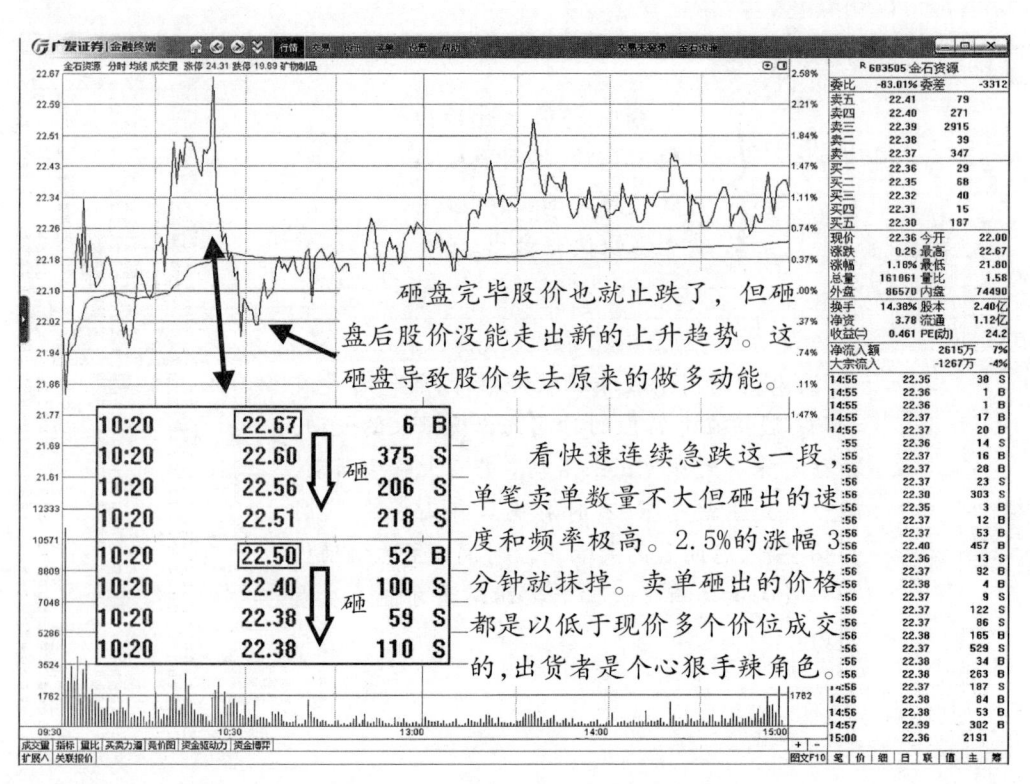

砸盘完毕股价也就止跌了，但砸盘后股价没能走出新的上升趋势。这砸盘导致股价失去原来的做多动能。

看快速连续急跌这一段，单笔卖单数量不大但砸出的速度和频率极高。2.5%的涨幅3分钟就抹掉。卖单砸出的价格都是以低于现价多个价位成交的，出货者是个心狠手辣角色。

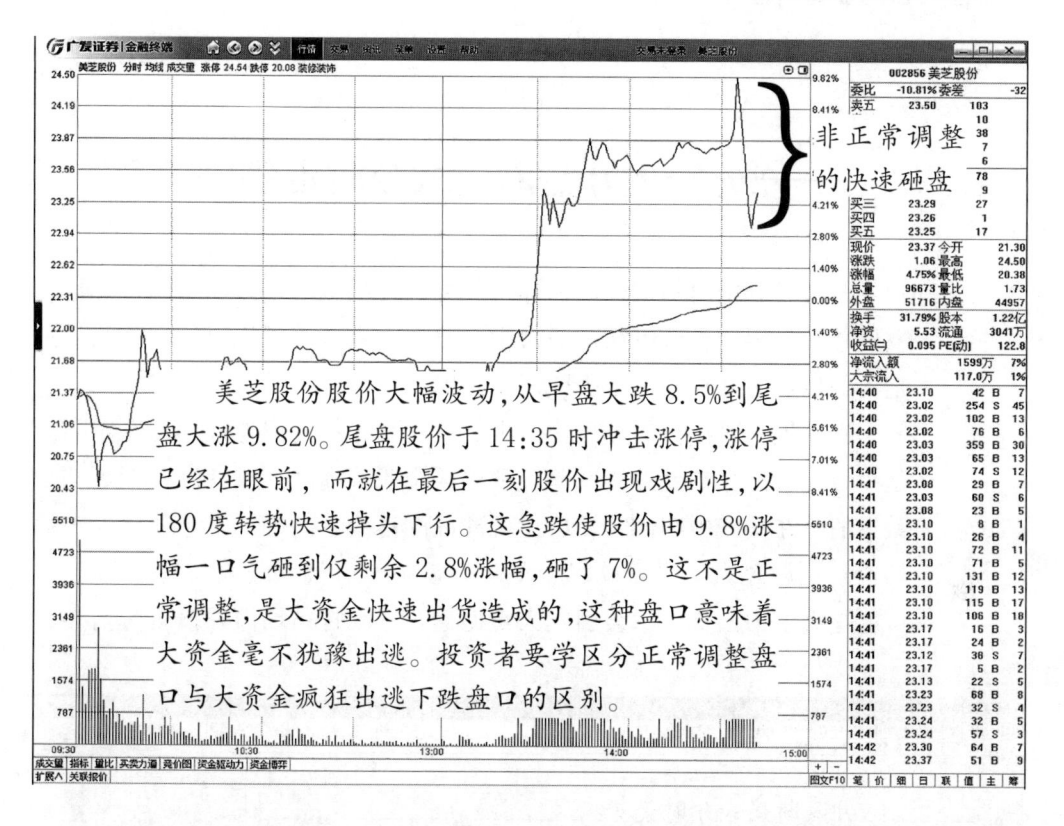

第五章 出货行为

美芝股份股价大幅波动，从早盘大跌8.5%到尾盘大涨9.82%。尾盘股价于14:35时冲击涨停，涨停已经在眼前，而就在最后一刻股价出现戏剧性，以180度转势快速掉头下行。这急跌使股价由9.8%涨幅一口气砸到仅剩余2.8%涨幅，砸了7%。这不是正常调整，是大资金快速出货造成的，这种盘口意味着大资金毫不犹豫出逃。投资者要学区分正常调整盘口与大资金疯狂出逃下跌盘口的区别。

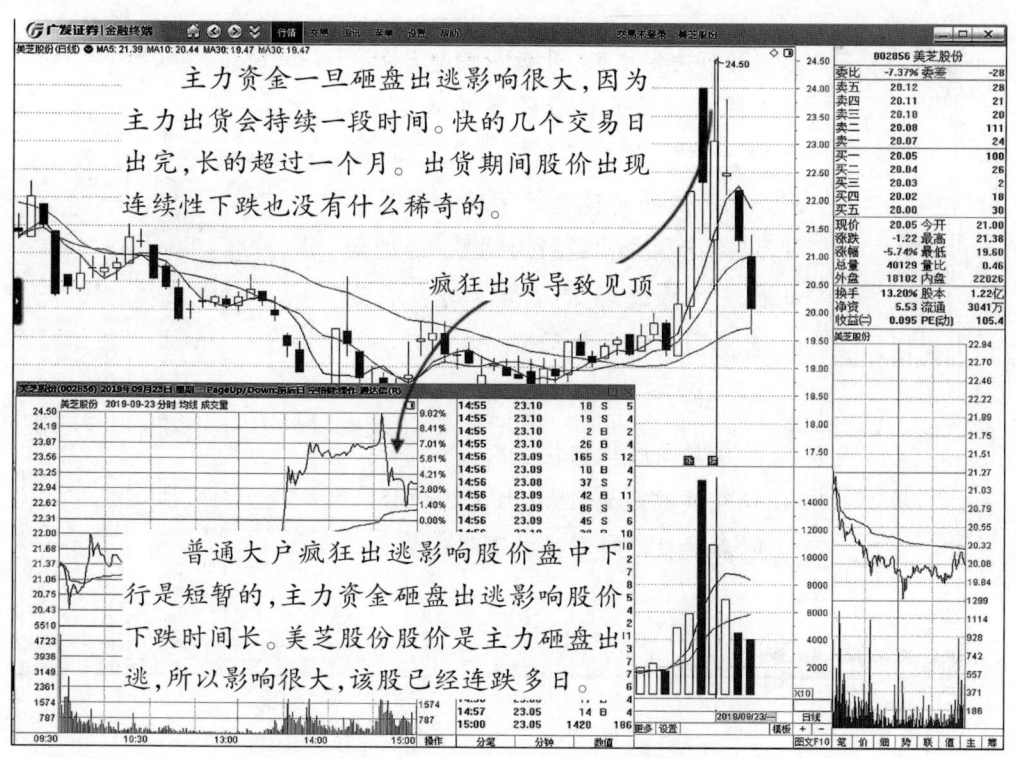

主力资金一旦砸盘出逃影响很大，因为主力出货会持续一段时间。快的几个交易日出完，长的超过一个月。出货期间股价出现连续性下跌也没有什么稀奇的。

普通大户疯狂出逃影响股价盘中下行是短暂的，主力资金砸盘出逃影响股价下跌时间长。美芝股份股价是主力砸盘出逃，所以影响很大，该股已经连跌多日。

九死一生开盘断崖式分时走势(一)

股市没有绝对的规律，但却有各种各样相似的走势反复出现。事物发展总有一定的轨迹可循，股市中个股表现也有着类似现象，一些常见走势每日盘中都在不同个股中反复出现。

涨停板个股次日大部分都出现高开冲高走势，但能继续封涨停的只是少数，大部分都是冲高回落。涨停板个股冲高回落或者高开低走都是常见的。在实践中小部分个股出现冲高回落或者高开低走，如果盘中瞬间杀跌幅度过大，当日就相当危险。盘中一口气杀跌幅度超过4%，一可能是大主力出货，二会引发大量抛盘，三会打击场内外投资者信心。

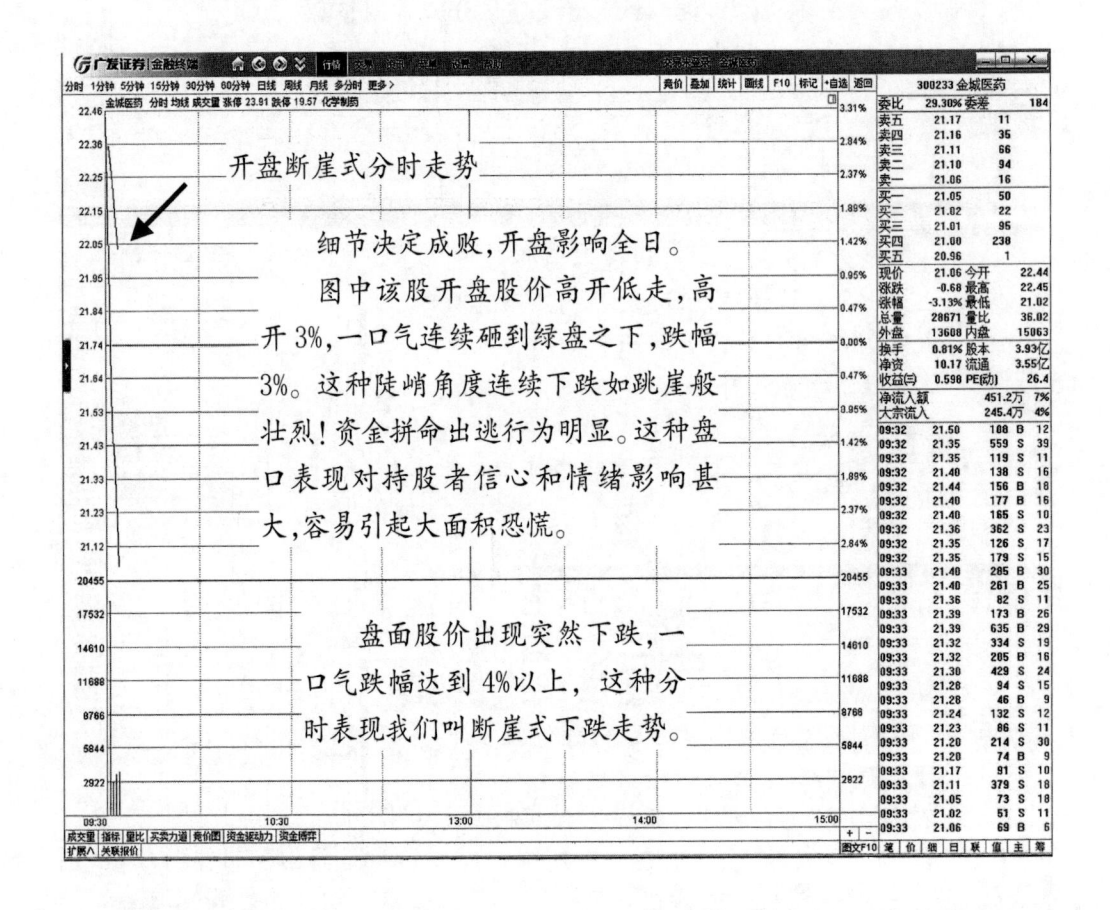

开盘断崖式分时走势

细节决定成败，开盘影响全日。

图中该股开盘股价高开低走，高开3%，一口气连续砸到绿盘之下，跌幅3%。这种陡峭角度连续下跌如跳崖般壮烈！资金拼命出逃行为明显。这种盘口表现对持股者信心和情绪影响甚大，容易引起大面积恐慌。

盘面股价出现突然下跌，一口气跌幅达到4%以上，这种分时表现我们叫断崖式下跌走势。

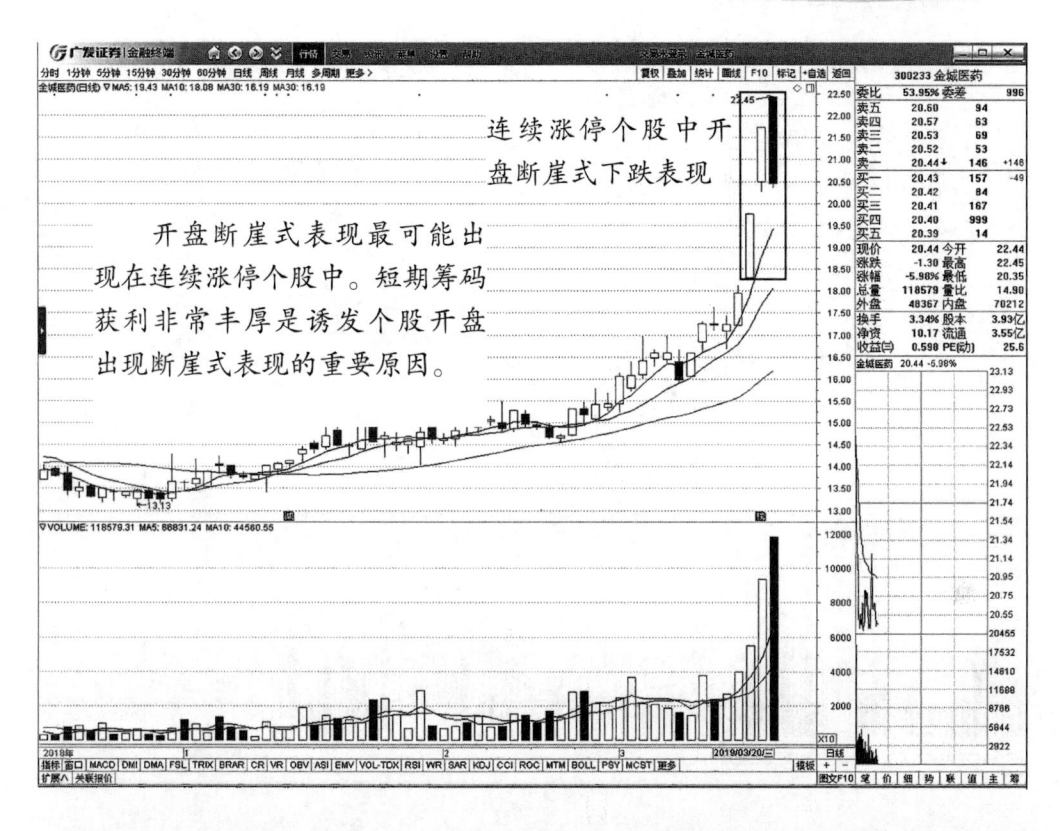

第五章 出货行为

连续涨停个股中开盘断崖式下跌表现

　　开盘断崖式表现最可能出现在连续涨停个股中。短期筹码获利非常丰厚是诱发个股开盘出现断崖式表现的重要原因。

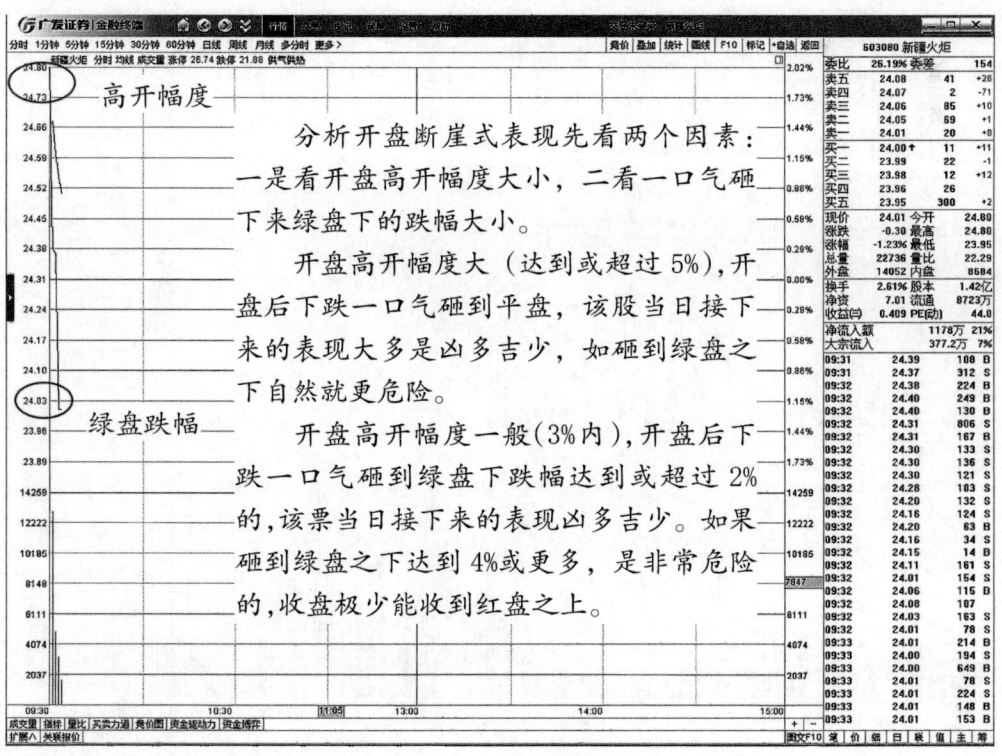

高开幅度

绿盘跌幅

　　分析开盘断崖式表现先看两个因素：一是看开盘高开幅度大小，二看一口气砸下来绿盘下的跌幅大小。

　　开盘高开幅度大（达到或超过5%），开盘后下跌一口气砸到平盘，该股当日接下来的表现大多是凶多吉少，如砸到绿盘之下自然就更危险。

　　开盘高开幅度一般（3%内），开盘后下跌一口气砸到绿盘下跌幅达到或超过2%的，该票当日接下来的表现凶多吉少。如果砸到绿盘之下达到4%或更多，是非常危险的，收盘极少能收到红盘之上。

173

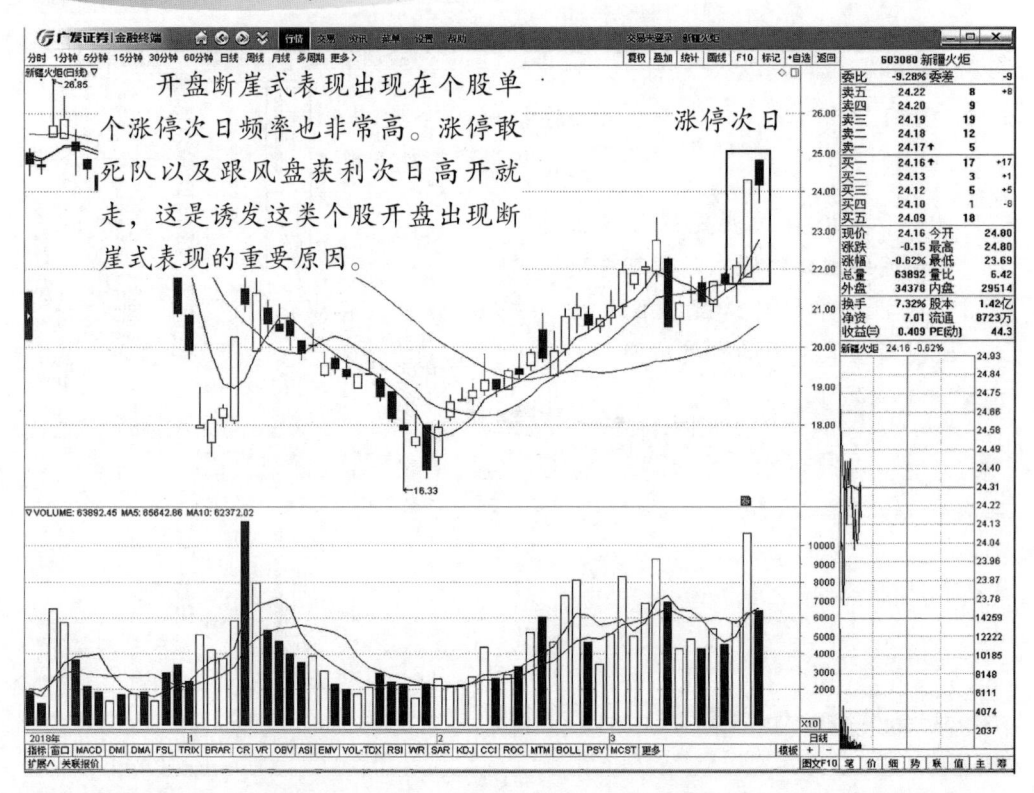

主力行为盘口解密(精选版)

开盘断崖式表现出现在个股单个涨停次日频率也非常高。涨停敢死队以及跟风盘获利次日高开就走，这是诱发这类个股开盘出现断崖式表现的重要原因。

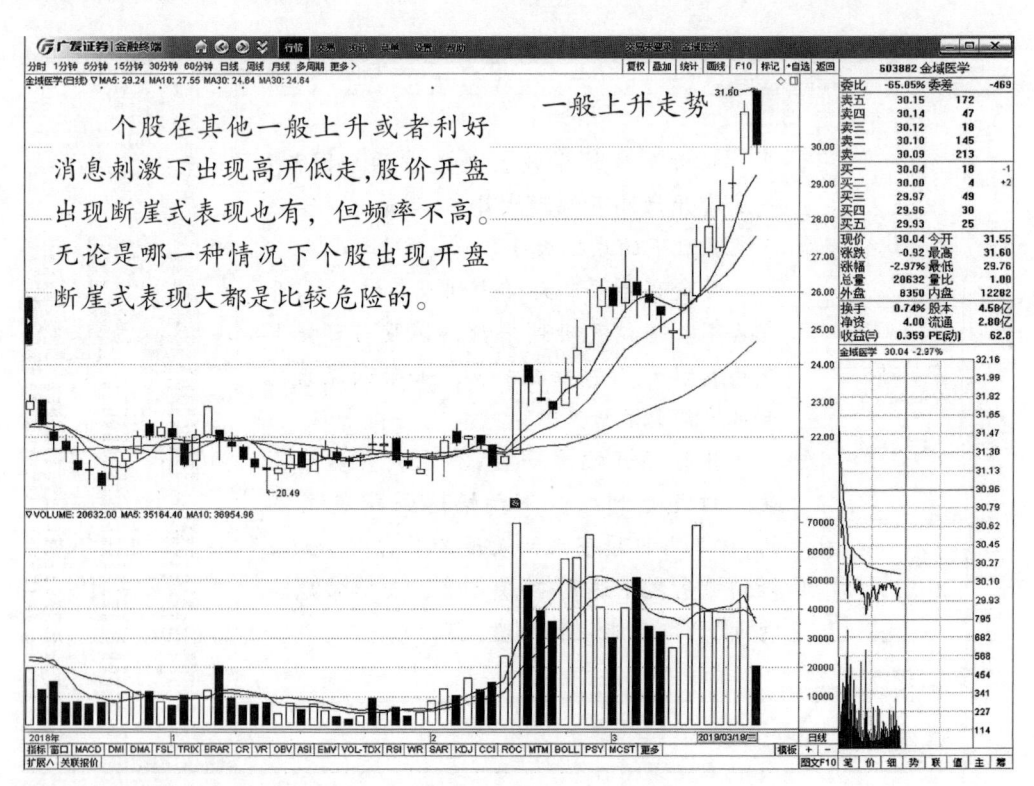

个股在其他一般上升或者利好消息刺激下出现高开低走，股价开盘出现断崖式表现也有，但频率不高。无论是哪一种情况下个股出现开盘断崖式表现大都是比较危险的。

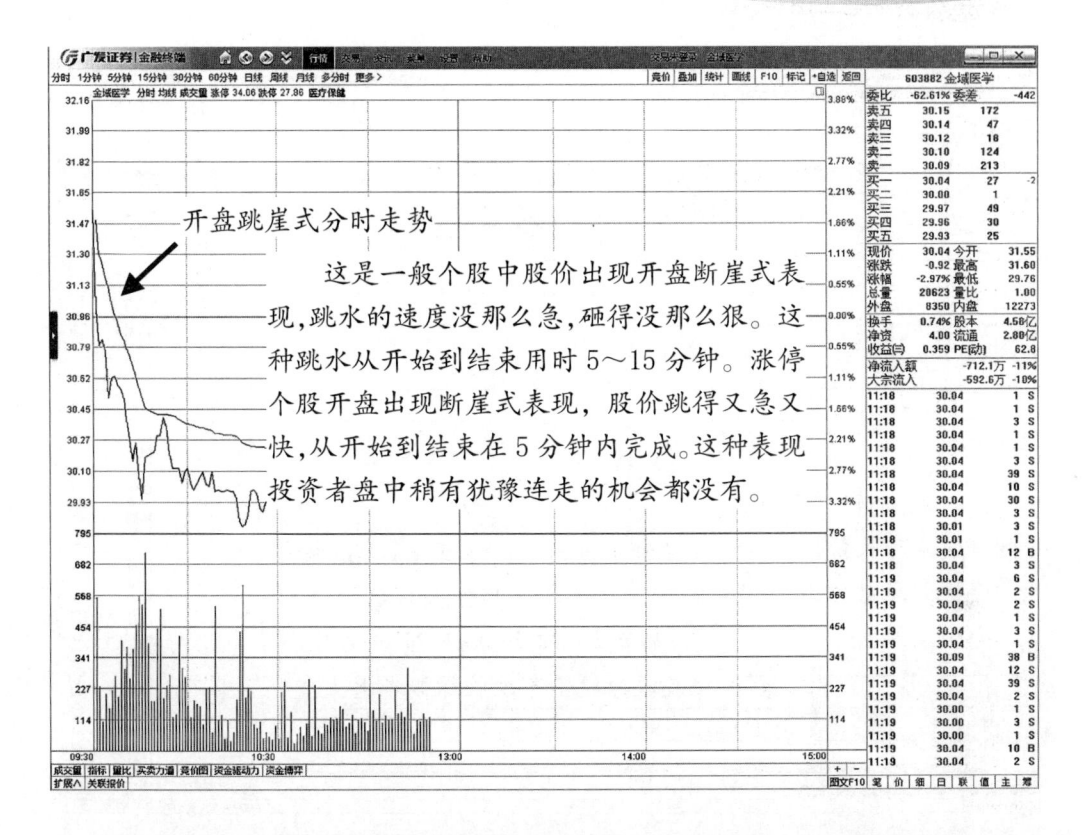

第五章 出货行为

开盘跳崖式分时走势

这是一般个股中股价出现开盘断崖式表现，跳水的速度没那么急，砸得没那么狠。这种跳水从开始到结束用时5～15分钟。涨停个股开盘出现断崖式表现，股价跳得又急又快，从开始到结束在5分钟内完成。这种表现投资者盘中稍有犹豫连走的机会都没有。

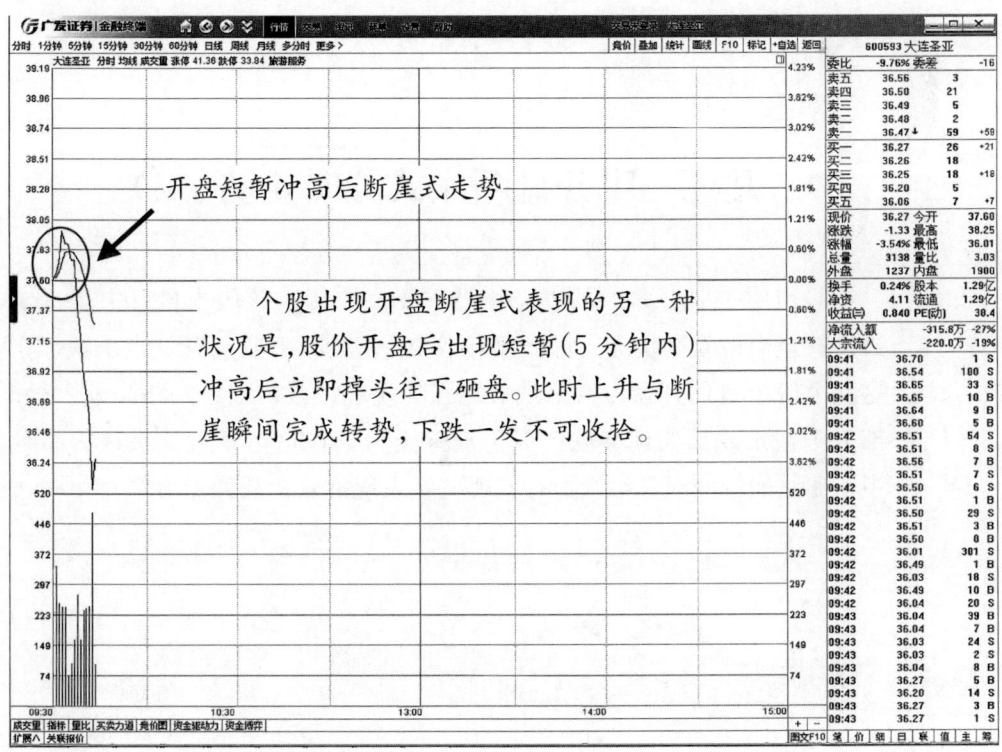

开盘短暂冲高后断崖式走势

个股出现开盘断崖式表现的另一种状况是，股价开盘后出现短暂（5分钟内）冲高后立即掉头往下砸盘。此时上升与断崖瞬间完成转势，下跌一发不可收拾。

主力行为盘口解密(精选版)

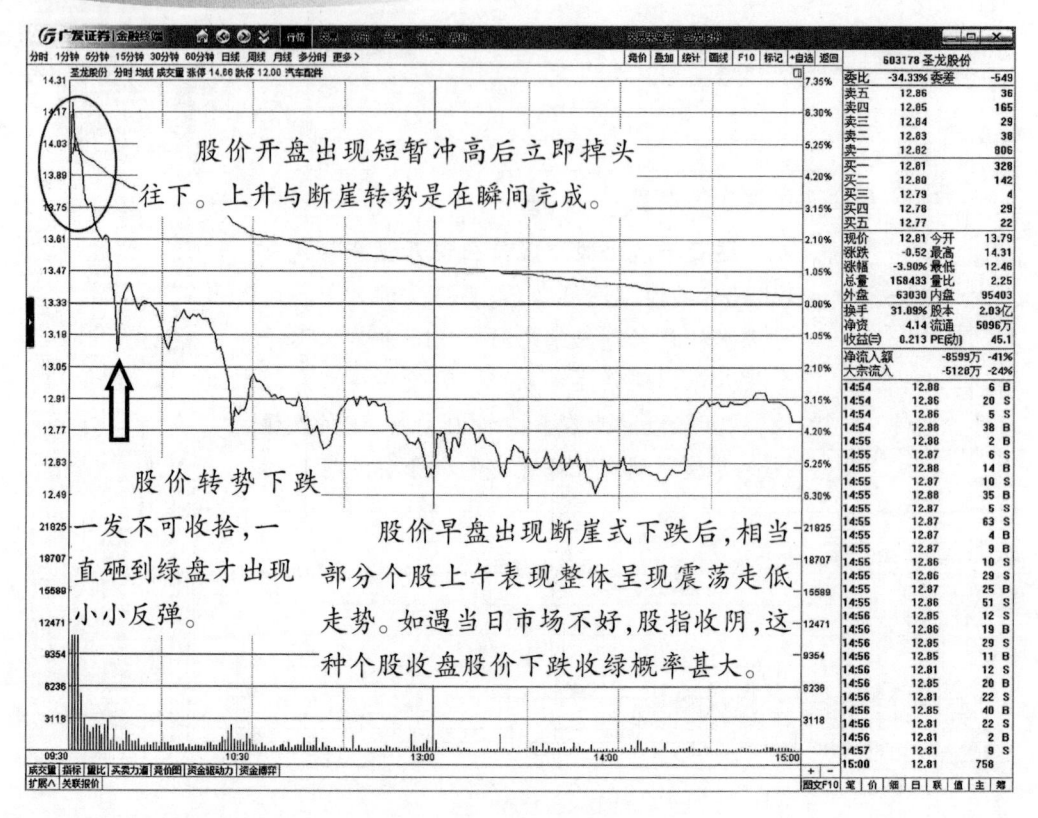

股价开盘出现短暂冲高后立即掉头往下。上升与断崖转势是在瞬间完成。

股价转势下跌一发不可收拾，一直砸到绿盘才出现小小反弹。

股价早盘出现断崖式下跌后，相当部分个股上午表现整体呈现震荡走低走势。如遇当日市场不好，股指收阴，这种个股收盘股价下跌收绿概率甚大。

九死一生开盘断崖式分时走势（二）

股市中个股开盘时的表现相当重要，会影响该股当日盘中运行轨迹，甚至当日收盘状况。每日都有不少个股出现开盘高开低走杀跌，在这些个股中有的开盘短暂杀跌后能强势拉起，股价继续一路高歌上行；部分则在杀跌后表现疲软，股价反弹无力。在这些开盘就杀跌的品种中，哪些能拉回而且继续上行？哪些将表现疲软，反弹无力？

第五章 出货行为

高开低走跳崖式杀跌分时

每日都有个股高开低走杀跌，开盘短暂杀跌后，部分个股能够强势拉起，股价继续一路高歌，部分个股则在杀跌后股价疲软无力。高开低走杀跌不可避免，投资者需要有辨别"真杀"和"假杀"的能力，在高开低走杀跌出现后能看清目标品种接下来会有怎么的表现。

跳崖 拉高

断崖式杀跌表现后股价出现快速反弹，拉高至红盘之上。

个股开盘出现断崖式杀跌表现后，股价快速反弹拉起红盘之上，部分上冲超越开盘价。

断崖式杀跌后能出现这种强而有力的反抽，说明该股人气活跃或里面主力实力较强，因此可以暂时持股观察。

主力行为盘口解密(精选版)

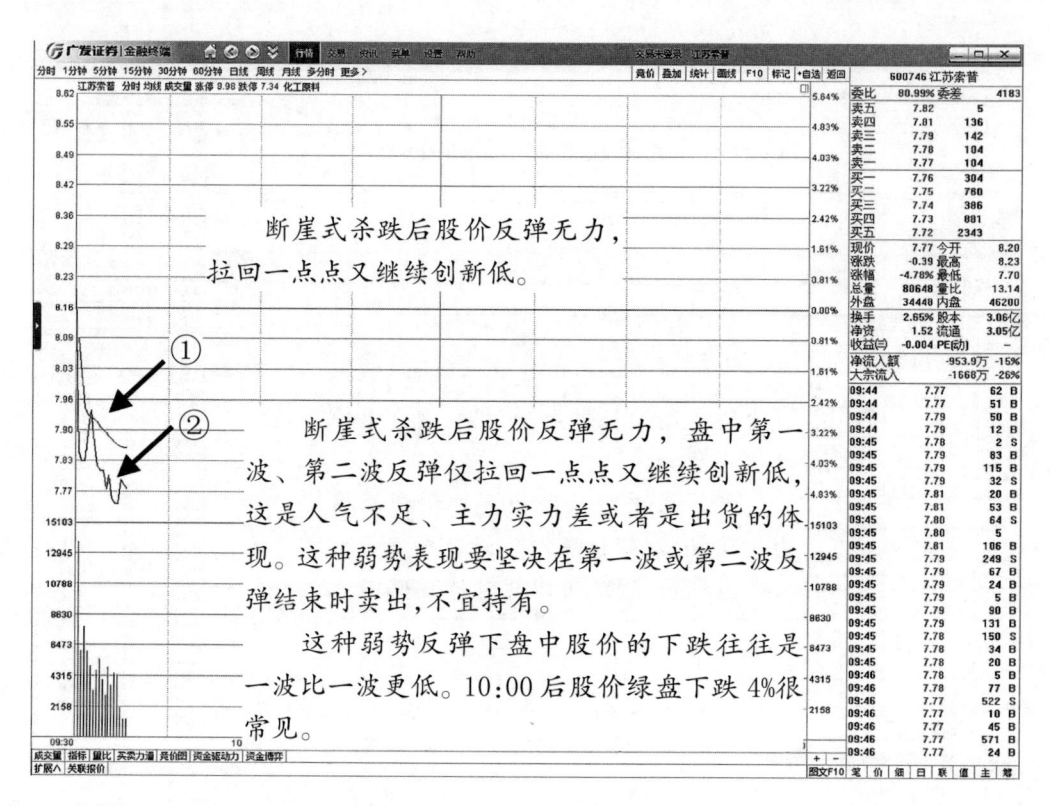

断崖式杀跌后股价反弹仅拉回到红盘附近或红盘位置。

跳崖 拉高

断崖式杀跌后股价反弹仅拉回到红盘附近或红盘位置，这种反弹属于一般性反弹。拉回到接近红盘附近就上不去，或仅突破红盘价位就下来,这两种都是人气不足或里面主力实力一般的体现。因此不宜持有，要在反弹后一掉头就清盘。

断崖式杀跌后股价反弹无力，拉回一点点又继续创新低。

① ②

断崖式杀跌后股价反弹无力，盘中第一波、第二波反弹仅拉回一点点又继续创新低，这是人气不足、主力实力差或者是出货的体现。这种弱势表现要坚决在第一波或第二波反弹结束时卖出，不宜持有。

这种弱势反弹下盘中股价的下跌往往是一波比一波更低。10:00后股价绿盘下跌4%很常见。

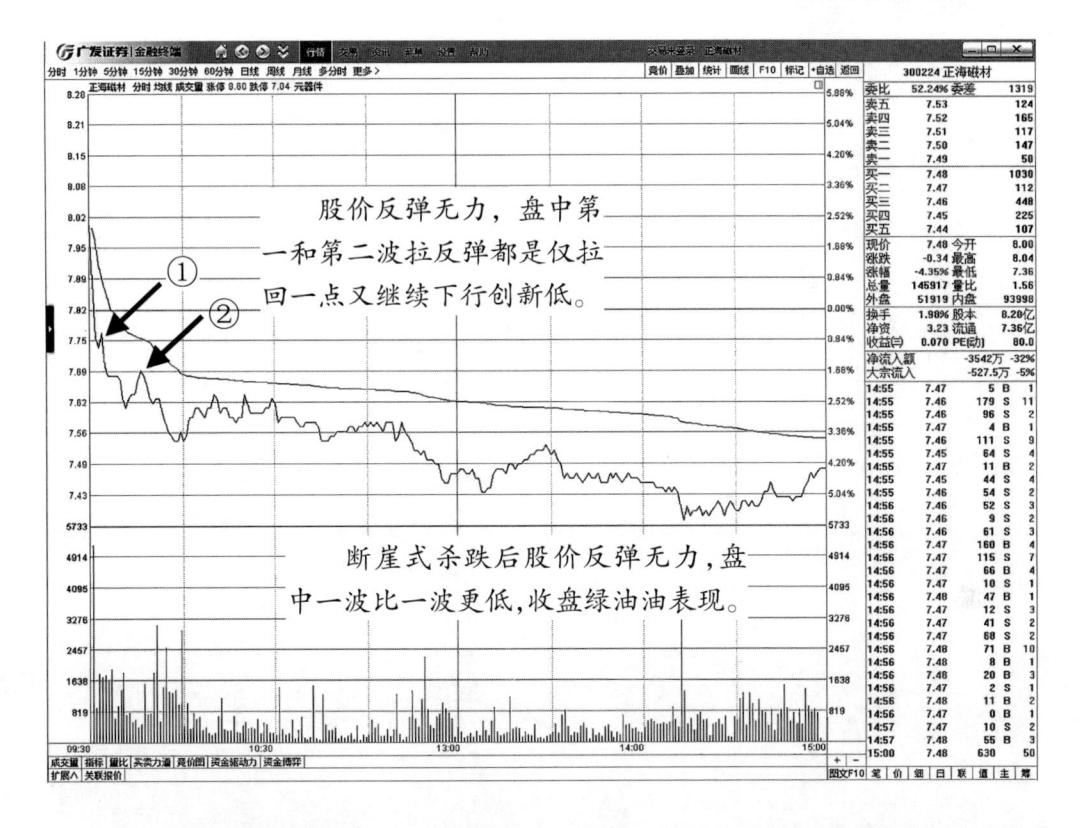

第五章 出货行为

股价反弹无力，盘中第一和第二波拉反弹都是仅拉回一点又继续下行创新低。

断崖式杀跌后股价反弹无力，盘中一波比一波更低，收盘绿油油表现。

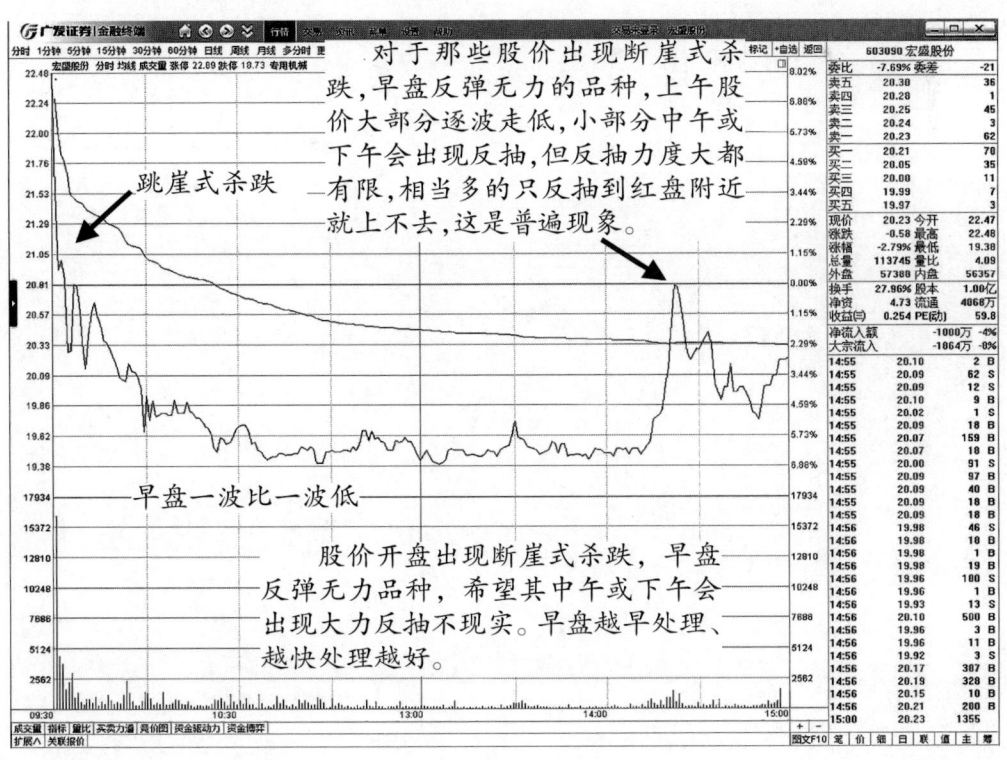

跳崖式杀跌

早盘一波比一波低

对于那些股价出现断崖式杀跌，早盘反弹无力的品种，上午股价大部分逐波走低，小部分中午或下午会出现反抽，但反抽力度大都有限，相当多的只反抽到红盘附近就上不去，这是普遍现象。

股价开盘出现断崖式杀跌，早盘反弹无力品种，希望其中午或下午会出现大力反抽不现实。早盘越早处理、越快处理越好。

第六章
护盘行为

认识主力护盘的细节与目的

A股市场快速扩容，个股越来越多，数量庞大，市值以万亿元计，齐涨齐跌已较难出现。现阶段市场通常是以板块轮动方式展开，热点板块强势品种大涨时，同一日中也有其他板块明显在跌。表面上看似红红火火的市场，跌不休的品种也不在少数。对于个股而言，现在已经极少有控盘式个股，但每一只股票中都有持股量较大的机构，股价涨跌自然对他们的利益影响最大。因此，在自身允许的能力范围内，他们有时出来干预或者引导股价的方向，这是顺理成章的事。

股价在高位时不想它跌，持股量较大的机构可能出来维护，股价已经跌了不少不想它继续下跌，持股量较大的机构更有理由出来维护一下，所以无论股价在高位还是低位，总能看到有机构干预股价的动作。

下面就通过一些盘口小细节来看看机构维护股价的不同行为动作。

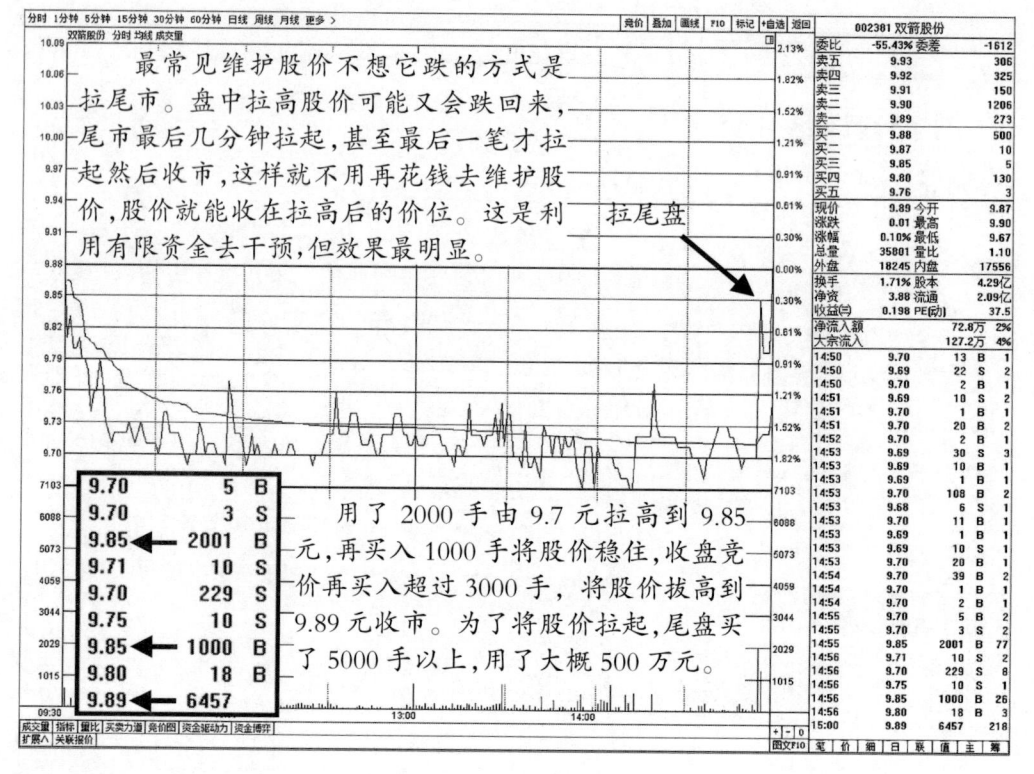

最常见维护股价不想它跌的方式是拉尾市。盘中拉高股价可能又会跌回来，尾市最后几分钟拉起，甚至最后一笔才拉起然后收市，这样就不用再花钱去维护股价，股价就能收在拉高后的价位。这是利用有限资金去干预，但效果最明显。

用了2000手由9.7元拉高到9.85元，再买入1000手将股价稳住，收盘竞价再买入超过3000手，将股价拔高到9.89元收市。为了将股价拉起，尾盘买了5000手以上，用了大概500万元。

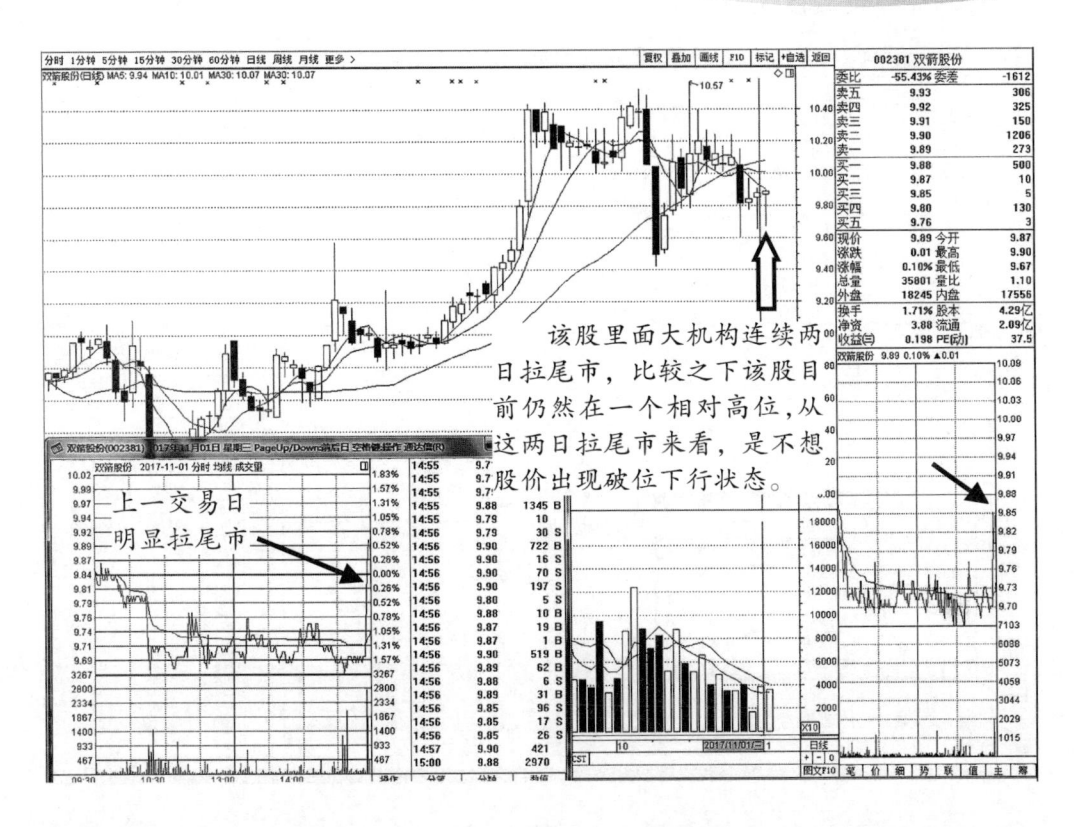

第六章 护盘行为

该股里面大机构连续两日拉尾市，比较之下该股目前仍然在一个相对高位，从这两日拉尾市来看，是不想股价出现破位下行状态。

上一交易日明显拉尾市

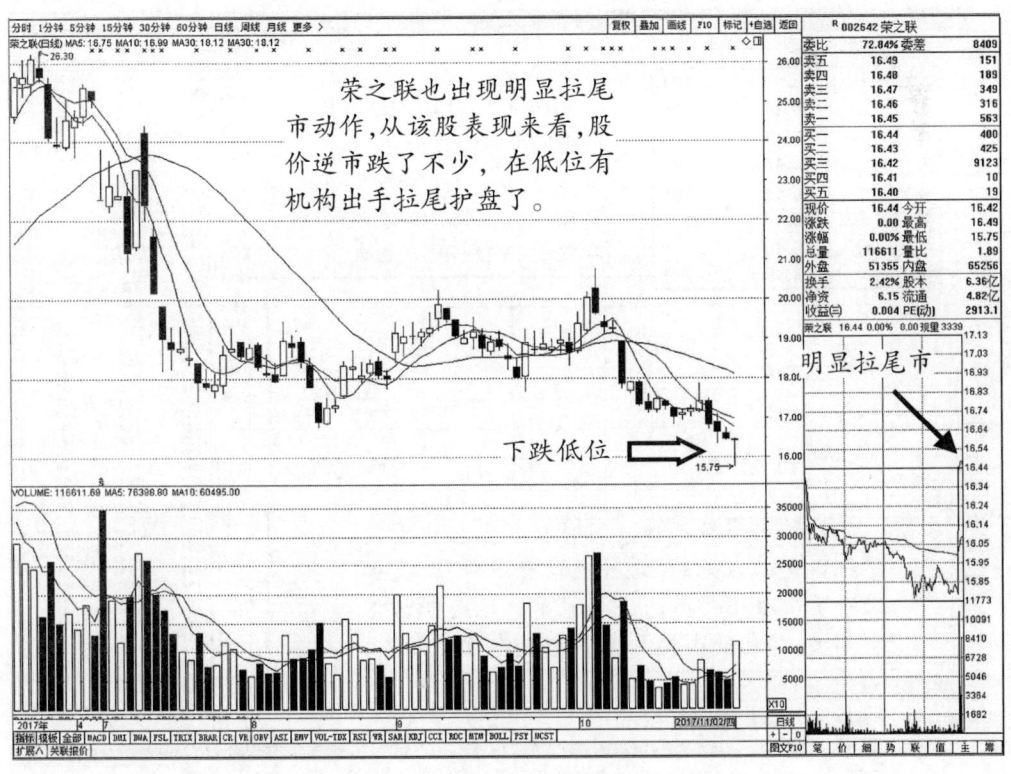

荣之联也出现明显拉尾市动作，从该股表现来看，股价逆市跌了不少，在低位有机构出手拉尾护盘了。

下跌低位

明显拉尾市

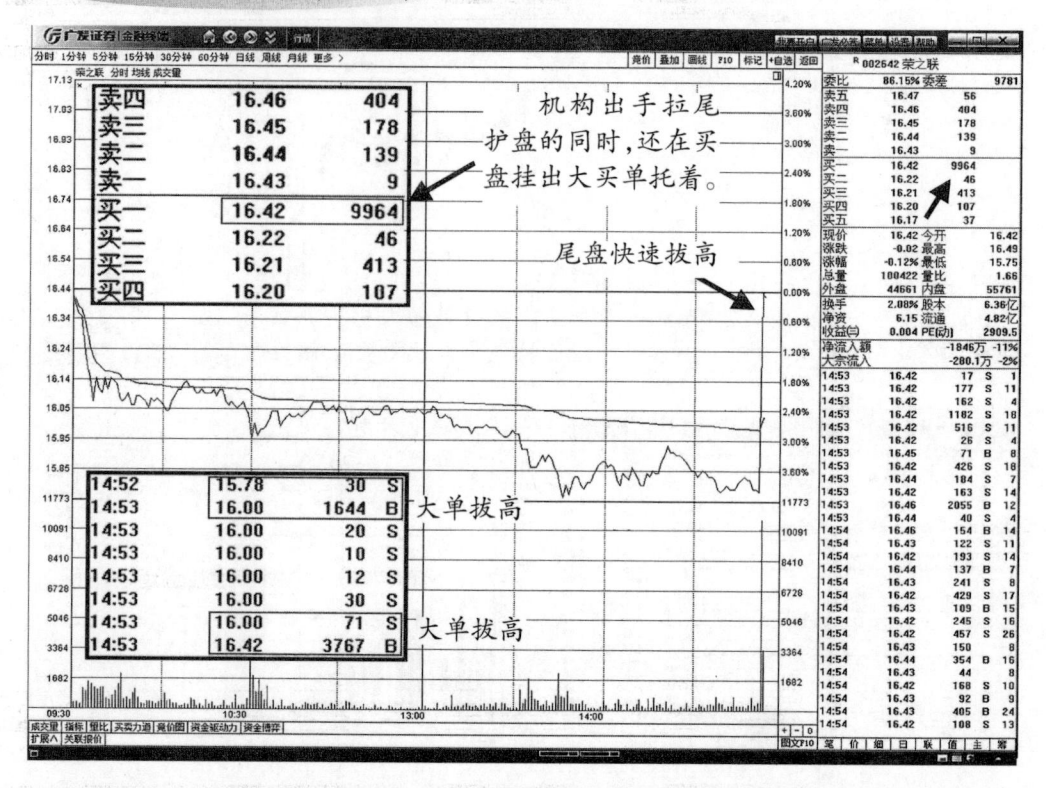

主力行为盘口解密(精选版)

机构出手拉尾护盘的同时,还在买盘挂出大买单托着。

尾盘快速拔高

大单拔高

大单拔高

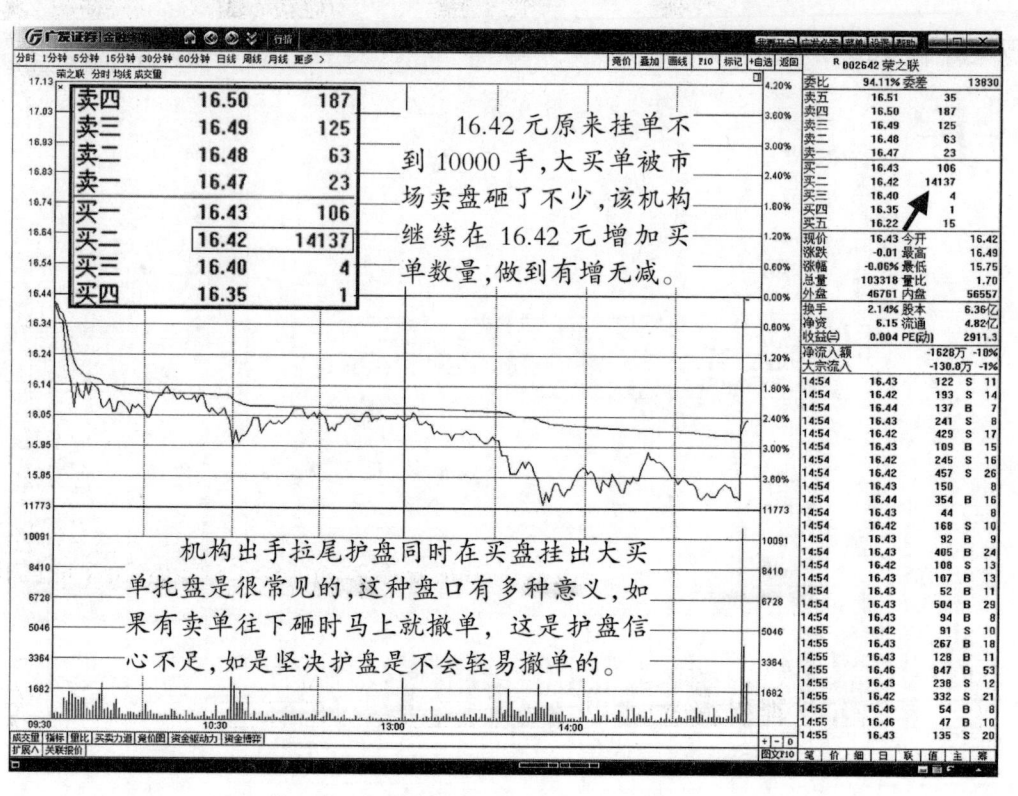

16.42元原来挂单不到10000手,大买单被市场卖盘砸了不少,该机构继续在16.42元增加买单数量,做到有增无减。

机构出手拉尾护盘同时在买盘挂出大买单托盘是很常见的,这种盘口有多种意义,如果有卖单往下砸时马上就撤单,这是护盘信心不足,如是坚决护盘是不会轻易撤单的。

[图表说明文字：尾盘出手护盘成功

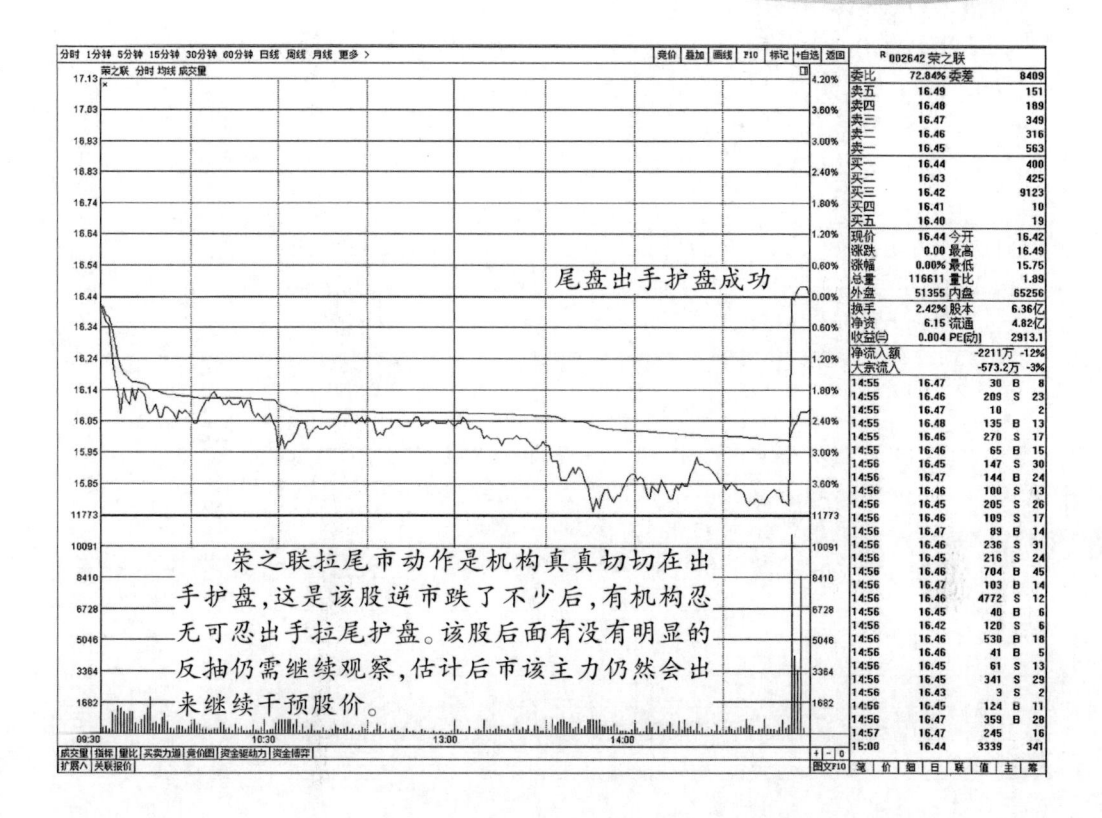

荣之联拉尾市动作是机构真真切切在出手护盘，这是该股逆市跌了不少后，有机构忍无可忍出手拉尾护盘。该股后面有没有明显的反抽仍需继续观察，估计后市该主力仍然会出来继续干预股价。]

主力托单与拉起结合护盘盘口

  大势好时散户、机构、主力日日赚钱，大家日子轻松愉快；市场下跌时散户日子难过，机构、主力也并不轻松。上证指数由5178点下跌，期间散户可以轻松抛出手中筹码兑现，而大部分机构、主力却因资金庞大未能全身而退，还在场内反复折腾苦撑。

  机构主力资金因庞大未能全身而退，大盘下跌时出手护盘便是顺理成章之事，这是因为他们拿的筹码多，股价下跌对他们影响最大。机构出手如何护盘？盘中有什么动作可以看清楚吗？这些就要从交易盘面中入手了。

  从技术层面上看机构出手护盘有两种方式：一是在买盘挂出数量相对较大的买单将股价托住；二是直接入市买入将股价拉起。很多时候主力操盘手双管齐下，两种护盘动作同时使用或者轮流出招。下面以正邦科技盘中走势为例，看看该股主力是怎样在当日盘中通过托单和拉高同时结合进行护盘的。

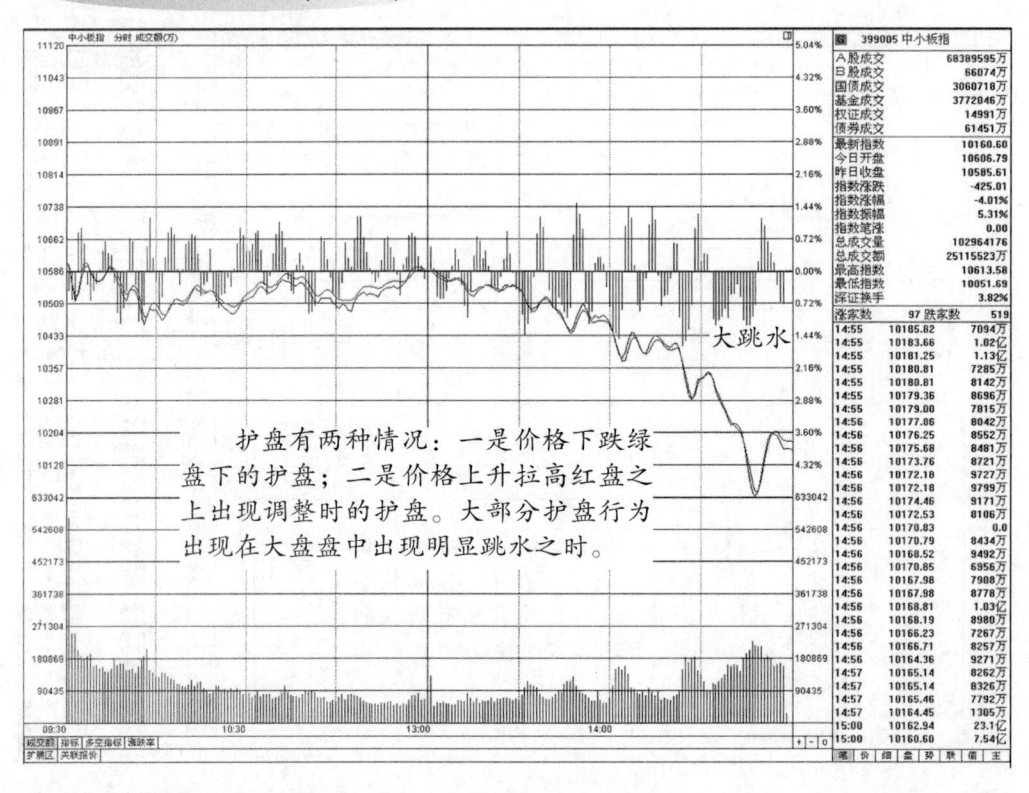

主力行为盘口解密(精选版)

护盘有两种情况:一是价格下跌绿盘下的护盘;二是价格上升拉高红盘之上出现调整时的护盘。大部分护盘行为出现在大盘盘中出现明显跳水之时。

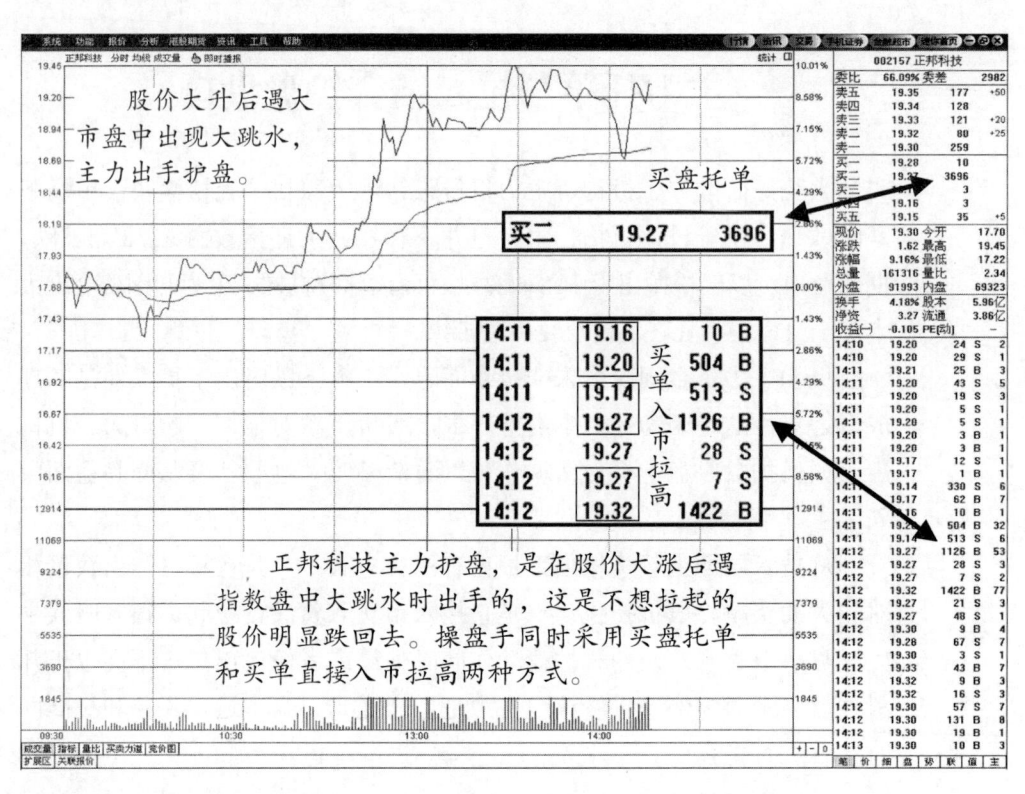

股价大升后遇大市盘中出现大跳水,主力出手护盘。

正邦科技主力护盘,是在股价大涨后遇指数盘中大跳水时出手的,这是不想拉起的股价明显跌回去。操盘手同时采用买盘托单和买单直接入市拉高两种方式。

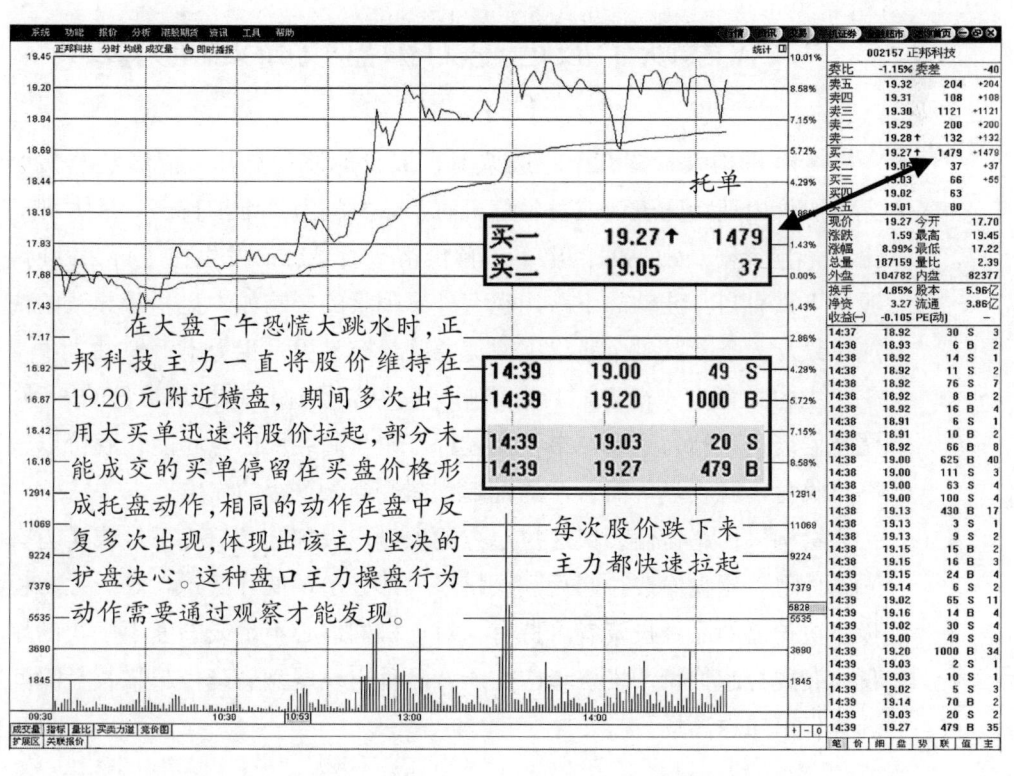

第六章 护盘行为

下午主力一直将股价维持在19.20元附近，价格多次下跌时及时出手，用单笔2000至3000手的买单迅速将股价拉起，部分未能成交的买单停留在买盘价位上形成托盘现象，这是主力护盘的动作手段。

19.1元拉回到19.27元

在大盘下午恐慌大跳水时，正邦科技主力一直将股价维持在19.20元附近横盘，期间多次出手用大买单迅速将股价拉起，部分未能成交的买单停留在买盘价格形成托盘动作，相同的动作在盘中反复多次出现，体现出该主力坚决的护盘决心。这种盘口主力操盘行为动作需要通过观察才能发现。

每次股价跌下来主力都快速拉起

主力行为盘口解密(精选版)

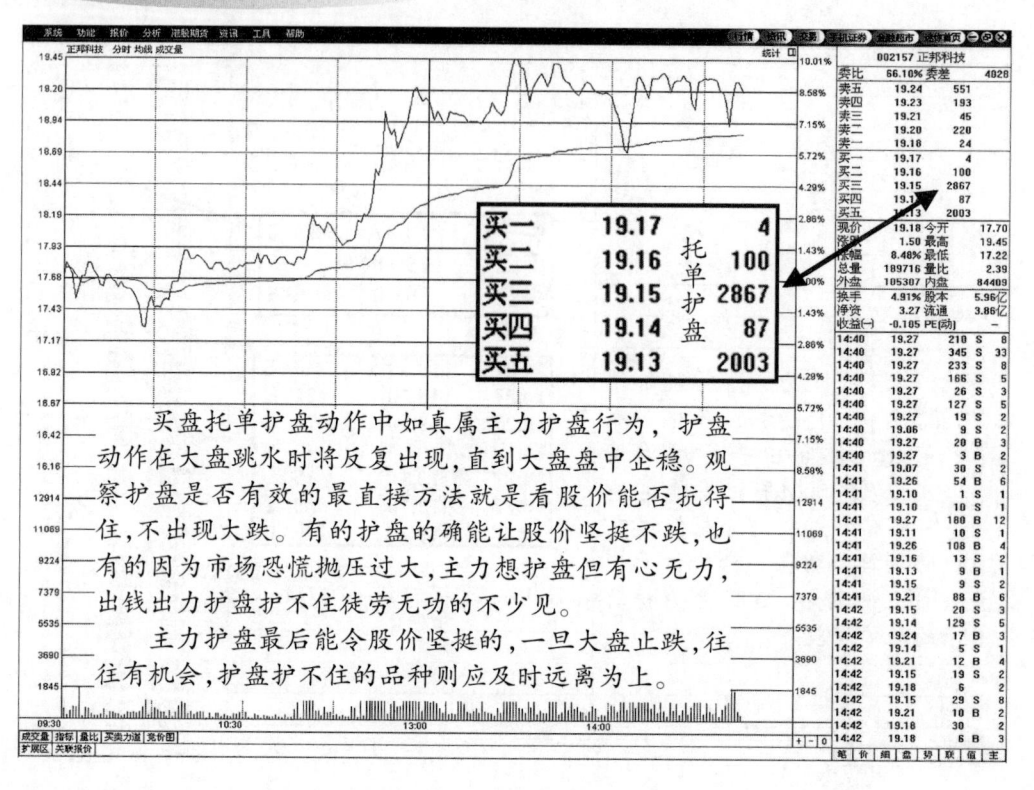

买盘托单护盘动作中如真属主力护盘行为,护盘动作在大盘跳水时将反复出现,直到大盘盘中企稳。观察护盘是否有效的最直接方法就是看股价能否抗得住,不出现大跌。有的护盘的确能让股价坚挺不跌,也有的因为市场恐慌抛压过大,主力想护盘但有心无力,出钱出力护盘护不住徒劳无功的不少见。

主力护盘最后能令股价坚挺的,一旦大盘止跌,往往有机会,护盘护不住的品种则应及时远离为上。

大盘暴跌个股遇主力护盘拔高处理方法

一个机构大量持有一只股票时,股价的波动对其市值影响非常明显。股价出现特殊表现或发生危机时,该机构为了维护自己的最大利益出手干预价格是常见的。出手干预价格一般最容易发生在股价大跌时,股价下跌有自身波动的下跌,也有外界因素的影响如大盘暴跌导致的快速杀跌,大盘暴跌时个股出现快速急跌最容易引发主力出手护盘。

主力护盘方式很多,其中采用尾盘偷袭快速拉起是最常见的一种。尾盘偷袭护盘行为只求结果不问过程。尾盘偷袭快速拉起能让股价以较高价收盘,就收盘价而言,的确起到减少当天跌幅的作用。

机构采用尾盘偷袭快速拉起方式护盘,大部分是信心不足或实力有限的体现。尾盘偷袭拉起后,次日绝大部分出现低开低走。对于主力积极坚决护盘的品种投资者可持有,对于机构信心不足或态度不坚决的尾盘偷袭式拉起护盘,投资者应在所持品种出现尾盘偷袭拉起临收盘瞬间选择卖出撤退离场。

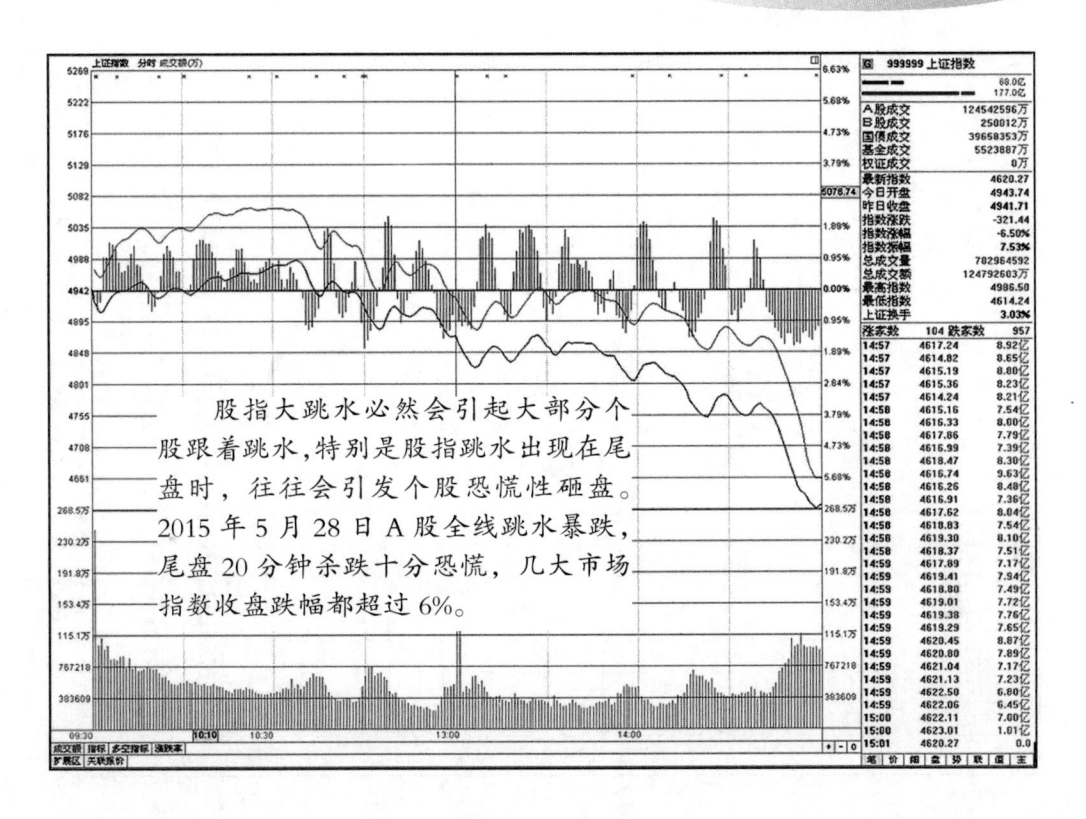

第六章 护盘行为

股指大跳水必然会引起大部分个股跟着跳水，特别是股指跳水出现在尾盘时，往往会引发个股恐慌性砸盘。2015年5月28日A股全线跳水暴跌，尾盘20分钟杀跌十分恐慌，几大市场指数收盘跌幅都超过6%。

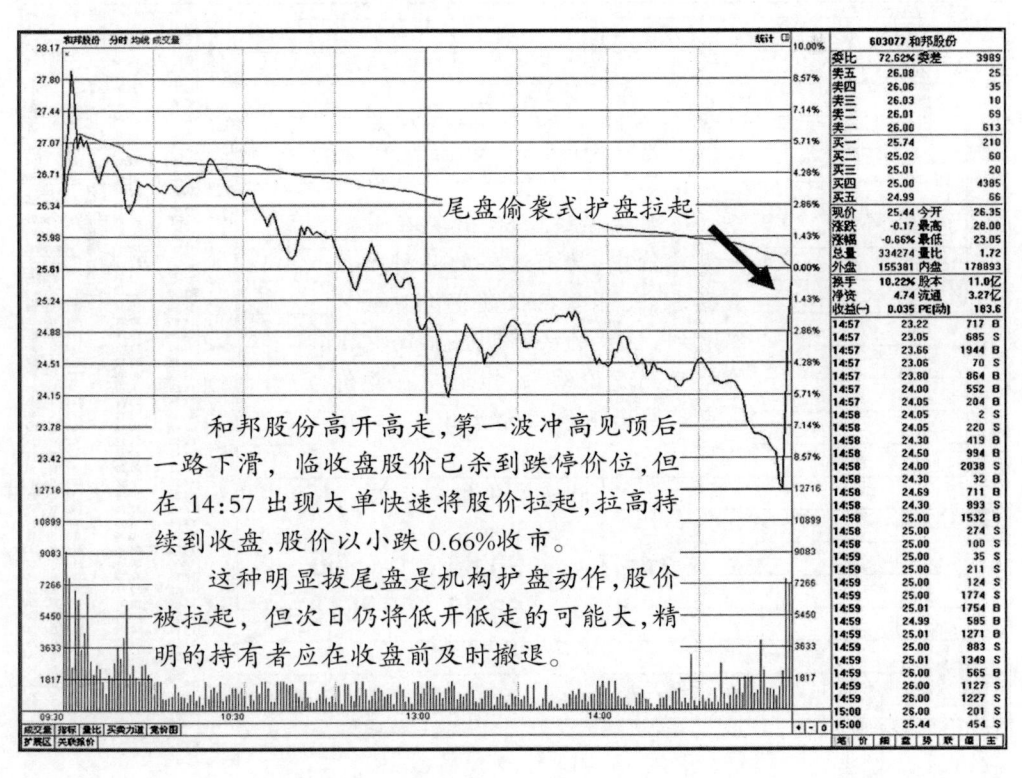

尾盘偷袭式护盘拉起

和邦股份高开高走，第一波冲高见顶后一路下滑，临收盘股价已杀到跌停价位，但在14:57出现大单快速将股价拉起，拉高持续到收盘，股价以小跌0.66%收市。

这种明显拔尾盘是机构护盘动作，股价被拉起，但次日仍将低开低走的可能大，精明的持有者应在收盘前及时撤退。

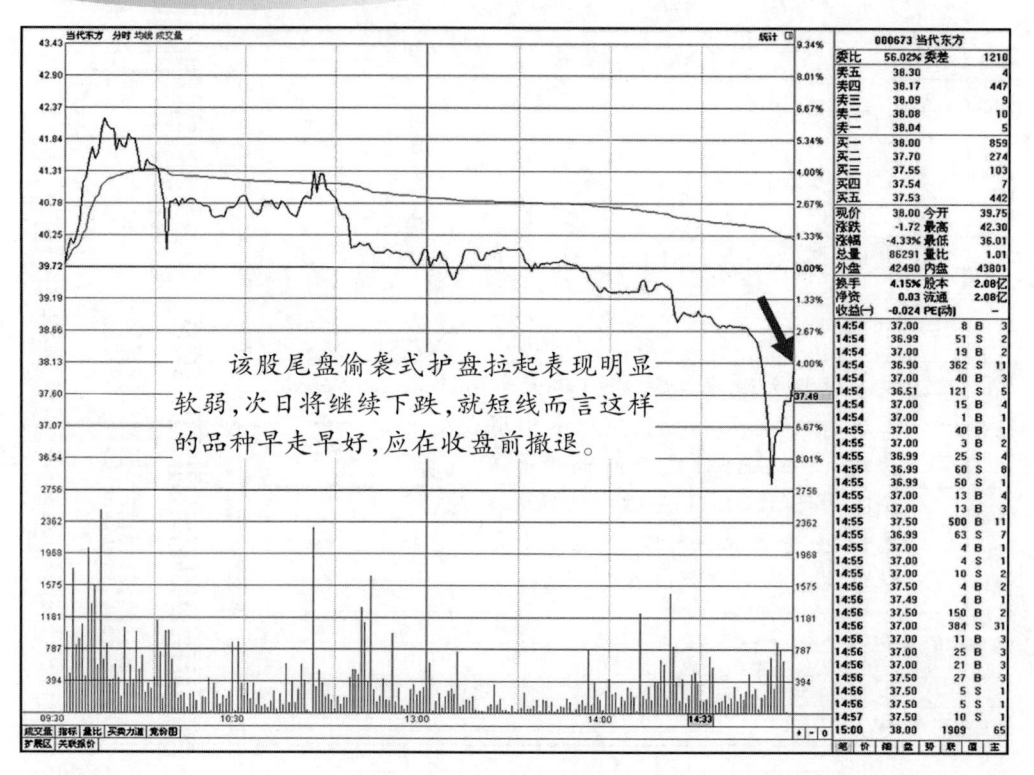

主力行为盘口解密(精选版)

该股尾盘偷袭式护盘拉起表现明显软弱,次日将继续下跌,就短线而言这样的品种早走早好,应在收盘前撤退。

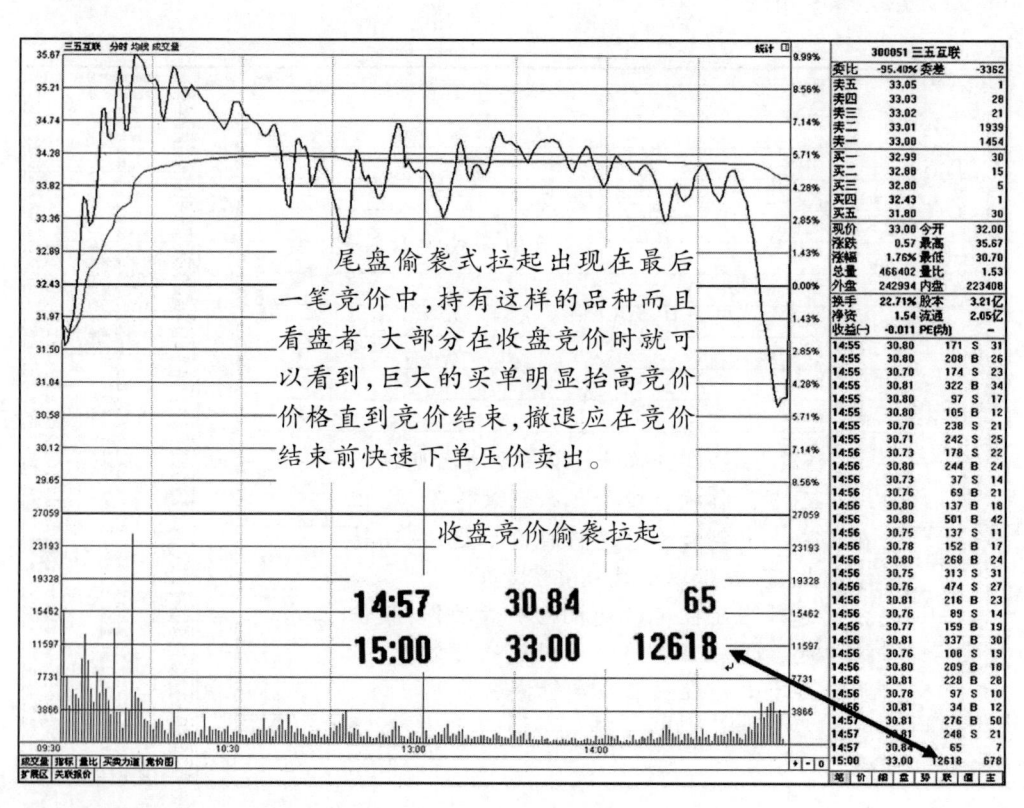

尾盘偷袭式拉起出现在最后一笔竞价中,持有这样的品种而且看盘者,大部分在收盘竞价时就可以看到,巨大的买单明显抬高竞价价格直到竞价结束,撤退应在竞价结束前快速下单压价卖出。

收盘竞价偷袭拉起

14:57　　30.84　　　65
15:00　　33.00　　12618

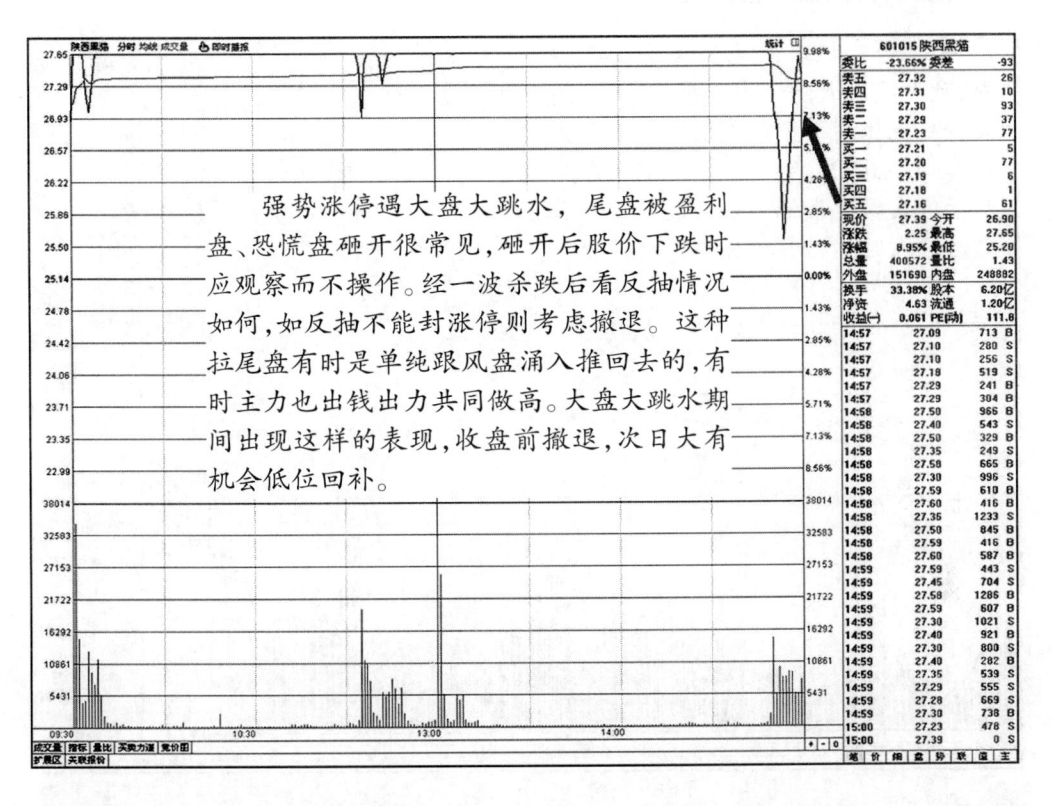

第六章 护盘行为

强势涨停遇大盘大跳水，尾盘被盈利盘、恐慌盘砸开很常见，砸开后股价下跌时应观察而不操作。经一波杀跌后看反抽情况如何，如反抽不能封涨停则考虑撤退。这种拉尾盘有时是单纯跟风盘涌入推回去的，有时主力也出钱出力共同做高。大盘大跳水期间出现这样的表现，收盘前撤退，次日大有机会低位回补。

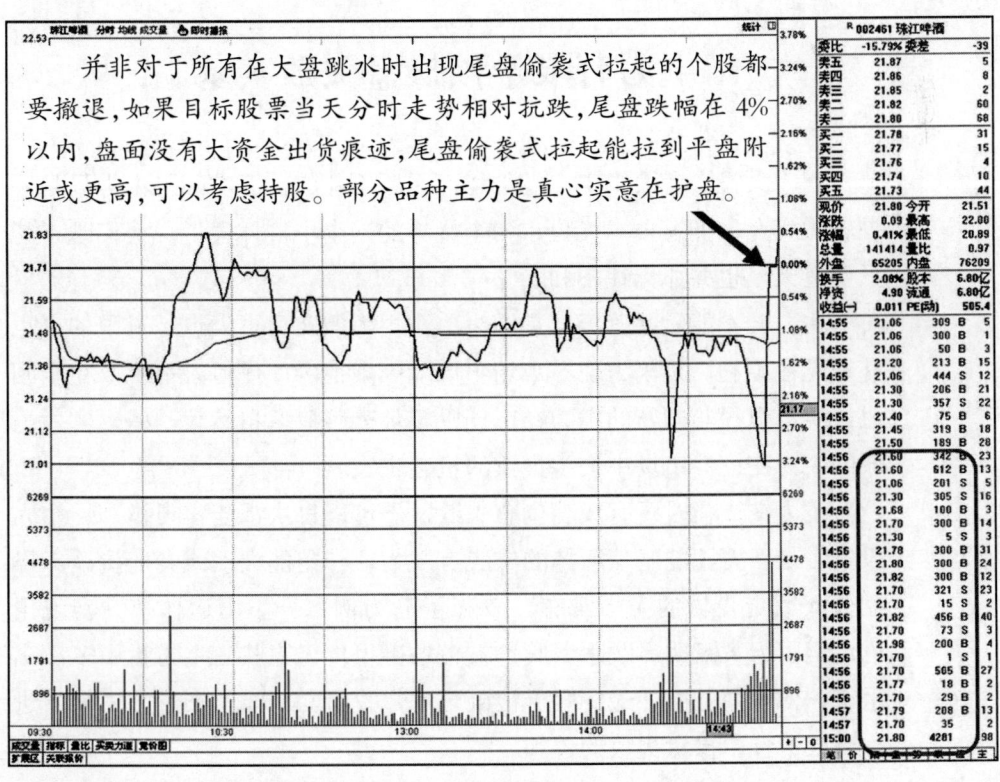

并非对于所有在大盘跳水时出现尾盘偷袭式拉起的个股都要撤退，如果目标股票当天分时走势相对抗跌，尾盘跌幅在4%以内，盘面没有大资金出货痕迹，尾盘偷袭式拉起能拉到平盘附近或更高，可以考虑持股。部分品种主力是真心实意在护盘。

191

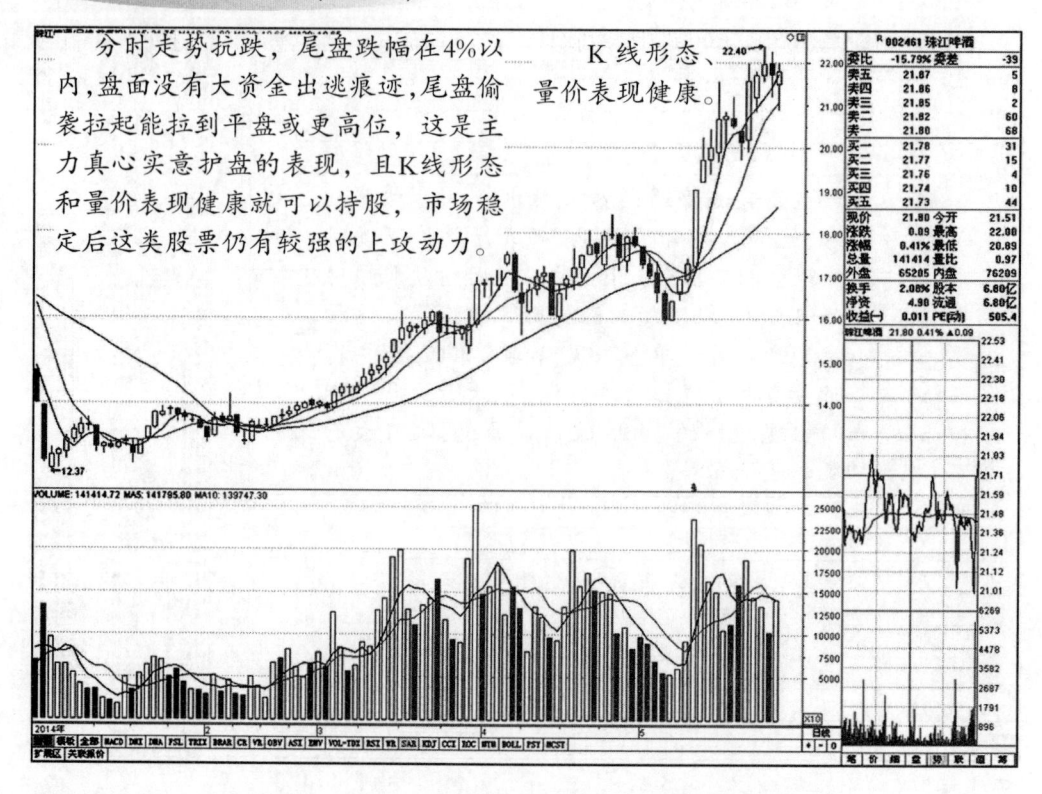

分时走势抗跌,尾盘跌幅在4%以内,盘面没有大资金出逃痕迹,尾盘偷袭拉起能拉到平盘或更高位,这是主力真心实意护盘的表现,且K线形态和量价表现健康就可以持股,市场稳定后这类股票仍有较强的上攻动力。

K线形态、量价表现健康。

主力有限干预操盘失败实录

在广大投资者眼中主力是神秘而无所不能的,而实际上主力只是手握较大资金,拥有技术优势、资金优势的一个小群体罢了。他们既不能只手遮天,也并非无往不利。

主力既不能只手遮天,是因为单个主力的实力再大也是有限的,也并非无往不利,是因为证券市场中风险因素很多,任何人都难以完全回避。实力强经验丰富的主力在市场中整体获胜概率自然大一些,实力一般的主力在证券市场中失手失败的机会也大。

主力在操盘时既有成功也有失败,不可能每次都能实现盈利。个人投资者是万万不能坚信所持的个股有主力就一定能大涨或者能抗跌。操盘失败败走麦城的主力常有。以獐子岛为例,一主力运作拉升表现出色,但因为大盘明显跳水,股价被市场砸得体无完肤。主力盘中多次出手维护但收效甚微,最终股价被砸至跌停收盘。下面就来看主力盘中进行有限干预、操盘失败的过程。

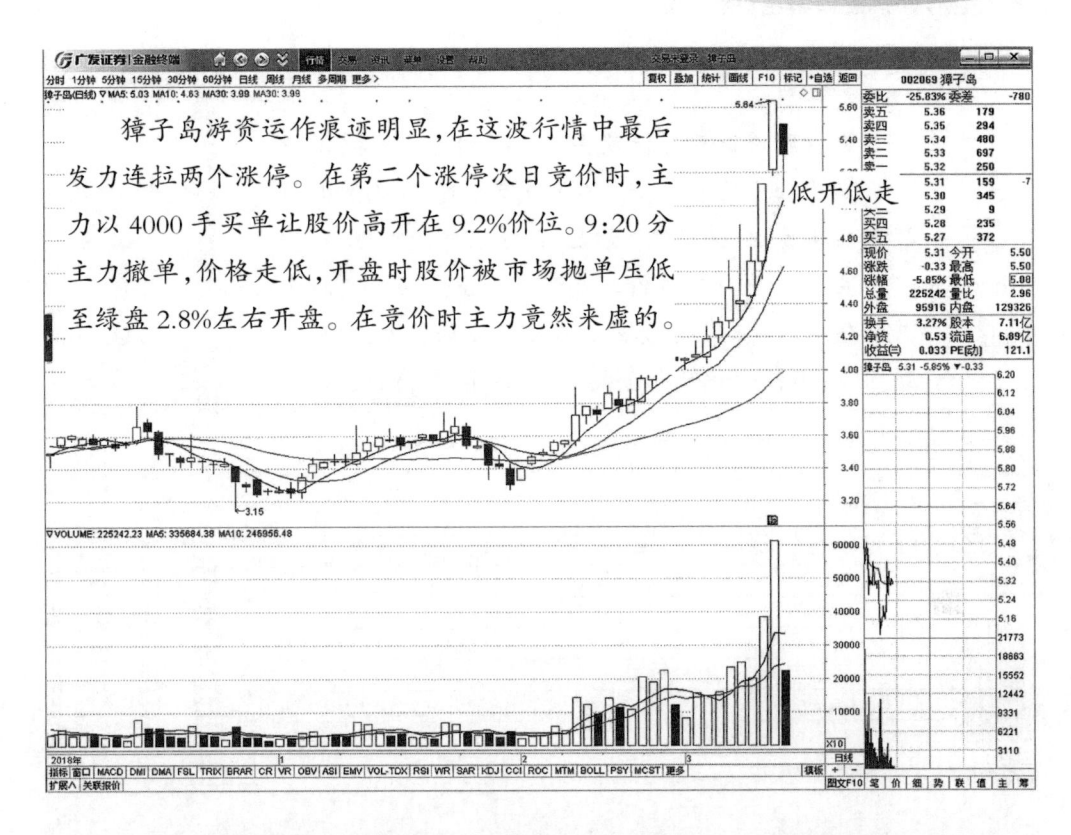

第六章 护盘行为

獐子岛游资运作痕迹明显,在这波行情中最后发力连拉两个涨停。在第二个涨停次日竞价时,主力以4000手买单让股价高开在9.2%价位。9:20分主力撤单,价格走低,开盘时股价被市场抛单压低至绿盘2.8%左右开盘。在竞价时主力竟然来虚的。

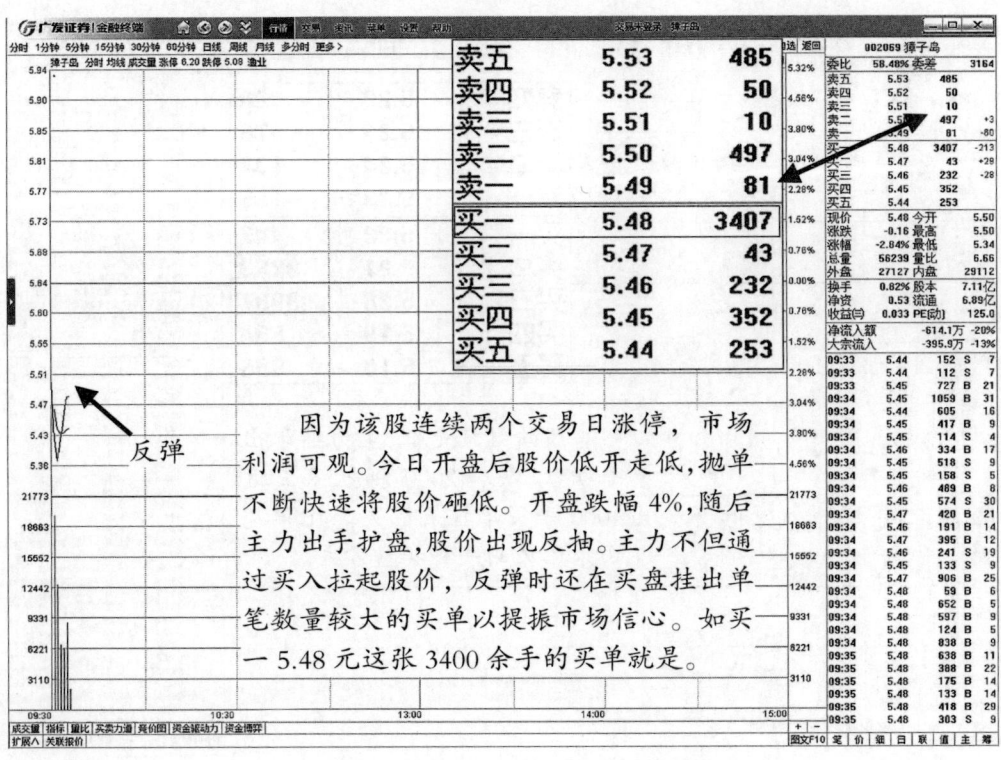

因为该股连续两个交易日涨停,市场利润可观。今日开盘后股价低开走低,抛单不断快速将股价砸低。开盘跌幅4%,随后主力出手护盘,股价出现反抽。主力不但通过买入拉起股价,反弹时还在买盘挂出单笔数量较大的买单以提振市场信心。如买一5.48元这张3400余手的买单就是。

193

主力行为盘口解密(精选版)

开盘股价低开走低跌去4%后，主力出手护盘，股价开始反抽。反弹后股价不但没有企稳，反而被市场卖盘砸得更猛，一口气下跌已经达6.74%。

主力出手拉起股价还在买盘挂出大买单想稳定市场信心的举动并没奏效。在市场波动较大，出现大跌时，主力操盘护盘也会被左右"扇耳光"，狼狈不堪。

大跌、新低。

股价继续走低，主力继续出手护盘。买二2000余手，买三近4000手买单挂着已久。托单是由来已久的一种护盘方式。

大跌、新低不断。

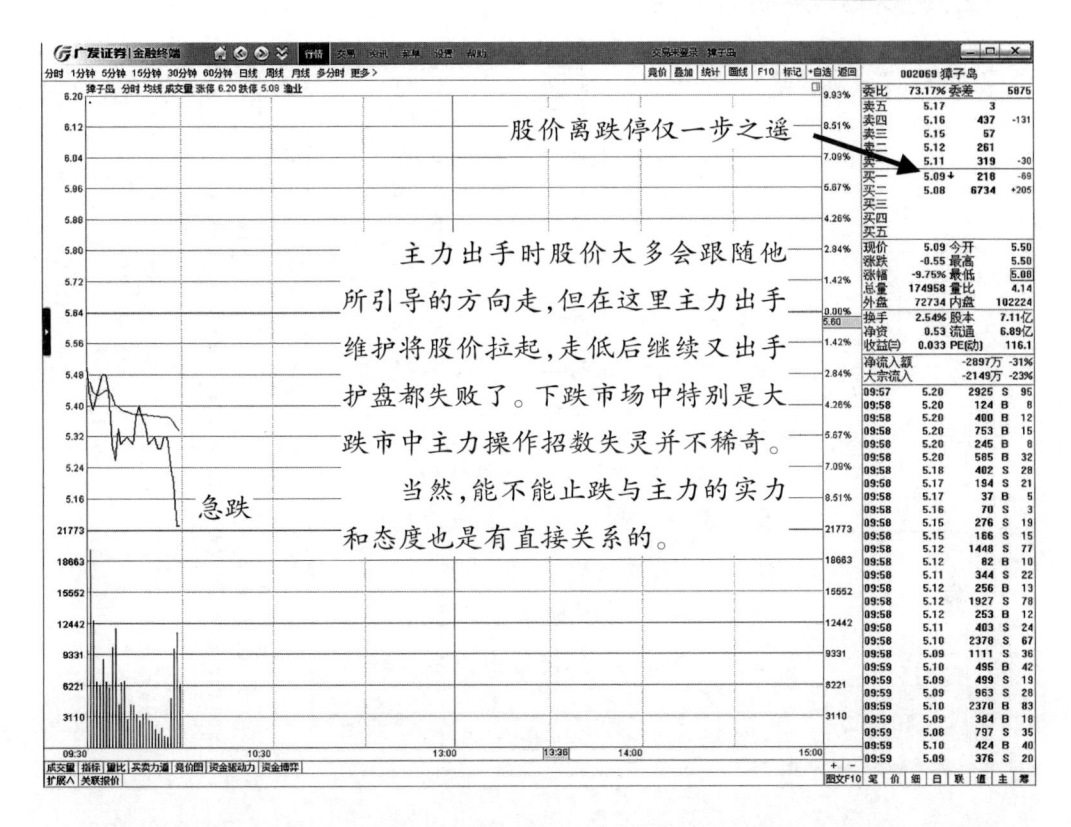

第六章 护盘行为

股价离跌停仅一步之遥 →

主力出手时股价大多会跟随他所引导的方向走，但在这里主力出手维护将股价拉起，走低后继续又出手护盘都失败了。下跌市场中特别是大跌市中主力操作招数失灵并不稀奇。

当然，能不能止跌与主力的实力和态度也是有直接关系的。

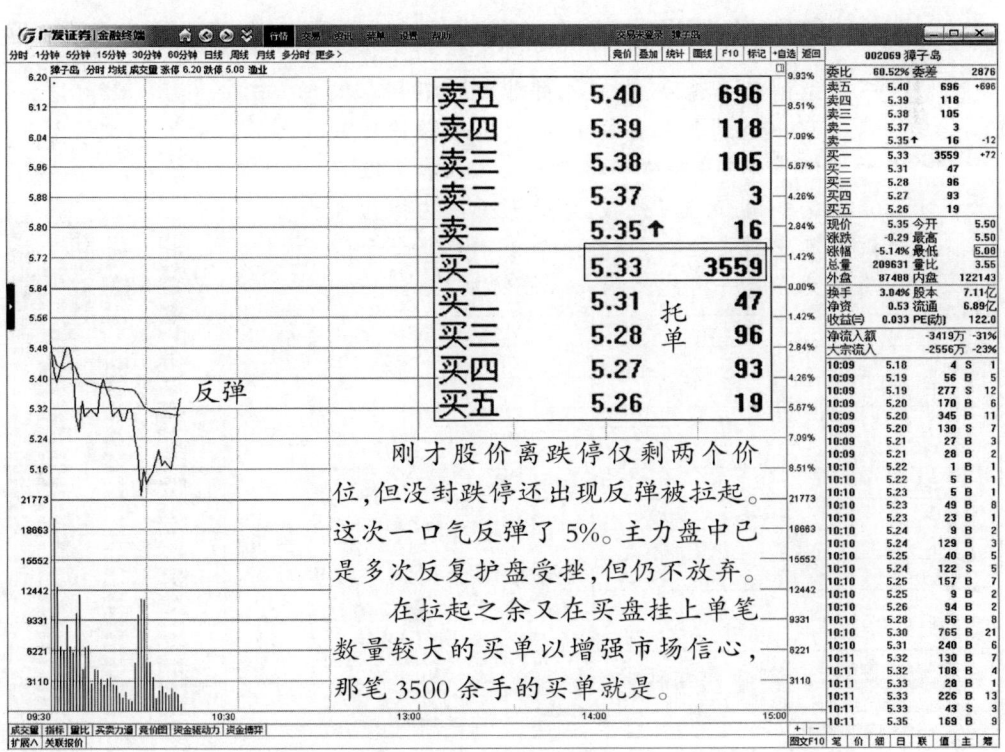

急跌

刚才股价离跌停仅剩两个价位，但没封跌停还出现反弹被拉起。这次一口气反弹了5%。主力盘中已是多次反复护盘受挫，但仍不放弃。

在拉起之余又在买盘挂上单笔数量较大的买单以增强市场信心，那笔3500余手的买单就是。

反弹

托单

195

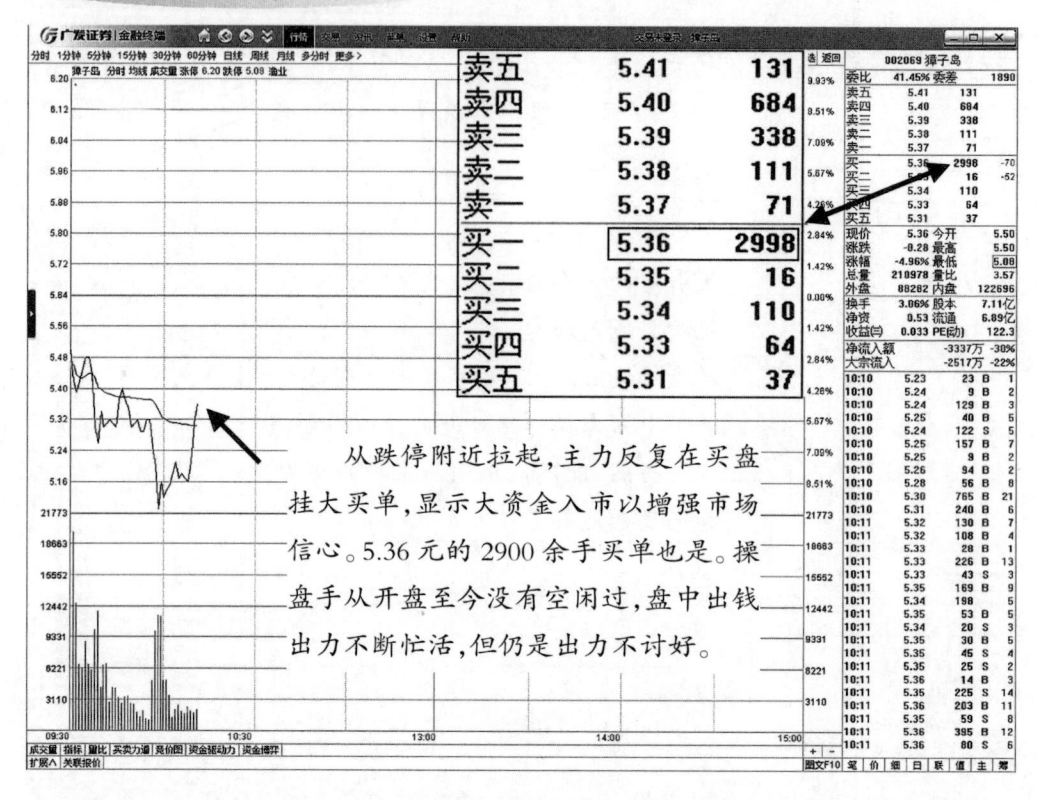

主力行为盘口解密(精选版)

从跌停附近拉起，主力反复在买盘挂大买单，显示大资金入市以增强市场信心。5.36元的2900余手买单也是。操盘手从开盘至今没有空闲过，盘中出钱出力不断忙活，但仍是出力不讨好。

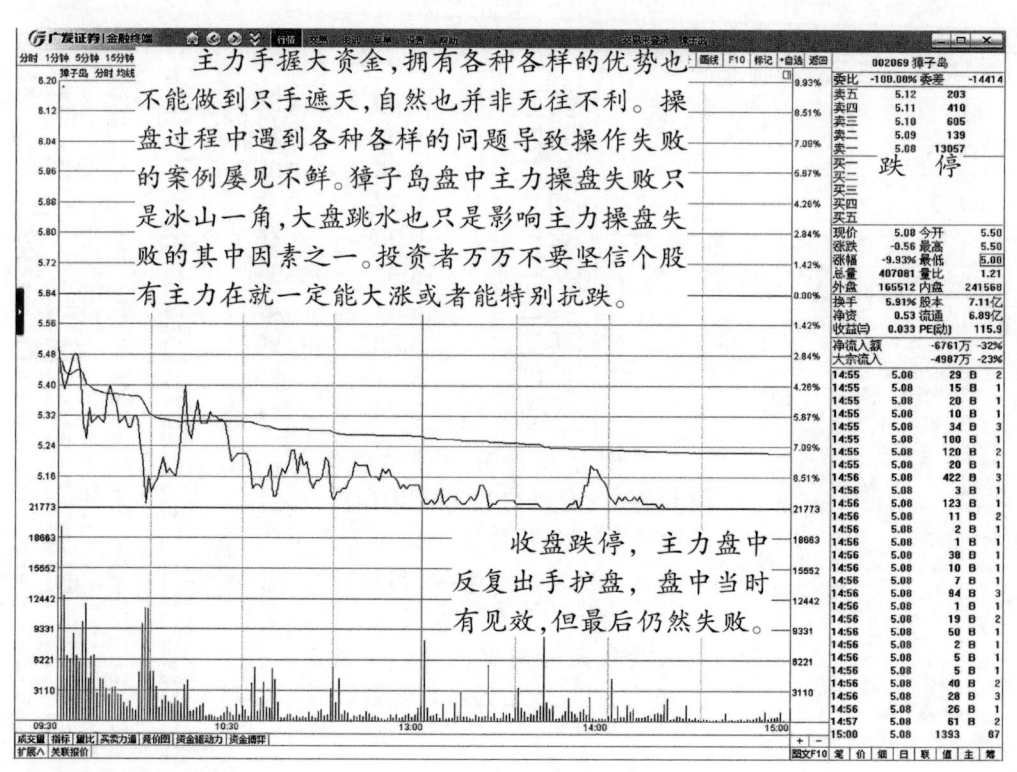

主力手握大资金，拥有各种各样的优势也不能做到只手遮天，自然也并非无往不利。操盘过程中遇到各种各样的问题导致操作失败的案例屡见不鲜。獐子岛盘中主力操盘失败只是冰山一角，大盘跳水也只是影响主力操盘失败的其中因素之一。投资者万万不要坚信个股有主力在就一定能大涨或者能特别抗跌。

收盘跌停，主力盘中反复出手护盘，盘中当时有见效，但最后仍然失败。

第七章
不同市况下的选股思路

个股赚钱走势排名

有参照物才有目标有榜样，进了股市就应该清楚知道什么样走势的股票最赚钱，然后以这些走势为样本寻找操作标的。下面将市场上最赚钱的个股走势列举出来供大家参考。市场上是实实在在存在大量这些暴利走势案例，操作上能不能实现是后事。有事实有理论，在指明方向的道路上实践总比终日迷茫不知所向强。

最赚钱的个股走势排名：①极具广阔想象空间的概念题材超级龙头股，持股3~6个月，单次盈利3~10倍。②长线投资，以年为时间单位，持有优质股N年，单次盈利3~10倍。③龙头股中连续N连板涨停品种，持股3~10日单次盈利30%~100%。④一般涨停品种，持股1~5日，单次盈利10%~30%。⑤做上升主升浪阶段，持股5~30日。⑥做一般上升趋势阶段，持股1~6月。⑦一般常规操作。

以上是个股的赚钱走势排名，为什么这样排名？以及这些走势下的个股具体表现是怎样的？

龙头股中具有广阔想象空间的概念题材超级龙头，持股3~6个月，单次可获3~10倍暴利。每年都有多个这样的品种出现。操作这些品种理论上资金一年可周转多次，多次操作累积利润非常惊人。

长线投资也可以单次获得3~10倍超级利润。但长线投资持股时间以年计算，资金周转效率非常低。上一种类型品种3~6个月完成一次操作，两年时间可周转4~8次，理论上多次操作能累积的利润将远超长线投资。所以极具广阔想象力的概念超级龙头股走势是股市中最赚钱的走势，长线投资排第二。

连续涨停N连板龙头股品种，持股3~10日，单次利润理论上可以做到30%~100%。就单次利润看远不如上面的超级龙头股和长线投资品种高，但操作一次连板龙头股时间周期仅为3~10个日，周转率非常高。一年约250个交易日，理论上可周转25~80次。不断寻找这种走势的品种，操作1年累积的利润可以超越超级龙头和长线投资品种。但考虑到这种操作复杂性强，将它定义为赚钱走势第3位，而且这种走势个股每年都有许多。

一般涨停走势品种持股 1~5 日单次理论可获利 10%~30%，这是短线做强势股的操作，单次获利幅度明显比操作龙头股中连续涨停板龙头低，但因为其周转率更高，所以仍是一种较容易累积暴利的走势，此走势排在赚钱走势第 4 位。这种走势个股日日有，完全不缺可操作目标。

主升浪走势是最后加速上升阶段，不同个股获利差异很大。持股 5~30 日单次获利 20%~100% 都可能。周转率比涨停走势品种低，排在赚钱走势第 5 位。

一般上升趋势阶段走势日 K 线以 30°~60° 角上升，持股时间 1~6 月，单次获利幅度难预测，获利 20%~100% 都可能，资金周转率较低，排在赚钱走势第 6 位。

一般常规操作指的是市场上大部分投资者的交易方法，通常是指在个股中进行高抛低吸，没有固定的操作模式，获利不稳定，较前面 6 种走势属于无章法的杂乱走势，排在赚钱最后一位。

以上这些个股走势是市场中反复出现的，将这些走势整理出来，进行排名，就是让每一个投资者明白这个市场赚钱一定是有方法的。选择其中一种为之奋斗深耕数年，若成功则形成一套成熟的模型，若不成功就继续为之努力。

赚钱走势排名，如一座座灯塔屹立在你面前，有了方向才更容易成功。

王府井是国内百货龙头之一，公司在2020年上半年取得免税经营牌照。这是国内第一家取得免税渠道经营权的上市公司。该概念在当时极具想象空间，股价12元起步，翻番后才公布消息。后面股价仍继续勇攀高峰，直达79元。两个多月时间股价翻了6倍。超级概念下的超级龙头涨幅表现以多少倍起计，远远超常规思维的想象。

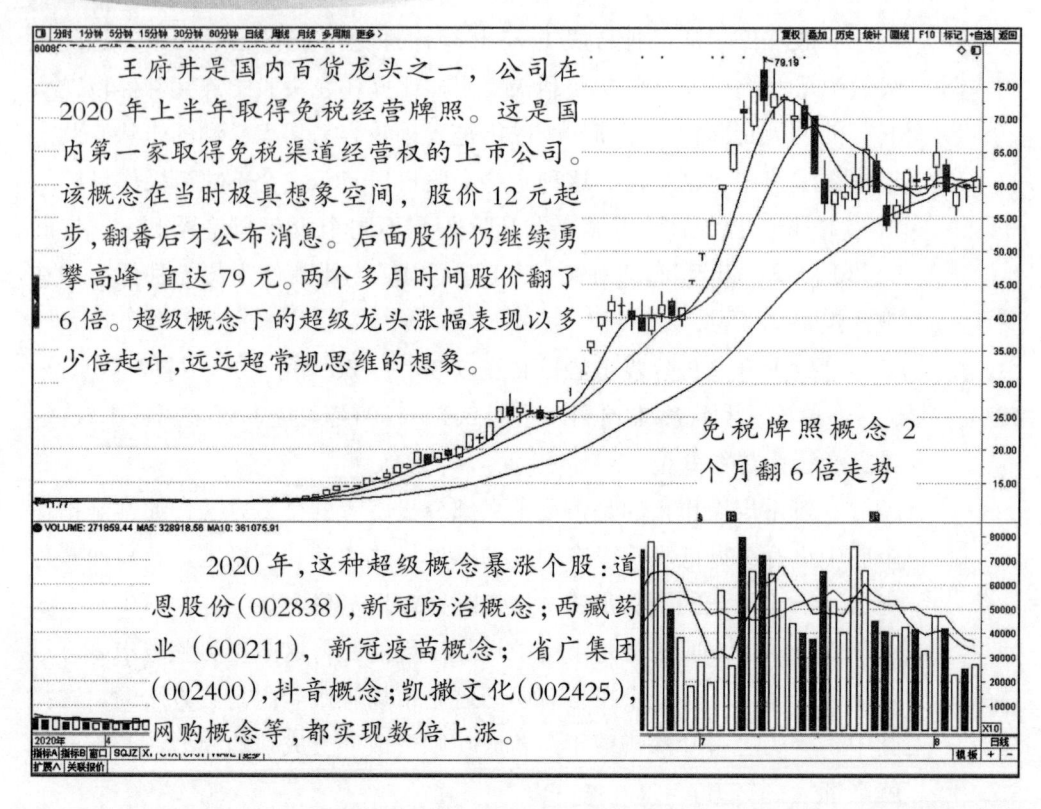

免税牌照概念2个月翻6倍走势

2020年，这种超级概念暴涨个股：道恩股份（002838），新冠防治概念；西藏药业（600211），新冠疫苗概念；省广集团（002400），抖音概念；凯撒文化（002425），网购概念等，都实现数倍上涨。

价值投资的确是可以令人大赚的！业绩优良的品种在一年间股价翻几番的现象屡见不鲜。贵州茅台就不用说了，如海天味业（603288）、江山欧派（603208）、坚朗五金（002791）、锦浪科技（300763）、春风动力（603129）等都是代表作。找对标的后长线持有，用时间换空间，可实现暴利。A股市场越来越成熟，以后出现这种超级牛股将更加常见。

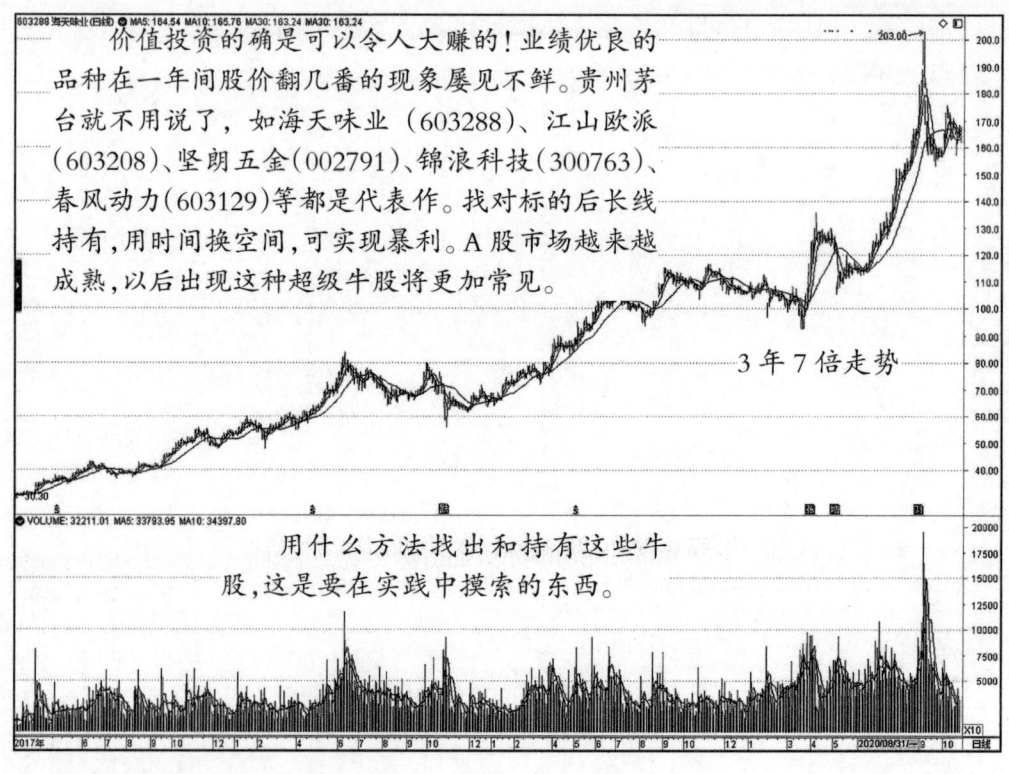

3年7倍走势

用什么方法找出和持有这些牛股，这是要在实践中摸索的东西。

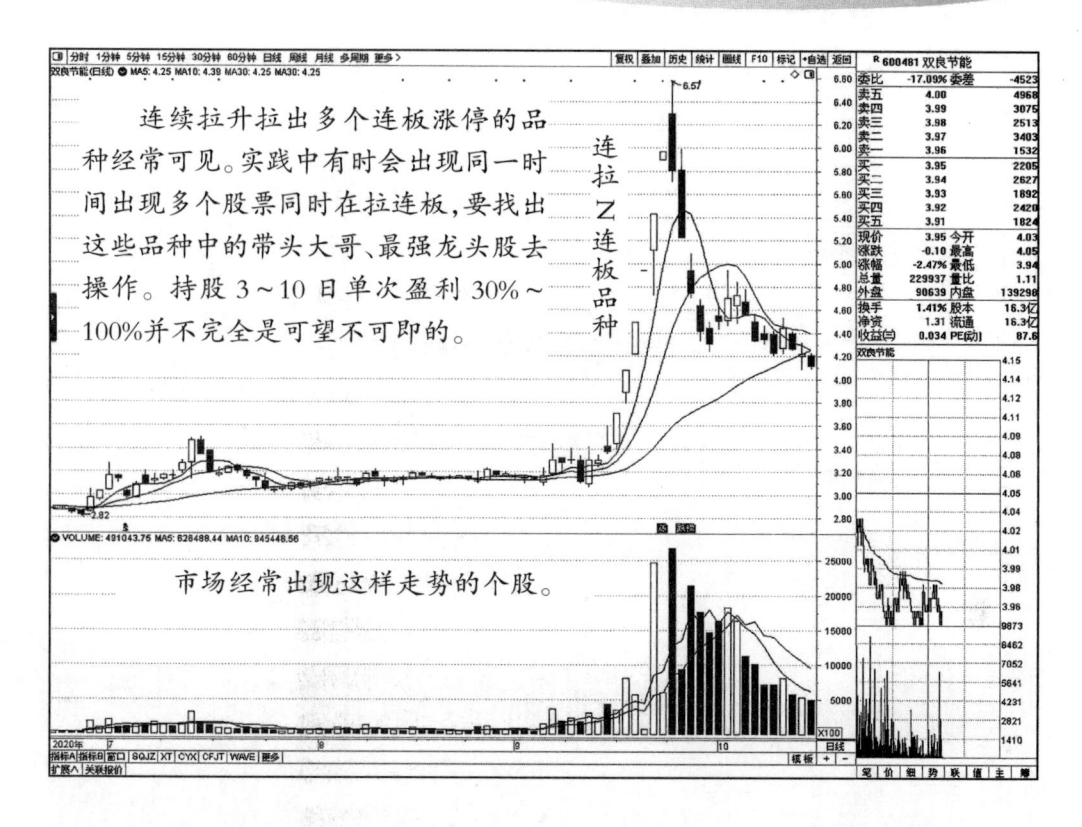

连续拉升拉出多个连板涨停的品种经常可见。实践中有时会出现同一时间出现多个股票同时在拉连板,要找出这些品种中的带头大哥、最强龙头股去操作。持股3～10日单次盈利30%～100%并不完全是可望不可即的。

连拉Z连板品种

市场经常出现这样走势的个股。

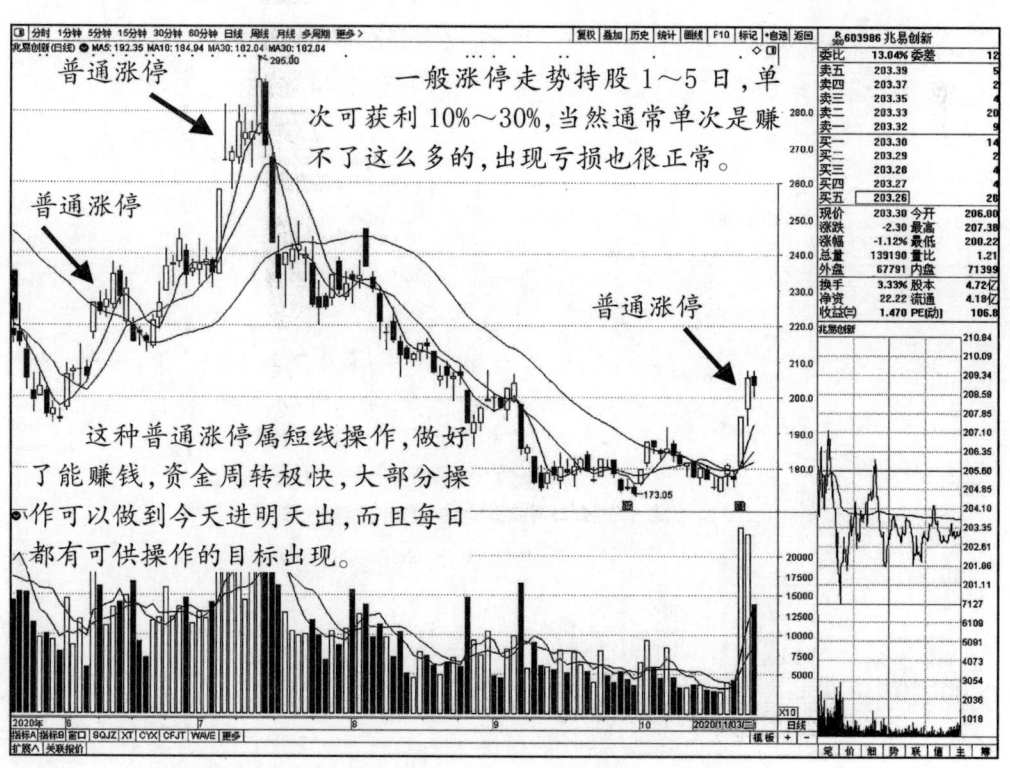

普通涨停

普通涨停

普通涨停

一般涨停走势持股1～5日,单次可获利10%～30%,当然通常单次是赚不了这么多的,出现亏损也很正常。

这种普通涨停属短线操作,做好了能赚钱,资金周转极快,大部分操作可以做到今天进明天出,而且每日都有可供操作的目标出现。

主力行为盘口解密(精选版)

主升浪走势是个股上升最后加速拉高阶段,不同个股主升浪幅度不同,能获利多少差异很大。主升浪个股不是日日有,资金周转率比涨停走势品种低,排在赚钱走势第5位。

如投资者不敢追涨停,那么做主升浪走势是较好的选择。当然凡出现主升浪走势的个股前面涨幅都已大,没有低位便宜可捡。不敢追涨停的估计也不敢去买这种股价涨幅巨大已在高位的个股。

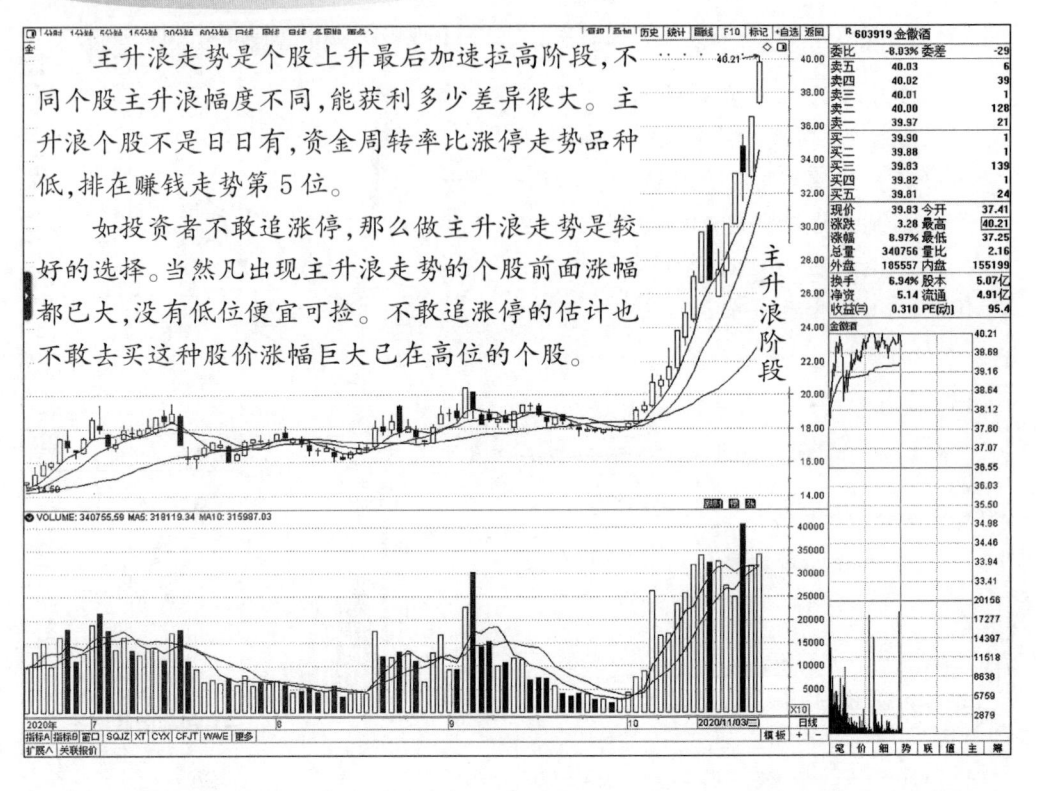

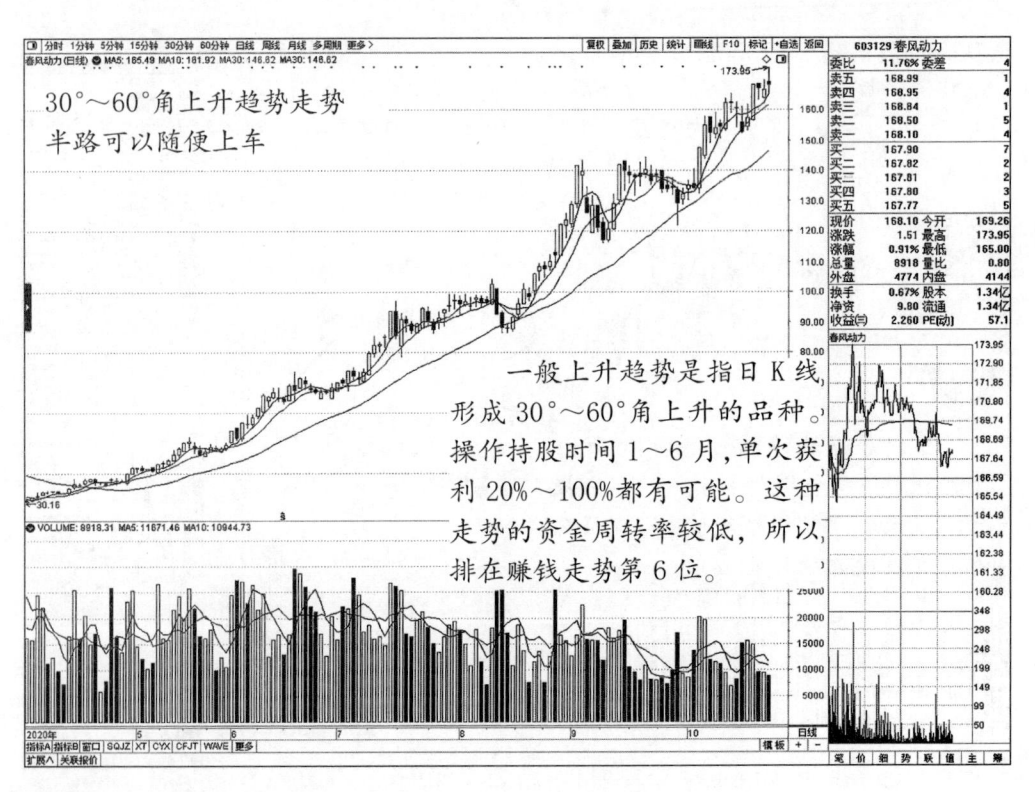

主升浪阶段

30°~60°角上升趋势走势
半路可以随便上车

一般上升趋势是指日K线形成30°~60°角上升的品种。操作持股时间1~6月,单次获利20%~100%都有可能。这种走势的资金周转率较低,所以排在赚钱走势第6位。

不敢追连板的，可以选择普通涨停走势，不敢追普通涨停的，可以选择主升浪走势，不敢做主升浪走势的，可以选一般上升趋势走势。但实践中你会发现，就连这种一般上升趋势走势品种，在你发现它时股价较之前也已上升了不少，想买时股价肯定已经在高位了。由此看来，但凡真正能赚钱的走势都不在低位，没有便宜可捡。凡是真正能赚大钱的走势都是股价已经在高位，普通投资者都难接受。反过来看，大部分投资者都能接受的价格和走势大都不可能赚大钱。

排在赚钱走势第7位的就是一般常规走势。这里的一般常规走势指的是市场上大部分投资者参与交易的个股走势。通常这些个股没有明朗大方向。广大投资者在个股一般波动中走势进行高抛低吸，实际上是最不赚钱的方法。

最暴利的走势往往最令人畏惧。从不赚钱走势，到赚钱走势，到赚大钱走势到暴利走势，每前进一步都要攻克更深层次的生理和心理恐惧与矛盾。做不到，就停步于此，做得到，就向上突破。高手需经历千锤百炼方能成就，道路的艰辛只有走过的人才能知道。

深入剖析快速赚钱的选股方向

股市中有人赚得盆满钵满，也有人亏损累累。股票操作各师各法，没有最好，能赚钱的就是好方法。一时暴利可以靠运气，但长期赚钱者必定是掌握了正确有效的方法。

为实现资产增值是该长线操作，还是短炒投机？其实这根本不用争论，一个有效和谐市场既需要长线持仓者也需要投机炒作者。无论是长线投资还是短炒投机早已有杰出代表人物，都早已有赚得丰厚利润的榜样。

投机短炒以资金最高效率周转和实现资产最快增值为目的。短炒的利润来源是通过多次的交易累积。实现资金最高效率周转就必须有可行的前提条件，即有方向明朗，交易活跃，成交量足够大，股价波动幅度大的品种供随时操作。

涨停的股票最活跃、最有机会，连续大阳上升的股票最活跃、有机会，走上升趋势的股票很活跃、有机会。

以上三种是初次寻找的结果，而每一类当中都可以根据其走势特点再进行细分。譬如涨停个股，就可细分为连续一字板涨停、连续大阳涨停、间歇性涨停等，每一种表现的性质特点都有差异，介入、持股、卖出也各有不同方法。连续大阳上升走势同样可以进行细分，如沿 5 日均线上升、沿 10 日均线上升、沿 30 日均线上升，单是这三种表现差别就非常大，介入、持股、卖出肯定也是有差异的。想做得更好更成功，得针对每一细分下的独立表现作全面的总结分析，找出他们共同点、不同点，制定共同有效的操作方法和差异性操作策略。

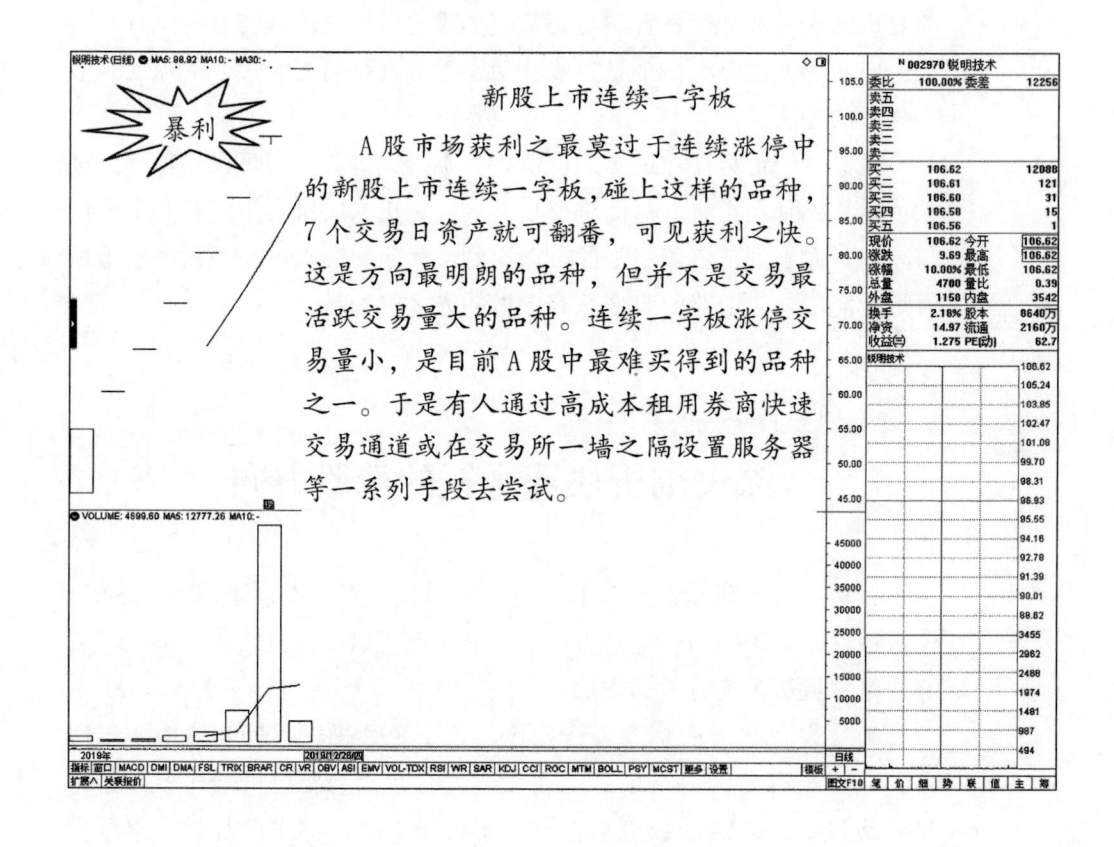

新股上市连续一字板

A 股市场获利之最莫过于连续涨停中的新股上市连续一字板，碰上这样的品种，7 个交易日资产就可翻番，可见获利之快。这是方向最明朗的品种，但并不是交易最活跃交易量大的品种。连续一字板涨停交易量小，是目前 A 股中最难买得到的品种之一。于是有人通过高成本租用券商快速交易通道或在交易所一墙之隔设置服务器等一系列手段去尝试。

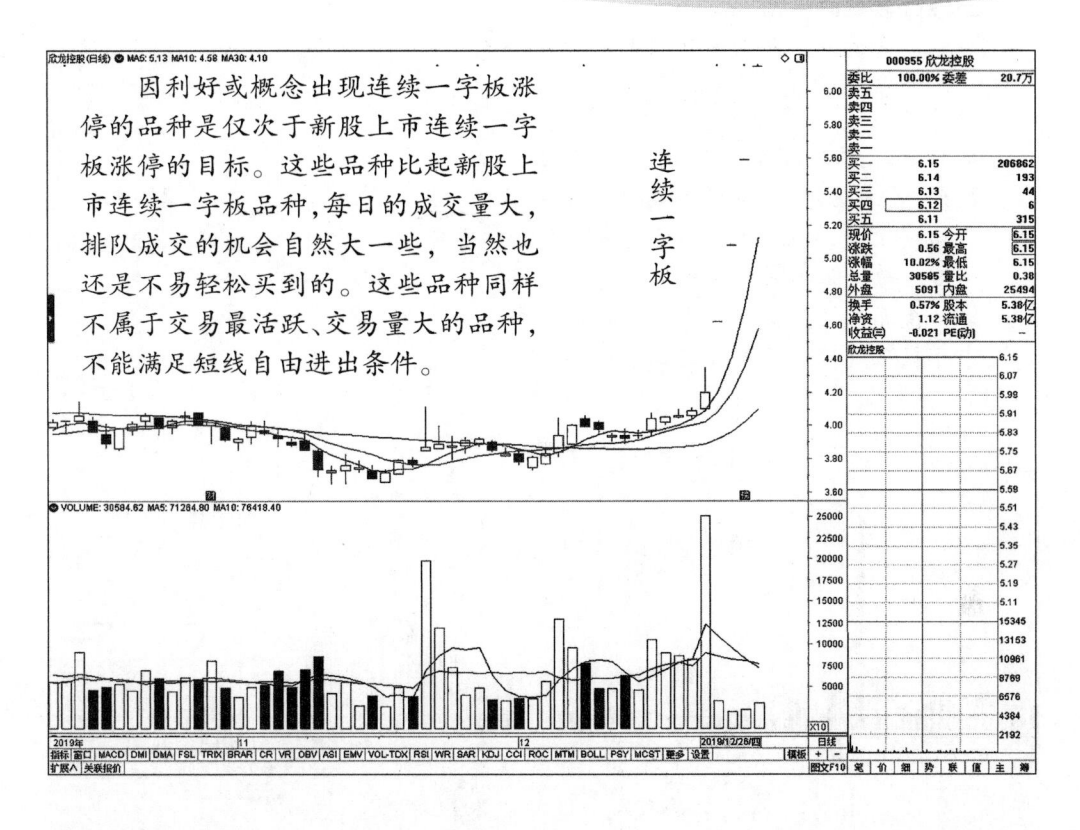

因利好或概念出现连续一字板涨停的品种是仅次于新股上市连续一字板涨停的目标。这些品种比起新股上市连续一字板品种，每日的成交量大，排队成交的机会自然大一些，当然也还是不易轻松买到的。这些品种同样不属于交易最活跃、交易量大的品种，不能满足短线自由进出条件。

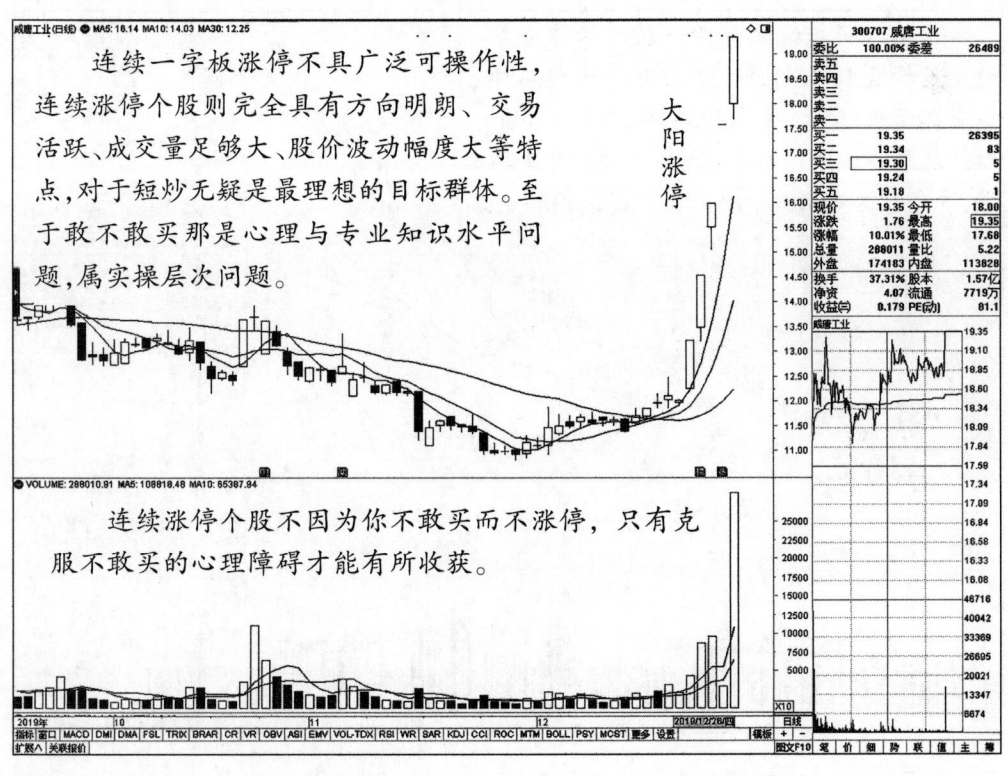

连续一字板

连续一字板涨停不具广泛可操作性，连续涨停个股则完全具有方向明朗、交易活跃、成交量足够大、股价波动幅度大等特点，对于短炒无疑是最理想的目标群体。至于敢不敢买那是心理与专业知识水平问题，属实操层次问题。

大阳涨停

连续涨停个股不因为你不敢买而不涨停，只有克服不敢买的心理障碍才能有所收获。

在连续涨停品种之下，具有广泛可操作性的是"股价沿5日均线上升"这类品种。这类品种成交活跃，成交量也较大，方向明朗。如本图中嘉发急品沿5日均线上升，仅仅20个交易日股价已翻番。短炒必须买强势股才是正确的选择。在那些横盘状态或者下跌状态品种中寻找短线机会是不合适的。

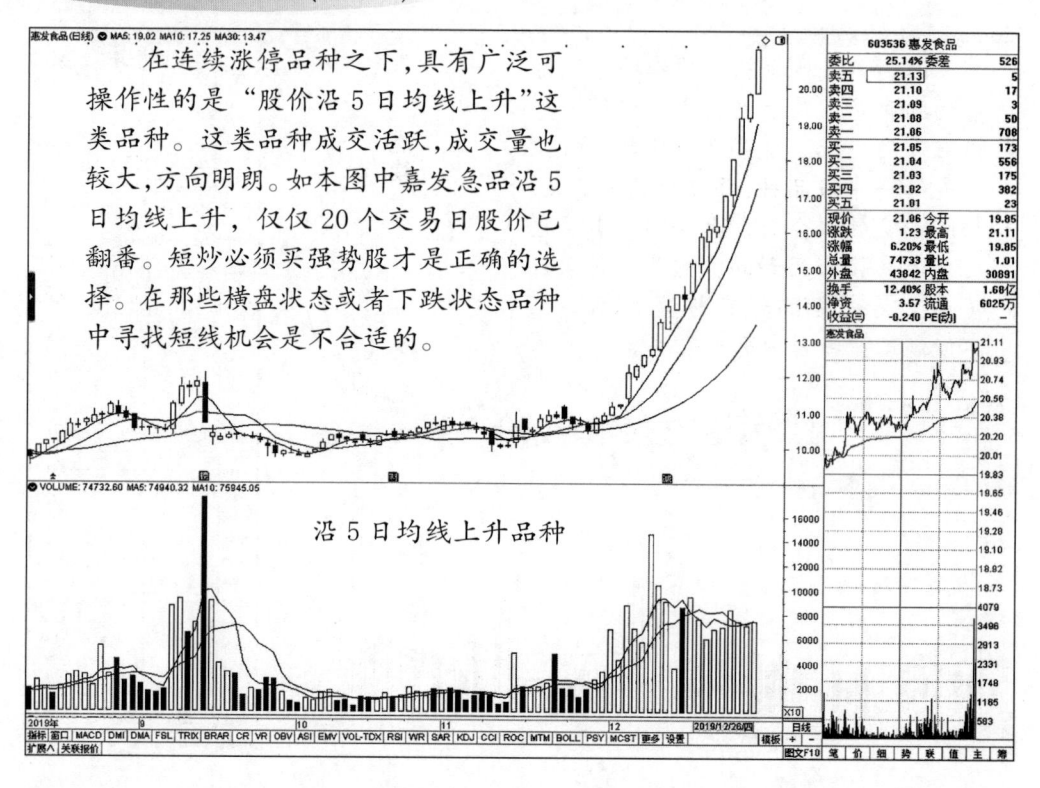

沿5日均线上升品种

比沿5日均线上升低一层次的强势品种是股价沿10日均线上升品种。这些品种成交也活跃、量大、方向明朗，但这已经不是短炒理想的选择目标了。这些品种上升速率慢，资金在这些品种中难以实现高速周转。

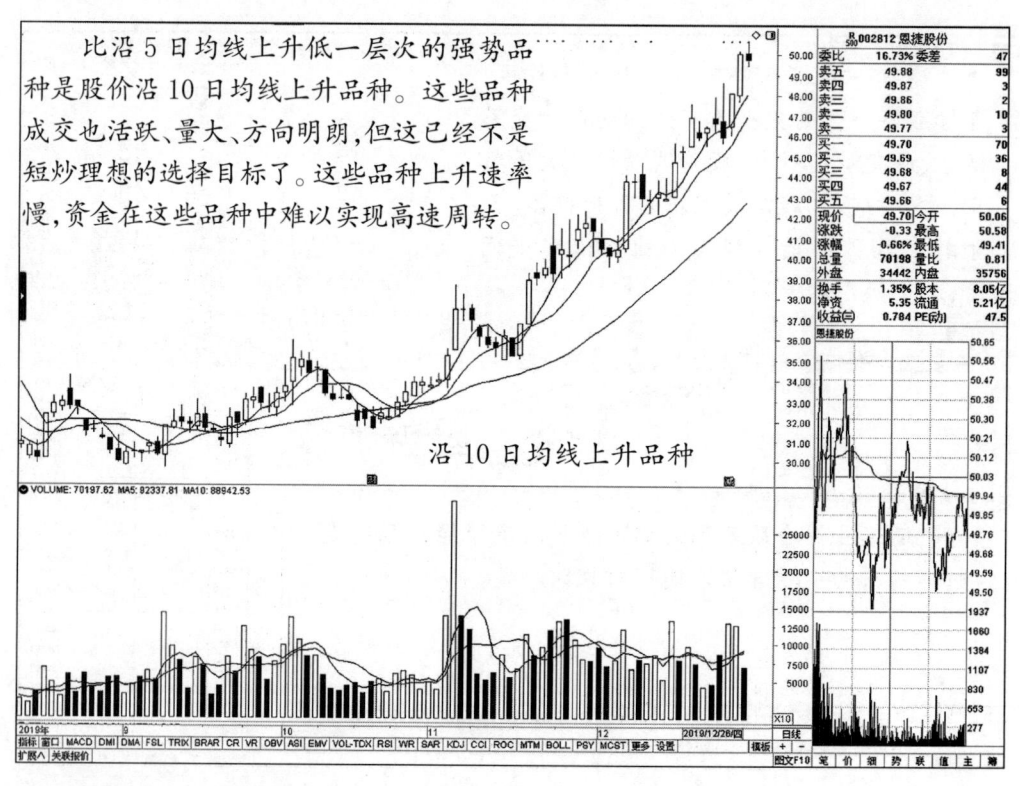

沿10日均线上升品种

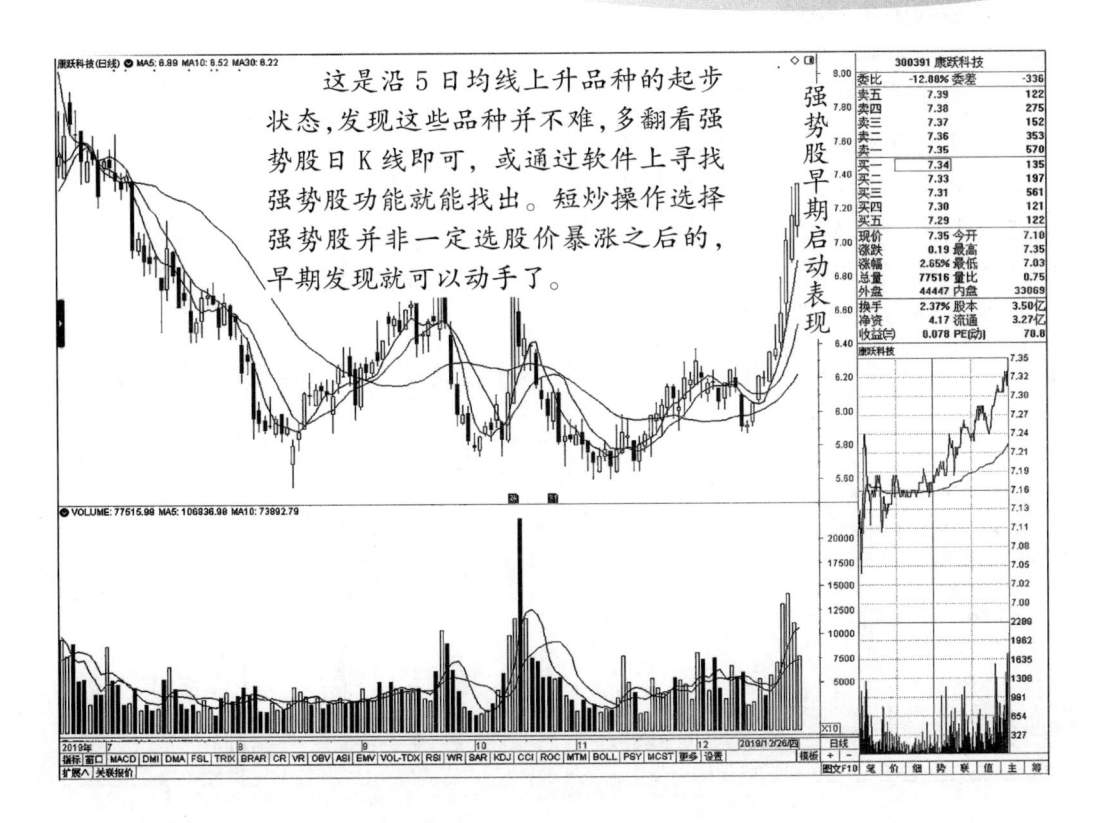

这是沿5日均线上升品种的起步状态，发现这些品种并不难，多翻看强势股日K线即可，或通过软件上寻找强势股功能就能找出。短炒操作选择强势股并非一定选股价暴涨之后的，早期发现就可以动手了。

牛市中选最强品种的思路与方法

"新手怕大跌，老手怕大涨"，看似简单一句话，其中却蕴藏着学问。新手经验不足，风险意识淡薄，出现大跌时往往手足无措，不知如何应对，所以怕大跌。老手经历过股市起起落落，风险意识强。在市场大涨时不敢追高，市场越涨越高就越心虚，这是老手怕大涨的直接原因。

强势市场必须敢做热点敢追涨，否则收益就可能跑不赢大盘指数涨幅。

做热点敢追涨必须有勇气，还要有方法。但凡已形成明确热点的个股大都已涨幅较大，什么样的品种是最强的？这可以从个股股价日K线表现形态上去分析。涨停代表一日表现超强，连续涨停则代表一段时间以来的最强势表现。这种表现是极端状态，极端状态不适宜大众，所以不多谈。那么适宜大众的，一段时间以来最强势的表现状态是："股价连5日均线都不碰连续上升"为首，"股价以5日均线为回调支撑连续上升"次之。下面通过几只个股看这两种最强势表现状态。

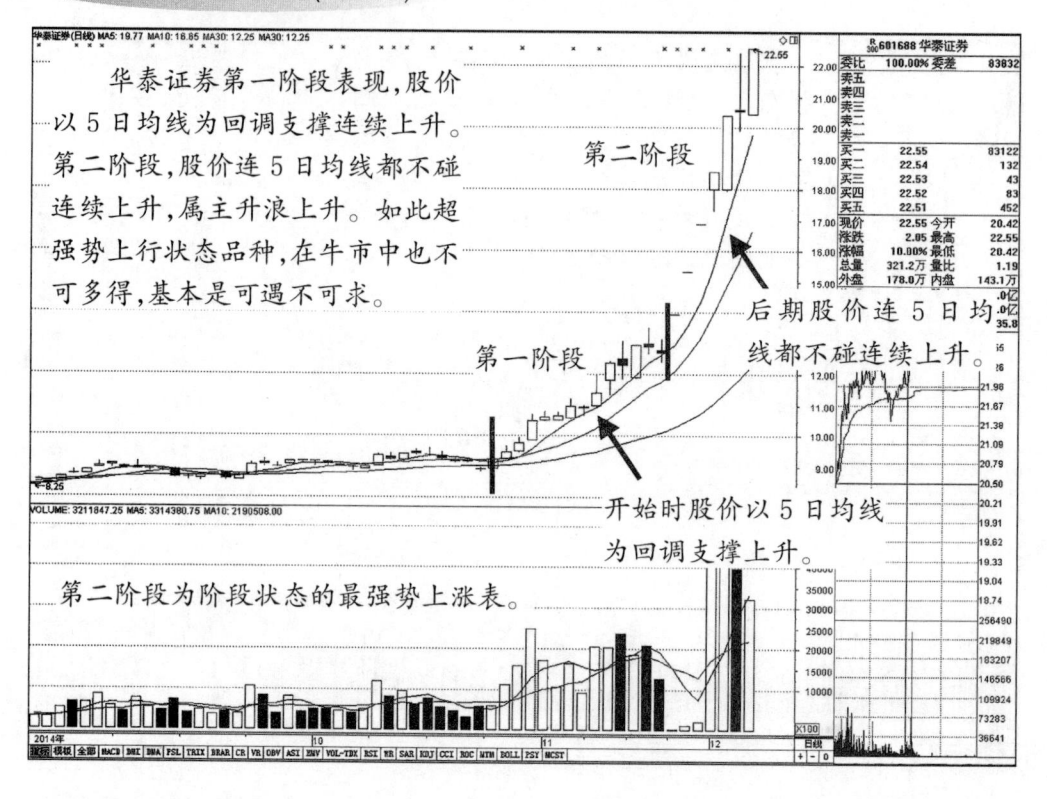

主力行为盘口解密(精选版)

华泰证券第一阶段表现，股价以5日均线为回调支撑连续上升。第二阶段，股价连5日均线都不碰连续上升，属主升浪上升。如此超强势上行状态品种，在牛市中也不可多得，基本是可遇不可求。

第二阶段

第一阶段

后期股价连5日均线都不碰连续上升。

开始时股价以5日均线为回调支撑上升。

第二阶段为阶段状态的最强势上涨表。

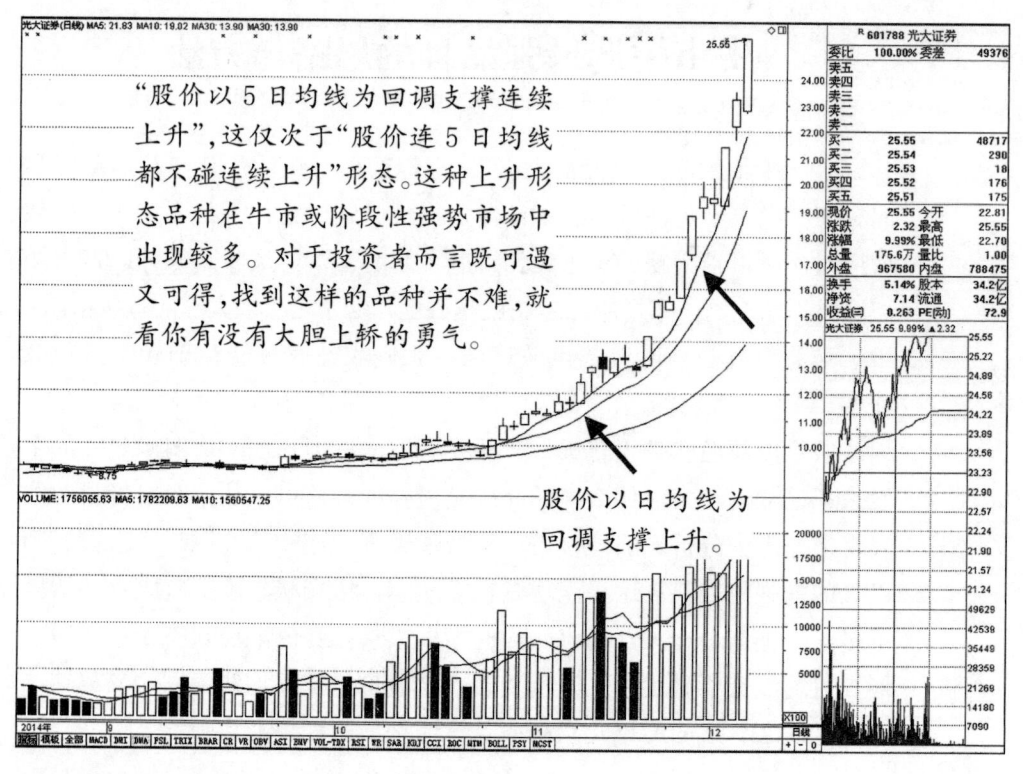

"股价以5日均线为回调支撑连续上升"，这仅次于"股价连5日均线都不碰连续上升"形态。这种上升形态品种在牛市或阶段性强势市场中出现较多。对于投资者而言既可遇又可得，找到这样的品种并不难，就看你有没有大胆上轿的勇气。

股价以日均线为回调支撑上升。

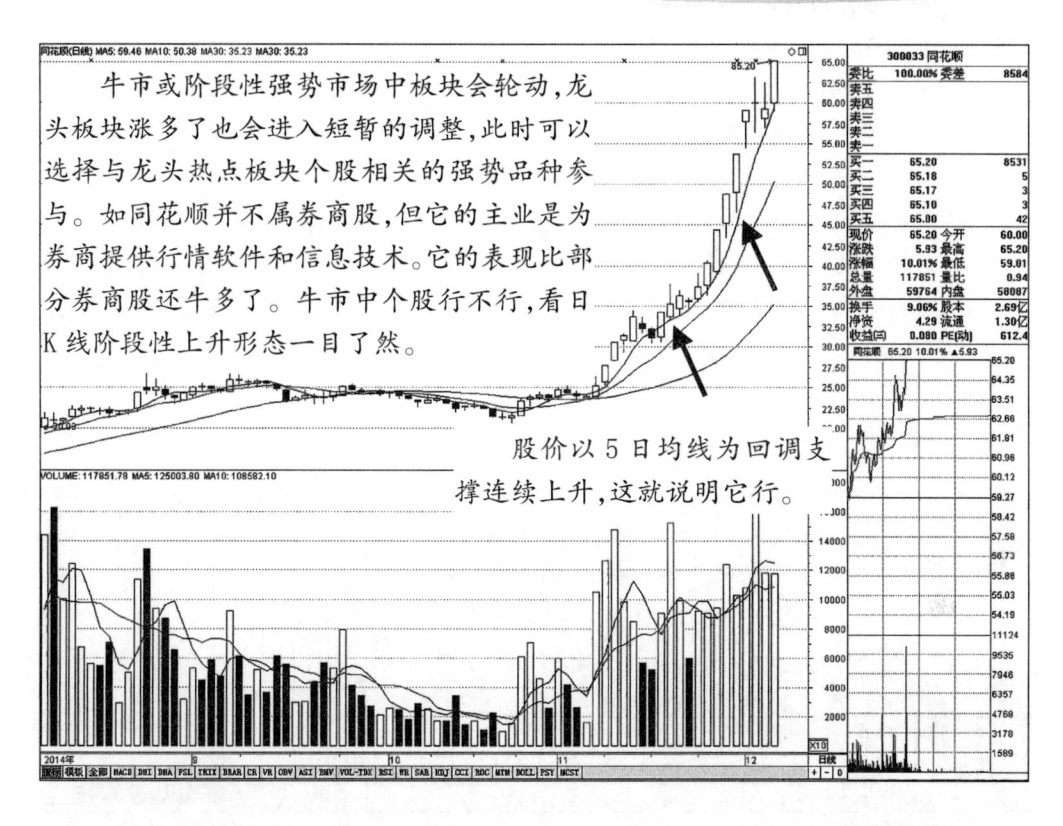

第七章 不同市况下的选股思路

牛市或阶段性强势市场中板块会轮动,龙头板块涨多了也会进入短暂的调整,此时可以选择与龙头热点板块个股相关的强势品种参与。如同花顺并不属券商股,但它的主业是为券商提供行情软件和信息技术。它的表现比部分券商股还牛多了。牛市中个股行不行,看日K线阶段性上升形态一目了然。

股价以5日均线为回调支撑连续上升,这就说明它行。

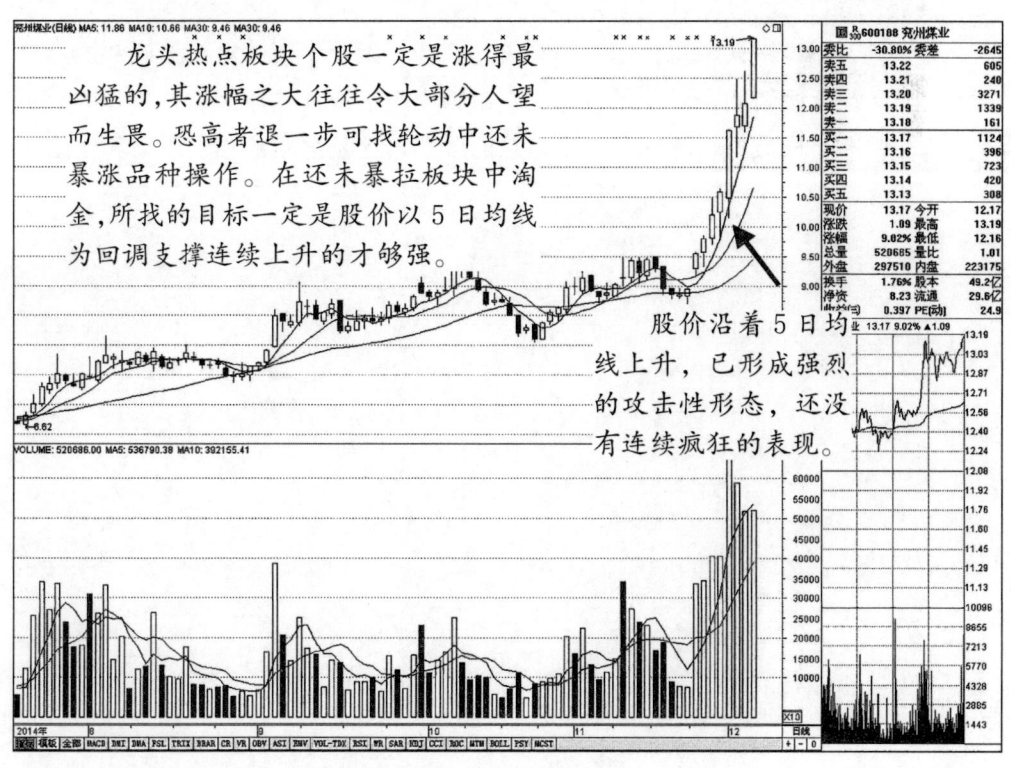

龙头热点板块个股一定是涨得最凶猛的,其涨幅之大往往令大部分人望而生畏。恐高者退一步可找轮动中还未暴涨品种操作。在还未暴拉板块中淘金,所找的目标一定是股价以5日均线为回调支撑连续上升的才够强。

股价沿着5日均线上升,已形成强烈的攻击性形态,还没有连续疯狂的表现。

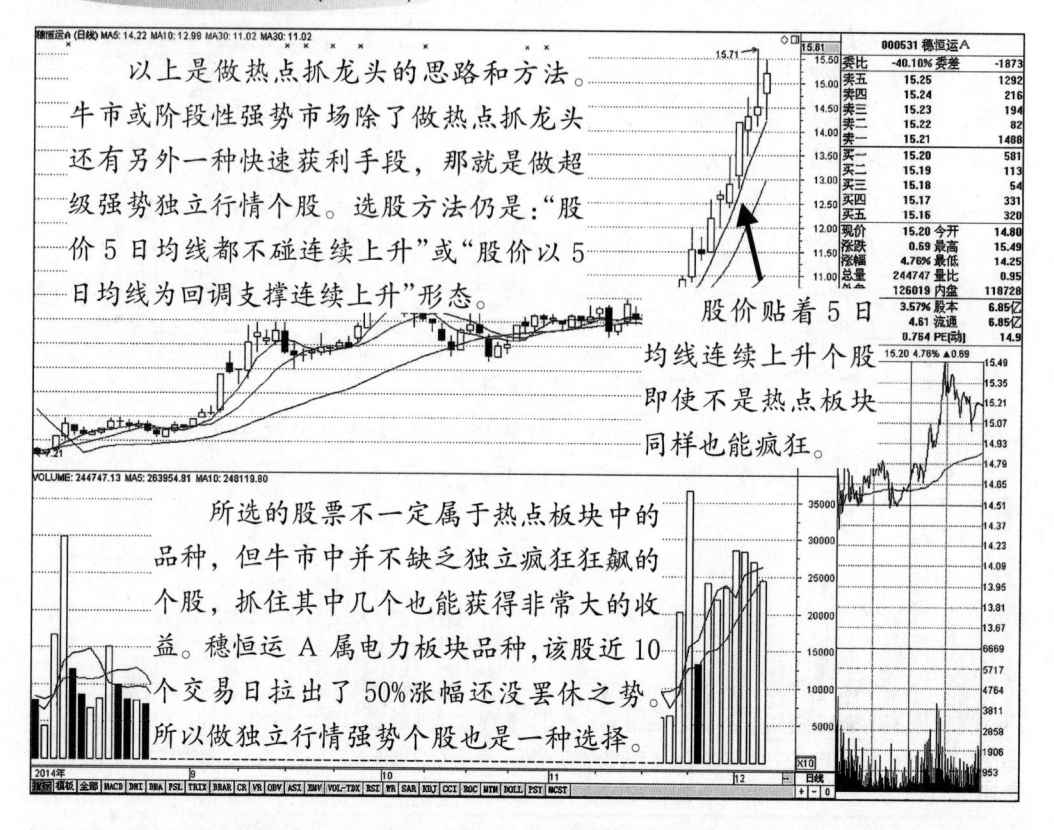

以上是做热点抓龙头的思路和方法。牛市或阶段性强势市场除了做热点抓龙头还有另外一种快速获利手段，那就是做超级强势独立行情个股。选股方法仍是："股价5日均线都不碰连续上升"或"股价以5日均线为回调支撑连续上升"形态。

股价贴着5日均线连续上升个股即使不是热点板块同样也能疯狂。

所选的股票不一定属于热点板块中的品种，但牛市中并不缺乏独立疯狂狂飙的个股，抓住其中几个也能获得非常大的收益。穗恒运A属电力板块品种，该股近10个交易日拉出了50%涨幅还没罢休之势。所以做独立行情强势个股也是一种选择。

思维错误、思路错误的结果怎么会正确？牛市一定要做强势股，方向往上明朗的个股才是首选。牛市因为胆小或其他原因选择操作方向不明的、横盘的，特别是逆市下跌的股票，这是严重的错误思路和做法。

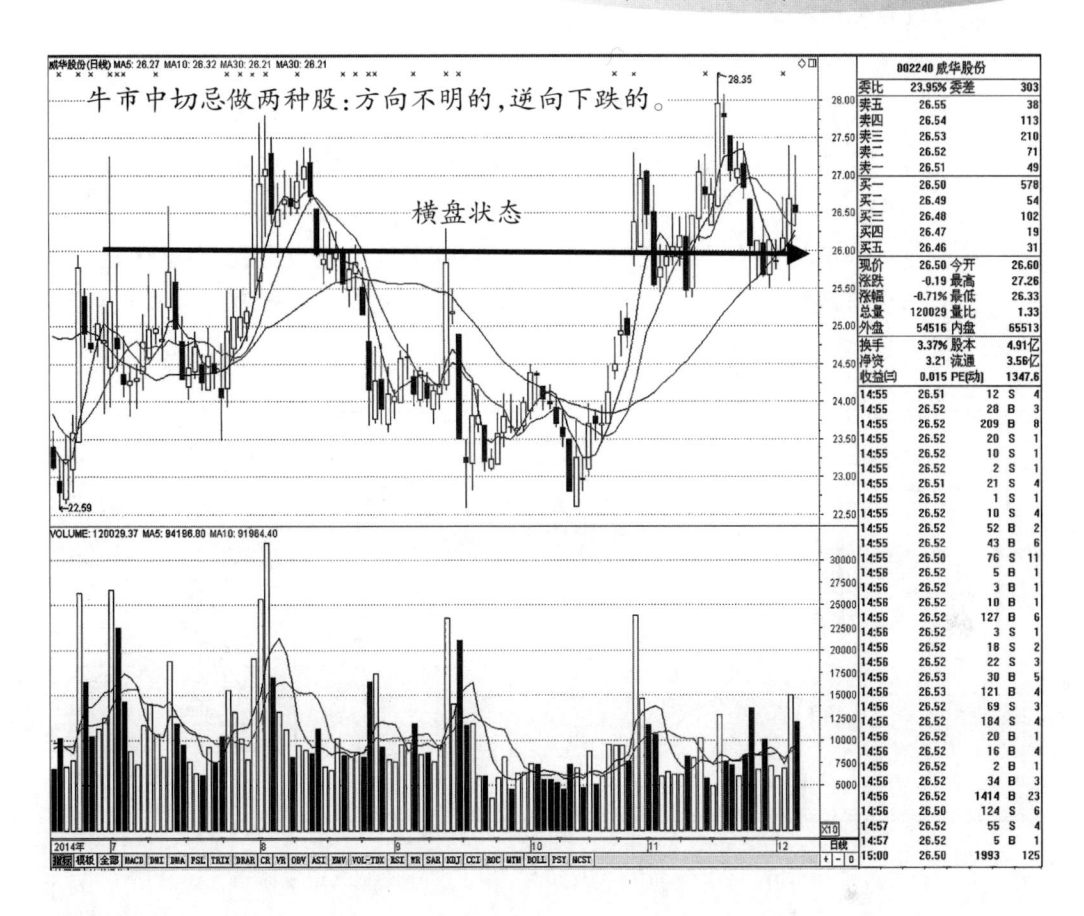

强势股的介入操作技巧

"强者恒强""弱者恒弱"这是股民的口头禅。

股票市场上个股或某板块被一些机构炒热后,受到的关注目光越来越多,于是赚钱效应出现,之后越来越多的资金涌入,而大量资金涌入引致赚钱效应越来越强。弱势、没人关注的品种则难以引起大量的关注目光,难以出现增量资金介入,因此弱者恒弱。

选股时是选强者还是弱者?从逻辑思维上多数人会选择强者,但到了实践中却不一定如此。因为强者都是已经明显大涨的品种,但只有已大涨后才能看清它是强者。选择强者就意味着你将选择升幅已大的品种作为目标,这对于大部分投资者在心理上是难以过关的。因为大多数投资者具有恐高心理障碍。

实践证明，如克服不了恐高心理障碍就做不了强势股，做不了强势股就难以捕捉短期快速盈利赚钱的机会。下面来讨论如何选择强者操作。

强者恒强有两种状况，一是个股或某板块在大盘震荡或者调整时出现强势持续上升；二是个股或某板块在大盘表现较强者时持续强势上升。

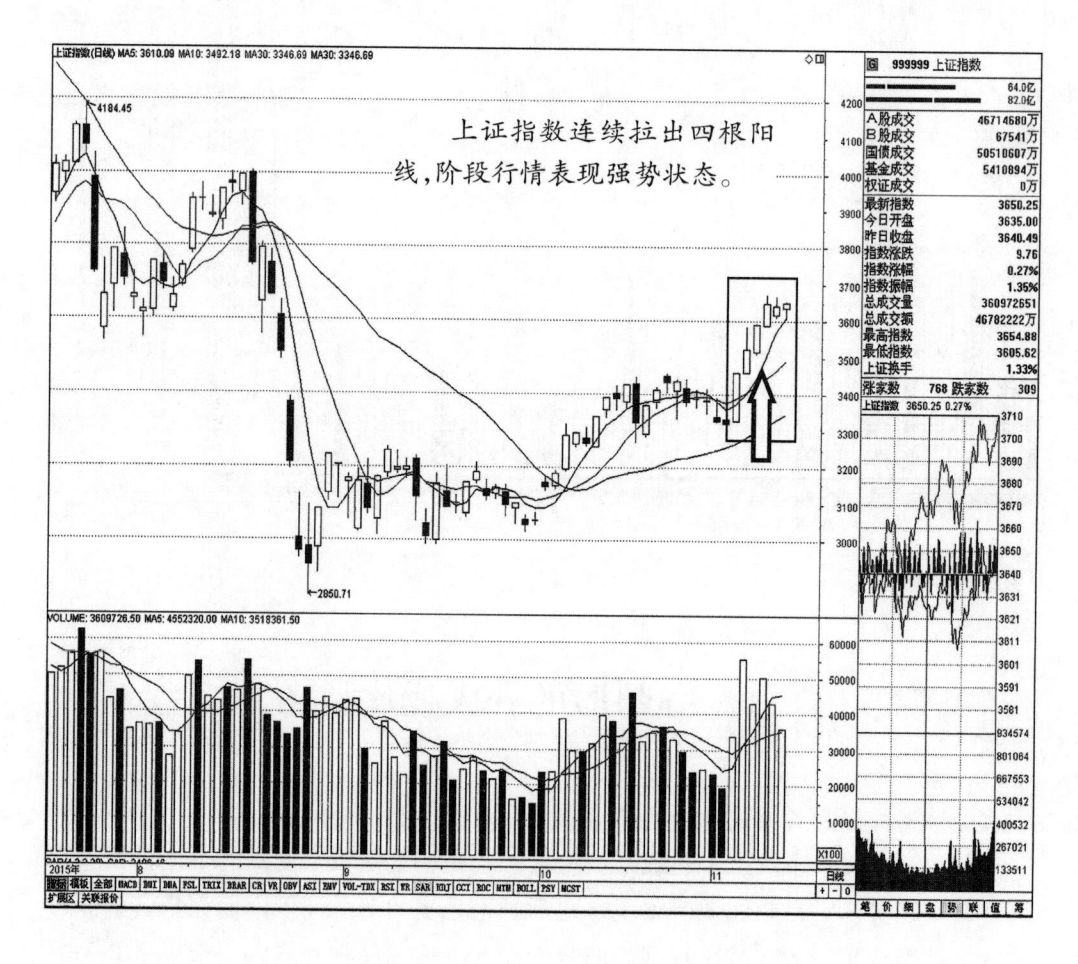

上证指数连续拉出四根阳线，阶段行情表现强势状态。

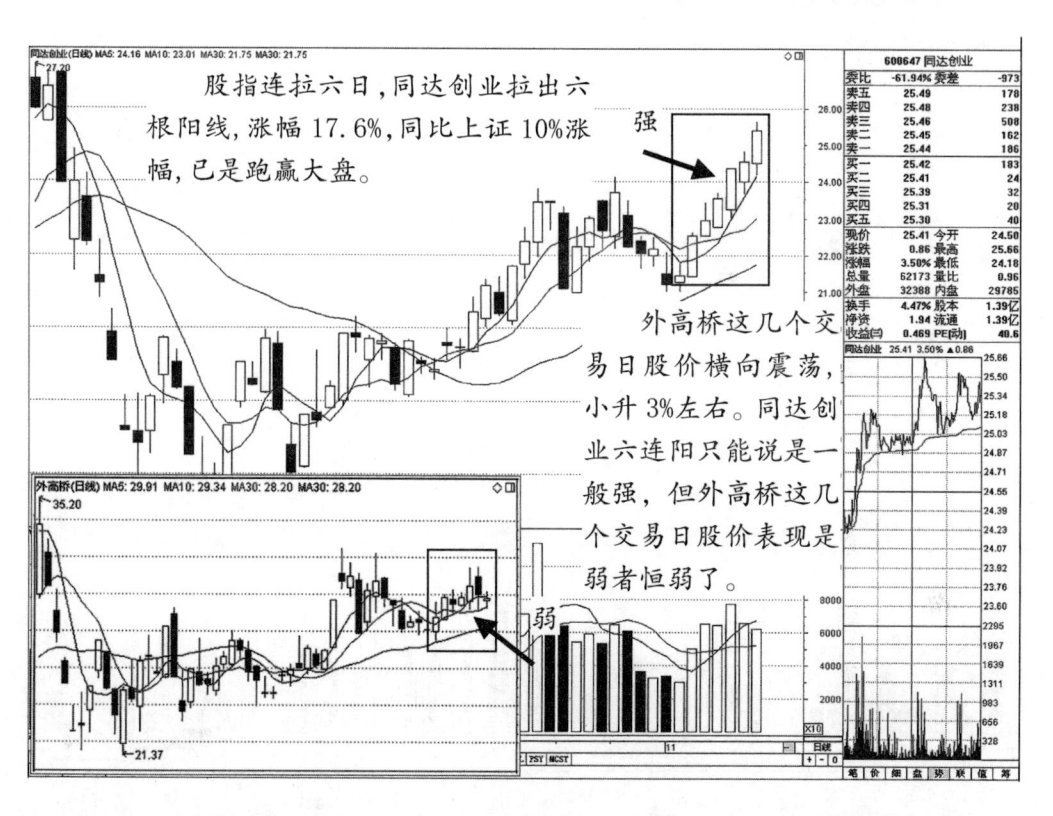

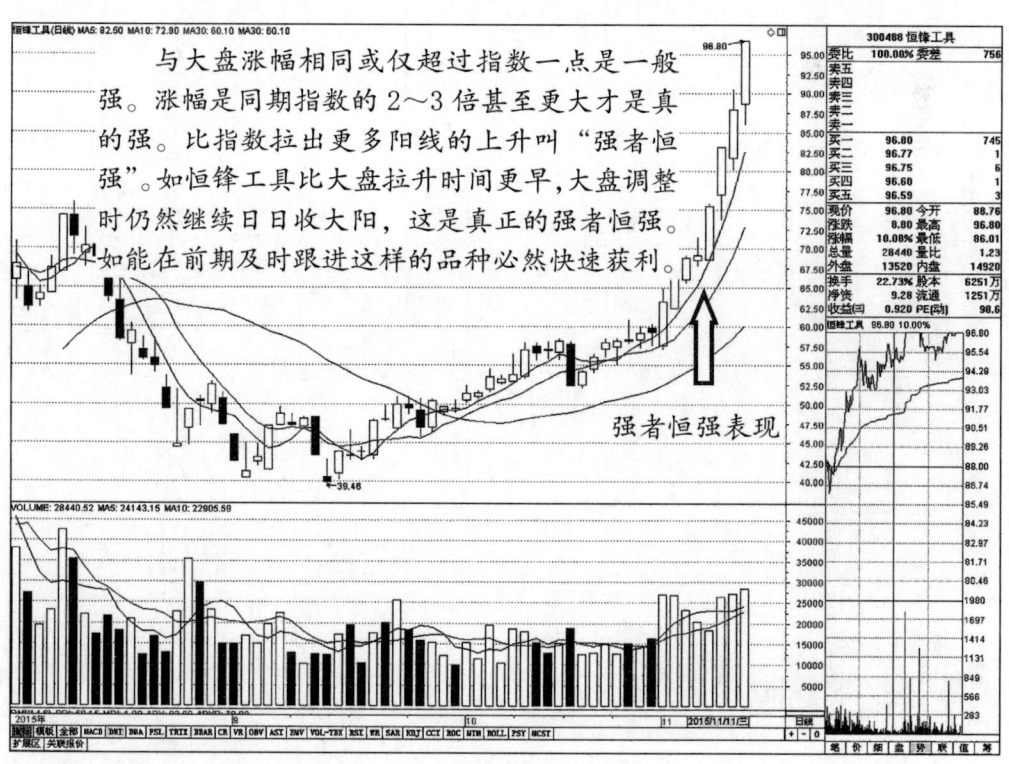

股指连拉六日,同达创业拉出六根阳线,涨幅17.6%,同比上证10%涨幅,已是跑赢大盘。

强

外高桥这几个交易日股价横向震荡,小升3%左右。同达创业六连阳只能说是一般强,但外高桥这几个交易日股价表现是弱者恒弱了。

弱

与大盘涨幅相同或仅超过指数一点是一般强。涨幅是同期指数的2~3倍甚至更大才是真的强。比指数拉出更多阳线的上升叫"强者恒强"。如恒锋工具比大盘拉升时间更早,大盘调整时仍然继续日日收大阳,这是真正的强者恒强。如能在前期及时跟进这样的品种必然快速获利。

强者恒强表现

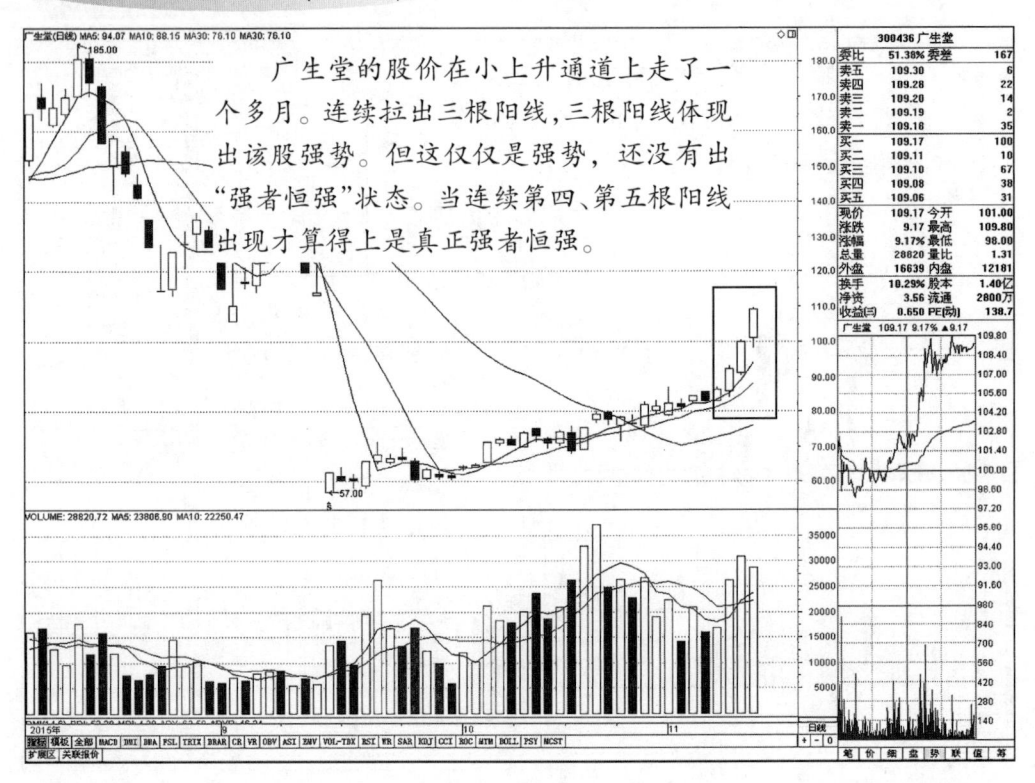

主力行为盘口解密(精选版)

广生堂的股价在小上升通道上走了一个多月。连续拉出三根阳线,三根阳线体现出该股强势。但这仅仅是强势,还没有出"强者恒强"状态。当连续第四、第五根阳线出现才算得上是真正强者恒强。

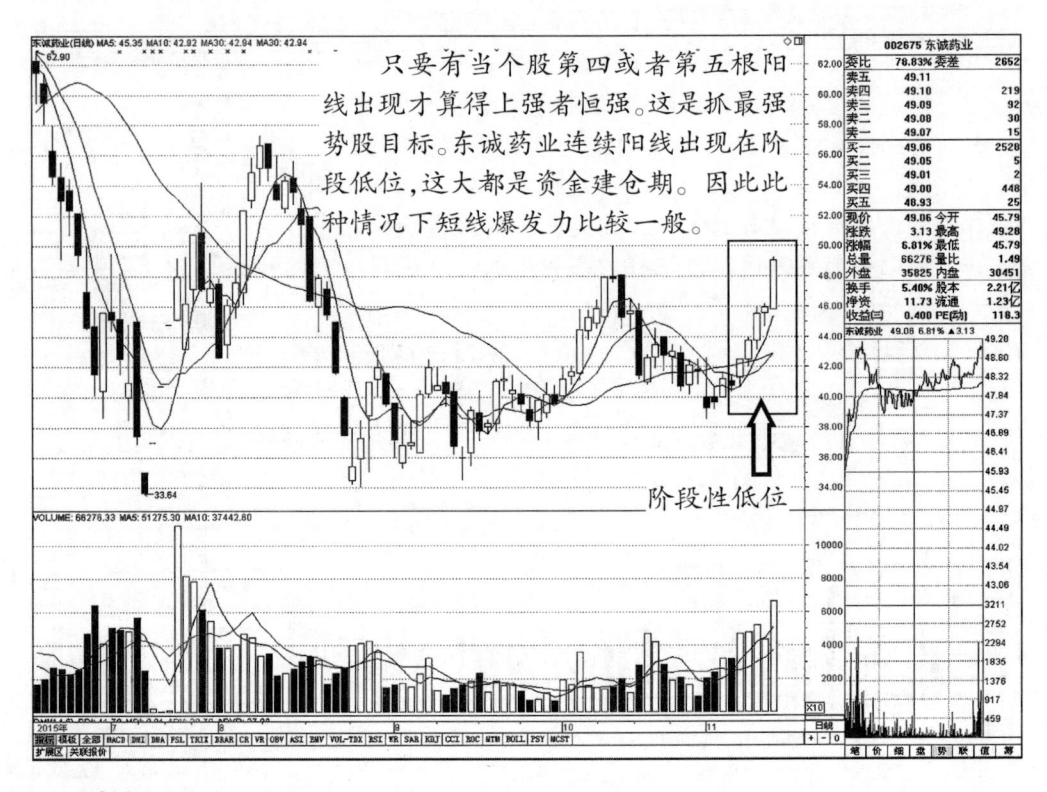

只要有当个股第四或者第五根阳线出现才算得上强者恒强。这是抓最强势股目标。东诚药业连续阳线出现在阶段低位,这大都是资金建仓期。因此此种情况下短线爆发力比较一般。

阶段性低位

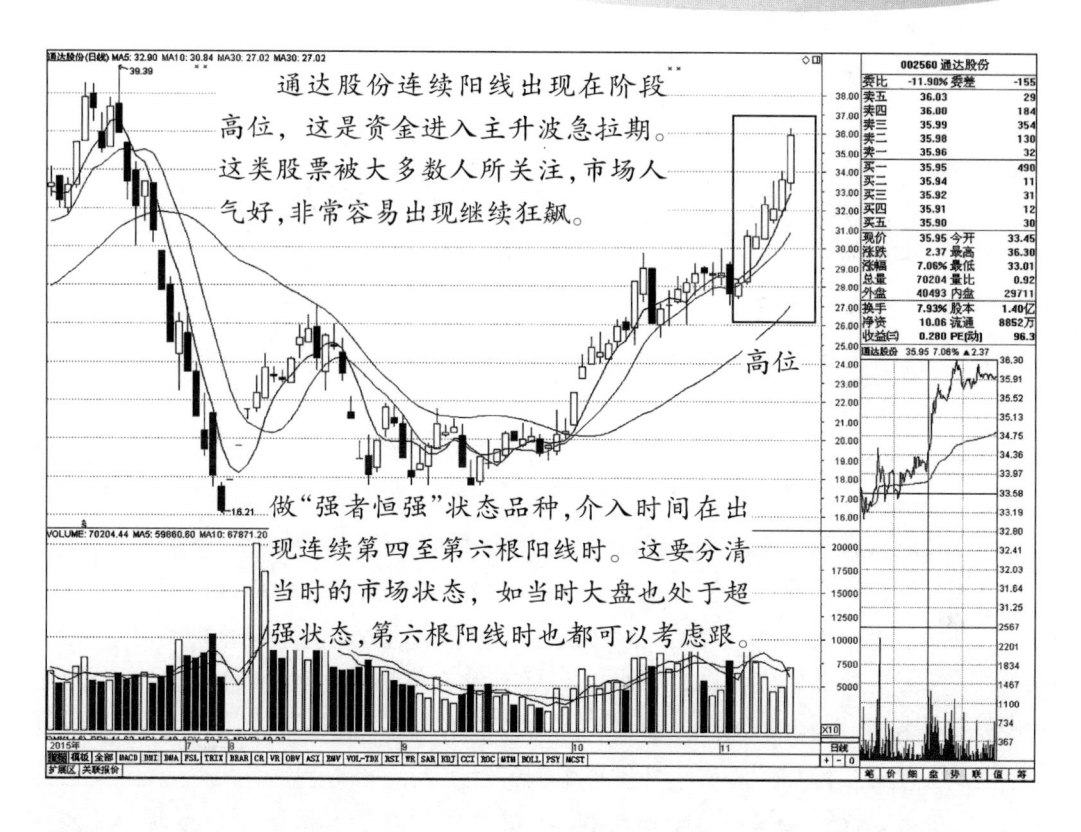

第七章 不同市况下的选股思路

通达股份连续阳线出现在阶段高位,这是资金进入主升波急拉期。这类股票被大多数人所关注,市场人气好,非常容易出现继续狂飙。

做"强者恒强"状态品种,介入时间在出现连续第四至第六根阳线时。这要分清当时的市场状态,如当时大盘也处于超强状态,第六根阳线时也都可以考虑跟。

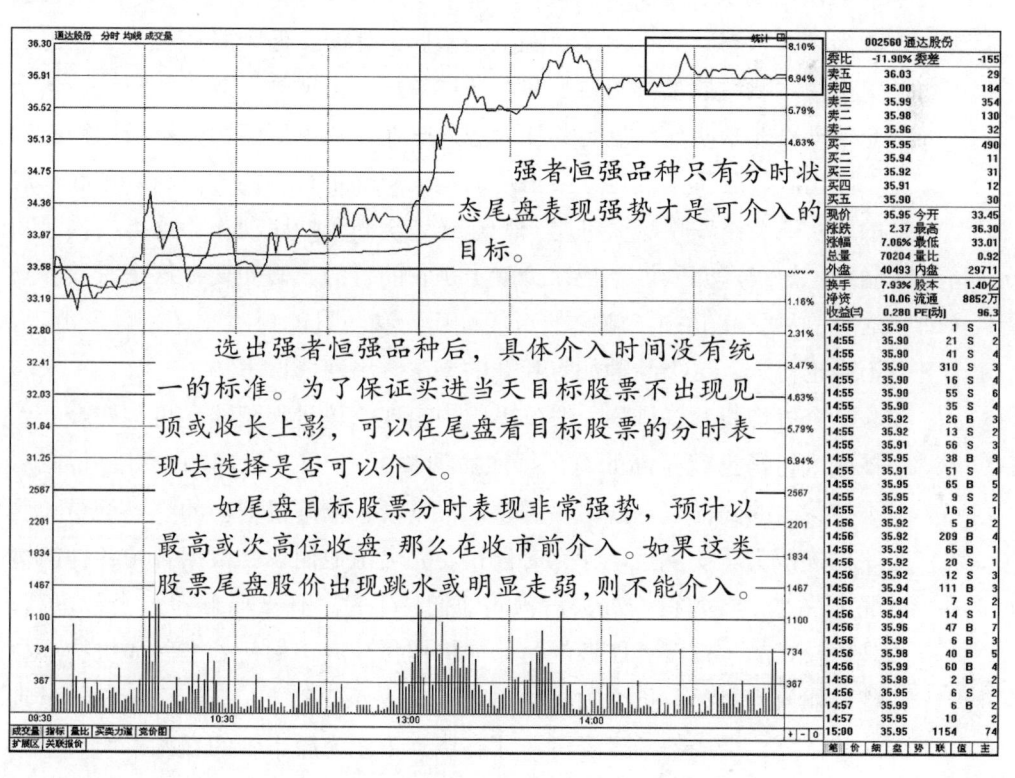

强者恒强品种只有分时状态尾盘表现强势才是可介入的目标。

选出强者恒强品种后,具体介入时间没有统一的标准。为了保证买进当天目标股票不出现见顶或收长上影,可以在尾盘看目标股票的分时表现去选择是否可以介入。

如尾盘目标股票分时表现非常强势,预计以最高或次高位收盘,那么在收市前介入。如果这类股票尾盘股价出现跳水或明显走弱,则不能介入。

抄底低位资金入场品种经验之谈

选股思路很多，概括分为三大类：追涨、抄底、潜伏。根据个股形态位置表现不同，每一大类又可以细分为多种。投资者无论用哪种方式选股买入，都没有错对之分，做好了能赚钱就行。

无论哪一种选股思路，使用者都应充分了解、熟悉这种方法的优劣点，实践中要扬长避短充分发挥其所能。不了解一种方法的优劣点以及适用范畴、适用环境等，那必然用不好。任何一种方法都既有独到之处，也有其局限性，在不同市场环境中难以做到全程高效通用。下面以笔者个人之前常用的一种抄底法为例介绍这方面的小经验供大家参考。

抄底可以在以下个股形态位置进行：①均线系统呈空头排列、股价下跌过程中买入；②前期大跌后股价出现止跌迹象时买入；③均线系统呈多头排列、股价上升过程中调整时买入。

在均线系统呈空头排列、股价下跌过程中买入的风险是非常大的。因为这种状态下真正的底在哪里是难以估计的。但个股在股价下跌过程中也经常出现放量大阳线反弹，低位忽然间出现一根放量大阳线，资金介入动作非常明显，这容易让人想入非非。如下页两图显示云图控股和中国出版，股价下跌过程中出现放量大阳确是有机构资金介入抄底形成的。实践总结发现这大都是一种短线资金介入抄底动作。这类机构只为做一把短线，介入做一把差价就走是它的目的。假如要在这个时候参与这类品种，就必须了解它的短线性质。参与只能短线操作，赚了得走，不赚也得走。这类品种如有死守的想法会出现悲惨下场。

个股均线空头排列、股价下跌中出现的放量大阳线，机构资金介入抄底次日马上就拉高的有，抄底后调整1～3日才拉起的也有，抄底后不拉就出的同样有，抄底后调整，根本没有拉高就被套的也多的是。这些机构抄底后拉不拉，什么时候拉，完全由他们自己根据各种各样的情况去决定。看到机构进去后预测他们拉不拉，什么时候拉，会拉多高，是比较难的。投资者能做的是：如机构拉高应该如何处理？如机构不拉应该如何应对？股价下跌机构出逃了，或者被套了又有什么策略？做到这些才算一个成熟的投资者，才有望真正成为股市中的赢家。

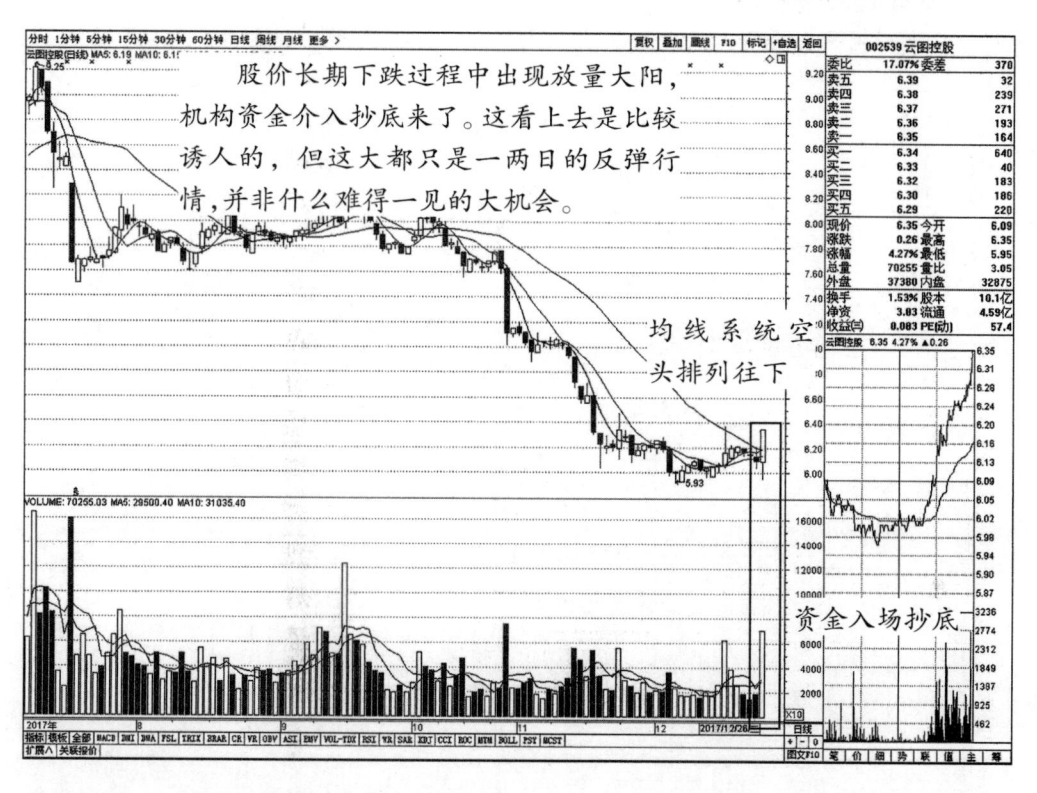

第七章 不同市况下的选股思路

股价长期下跌过程中出现放量大阳,机构资金介入抄底来了。这看上去是比较诱人的,但这大都只是一两日的反弹行情,并非什么难得一见的大机会。

均线系统空头排列往下

资金入场抄底

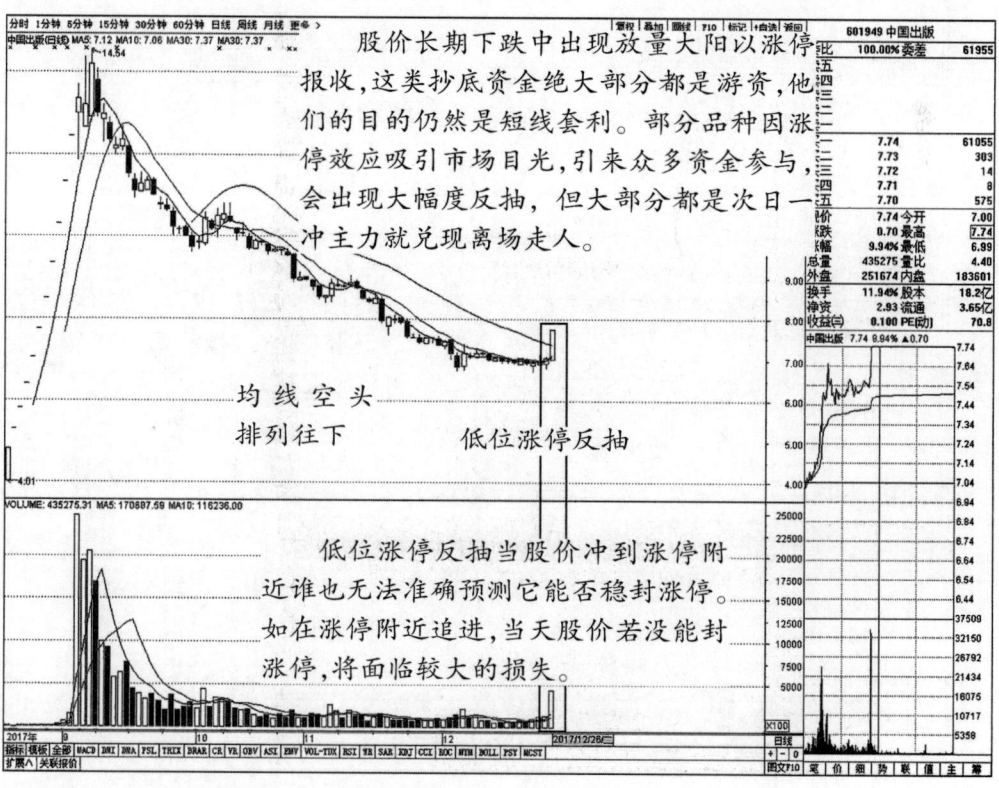

股价长期下跌中出现放量大阳以涨停报收,这类抄底资金绝大部分都是游资,他们的目的仍然是短线套利。部分品种因涨停效应吸引市场目光,引来众多资金参与,会出现大幅度反抽,但大部分都是次日一冲主力就兑现离场走人。

均线空头排列往下

低位涨停反抽

低位涨停反抽当股价冲到涨停附近谁也无法准确预测它能否稳封涨停。如在涨停附近追进,当天股价若没能封涨停,将面临较大的损失。

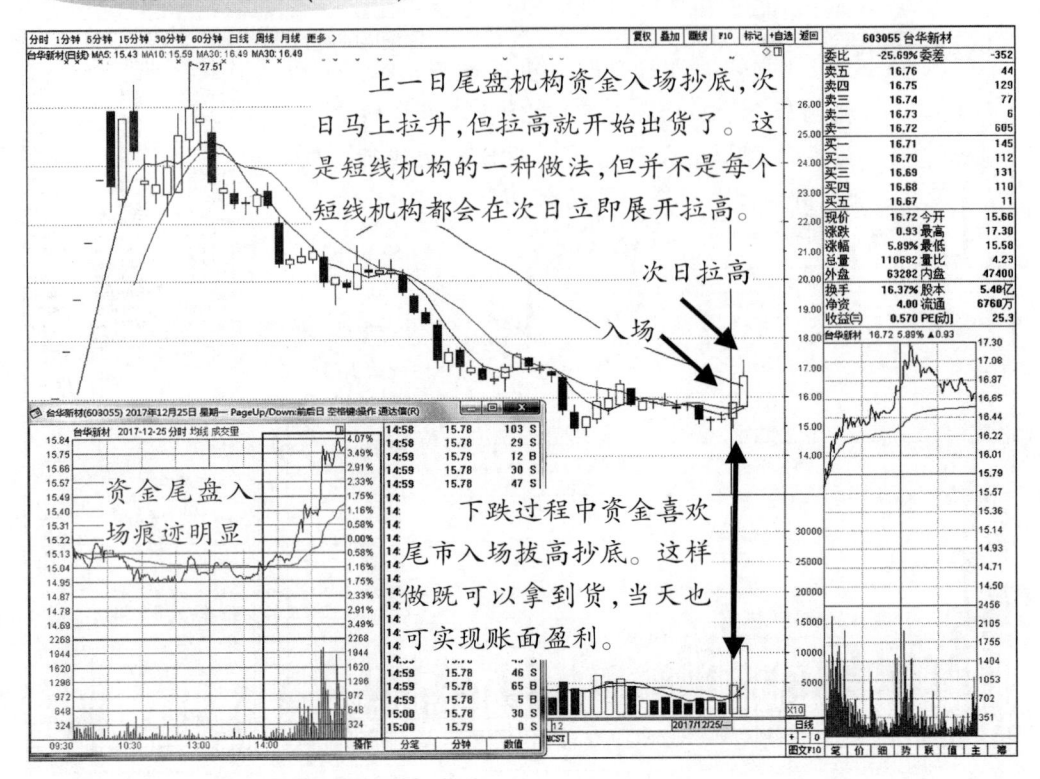

主力行为盘口解密(精选版)

上一日尾盘机构资金入场抄底，次日马上拉升，但拉高就开始出货了。这是短线机构的一种做法，但并不是每个短线机构都会在次日立即展开拉高。

次日拉高

入场

资金尾盘入场痕迹明显

下跌过程中资金喜欢尾市入场拔高抄底。这样做既可以拿到货，当天也可实现账面盈利。

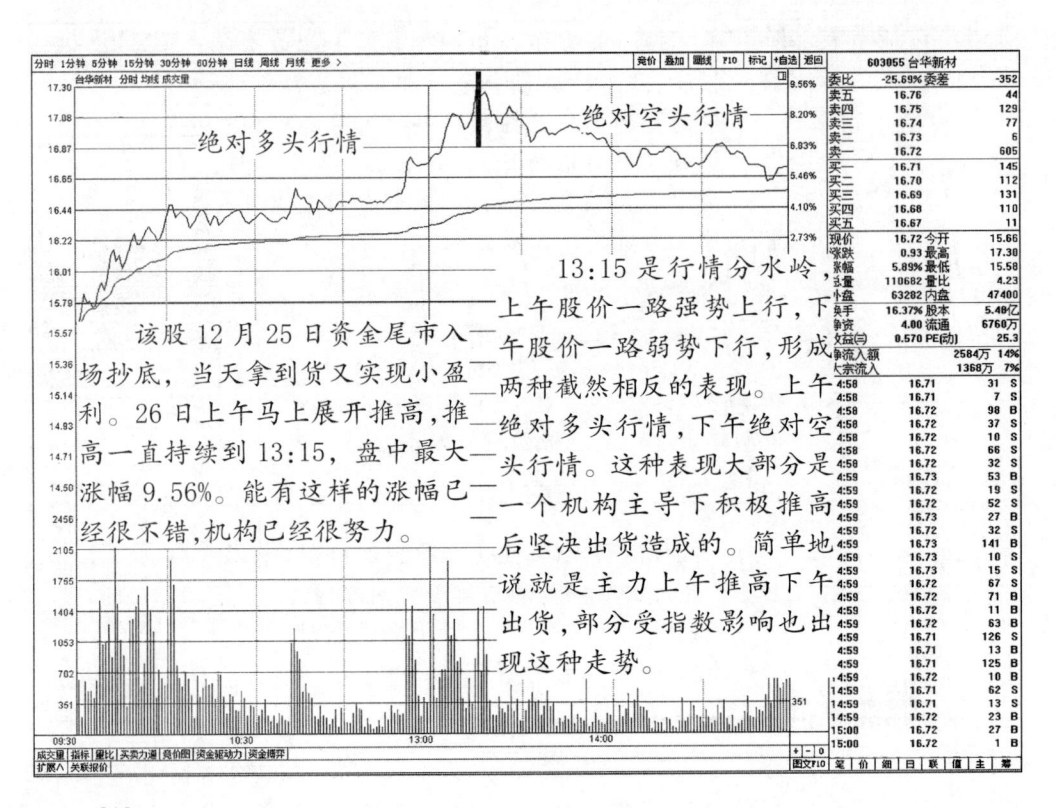

绝对多头行情　　绝对空头行情

该股12月25日资金尾市入场抄底，当天拿到货又实现小盈利。26日上午马上展开推高，推高一直持续到13:15，盘中最大涨幅9.56%。能有这样的涨幅已经很不错，机构已经很努力。

13:15是行情分水岭，上午股价一路强势上行，下午股价一路弱势下行，形成两种截然相反的表现。上午绝对多头行情，下午绝对空头行情。这种表现大部分是一个机构主导下积极推高后坚决出货造成的。简单地说就是主力上午推高下午出货，部分受指数影响也出现这种走势。

218

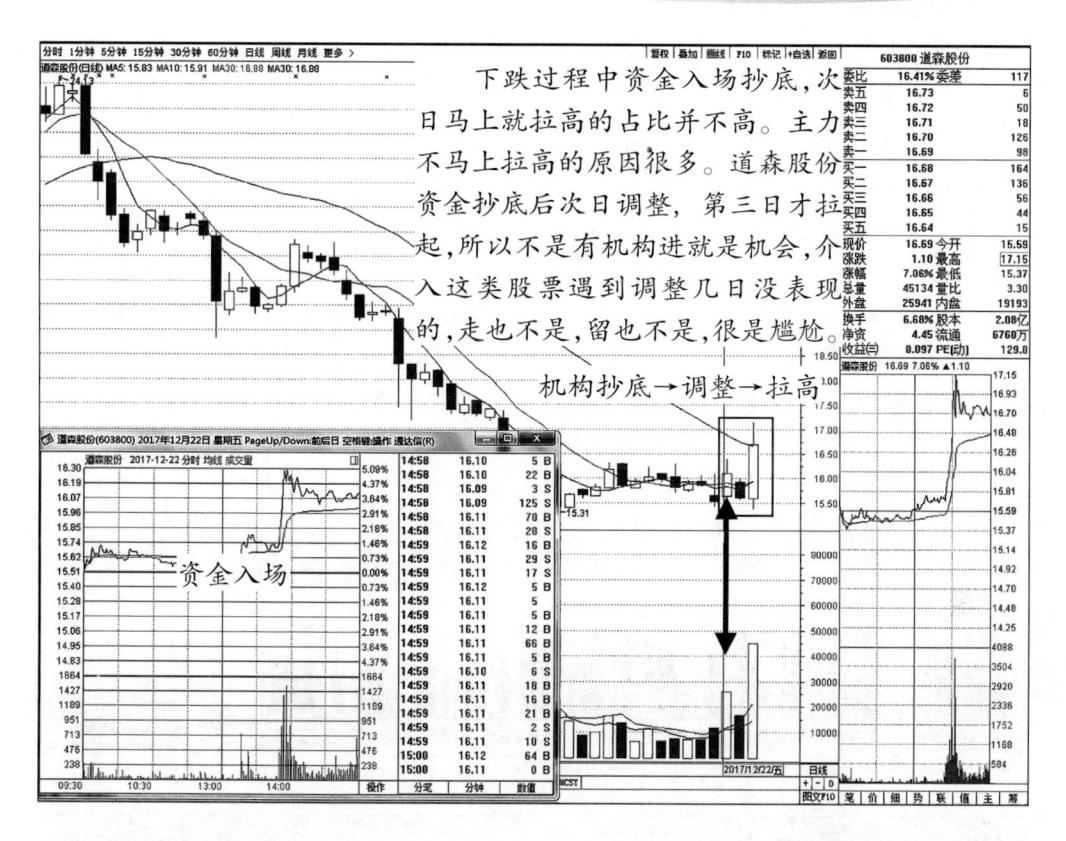

第七章 不同市况下的选股思路

下跌过程中资金入场抄底，次日马上就拉高的占比并不高。主力不马上拉高的原因很多。道森股份资金抄底后次日调整，第三日才拉起，所以不是有机构进就是机会，介入这类股票遇到调整几日没表现的，走也不是，留也不是，很是尴尬。

机构抄底→调整→拉高

资金入场

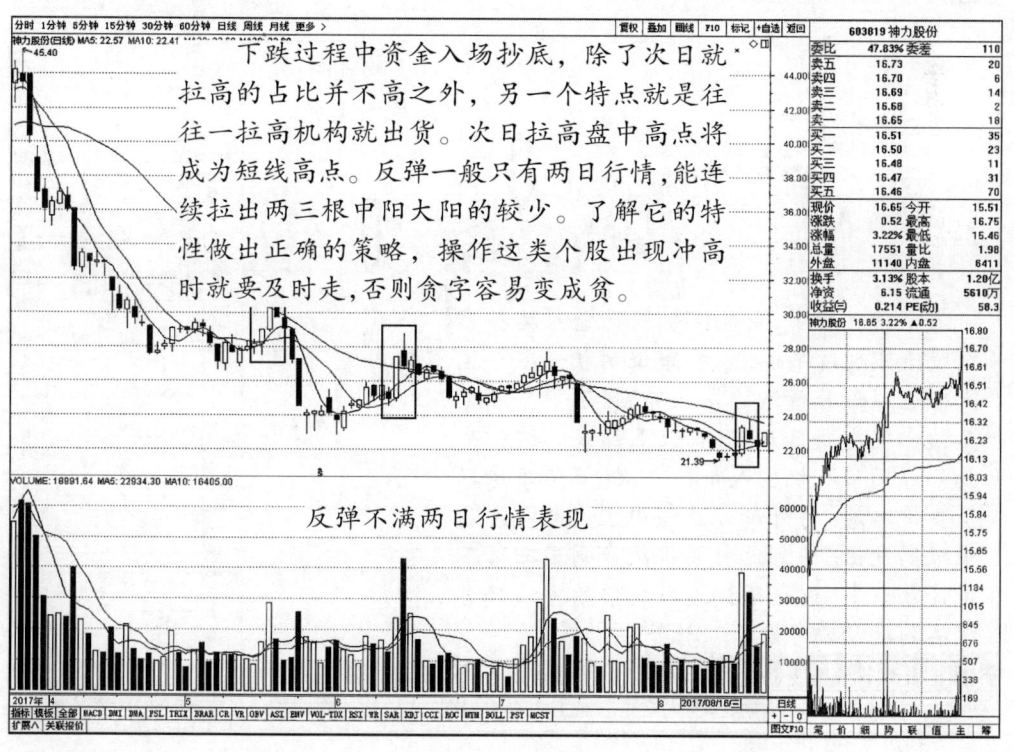

下跌过程中资金入场抄底，除了次日就拉高的占比并不高之外，另一个特点就是往往一拉高机构就出货。次日拉高盘中高点将成为短线高点。反弹一般只有两日行情，能连续拉出两三根中阳大阳的较少。了解它的特性做出正确的策略，操作这类个股出现冲高时就要及时走，否则贪字容易变成贫。

反弹不满两日行情表现

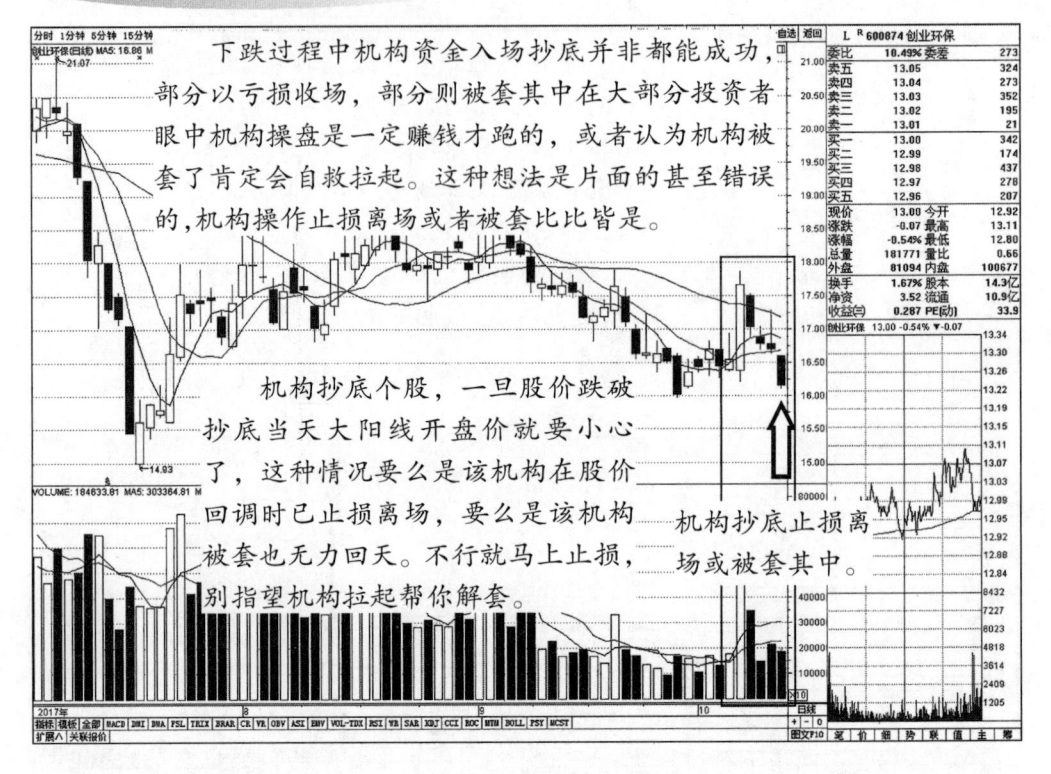

主力行为盘口解密(精选版)

下跌过程中机构资金入场抄底并非都能成功,部分以亏损收场,部分则被套其中在大部分投资者眼中机构操盘是一定赚钱才跑的,或者认为机构被套了肯定会自救拉起。这种想法是片面的甚至错误的,机构操作止损离场或者被套比比皆是。

机构抄底个股,一旦股价跌破抄底当天大阳线开盘价就要小心了,这种情况要么是该机构在股价回调时已止损离场,要么是该机构被套也无力回天。不行就马上止损,别指望机构拉起帮你解套。

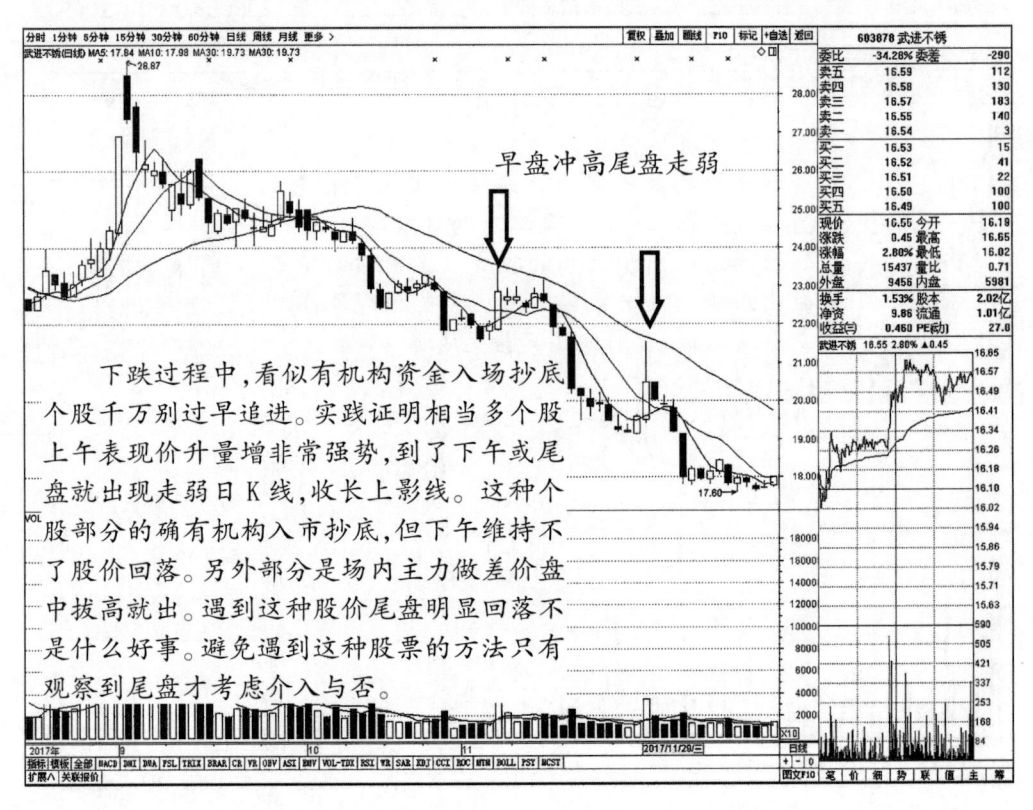

机构抄底止损离场或被套其中。

早盘冲高尾盘走弱

下跌过程中,看似有机构资金入场抄底个股千万别过早追进。实践证明相当多个股上午表现价升量增非常强势,到了下午或尾盘就出现走弱日K线,收长上影线。这种个股部分的确有机构入市抄底,但下午维持不了股价回落。另外部分是场内主力做差价盘中拔高就出。遇到这种股价尾盘明显回落不是什么好事。避免遇到这种股票的方法只有观察到尾盘才考虑介入与否。

熊市中寻找机会的两种思路

什么样的市场是熊市？各大指数长期呈下跌趋势，大部分个股股价大趋势不断走低，整体运行趋势向下。中途有反弹，但长期来看，一波比一波低，操作困难，持仓者绝大多数人亏损，这种市场状况就是熊市的特征。

熊市中有没有机会？如果非要辩论，没有人敢说不存在机会，短线反抽、阶段反弹、中线逆市上升都是机会。熊市中整体而言能保持中线逆市上升的只有一小批股票，大概占市场全部股票的3%。熊市下行过程中短线反抽，阶段反弹的机会很多，但是很难把握。熊市中最好的策略是什么？当然是马放南山、刀枪入库、空仓观望。但不可能人人都会都能空仓观望，如人人都空仓观望，市场就得解散了。至于投机主义者非要在熊市下行过程中抢一把短线反抽做一把阶段反弹，甚至赌一把中线逆市上升品种，该如何入手？这里提供两种选股思路给大家参考：①选反弹反抽最强的品种作为短线或阶段操作目标；②选逆市上升已经形成上升趋势的品种作为阶段或中线目标。

熊市中个股或板块不会出现遍地开花的局面，当一些个股或一两个板块被资金集中围攻，一旦成为焦点，大家目光全都集中在其身上，局部个股炒作也是很疯狂的，其他冷门股票根本没机会，所以在熊市中千万别有潜伏个股等它拉升这种思维。熊市中找短线机会选择表现强势品种作为目标才容易得手。当然了，在大家都看得出强势时，这些品种的股价一定是已经拉上去了的，此时要么空仓不做，要么大胆追涨。

熊市中绝大部分个股走的是下山路，重仓满仓持股等于自杀。但也有大概3%的个股能保持中长线逆市上升状态，熊市中投资能阶段或者中长线持有的品种只有这些。在熊市中潜伏个股等它拉升，逆市走上升趋势这种思维是行不通的，要跟上上升趋势品种，只有在个股形成上升趋势后选择一个切入点才是实际而且可行的。熊市漫漫赚钱机会少，机会出现也难把握。空仓观望为上上之策，忍耐不了非要操作就应找市场热点去做。

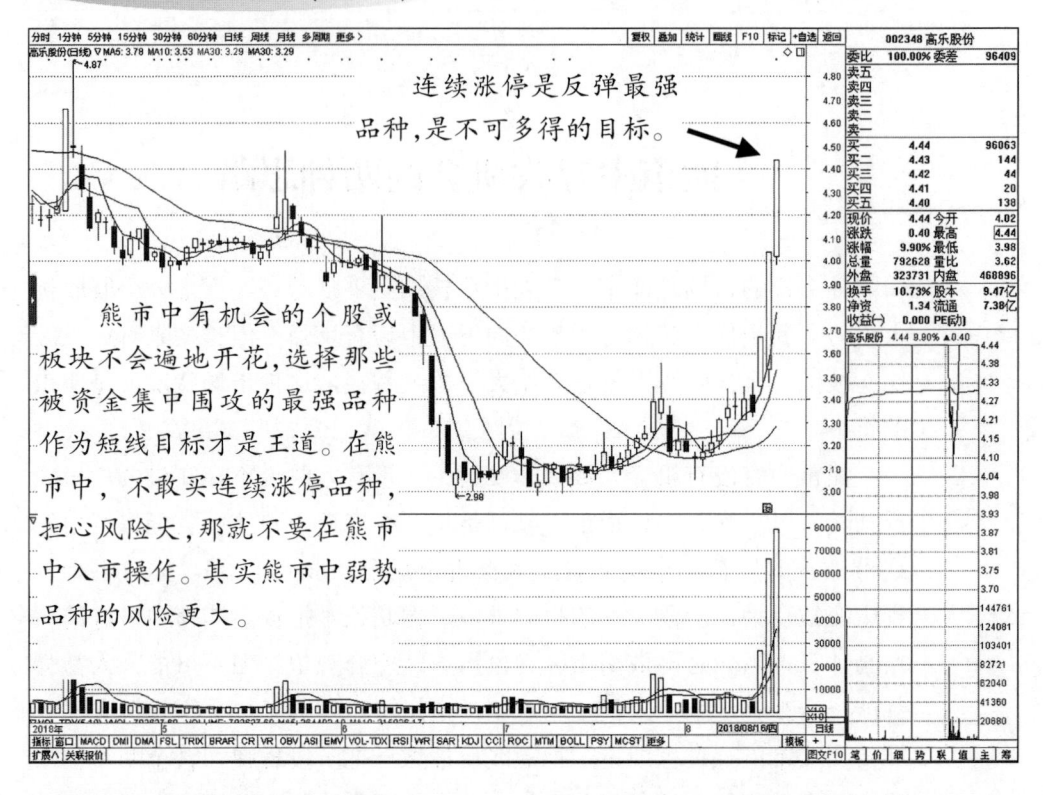

主力行为盘口解密(精选版)

连续涨停是反弹最强品种,是不可多得的目标。

熊市中有机会的个股或板块不会遍地开花,选择那些被资金集中围攻的最强品种作为短线目标才是王道。在熊市中,不敢买连续涨停品种,担心风险大,那就不要在熊市中入市操作。其实熊市中弱势品种的风险更大。

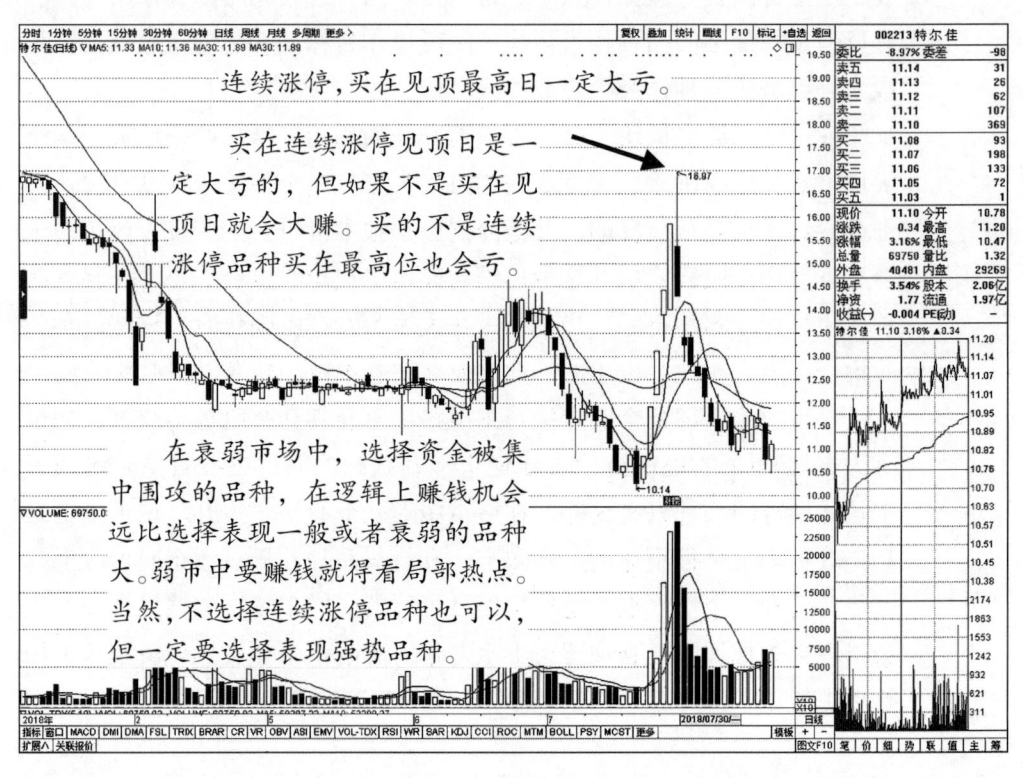

连续涨停,买在见顶最高日一定大亏。

买在连续涨停见顶日是一定大亏的,但如果不是买在见顶日就会大赚。买的不是连续涨停品种买在最高位也会亏。

在衰弱市场中,选择资金被集中围攻的品种,在逻辑上赚钱机会远比选择表现一般或者衰弱的品种大。弱市中要赚钱就得看局部热点。当然,不选择连续涨停品种也可以,但一定要选择表现强势品种。

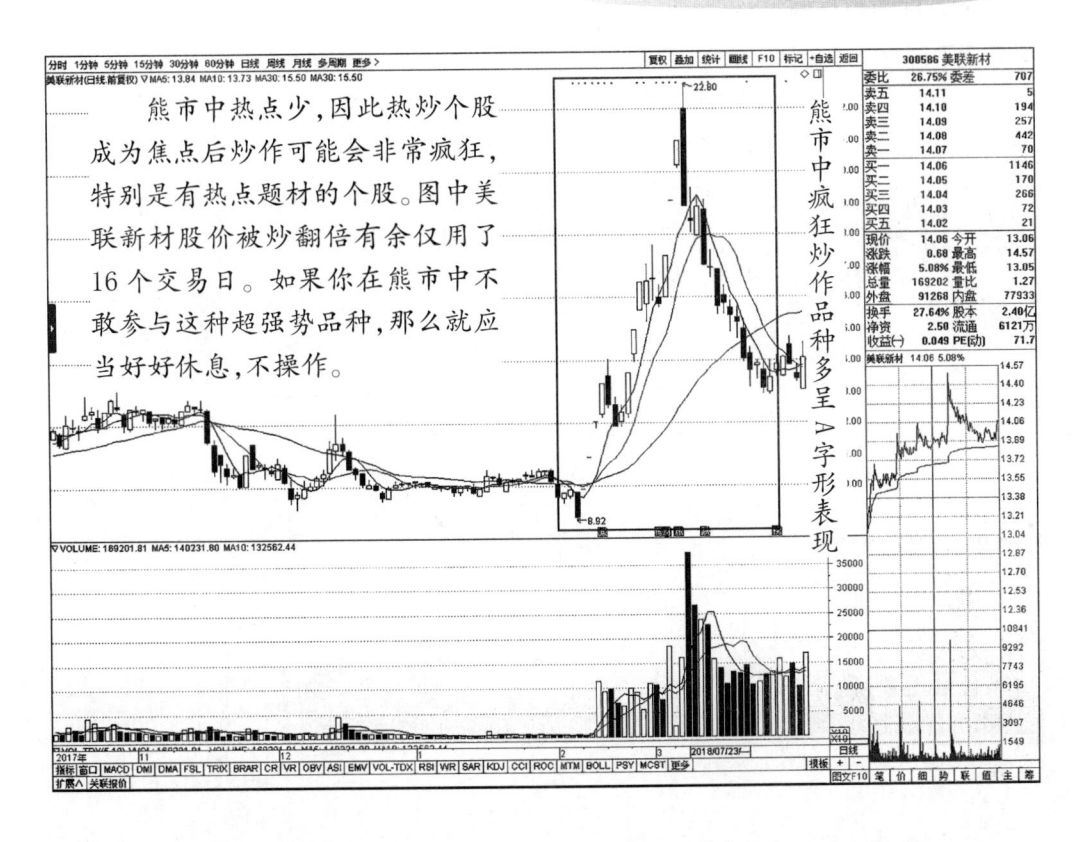

第七章 不同市况下的选股思路

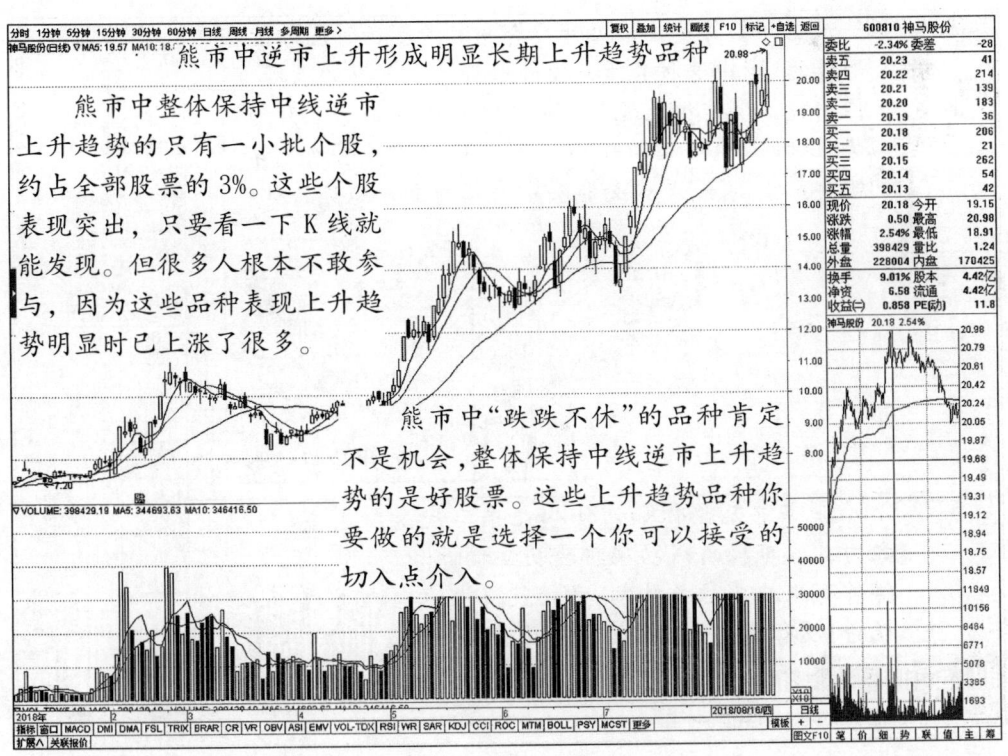

熊市中热点少,因此热炒个股成为焦点后炒作可能会非常疯狂,特别是有热点题材的个股。图中美联新材股价被炒翻倍有余仅用了16个交易日。如果你在熊市中不敢参与这种超强势品种,那么就应当好好休息,不操作。

熊市中疯狂炒作品种多呈Λ字形表现

熊市中整体保持中线逆市上升趋势的只有一小批个股,约占全部股票的3%。这些个股表现突出,只要看一下K线就能发现。但很多人根本不敢参与,因为这些品种表现上升趋势明显时已上涨了很多。

熊市中逆市上升形成明显长期上升趋势品种

熊市中"跌跌不休"的品种肯定不是机会,整体保持中线逆市上升趋势的是好股票。这些上升趋势品种你要做的就是选择一个你可以接受的切入点介入。

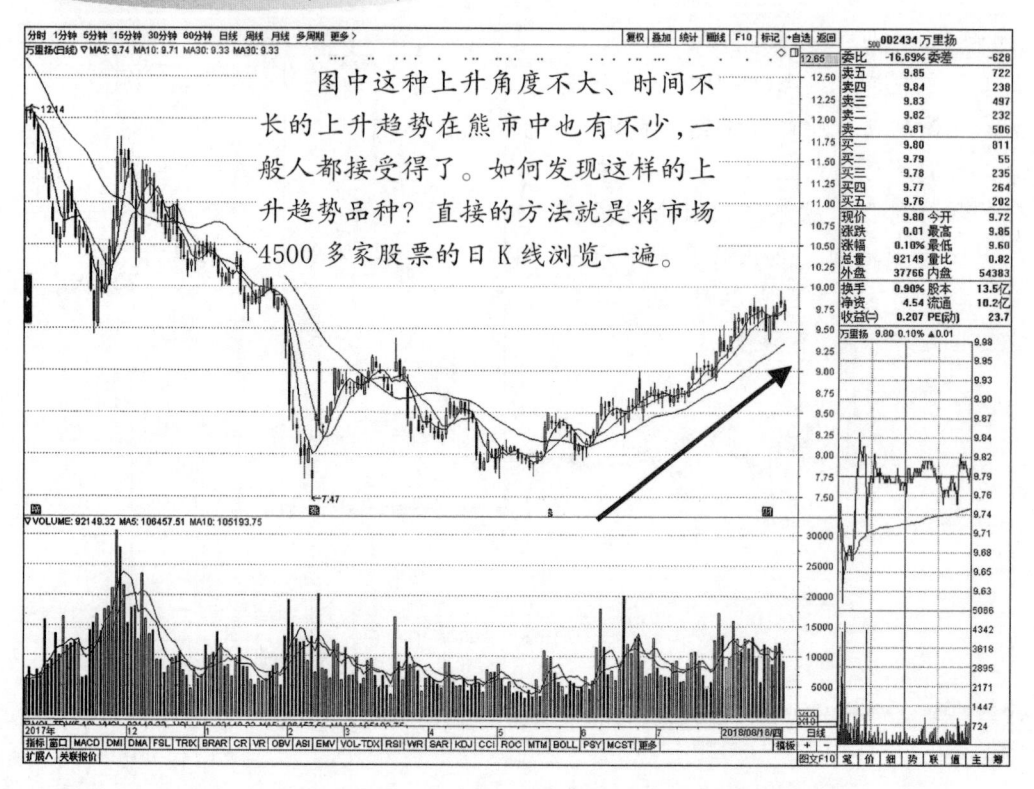

主力行为盘口解密(精选版)

图中这种上升角度不大、时间不长的上升趋势在熊市中也有不少,一般人都接受得了。如何发现这样的上升趋势品种?直接的方法就是将市场4500多家股票的日K线浏览一遍。

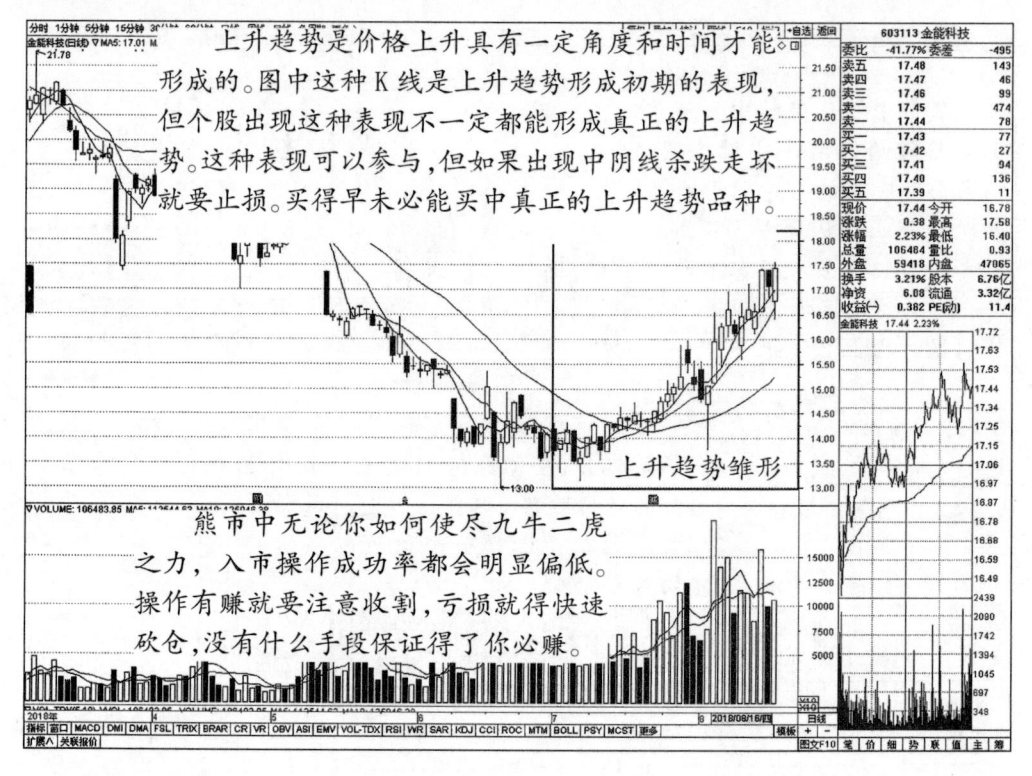

上升趋势是价格上升具有一定角度和时间才能形成的。图中这种K线是上升趋势形成初期的表现,但个股出现这种表现不一定都能形成真正的上升趋势。这种表现可以参与,但如果出现中阴线杀跌走坏就要止损。买得早未必能买中真正的上升趋势品种。

上升趋势雏形

熊市中无论你如何使尽九牛二虎之力,入市操作成功率都会明显偏低。操作有赚就要注意收割,亏损就得快速砍仓,没有什么手段保证得了你必赚。

第八章
涨停板

做N连板必须具备的几大素质

涨停板是A股制度下的特殊产物，也是股价极端波动的一种表现，连续涨停板则是非理性交易状况下最极端的表现，是A股市场中最直接最刺激最暴利的操作，买到连板品种是每一位投资人梦寐以求的事情。其实曾经买到连板大牛股者并不少，但能成功持有享受到暴利者少。除一字涨停连板牛股，其他连续涨停个股其实每日都有买入机会，而一般人往往只能远而观之。终其原因是缺乏以下这几方面：买入勇气、持股胆量、止损魄力、卖出方法。

买入勇气

这是参与连续涨停板品种的首要条件。手上已持有的品种走出连续涨停板时，要解决的是持股和卖出问题。连续涨停板品种中途上车者要承受很大的心理压力，因为上车时目标品种已经是第二个、第三个甚至是在更多涨停之后。买连续涨停板品种是典型的追高行为，每个投资者都害怕自己买入当天是股价见顶日，如果这样损失将是很大的。操作连续涨停板品种失败的投资者亏损5%是幸运的，亏损10%是常见，最极端情况两个交易日损失30%。这种短时间内的巨亏一般人难以承受。但如连这一点都没有准备好，是不适合做连续涨停板品种的。股市交易中有一种勇气叫："我已经准备好，一旦出现我能接受能应付得了。"出问题时知道怎么做，这是有谋略有策略的，能做到这一点就没有什么可怕的了。人生最可怕的是不知道坏事情出现后继续下去有多可怕，对于可控的风险，哪怕再大，总有办法可以克服它！

持股胆量

在整个操作环节中，一般投资者的买和卖都是在短时间内快速完成的。买和卖需要胆色和勇气，特别是面对已经走出连续涨停板后的股票。而持股就不同了，整个操作环节中持股的时间长，价格上下波动大，此时才是体现胆量的真正时候。持股，特别是持有连续涨停板的个股将有一些什么样的体验？①在产生利润后持股者将自然而然地畏惧见财化水，会产生怕煮熟的鸭子飞了的忧虑。持股过程中股价波动时意志稍不坚定就会被震出。②害怕股价下跌出现亏损而焦虑。这其实可通过设置止损位去避免。③难以冷静思考。人在平静时总能冷静思考，而处于一种剧烈波动混乱的环境中就不容易做到了。连续涨停板个股除了那些天天一字板的，其他的在上涨过程中日内股价大都会出现较大的波动。从涨停到跌停是极限波动，出现频率并不高，但日内上下 6%～10%的波幅是很正常的，这是连续涨停板个股固有的特性，因此，你要参与这类品种就必须找到克服日内股价大波动的方法，否则断然不会成功。不知有多少人找到抓到连续涨停板的大牛股，有的在刚起涨就被震出来，有的拿不到中段就走。不是没有发现大牛股，是不敢买，买了拿不住罢了。

对于连续涨停板品种，敢买的人多，拿不住的人更多。而做连续涨停板品种最关键的一环就是如何能坚定持股。要做好连续涨停板大牛股这一环节非常重要。

止损魄力

操作连续涨停板品种如果失败单次亏损会很大，最严重的是当天涨停板价进，以跌停价收盘，马上亏损 20%，次日一字板跌停，损失 30%，仍不见得当天就可以脱身。当然遇到并买到这种品种的概率很低。问题是在操作失败出现亏损时你是否能敢于出手砍仓？亏 10%是否自愿抽刀？亏了 20%是否还会砍？如果做不到严格快速亏损，是不可能做得了连续涨停板品种的。因为遇到操作失败出现一两次大的亏损，就将你套得无法弹动，后面继续操作已无从谈起。持股要有胆量，止损要有魄力。

卖出方法

前面描述的持股要有胆量，止损要有魄力，都为卖出做了大部分前期工作，最后的卖出其实大都是盈利情况下的卖出，卖好了利润更高。盈利状况下的卖出，理论上是在目标阶段见顶时卖。连续涨停板品种见顶是不会盘头的，见顶在一个交易日内发生转折，因此，根据拟定的各种判断策略依据去判断和认定目标见顶就行。符合见顶的条件依据就卖，否则继续持有。这一步相对简单，但不能说不重要，卖早了利润赚少，卖迟了可能会吃上几个跌停板。

坐享连板品种是每一位投资人梦寐以求的，但实践却很残酷，好的连板难拿稳，反倒是买在见顶日最常见。操作上在买入勇气、持股胆量、止损魄力、卖出方法等任何一方面有缺陷都不可能成功！当然任何人都不是天生就具备以上能力的，需通过后天努力练出高超的技艺。

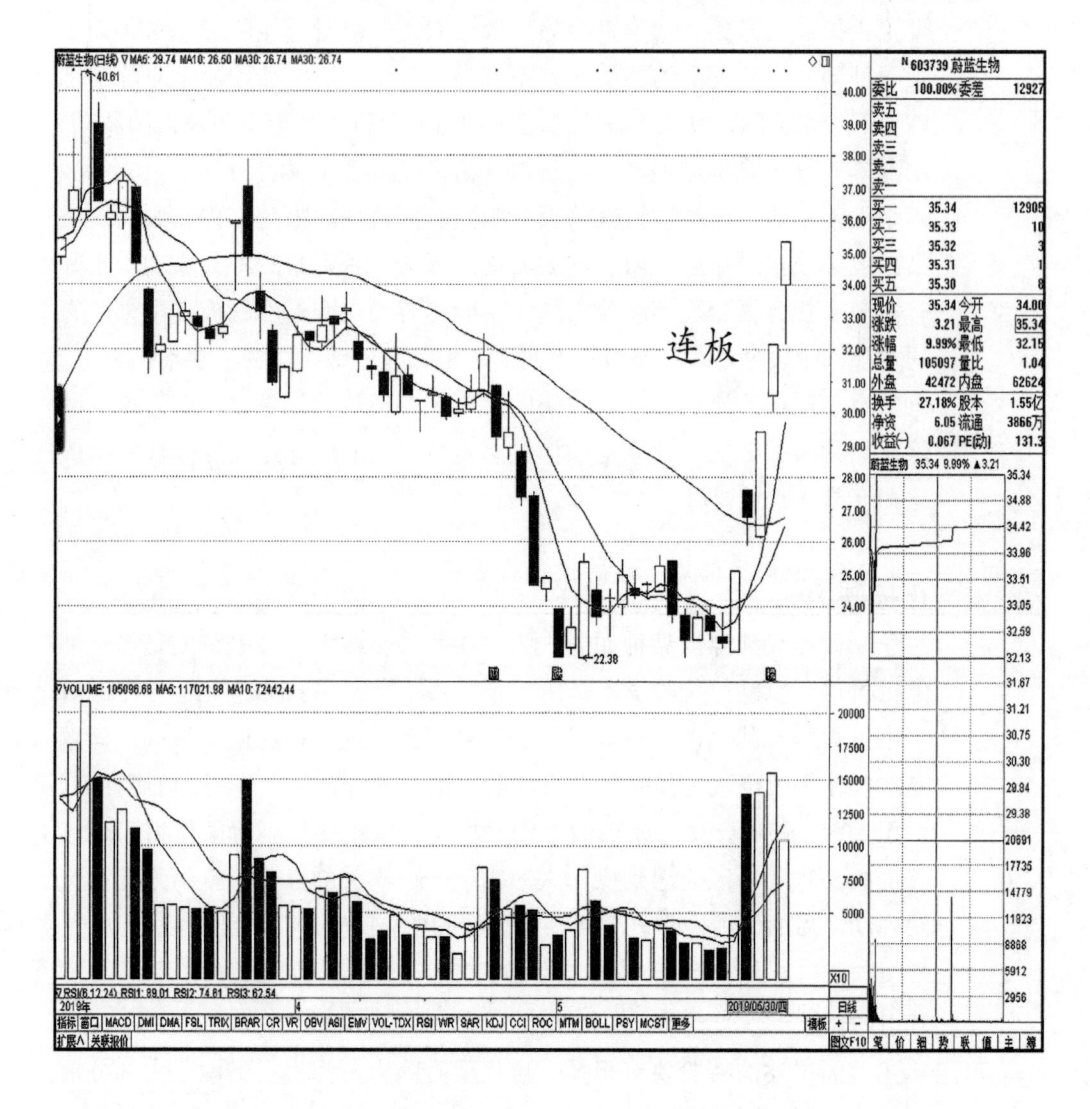

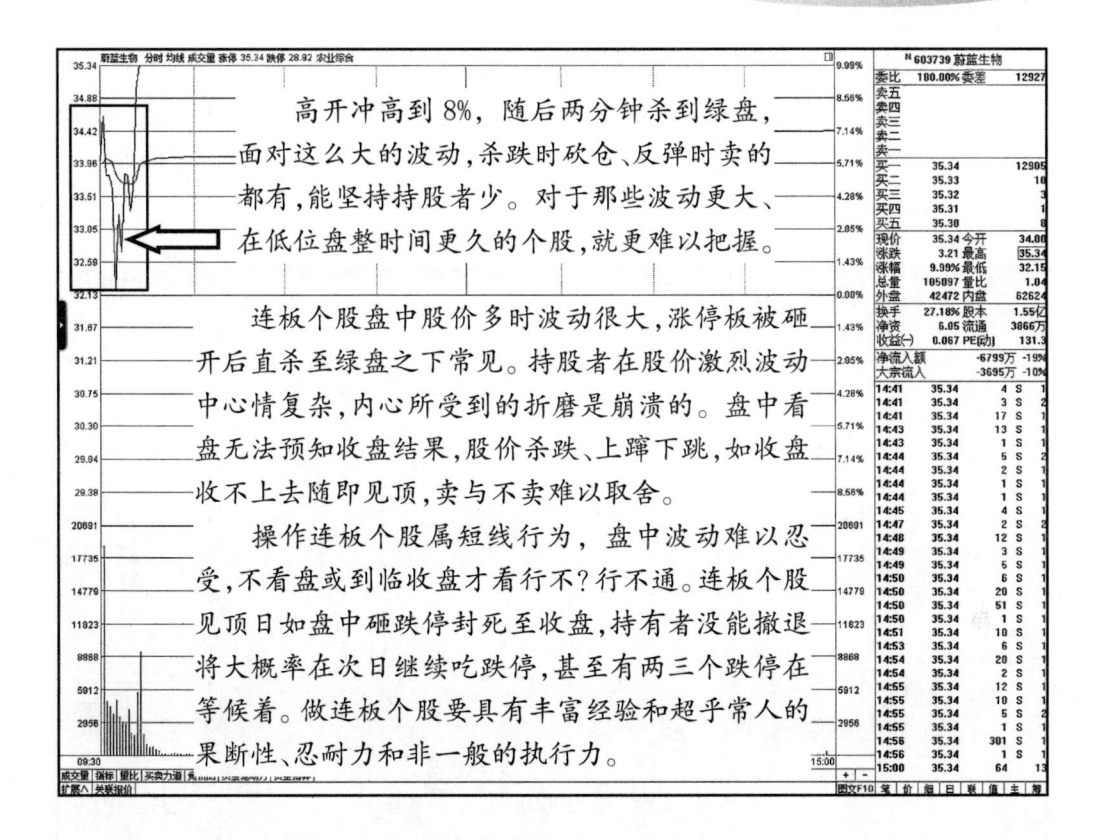

高开冲高到8%，随后两分钟杀到绿盘，面对这么大的波动，杀跌时砍仓、反弹时卖的都有，能坚持持股者少。对于那些波动更大、在低位盘整时间更久的个股，就更难以把握。

连板个股盘中股价多时波动很大，涨停板被砸开后直杀至绿盘之下常见。持股者在股价激烈波动中心情复杂，内心所受到的折磨是崩溃的。盘中看盘无法预知收盘结果，股价杀跌、上蹿下跳，如收盘收不上去随即见顶，卖与不卖难以取舍。

操作连板个股属短线行为，盘中波动难以忍受，不看盘或到临收盘才看行不？行不通。连板个股见顶日如盘中砸跌停封死至收盘，持有者没能撤退将大概率在次日继续吃跌停，甚至有两三个跌停在等候着。做连板个股要具有丰富经验和超乎常人的果断性、忍耐力和非一般的执行力。

连续涨停个股如何持股

投资者在交易过程中总会遇到连续涨停个股，拿住了就如中彩般幸运，所以一般投资者学习掌握连续涨停的持股知识方法是有必要的。

出现连续两个涨停的个股几乎每日都有不少，能达到三个以上涨停的个股数量就少了。对于专业买涨停抓涨停者，抓到涨停目标股票如能出现三个以上连续涨停，必须要赚到足够多的利润才能抵消操失败产生的损失，利润减去损失还是正数才能实现赢利。对于专业做涨停者，如果一个股票拉出五个连续涨停，若不能赚到20%即两个板的利润不算成功。一个拉出七个连续涨停的个股，必须要赚到30%的利润才算成功。要在连板个股中赚到钱，就要掌握持股方法策略，如一开始就被震出来，后面继续N个连板都与你无关了。

连续涨停个股分多种情况，一字板涨停是最容易持股的，其他方式

主力行为盘口解密(精选版)

连续涨停的大部分盘中价格波动幅度大,大部分是不可能轻松持股、轻松赚钱的,但不能轻松赚钱不代表没有办法参与,根据各种盘口状况制定合理的应对策略,有更大机会享受连续涨停带来的利润。下面就围绕连续涨停持股这个问题进行讨论。

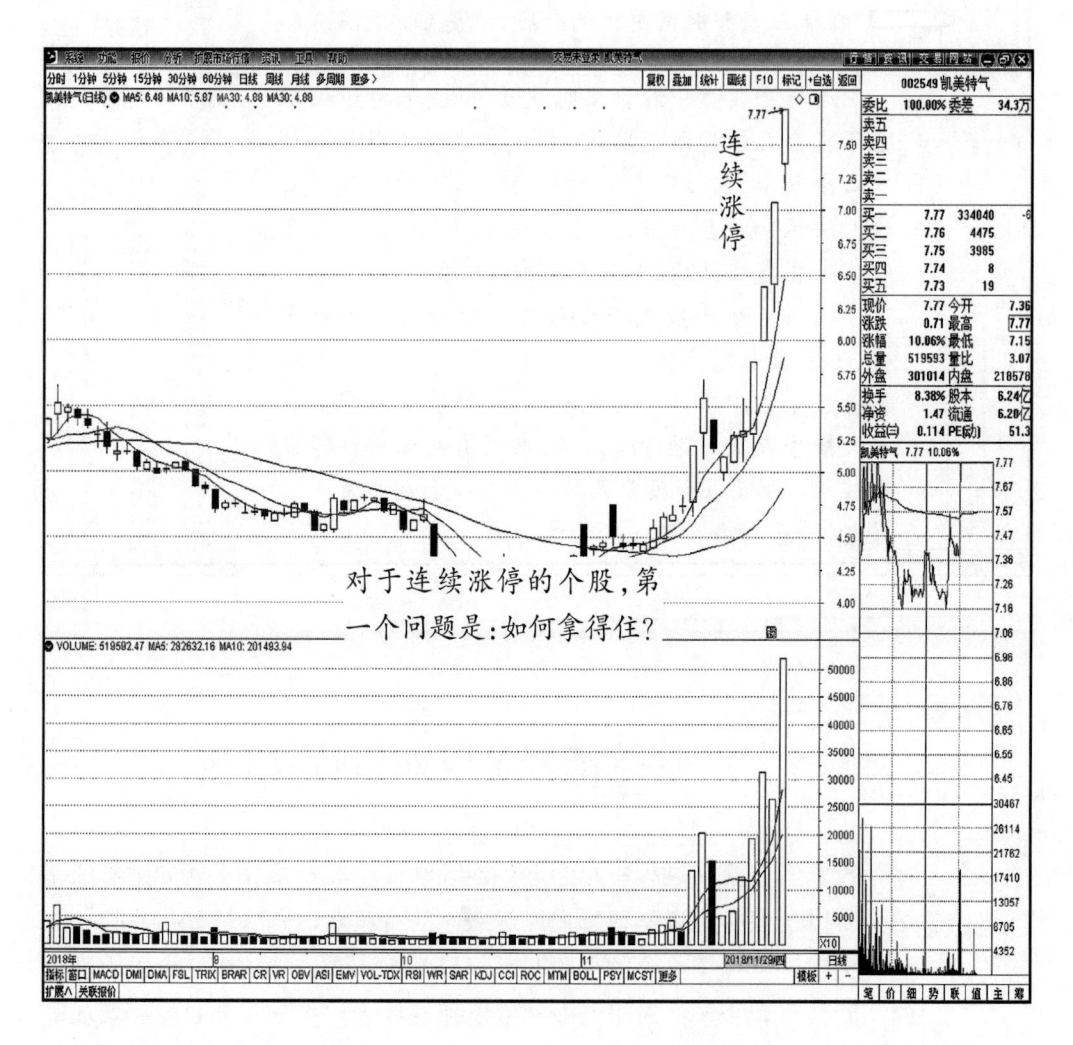

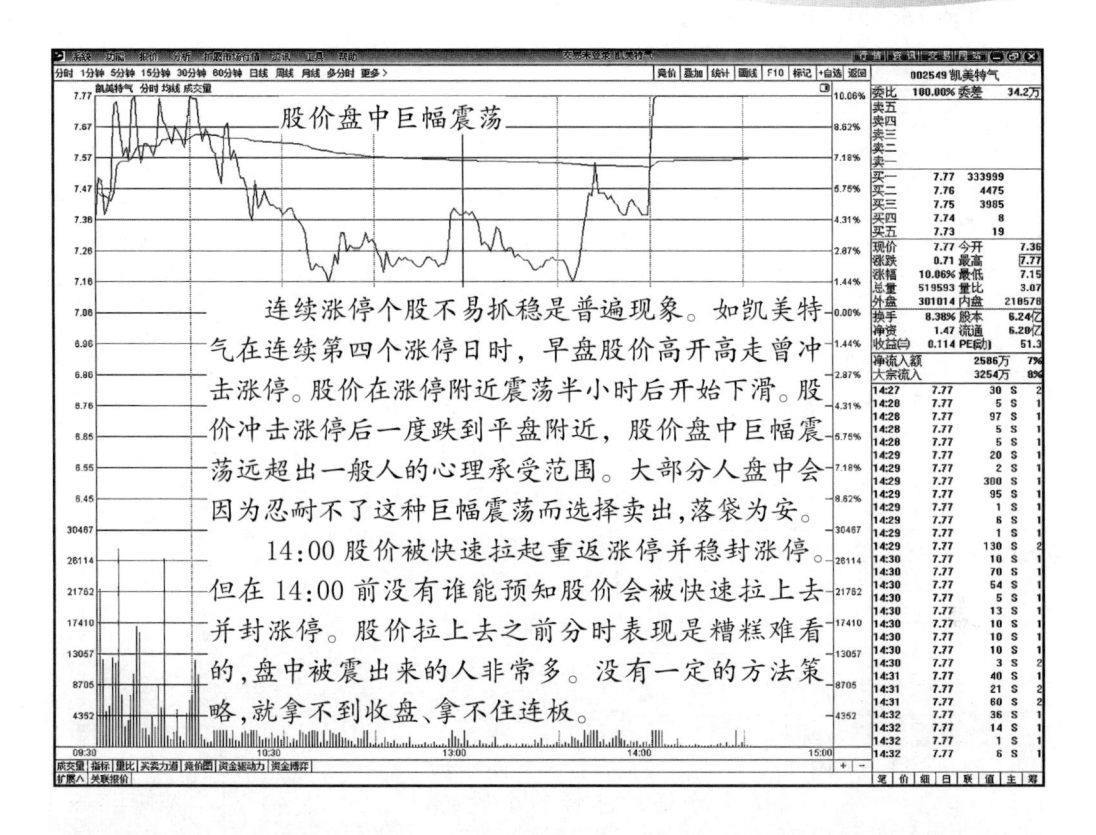

股价盘中巨幅震荡

连续涨停个股不易抓稳是普遍现象。如凯美特气在连续第四个涨停日时，早盘股价高开高走曾冲击涨停。股价在涨停附近震荡半小时后开始下滑。股价冲击涨停后一度跌到平盘附近，股价盘中巨幅震荡远超出一般人的心理承受范围。大部分人盘中会因为忍耐不了这种巨幅震荡而选择卖出，落袋为安。

14:00股价被快速拉起重返涨停并稳封涨停。但在14:00前没有谁能预知股价会被快速拉上去并封涨停。股价拉上去之前分时表现是糟糕难看的，盘中被震出来的人非常多。没有一定的方法策略，就拿不到收盘、拿不住连板。

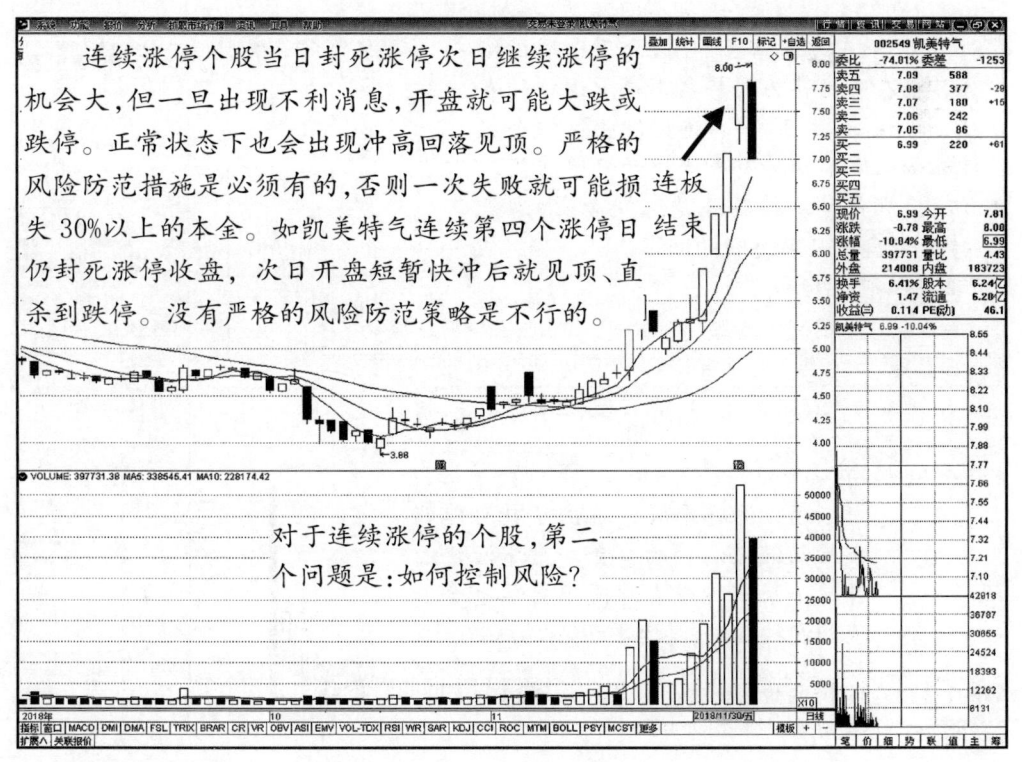

连续涨停个股当日封死涨停次日继续涨停的机会大，但一旦出现不利消息，开盘就可能大跌或跌停。正常状态下也会出现冲高回落见顶。严格的风险防范措施是必须有的，否则一次失败就可能损失30%以上的本金。如凯美特气连续第四个涨停日仍封死涨停收盘，次日开盘短暂快冲后就见顶、直杀到跌停。没有严格的风险防范策略是不行的。

连板结束

对于连续涨停的个股，第二个问题是：如何控制风险？

主力行为盘口解密(精选版)

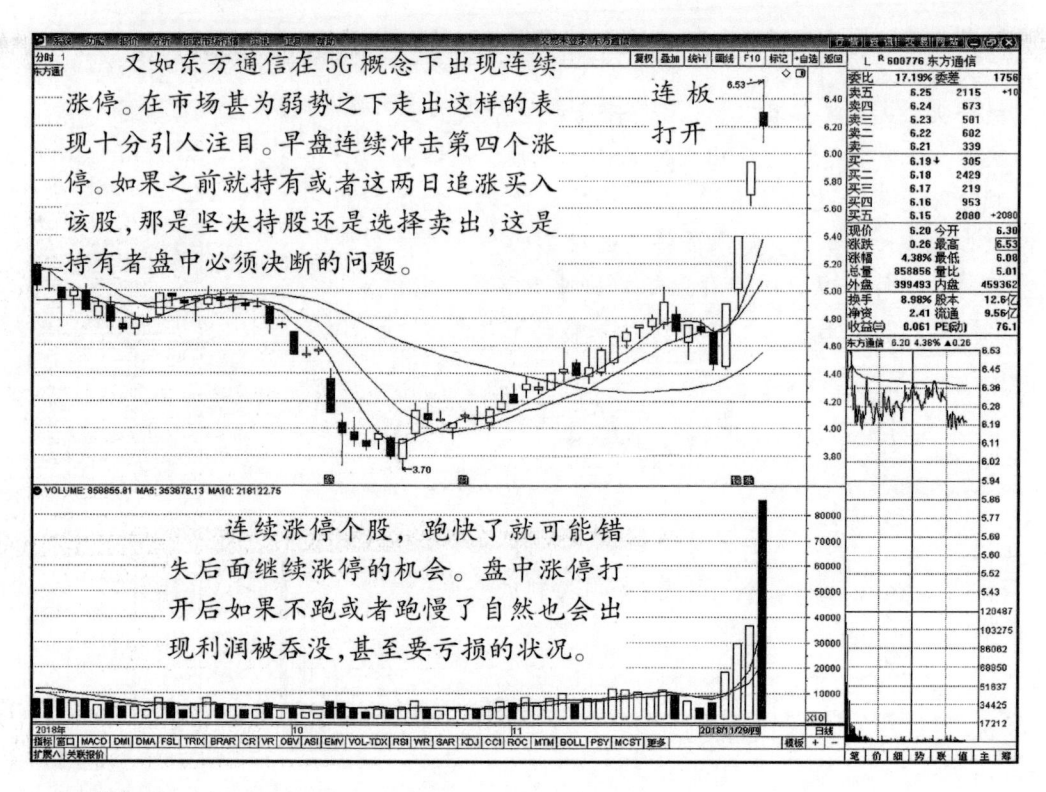

连续涨停个股次日无论是继续上涨还是下跌，盘中的价格波动都相当大。风险防范策略中的止损设置幅度不可能很小。若止损幅度设置小很容易就止损，止损后可能不到5分钟股价又被快速拉高了。所以操作连续涨停个股想抓连板，你的止损设置幅度必须比一般操作方式要大，这就意味着做这类股票单次操作亏损的幅度比其他操作方式要大。否则就很难抓住连板品种，赢得两个三个或更多个板的利润。

（图中标注：短时间内波动幅度大；跌停）

又如东方通信在5G概念下出现连续涨停。在市场甚为弱势之下走出这样的表现十分引人注目。早盘连续冲击第四个涨停。如果之前就持有或者这两日追涨买入该股，那是坚决持股还是选择卖出，这是持有者盘中必须决断的问题。

（图中标注：连板打开）

连续涨停个股，跑快了就可能错失后面继续涨停的机会。盘中涨停打开后如果不跑或者跑慢了自然也会出现利润被吞没，甚至要亏损的状况。

232

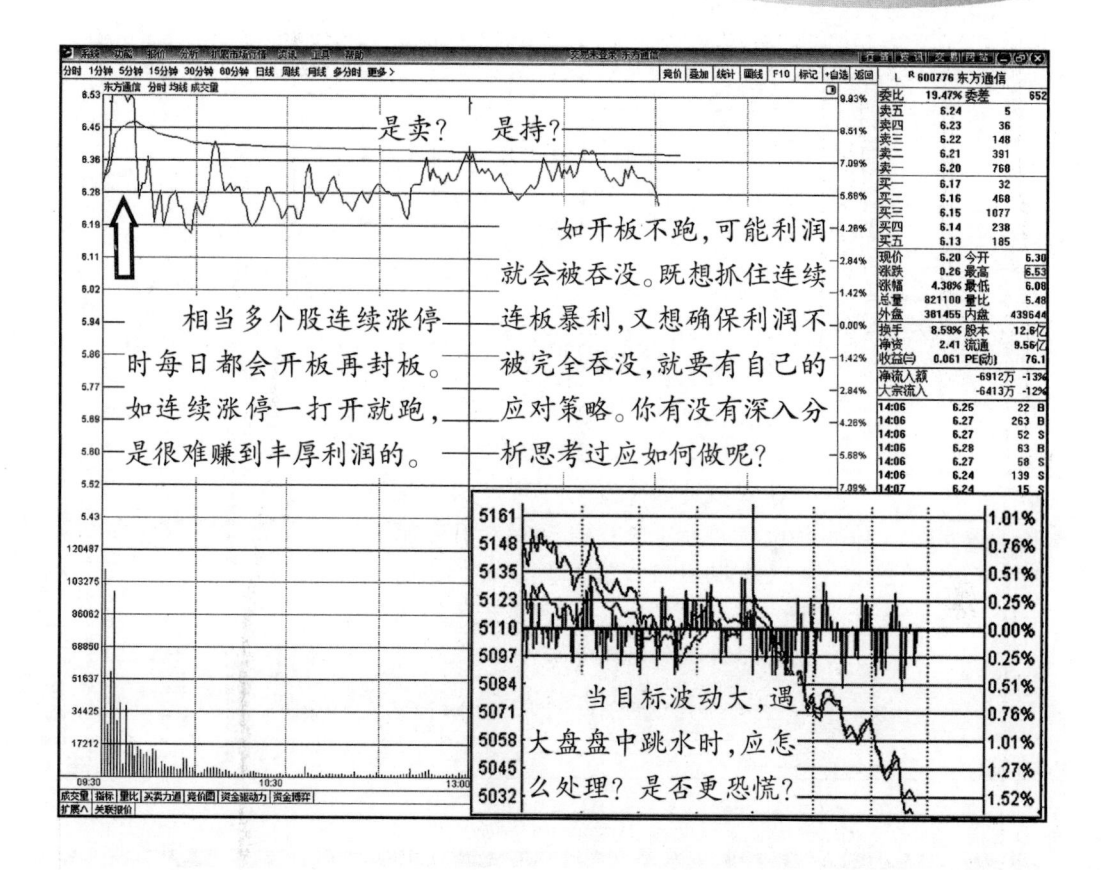

盘口一波涨停品种的机会与风险

在市场环境还可以的情况下，抢到稳封涨停的个股后，次日一般都有利润。抢涨停最大的风险是，所抢的个股最终没能封涨停。所抢的个股最终没能封涨停可能会导致两大问题：第一，当天股价因没能封涨停出现明显回落，当天就被套，出现损失。第二，没能封涨停品种除了当天回落，大部分次日会出现低开低走，损失进一步扩大。

抢涨停个股有五种基本方法：①在涨停前寻机买入；②在封涨停瞬间抢进；③涨停后排队等候成交；④涨停盘中打开时寻机买入；⑤涨停盘中打开再封回去时瞬间买入。每一种方法都有优缺点，每一种方法都有其操作技巧以及注意事项。下面就来讲讲抢涨停要注意的一些事项。

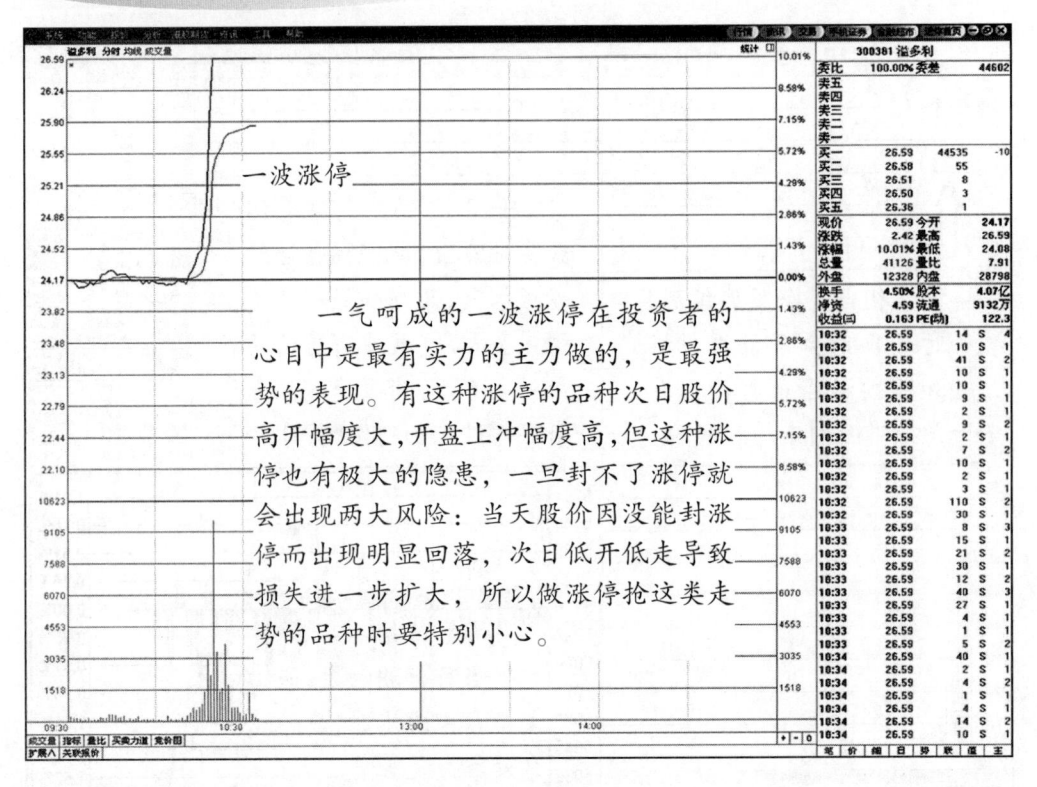

主力行为盘口解密(精选版)

一波涨停

　　一气呵成的一波涨停在投资者的心目中是最有实力的主力做的,是最强势的表现。有这种涨停的品种次日股价高开幅度大,开盘上冲幅度高,但这种涨停也有极大的隐患,一旦封不了涨停就会出现两大风险:当天股价因没能封涨停而出现明显回落,次日低开低走导致损失进一步扩大,所以做涨停抢这类走势的品种时要特别小心。

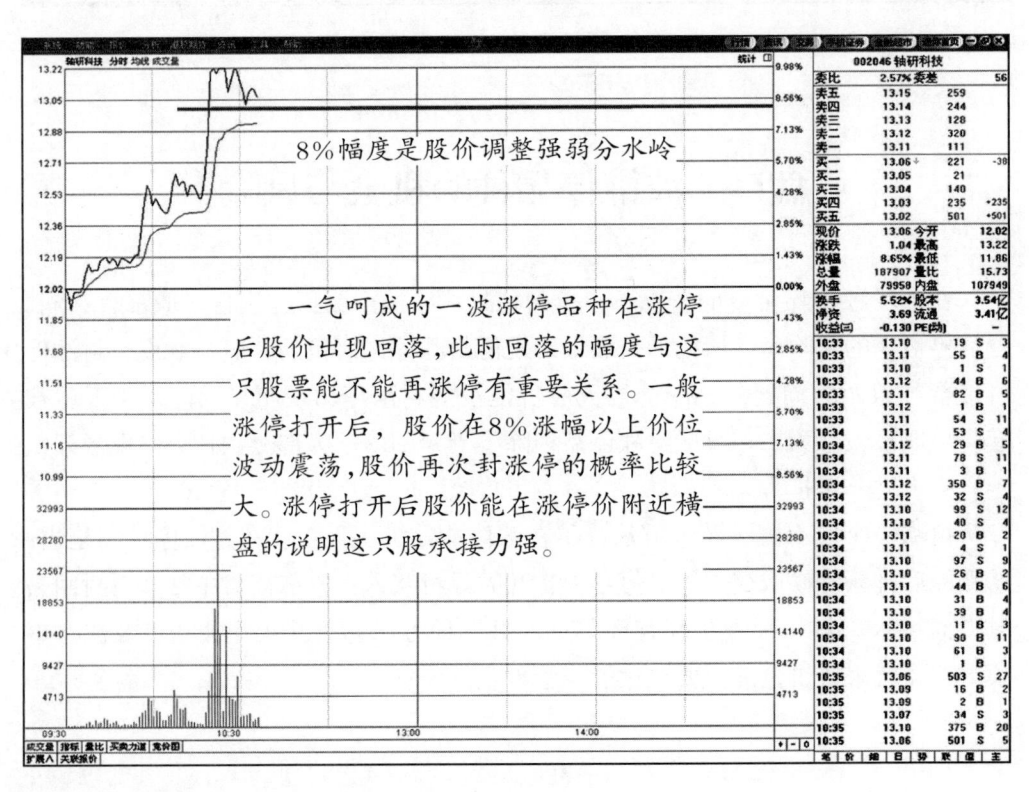

8%幅度是股价调整强弱分水岭

　　一气呵成的一波涨停品种在涨停后股价出现回落,此时回落的幅度与这只股票能不能再涨停有重要关系。一般涨停打开后,股价在8%涨幅以上价位波动震荡,股价再次封涨停的概率比较大。涨停打开后股价能在涨停价附近横盘的说明这只股承接力强。

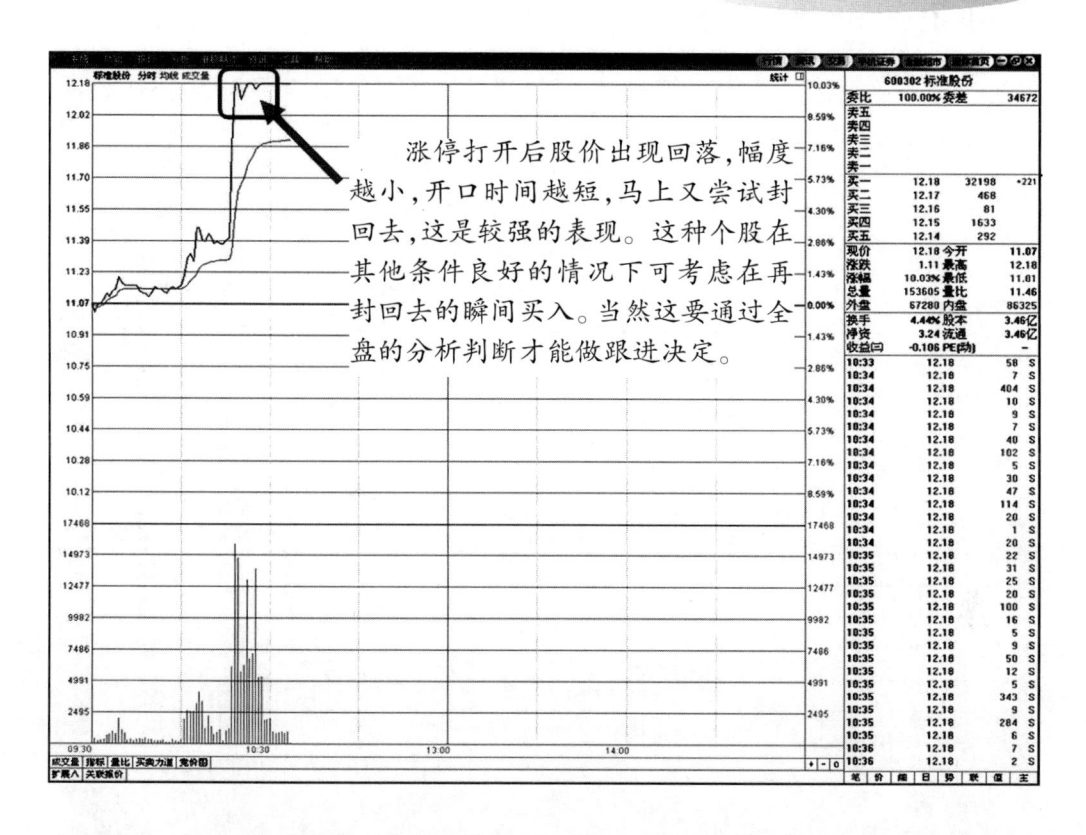

第八章 涨停板

涨停打开后股价出现回落，幅度越小，开口时间越短，马上又尝试封回去，这是较强的表现。这种个股在其他条件良好的情况下可考虑在再封回去的瞬间买入。当然这要通过全盘的分析判断才能做跟进决定。

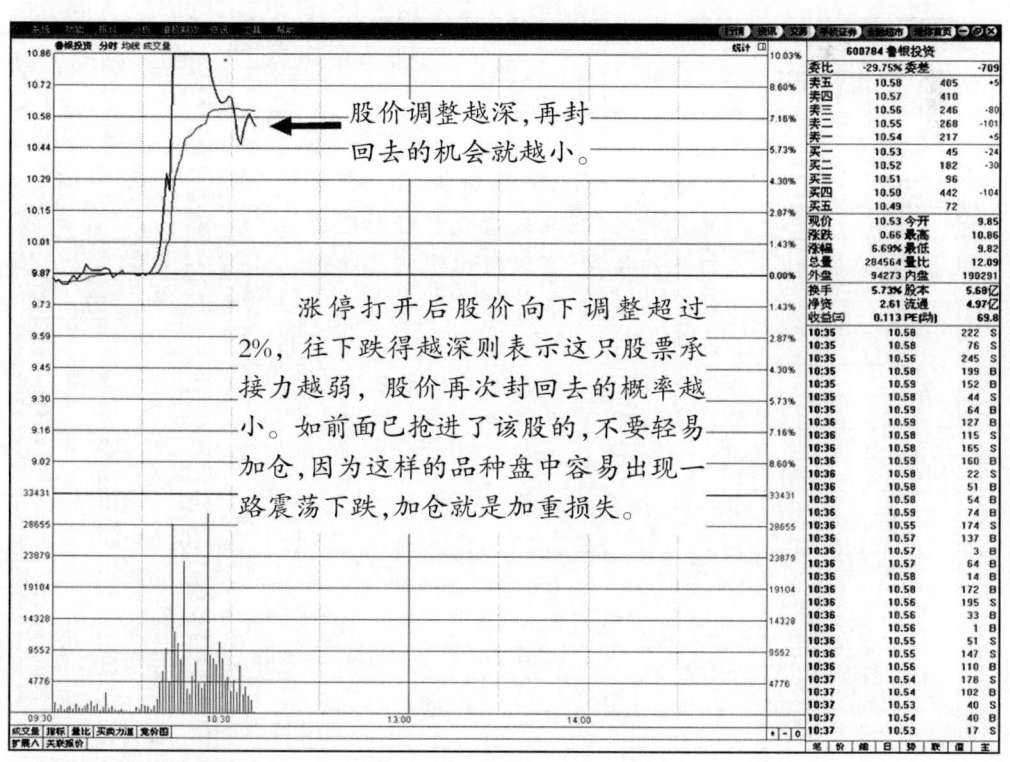

股价调整越深，再封回去的机会就越小。

涨停打开后股价向下调整超过2%，往下跌得越深则表示这只股票承接力越弱，股价再次封回去的概率越小。如前面已抢进了该股的，不要轻易加仓，因为这样的品种盘中容易出现一路震荡下跌，加仓就是加重损失。

主力行为盘口解密(精选版)

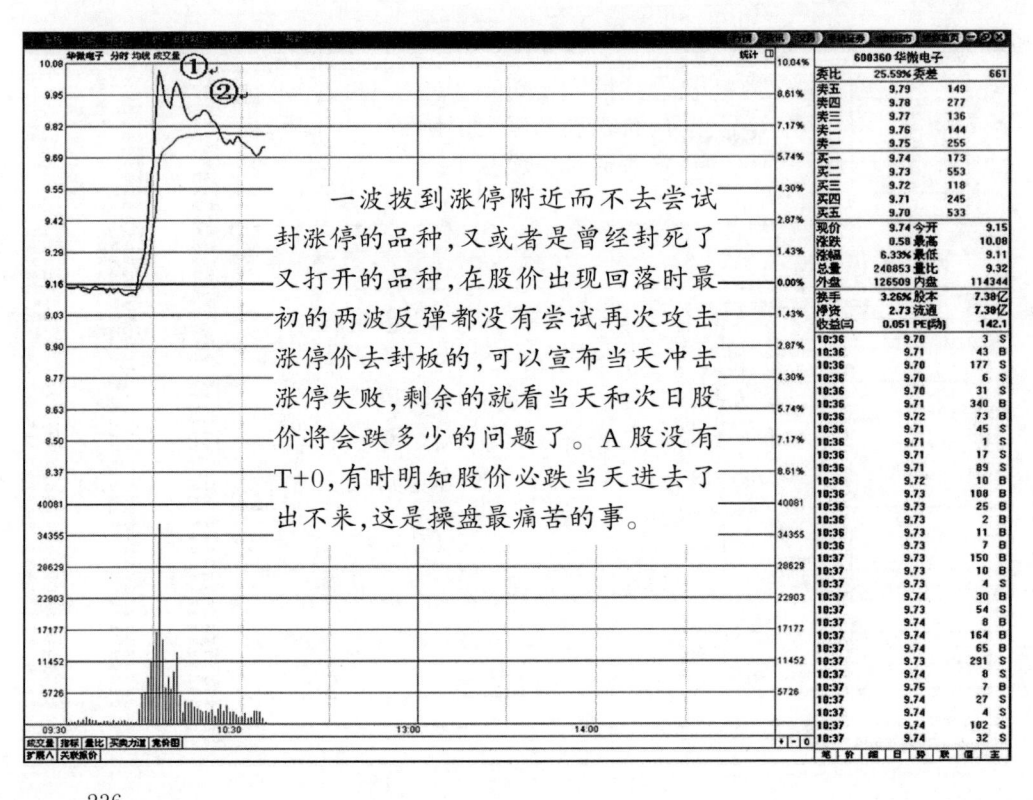

一波拨到涨停附近

对于这种一波拨到涨停附近的品种,要有敬畏之心,这种表现真正能封死到收盘的只是少数,大部分冲到涨停附近连封板动作都没有就会出现回落,所以对于这种品种,要操作最好是最后一笔卖单不吃掉不下单。

一波拨到涨停附近而不去尝试封涨停的品种,又或者是曾经封死了又打开的品种,在股价出现回落时最初的两波反弹都没有尝试再次攻击涨停价去封板的,可以宣布当天冲击涨停失败,剩余的就看当天和次日股价将会跌多少的问题了。A股没有T+0,有时明知股价必跌当天进去了出不来,这是操盘最痛苦的事。

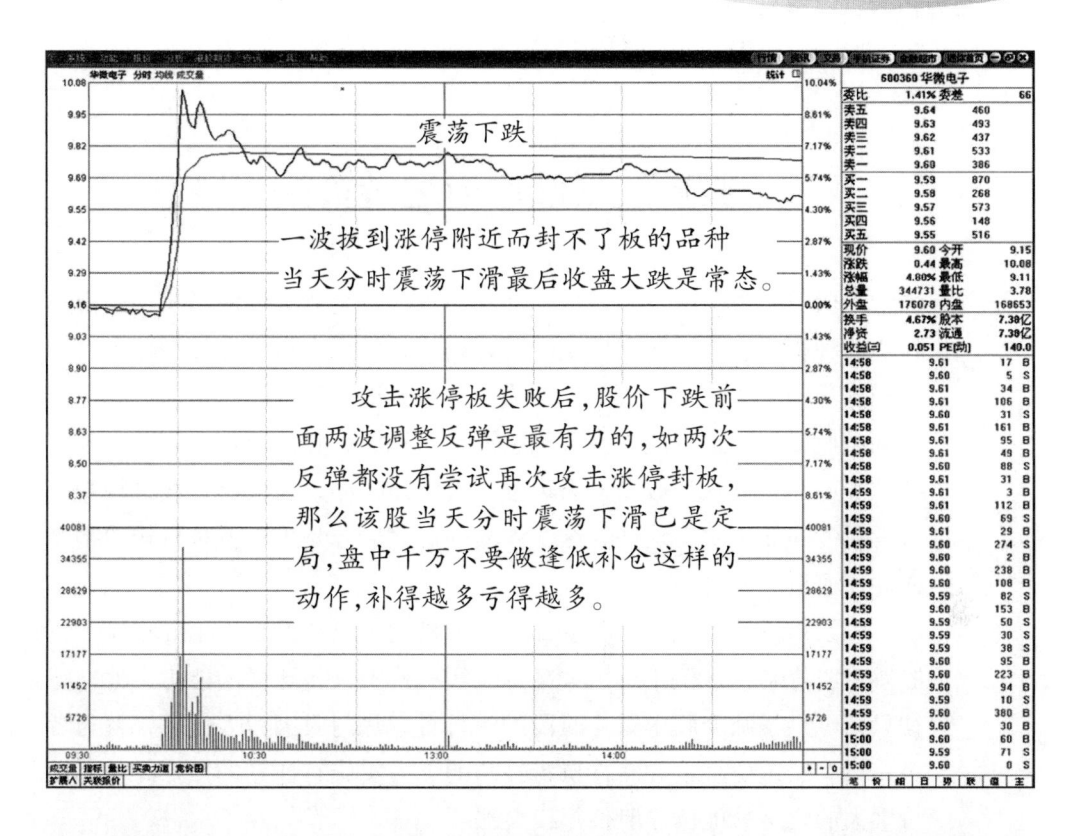

第八章 涨停板

震荡下跌

一波拔到涨停附近而封不了板的品种当天分时震荡下滑最后收盘大跌是常态。

攻击涨停板失败后,股价下跌前面两波调整反弹是最有力的,如两次反弹都没有尝试再次攻击涨停封板,那么该股当天分时震荡下滑已是定局,盘中千万不要做逢低补仓这样的动作,补得越多亏得越多。

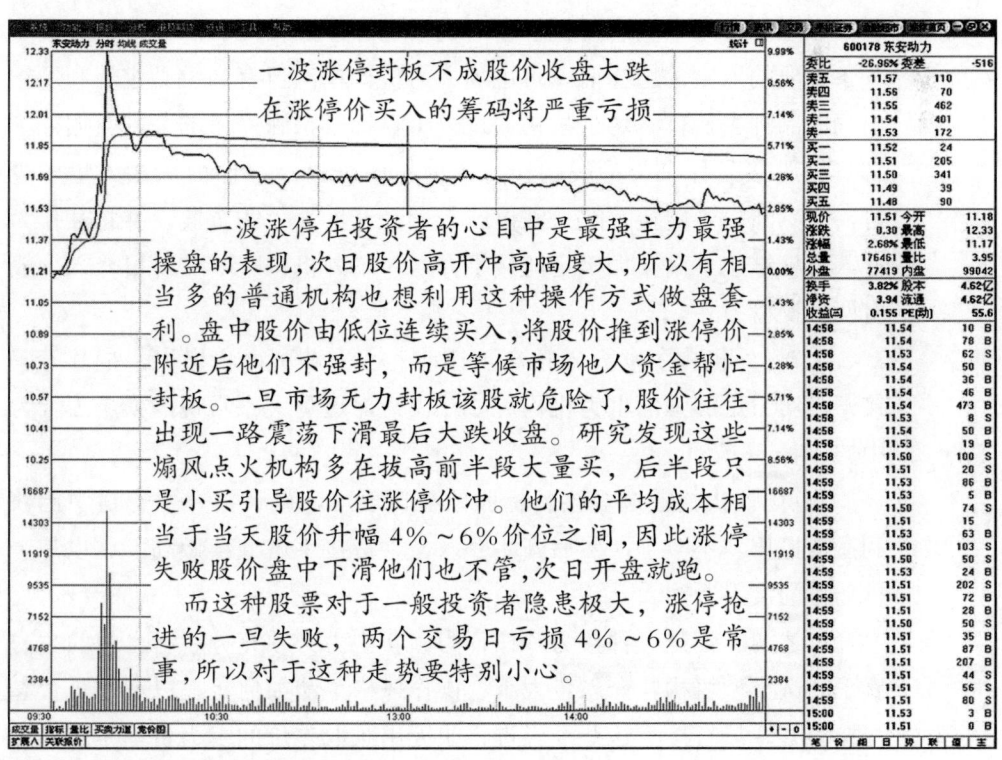

一波涨停封板不成股价收盘大跌在涨停价买入的筹码将严重亏损

一波涨停在投资者的心目中是最强主力最强操盘的表现,次日股价高开冲高幅度大,所以有相当多的普通机构也想利用这种操作方式做盘套利。盘中股价由低位连续买入,将股价推到涨停价附近后他们不强封,而是等候市场他人资金帮忙封板。一旦市场无力封板该股就危险了,股价往往出现一路震荡下滑最后大跌收盘。研究发现这些煽风点火机构多在拔高前半段大量买,后半段只是小买引导股价往涨停价冲。他们的平均成本相当于当天股价升幅4%~6%价位之间,因此涨停失败股价盘中下滑他们也不管,次日开盘就跑。

而这种股票对于一般投资者隐患极大,涨停抢进的一旦失败,两个交易日亏损4%~6%是常事,所以对于这种走势要特别小心。

个股短线暴涨原因之游资接力赛

热门股票参与者众多，成交活跃而且成交金额大，所以机构进出这样的品种相对容易。热门股上涨出现赚钱效应后大量资金蜂拥而入，股价极容易出现短线一涨再涨，形成非理性暴涨。热门股既可能因利好消息刺激而诞生，也可能是有人刻意炒作而形成。热门股中最疯狂的数连续拉涨停品种，这种股票号召力强，人气最旺盛，为大量短线机构和投资者所爱。而事实上这些连续涨停品种，大部分是由于各种机构轮番介入炒作而造成股价的暴涨。

股票市场机构风格多种多样，实力机构可以从始至终单独稳操一只股票令股价暴涨，但市场上大部分短线机构不具备这样的能力，他们往往只是一只暴涨个股中某一时段的参与者。热门股因为人气旺、参与者多，持有一定资金量并掌握操盘技巧的主力实施有计划的操盘时，无须特别大的资金就能诱导股价短线大涨。

在强势市场中高水平机构参与连续拉涨停品种时，部分机构选股有一条重要的原则：选择前一日进场主力机构在次日有高位必定获利了结出局的品种去操作。场外机构通过分析目标股票涨停日的公开数据，了解目标股票是什么类型机构作为主力拉出涨停，涨停前后买入量多少等，去判断能不能接手这只涨停或者已经连续涨停的个股，并将其作为介入目标继续炒高。如确定能接手介入，场外机构下一交易日介入一般有两种操盘方式。

(1)场外机构主动介入拉高，让前一主力获利抛售撤退，把其筹码接下。实力足够强的主力机构可如此操盘，这是大家常说的换主力行为中的一种。

(2)场外机构通过观察目标股票盘口表现，确认前一主力盘中已获利撤退抛售差不多了，然后开始介入，拿货接手后继续做高。这也是一种巧妙的接手行为。

上述两者都是一种接力炒作行为。新主力必须充分了解之前的主力属于什么类型机构、介入量大小、操作风格手法如何等，以考虑是否参与接力赛。只有接手这些今天进、明天出赚取差价的主力机构做的品种才行,否则在新主力介入当天或后面拉高了会遇到极大的抛压或打压驱赶,致使新主力无利可图,甚至深陷其中。一只连续涨停个股的形成,除了受看得见的客观因素条件影响,也受看不见的主力与主力之间的博弈等非客观因素的影响。

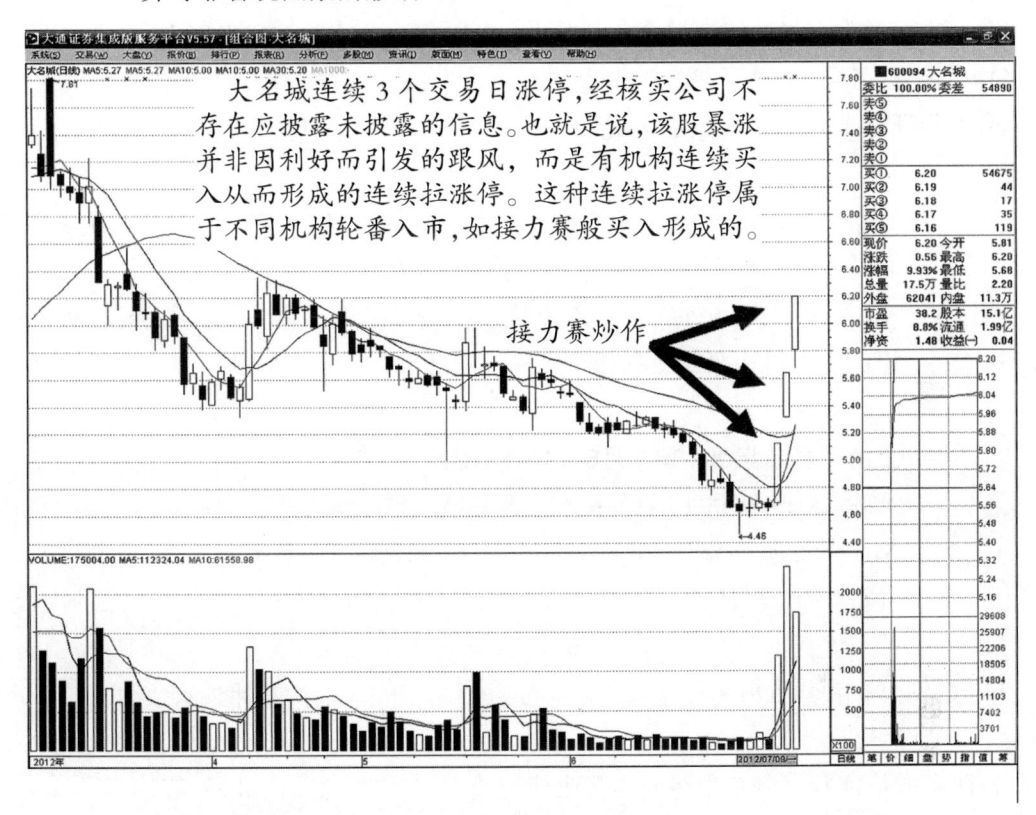

大名城连续3个交易日涨停,经核实公司不存在应披露未披露的信息。也就是说,该股暴涨并非因利好而引发的跟风,而是有机构连续买入从而形成的连续拉涨停。这种连续拉涨停属于不同机构轮番入市,如接力赛般买入形成的。

上海证券市场 2012 年 7 月 5 日公开信息

证券代码:600094 证券简称:大名城 偏离值%:11.25
成交量:11948571 成交金额(万元):6004.71

买入金额前 5 名营业部名称	累计买入金额(万元)
(1)中国中投证券无锡清扬路证券营业部	472.3328
(2)东兴证券福清一拂路证券营业部	183.2540
(3)申银万国证券上海南汇证券营业部	106.7408
(4)齐鲁证券慈溪天九街证券营业部	99.8811
(5)光大证券深圳深南大道证券营业	73.4944

主力行为盘口解密(精选版)

卖出金额前5名营业部名称	累计卖出金额（万元）
(1)华泰证券上海天钥桥路证券营业部	222.3275
(2)中信证券上海巨鹿路证券营业部	181.9285
(3)东方证券上海光新路证券营业部	118.7876
(4)申银万国证券上海商城路营业部	114.2723
(5)海通证券上海江宁路证券营业部	101.4100

该股前期成交清淡，7月5日主力机构只进了472万元，买入量较小就拉出涨停板。

7月6日场外新机构入市接手拉出第二个涨停。上一交易日拔涨停的主力机构已经获利撤退。

上海证券市场2012年7月6日公开信息

证券代码：600094　证券简称：大名城　累计偏离值%：+20.18
累计成交量：35221646　累计成交金额(万元)：18965.61
异常期间：7月5—6日

买入金额前5名营业部名称	累计买入金额（万元）
(1)西藏同信证券上海东方路证券营业部	898.8219
(2)中国中投证券深圳龙华和平路证券营业部	694.5622
(3)东海证券南京长江路证券营业部	599.3081
(4)中国中投证券无锡清扬路证券营业部	576.7394
(5)厦门证券上海陆家滨路证券营业部	315.9897

卖出金额前5名营业部名称	累计卖出金额（万元）
(1)招商证券北京东四十条证券营业部	575.9699
(2)中国中投证券无锡清扬路证券营业部	521.2296
(3)招商证券北京建国路证券营业部	372.3104
(4)安信证券大连中山路证券营业部	278.6035
(5)中信建投证券泸州市滨江路证券营业部	267.2422

上海证券市场2012年7月9日公开信息

证券代码：600094　　证券简称：大名城　　偏离值%：12.30

成交量：17500494　　成交金额（万元）：10589.72

买入金额前5名营业部名称	累计买入金额（万元）
(1) 湘财证券杭州教工路证券营业部	2551.0050
(2) 国泰君安证券上海杨树浦路证券营业部	662.4880
(3) 财通证券温岭东辉北路证券营业部	640.4973
(4) 兴业证券武汉青年路证券营业部	595.2000
(5) 中国银河证券绍兴证券营业部	588.6280

卖出金额前5名营业部名称	累计卖出金额（万元）
(1) 西南证券深圳滨河大道证券营业部	424.6879
(2) 东海证券南京长江路证券营业部	282.5786
(3) 东吴证券吴江盛泽镇西环路证券营业部	211.4081
(4) 东方证券上海凤阳路证券营业部	192.6000
(5) 东莞证券东莞石碣证券营业部	186.9396

湘财证券杭州教工路营业部主力实力较强，在第二个涨停后入市接手拉出了第三个涨停。

大名城这连续三个涨停是不同机构轮番介入接力炒作的结果。

阶段内反复间隔涨停行为剖析

市场环境好时几乎每日都可见连续二板三板或者更多连板涨停品种，连板品种一般都是由题材概念作为炒作导火线引发的。除了连续涨停之外，部分个股在某阶段内横向震荡时也相间反复出现涨停，这是另一种较特别的表现。我们将阶段内反复间隔涨停品种划分为四大类，目的是弄清楚它们的各自特性，为遇到这样的品种时有足够的准备去分析判断。

这四大类阶段内反复间隔涨停品种包括：第一种短线间隔出现涨停；第二种阶段内横向震荡间隔反复出现涨停；第三种阶段内震荡上升间隔反复出现涨停；第四种其他的各形态表现。

他们各有各的特点，操盘主导力量不同间隔涨停出现及后市表现各有千秋。第一种短期间内经常出现相间涨停现象多是各路游资接力炒作行为，因为没有什么大的未来，短炒后股价容易破位下行。第二种阶段内横向震荡相间出现反复涨停，多是一个主力在反复回头进行炒作。目的也是短炒涨停次日一冲高就跑。只有非常小的比例个股能连续拉出两个连板。第三种阶段内震荡上升相间反复出现涨停，这相当部分属于一个主力盘踞在里面反复进行高抛低吸赚差价。这种股票在每次涨停后不会马上大跌，跟风盘大都在短期内有解套机会，炒作力度强一些。下面就列举几个案件简单介绍这三种相间涨停的K线表现情况。

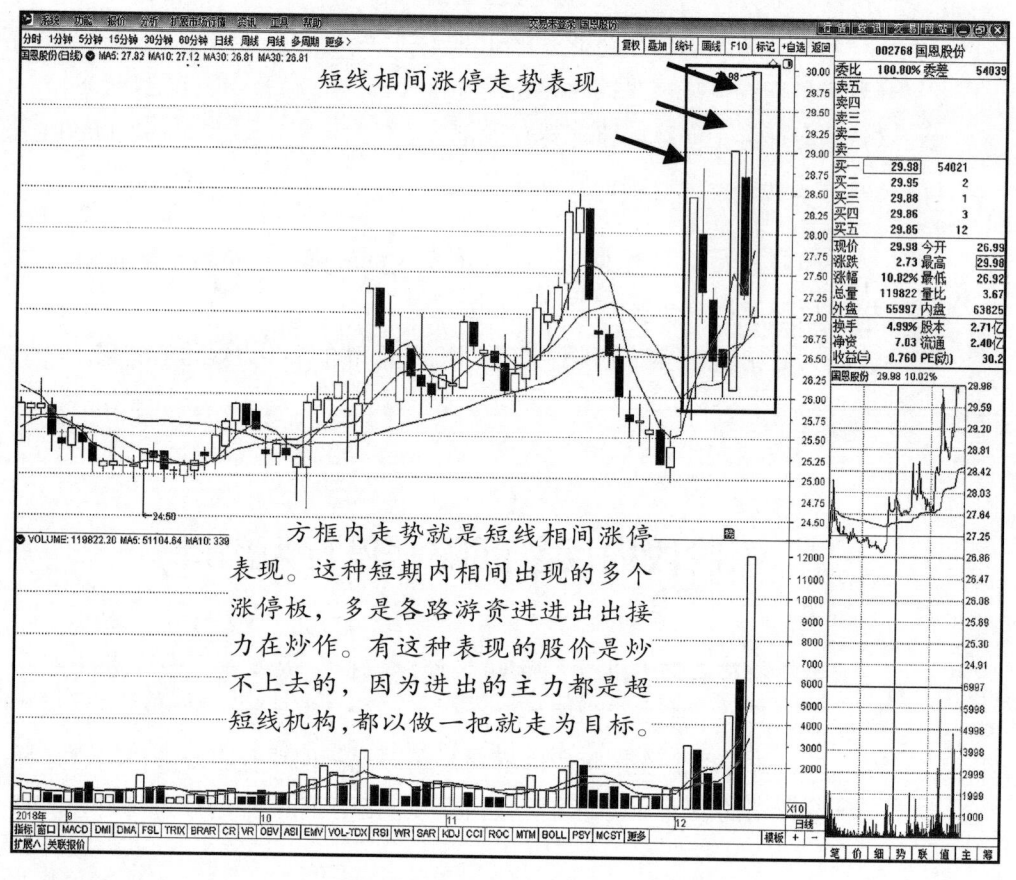

方框内走势就是短线相间涨停表现。这种短期内相间出现的多个涨停板，多是各路游资进进出出接力在炒作。有这种表现的股价是炒不上去的，因为进出的主力都是超短线机构，都以做一把就走为目标。

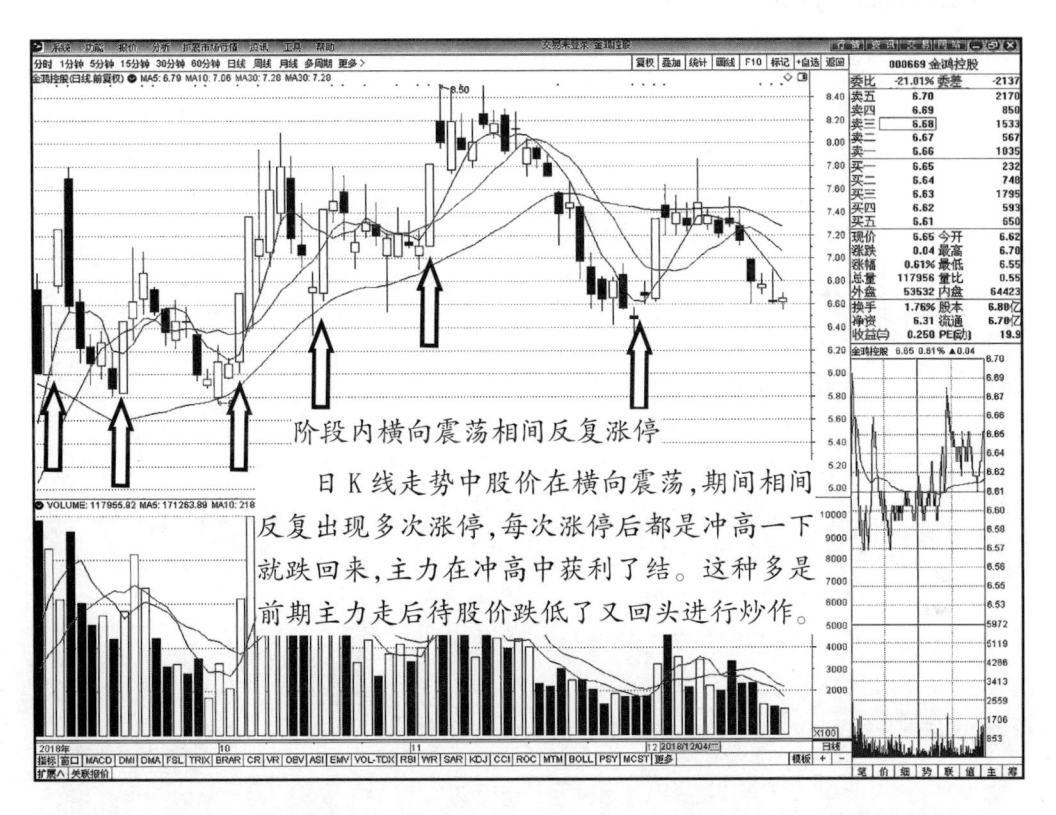

阶段内横向震荡相间反复涨停

日K线走势中股价在横向震荡，期间相间反复出现多次涨停，每次涨停后都是冲高一下就跌回来，主力在冲高中获利了结。这种多是前期主力走后待股价跌低了又回头进行炒作。

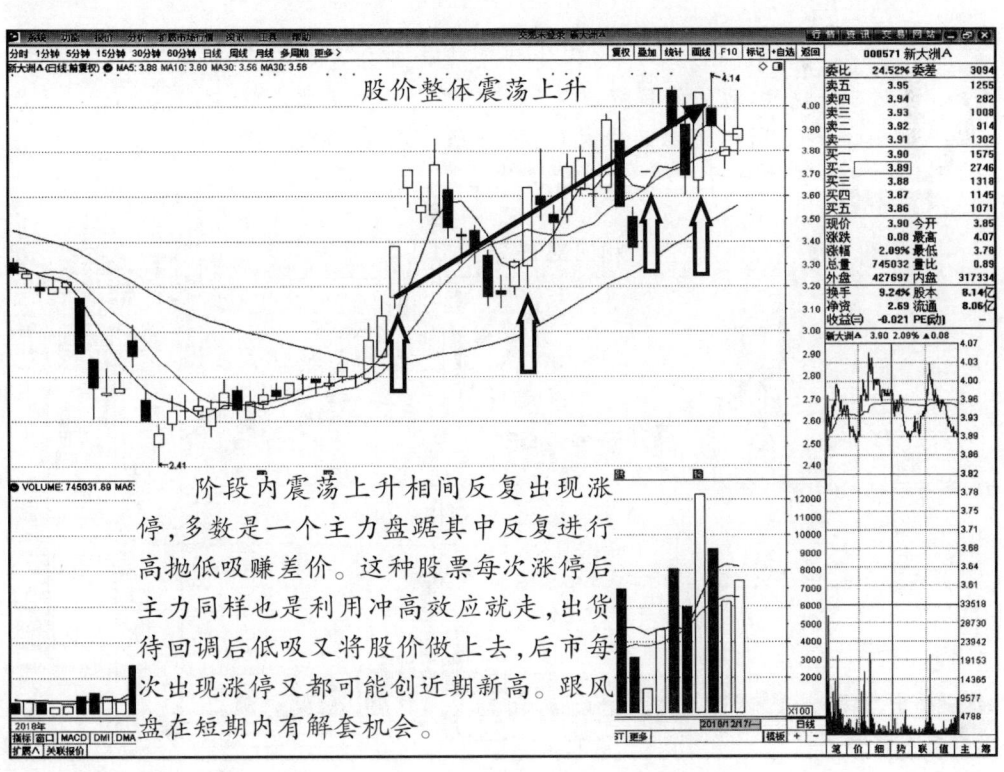

阶段内震荡上升相间反复出现涨停

多数是一个主力盘踞其中反复进行高抛低吸赚差价。这种股票每次涨停后主力同样也是利用冲高效应就走，出货待回调后低吸又将股价做上去，后市每次出现涨停又都可能创近期新高。跟风盘在短期内有解套机会。

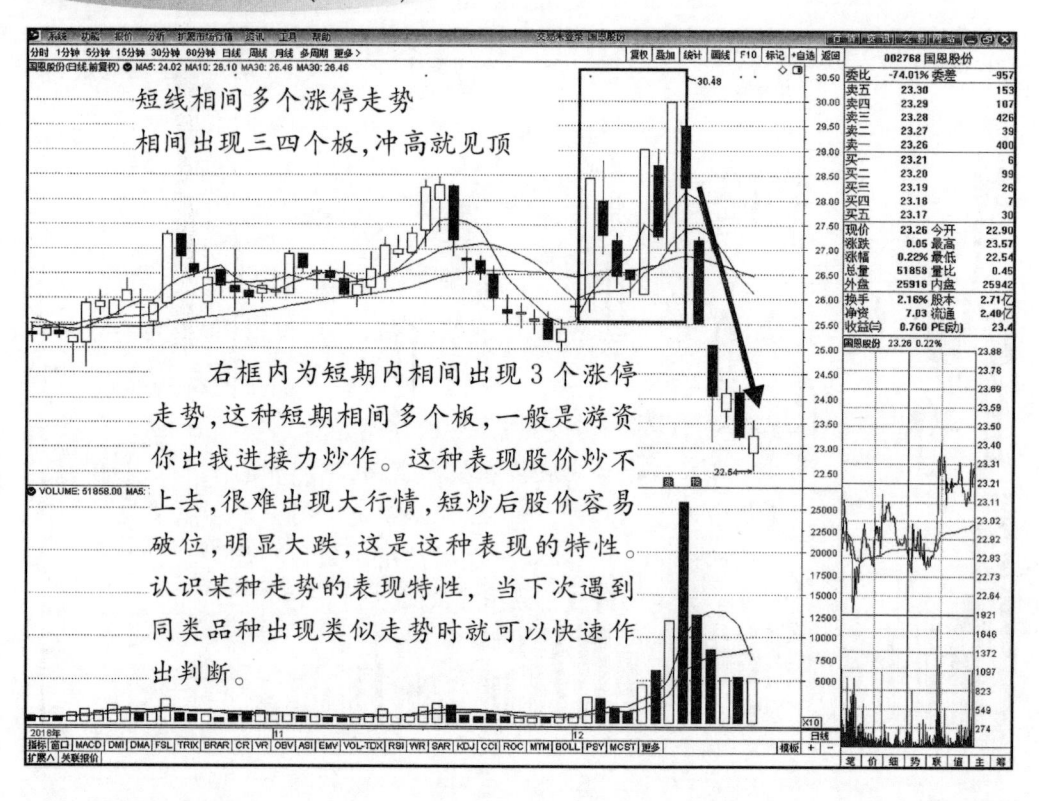

主力行为盘口解密(精选版)

短线相间多个涨停走势
相间出现三四个板,冲高就见顶

右框内为短期内相间出现3个涨停走势,这种短期相间多个板,一般是游资你出我进接力炒作。这种表现股价炒不上去,很难出现大行情,短炒后股价容易破位,明显大跌,这是这种表现的特性。认识某种走势的表现特性,当下次遇到同类品种出现类似走势时就可以快速作出判断。

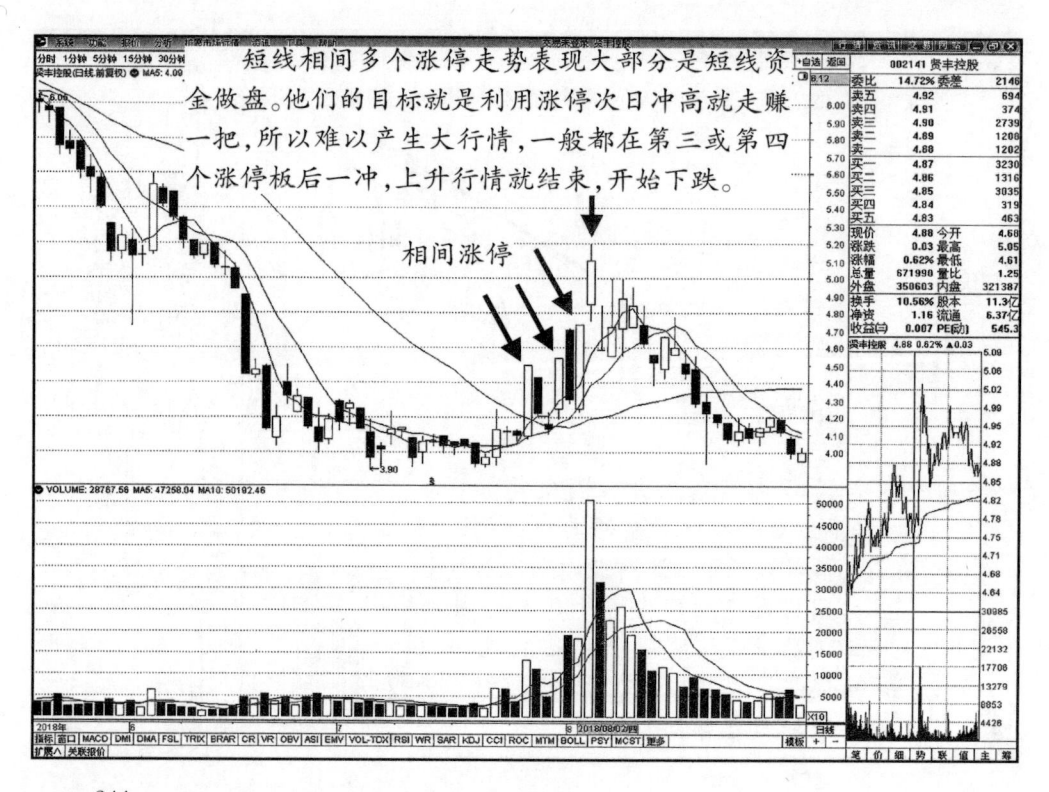

短线相间多个涨停走势表现大部分是短线资金做盘。他们的目标就是利用涨停次日冲高就走赚一把,所以难以产生大行情,一般都在第三或第四个涨停板后一冲,上升行情就结束,开始下跌。

相间涨停

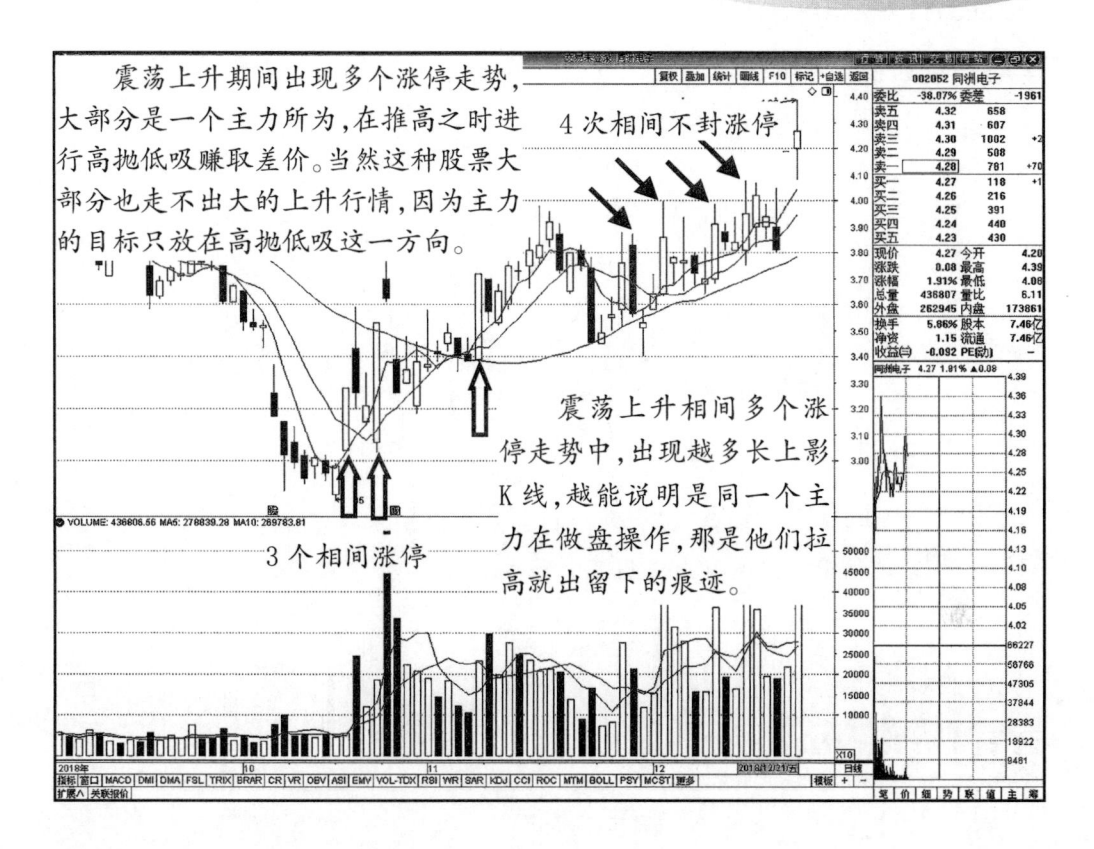

震荡上升期间出现多个涨停走势，大部分是一个主力所为，在推高之时进行高抛低吸赚取差价。当然这种股票大部分也走不出大的上升行情，因为主力的目标只放在高抛低吸这一方向。

4次相间不封涨停

震荡上升相间多个涨停走势中，出现越多长上影K线，越能说明是同一个主力在做盘操作，那是他们拉高就出留下的痕迹。

3个相间涨停

阶段内反复多次涨停行为剖析

　　涨停是个股日内的特殊上升状态，而在实践中涨停也分各种各样的情况。某日涨停只是涨停的一种状态，连续涨停、间接涨停、阶段内经常涨停等是涨停出现的不同姿势。要弄懂涨停、做好涨停就要深入研究总结才能见成效。另外研究涨停过程中也涉及涨停行为是什么类型资金推动涨停，涨停有没有大机构作为主导力量等问题。因为不同的资金推涨停对涨停能否封死以及涨停后的表现影响重大，所以如果你想经常参与做涨停个股，深入了解这方面的情况很有必要。下面就来介绍个股阶段经常涨停状态下的一些情况，以及如何简单判断目标品种是同一主力在操作，还是不同资金接力的交易。

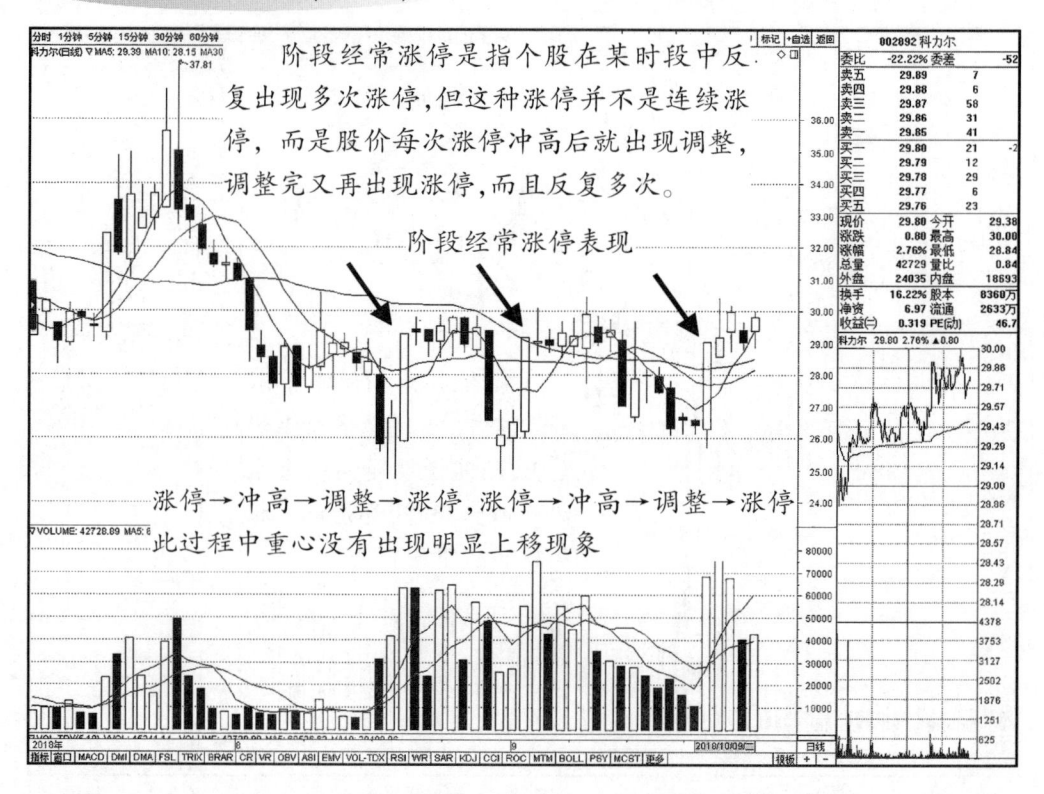

主力行为盘口解密(精选版)

阶段经常涨停是指个股在某时段中反复出现多次涨停,但这种涨停并不是连续涨停,而是股价每次涨停冲高后就出现调整,调整完又再出现涨停,而且反复多次。

阶段经常涨停表现

涨停→冲高→调整→涨停,涨停→冲高→调整→涨停
此过程中重心没有出现明显上移现象

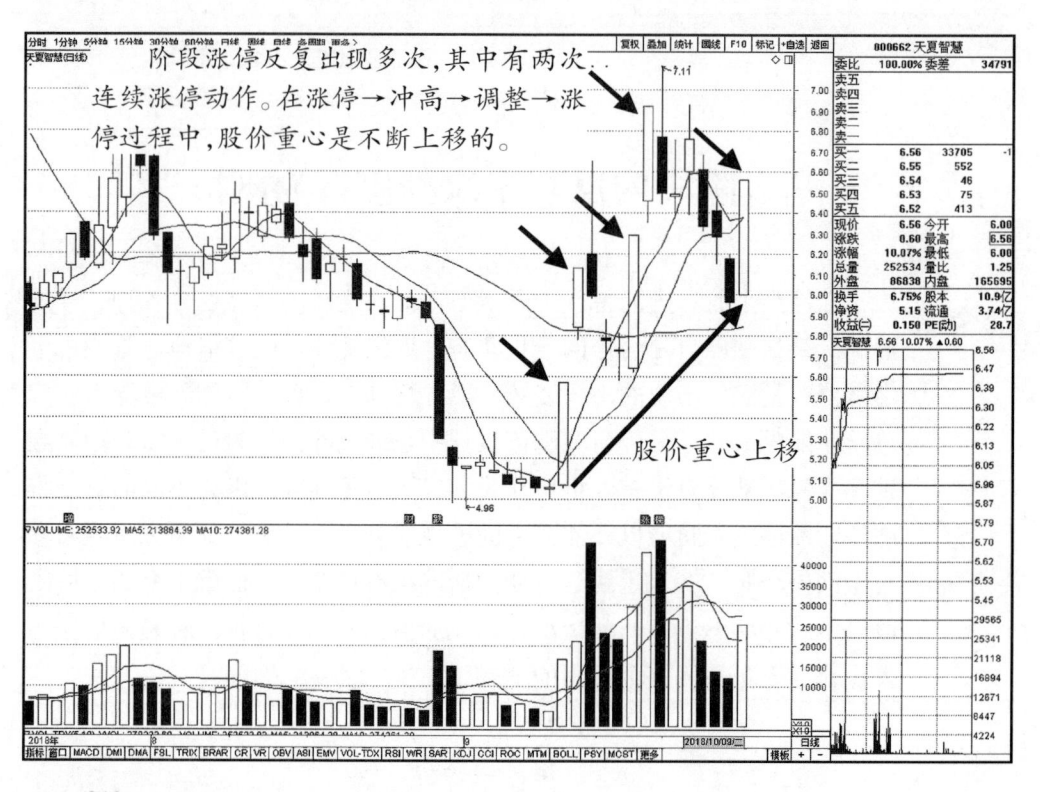

阶段涨停反复出现多次,其中有两次连续涨停动作。在涨停→冲高→调整→涨停过程中,股价重心是不断上移的。

股价重心上移

246

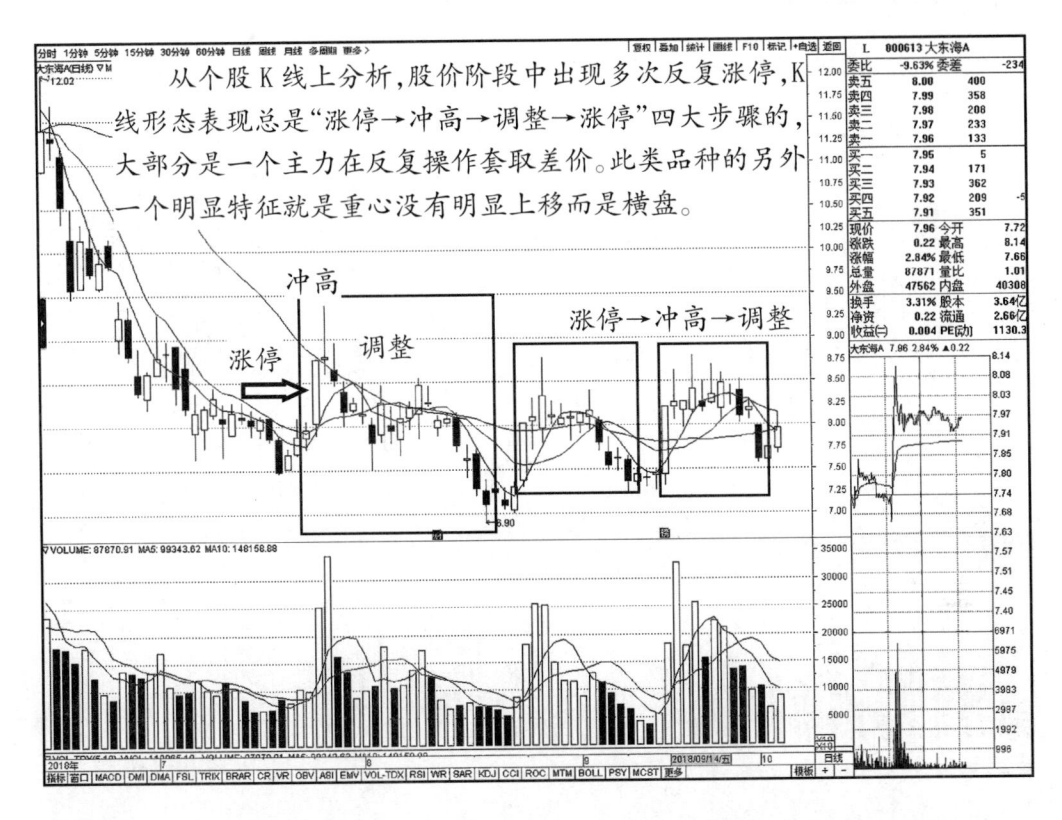

从个股K线上分析，股价阶段中出现多次反复涨停，K线形态表现总是"涨停→冲高→调整→涨停"四大步骤的，大部分是一个主力在反复操作套取差价。此类品种的另外一个明显特征就是重心没有明显上移而是横盘。

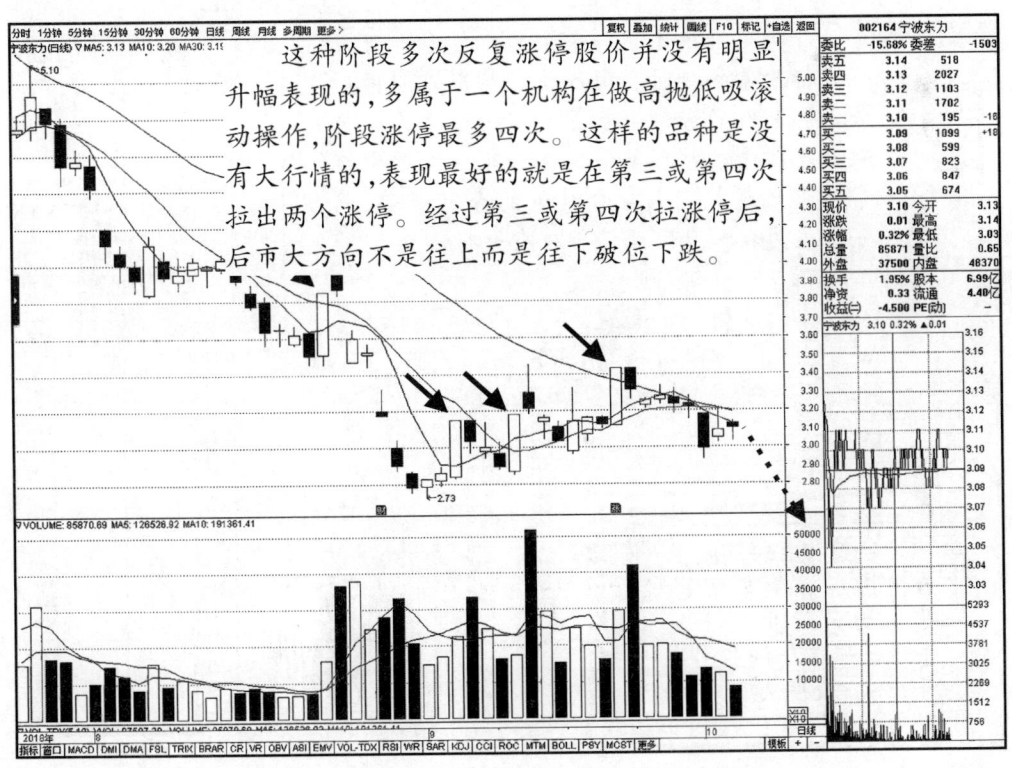

这种阶段多次反复涨停股价并没有明显升幅表现的，多属于一个机构在做高抛低吸滚动操作，阶段涨停最多四次。这样的品种是没有大行情的，表现最好的就是在第三或第四次拉出两个涨停。经过第三或第四次拉涨停后，后市大方向不是往上而是往下破位下跌。

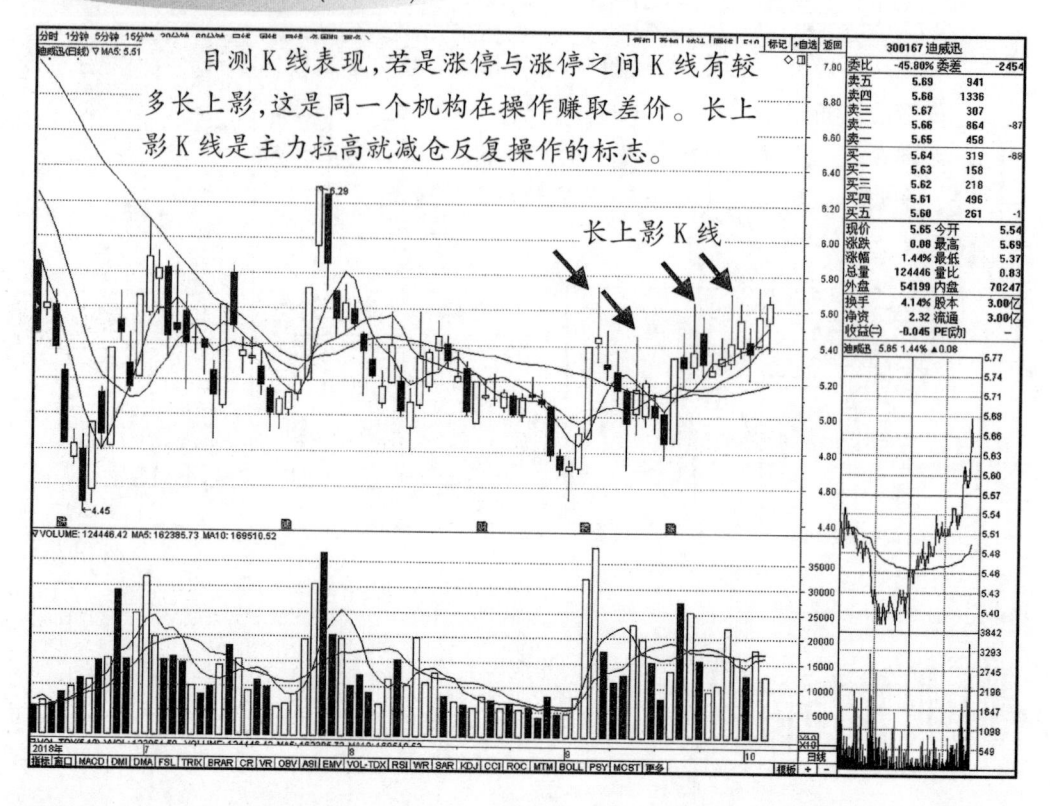

主力行为盘口解密(精选版)

目测K线表现,若是涨停与涨停之间K线有较多长上影,这是同一个机构在操作赚取差价。长上影K线是主力拉高就减仓反复操作的标志。

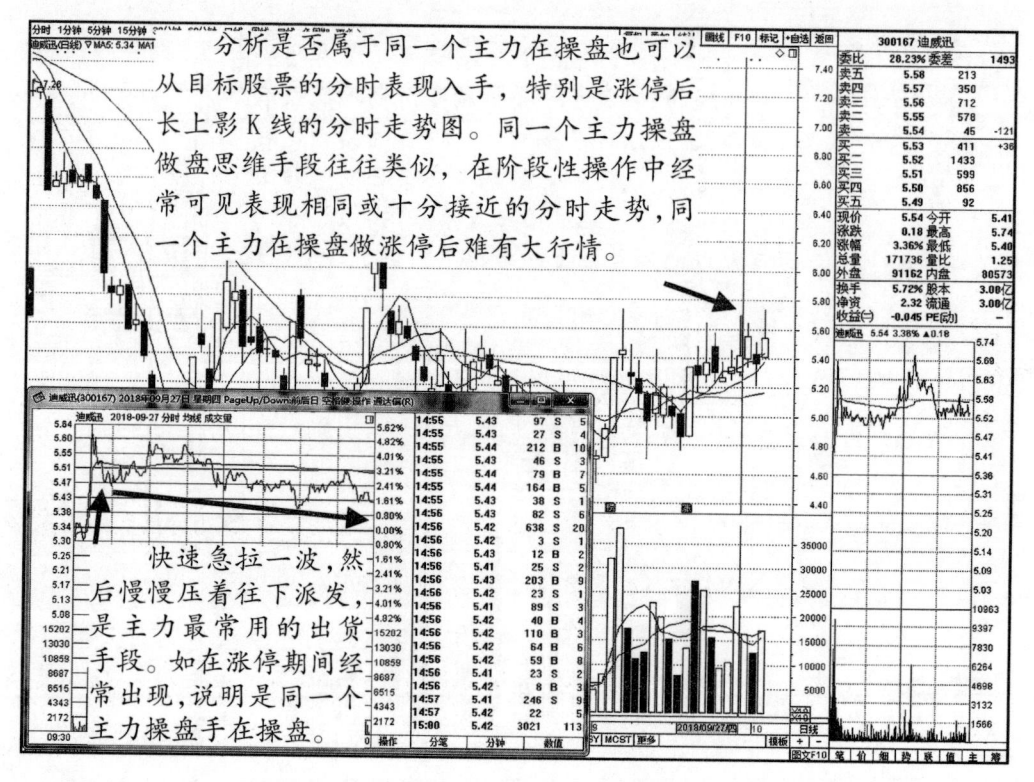

分析是否属于同一个主力在操盘也可以从目标股票的分时表现入手,特别是涨停后长上影K线的分时走势图。同一个主力操盘做盘思维手段往往类似,在阶段性操作中经常可见表现相同或十分接近的分时走势,同一个主力在操盘做涨停后难有大行情。

快速急拉一波,然后慢慢压着往下派发,是主力最常用的出货手段。如在涨停期间经常出现,说明是同一个主力操盘手在操盘。

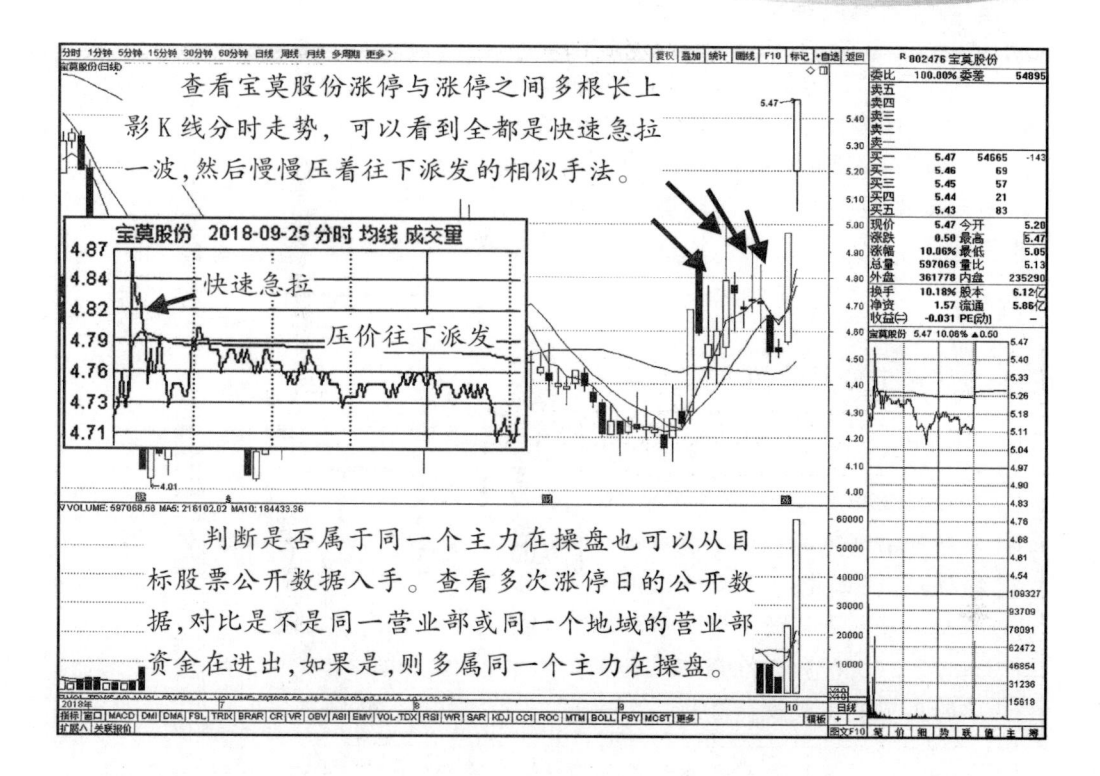

查看宝莫股份涨停与涨停之间多根长上影K线分时走势，可以看到全都是快速急拉一波，然后慢慢压着往下派发的相似手法。

快速急拉

压价往下派发

判断是否属于同一个主力在操盘也可以从目标股票公开数据入手。查看多次涨停日的公开数据，对比是不是同一营业部或同一个地域的营业部资金在进出，如果是，则多属同一个主力在操盘。

无心封涨停盘口特征与原因

　　涨停是A股交易中的一种极端行为，大部分个股能封涨停都是有各种机构参与。有时一个股票上升至盘中封涨停是一个主力有计划的操作，要了解这些信息可多研究两市个股公开交易信息公布的数据。某品种股价盘中上升直至被推涨停，可以从盘口观察去分析研究有没有大机构参与，如观察买卖盘挂单有没有异常，有没有特别大的单笔成交等。

　　说到无心涨停，是指主力正在运作或者在引导目标股票上升，盘中已经大涨但主力无心去封涨停。一个主力既在引导一个股票盘中大涨，而又无心涨停，必然是有原因的：①无心涨停是因为主力正在拿货，如涨停则无货可拿，所以无心涨停；②不想在涨停附近或涨停位继续大量买入，所以不愿意封涨停；③拉高至涨停附近就开始出前面的货，所以不去封涨停。

　　有主力在引导股价上涨，涨停附近又无心封涨停大都是以上三个原因。至于是其中哪一种，唯有盘口语言能给出解释和正确的答案。

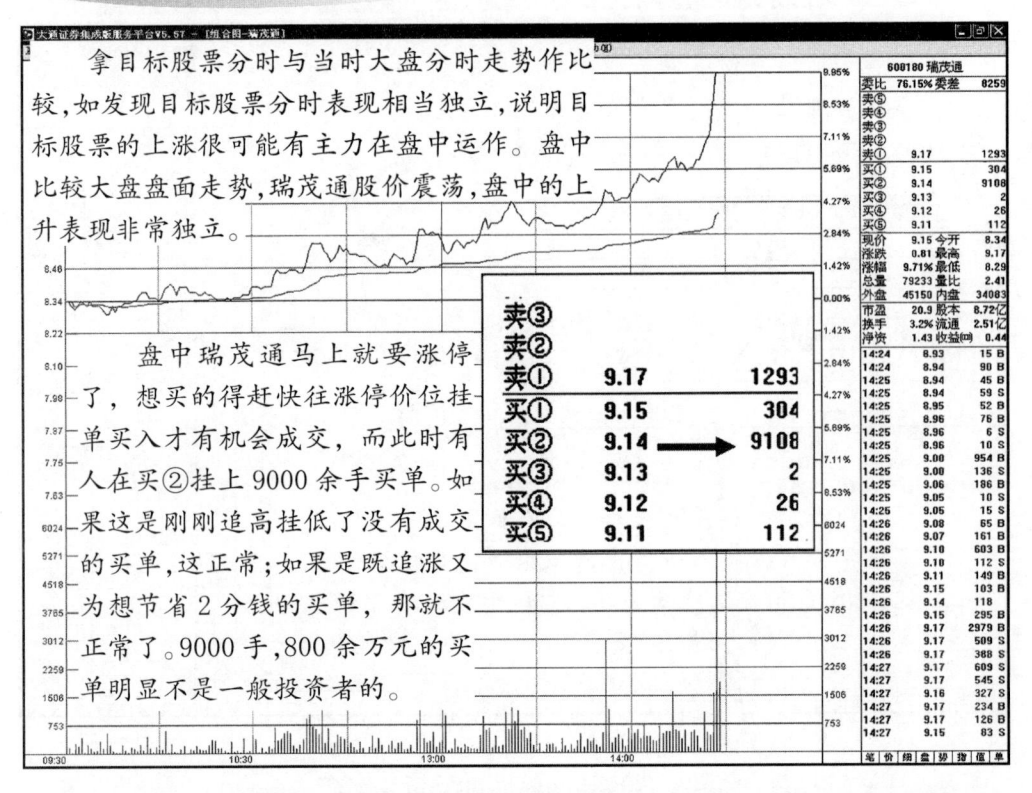

主力行为盘口解密(精选版)

拿目标股票分时与当时大盘分时走势作比较,如发现目标股票分时表现相当独立,说明目标股票的上涨很可能有主力在盘中运作。盘中比较大盘盘面走势,瑞茂通股价震荡,盘中的上升表现非常独立。

盘中瑞茂通马上就要涨停了,想买的得赶快往涨停价位挂单买入才有机会成交,而此时有人在买②挂上9000余手买单。如果这是刚刚追高挂低了没有成交的买单,这正常;如果是既追涨又为想节省2分钱的买单,那就不正常了。9000手,800余万元的买单明显不是一般投资者的。

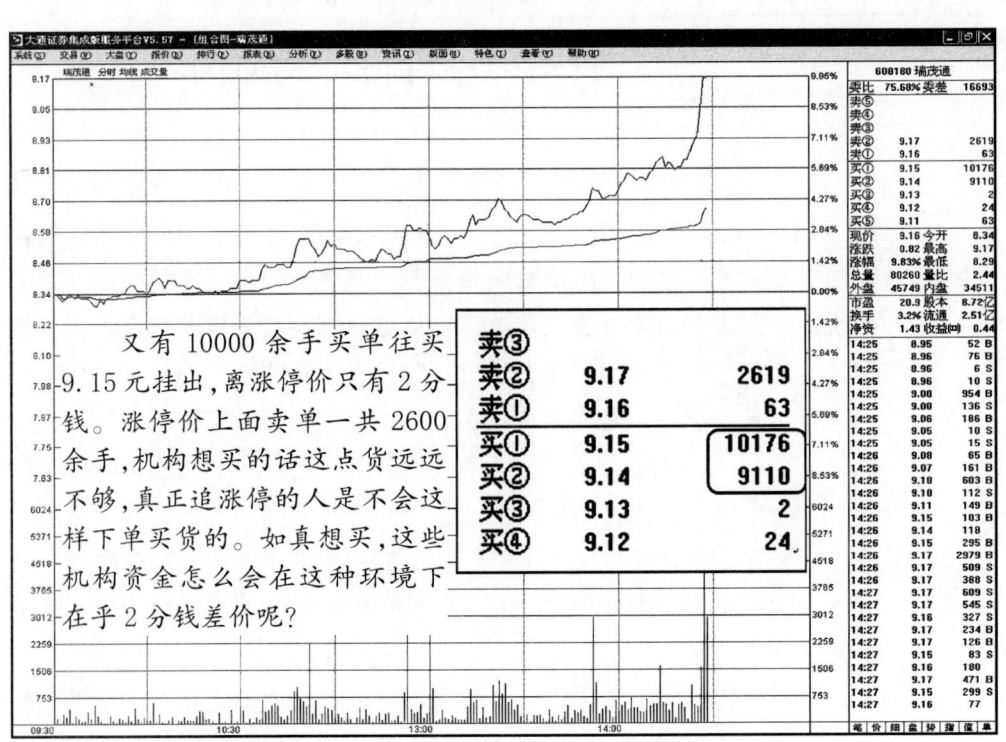

卖③		
卖②		
卖①	9.17	1293
买①	9.15	304
买②	9.14 →	9108
买③	9.13	2
买④	9.12	26
买⑤	9.11	112

又有10000余手买单往买①9.15元挂出,离涨停价只有2分钱。涨停价上面卖单一共2600余手,机构想买的话这点货远远不够,真正追涨停的人是不会这样下单买货的。如真想买,这些机构资金怎么会在这种环境下在乎2分钱差价呢?

卖③		
卖②	9.17	2619
卖①	9.16	63
买①	9.15	10176
买②	9.14	9110
买③	9.13	2
买④	9.12	24

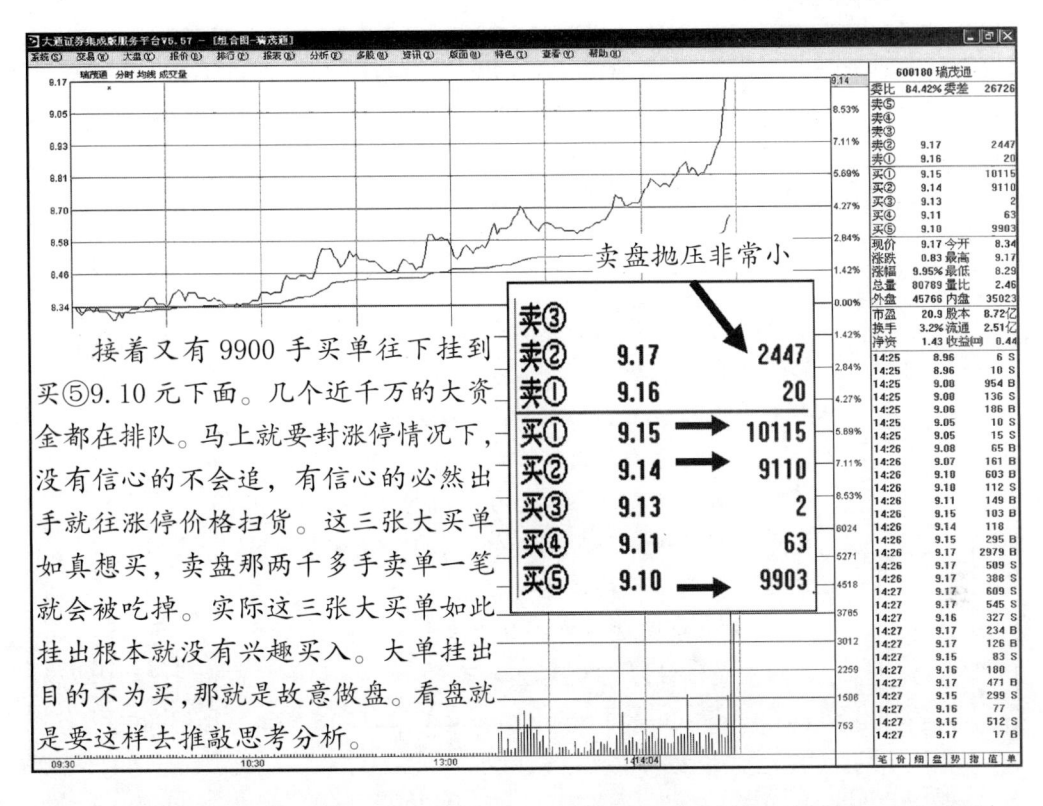

第八章 涨停板

接着又有9900手买单往下挂到买⑤9.10元下面。几个近千万的大资金都在排队。马上就要封涨停情况下，没有信心的不会追，有信心的必然出手就往涨停价格扫货。这三张大买单如真想买，卖盘那两千多手卖单一笔就会被吃掉。实际这三张大买单如此挂出根本就没有兴趣买入。大单挂出目的不为买，那就是故意做盘。看盘就是要这样去推敲思考分析。

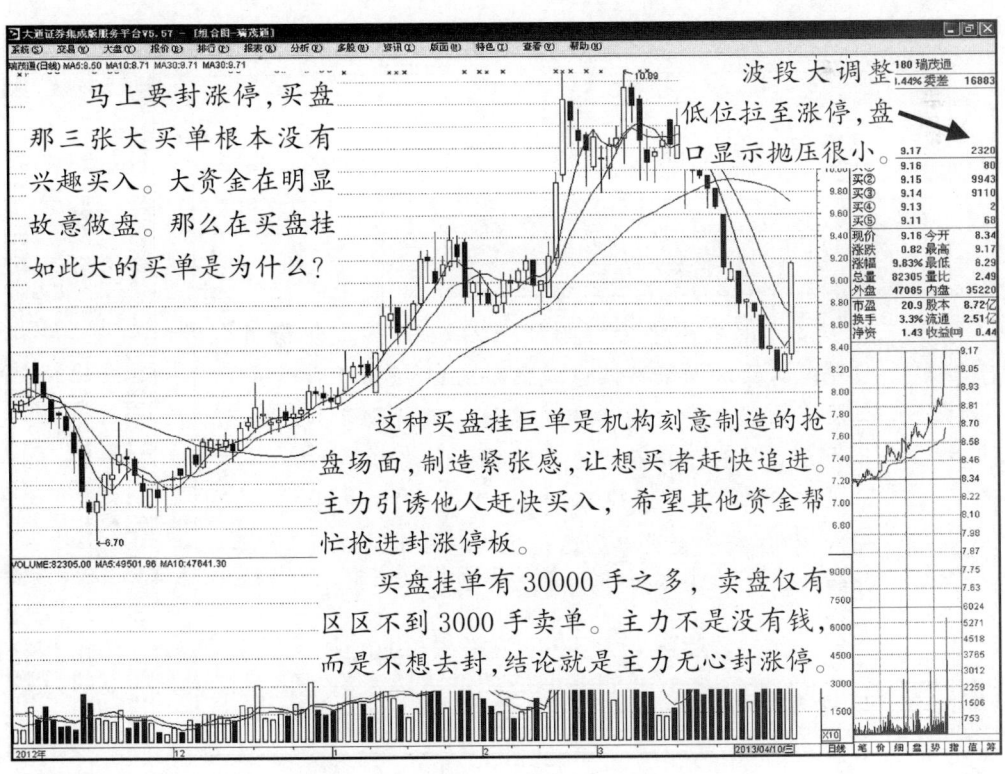

卖盘抛压非常小

卖③		
卖②	9.17	2447
卖①	9.16	20
买①	9.15	→ 10115
买②	9.14	→ 9110
买③	9.13	2
买④	9.11	63
买⑤	9.10	→ 9903

马上要封涨停，买盘那三张大买单根本没有兴趣买入。大资金在明显故意做盘。那么在买盘挂如此大的买单是为什么？

波段大调整

低位拉至涨停，盘口显示抛压很小。

这种买盘挂巨单是机构刻意制造的抢盘场面，制造紧张感，让想买者赶快追进。主力引诱他人赶快买入，希望其他资金帮忙抢进封涨停板。

买盘挂单有30000手之多，卖盘仅有区区不到3000手卖单。主力不是没有钱，而是不想去封，结论就是主力无心封涨停。

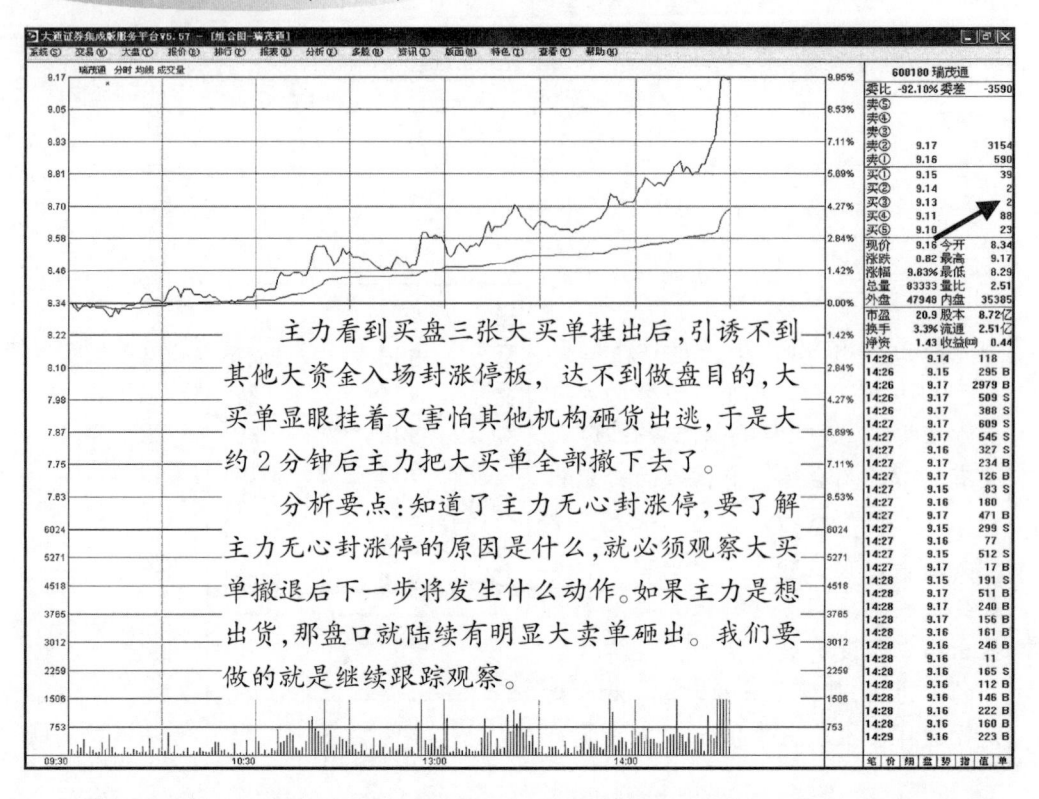

主力行为盘口解密(精选版)

主力看到买盘三张大买单挂出后，引诱不到其他大资金入场封涨停板，达不到做盘目的，大买单显眼挂着又害怕其他机构砸货出逃，于是大约2分钟后主力把大买单全部撤下去了。

分析要点：知道了主力无心封涨停，要了解主力无心封涨停的原因是什么，就必须观察大买单撤退后下一步将发生什么动作。如果主力是想出货，那盘口就陆续有明显大卖单砸出。我们要做的就是继续跟踪观察。

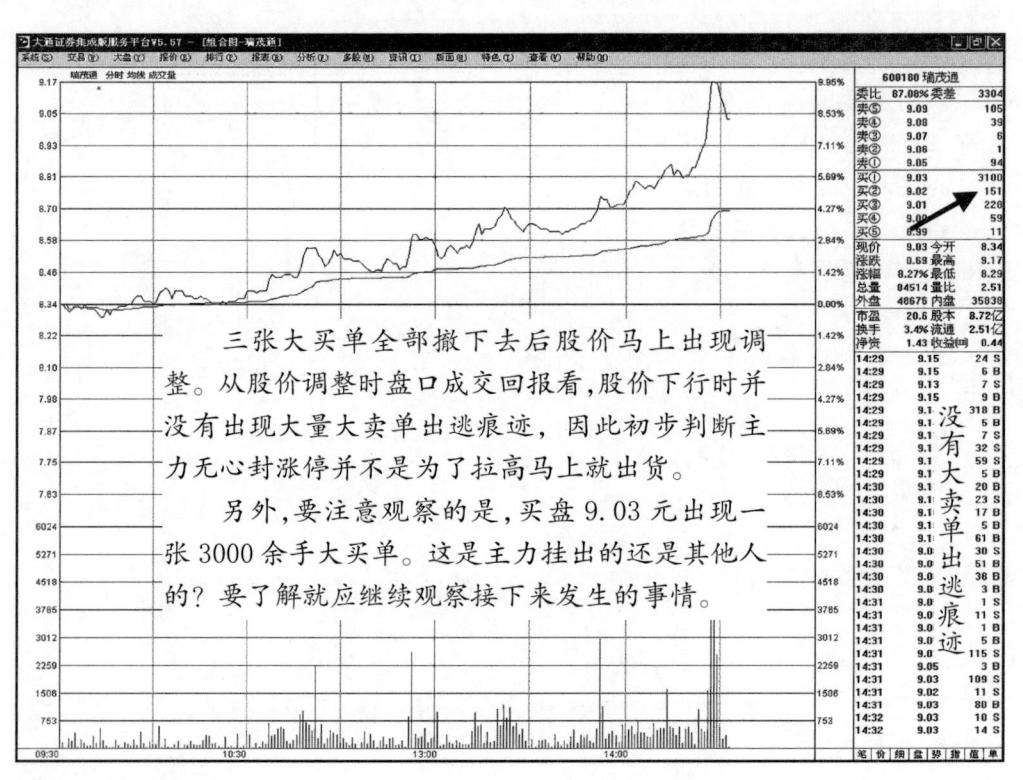

三张大买单全部撤下去后股价马上出现调整。从股价调整时盘口成交回报看，股价下行时并没有出现大量大卖单出逃痕迹，因此初步判断主力无心封涨停并不是为了拉高马上就出货。

另外，要注意观察的是，买盘9.03元出现一张3000余手大买单。这是主力挂出的还是其他人的？要了解就应继续观察接下来发生的事情。

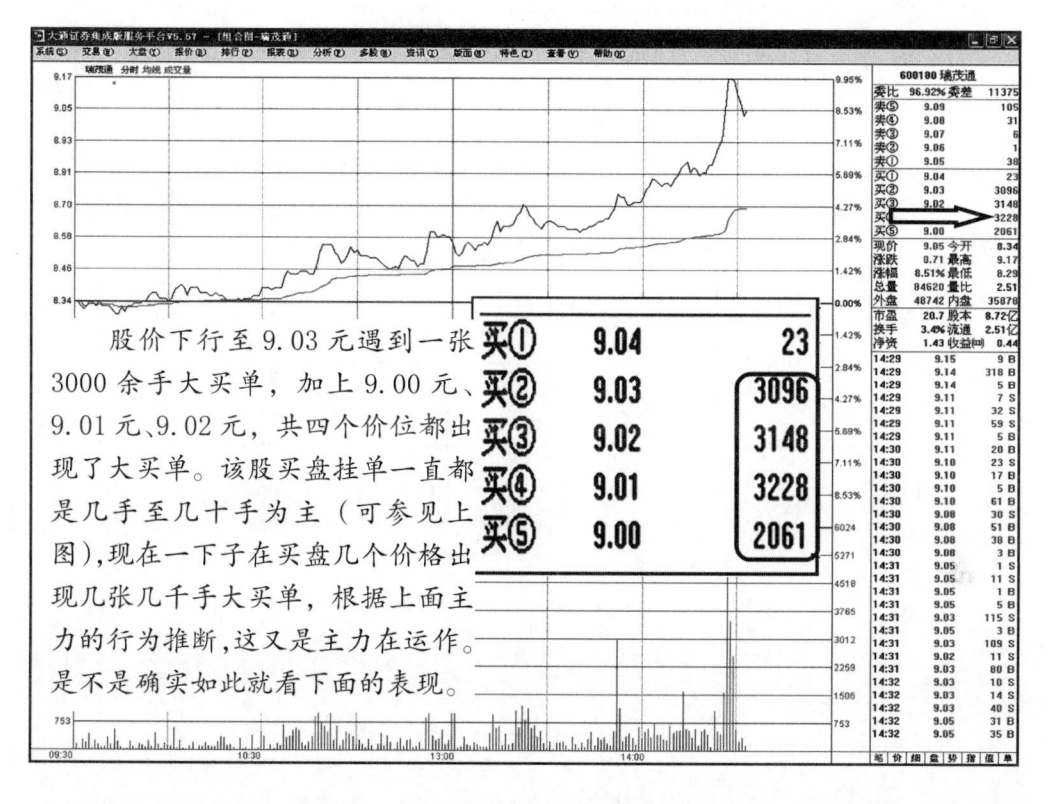

第八章 涨停板

股价下行至 9.03 元遇到一张 3000 余手大买单,加上 9.00 元、9.01 元、9.02 元,共四个价位都出现了大买单。该股买盘挂单一直都是几手至几十手为主(可参见上图),现在一下子在买盘几个价格出现几张几千手大买单,根据上面主力的行为推断,这又是主力在运作。是不是确实如此就看下面的表现。

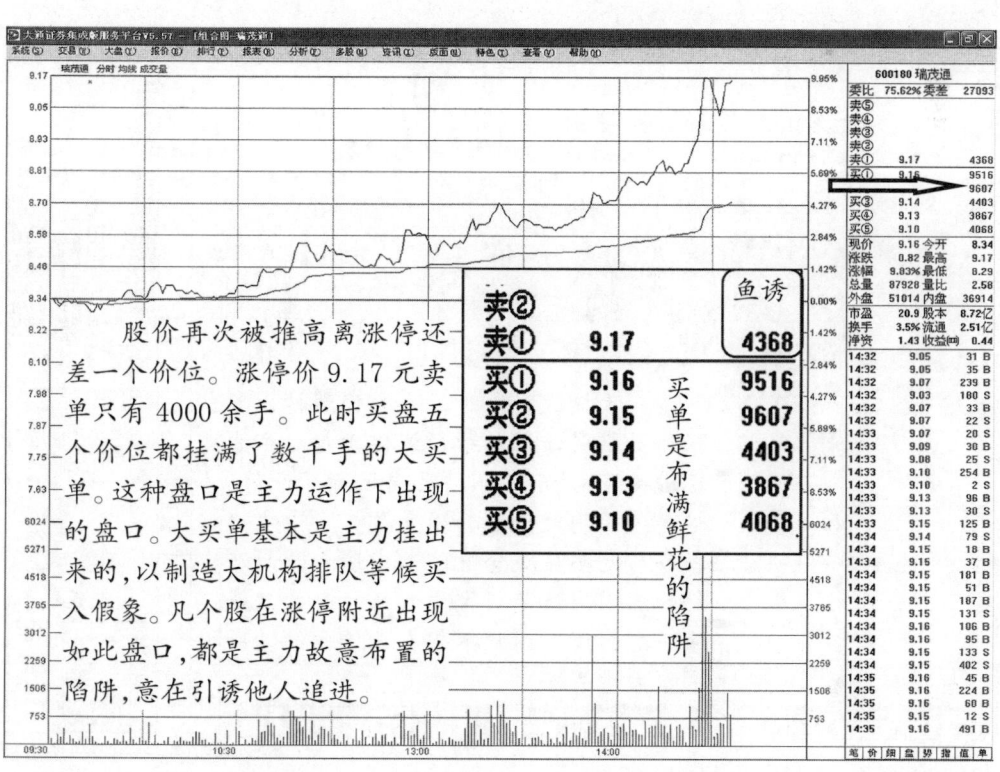

股价再次被推高离涨停还差一个价位。涨停价 9.17 元卖单只有 4000 余手。此时买盘五个价位都挂满了数千手的大买单。这种盘口是主力运作下出现的盘口。大买单基本是主力挂出来的,以制造大机构排队等候买入假象。凡个股在涨停附近出现如此盘口,都是主力故意布置的陷阱,意在引诱他人追进。

买单是布满鲜花的陷阱

鱼诱

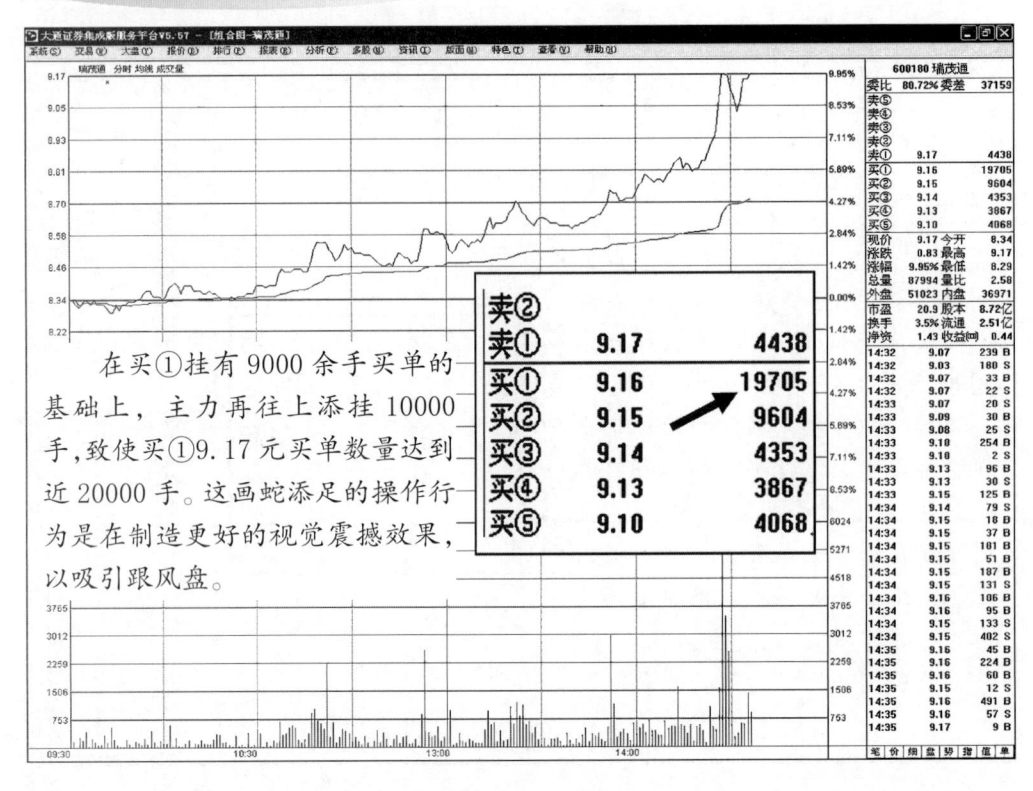

主力行为盘口解密(精选版)

在买①挂有9000余手买单的基础上，主力再往上添挂10000手，致使买①9.17元买单数量达到近20000手。这画蛇添足的操作行为是在制造更好的视觉震撼效果，以吸引跟风盘。

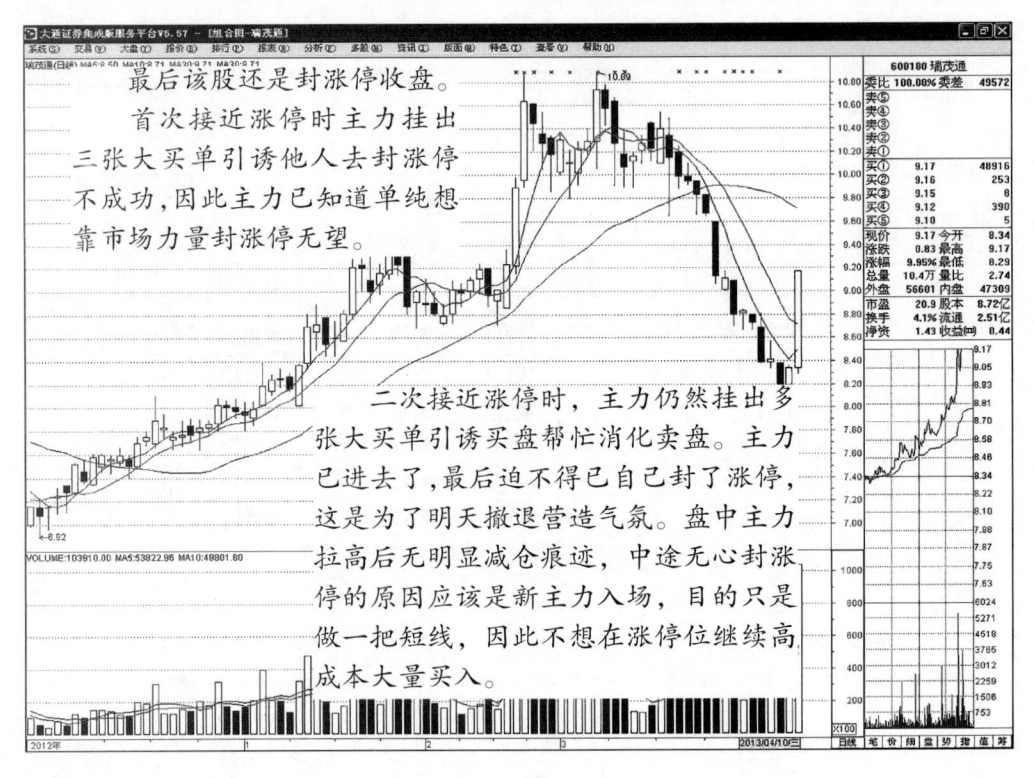

最后该股还是封涨停收盘。

首次接近涨停时主力挂出三张大买单引诱他人去封涨停不成功，因此主力已知道单纯想靠市场力量封涨停无望。

二次接近涨停时，主力仍然挂出多张大买单引诱买盘帮忙消化卖盘。主力已进去了，最后迫不得已自己封了涨停，这是为了明天撤退营造气氛。盘中主力拉高后无明显减仓痕迹，中途无心封涨停的原因应该是新主力入场，目的只是做一把短线，因此不想在涨停位继续高成本大量买入。

上海证券市场2013年4月10日公开信息

证券代码：600180　　证券简称：瑞茂通　　偏离值%：9.93%

成交量：10391021　　成交金额(万元)：9119.26

买入金额前5名营业部名称	累计买入金额(万元)
(1)中信证券股份有限公司镇江电力路证券营业部	1588.5670
(2)东方证券股份有限公司合肥望江西路证券营业部	864.9764
(3)中国中投证券有限责任公司无锡清扬路证券营业部	354.0664
(4)东兴证券股份有限公司莆田梅园东路证券营业部	217.8727
(5)东兴证券股份有限公司上海广灵二路证券营业部	177.9049

卖出金额前5名营业部名称	累计卖出金额(万元)
(1)东海证券有限责任公司苏州苏州大道西证券营业部	376.5541
(2)齐鲁证券有限公司上海仙霞西路证券营业部	250.3470
(3)中信证券(浙江)有限责任公司余姚南雷路证券营业部	221.3068
(4)万联证券有限责任公司上海富贵东路证券营业部	174.8150
(5)新时代证券有限责任公司重庆上清寺路证券营业部	124.9775

　　从瑞茂通的交易信息看，该股真如笔者分析，有一新主力入场。买入第一名，中信证券镇江电力路证券营业部拿了1588万元，占当日总成交金额的17.4%。该股当日的涨停就是该营业部主力一手策划制造的。

主力行为盘口解密(精选版)

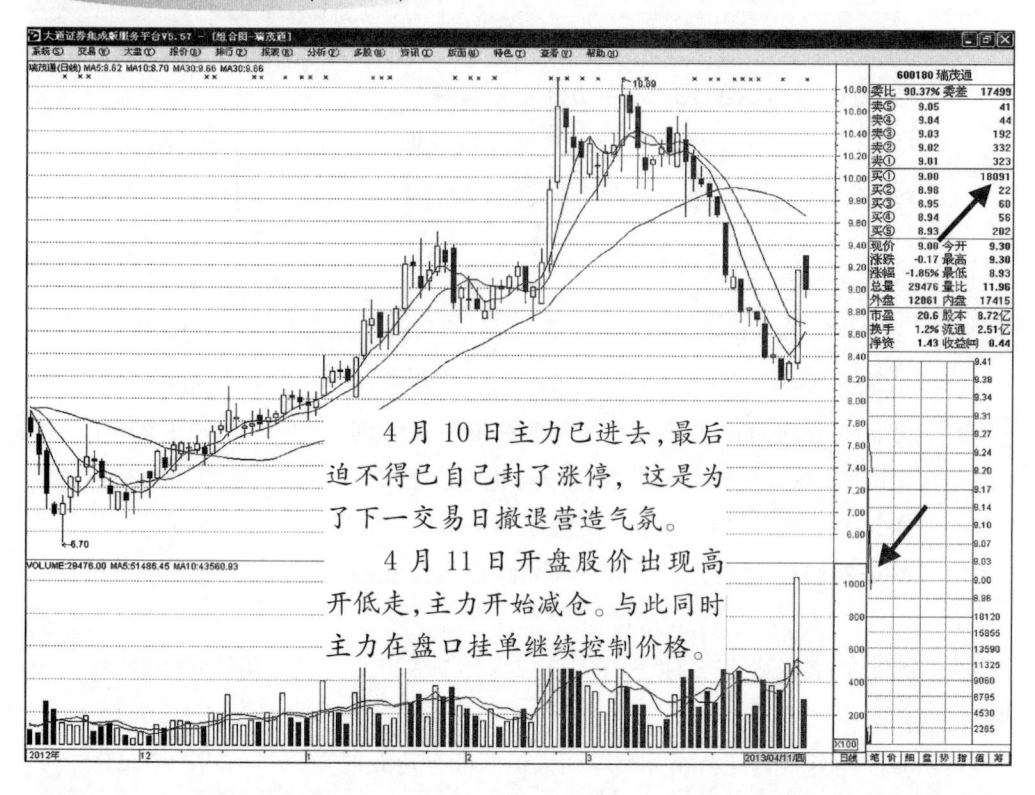

4月10日主力已进去,最后迫不得已自己封了涨停,这是为了下一交易日撤退营造气氛。

4月11日开盘股价出现高开低走,主力开始减仓。与此同时主力在盘口挂单继续控制价格。

股价下滑过快,主力在9元挂出大买单制造支撑,所表达的意思是在护盘。

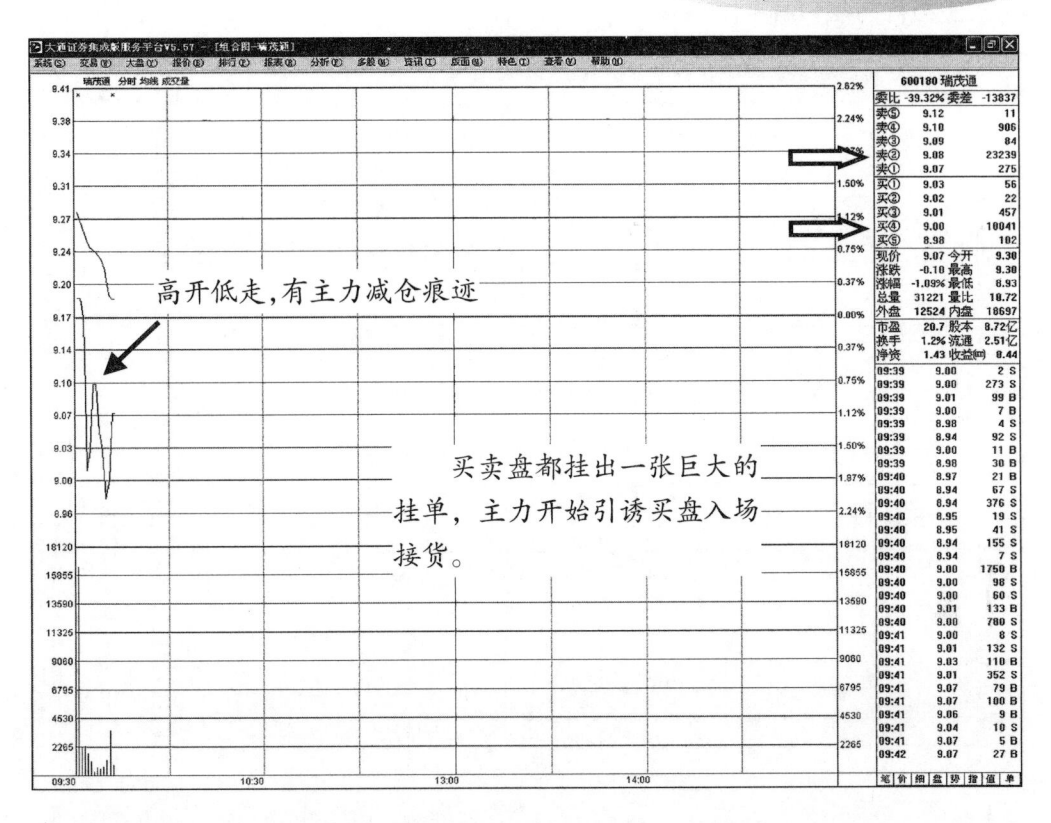

第八章 涨停板

高开低走,有主力减仓痕迹

买卖盘都挂出一张巨大的挂单,主力开始引诱买盘入场接货。

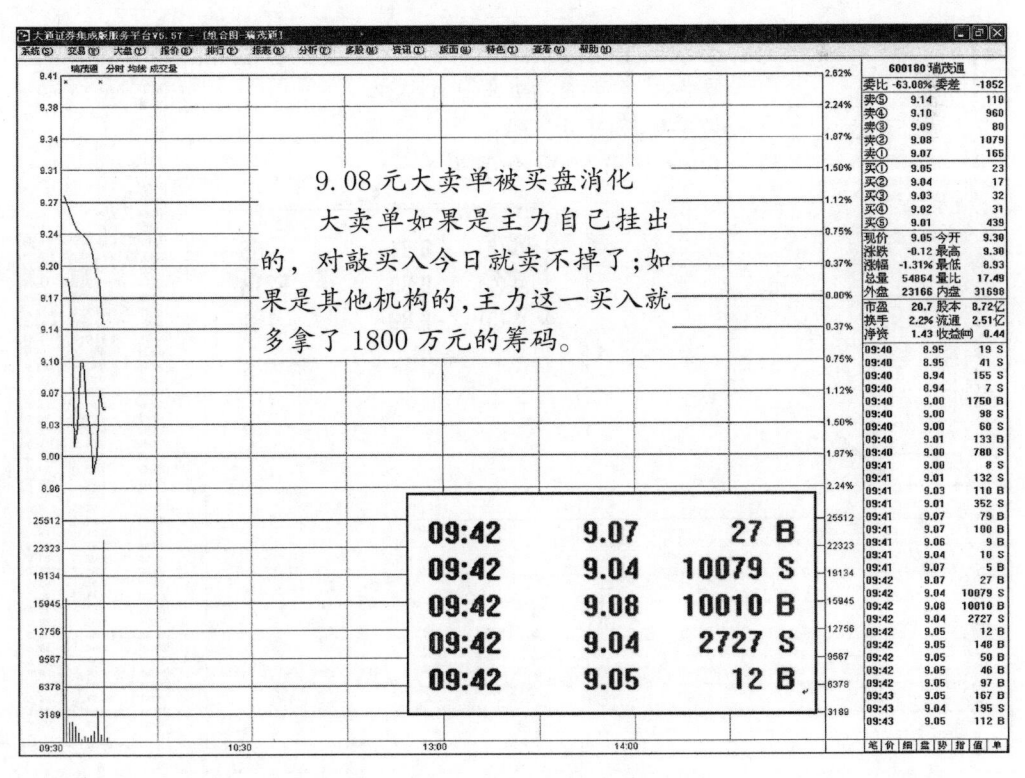

9.08元大卖单被买盘消化

大卖单如果是主力自己挂出的,对敲买入今日就卖不掉了;如果是其他机构的,主力这一买入就多拿了1800万元的筹码。

09:42	9.07	27 B
09:42	9.04	10079 S
09:42	9.08	10010 B
09:42	9.04	2727 S
09:42	9.05	12 B

257

主力行为盘口解密(精选版)

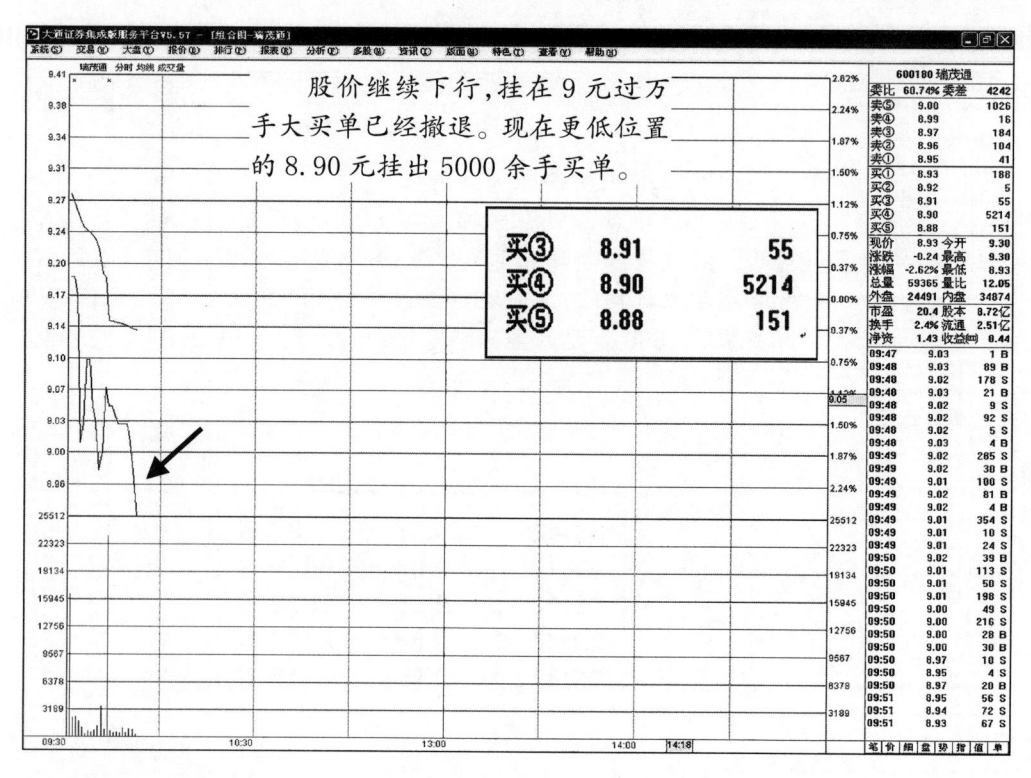

9.08元大卖单被买盘消化,但股价并没有上涨,挂在9元的过万手大买单仍在。

股价继续下行,挂在9元过万手大买单已经撤退。现在更低位置的8.90元挂出5000余手买单。

买③	8.91	55
买④	8.90	5214
买⑤	8.88	151

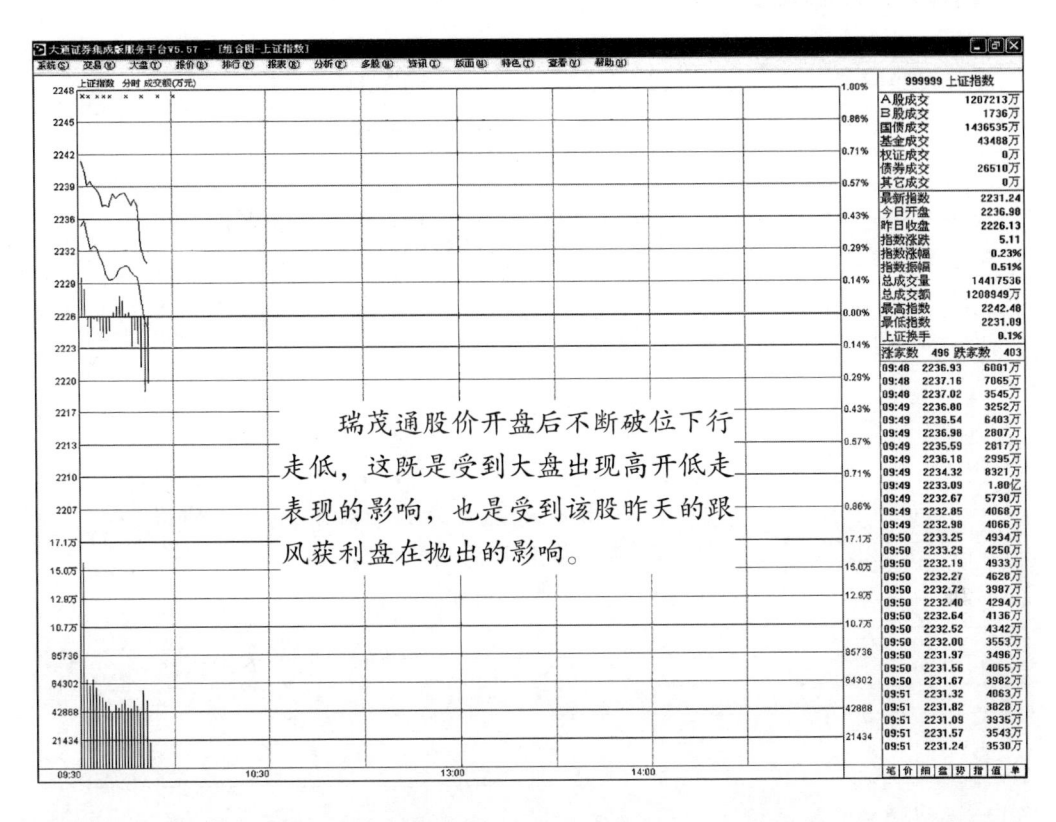

第八章 涨停板

瑞茂通股价开盘后不断破位下行走低，这既是受到大盘出现高开低走表现的影响，也是受到该股昨天的跟风获利盘在抛出的影响。

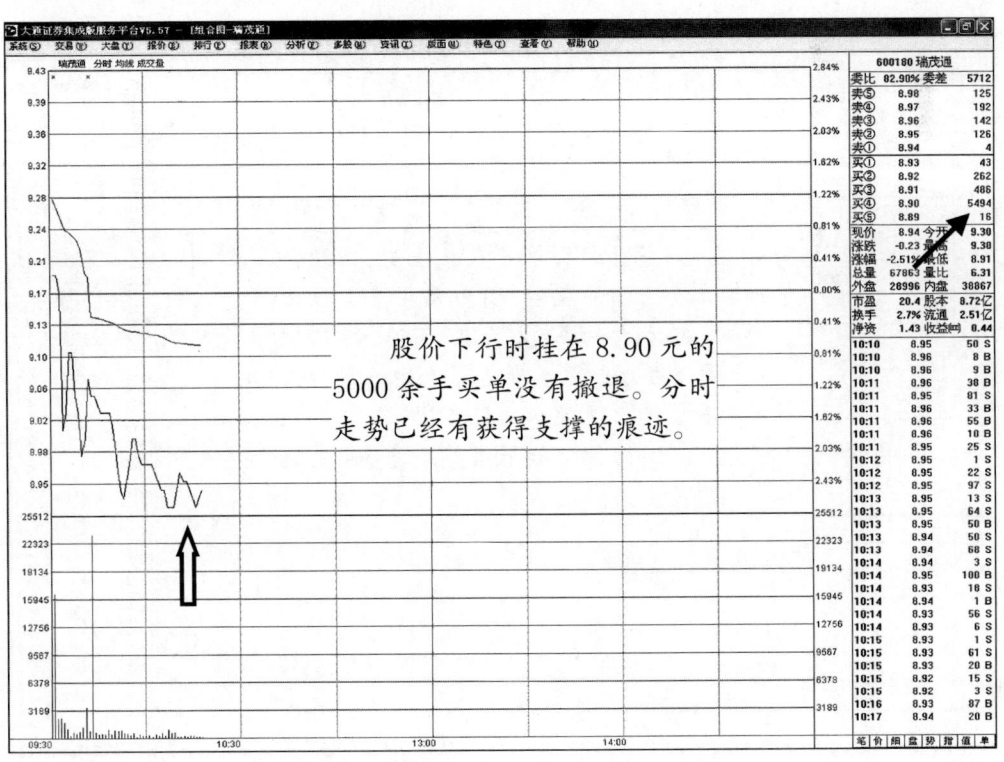

股价下行时挂在8.90元的5000余手买单没有撤退。分时走势已经有获得支撑的痕迹。

259

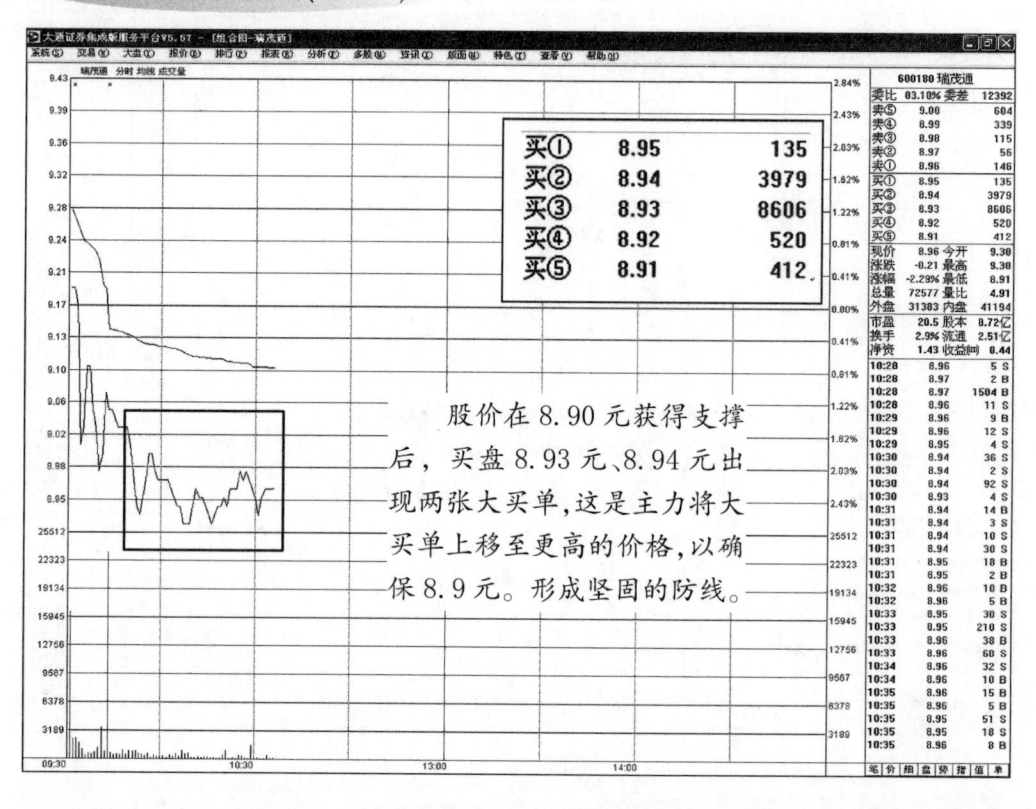

主力行为盘口解密(精选版)

买①	8.95	135
买②	8.94	3979
买③	8.93	8606
买④	8.92	520
买⑤	8.91	412

　　股价在8.90元获得支撑后，买盘8.93元、8.94元出现两张大买单，这是主力将大买单上移至更高的价格，以确保8.9元。形成坚固的防线。

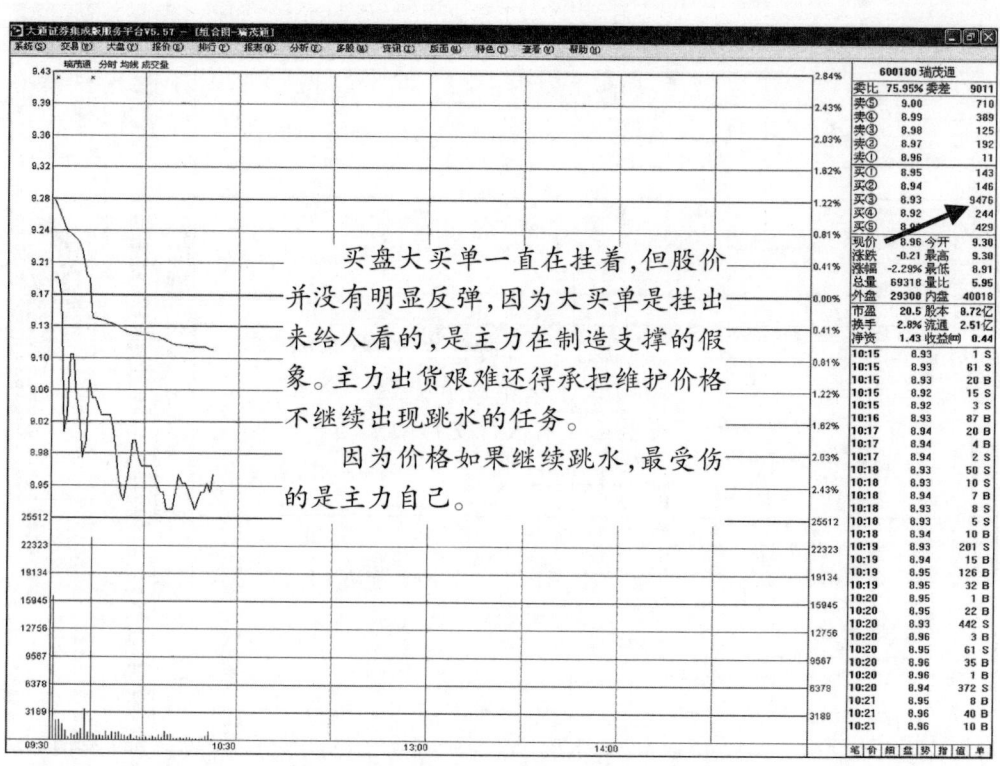

　　买盘大买单一直在挂着，但股价并没有明显反弹，因为大买单是挂出来给人看的，是主力在制造支撑的假象。主力出货艰难还得承担维护价格不继续出现跳水的任务。

　　因为价格如果继续跳水，最受伤的是主力自己。

第八章 涨停板

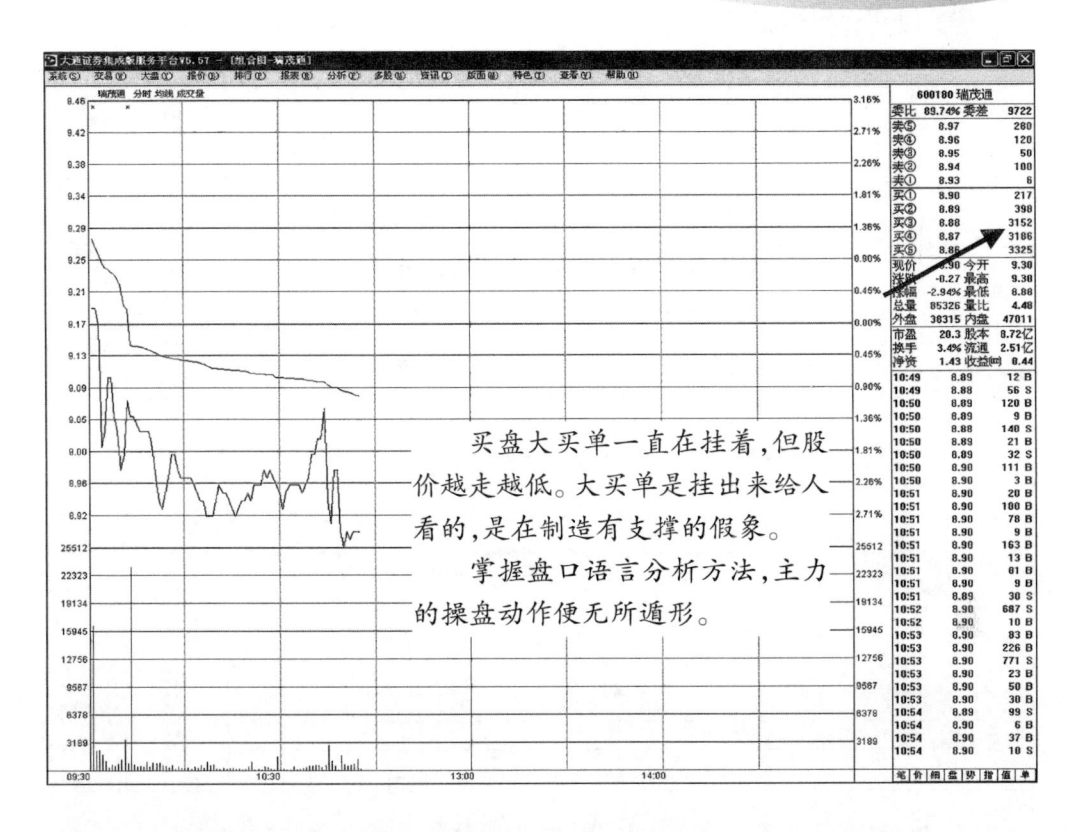

买盘大买单一直在挂着，但股价越走越低。大买单是挂出来给人看的，是在制造有支撑的假象。

掌握盘口语言分析方法，主力的操盘动作便无所遁形。

10:40 至 10:50，瑞茂通股价不断破位，遭遇一轮疯狂卖单砸盘。

261

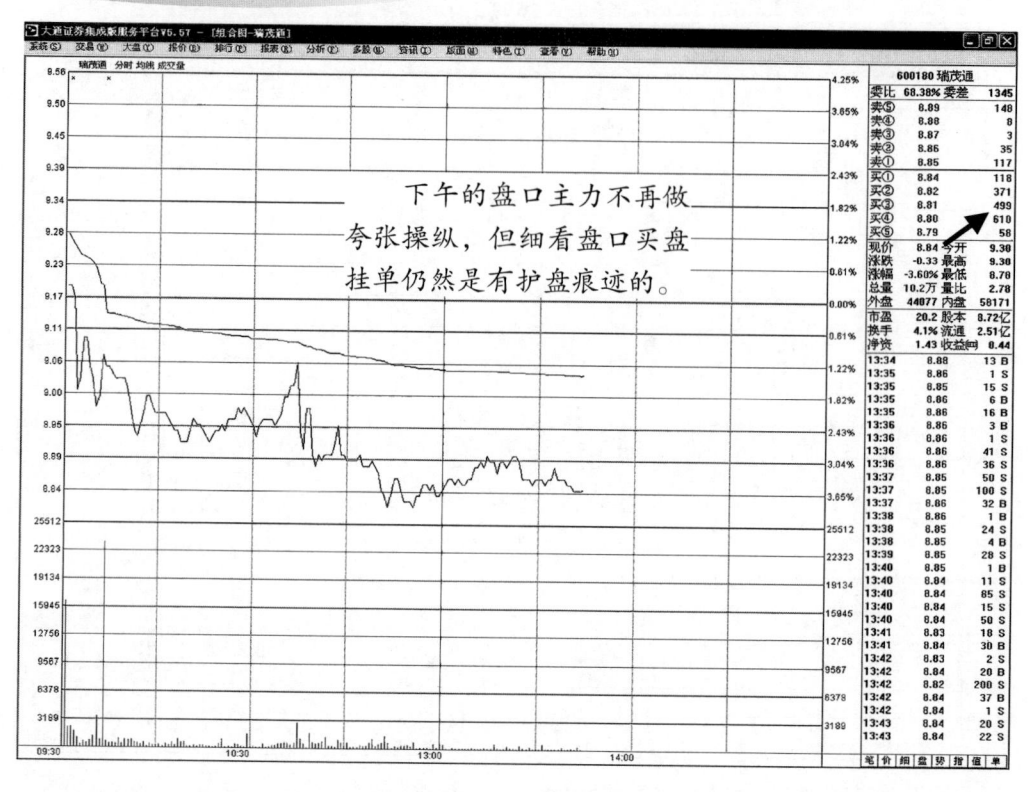

主力行为盘口解密(精选版)

下午的盘口主力不再做夸张操纵,但细看盘口买盘挂单仍然是有护盘痕迹的。

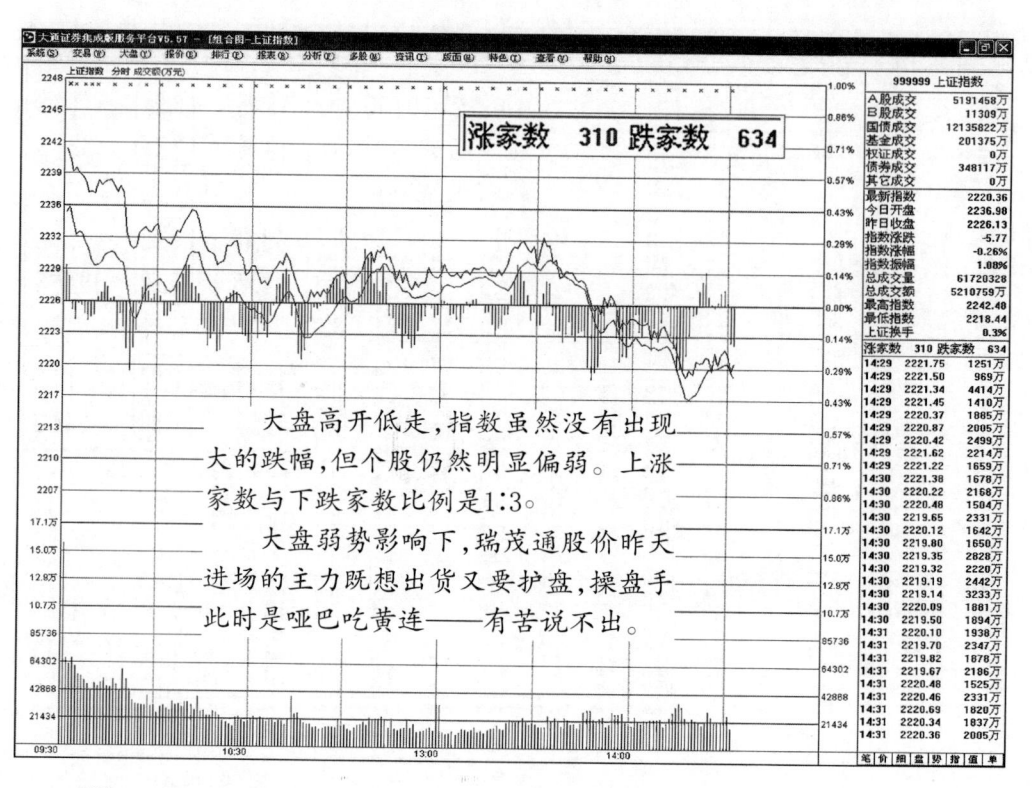

大盘高开低走,指数虽然没有出现大的跌幅,但个股仍然明显偏弱。上涨家数与下跌家数比例是1:3。

大盘弱势影响下,瑞茂通股价昨天进场的主力既想出货又要护盘,操盘手此时是哑巴吃黄连——有苦说不出。

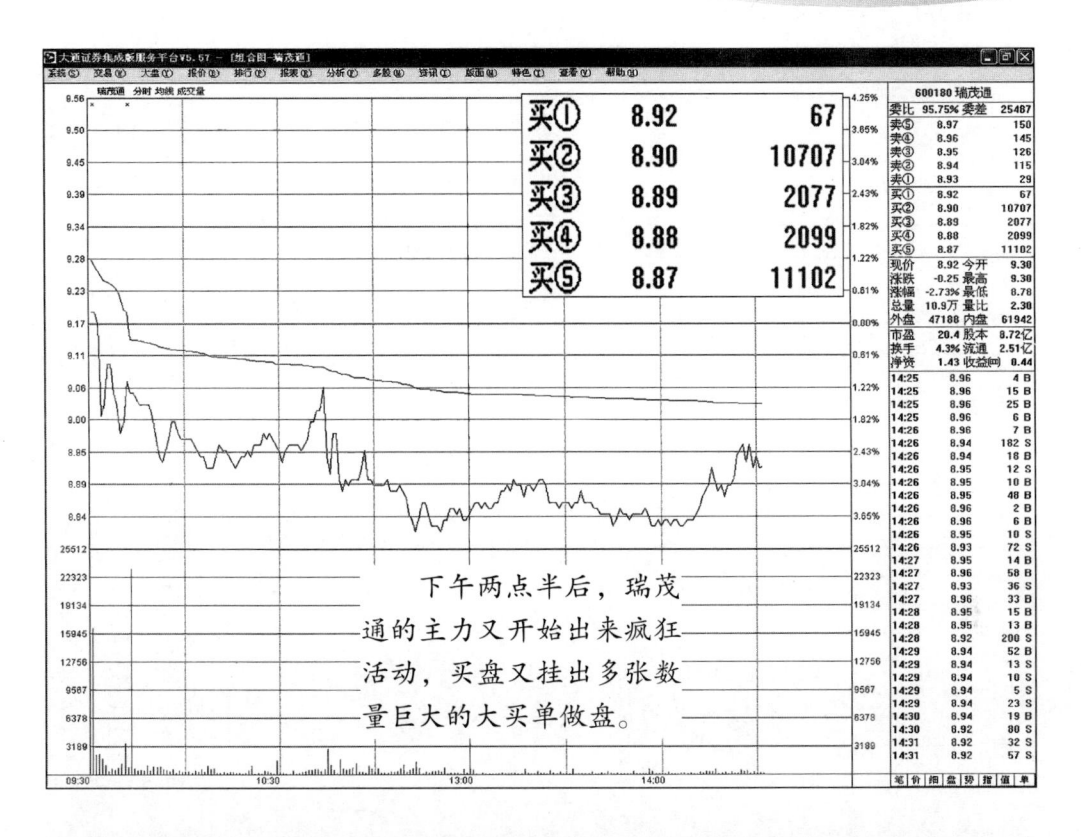

下午两点半后，瑞茂通的主力又开始出来疯狂活动，买盘又挂出多张数量巨大的大买单做盘。

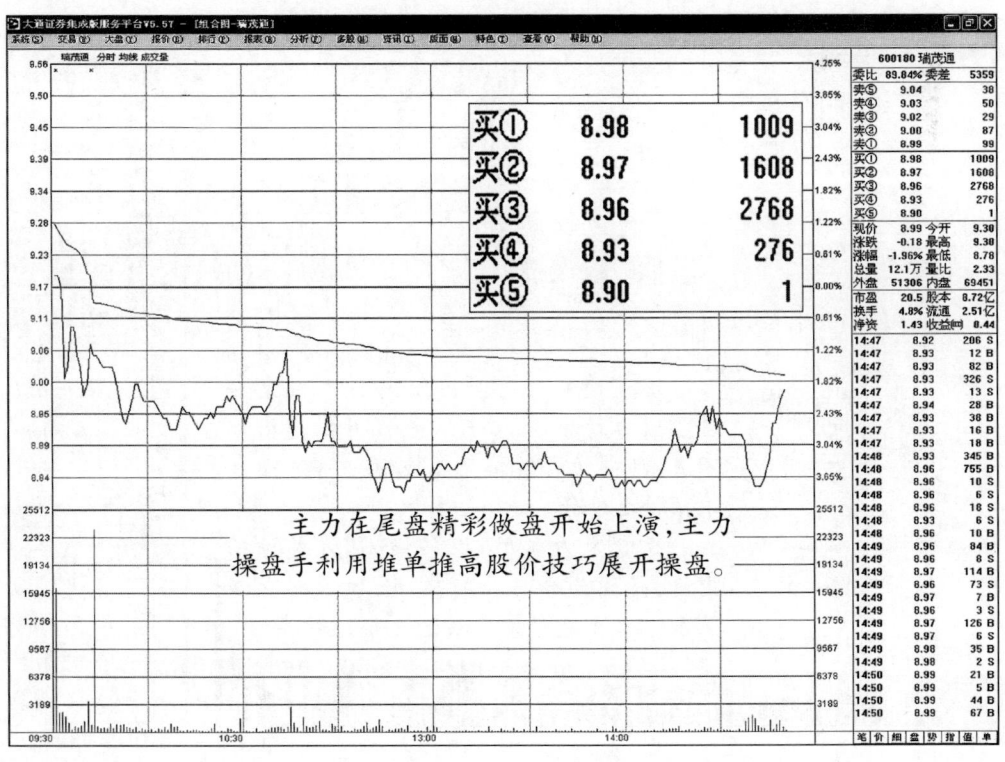

主力在尾盘精彩做盘开始上演，主力操盘手利用堆单推高股价技巧展开操盘。

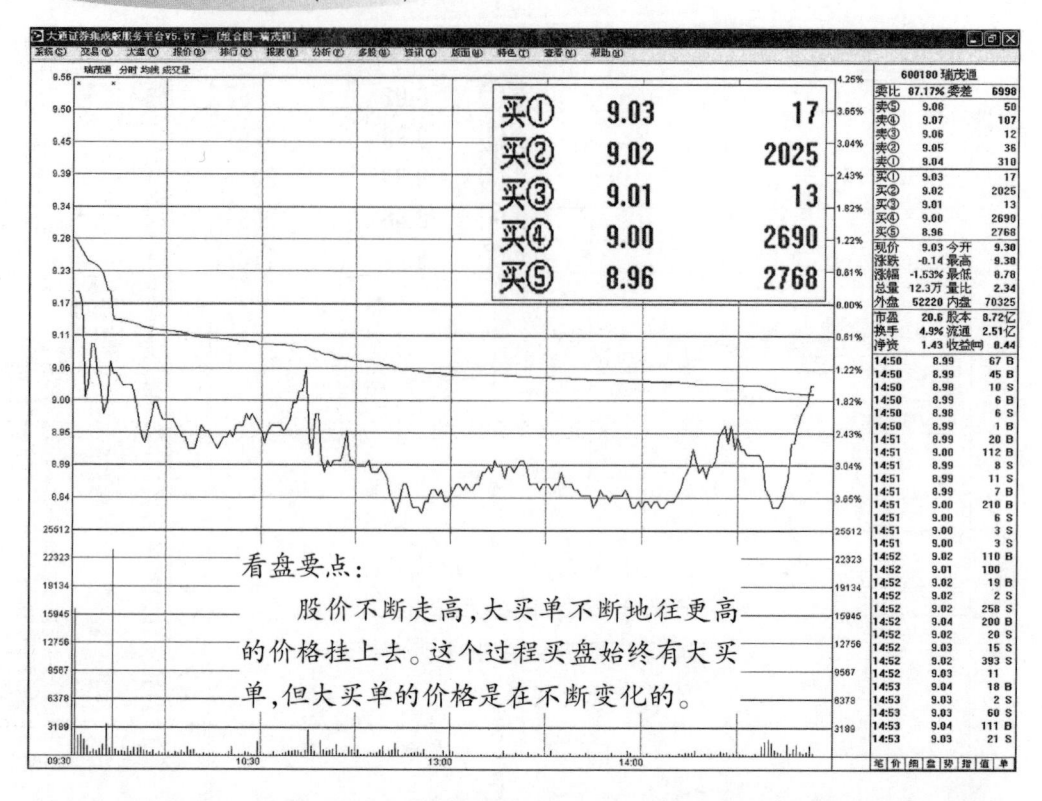

主力行为盘口解密(精选版)

买①	9.03	17
买②	9.02	2025
买③	9.01	13
买④	9.00	2690
买⑤	8.96	2768

看盘要点：

股价不断走高，大买单不断地往更高的价格挂上去。这个过程买盘始终有大买单，但大买单的价格是在不断变化的。

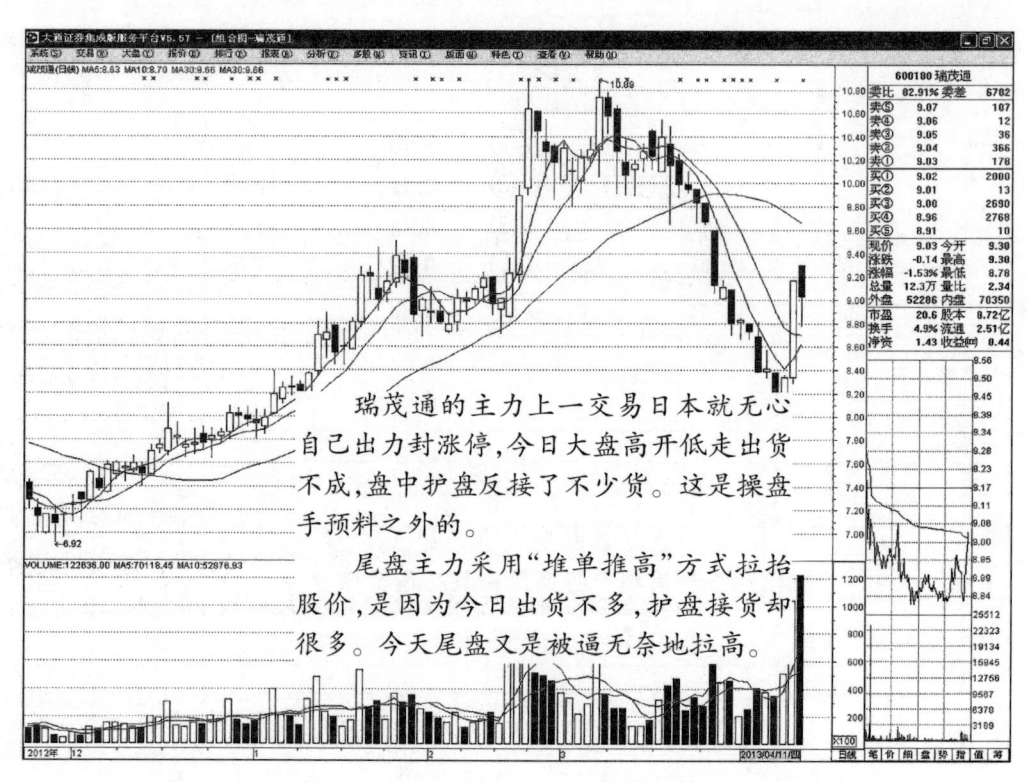

瑞茂通的主力上一交易日本就无心自己出力封涨停，今日大盘高开低走出货不成，盘中护盘反接了不少货。这是操盘手预料之外的。

尾盘主力采用"堆单推高"方式拉抬股价，是因为今日出货不多，护盘接货却很多。今天尾盘又是被逼无奈地拉高。

第八章 涨停板

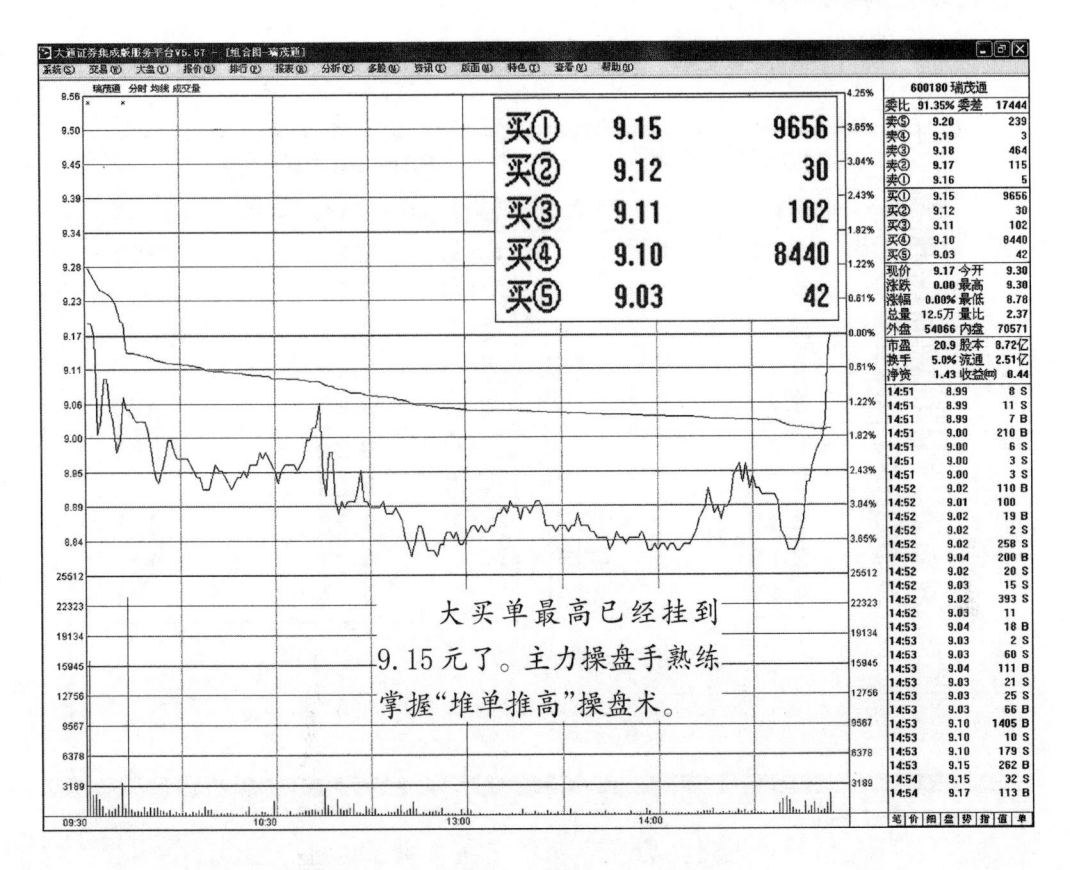

买①	9.15	9656
买②	9.12	30
买③	9.11	102
买④	9.10	8440
买⑤	9.03	42

大买单最高已经挂到9.15元了。主力操盘手熟练掌握"堆单推高"操盘术。

操盘手利用"堆单推高"技巧操作操盘细节。

600180 瑞茂通			600180 瑞茂通		
委比 97.31%	委差	25074	委比 97.57%	委差	26363
卖⑤	9.23	43	卖⑤	9.24	70
卖④	9.22	11	卖④	9.23	148
卖③	9.21	5	卖③	9.22	13
卖②	9.20	136	卖②	9.21	15
卖①	9.19	152	卖①	9.20	82
买①	9.18	7858	买①	9.19	1772
买②	9.17	8222	买②	9.18	7368
买③	9.16	2	买③	9.17	8214
买④	9.15	9335	买④	9.16	2
买⑤	9.12	4	买⑤	9.15	9335

主力行为盘口解密(精选版)

重点看价格与挂单的变化。

600180 瑞茂通				600180 瑞茂通		
委比	93.61%	委差	25237	委比 83.74%	委差	13691
卖⑤	9.26		9	卖⑤ 9.29		211
卖④	9.25		482	卖④ 9.28		413
卖③	9.24		63	卖③ 9.27		206
卖②	9.23		168	卖② 9.26		9
卖①	9.22		139	卖① 9.25		490
买①	9.21		9341	买① 9.24		5381
买②	9.20		75	买② 9.23		26
买③	9.19		1146	买③ 9.22		315
买④	9.18		7330	买④ 9.21		9227
买⑤	9.17		8206	买⑤ 9.20		71

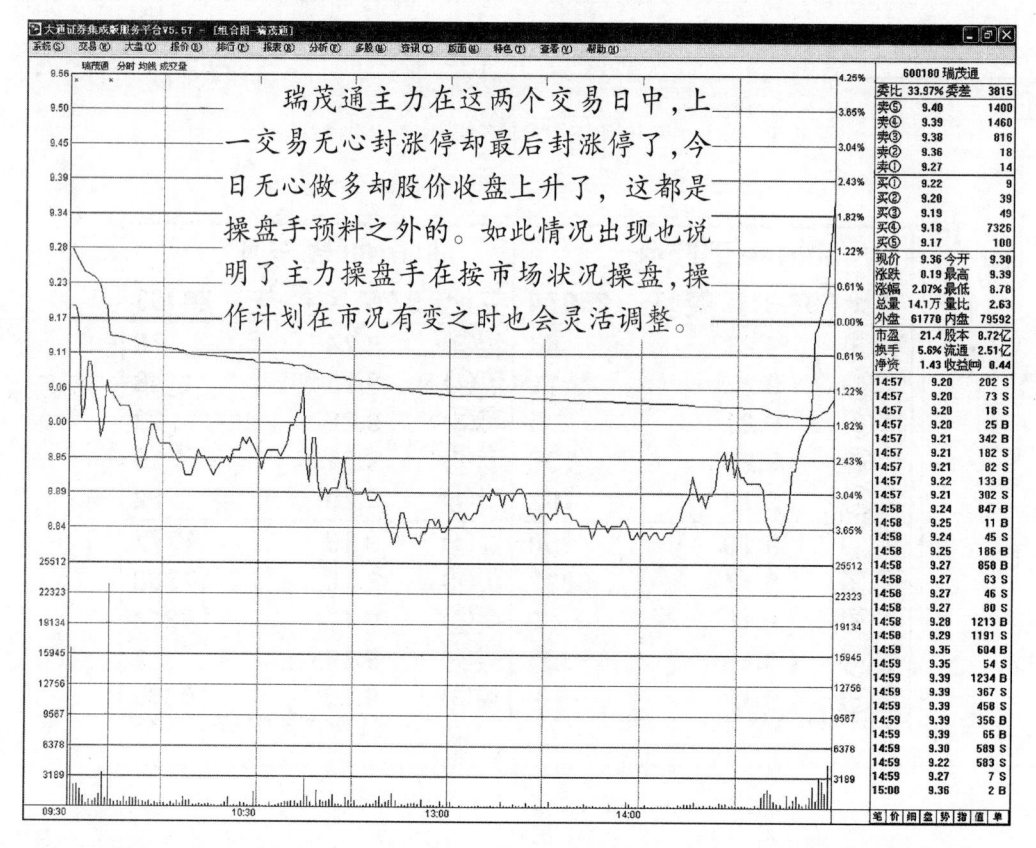

瑞茂通主力在这两个交易日中，上一交易无心封涨停却最后封涨停了，今日无心做多却股价收盘上升了，这都是操盘手预料之外的。如此情况出现也说明了主力操盘手在按市场状况操盘，操作计划在市况有变之时也会灵活调整。

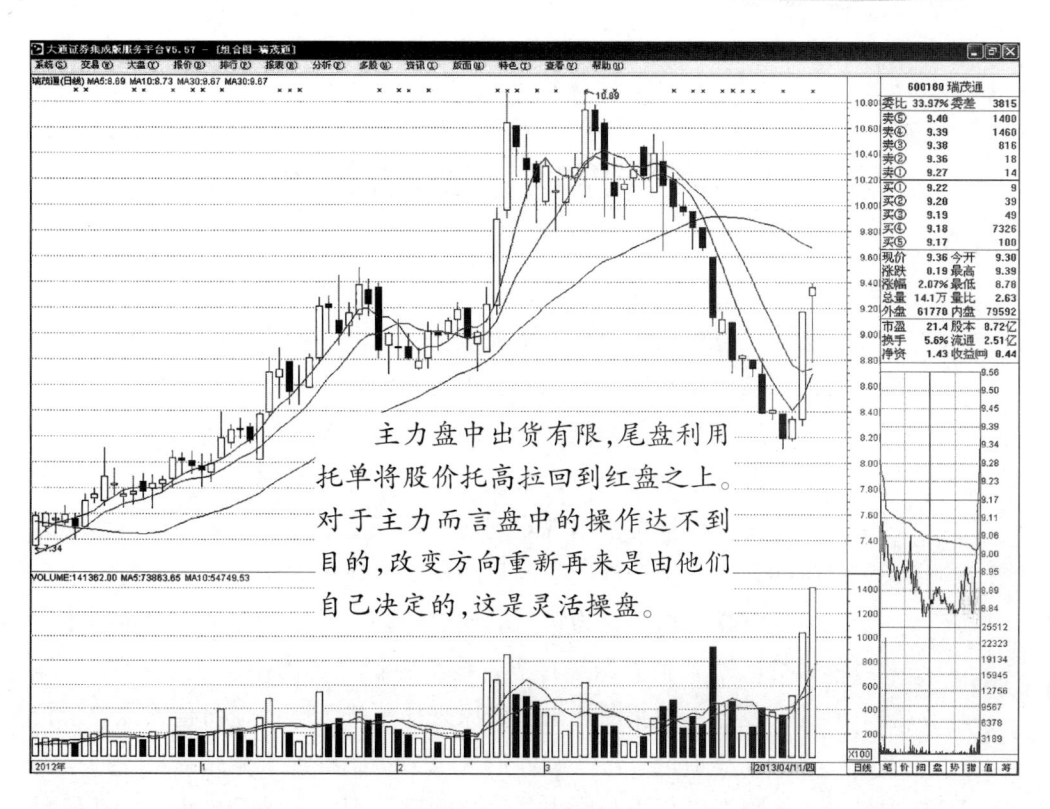

主力盘中出货有限，尾盘利用托单将股价托高拉回到红盘之上。对于主力而言盘中的操作达不到目的，改变方向重新再来是由他们自己决定的，这是灵活操盘。

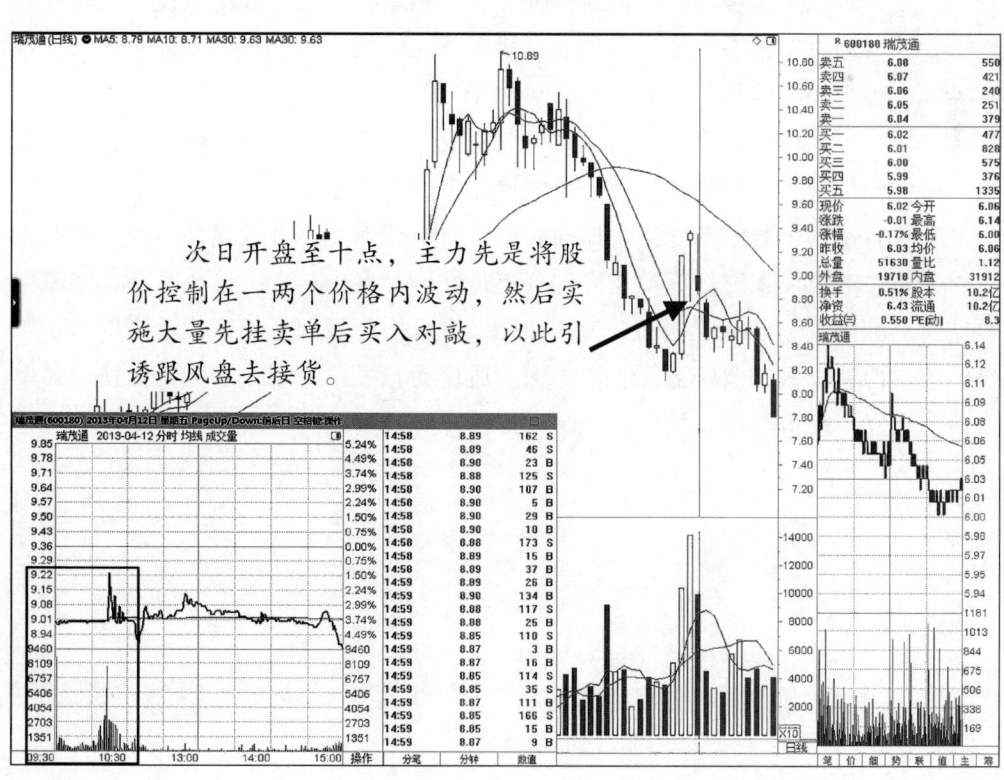

次日开盘至十点，主力先是将股价控制在一两个价格内波动，然后实施大量先挂卖单后买入对敲，以此引诱跟风盘去接货。

揭秘涨停时主力频繁换单技巧

经常注意涨停板盘口的投资者多会发现，一些个股在股价上升到达涨停时，突然出现小则几万多则数十万手的巨大买单突然挂出将股价封得死死的，好像是有资金以涨停价凶猛抢筹，但随后一两分钟时间就出现大买单快速分批撤单现象，数十万买单在几秒内就撤去。有时在涨停封单未完全撤下的情况下出现戏剧性一幕，马上又在几秒内出现数十万大买单瞬间挂出。部分个股涨停早期反复出现多次这种异常行为。

主力异常挂单撤单行为背后的做盘原因：①主力在涨停价位挂出巨大封单做势去引诱他人跟风接盘。②涨停价位主力不想继续大量接盘，盘中通过反复撤单和重新挂出改变原来挂单排列顺序，将他人涨停价位买盘挂单排在靠前位置。③涨停后大主力不想继续大量接盘，先撤单待大量抛压抛售潮过后再封回去，这是回避正面大量被动接盘。④涨停时目标股票换手太低，主力通过撤单令涨停打开，引导部分筹码出来，这种行为叫放水。

部分个股封涨停后只出现一次快速撤单，然后又快速封回去就将涨停稳稳封死至收盘；部分盘中反复多次巨单撤了又挂出，挂出又撤，还有部分个股经多次巨单撤换后股价封不死而盘中开板震荡下跌。个股涨停后出现上述行为动作大部分不是好事，多半是主力信心不足，回避在涨停价位继续接盘的行为。如此做盘机构一般都是超短线游资所为。下面就以凯恩股份盘面表现为例，通过动态盘口介绍快速频繁撤换单封单盘口细节。

第八章 涨停板

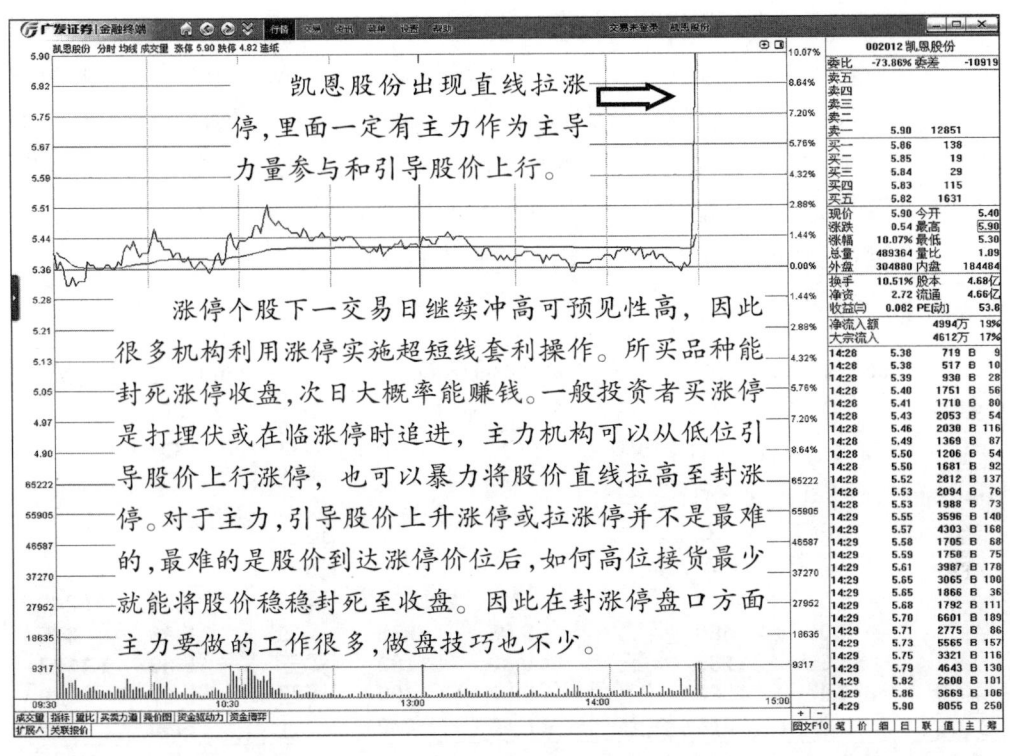

凯恩股份出现直线拉涨停,里面一定有主力作为主导力量参与和引导股价上行。

涨停个股下一交易日继续冲高可预见性高,因此很多机构利用涨停实施超短线套利操作。所买品种能封死涨停收盘,次日大概率能赚钱。一般投资者买涨停是打埋伏或在临涨停时追进,主力机构可以从低位引导股价上行涨停,也可以暴力将股价直线拉高至封涨停。对于主力,引导股价上升涨停或拉涨停并不是最难的,最难的是股价到达涨停价位后,如何高位接货最少就能将股价稳稳封死至收盘。因此在封涨停盘口方面主力要做的工作很多,做盘技巧也不少。

① 002012 凯恩股份 — 刚涨停时的封单超过20万手

委比 100.00% 委差		
买一	5.90	202035
买二	5.89	219
买三	5.88	159
买四	5.87	5
买五	5.86	2209

② 002012 凯恩股份 — 涨停封单 挂单剩18.7万手

委比 100.00% 委差		
买一	5.90	187903
买二	5.89	322 ↑
买三	5.88	159
买四	5.87	撤 5
买五	5.86	单 1858

③ 002012 凯恩股份 — 挂单剩4.9万手

委比 100.00% 委差		
买一	5.90	49035
买二	5.89	1106
买三	5.88	1151
买四	5.87	22
买五	5.86	1338

④ 002012 凯恩股份 — 挂单剩1.3万手

委比 100.00% 委差		
买一	5.90	13012
买二	5.89	1098
买三	5.88	1170
买四	5.87	22
买五	5.86	557

⑤ 002012 凯恩股份 — 挂单剩1.3万手时突然瞬间增单20万手

委比 100.00% 委差		
买一	5.90	219441+
买二	5.89	1098 ↑
买三	5.88	1170
买四	5.87	20
买五	5.86	542

⑥ 002012 凯恩股份 — 增单达20万手后,又继续出现增单现封单已达28万手

委比 100.00% 委差		
买一	5.90	285534
买二	5.89	1263
买三	5.88	1170
买四	5.87	20
买五	5.86	513

主力行为盘口解密(精选版)

　　股价上行到涨停后封板封单最大时超过20万手，而巨量封单维持不到3分钟在卖单抛压较大时开始出现撤单，每次撤单数量为10000～20000手，经过多次撤单后封单仅剩13000余手。市场抛压减少时马上出现一次性挂出超20万手买单封回去，随后继续加单，最高时总封单量超28万手。这是主力在股价涨停后的第一轮快速撤单和加单做盘，而下面的盘口记录的是第二轮快速撤单和加单做盘动作。

002012 凯恩股份 ①			002012 凯恩股份 ②			002012 凯恩股份 ③		
委比 100.00% 委差			委比 100.00% 委差			委比 100.00% 委差		
卖五			卖五			卖五		
卖四			卖四			卖四		
卖三	第一轮封单达28万手		卖三	第二轮继续撤单		卖三	挂单剩21.9万手	
卖二	后不到2分钟主力又开		卖二	后剩余23.2万手		卖二		
卖一	始撤单现剩余27.4万手		卖一			卖一		
买一	5.90	274803	买一	5.90	232505	买一	5.90	219249
买二	5.89	1490	买二	5.89	675	买二	5.89	675
买三	5.88	1183	买三	5.88	1183	买三	5.88	1183
买四	5.87	20	买四	5.87	20	买四	5.87	20
买五	5.86	376	买五	5.86	240	买五	5.86	240

002012 凯恩股份 ④			002012 凯恩股份 ⑤			002012 凯恩股份 ⑥		
委比 100.00% 委差			委比 100.00% 委差			委比 100.00% 委差		
卖五			卖五			卖五		
卖四			卖四			卖四		
卖三	挂单剩13万手		卖三	挂单剩9.6万手		卖三	挂单剩8.8万手	
卖二			卖二			卖二		
卖一			卖一			卖一		
买一	5.90	131887	买一	5.90	96282	买一	5.90	88211
买二	5.89	684	买二	5.89	664	买二	5.89	664
买三	5.88	1189	买三	5.88	1189	买三	5.88	1189
买四	5.87	20	买四	5.87	20	买四	5.87	20
买五	5.86	240	买五	5.86	240	买五	5.86	277

　　第二轮快速撤单和加单做盘是在第一轮撤单后加单达到28万手后开始的。从28万手开始撤单每次也是一万多手。但这次撤单最终没有全部撤完，在封单仍有超过8万手的状态下，主力见卖方抛压并不大，马上停止撤单改为相反动作，又开始往涨停价位上加单。下面记录的是第二轮快速撤单后的加单盘口细节。

第八章 涨停板

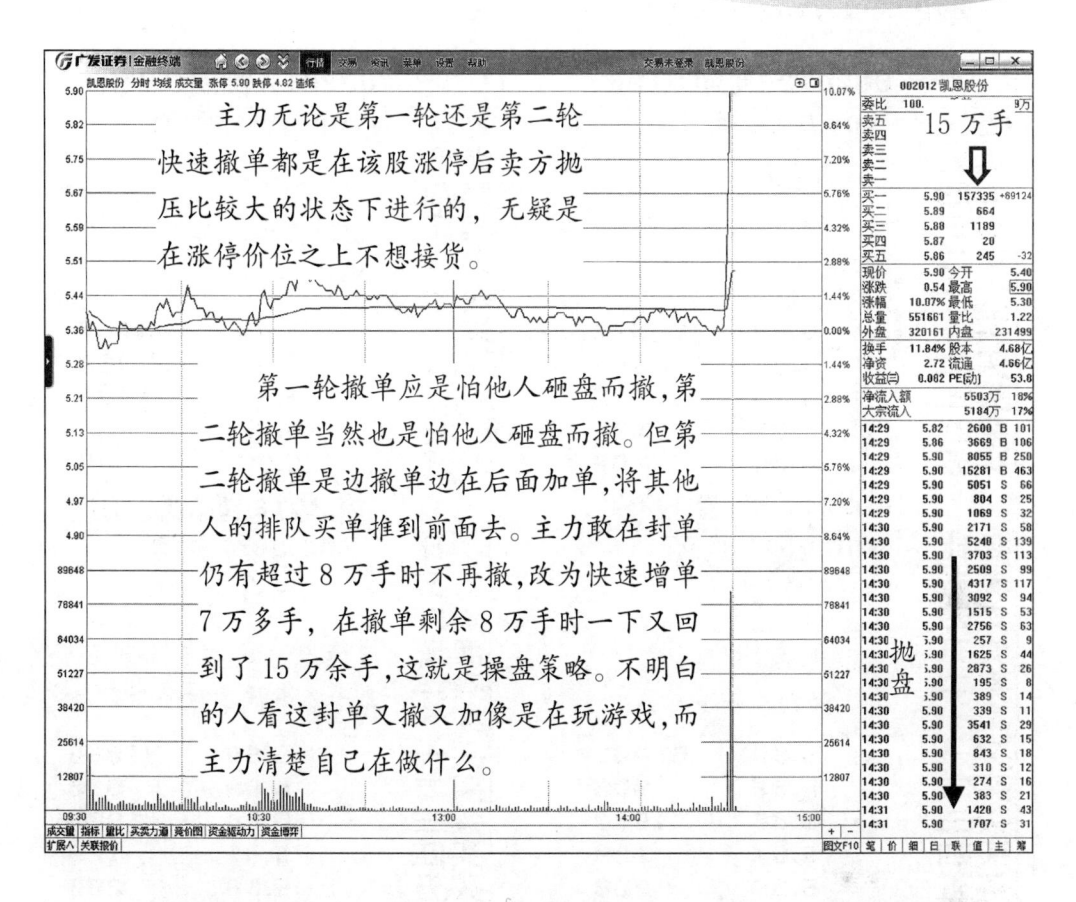

主力无论是第一轮还是第二轮快速撤单都是在该股涨停后卖方抛压比较大的状态下进行的，无疑是在涨停价位之上不想接货。

第一轮撤单应是怕他人砸盘而撤，第二轮撤单当然也是怕他人砸盘而撤。但第二轮撤单是边撤单边在后面加单，将其他人的排队买单推到前面去。主力敢在封单仍有超过8万手时不再撤，改为快速增单7万多手，在撤单剩余8万手时一下又回到了15万余手，这就是操盘策略。不明白的人看这封单又撤又加像是在玩游戏，而主力清楚自己在做什么。

	002012 凯恩股份			002012 凯恩股份			002012 凯恩股份	
委比	100.00%	委差	委比	100.00%	委差	委比	100.00%	委差
卖五	①		卖五	②		卖五	③	
卖四	撤单剩余8万手一下		卖四	继续加单总单		卖四	继续加单总单	
卖三	增7万手，现继续加单		卖三	回到23.2万手		卖三	回到25.7万手	
卖二	总单回到22.7万手		卖二			卖二		
卖一			卖一			卖一		
买一	5.90	227457	买一	5.90	232871	买一	5.90	257247
买二	5.89	499	买二	5.89	504	买二	5.89	388
买三	5.88	1189	买三	5.88	1189	买三	5.88	1237
买四	5.87	20	买四	5.87	20	买四	5.87	60
买五	5.86	245	买五	5.86	245	买五	5.86	181

002012 凯恩股份 ①			002012 凯恩股份 ②		
委比	100.00% 委差		委比	100.00% 委差	
卖五			卖五		
卖四	第3轮撤单从总单25		卖四	继续撤单总单下	
卖三	万手左右开始,撤去3		卖三	降到19.4万手	
卖二	万手,剩余22万手		卖二		
卖一			卖一		
买一	5.90	221372	买一	5.90	194157
买二	5.89	545	买二	5.89	959
买三	5.88	1205	买三	5.88	1305
买四	5.87	125	买四	5.87	129
买五	5.86	208	买五	5.86	208

002012 凯恩股份 ③			002012 凯恩股份 ④		
委比	100.00% 委差		委比	100.00% 委差	
卖五			卖五		
卖四			卖四	继续撤单总单下降到3	
卖三	继续撤单总单		卖三	万手最后被卖盘砸开	
卖二	下降到6万手		卖二		
卖一			卖一		
买一	5.90	61001	买一	5.90	31860
买二	5.89	938	买二	5.89	938
买三	5.88	1972	买三	5.88	1972
买四	5.87	129	买四	5.87	129
买五	5.86	208	买五	5.86	208

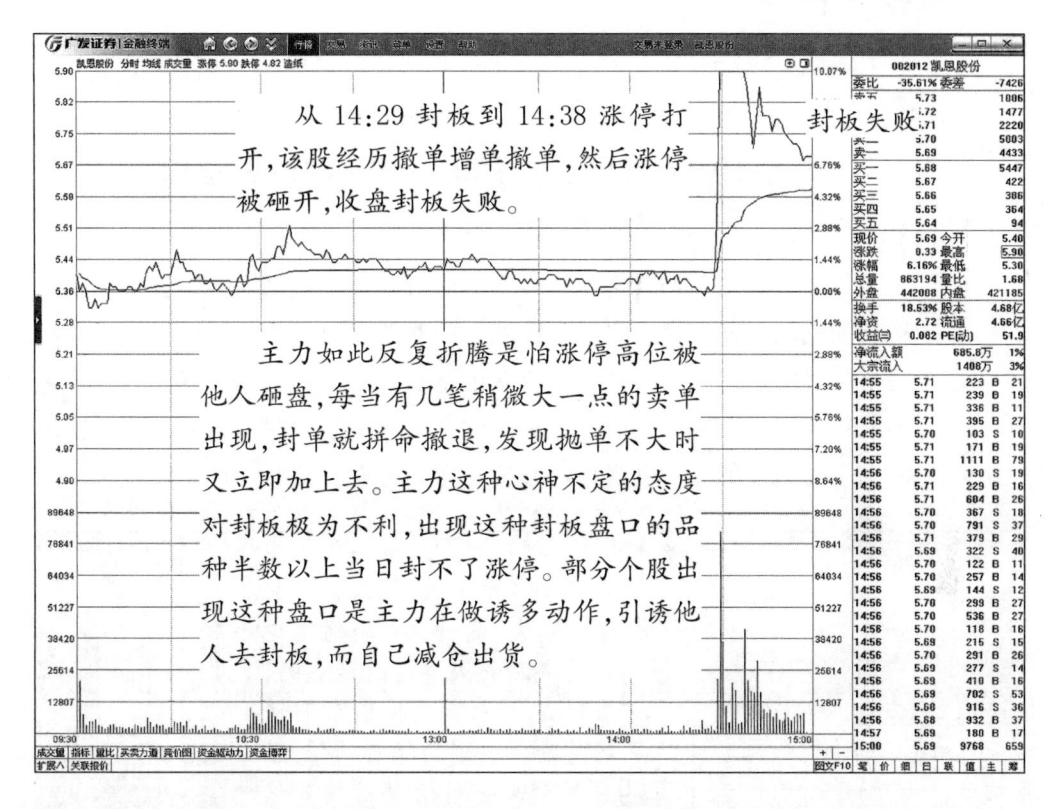

从 14:29 封板到 14:38 涨停打开,该股经历撤单增单撤单,然后涨停被砸开,收盘封板失败。

主力如此反复折腾是怕涨停高位被他人砸盘,每当有几笔稍微大一点的卖单出现,封单就拼命撤退,发现抛单不大时又立即加上去。主力这种心神不定的态度对封板极为不利,出现这种封板盘口的品种半数以上当日封不了涨停。部分个股出现这种盘口是主力在做诱多动作,引诱他人去封板,而自己减仓出货。

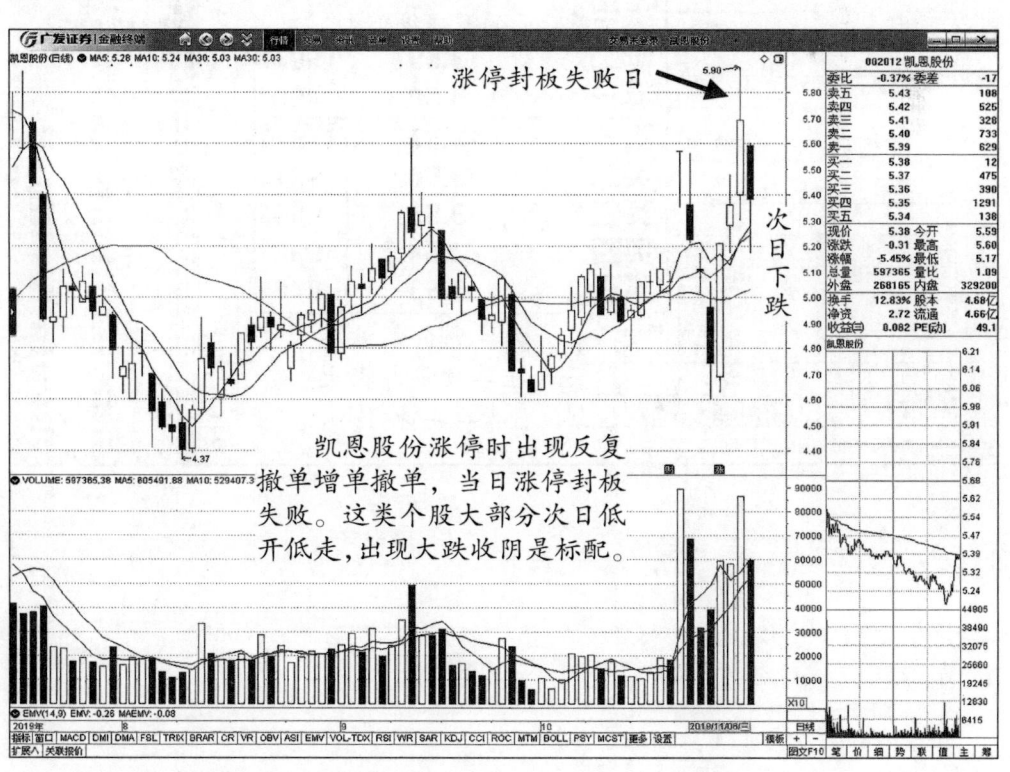

凯恩股份涨停时出现反复撤单增单撤单,当日涨停封板失败。这类个股大部分次日低开低走,出现大跌收阴是标配。

涨停时需要提防的一些不健康盘口

每个人都可能面对涨停的股票。面对涨停的股票有两种情况：一是持有的股票出现涨停，二是买入涨停的股票。可以不去追涨停，但每个投资者没有理由抵触其持有的股票出现涨停，因此学习掌握一些涨停方面的知识就很有必要。本节介绍一种个股面临涨停时或打开涨停后出现的、主力明显的控制性盘口，教你看懂主力在做什么，目的是什么。

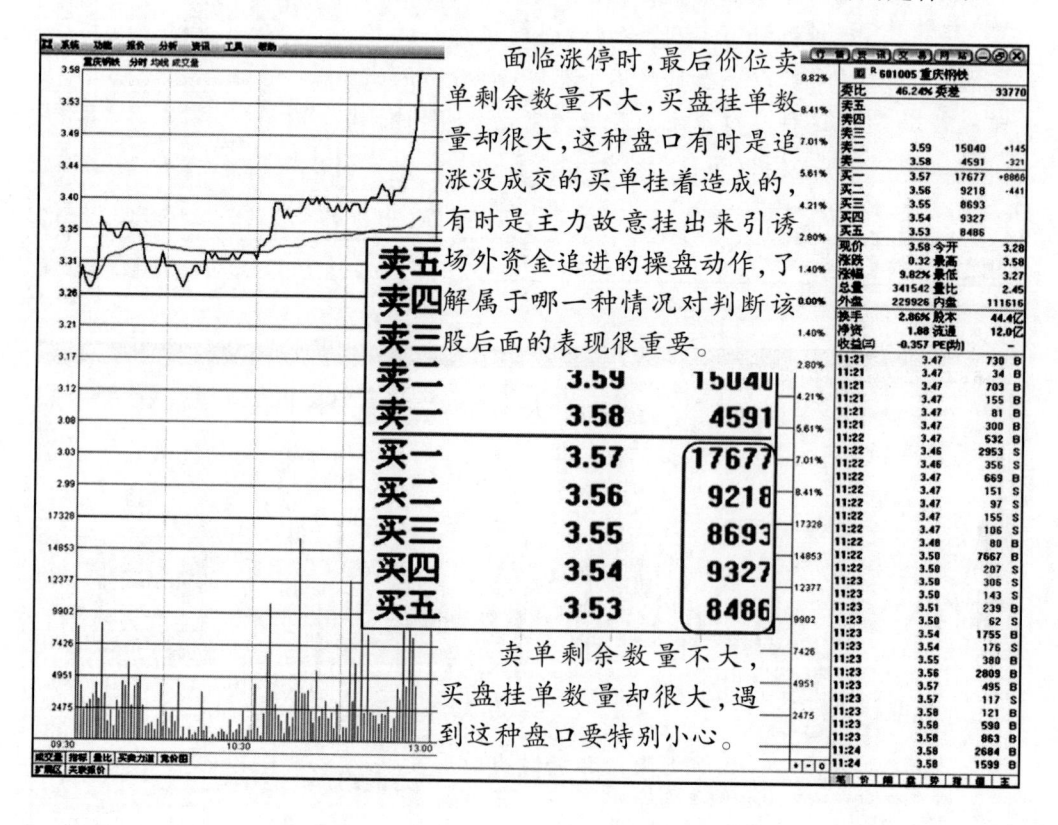

面临涨停时，最后价位卖单剩余数量不大，买盘挂单数量却很大，这种盘口有时是追涨没成交的买单挂着造成的，有时是主力故意挂出来引诱场外资金追进的操盘动作，了解属于哪一种情况对判断该股后面的表现很重要。

卖单剩余数量不大，买盘挂单数量却很大，遇到这种盘口要特别小心。

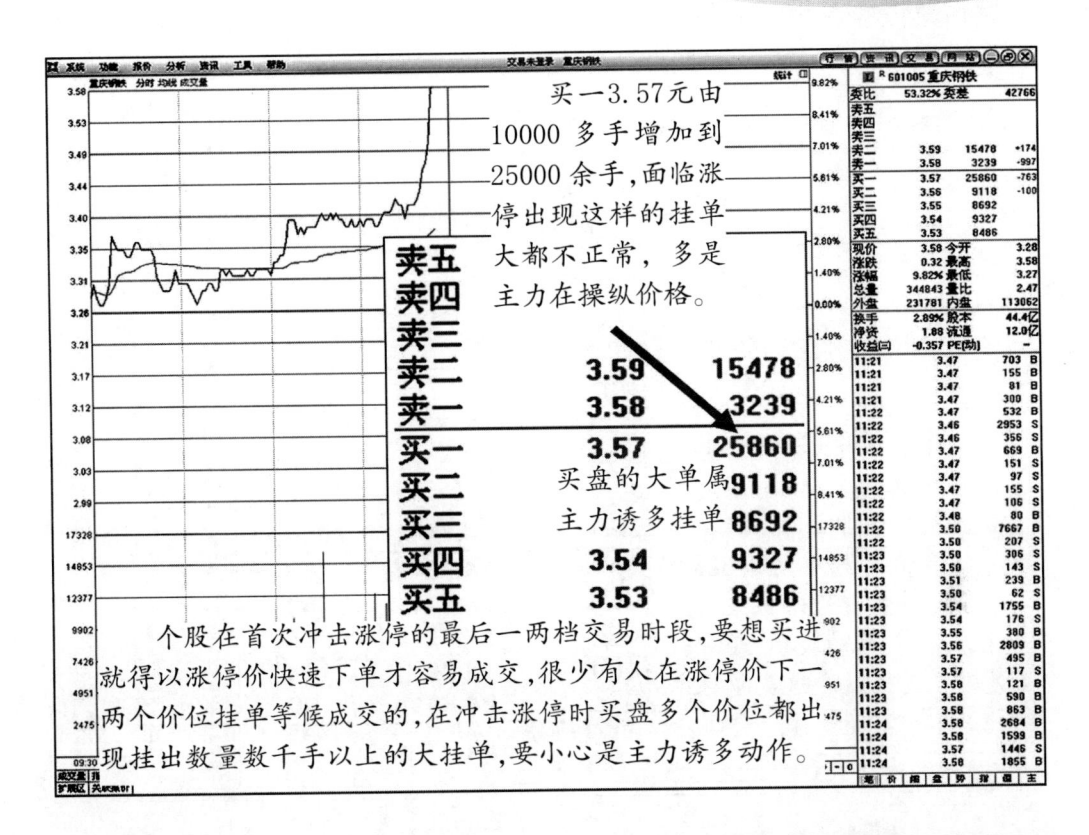

第八章 涨停板

买一3.57元由10000多手增加到25000余手，面临涨停出现这样的挂单大都不正常，多是主力在操纵价格。

卖五	3.59	15478
卖四	3.58	3239
卖三		
卖二		
卖一		
买一	3.57	25860
买二		9118
买三		8692
买四	3.54	9327
买五	3.53	8486

买盘的大单属主力诱多挂单

个股在首次冲击涨停的最后一两档交易时段，要想买进就得以涨停价快速下单才容易成交，很少有人在涨停价下一两个价位挂单等候成交的，在冲击涨停时买盘多个价位都出现挂出数量数千手以上的大挂单，要小心是主力诱多动作。

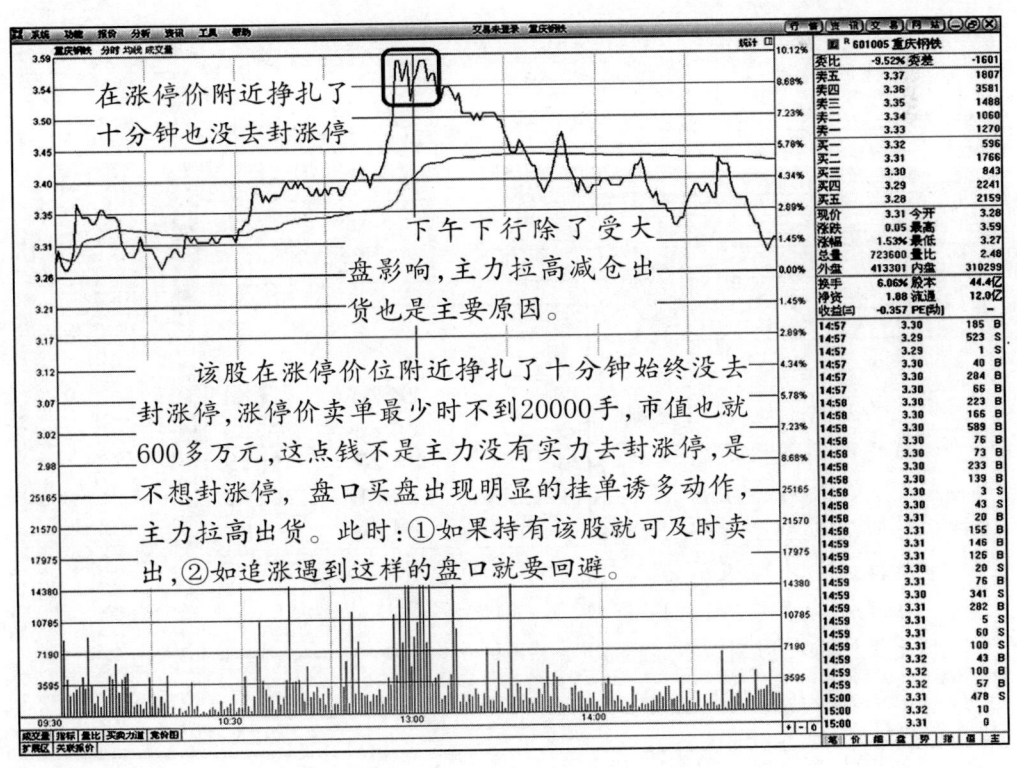

在涨停价附近挣扎了十分钟也没去封涨停

下午下行除了受大盘影响，主力拉高减仓出货也是主要原因。

该股在涨停价位附近挣扎了十分钟始终没去封涨停，涨停价卖单最少时不到20000手，市值也就600多万元，这点钱不是主力没有实力去封涨停，是不想封涨停，盘口买盘出现明显的挂单诱多动作，主力拉高出货。此时：①如果持有该股就可及时卖出，②如追涨遇到这样的盘口就要回避。

275

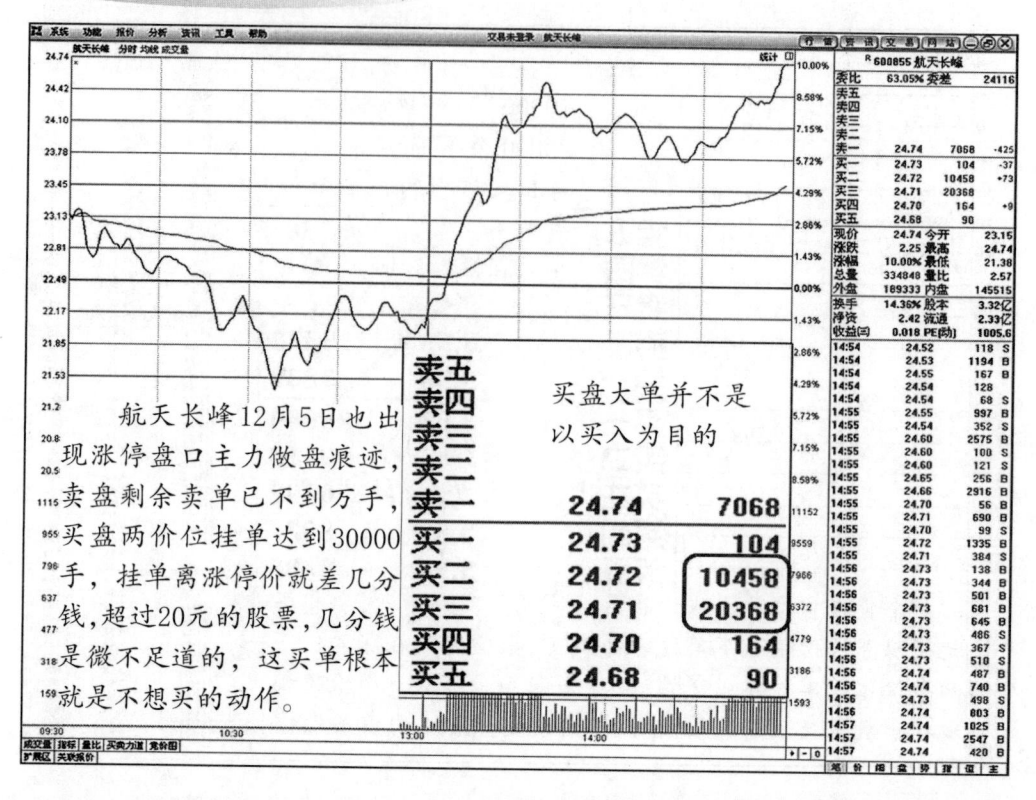

主力行为盘口解密(精选版)

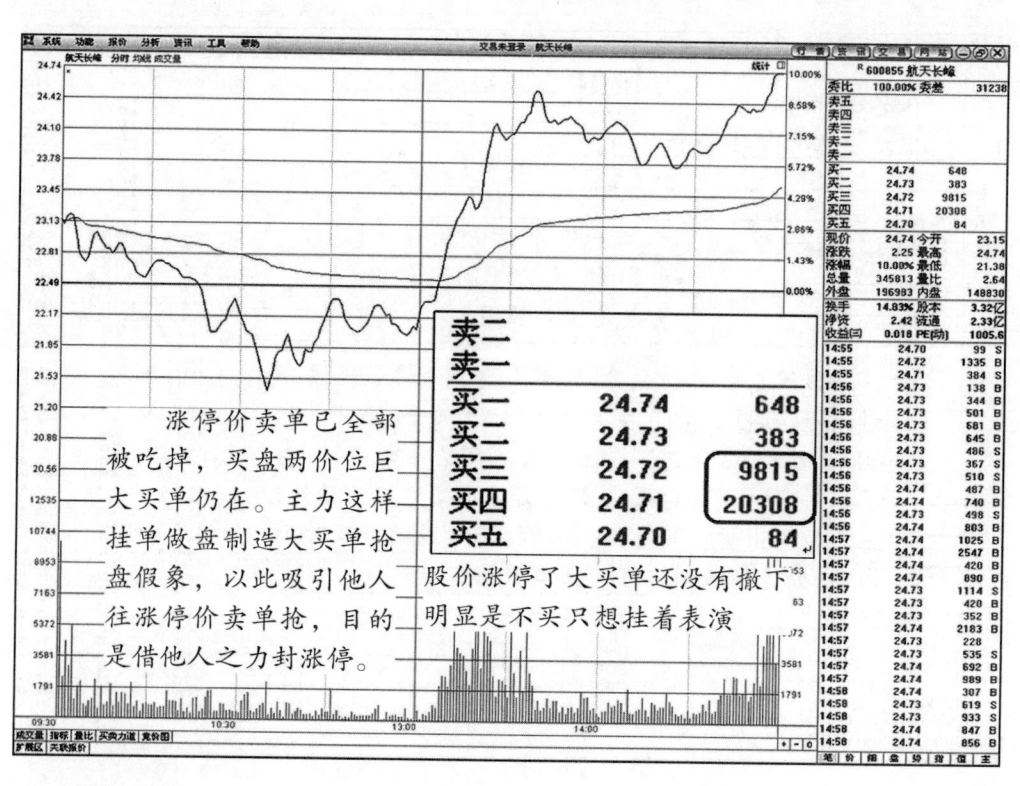

航天长峰12月5日也出现涨停盘口主力做盘痕迹,卖盘剩余卖单已不到万手,买盘两价位挂单达到30000手,挂单离涨停价就差几分钱,超过20元的股票,几分钱是微不足道的,这买单根本就是不想买的动作。

买盘大单并不是以买入为目的

涨停价卖单已全部被吃掉,买盘两价位巨大买单仍在。主力这样挂单做盘制造大买单抢盘假象,以此吸引他人往涨停价卖单抢,目的是借他人之力封涨停。

股价涨停了大买单还没有撤下明显是不买只想挂着表演

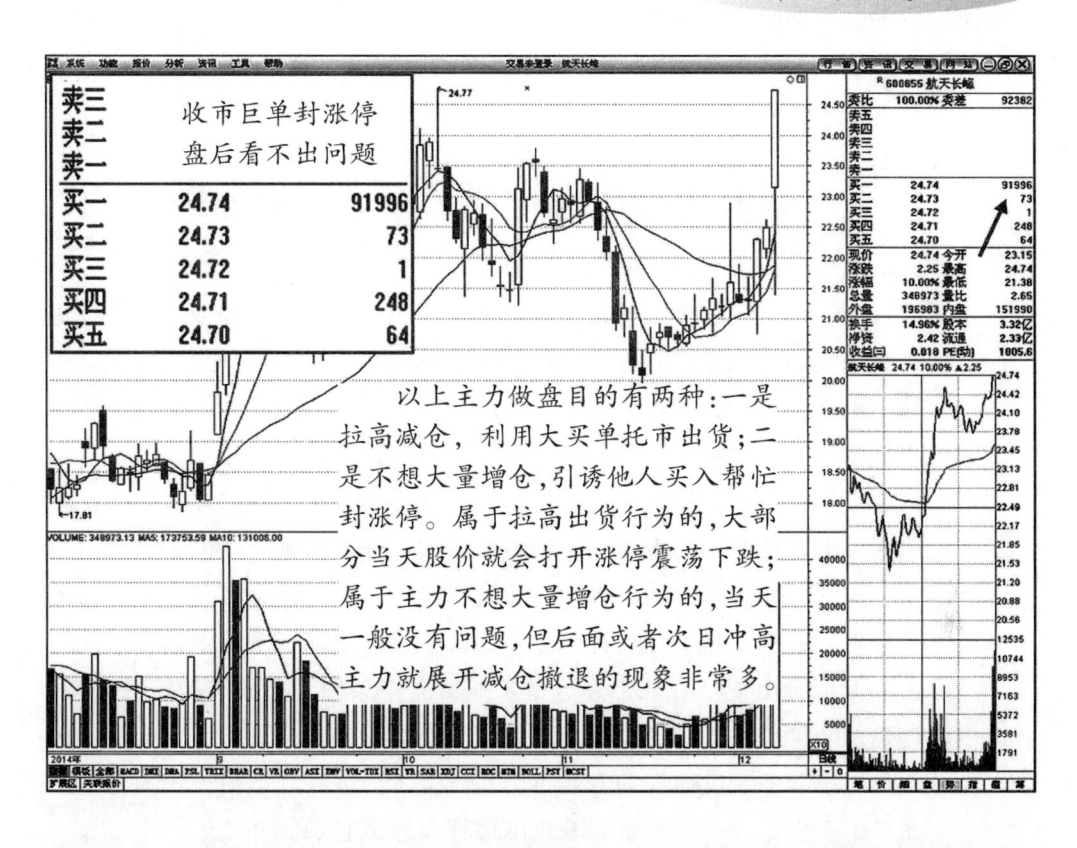

第八章 涨停板

卖三		
卖二	收市巨单封涨停	
卖一	盘后看不出问题	
买一	24.74	91996
买二	24.73	73
买三	24.72	1
买四	24.71	248
买五	24.70	64

以上主力做盘目的有两种：一是拉高减仓，利用大买单托市出货；二是不想大量增仓，引诱他人买入帮忙封涨停。属于拉高出货行为的，大部分当天股价就会打开涨停震荡下跌；属于主力不想大量增仓行为的，当天一般没有问题，但后面或者次日冲高主力就展开减仓撤退的现象非常多。

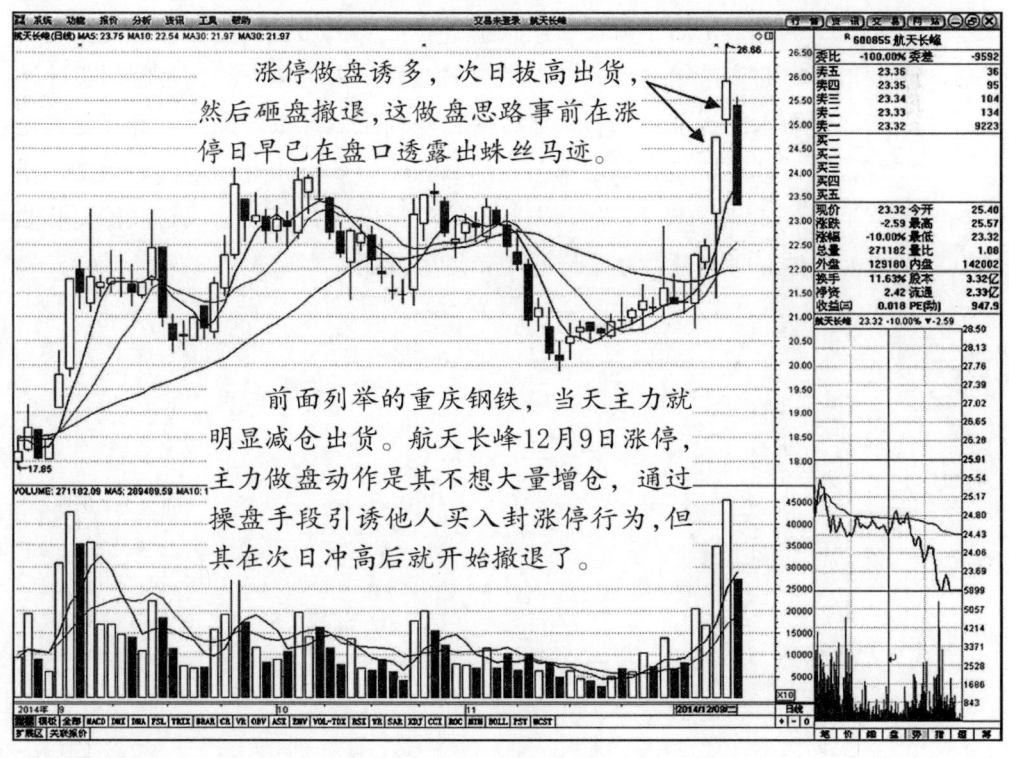

涨停做盘诱多，次日拔高出货，然后砸盘撤退，这做盘思路事前在涨停日早已在盘口透露出蛛丝马迹。

前面列举的重庆钢铁，当天主力就明显减仓出货。航天长峰12月9日涨停，主力做盘动作是其不想大量增仓，通过操盘手段引诱他人买入封涨停行为，但其在次日冲高后就开始撤退了。

深入剖析尾盘封不了板遭狂砸原因

　　市场中有一批专业机构和投资者，利用市场个股涨停或连续涨停进行短线套利。涨停前跟进，次日冲高就兑现走人，这原理众人皆知，但这些机构和专业投资者不仅会在涨停次日冲高就兑现走人，而且在所买入的个股当日没能封涨停的情况下，次日无论是冲高还是低开低走，他们也会第一时间割肉走人。也就是说在涨停日买进的这些短线资金，无论次日出现什么样的表现，无论盈亏，大都开盘即走。

　　大部分能封涨停的品种次日早盘会出现一定的冲高表现，但当日到涨停附近或者在封涨停后打开涨停、最终收盘未能封涨停的品种，次日大部分都会出现低开低走，这是未能封涨停品种次日独有的特殊表现，这也是一种明显的规律表现。未能封涨停品种次日大都低开低走的原因就是利用涨停制度短炒的专业机构和投资者追涨停，次日无论盈亏都会在早市卖出走人，这些资金既定出逃行为导致股价低开低走。

　　了解掌握了这个规律后，投资者和一般机构在手上所持有品种出现冲击涨停而未能封涨停时，据情况需选择是去是留。特别是临尾盘才冲击涨停而未能封涨停品种，或者封涨停临尾盘开板的品种，选择是去是留就看目标股票是否属于那些专门做涨停短炒机构在围攻，如果是，早跑早好！如此状态下，当日去到涨停附近未能封涨停，或封涨停后临收盘开板的品种，尾盘是最容易被市场砸低的。

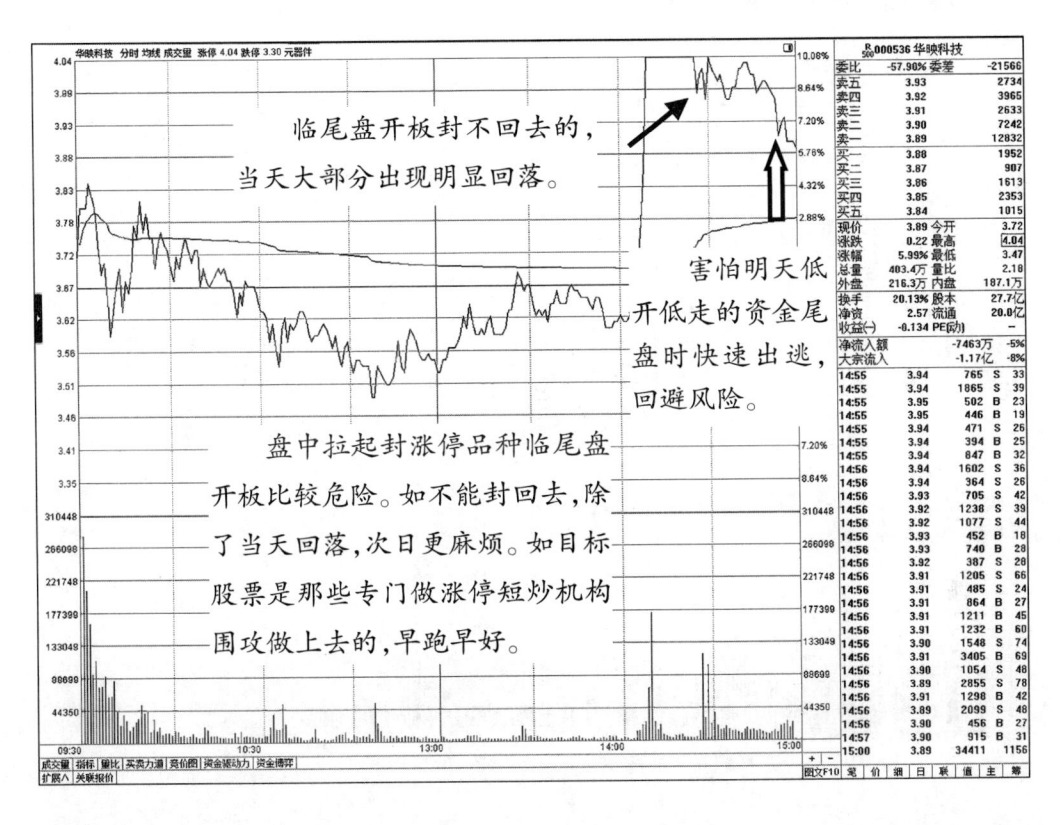

第八章 涨停板

临尾盘开板封不回去的，当天大部分出现明显回落。

害怕明天低开低走的资金尾盘时快速出逃，回避风险。

盘中拉起封涨停品种临尾盘开板比较危险。如不能封回去，除了当天回落，次日更麻烦。如目标股票是那些专门做涨停短炒机构围攻做上去的，早跑早好。

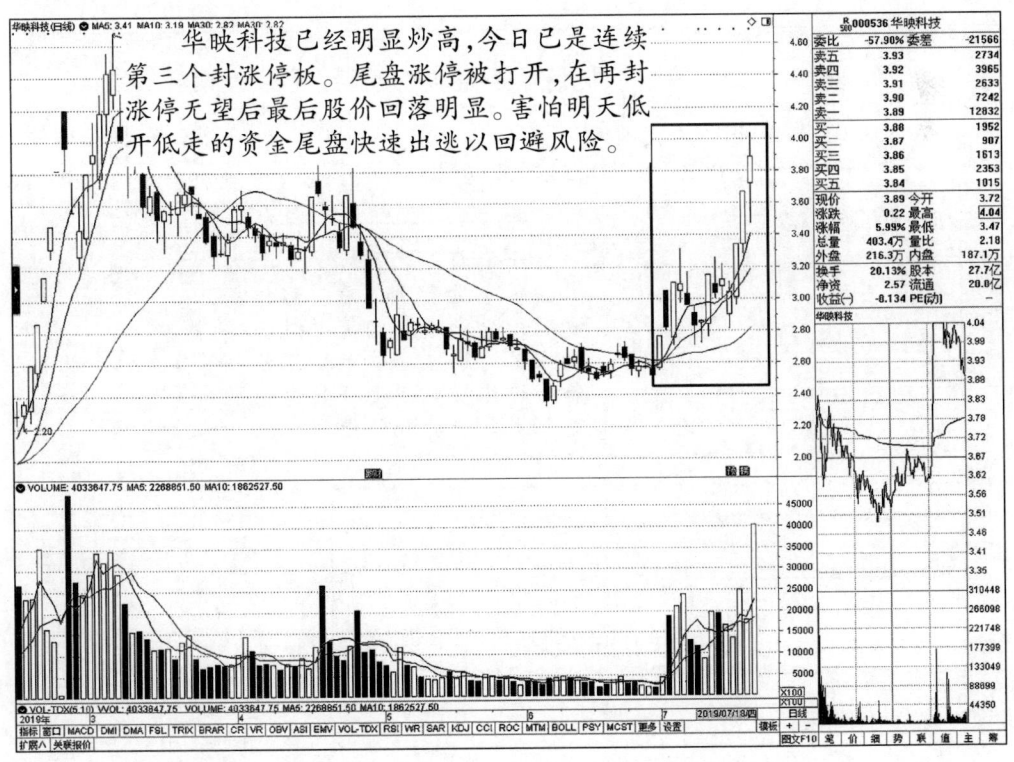

华映科技已经明显炒高，今日已是连续第三个封涨停板。尾盘涨停被打开，在再封涨停无望后最后股价回落明显。害怕明天低开低走的资金尾盘快速出逃以回避风险。

主力行为盘口解密(精选版)

金龙机电在低位第一次冲击涨停板。第一个涨停封不了,出逃的都是前面进场的资金,他们害怕好不容易拉高的股价又跌回去。重要的是,这些短线围攻主力,在封涨停失败后次日早盘将不顾成本地止损。如此股价真是怎么上来又将怎么跌回去。

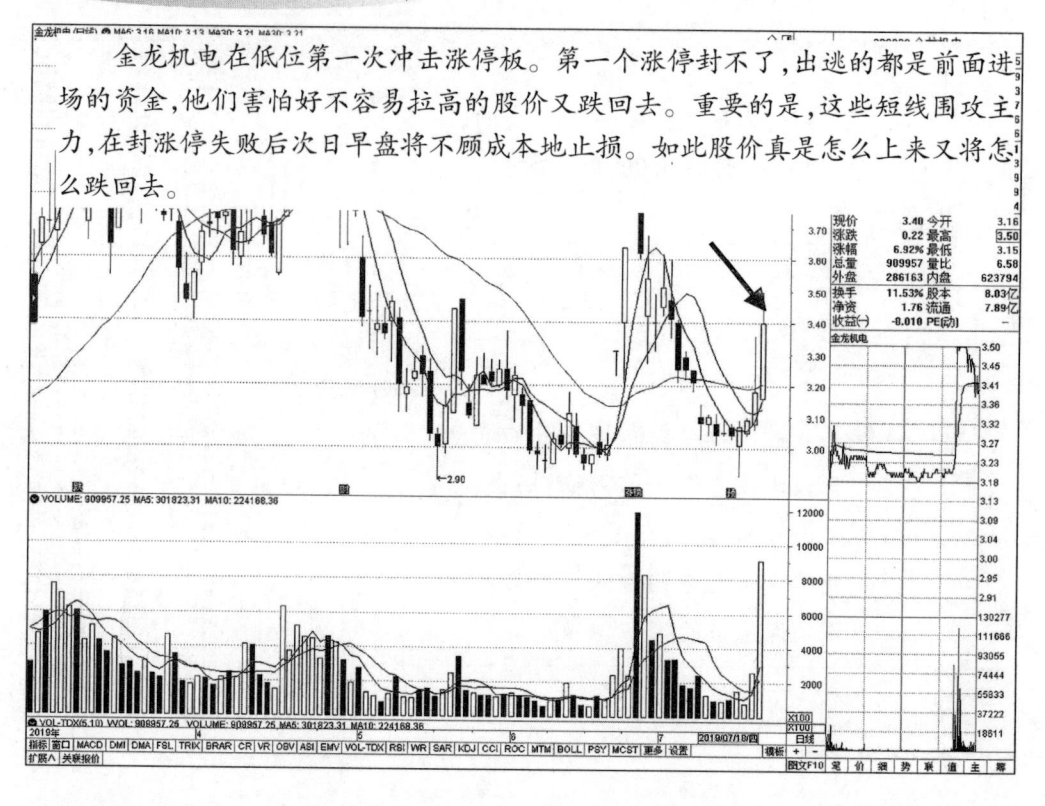

该股下午临尾盘拔高令人出乎预料。低位第一个涨停冲板后只封了十分钟左右就被砸开,股价出现逐波回落。

早盘已有明显拔高动作

从分时表现上看,涨停被砸开股价逐波回落并没出现明显的恐慌。这些撤退资金见好就收,明白今日尾盘不走明天有更低位出现。

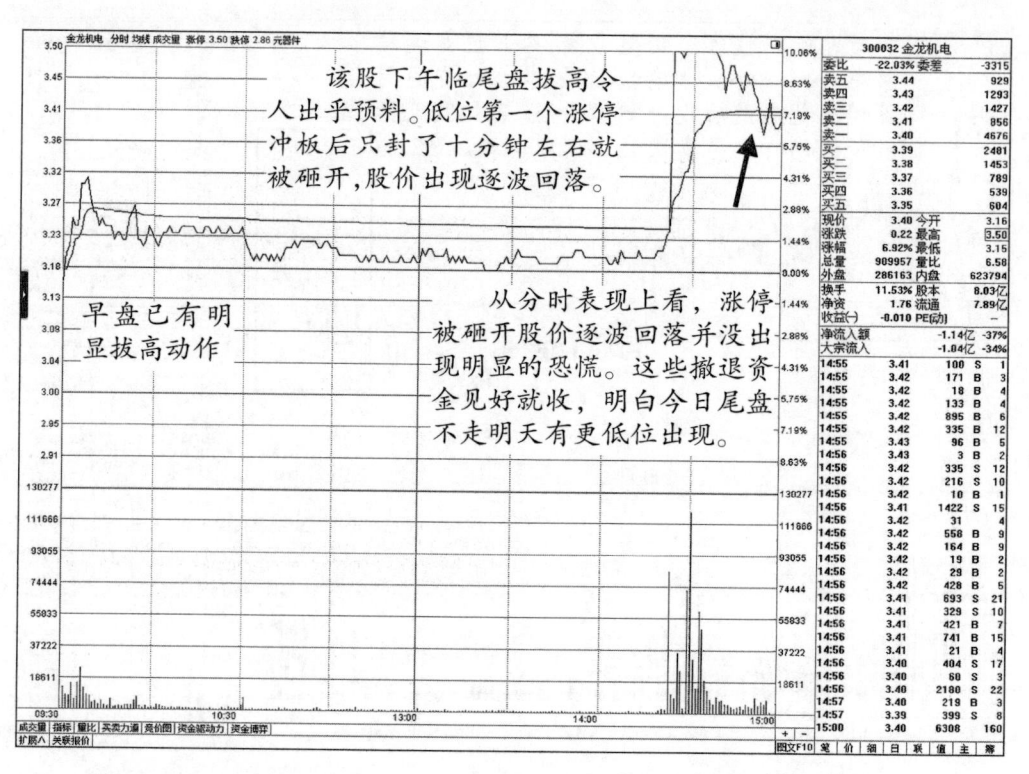

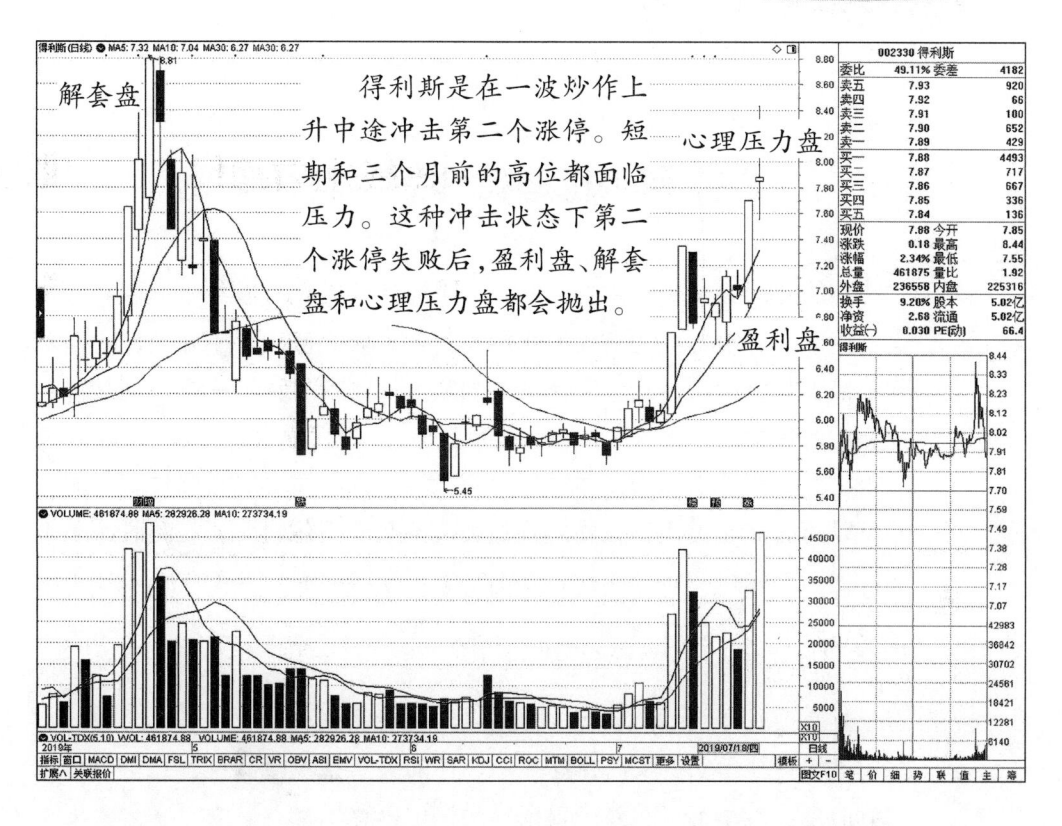

第八章 涨停板

解套盘

得利斯是在一波炒作上升中途冲击第二个涨停。短期和三个月前的高位都面临压力。这种冲击状态下第二个涨停失败后，盈利盘、解套盘和心理压力盘都会抛出。

心理压力盘

盈利盘

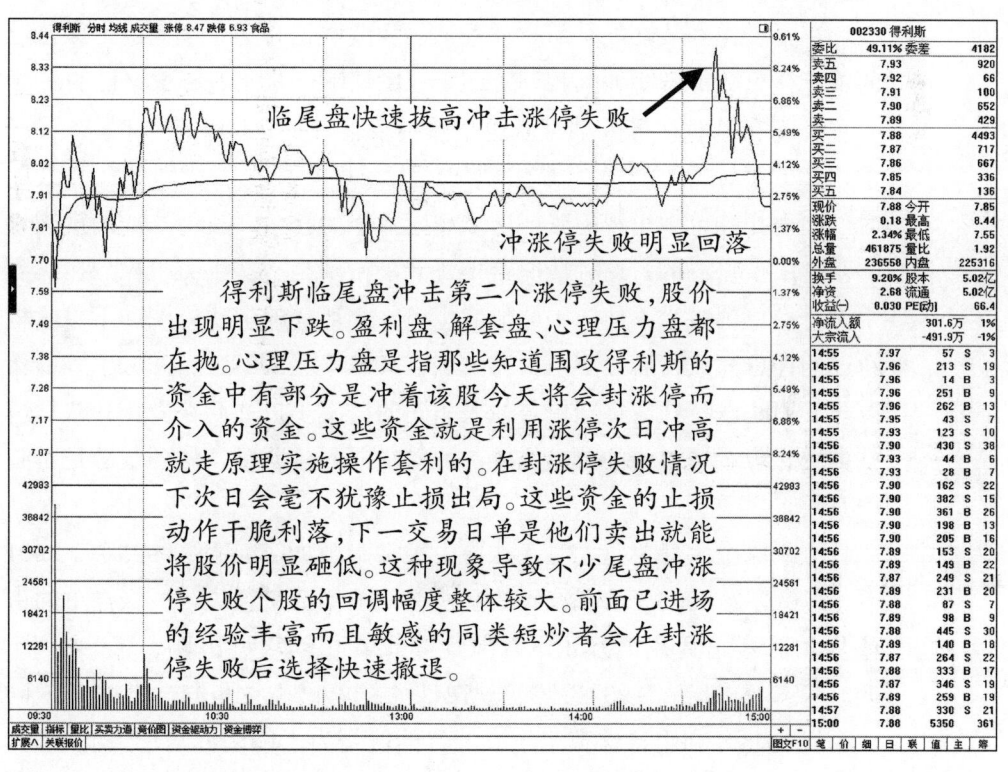

临尾盘快速拔高冲击涨停失败

冲涨停失败明显回落

得利斯临尾盘冲击第二个涨停失败，股价出现明显下跌。盈利盘、解套盘、心理压力盘都在抛。心理压力盘是指那些知道围攻得利斯的资金中有部分是冲着该股今天将会封涨停而介入的资金。这些资金就是利用涨停次日冲高就走原理实施操作套利的。在封涨停失败情况下次日会毫不犹豫止损出局。这些资金的止损动作干脆利落，下一交易日单是他们卖出就能将股价明显砸低。这种现象导致不少尾盘冲涨停失败个股的回调幅度整体较大。前面已进场的经验丰富而且敏感的同类短炒者会在封涨停失败后选择快速撤退。

委托列队机构特殊数字挂单解密

个股涨停时有大量资金排队等候买入，跌停时也有大量筹码排队等候卖出。快速涨停或快速跌停状态下，下单后一般人并不知自己的挂单在那巨大封单中排什么位置，难以判断当日有没有机会成交，这是很苦恼焦虑的事情。

另外，在追涨停的操作过程中，当看到封单减少时自己排队中的买单可以随时撤单不买；跌停时看到买盘不断在消化封单，想随时撤单不卖，但因无法得知自己的挂单处于什么位置，前面还有多少他人挂单未成交，因而不能很好地掌握进退的操作时机。其实这些实践性问题早已有解决的办法。

具有委托详细列队功能的行情软件，能将深市个股交易时全部挂单按单笔委托挂单实况实时排序显示，你的买卖挂单排队位置完全可以从中看清楚，挂单前还有多少单未成交也可以算出来。

有了委托列队功能行情软件看盘，实践中还有另一个问题，即自己的单笔挂单数量若与他人相同，则无法确认哪一张单是属于自己的。

个股交易时很多人都喜欢用整数单委托，如：50手，100手，1000手，2000手，这样就很容易出现和他人一样的挂单，特别是在涨跌停时，如委托挂单中出现两张或更多相同数字的挂单，就无法准确辨别哪一张是属于自己的。这种情况给投资者，特别是一些主力机构，在操盘中撤单换单等带来不便，因此他们想出一个巧妙的解决方法：下单时将自己的挂单写成特殊数字，如3333手、5001手、9988手、9901手等以作区分。用这些特殊数字挂单与他人相同的概率小，如此在委托列队行情软件上就可看清自己的挂单位置，计算出前面排队量，做到是撤是留心中有数。

涨跌停个股封单巨大时，挂单中经常出现如6666手、9999手、9901手、9902手、9903手这些特殊数字挂单，单笔数量很大，一张挂单的市值从几百万元到几千万元，这些连续或者相隔很近出现多张9988手、9901手、9902手、9903手等呈规律性的挂单，往往是同一个账户或同一个机构的。利用特殊数字下单的目的就是为了能区分与他人的不同，以方便了解自己的挂单位置，方便分析自己的单是否能有机会成交和为撤单提供参考。

这些特殊数字不是什么神奇的"警告、提醒、暗示"语言，也不是什么机构大户的席位号。

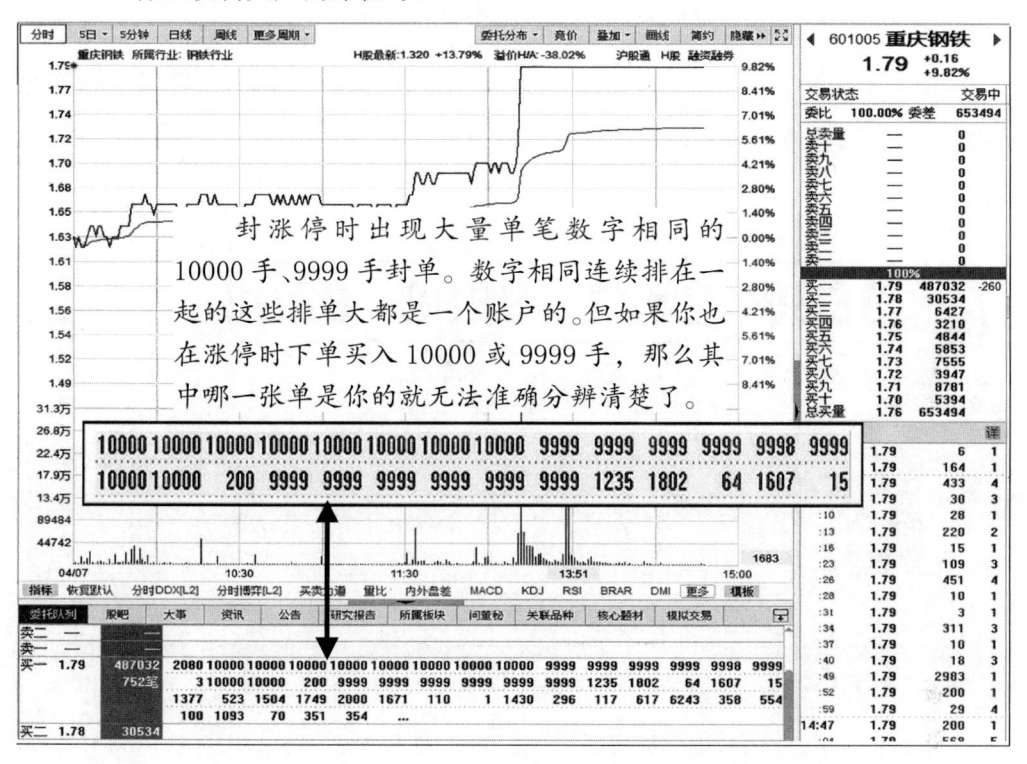

封涨停时出现大量单笔数字相同的10000手、9999手封单。数字相同连续排在一起的这些排单大都是一个账户的。但如果你也在涨停时下单买入10000或9999手，那么其中哪一张单是你的就无法准确分辨清楚了。

主力行为盘口解密(精选版)

委托列队中有三张9898手特殊数字买单，这三张9898手买单数字相同，基本可以肯定是同一人的挂单。中间夹有一张2471手买单属其他人的机会较大。快速封涨停个股封盘速度非常快，下单速度快慢1%秒排队的位置都差别很大，用9898手特殊数字挂出，可在查数据时容易辨认出自己的挂单。

9898手属于特殊数字挂单

9898 2471 9898 9898

动不动就数千近万手的特殊数字挂单大都是主力机构的，一般大户或个人也可以用特殊数字挂单操作。如这两笔2899手，还有那张133手就是一般投资者的特殊数字挂单。

133   2899 2899

284

第八章 涨停板

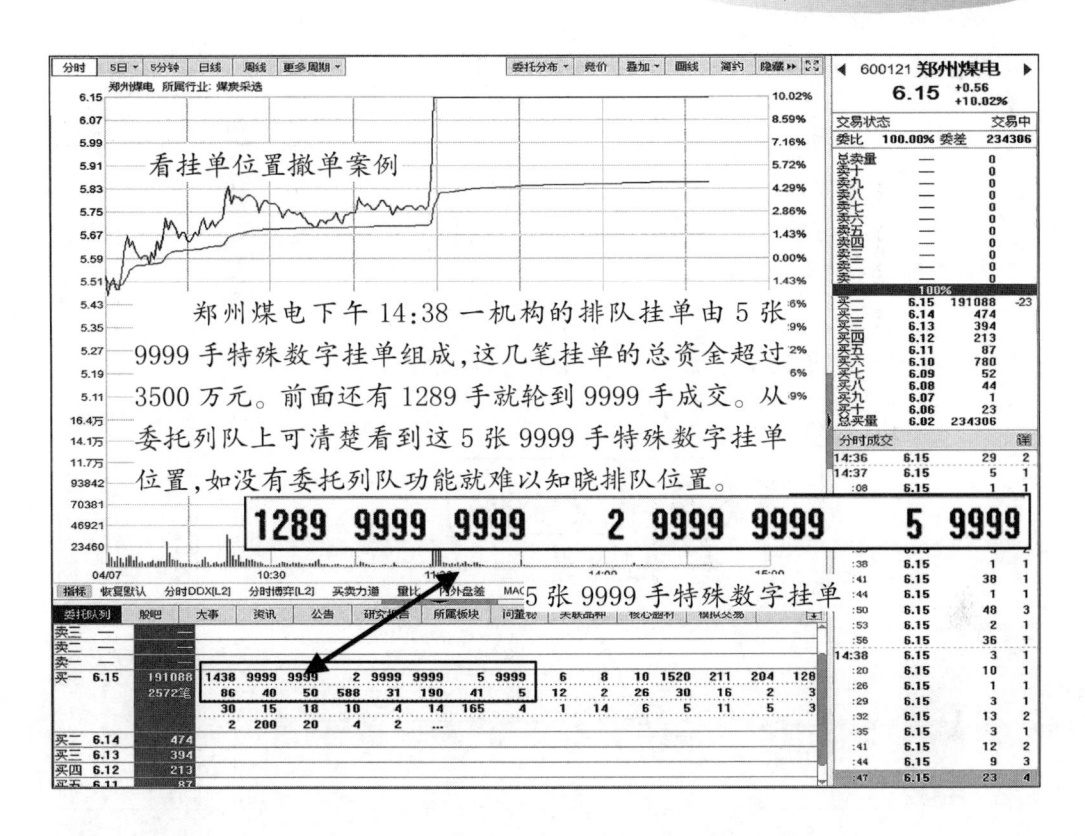

看挂单位置撤单案例

郑州煤电下午 14:38 一机构的排队挂单由 5 张 9999 手特殊数字挂单组成，这几笔挂单的总资金超过 3500 万元。前面还有 1289 手就轮到 9999 手成交。从委托列队上可清楚看到这 5 张 9999 手特殊数字挂单位置，如没有委托列队功能就难以知晓排队位置。

`1289  9999  9999    2  9999  9999    5  9999`

5 张 9999 手特殊数字挂单

就在轮到这 5 张 9999 手特殊数字挂单第一张成交时，瞬间撤下了两张。该主力为什么撤单我们不知，但这一操作体现出看清自己挂单位置的重要性——想留想撤有了快速及时处理的主动权。

`9652  9999          2  9999`

原 5 张 9999 手特殊数字挂单瞬间撤下了两张

主力行为盘口解密(精选版)

若这188手或者2999手特殊数字挂单是你的，排队位置一看就知，计算前面还有多少未成交封单也是很简单的事，如在盘中就可分析继续排队今日有没有成交的机会。下单排队用特殊数字挂单的好处就在于此。

第九章
主力运作案例

盘面发现主力运作痕迹的方法

一招鲜，吃遍天，意思是拥有某一特长，即可到处谋生，也指专注于某一特定技能的发展，取得令人瞩目成果，也可指惯用伎俩陈旧，不思变通。

股市中操盘手掌握的操盘知识技能较一般投资者丰富，部分还掌握一些特殊的招式，而且在实践中屡试不爽，由此常用同一招。当这一招好用常用时，就形成一个较为固定的手法，这也叫模式。有成熟固定的操作模式自然更好，更容易取得成功。

当然了，主力操盘手操作时如果总是在一个股票中利用一招鲜，用过于单一的手法去操作，就容易被人识破。下面就带大家认识某主力操盘手一招鲜操作手法。

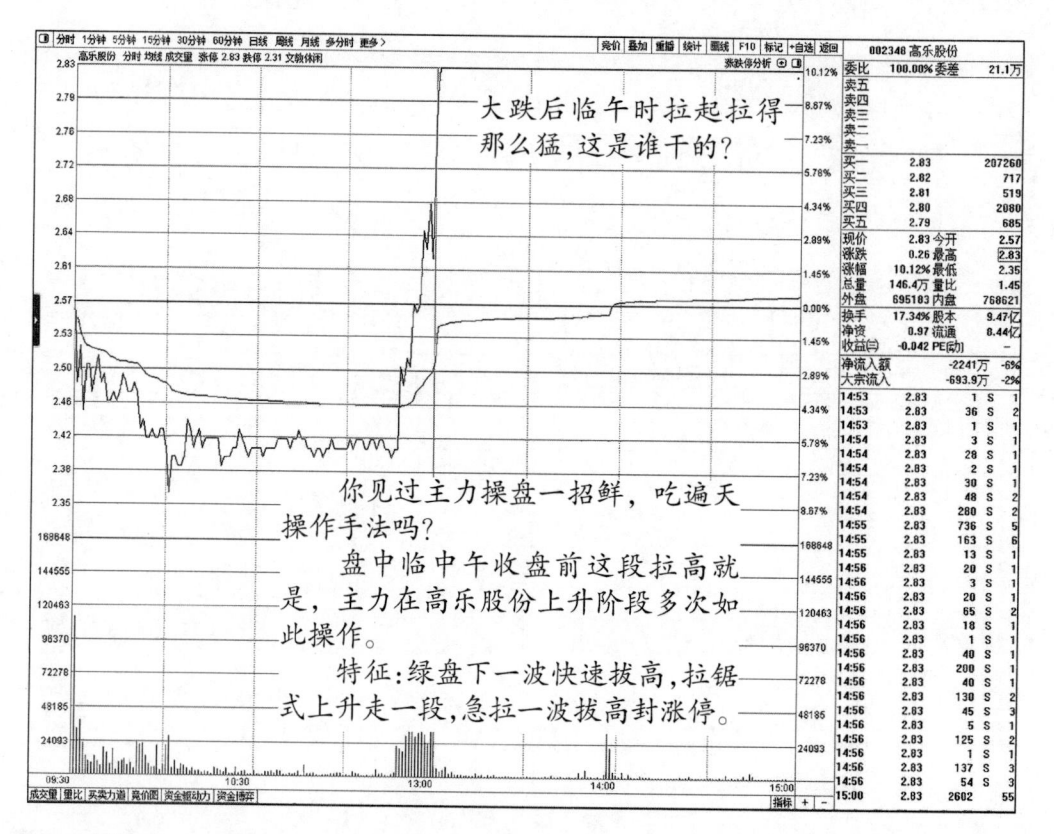

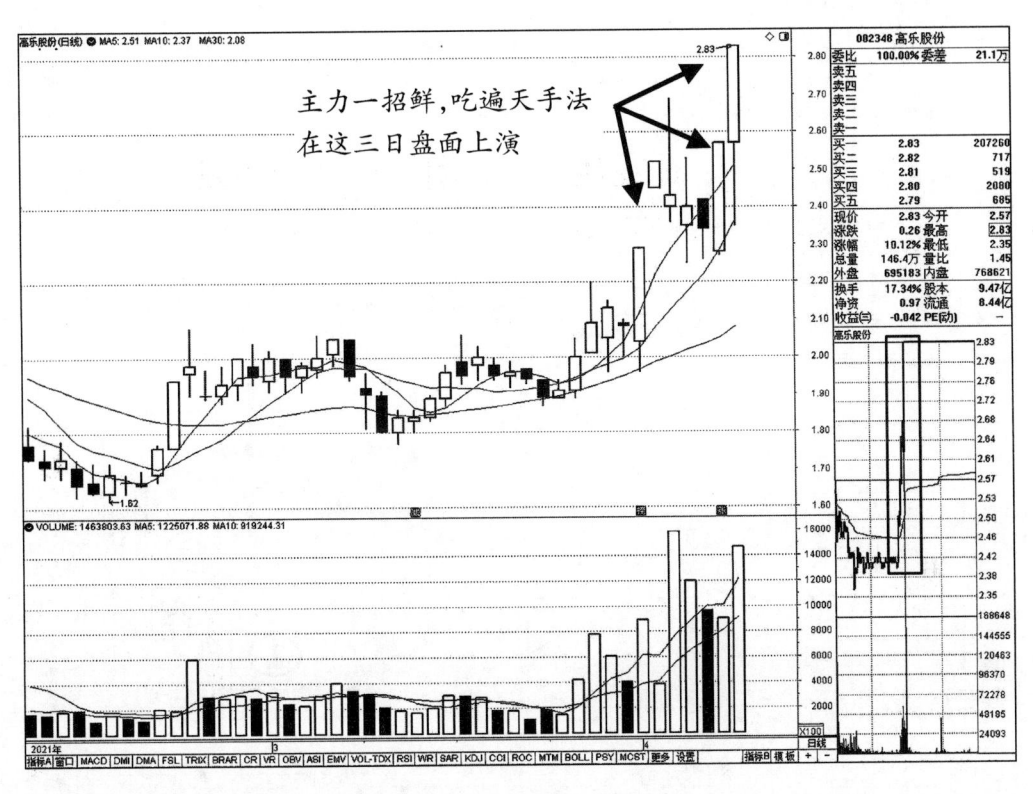

第九章 主力运作案例

主力一招鲜,吃遍天手法
在这三日盘面上演

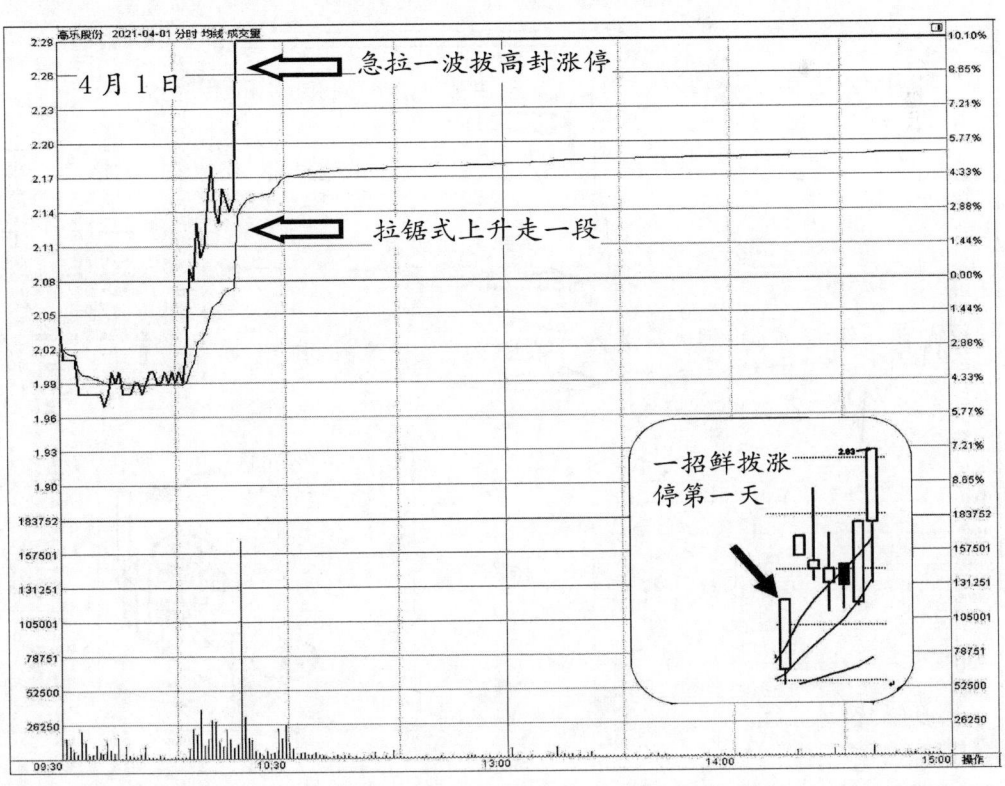

4月1日 ← 急拉一波拔高封涨停

← 拉锯式上升走一段

一招鲜拔涨
停第一天

289

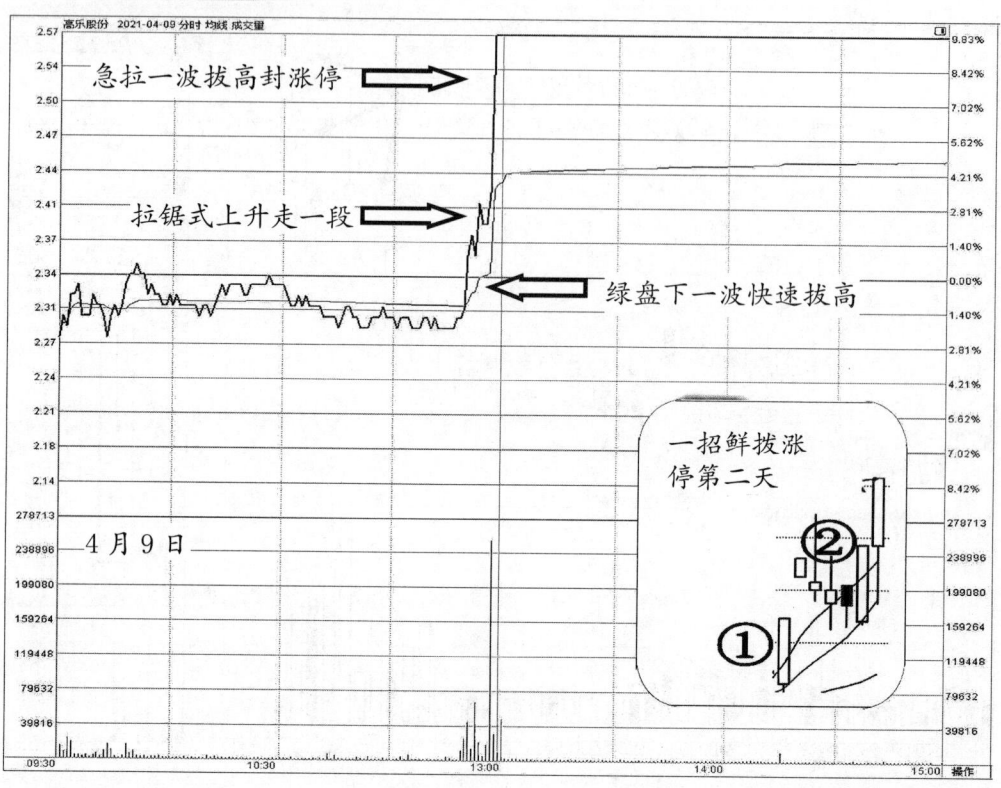

主力行为盘口解密(精选版)

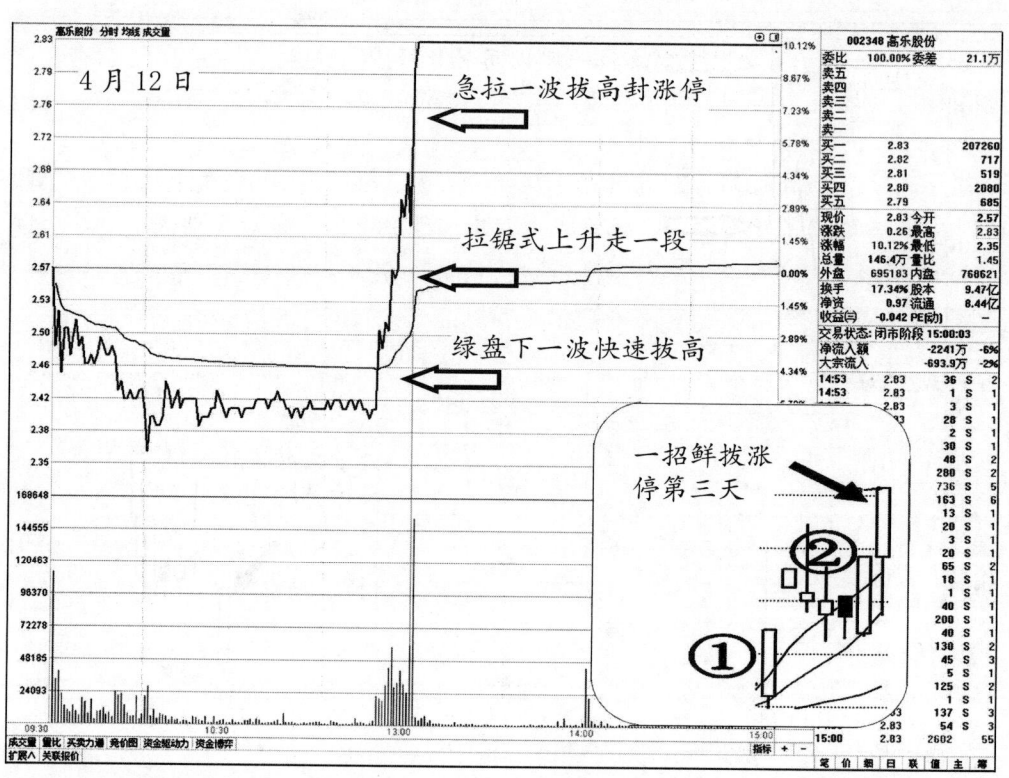

急拉一波拔高封涨停
拉锯式上升走一段
绿盘下一波快速拔高
一招鲜拨涨停第二天
4月9日

4月12日
急拉一波拔高封涨停
拉锯式上升走一段
绿盘下一波快速拔高
一招鲜拨涨停第三天

深圳证券市场 2021 年 4 月 12 日公开信息

连续三日内收盘价涨幅累计偏离值达 20%

涨跌幅：10.12%　　成交量(万股)：23679.30　　成交金额(万元)：59886.24

买入金额前 5 名营业部名称	买入金额(万元)	卖出金额(万元)
中天国富证券有限公司山东分公司	1628.12	296.54
东莞证券股份有限公司北京分公司	1498.25	1470.33
湘财证券股份有限公司台州祥和路证券营业部	1357.15	—
申港证券股份有限公司湖北分公司	1236.62	—
华鑫证券有限责任公司上海分公司	1219.21	131.93

卖出金额前 5 名营业部名称	买入金额(万元)	卖出金额(万元)
东莞证券股份有限公司北京分公司	1498.25	1470.33
广发证券股份有限公司普宁流沙证券营业部	92.92	822.82
华泰证券股份有限公司成都蜀金路证券营业部	723.97	783.55
东北证券股份有限公司南京中山北路证券营业部	540.46	765.22
国泰君安证券股份有限公司上海虹口区大连路证券营业部	582.42	632.02

　　一招拨涨停在同一股票身上短期内用了三次，这是同一主力在操盘。何以见得是同一主力操盘？除了手法相同，还可从涨停龙虎榜数据分析出隐藏的秘密。主力显然是利用各大券商地方分公司作为分仓点。这几年各大证券公司分公司已有几个游资专门作为开户分仓交易点。

　　涨停龙虎榜数据和阶段盘口走势结合分析，得出这是同一主力在同一股票上短线用了三次几乎一模一样的招数操盘。

短线主力操作联美控股多步曲——吸筹

主力操盘通常是吸筹、洗盘、拉高、出货四步曲,每实施一个步骤都充满艰难和一些难以预料的情况。主力运作个股是如何实施吸筹、洗盘、拉高、出货等环节的?操盘过程中有哪些明显的痕迹可辨?现以联美控股为例介绍一小主力从入场到出货的完整操盘历程。

2011年10月份以来运作联美控股的机构从盘面分析应属一小机构,投入资金只在千万元级别。当然是该机构资金有限,还是运作中联美控股只是该机构的一个小项目,这就不得而知了。

从联美控股10月17日盘中主力拉高出货盘口看,该主力是在10月17日之前就已进场了,因为先有筹码才能实施出货。下面通过图文方式介绍该短线主力运作联美控股的详细历程。

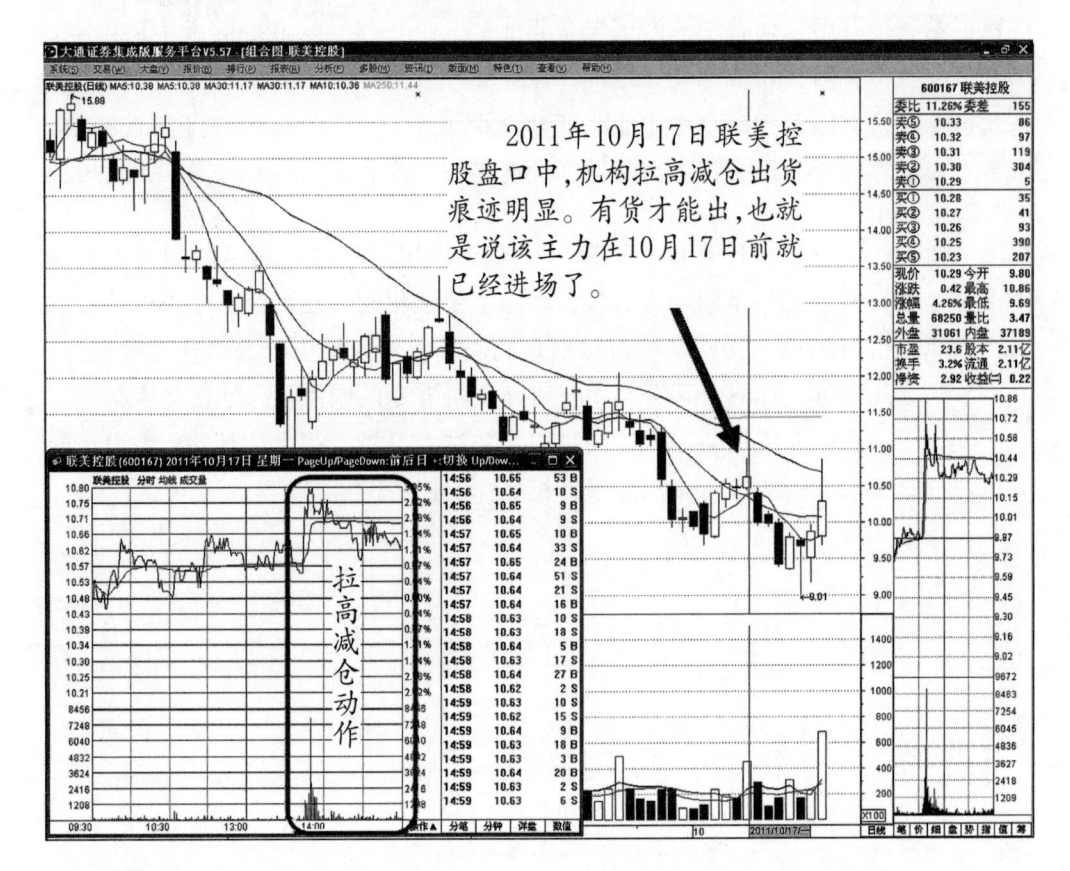

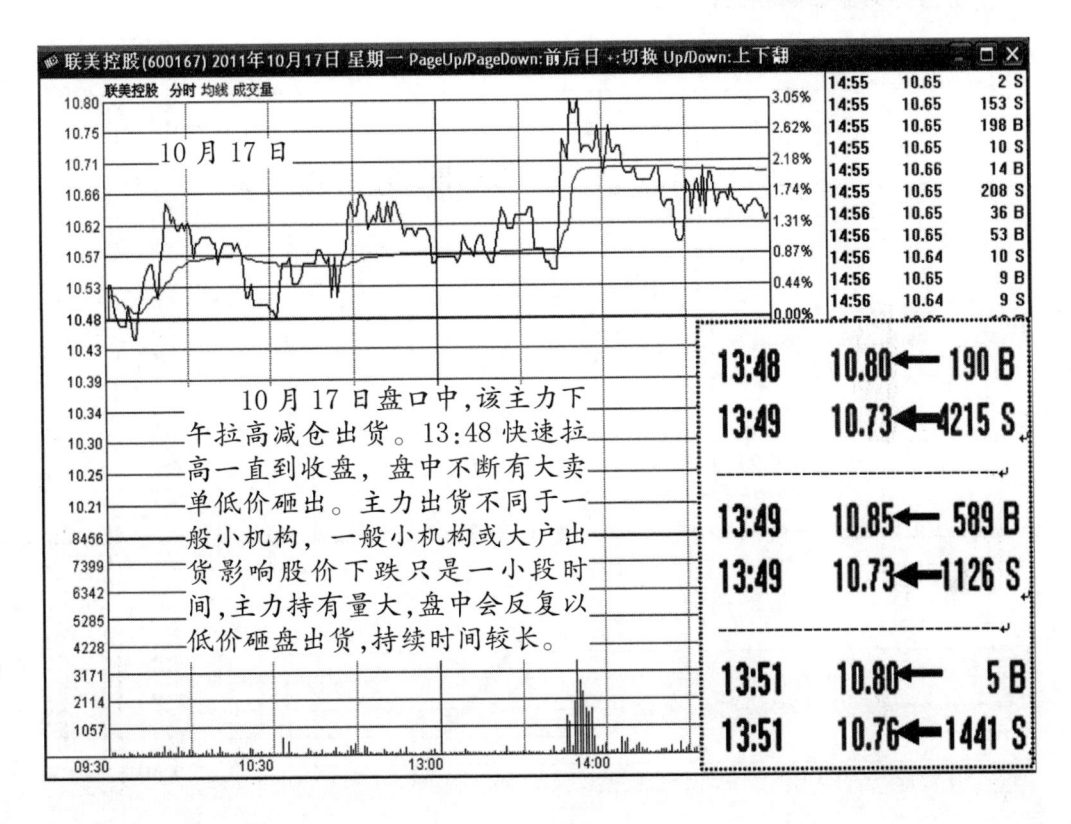

第九章 主力运作案例

10月17日盘口中，该主力下午拉高减仓出货。13:48快速拉高一直到收盘，盘中不断有大卖单低价砸出。主力出货不同于一般小机构，一般小机构或大户出货影响股价下跌只是一小段时间，主力持有量大，盘中会反复以低价砸盘出货，持续时间较长。

10月17日主力盘中拉高减仓。

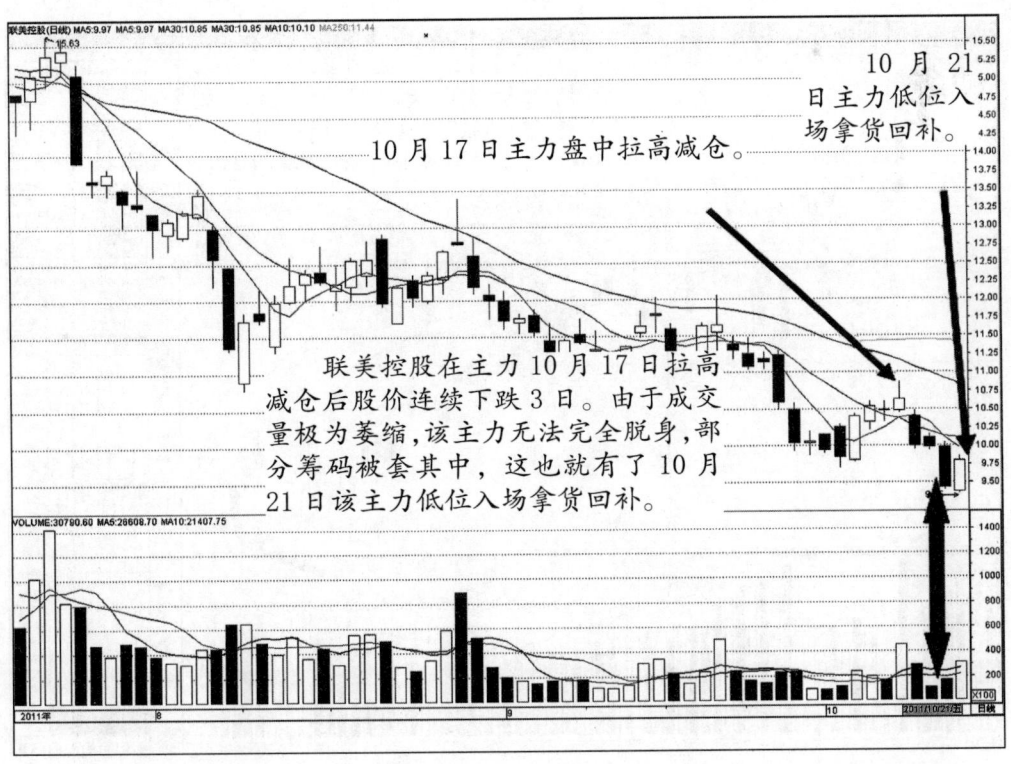

10月21日主力低位入场拿货回补。

联美控股在主力10月17日拉高减仓后股价连续下跌3日。由于成交量极为萎缩，该主力无法完全脱身，部分筹码被套其中，这也就有了10月21日该主力低位入场拿货回补。

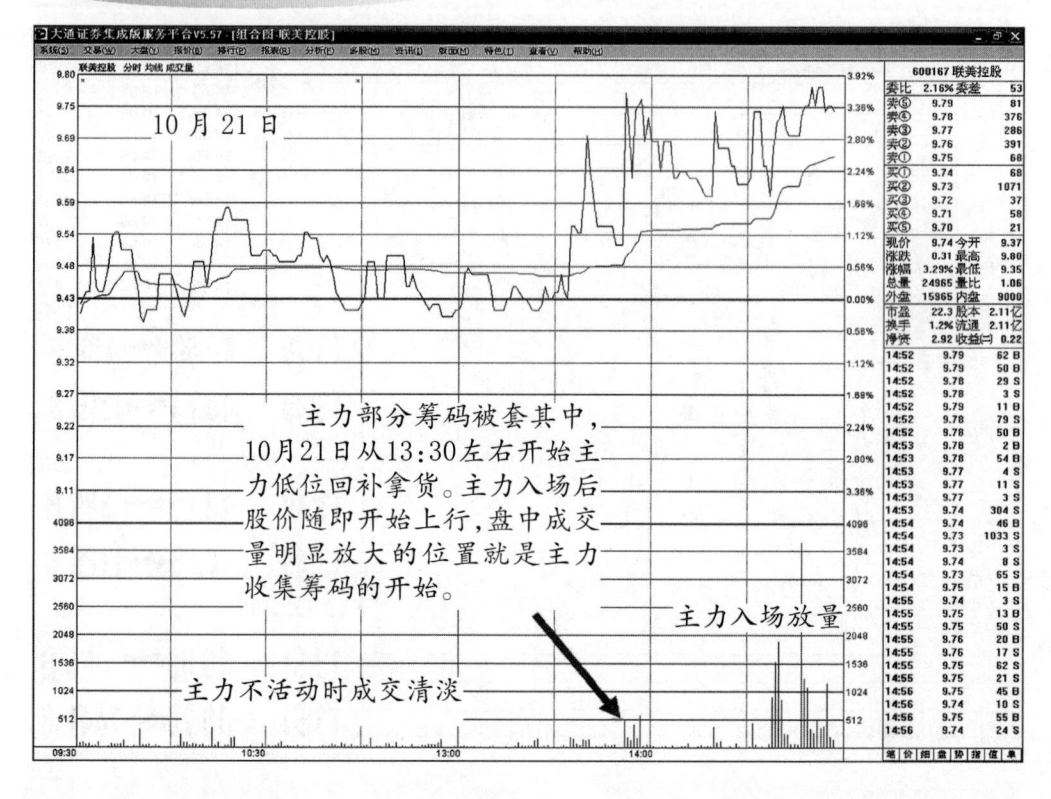

主力行为盘口解密(精选版)

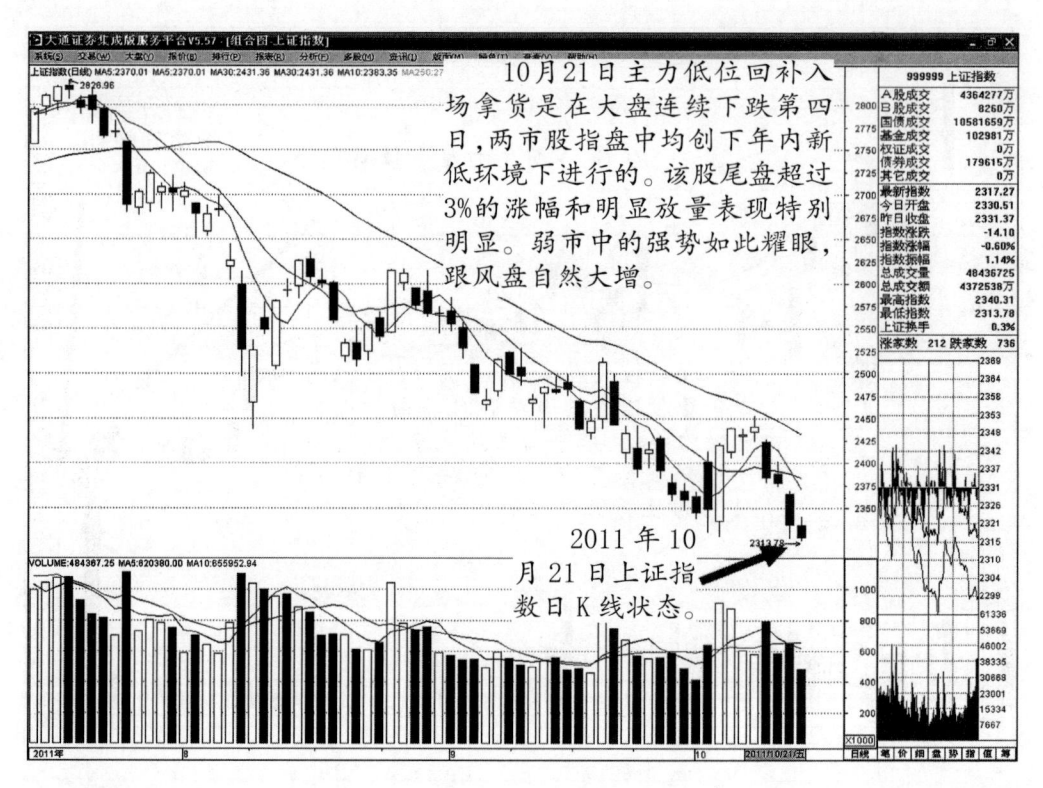

图中文字说明:

10月21日

主力部分筹码被套其中，10月21日从13:30左右开始主力低位回补拿货。主力入场后股价随即开始上行，盘中成交量明显放大的位置就是主力收集筹码的开始。

主力入场放量

主力不活动时成交清淡

10月21日主力低位回补入场拿货是在大盘连续下跌第四日，两市股指盘中均创下年内新低环境下进行的。该股尾盘超过3%的涨幅和明显放量表现特别明显。弱市中的强势如此耀眼，跟风盘自然大增。

2011年10月21日上证指数日K线状态。

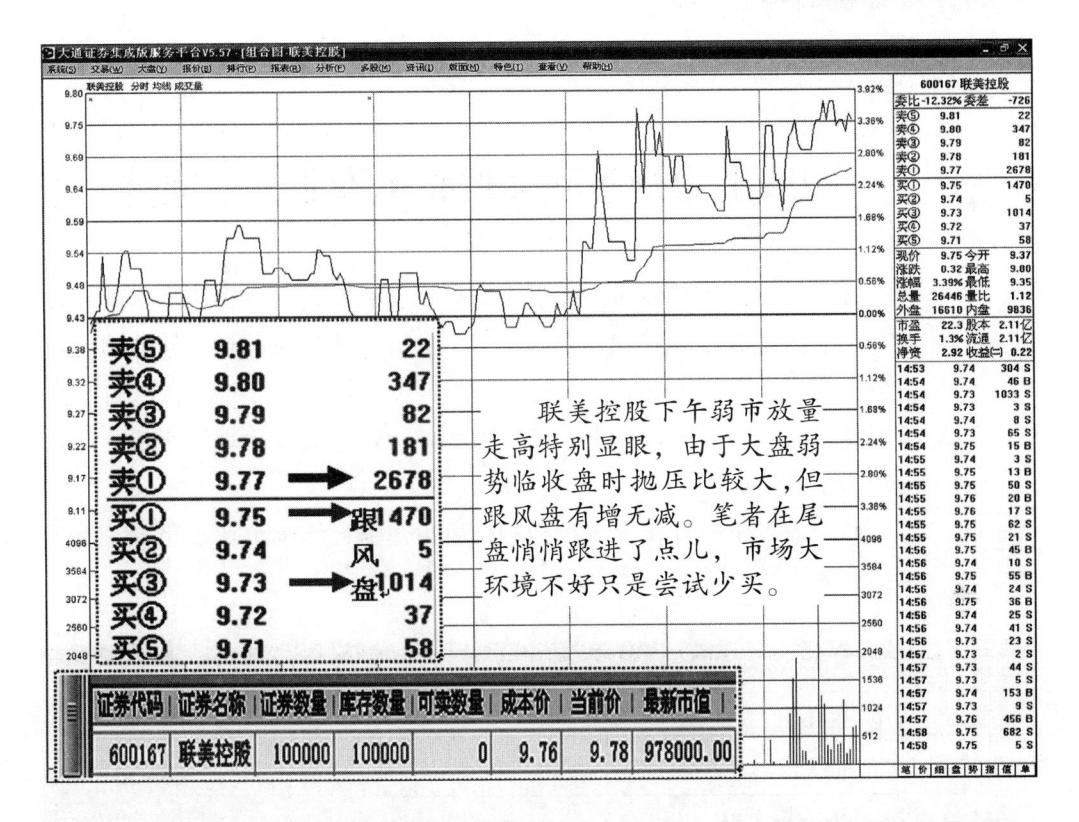

第九章 主力运作案例

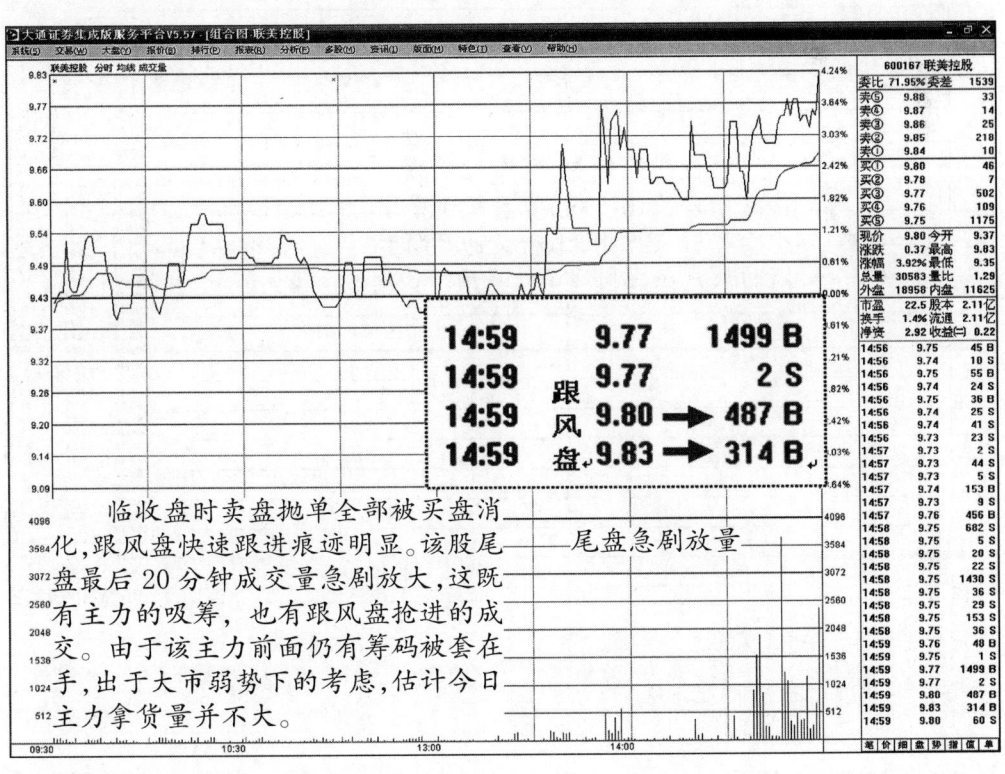

联美控股下午弱市放量走高特别显眼，由于大盘弱势临收盘时抛压比较大，但跟风盘有增无减。笔者在尾盘悄悄跟进了点儿，市场大环境不好只是尝试少买。

临收盘时卖盘抛单全部被买盘消化，跟风盘快速跟进痕迹明显。该股尾盘最后20分钟成交量急剧放大，这既有主力的吸筹，也有跟风盘抢进的成交。由于该主力前面仍有筹码被套在手，出于大市弱势下的考虑，估计今日主力拿货量并不大。

尾盘急剧放量

295

短线主力操作联美控股多步曲——洗盘

10月21日联美控股主力在弱市中逆市拉高拿货，并引来较多的跟风盘，下面详细介绍10月24日（周一）主力展开打压洗盘的情况。10月24日开盘主力即展开打压洗盘，由于操盘不当，引发大量跟风盘恐慌出逃，结果导致联美控股股价盘中一度失控大跌，后因大盘出现较强反弹才避免股价暴跌危机。

联美控股主力打压洗盘过程和跟风盘恐慌出逃细节通过下面动态盘口一一做详细介绍。

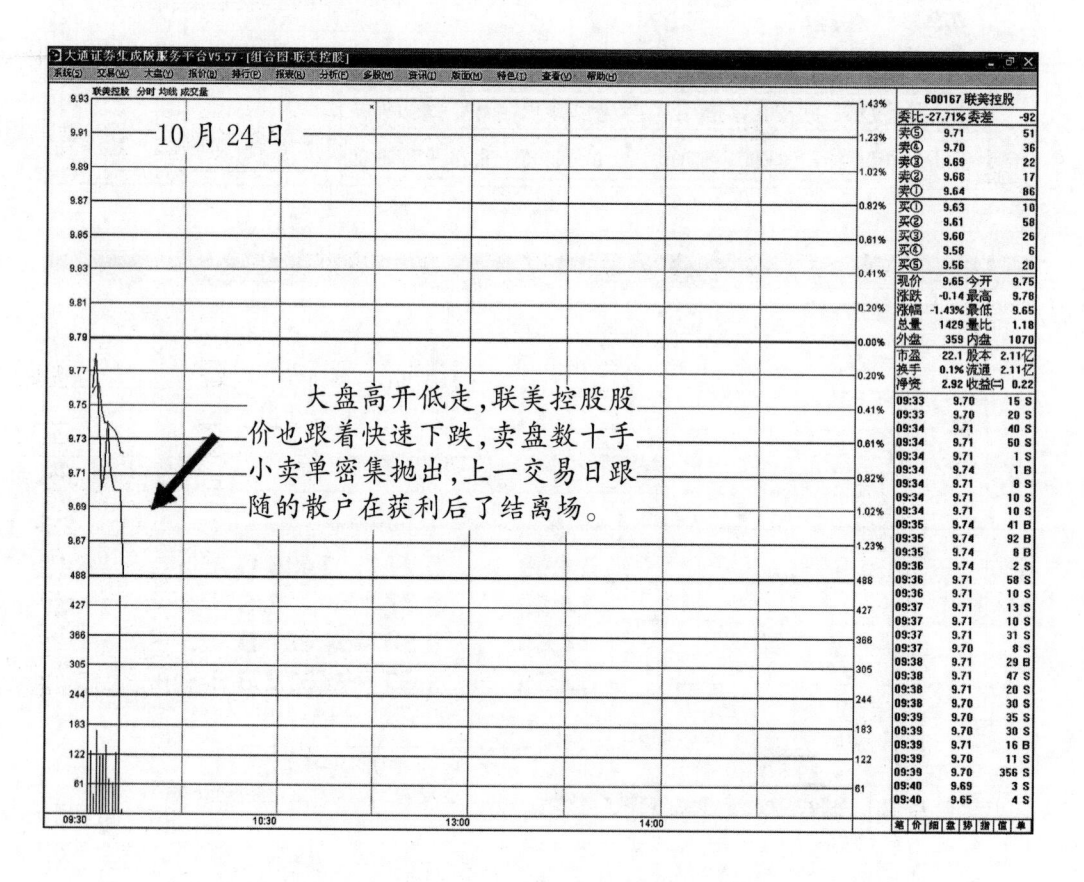

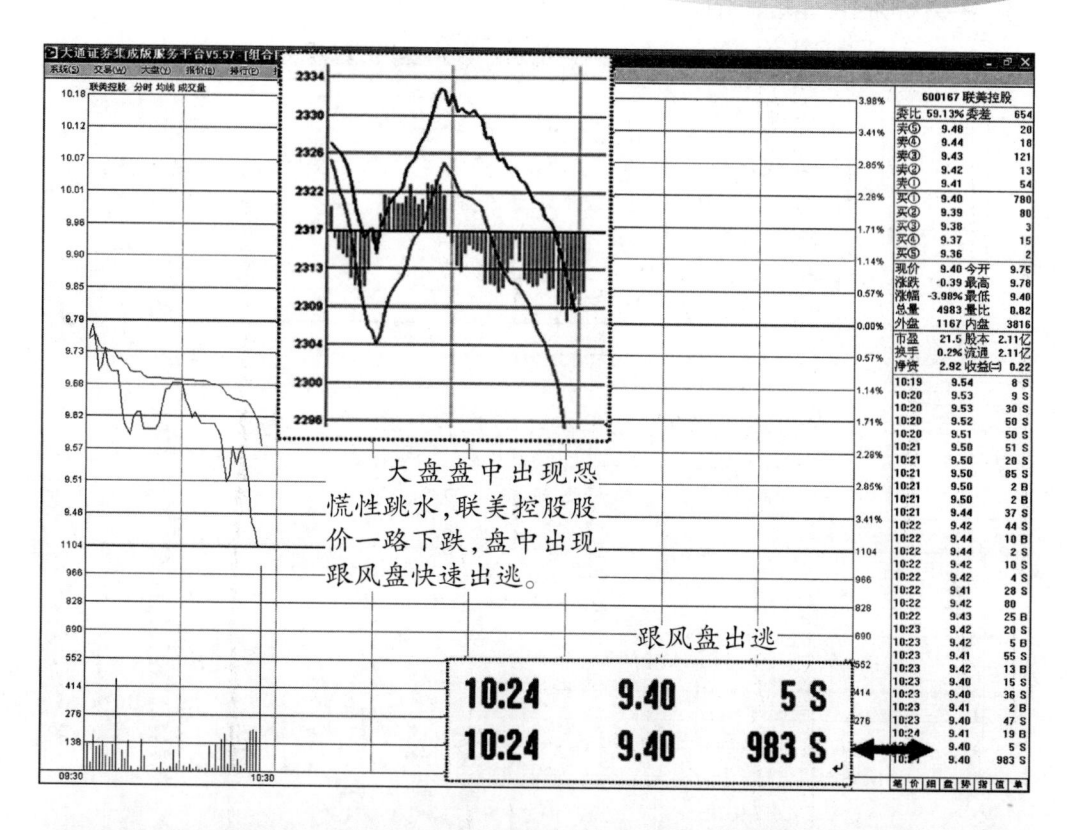

第九章 主力运作案例

大盘盘中出现恐慌性跳水，联美控股股价一路下跌，盘中出现跟风盘快速出逃。

跟风盘出逃

| 10:24 | 9.40 | 5 S |
| 10:24 | 9.40 | 983 S |

买②	9.40 →	790
买③	9.39	80
买④	9.38 →	1503

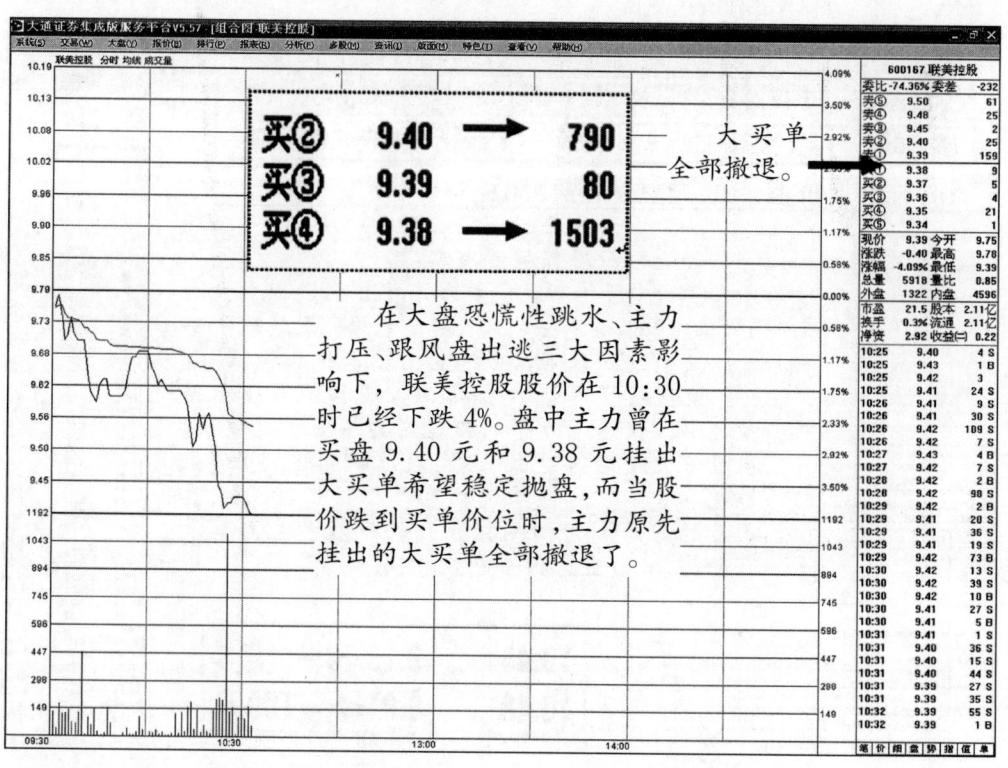

大买单全部撤退。

在大盘恐慌性跳水、主力打压、跟风盘出逃三大因素影响下，联美控股股价在10:30时已经下跌4%。盘中主力曾在买盘9.40元和9.38元挂出大买单希望稳定抛盘，而当股价跌到买单价位时，主力原先挂出的大买单全部撤退了。

297

主力行为盘口解密(精选版)

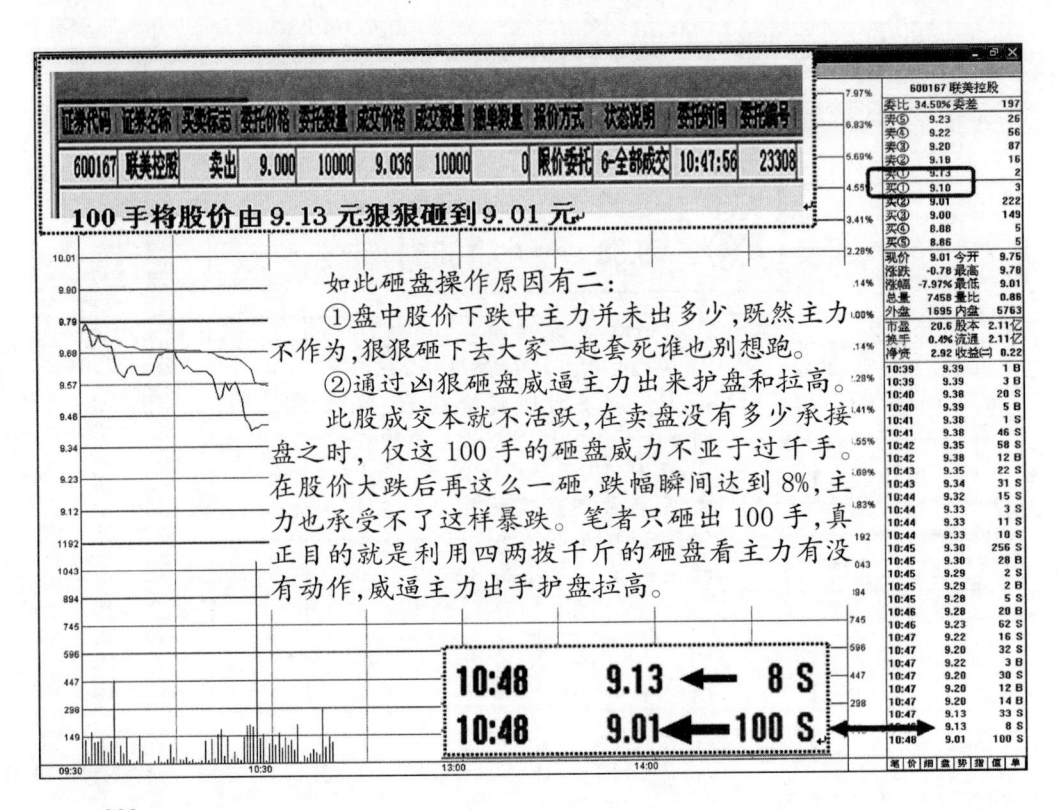

由于在大盘恐慌性跳水时主力打压，投资者不断恐慌出逃，到10:46后股价处于失控状态。股价一路下行越跌越多，跌幅已达5.74%，此跌幅已进入两市跌幅榜前10名。

如仅仅是上一交易日跟风盘在出逃，股价不至于如此暴跌，股价如此跌是因为主力在开始时也可能参与砸盘。

100手将股价由9.13元狠狠砸到9.01元

如此砸盘操作原因有二：
①盘中股价下跌中主力并未出多少，既然主力不作为，狠狠砸下去大家一起套死谁也别想跑。
②通过凶狠砸盘威逼主力出来护盘和拉高。

此股成交本就不活跃，在卖盘没有多少承接盘之时，仅这100手的砸盘威力不亚于过千手。在股价大跌后再这么一砸，跌幅瞬间达到8%，主力也承受不了这样暴跌。笔者只砸出100手，真正目的就是利用四两拨千斤的砸盘看主力有没有动作，威逼主力出手护盘拉高。

| 10:48 | 9.13 ← 8 S |
| 10:48 | 9.01 ← 100 S |

298

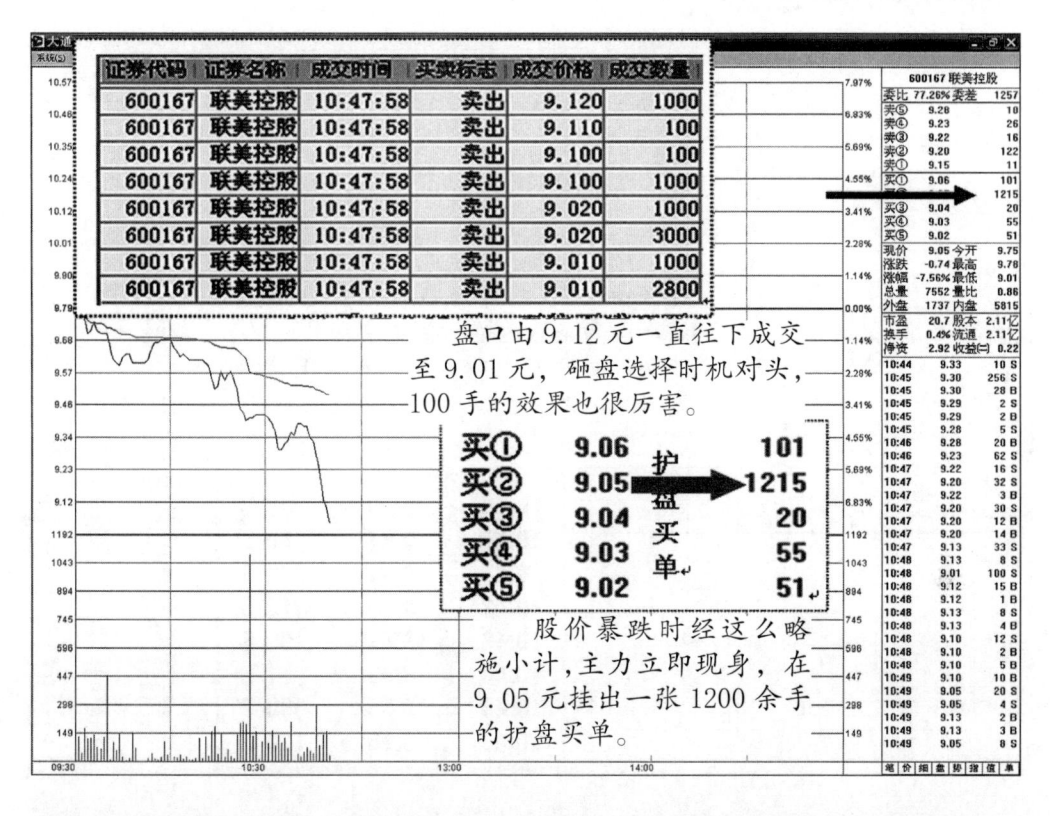

盘口由9.12元一直往下成交至9.01元，砸盘选择时机对头，100手的效果也很厉害。

股价暴跌时经这么略施小计，主力立即现身，在9.05元挂出一张1200余手的护盘买单。

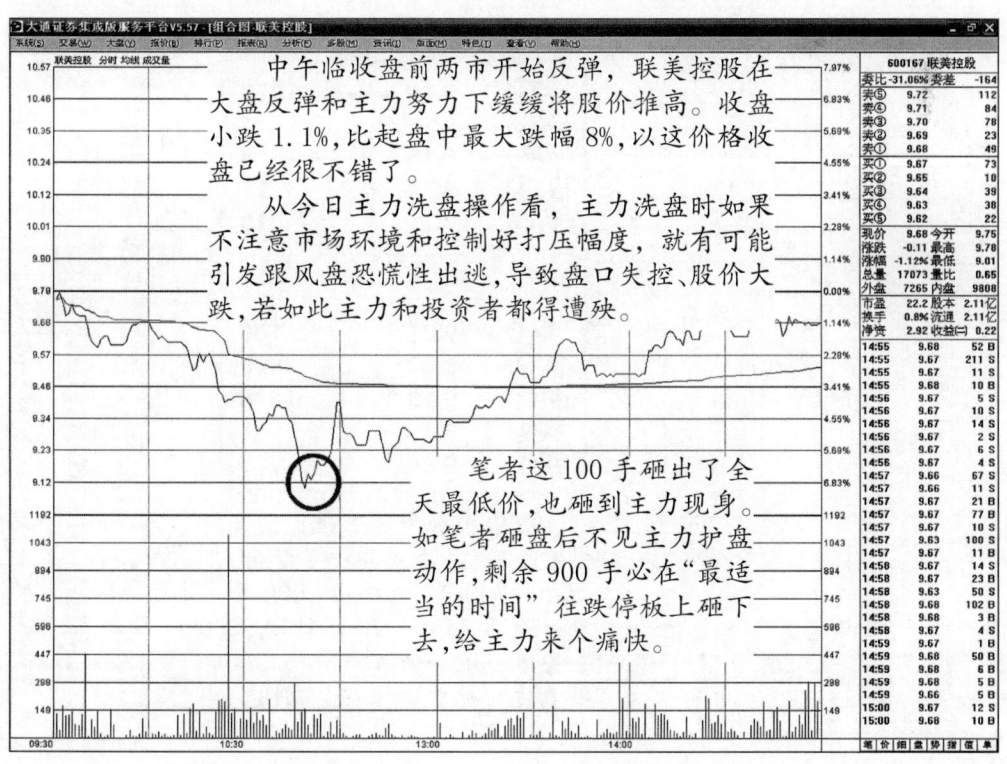

中午临收盘前两市开始反弹，联美控股在大盘反弹和主力努力下缓缓将股价推高。收盘小跌1.1%，比起盘中最大跌幅8%，以这价格收盘已经很不错了。

从今日主力洗盘操作看，主力洗盘时如果不注意市场环境和控制好打压幅度，就有可能引发跟风盘恐慌性出逃，导致盘口失控、股价大跌，若如此主力和投资者都得遭殃。

笔者这100手砸出了全天最低价，也砸到主力现身。如笔者砸盘后不见主力护盘动作，剩余900手必在"最适当的时间"往跌停板上砸下去，给主力来个痛快。

主力行为盘口解密(精选版)

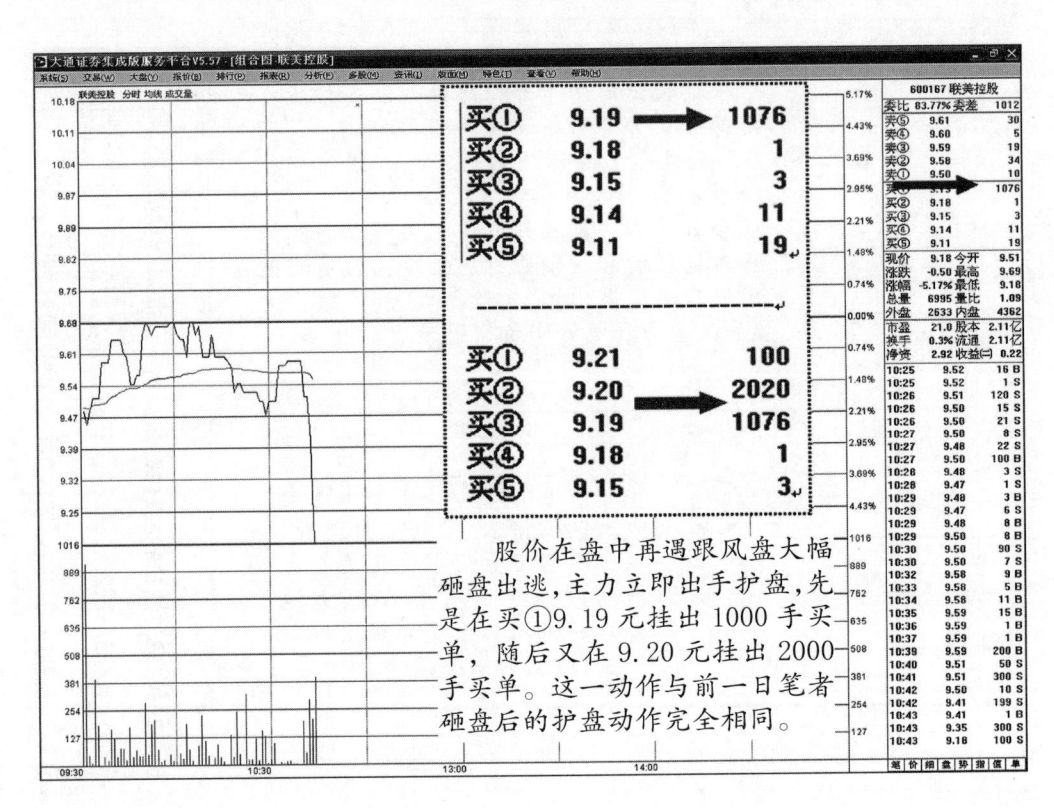

2011年10月25日

上一交易日主力洗盘操作不慎，险致股价失控暴跌。10月25日盘中再现跟风盘砸盘盘口，不过，这次可不是笔者干的。

10:39开始出现连续性砸盘卖单，股价由9.59元连续砸到9.18元。这位跟风者显然也是一位不省油的老兄，这也说明联美控股在10月21日跟风盘的确不少，主力不得不洗盘。

砸盘

跟风盘连续砸盘离场

时间	价格	数量
10:39	9.59	200 B
10:40	9.51	50 S
10:41	9.51	300 S
10:42	9.50	10 S
10:42	9.41	199 S
10:43	9.41	1 B
10:43	9.35	300 S
10:43	9.18	100 S

买①	9.19	→	1076
买②	9.18		1
买③	9.15		3
买④	9.14		11
买⑤	9.11		19

买①	9.21		100
买②	9.20	→	2020
买③	9.19		1076
买④	9.18		1
买⑤	9.15		3

股价在盘中再遇跟风盘大幅砸盘出逃，主力立即出手护盘，先是在买①9.19元挂出1000手买单，随后又在9.20元挂出2000手买单。这一动作与前一日笔者砸盘后的护盘动作完全相同。

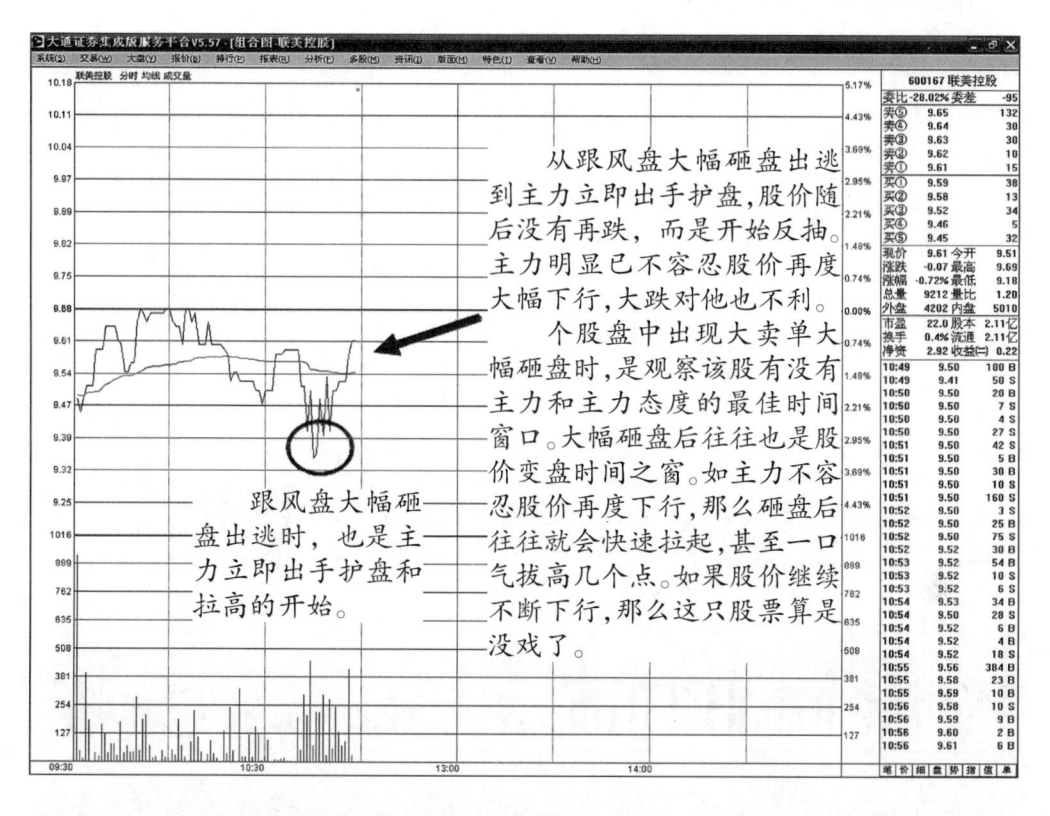

从跟风盘大幅砸盘出逃到主力立即出手护盘，股价随后没有再跌，而是开始反抽。主力明显已不容忍股价再度大幅下行，大跌对他也不利。

个股盘中出现大卖单大幅砸盘时，是观察该股有没有主力和主力态度的最佳时间窗口。大幅砸盘后往往也是股价变盘时间之窗。如主力不容忍股价再度下行，那么砸盘后往往就会快速拉起，甚至一口气拔高几个点。如果股价继续不断下行，那么这只股票算是没戏了。

跟风盘大幅砸盘出逃时，也是主力立即出手护盘和拉高的开始。

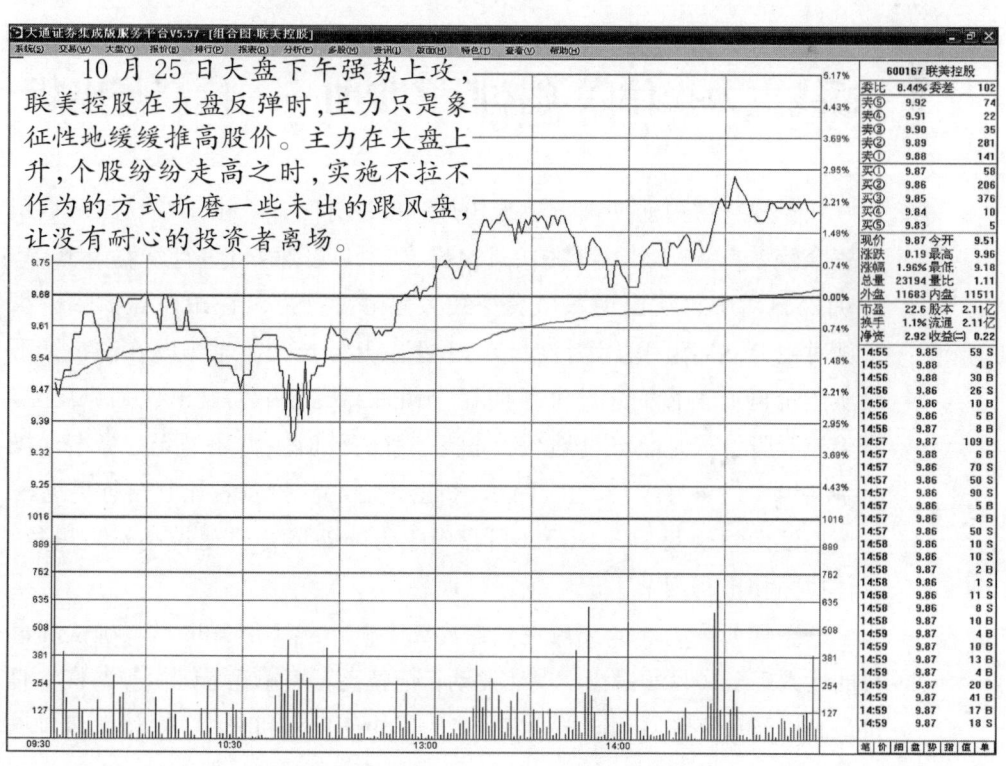

10月25日大盘下午强势上攻，联美控股在大盘反弹时，主力只是象征性地缓缓推高股价。主力在大盘上升，个股纷纷走高之时，实施不拉不作为的方式折磨一些未出的跟风盘，让没有耐心的投资者离场。

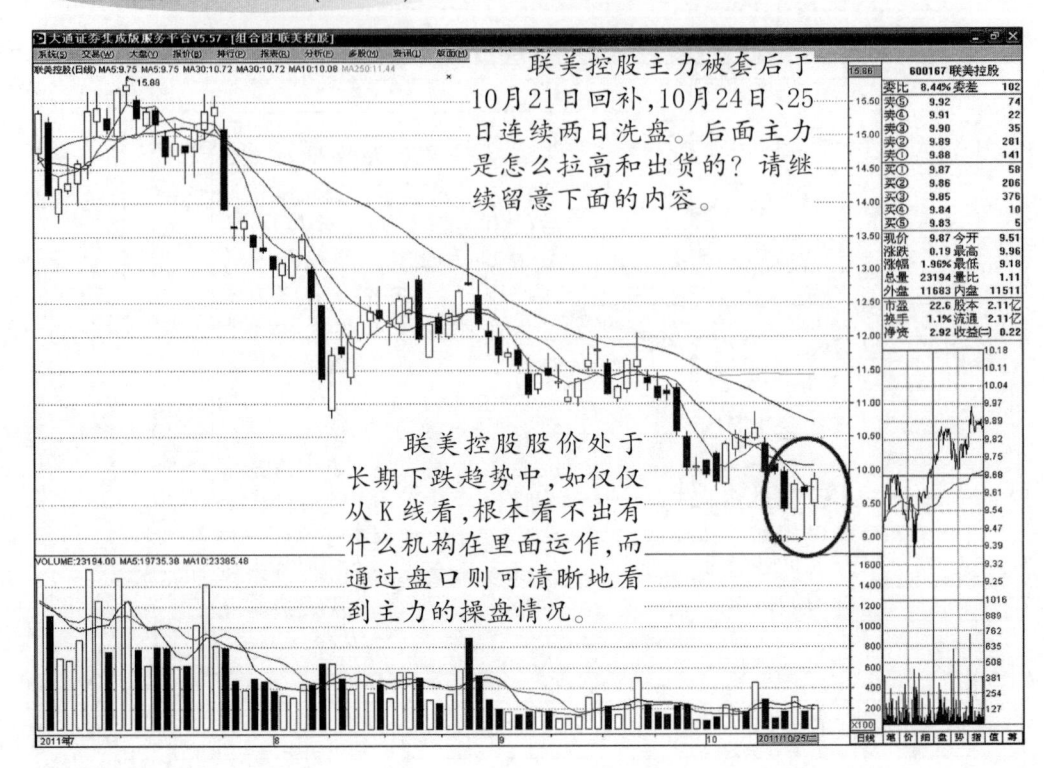

短线主力操作联美控股多步曲——拉高与出货

联美控股主力前期被套后于10月21日进行回补，由于当日跟风盘跟进资金较多，主力不得不在10月24日、25日连续两日进行洗盘。其中，10月25日盘中再次出现跟风盘连续大幅砸盘行为。在跟风盘大幅砸盘出逃时主力立即出手护盘，股价随后止跌开始反抽，主力既在洗盘又不希望股价再度下行的思路非常明显。10月25日下午大盘出现强势反弹，联美控股股价只是象征性地缓缓走高小涨。此时主力还是无心做多，操盘手利用大盘走好不拉升的手法，折磨没耐心的投资者让其自行离场。

连续两日洗盘后，10月26日盘中主力随即展开快速拉高然后出货。具体拉高和出货细节下面继续通过动态盘口详细介绍。

联美控股主力24、25日在大盘连续上升市况下展开洗盘，确认洗盘目的达到后于10月26日盘中突然发动行情拉高。短短几分钟内一口气将股价最高拔至涨停价位。这样拉高一是为了快速拉出利润，二是给跟风者一

第九章 主力运作案例

个深刻的教训。主力操盘手如此拔高的核心目的是利用快速拔高吸引跟风盘入场，从而开始减仓出货。

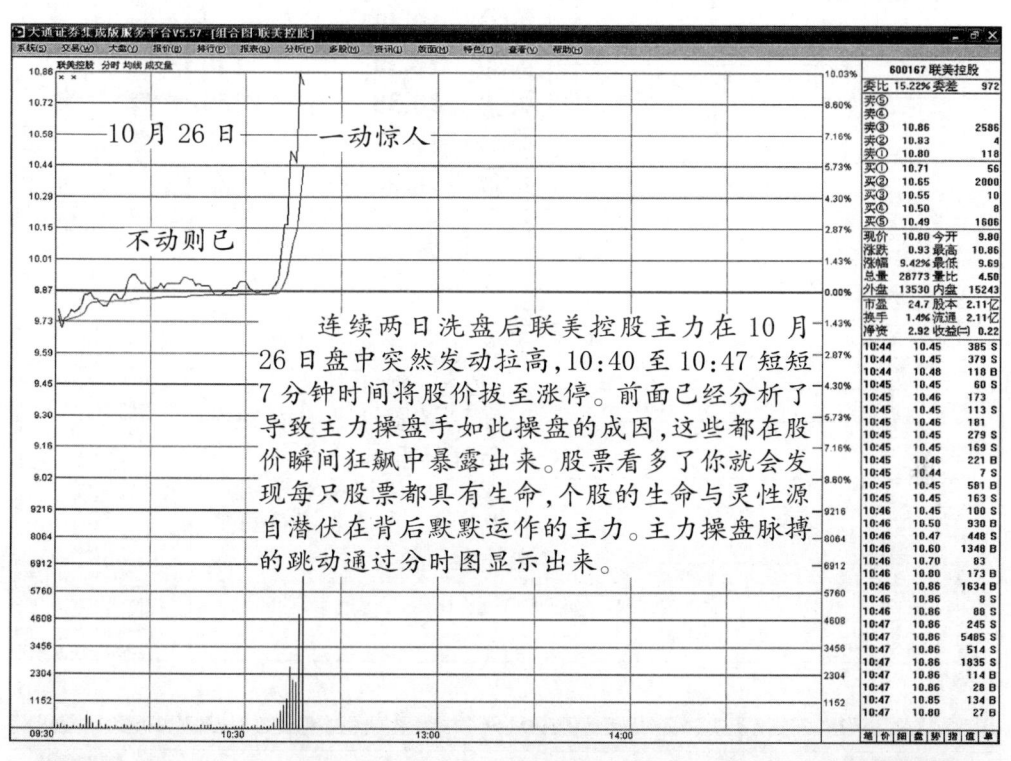

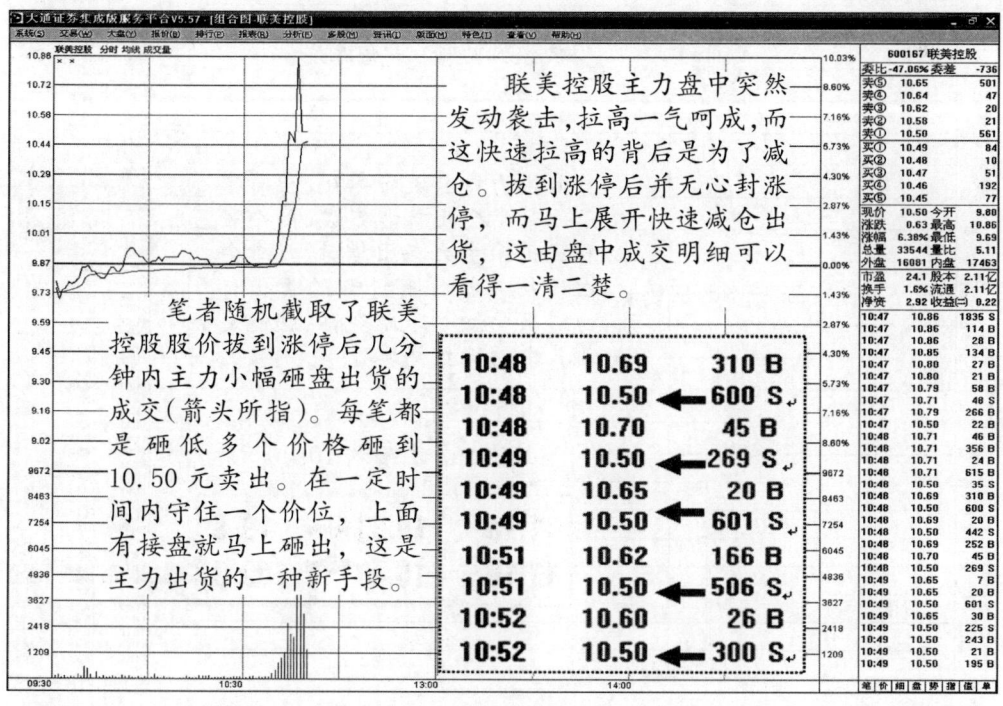

连续两日洗盘后联美控股主力在10月26日盘中突然发动拉高，10:40至10:47短短7分钟时间将股价拔至涨停。前面已经分析了导致主力操盘手如此操盘的成因，这些都在股价瞬间狂飙中暴露出来。股票看多了你就会发现每只股票都具有生命，个股的生命与灵性源自潜伏在背后默默运作的主力。主力操盘脉搏的跳动通过分时图显示出来。

联美控股主力盘中突然发动袭击，拉高一气呵成，而这快速拉高的背后是为了减仓。拔到涨停后并无心封涨停，而马上展开快速减仓出货，这由盘中成交明细可以看得一清二楚。

笔者随机截取了联美控股股价拔到涨停后几分钟内主力小幅砸盘出货的成交（箭头所指）。每笔都是砸低多个价格砸到10.50元卖出。在一定时间内守住一个价位，上面有接盘就马上砸出，这是主力出货的一种新手段。

10:48	10.69	310 B
10:48	10.50	←600 S
10:48	10.70	45 B
10:49	10.50	←269 S
10:49	10.65	20 B
10:49	10.50	←601 S
10:51	10.62	166 B
10:51	10.50	←506 S
10:52	10.60	26 B
10:52	10.50	←300 S

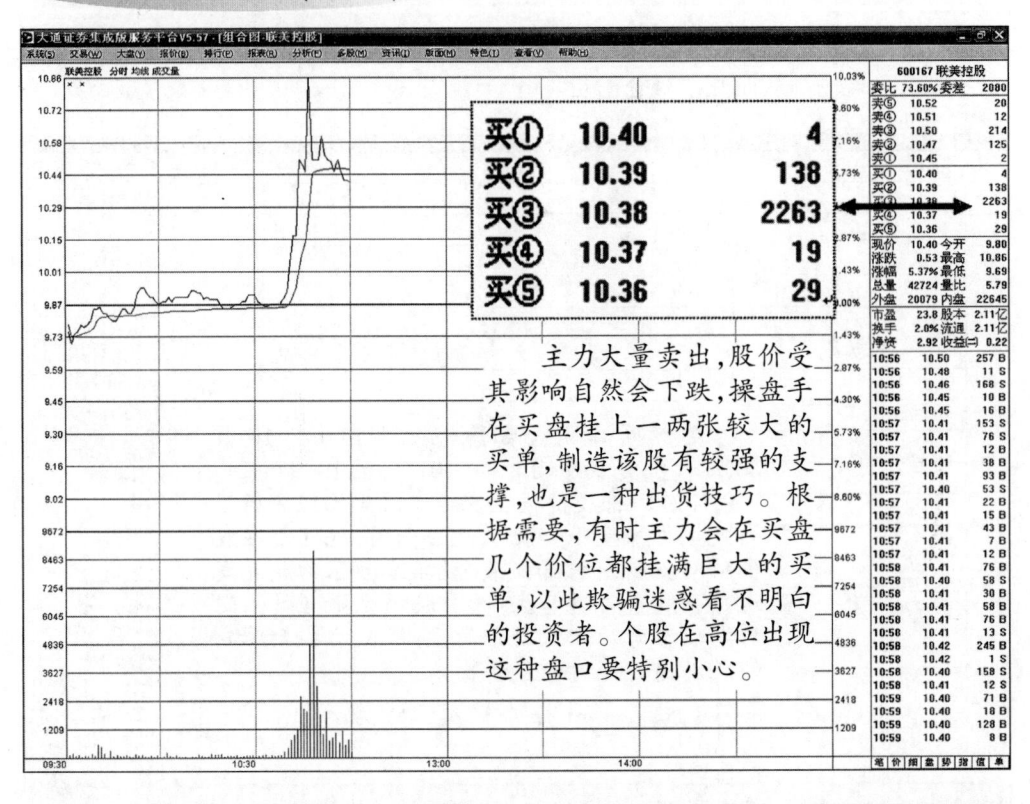

主力行为盘口解密(精选版)

买①	10.40	4
买②	10.39	138
买③	10.38	2263
买④	10.37	19
买⑤	10.36	29

主力大量卖出,股价受其影响自然会下跌,操盘手在买盘挂上一两张较大的买单,制造该股有较强的支撑,也是一种出货技巧。根据需要,有时主力会在买盘几个价位都挂满巨大的买单,以此欺骗迷惑看不明白的投资者。个股在高位出现这种盘口要特别小心。

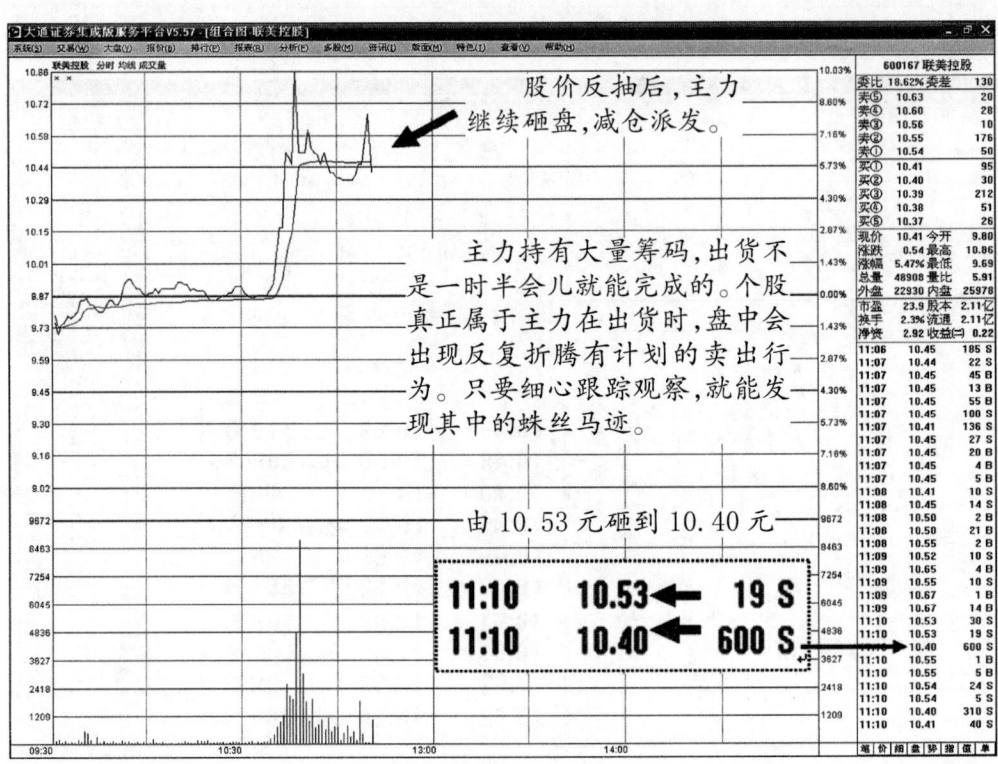

股价反抽后,主力继续砸盘,减仓派发。

主力持有大量筹码,出货不是一时半会儿就能完成的。个股真正属于主力在出货时,盘中会出现反复折腾有计划的卖出行为。只要细心跟踪观察,就能发现其中的蛛丝马迹。

由 10.53 元砸到 10.40 元

| 11:10 | 10.53 ← | 19 S |
| 11:10 | 10.40 ← | 600 S |

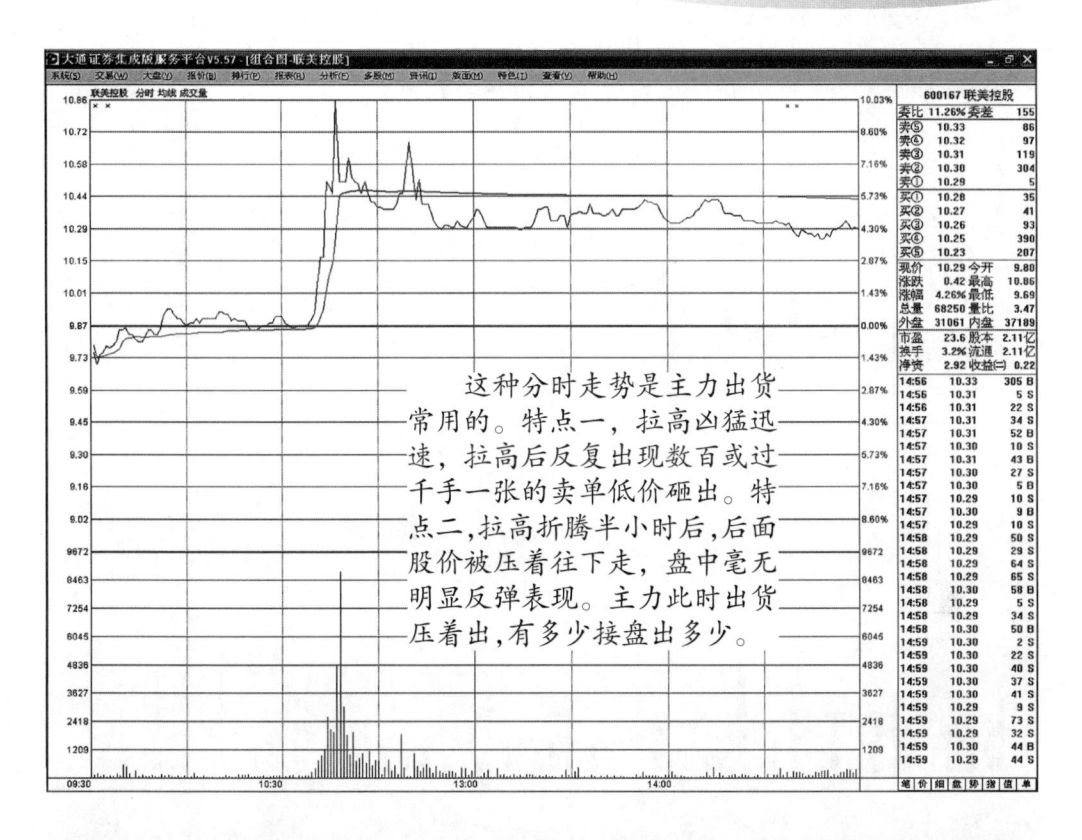

第九章 主力运作案例

这种分时走势是主力出货常用的。特点一，拉高凶猛迅速，拉高后反复出现数百或过千手一张的卖单低价砸出。特点二，拉高折腾半小时后，后面股价被压着往下走，盘中毫无明显反弹表现。主力此时出货压着出，有多少接盘出多少。

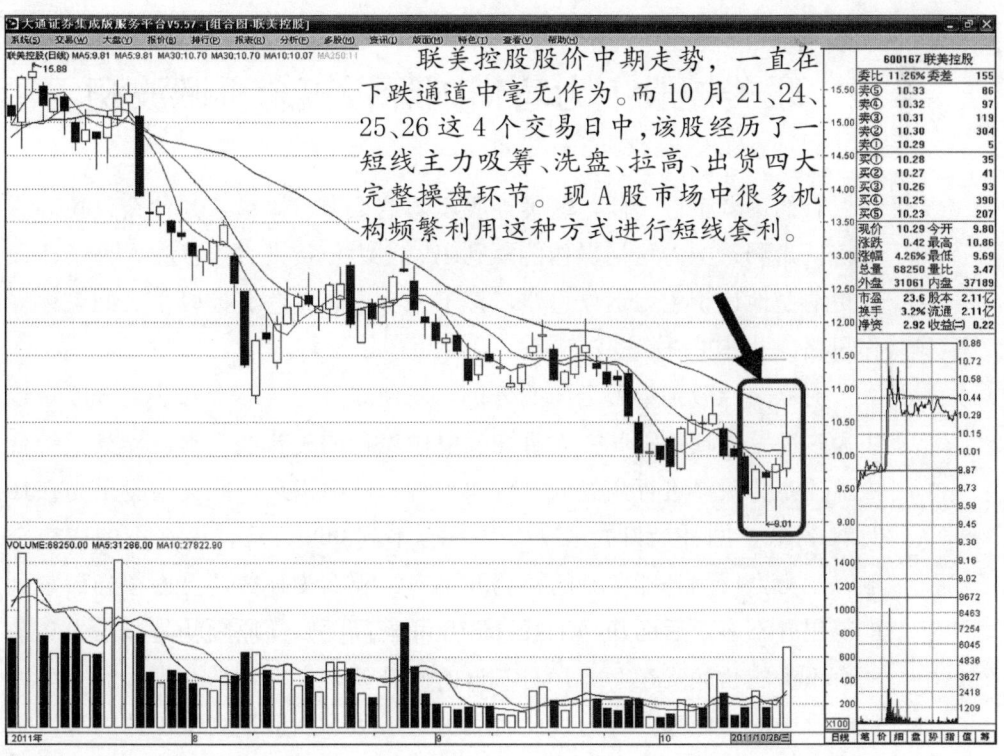

联美控股股价中期走势，一直在下跌通道中毫无作为。而10月21、24、25、26这4个交易日中，该股经历了一短线主力吸筹、洗盘、拉高、出货四大完整操盘环节。现A股市场中很多机构频繁利用这种方式进行短线套利。

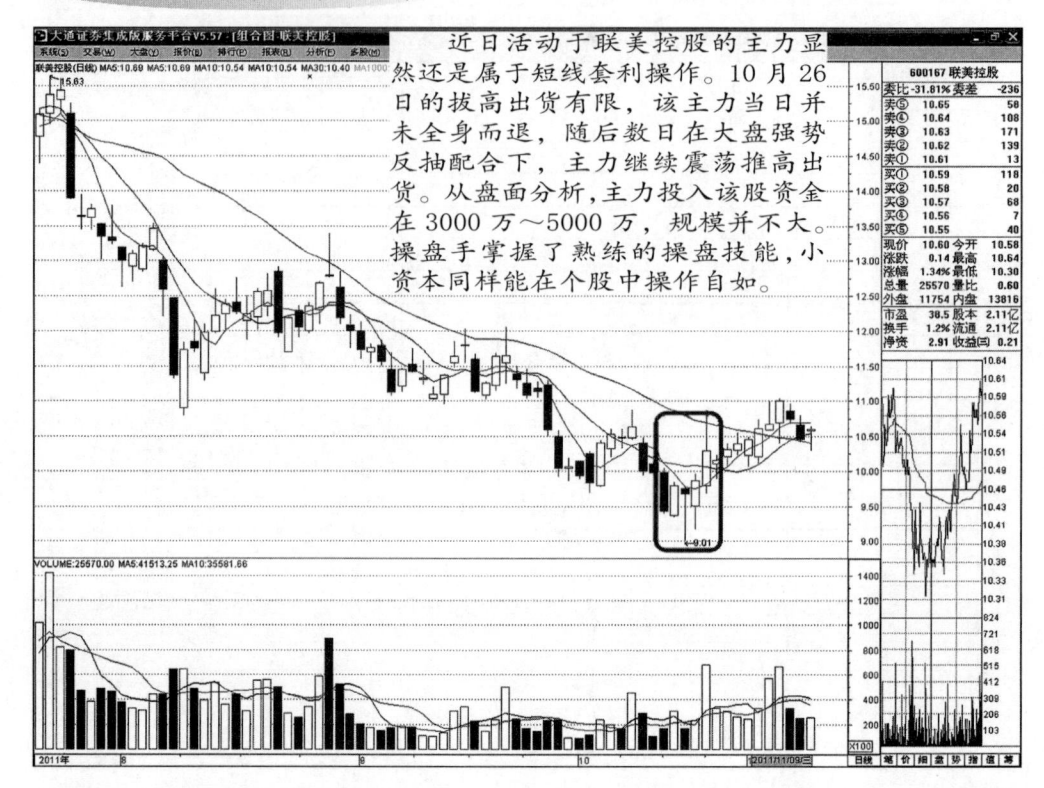

近日活动于联美控股的主力显然还是属于短线套利操作。10月26日的拔高出货有限，该主力当日并未全身而退，随后数日在大盘强势反抽配合下，主力继续震荡推高出货。从盘面分析，主力投入该股资金在3000万～5000万，规模并不大。操盘手掌握了熟练的操盘技能，小资本同样能在个股中操作自如。

联美控股主力巧借国际板概念再掀波澜

有的读者也许会问，联美控股主力这么辛苦操盘，为什么只拉高这么点就走啊？主力这样操作能赢利吗？主力出货谁去接盘呢？为了让读者更清楚地认识主力运作思路，接下来我们总结联美控股主力的整体操作思路。

对联美控股走势做全面的分析，发现该主力实际上并非是一般短线主力，而是长期盘踞其中而且在反复做差价的中长线主力，操盘手结合大盘的走势反复进行高抛低吸赚取差价。前面讲过，联美控股主力在10月21日低位回补当日的成交金额只有不到3000万元，这么小的成交金额，主力当日回补能拿到的筹码并不多。那么为什么该主力在当日拿到的筹码并不多，后面却马上展开洗盘和拉高呢？其原因就是该主力之前还有不少的仓底货在手。10月21日的回补就是大家常挂在嘴边的"高抛低吸"中的"低吸"行为，此时主力一般只拿回前期高位出掉的筹码量就达到目的了。了解到潜伏在联美控股里的主力是一个中长线主力,并且是一个反复来回做差价的中长线主力后,我们就不难理解该股经常出现明显的拉高和打压行情了。其他股票如果潜伏的是反复做差价的中长线主力,走势也同样,如长城电工、福建南纺就是这样的主力潜伏在里面。

前面介绍了联美控股主力从10月21日至10月26日吸筹、洗盘、拉高、出货的一次完整操作过程。这只是该主力在联美控股中一次短线高抛低吸行为,主力并没有在此次套利中完全撤出联美控股。11月14至11月17日,联美控股又上演了一次完整的短线高抛低吸套利行为。这次短线高抛低吸套利行为实施时刚好遇到了"国际板概念"的重燃,因联美控股正好与该概念沾边,概念性利好被反应灵敏的主力借机利用,做了一次非常漂亮的操作。具体过程请看下面的详细图解。

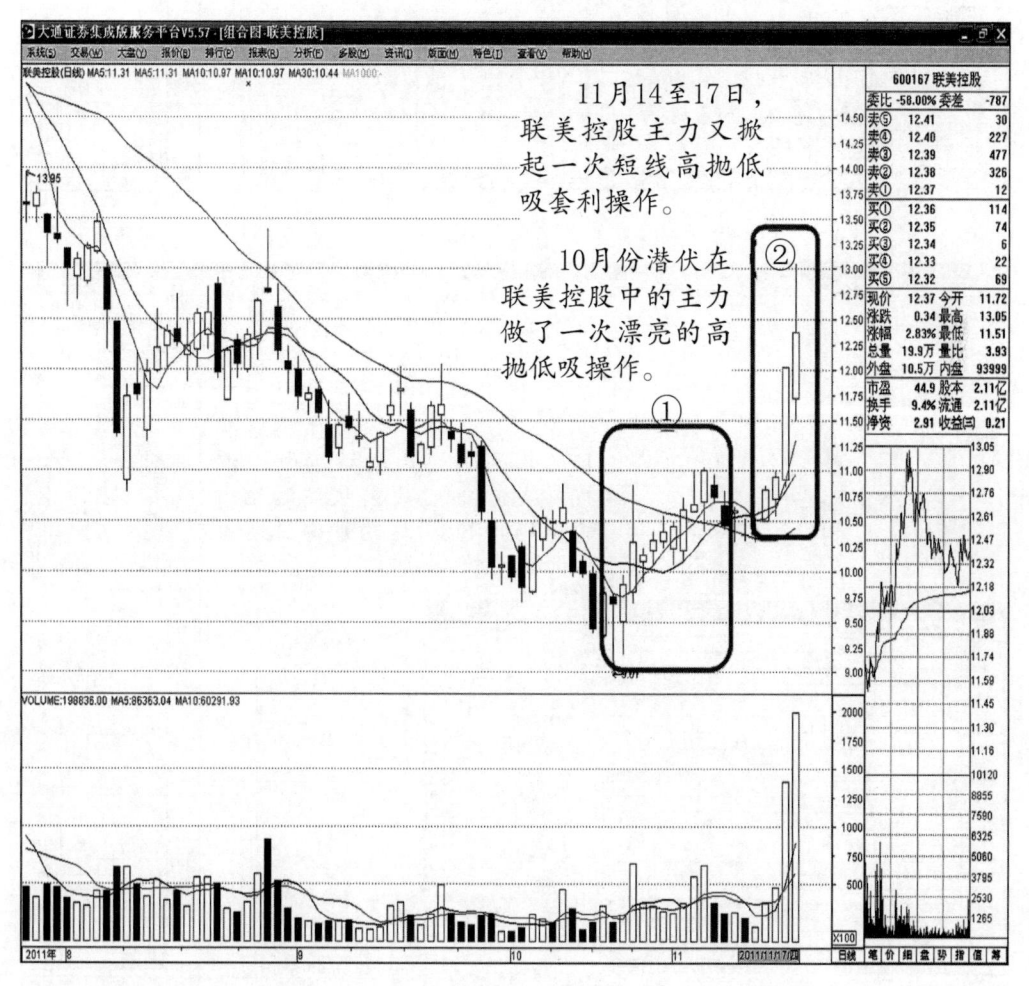

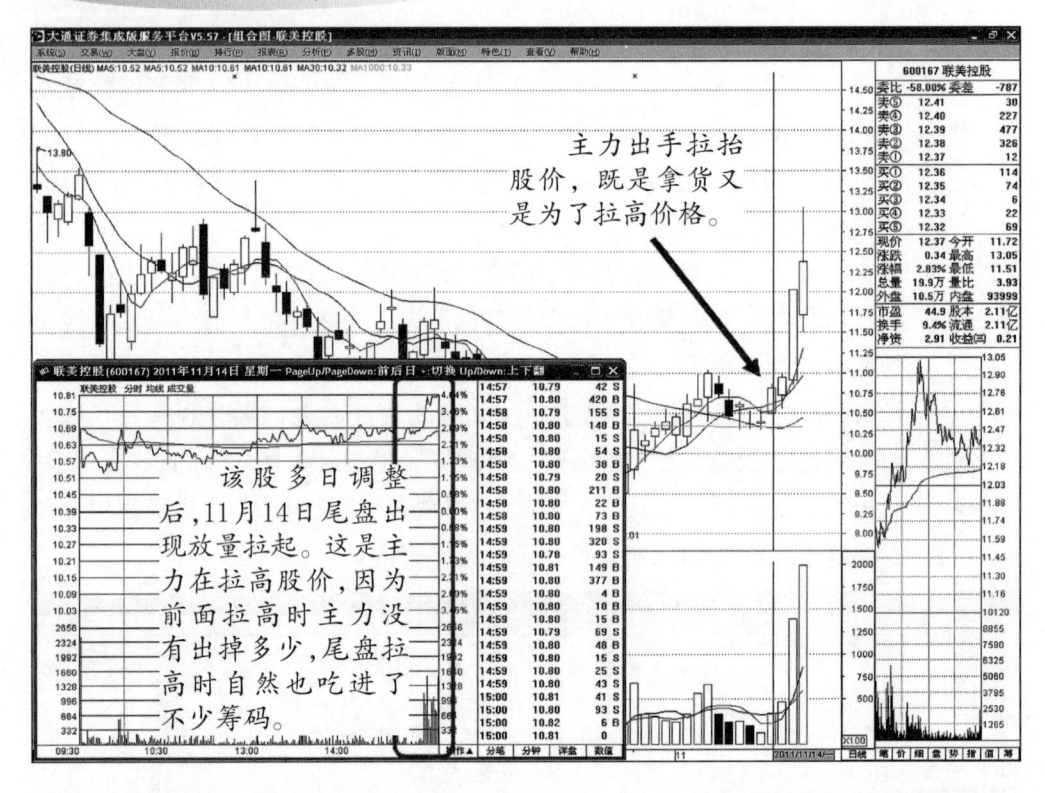

主力行为盘口解密(精选版)

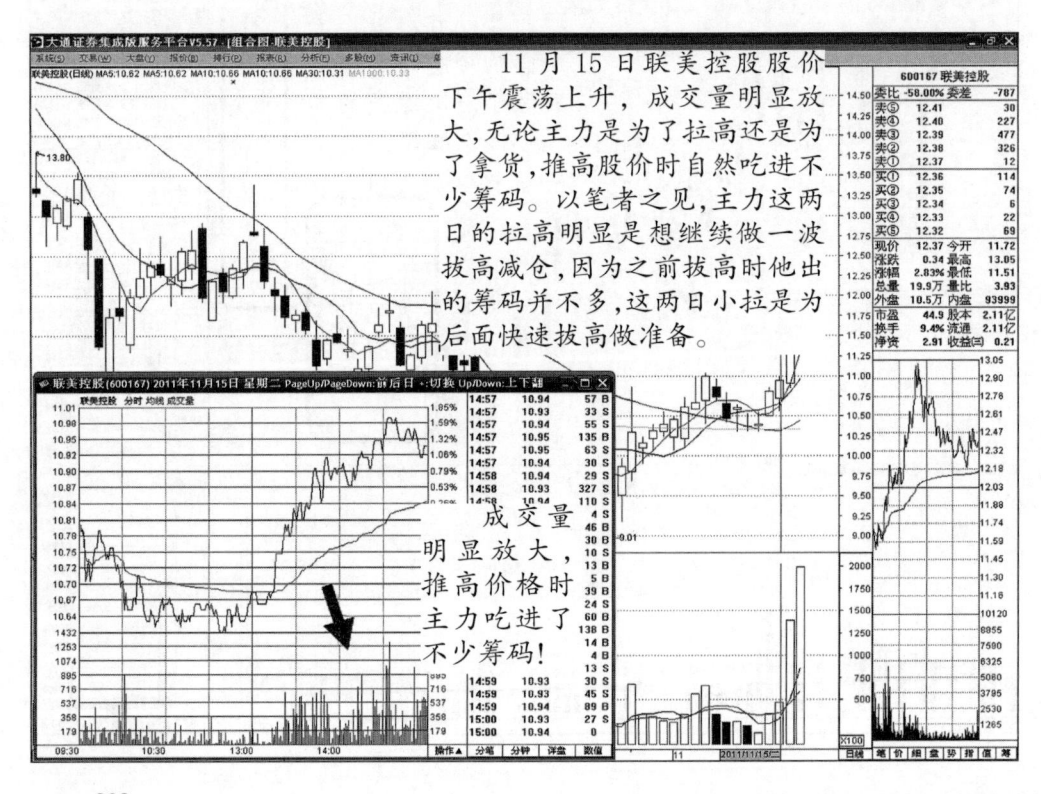

主力出手拉抬股价，既是拿货又是为了拉高价格。

该股多日调整后，11月14日尾盘出现放量拉起。这是主力在拉高股价，因为前面拉高时主力没有出掉多少，尾盘拉高时自然也吃进了不少筹码。

11月15日联美控股股价下午震荡上升，成交量明显放大，无论主力是为了拉高还是为了拿货，推高股价时自然吃进不少筹码。以笔者之见，主力这两日的拉高明显是想继续做一波拔高减仓，因为之前拔高时他出的筹码并不多，这两日小拉是为后面快速拔高做准备。

成交量明显放大，推高价格时主力吃进了不少筹码！

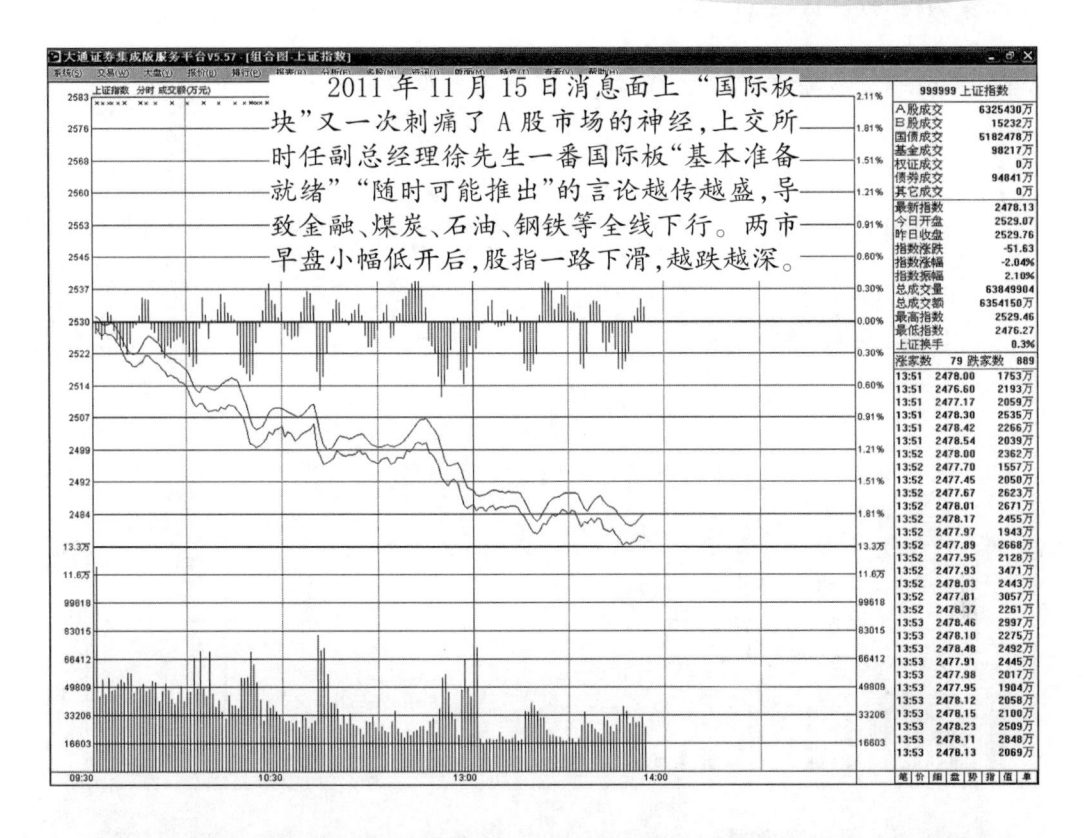

2011年11月15日消息面上"国际板块"又一次刺痛了A股市场的神经，上交所时任副总经理徐先生一番国际板"基本准备就绪""随时可能推出"的言论越传越盛，导致金融、煤炭、石油、钢铁等全线下行。两市早盘小幅低开后，股指一路下滑，越跌越深。

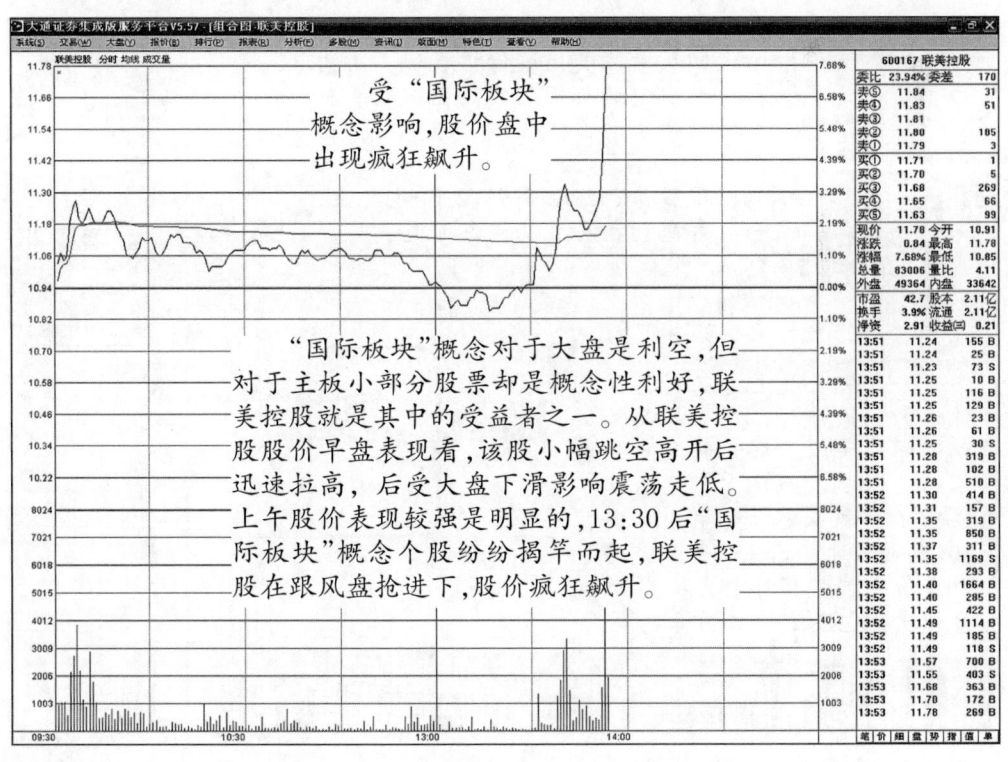

受"国际板块"概念影响，股价盘中出现疯狂飙升。

"国际板块"概念对于大盘是利空，但对于主板小部分股票却是概念性利好，联美控股就是其中的受益者之一。从联美控股股价早盘表现看，该股小幅跳空高开后迅速拉高，后受大盘下滑影响震荡走低。上午股价表现较强是明显的，13:30后"国际板块"概念个股纷纷揭竿而起，联美控股在跟风盘抢进下，股价疯狂飙升。

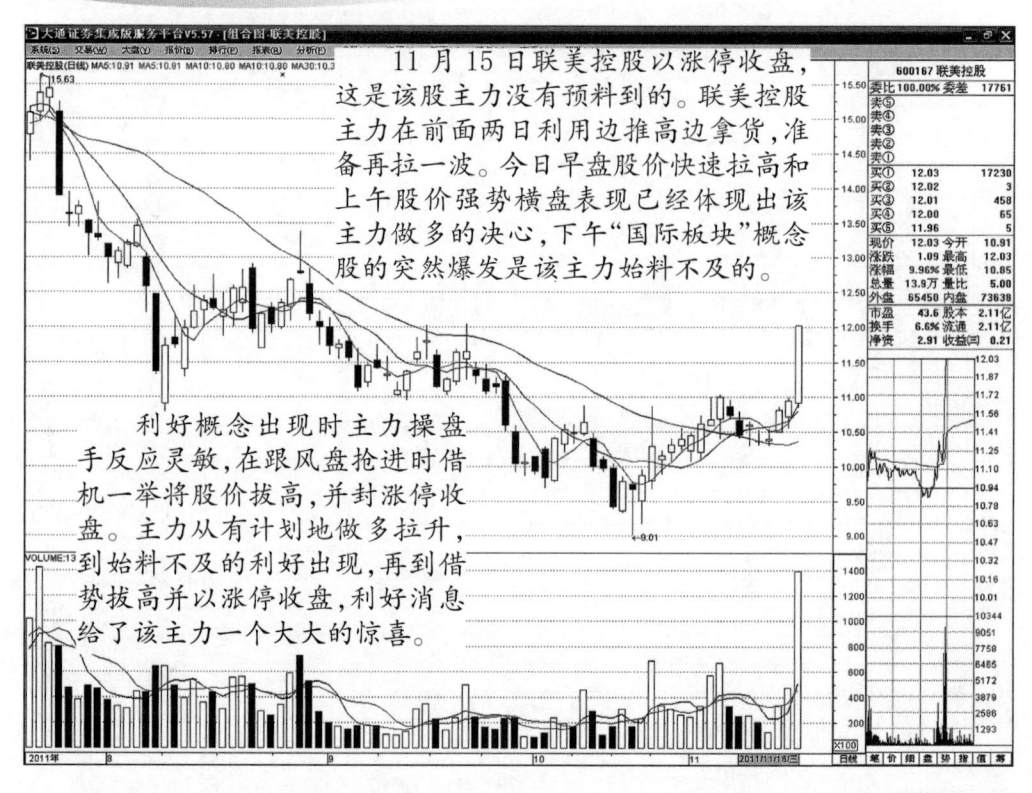

11月15日联美控股以涨停收盘，这是该股主力没有预料到的。联美控股主力在前面两日利用边推高边拿货，准备再拉一波。今日早盘股价快速拉高和上午股价强势横盘表现已经体现出该主力做多的决心，下午"国际板块"概念股的突然爆发是该主力始料不及的。

利好概念出现时主力操盘手反应灵敏，在跟风盘抢进时借机一举将股价拔高，并封涨停收盘。主力从有计划地做多拉升，到始料不及的利好出现，再到借势拔高并以涨停收盘，利好消息给了该主力一个大大的惊喜。

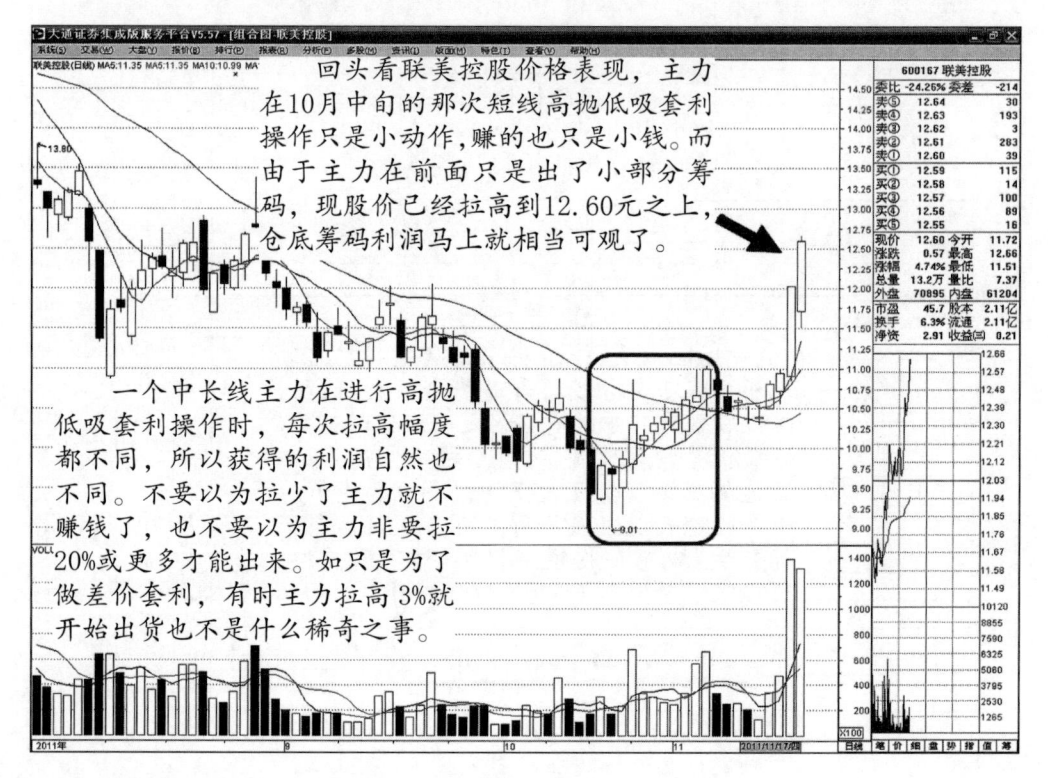

回头看联美控股价格表现，主力在10月中旬的那次短线高抛低吸套利操作只是小动作，赚的也只是小钱。而由于主力在前面只是出了小部分筹码，现股价已经拉高到12.60元之上，仓底筹码利润马上就相当可观了。

一个中长线主力在进行高抛低吸套利操作时，每次拉高幅度都不同，所以获得的利润自然也不同。不要以为拉少了主力就不赚钱了，也不要以为主力非要拉20%或更多才能出来。如只是为了做差价套利，有时主力拉高3%就开始出货也不是什么稀奇之事。

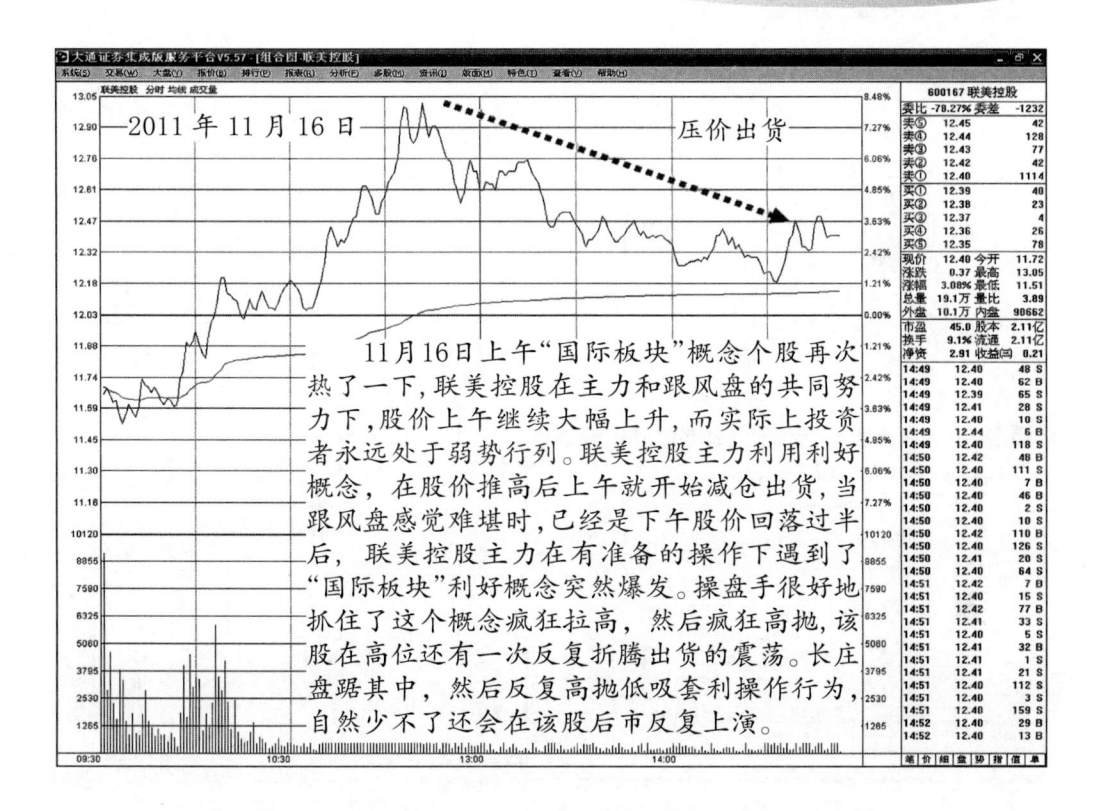

11月16日上午"国际板块"概念个股再次热了一下，联美控股在主力和跟风盘的共同努力下，股价上午继续大幅上升，而实际上投资者永远处于弱势行列。联美控股主力利用利好概念，在股价推高后上午就开始减仓出货，当跟风盘感觉难堪时，已经是下午股价回落过半后，联美控股主力在有准备的操作下遇到了"国际板块"利好概念突然爆发。操盘手很好地抓住了这个概念疯狂拉高，然后疯狂高抛，该股在高位还有一次反复折腾出货的震荡。长庄盘踞其中，然后反复高抛低吸套利操作行为，自然少不了还会在该股后市反复上演。

千万级资金独立运作套利操作

说到主力，一般投资者都认为一定是财大气粗的主，但实际上证券市场中的主力实力是有强弱之分的，资本大至数十亿、上百亿；小的也不过只有千万左右。一般人根本不把这些管理运作资金数量在千万级别的机构或个人称呼为主力，大家都喜欢叫其"游资"。主力也好，游资也罢，他们到了股票市场动起手来都叫"资本运作"或"资金运作"。财大气粗的主力运作时往往掀起的是大风浪，资本小的主力自然只能翻起小浪花。

千万级资本能运作吗？答案是肯定的：能！正如船只出海，万吨巨轮畅通无阻，小船也能在风浪中惊险行舟。在资本市场，小资金也能独立运作。现以一个小主力运作兴民钢圈为例，介绍一下千万级资本在股票市场中是如何独立运作的。

主力行为盘口解密(精选版)

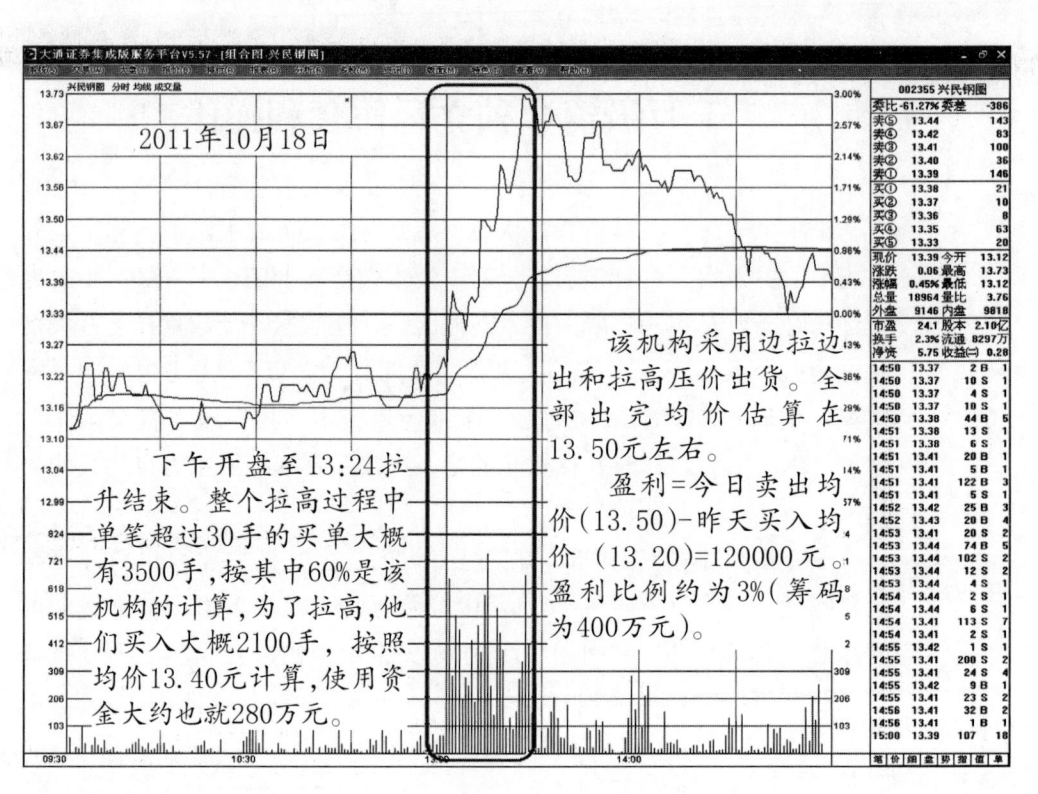

2011年10月17日

尾盘急拉高,该机构共计只投入400万元,平均成本13.20元左右。

2011年10月18日

下午开盘至13:24拉升结束。整个拉高过程中单笔超过30手的买单大概有3500手,按其中60%是该机构的计算,为了拉高,他们买入大概2100手,按照均价13.40元计算,使用资金大约也就280万元。

该机构采用边拉边出和拉高压价出货。全部出完均价估算在13.50元左右。

盈利=今日卖出均价(13.50)-昨天买入均价(13.20)=120000元。盈利比例约为3%(筹码为400万元)。

第九章 主力运作案例

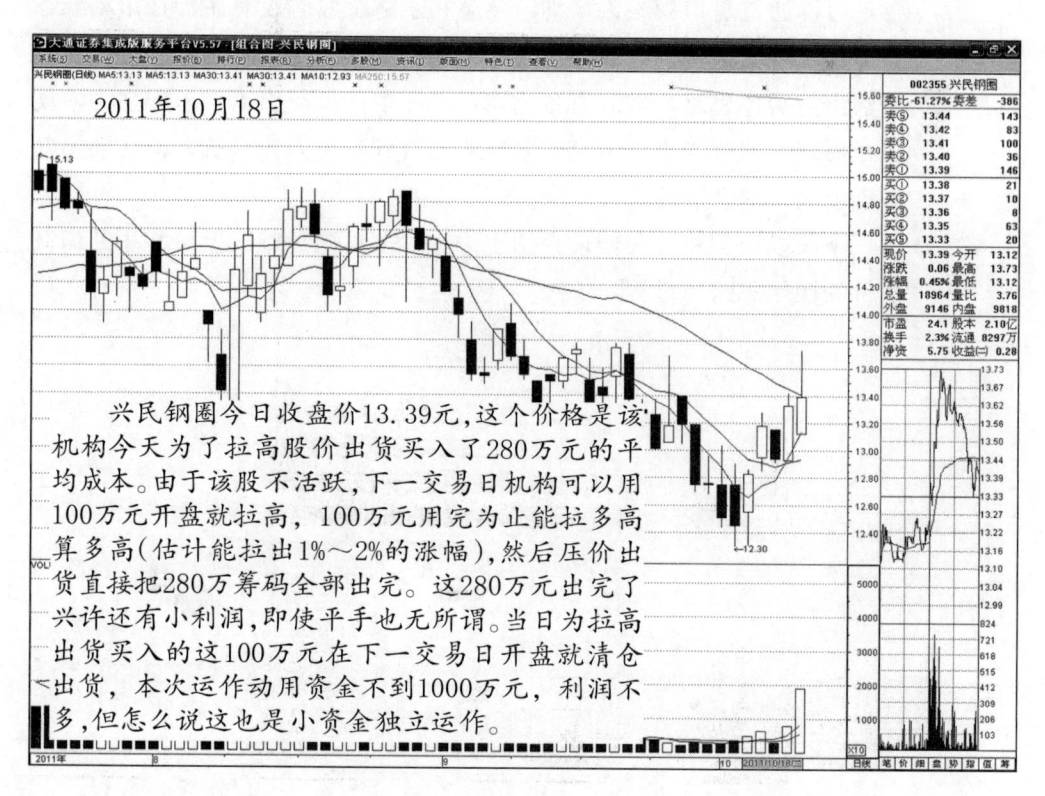

2011年10月18日

兴民钢圈今日收盘价13.39元，这个价格是该机构今天为了拉高股价出货买入了280万元的平均成本。由于该股不活跃，下一交易日机构可以用100万元开盘就拉高，100万元用完为止能拉多高算多高（估计能拉出1%~2%的涨幅），然后压价出货直接把280万筹码全部出完。这280万元出完了兴许还有小利润，即使平手也无所谓。当日为拉高出货买入的这100万元在下一交易日开盘就清仓出货，本次运作动用资金不到1000万元，利润不多，但怎么说这也是小资金独立运作。

主力滚动操盘一只股票数日的经典案例

不花一分钱就将一只股票拉出一根大阳甚至涨停，你相信吗？或者会觉得这不可思议吧？其实不花钱是不可能的，但主力在不增加仓位，不多买一股的情况下，将他们所操盘的个股拉出大阳甚至涨停是完全可以做到的。这是什么手段？业内叫"滚动操盘"。

滚动操盘是指主力在某股票低位吸足筹码后开始拉升股价，至一定幅度时打压股价出掉部分筹码，以便腾出资金等到股价落到相对低位时出手接盘，然后再拉起的不断循环的过程。

滚动操盘对于主力有两大意义：①进行高抛低吸赚取差价；②做到日内或短线既拉高价格又不增仓。

个股出现主力滚动操盘时属于上述哪种情况？又或者是两种情况兼有？这只有操盘者最清楚，一般投资者要了解个股是否有主力在滚动操盘，可以通过盘口观察去辨别。熟悉和了解个股有没有主力在滚动操盘有什么用？一是可以跟着主力进行滚动操盘，高抛低吸赚取差价；二是了解主力操作思路，做到有备无患，不在中途被震出来。了解主力滚动操盘原理，解决"为什么有的股票明明看到有主力在出货，但还能不断地创新高"这个疑问。

下面以模塑科技为例，介绍主力进行滚动操盘赚取差价和不断做高股价的操作思路与过程。

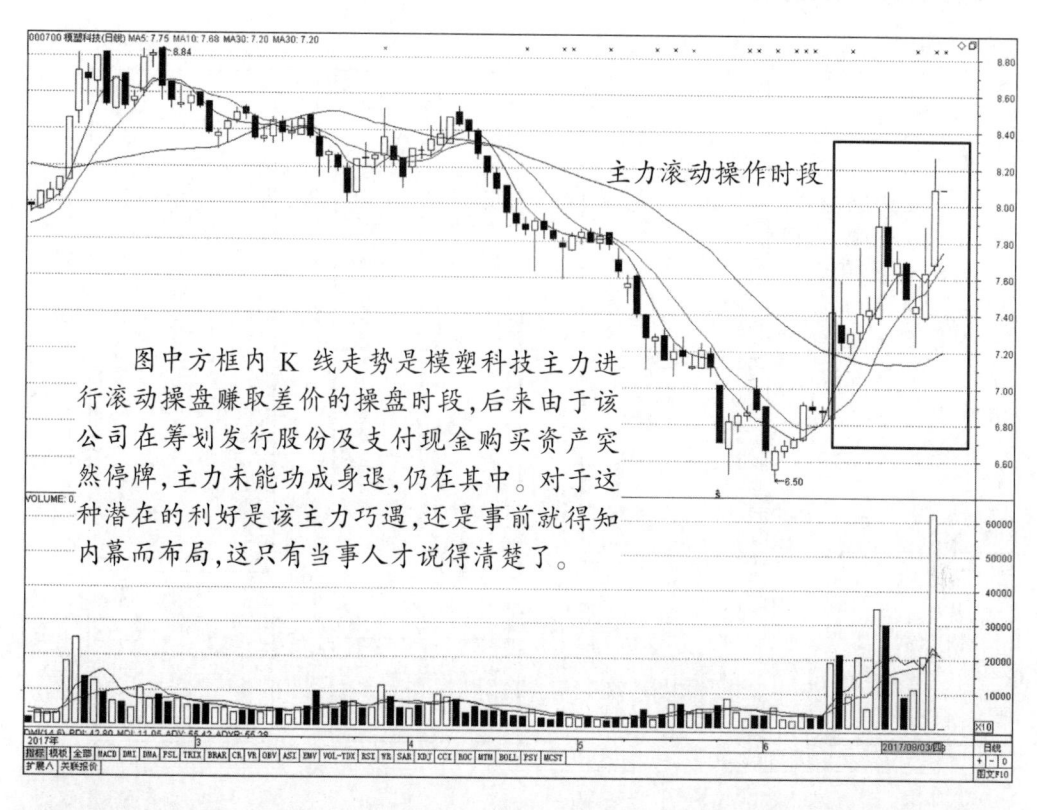

第九章 主力运作案例

图中方框内 K 线走势是模塑科技主力进行滚动操盘赚取差价的操盘时段,后来由于该公司在筹划发行股份及支付现金购买资产突然停牌,主力未能功成身退,仍在其中。对于这种潜在的利好是该主力巧遇,还是事前就得知内幕而布局,这只有当事人才说得清楚了。

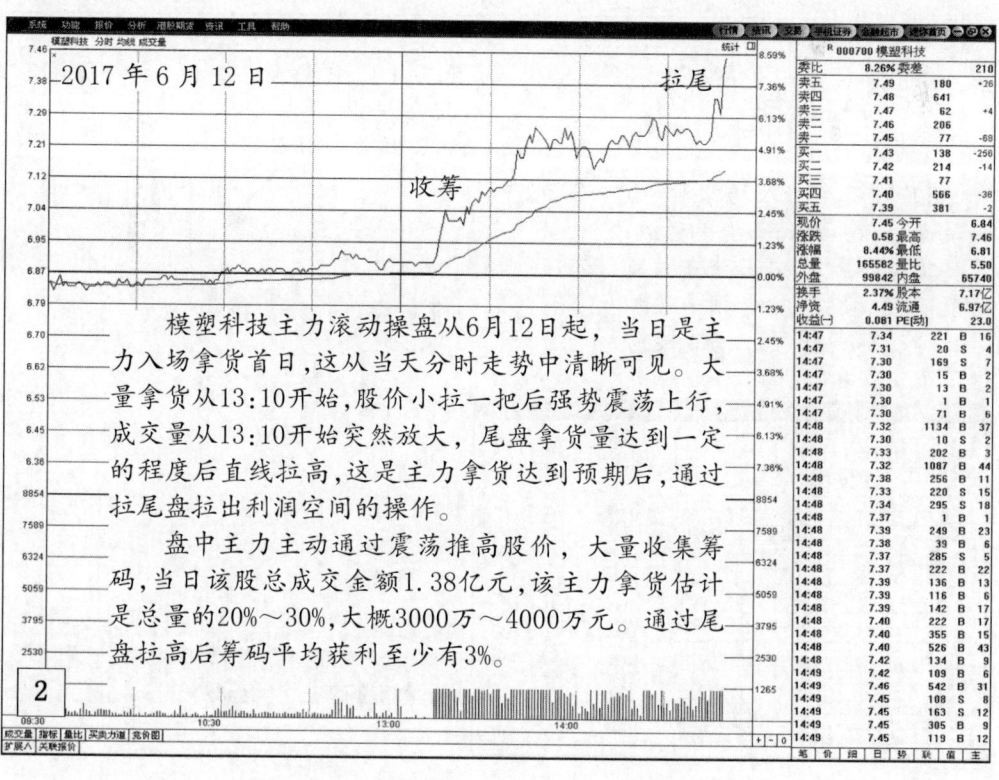

（图中标注：主力滚动操作时段）

模塑科技主力滚动操盘从6月12日起,当日是主力入场拿货首日,这从当天分时走势中清晰可见。大量拿货从13:10开始,股价小拉一把后强势震荡上行,成交量从13:10开始突然放大,尾盘拿货量达到一定的程度后直线拉高,这是主力拿货达到预期后,通过拉尾盘拉出利润空间的操作。

盘中主力主动通过震荡推高股价,大量收集筹码,当日该股总成交金额1.38亿元,该主力拿货估计是总量的20%~30%,大概3000万~4000万元。通过尾盘拉高后筹码平均获利至少有3%。

（图中标注：2017年6月12日、收筹、拉尾）

主力行为盘口解密(精选版)

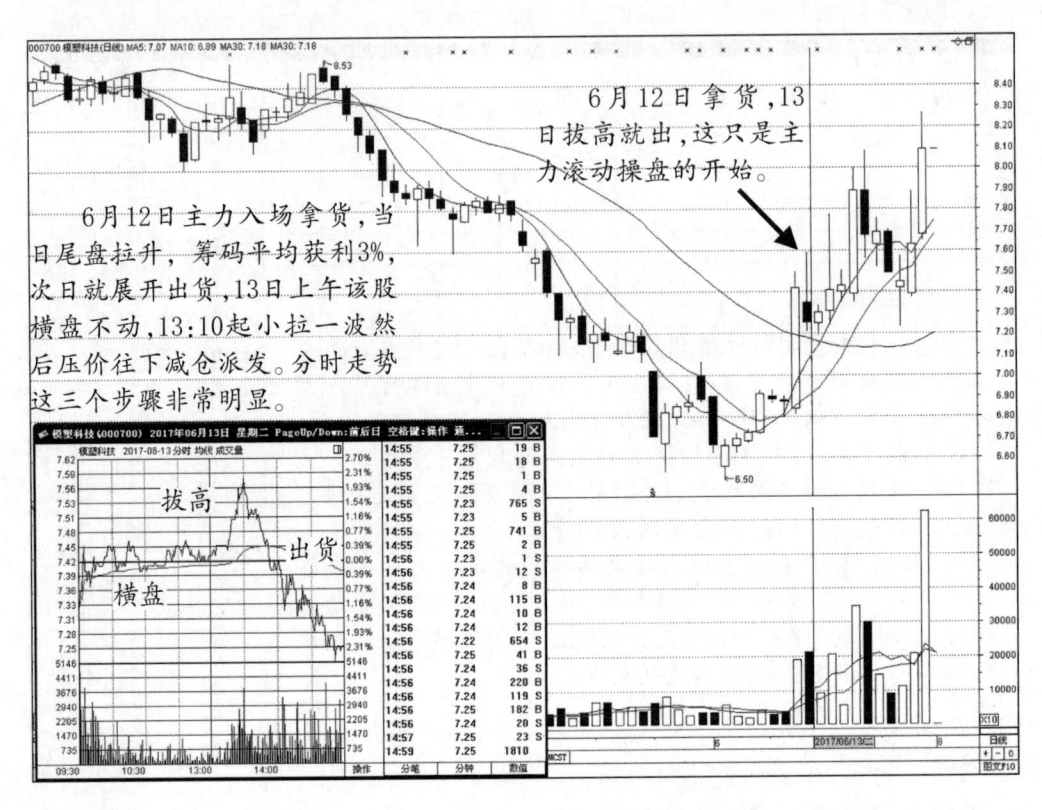

说模塑科技主力6月12日入场拿货并不是凭空想象，早盘10:28就见盘口出现大量有规律10~40手买单大量入场，13:10后则是过百手买单有规律、有节奏地去收货。

上午连续性小买单低调入场

6月12日主力入场拿货，当日尾盘拉升，筹码平均获利3%，次日就展开出货，13日上午该股横盘不动，13:10起小拉一波然后压价往下减仓派发。分时走势这三个步骤非常明显。

6月12日拿货，13日拔高就出，这只是主力滚动操盘的开始。

拔高
出货
横盘

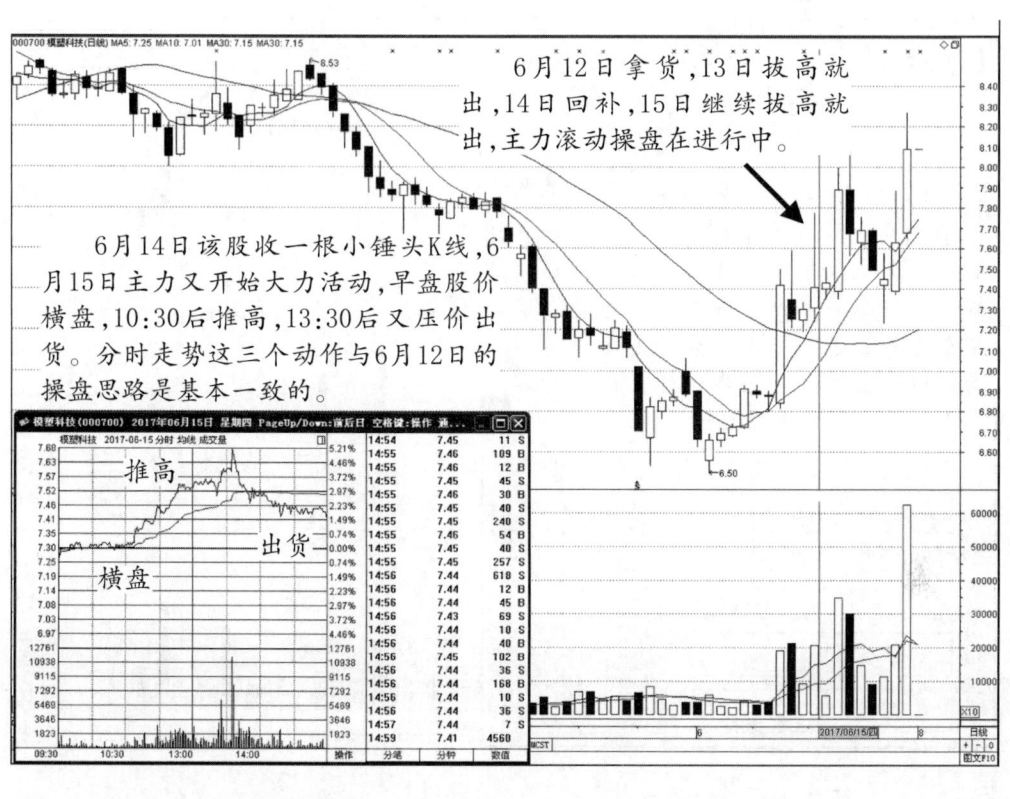

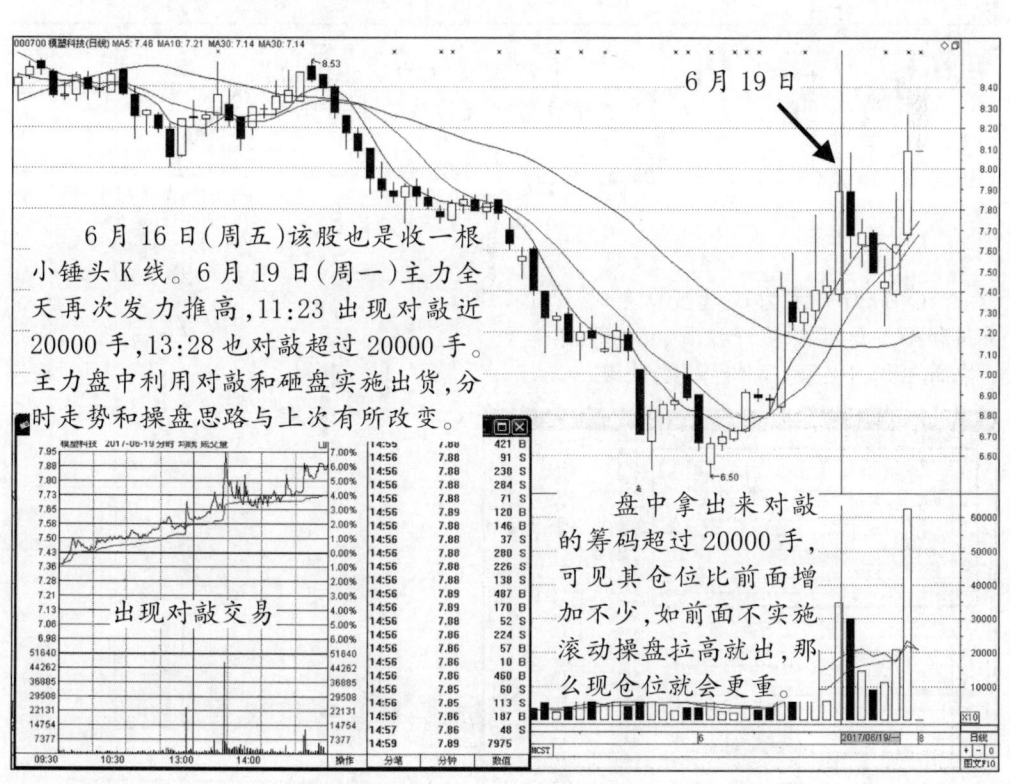

6月12日拿货,13日拔高就出,14日回补,15日继续拔高就出,主力滚动操盘在进行中。

6月14日该股收一根小锤头K线,6月15日主力又开始大力活动,早盘股价横盘,10:30后推高,13:30后又压价出货。分时走势这三个动作与6月12日的操盘思路是基本一致的。

6月16日(周五)该股也是收一根小锤头K线。6月19日(周一)主力全天再次发力推高,11:23出现对敲近20000手,13:28也对敲超过20000手。主力盘中利用对敲和砸盘实施出货,分时走势和操盘思路与上次有所改变。

盘中拿出来对敲的筹码超过20000手,可见其仓位比前面增加不少,如前面不实施滚动操盘拉高就出,那么现仓位就会更重。

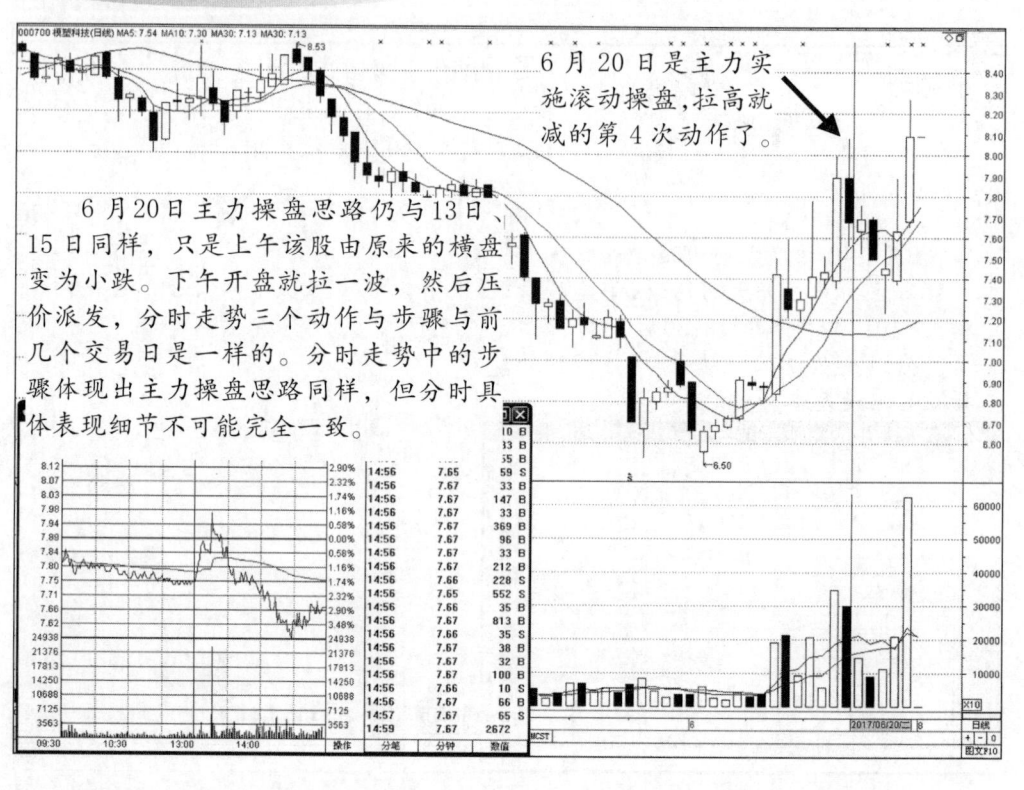

主力行为盘口解密(精选版)

6月20日是主力实施滚动操盘,拉高就减的第4次动作了。

6月20日主力操盘思路仍与13日、15日同样,只是上午该股由原来的横盘变为小跌。下午开盘就拉一波,然后压价派发,分时走势三个动作与步骤与前几个交易日是一样的。分时走势中的步骤体现出主力操盘思路同样,但分时具体表现细节不可能完全一致。

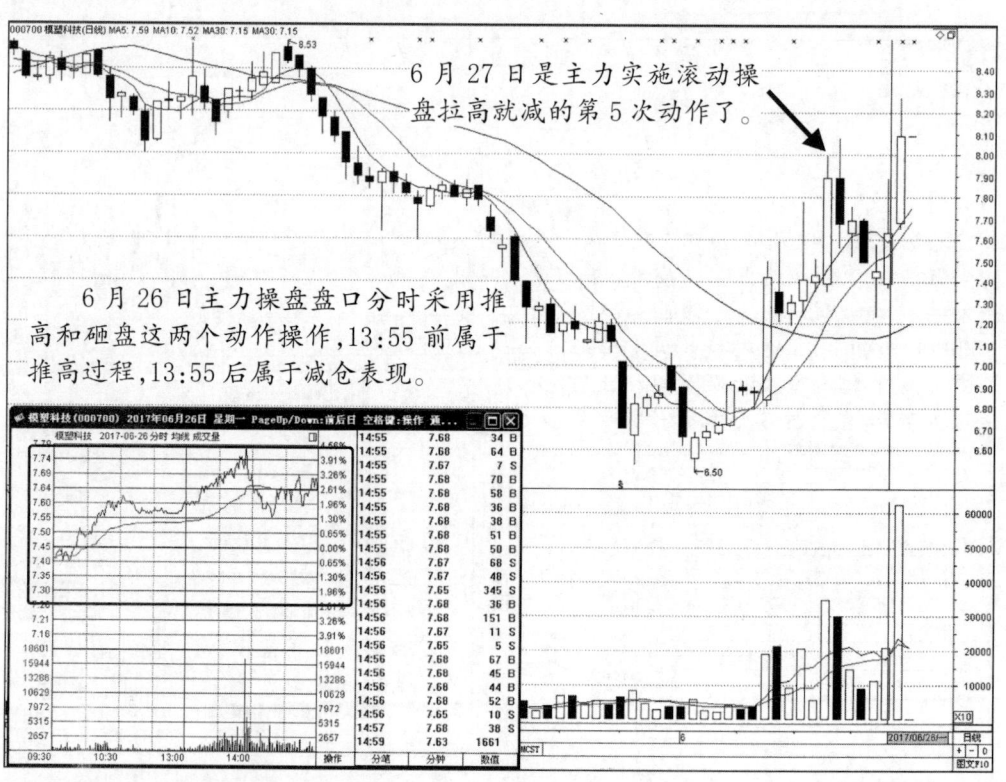

6月27日是主力实施滚动操盘拉高就减的第5次动作了。

6月26日主力操盘盘口分时采用推高和砸盘这两个动作操作,13:55前属于推高过程,13:55后属于减仓表现。

第九章 主力运作案例

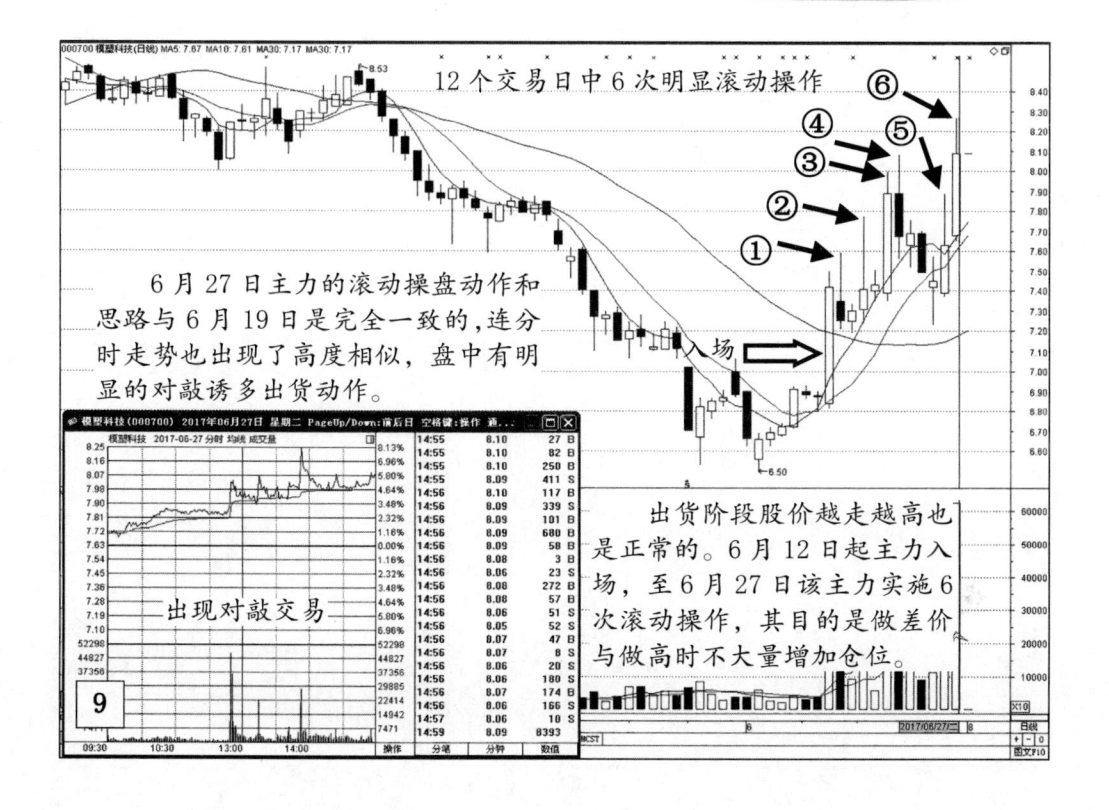

12个交易日中6次明显滚动操作

6月27日主力的滚动操盘动作和思路与6月19日是完全一致的,连分时走势也出现了高度相似,盘中有明显的对敲诱多出货动作。

出现对敲交易

出货阶段股价越走越高也是正常的。6月12日起主力入场,至6月27日该主力实施6次滚动操作,其目的是做差价与做高时不大量增加仓位。

319

第十章
特殊盘面分析

龙头股与跟风股特征表现比对

龙头股，指某一时期股票市场中表现突出、对同行业板块或其他股票具有影响和号召力的个股。龙头股的涨跌往往对其他同行业板块个股涨跌起到引导和示范性作用。龙头股属于股市阶段性炒作产物，它的地位往往只能维持一段时间，影响力短的就盘中一阵子，小部分长的能维持三两个月。

龙头股具有几个显著特点：上升先行，升势凌厉，阶段涨幅大，抗跌性强，反抽有力等。同板块其他跟风个股表现则都是身随其后。"做股票就要做龙头"这一点大家都耳熟能详，但到了实践中绝大部分投资者都会临阵退缩。因为当前状态下当一个股票被市场确认为龙头股时，其涨幅都已经相当大了，普通投资者对于这种已经大幅上升的品种有严重畏高心理龙头股的诞生有两种情况：一是在某板块个股批量上升过程中，涨幅最猛最大的那个成为市场龙头。二是某一个股票因消息题材等因素影响快速大幅上升，它引领影响同板块批量个股上升，从而成为板块龙头股。

如果要参与一个热点板块，大部分人会担心买龙头股的话因为其涨幅太大，一旦操作失败，买在高点，亏损得快而且幅度大。但如反向思考分析，此时该板块的龙头股刚好在高点，那么该板块其他跟风个股就不在高点？一个热点板块中如果连龙头股都不行了，其他跟风股就更不行。龙头股见顶，跟风股往往先跌，表现更弱、跌幅更大。也就是说如要参与某热点板块就应买龙头股，退而求其次买跟风股是胆小的表现。胆小的原因是知识水平不足。

下面以5G板块为例，通过龙头股东方通信与跟风股东信和平的比对，看看龙头股与跟风股二者间的差别。

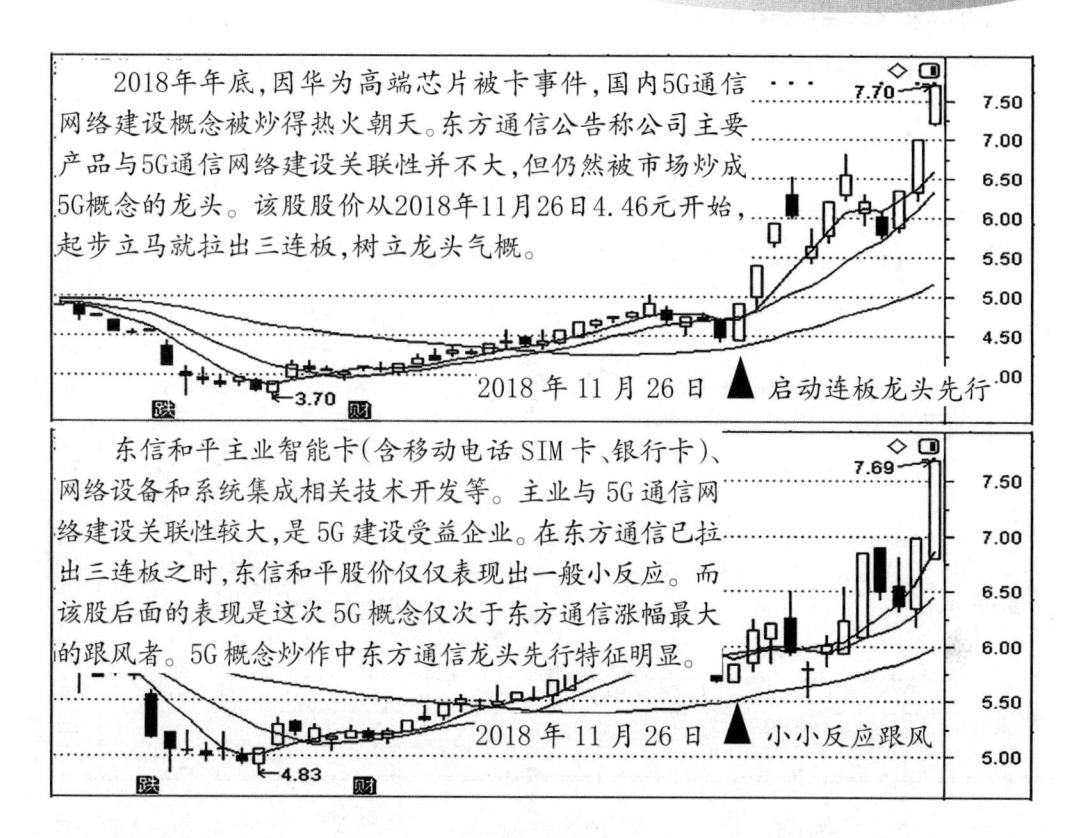

2018年年底，因华为高端芯片被卡事件，国内5G通信网络建设概念被炒得热火朝天。东方通信公告称公司主要产品与5G通信网络建设关联性并不大，但仍然被市场炒成5G概念的龙头。该股股价从2018年11月26日4.46元开始，起步立马就拉出三连板，树立龙头气概。

2018年11月26日 ▲ 启动连板龙头先行

东信和平主业智能卡(含移动电话SIM卡、银行卡)、网络设备和系统集成相关技术开发等。主业与5G通信网络建设关联性较大，是5G建设受益企业。在东方通信已拉出三连板之时，东信和平股价仅仅表现出一般小反应。而该股后面的表现是这次5G概念仅次于东方通信涨幅最大的跟风者。5G概念炒作中东方通信龙头先行特征明显。

2018年11月26日 ▲ 小小反应跟风

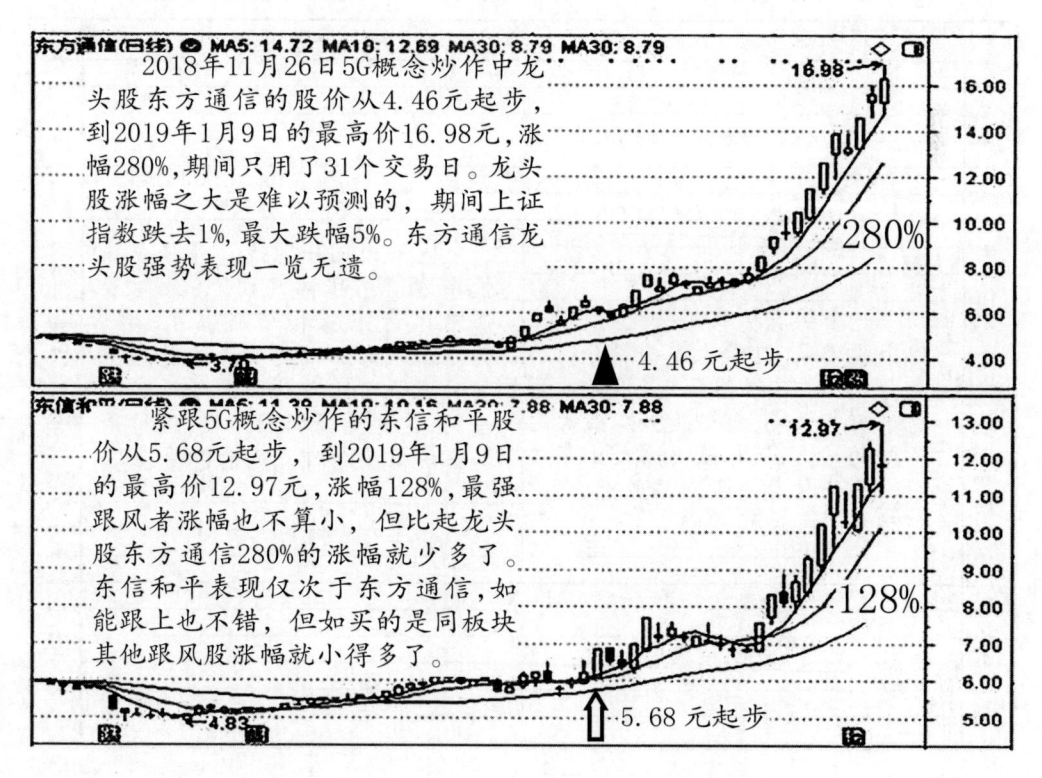

2018年11月26日5G概念炒作中龙头股东方通信的股价从4.46元起步，到2019年1月9日的最高价16.98元，涨幅280%，期间只用了31个交易日。龙头股涨幅之大是难以预测的，期间上证指数跌去1%，最大跌幅5%。东方通信龙头股强势表现一览无遗。

4.46元起步

紧跟5G概念炒作的东信和平股价从5.68元起步，到2019年1月9日的最高价12.97元，涨幅128%，最强跟风者涨幅也不算小，但比起龙头股东方通信280%的涨幅就少多了。东信和平表现仅次于东方通信，如能跟上也不错，但如买的是同板块其他跟风股涨幅就小得多了。

5.68元起步

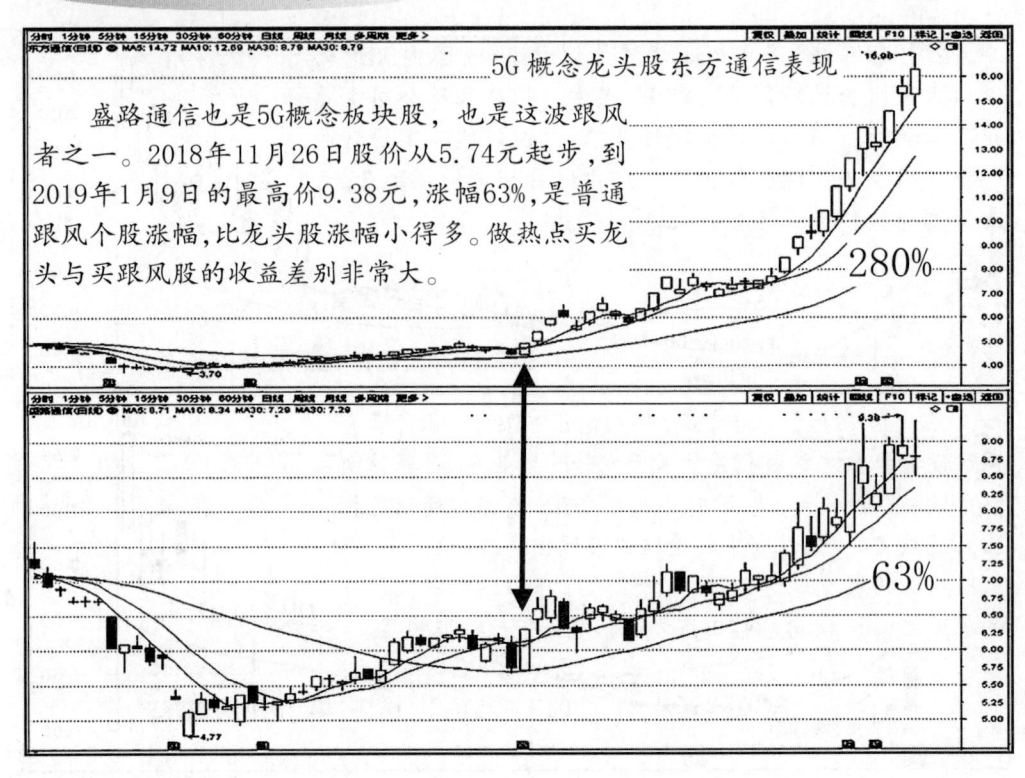

主力行为盘口解密(精选版)

5G概念龙头股东方通信表现

盛路通信也是5G概念板块股，也是这波跟风者之一。2018年11月26日股价从5.74元起步，到2019年1月9日的最高价9.38元，涨幅63%，是普通跟风个股涨幅，比龙头股涨幅小得多。做热点买龙头与买跟风股的收益差别非常大。

280%

63%

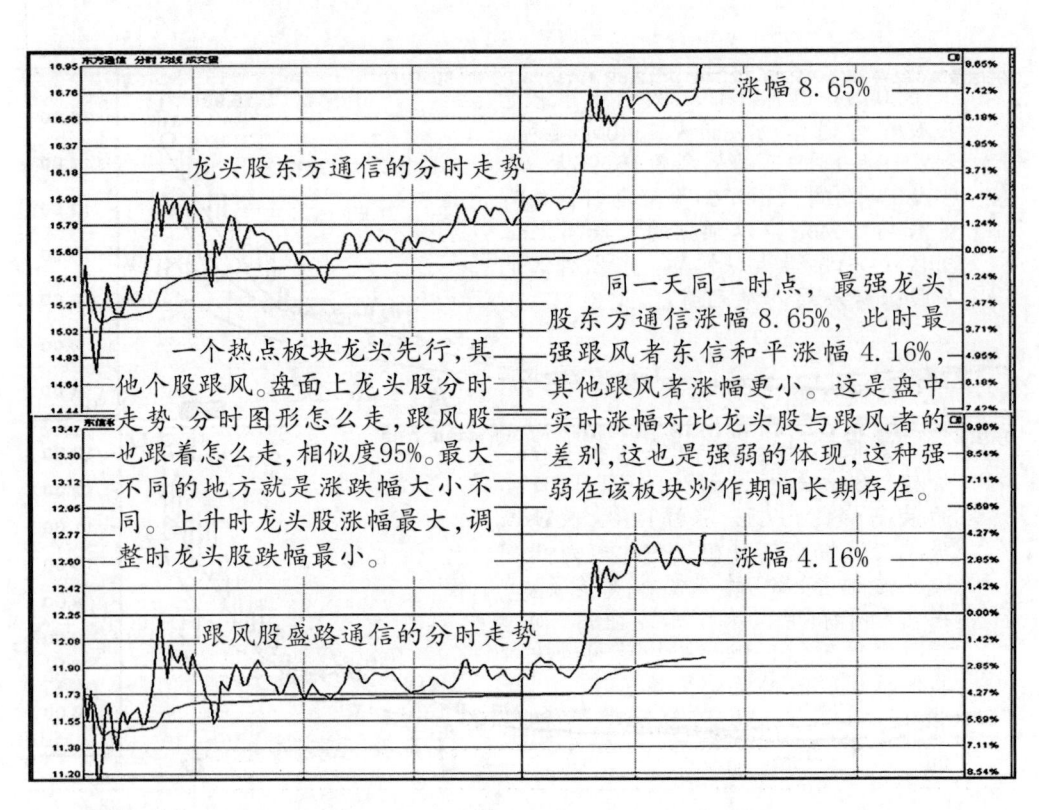

龙头股东方通信的分时走势　　涨幅8.65%

一个热点板块龙头先行，其他个股跟风。盘面上龙头股分时走势、分时图形怎么走，跟风股也跟着怎么走，相似度95%。最大不同的地方就是涨跌幅大小不同。上升时龙头股涨幅最大，调整时龙头股跌幅最小。

同一天同一时点，最强龙头股东方通信涨幅8.65%，此时最强跟风者东信和平涨幅4.16%，其他跟风者涨幅更小。这是盘中实时涨幅对比龙头股与跟风者的差别，这也是强弱的体现，这种强弱在该板块炒作期间长期存在。

涨幅4.16%

跟风股盛路通信的分时走势

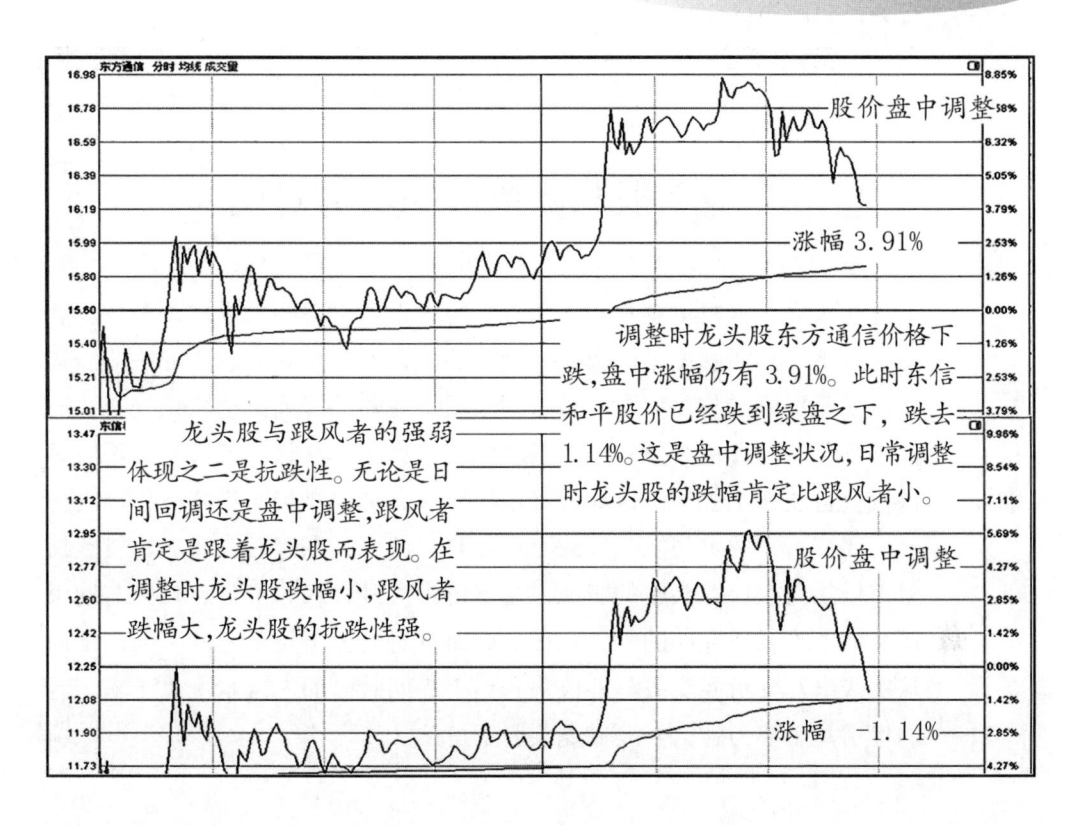

第十章 特殊盘面分析

股价盘中调整

涨幅 3.91%

调整时龙头股东方通信价格下跌,盘中涨幅仍有 3.91%。此时东信和平股价已经跌到绿盘之下,跌去 1.14%。这是盘中调整状况,日常调整时龙头股的跌幅肯定比跟风者小。

龙头股与跟风者的强弱体现之二是抗跌性。无论是日间回调还是盘中调整,跟风者肯定是跟着龙头股而表现。在调整时龙头股跌幅小,跟风者跌幅大,龙头股的抗跌性强。

股价盘中调整

涨幅 -1.14%

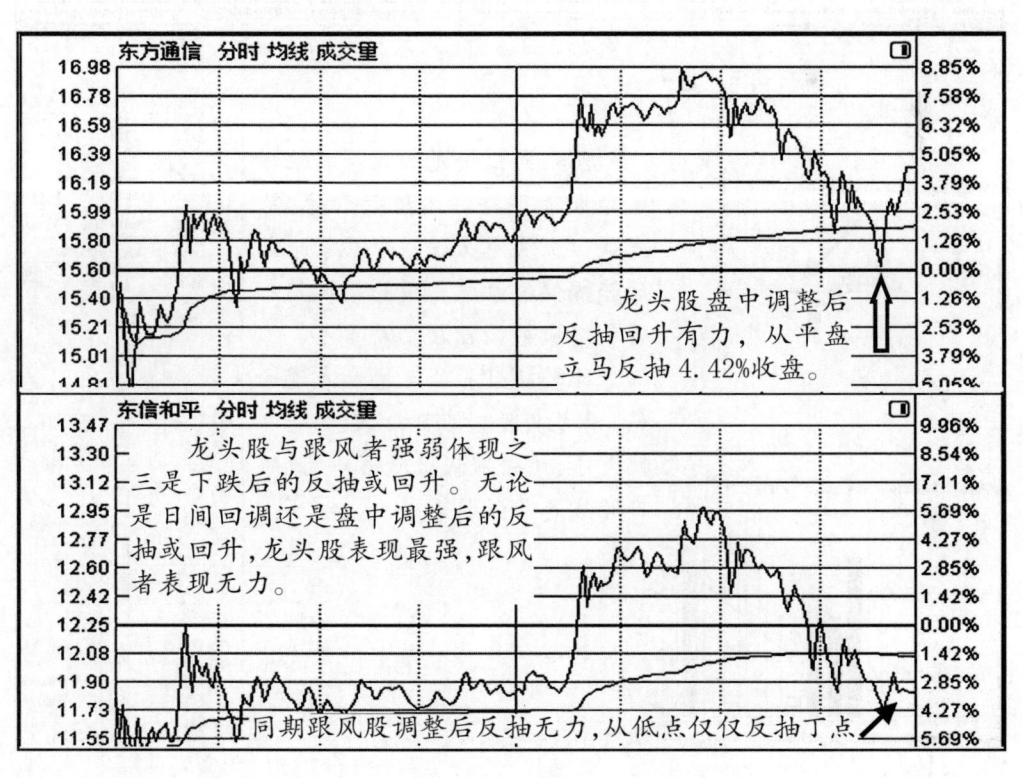

龙头股盘中调整后反抽回升有力,从平盘立马反抽 4.42% 收盘。

龙头股与跟风者强弱体现之三是下跌后的反抽或回升。无论是日间回调还是盘中调整后的反抽或回升,龙头股表现最强,跟风者表现无力。

同期跟风股调整后反抽无力,从低点仅仅反抽丁点

龙头股与跟风股的优劣对比

龙头股上涨时更容易封板而且容易连板，出现短暂下跌调整后更容易拉起来，其活跃度是同板块中最强的。大部分投资者认为龙头股涨幅太大了而不敢参与，但是，某时期某板块被热炒时如果该板块的龙头股都不行了，同板块其他跟风个股就更没机会了。从这一点看，如不看好该板块自然就不去参与，如看好该板块那么一定要买龙头而不是其他。

要克服不敢参与龙头股的心理障碍，就要长期跟踪、研究，实践探索市场热门板块龙头股的表现，观察日常其升、跌、横盘、反弹与同板块其他个股表现存在的差异和优劣。通过对比去了解两者的不同。下面从实践出发分析龙头股与同板块其他个股同时段的表现状况，了解二者的优劣，了解为什么非要做龙头股不可。

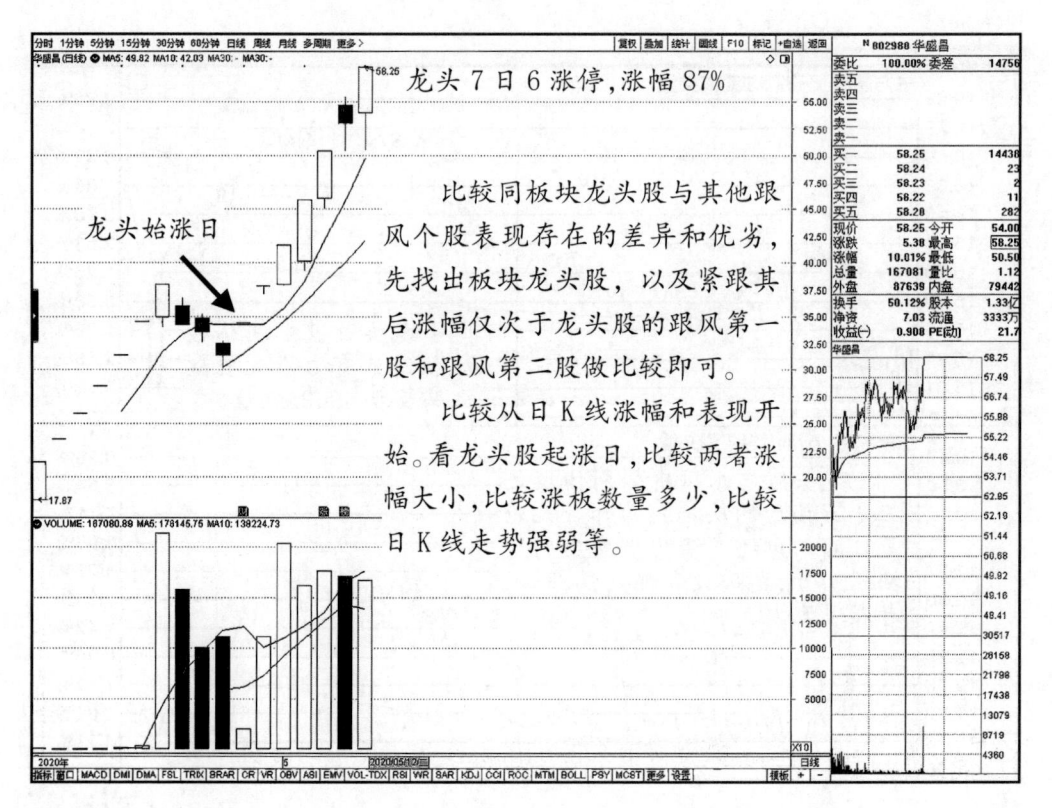

龙头7日6涨停，涨幅87%

龙头始涨日

比较同板块龙头股与其他跟风个股表现存在的差异和优劣，先找出板块龙头股，以及紧跟其后涨幅仅次于龙头股的跟风第一股和跟风第二股做比较即可。

比较从日K线涨幅和表现开始。看龙头股起涨日，比较两者涨幅大小，比较涨板数量多少，比较日K线走势强弱等。

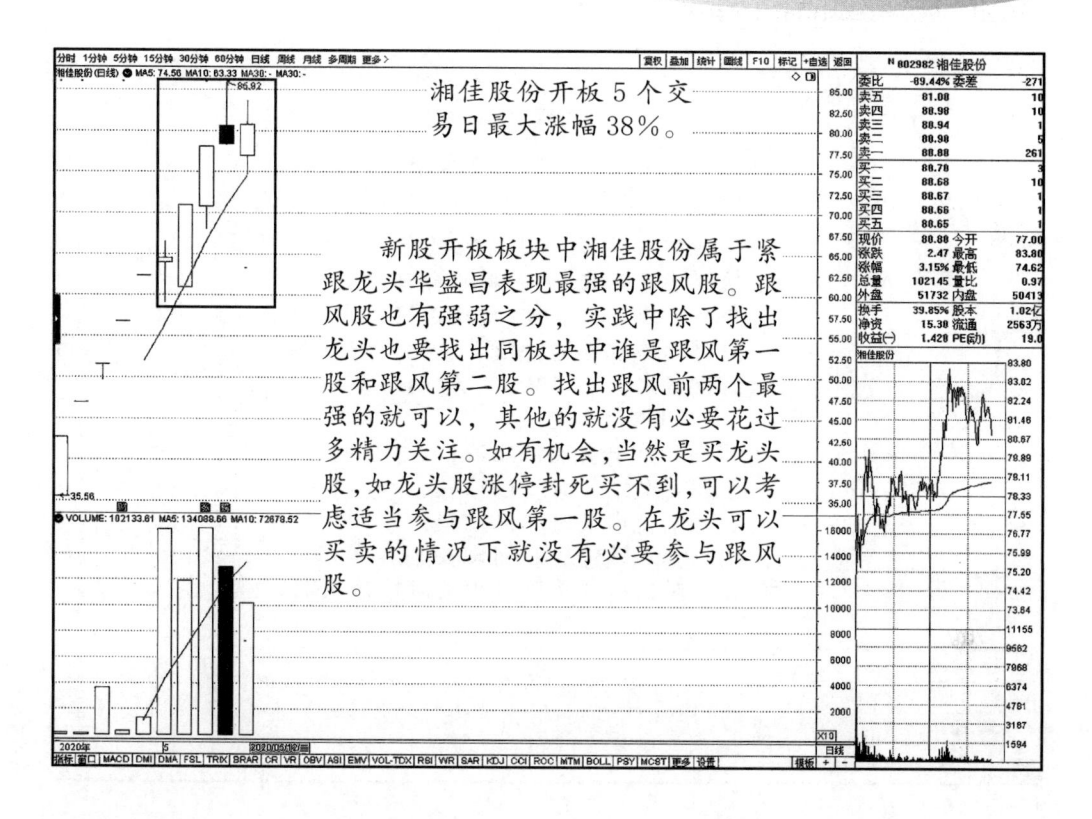

湘佳股份开板 5 个交易日最大涨幅 38%。

新股开板板块中湘佳股份属于紧跟龙头华盛昌表现最强的跟风股。跟风股也有强弱之分，实践中除了找出龙头也要找出同板块中谁是跟风第一股和跟风第二股。找出跟风前两个最强的就可以，其他的就没有必要花过多精力关注。如有机会，当然是买龙头股，如龙头股涨停封死买不到，可以考虑适当参与跟风第一股。在龙头可以买卖的情况下就没有必要参与跟风股。

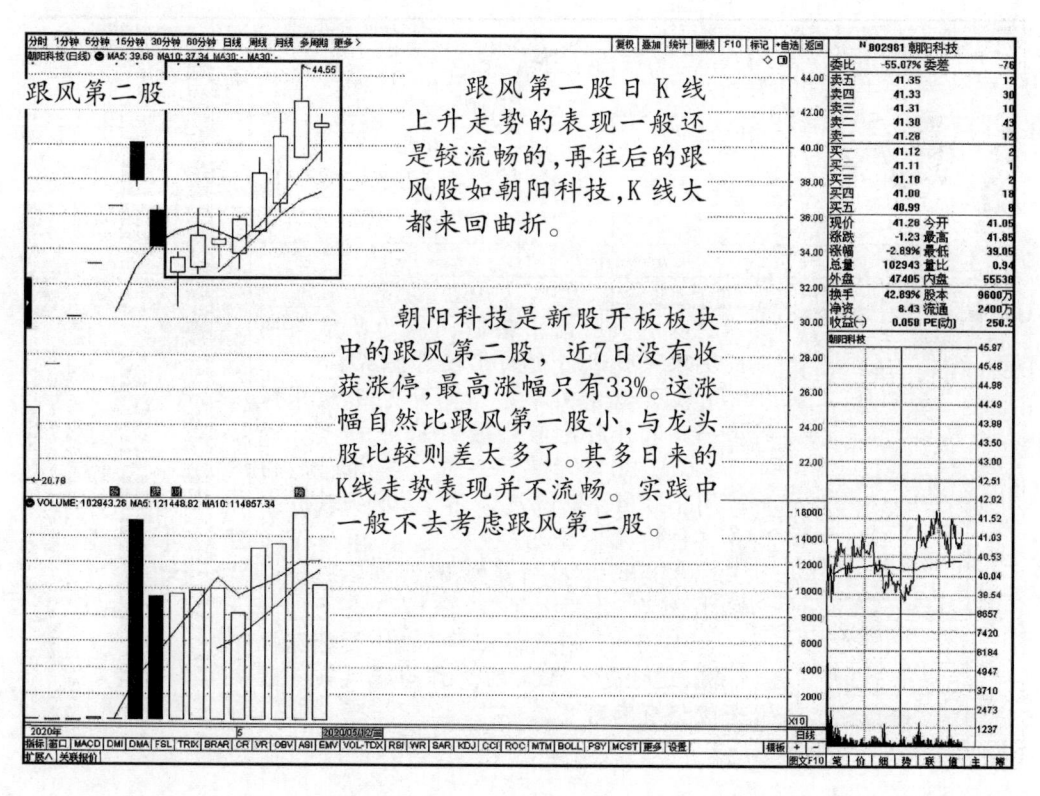

跟风第二股

跟风第一股日 K 线上升走势的表现一般还是较流畅的，再往后的跟风股如朝阳科技，K 线大都来回曲折。

朝阳科技是新股开板板块中的跟风第二股，近 7 日没有收获涨停，最高涨幅只有 33%。这涨幅自然比跟风第一股小，与龙头股比较则差太多了。其多日来的 K 线走势表现并不流畅。实践中一般不去考虑跟风第二股。

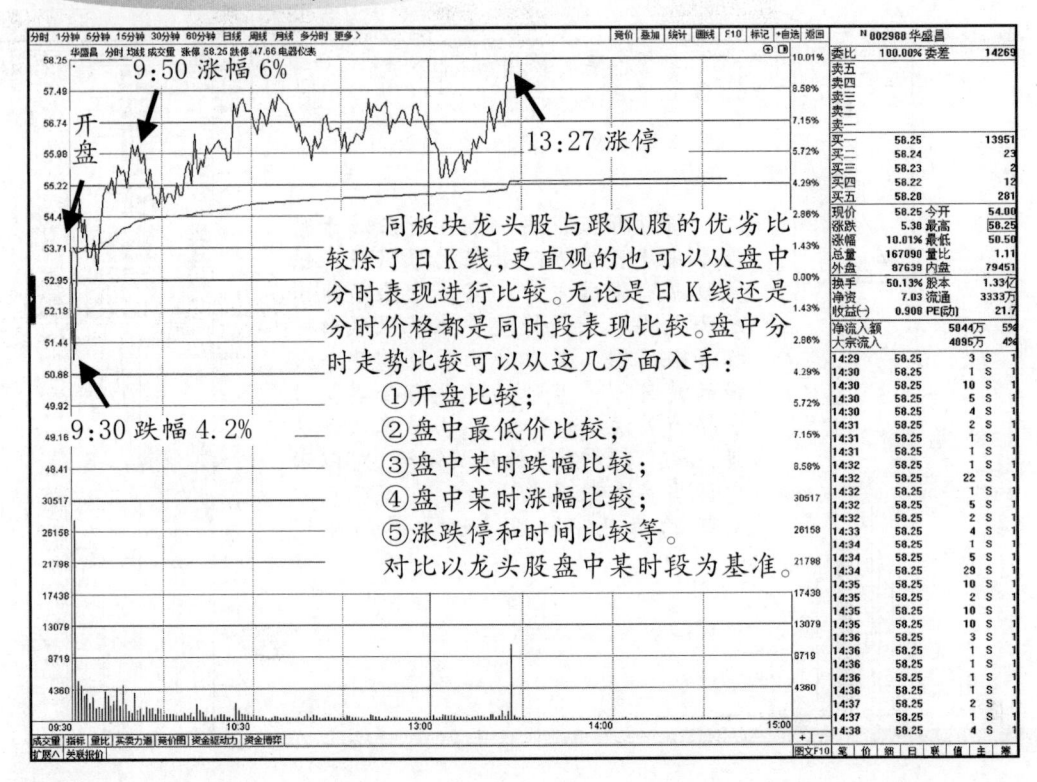

同板块龙头股与跟风股的优劣比较除了日K线,更直观的也可以从盘中分时表现进行比较。无论是日K线还是分时价格都是同时段表现比较。盘中分时走势比较可以从这几方面入手:

①开盘比较;
②盘中最低价比较;
③盘中某时跌幅比较;
④盘中某时涨幅比较;
⑤涨跌停和时间比较等。

对比以龙头股盘中某时段为基准。

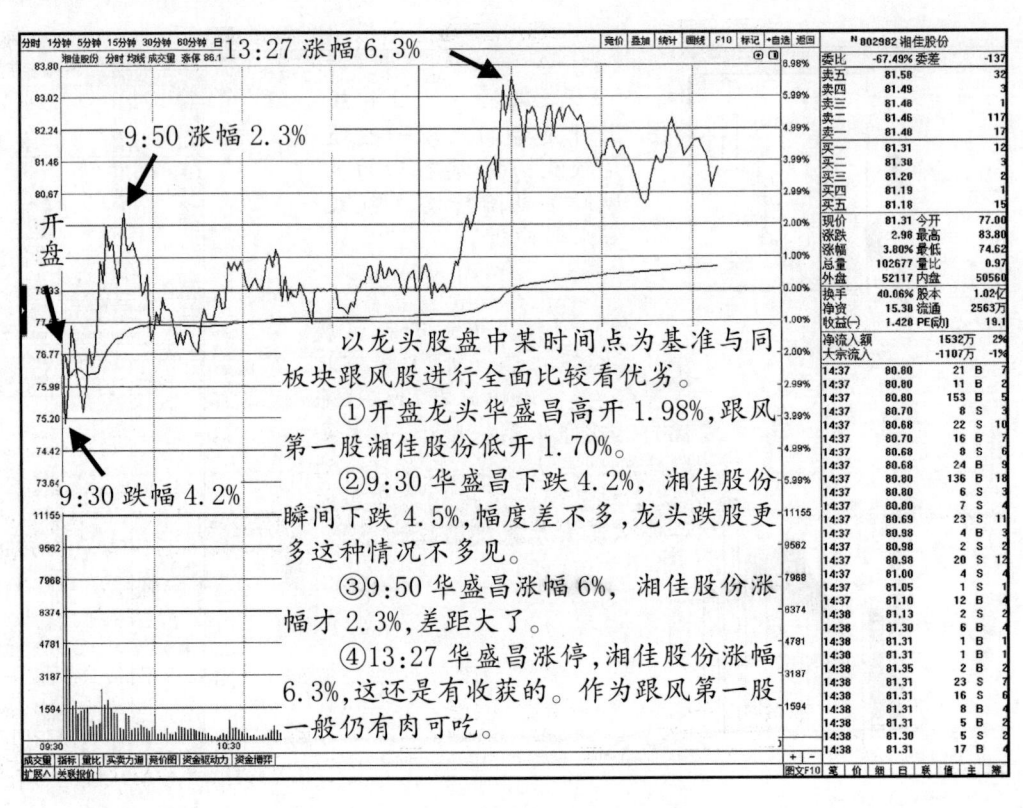

以龙头股盘中某时间点为基准与同板块跟风股进行全面比较看优劣。

①开盘龙头华盛昌高开1.98%,跟风第一股湘佳股份低开1.70%。
②9:30华盛昌下跌4.2%,湘佳股份瞬间下跌4.5%,幅度差不多,龙头跌股更多这种情况不多见。
③9:50华盛昌涨幅6%,湘佳股份涨幅才2.3%,差距大了。
④13:27华盛昌涨停,湘佳股份涨幅6.3%,这还是有收获的。作为跟风第一股一般仍有肉可吃。

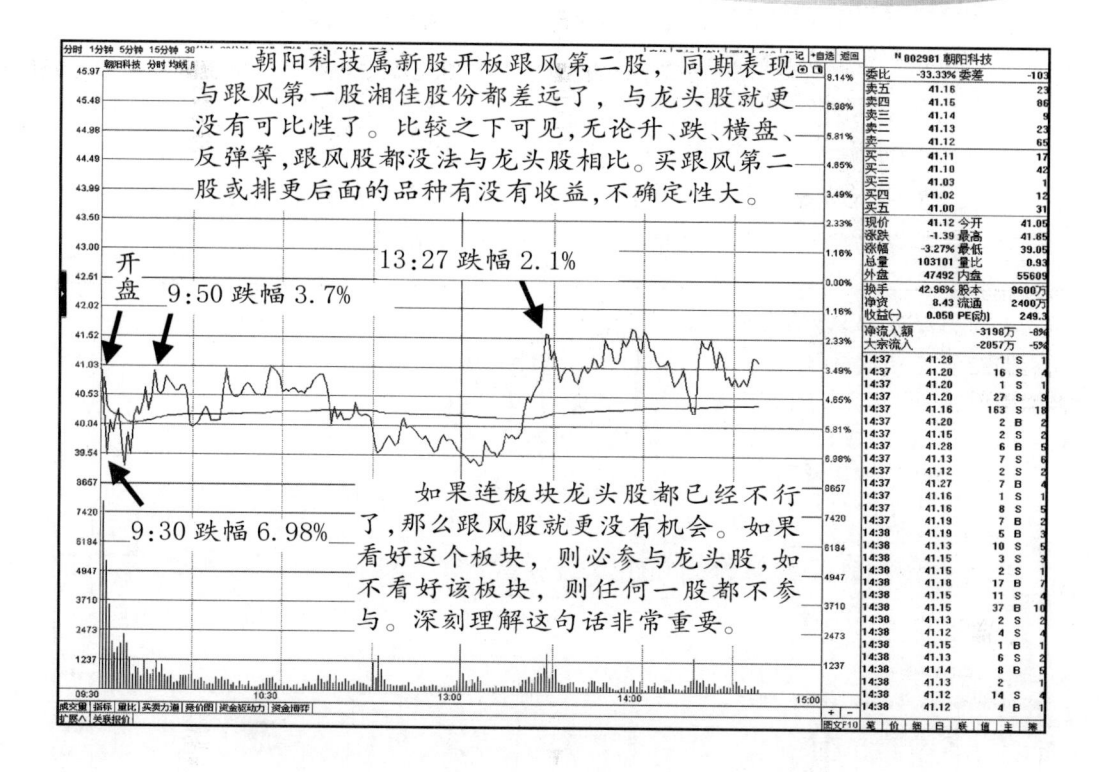

朝阳科技属新股开板跟风第二股，同期表现与跟风第一股湘佳股份都差远了，与龙头股就更没有可比性了。比较之下可见，无论升、跌、横盘、反弹等，跟风股都没法与龙头股相比。买跟风第二股或排更后面的品种有没有收益，不确定性大。

开盘
9:50 跌幅 3.7%
13:27 跌幅 2.1%
9:30 跌幅 6.98%

如果连板块龙头股都已经不行了，那么跟风股就更没有机会。如果看好这个板块，则必参与龙头股，如不看好该板块，则任何一股都不参与。深刻理解这句话非常重要。

认识"龙头"与"龙二"的关联性

　　市场热点的形成与政策、消息、题材、概念等相关。而盘面上一般有两个主要原因：①某股疯狂暴涨引领同板块品种整体上涨形成热点。②同板块利好或其他原因出现齐涨形成热点。

　　一个热点的出现和持续一定会有一个可以一呼百应的领军龙头，没有领军龙头的热点是难以出现较长时间持续性上升行情的。热点板块中有领军龙头的一般都有一个紧随其后的"龙二"，"龙二"就是同板块或同概念中表现跟风最紧密者。炒作过程中"龙二"绝大部分时间都紧跟龙头表现而表演。

　　实践操作一旦发现某板块或某概念炒作明显被市场热捧时，及时确认龙头和"龙二"是谁，参与炒作一定要参与龙头股。在龙头已涨停无法买入之时，可以选择"龙二"作为目标。"龙二"是仅次于龙头走得最强的品种。寻找和确认"龙二"的方法并不复杂，通过同板块个股进行涨幅对比、上涨时间早晚对比、分时走势强势程度对比、调整时强势程度等的对比，就可以找出龙头是谁，"龙二"是谁。

主力行为盘口解密(精选版)

说起 5G 概念，投资者大都会记得东方通信这个股票。2018 年年底至 2019 年年初该股利用 5G 概念暴炒，涨幅超过 10 倍。而紧跟东方通信的另一个 5G 概念股是东信和平，当时从不到 5 元也直炒到 22 元之上。下面就来讲讲龙头东方通信和"龙二"东信和平的前世今生，从这些热点板块龙头和"龙二"中获得一些有用的知识。

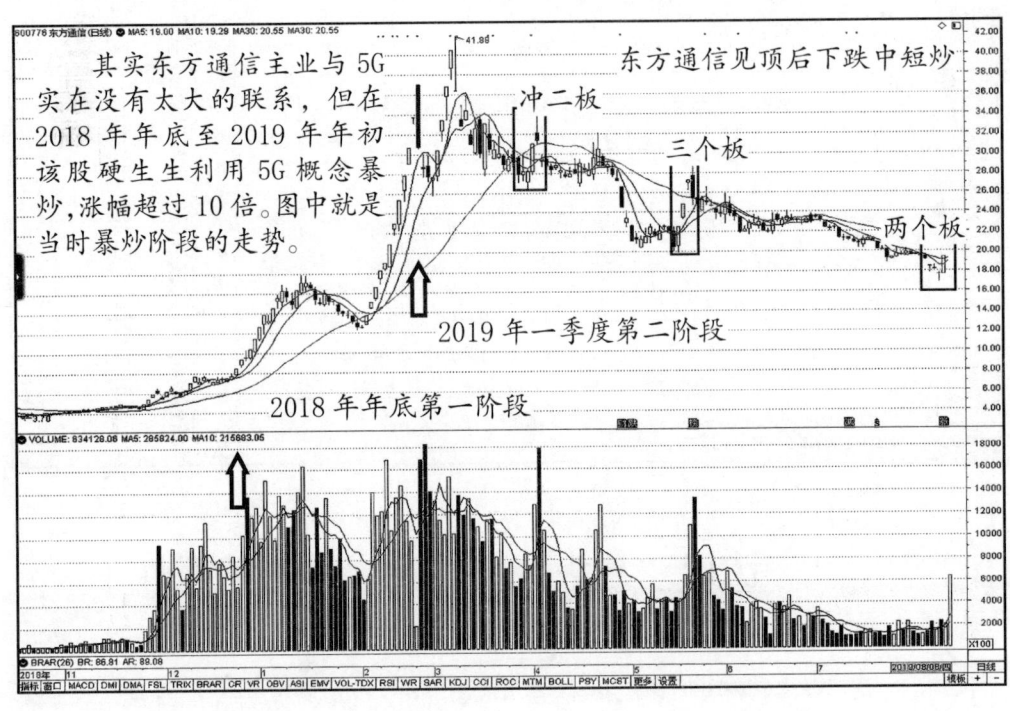

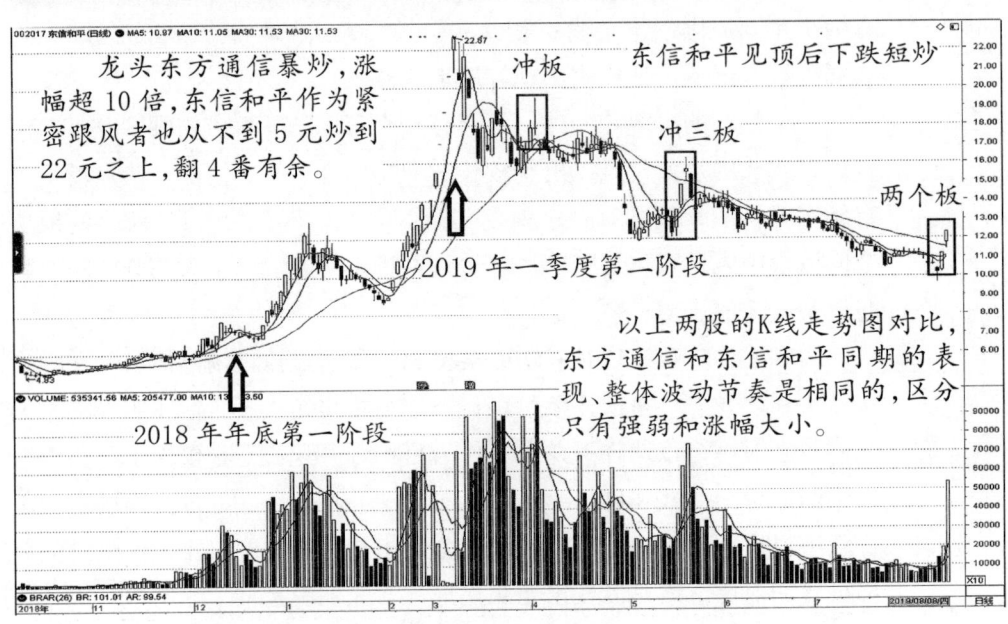

其实东方通信主业与 5G 实在没有太大的联系，但在 2018 年年底至 2019 年年初该股硬生生利用 5G 概念暴炒，涨幅超过 10 倍。图中就是当时暴炒阶段的走势。

东方通信见顶后下跌中短炒

冲二板
三个板
两个板

2019 年一季度第二阶段
2018 年年底第一阶段

龙头东方通信暴炒，涨幅超 10 倍，东信和平作为紧密跟风者也从不到 5 元炒到 22 元之上，翻 4 番有余。

东信和平见顶后下跌短炒

冲板
冲三板
两个板

2019 年一季度第二阶段
2018 年年底第一阶段

以上两股的K线走势图对比，东方通信和东信和平同期的表现、整体波动节奏是相同的，区分只有强弱和涨幅大小。

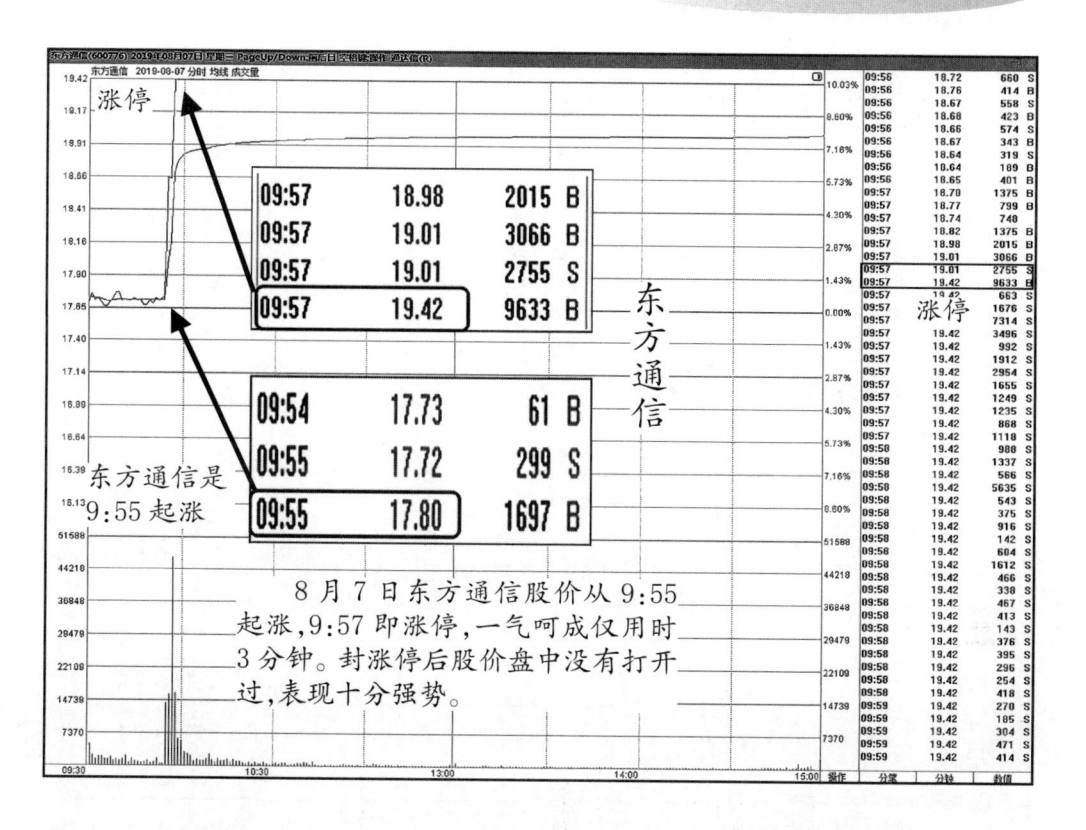

第十章 特殊盘面分析

东方通信

涨停

09:57	18.98	2015	B
09:57	19.01	3066	B
09:57	19.01	2755	S
09:57	19.42	9633	B

09:54	17.73	61	B
09:55	17.72	299	S
09:55	17.80	1697	B

东方通信是9:55起涨

8月7日东方通信股价从9:55起涨,9:57即涨停,一气呵成仅用时3分钟。封涨停后股价盘中没有打开过,表现十分强势。

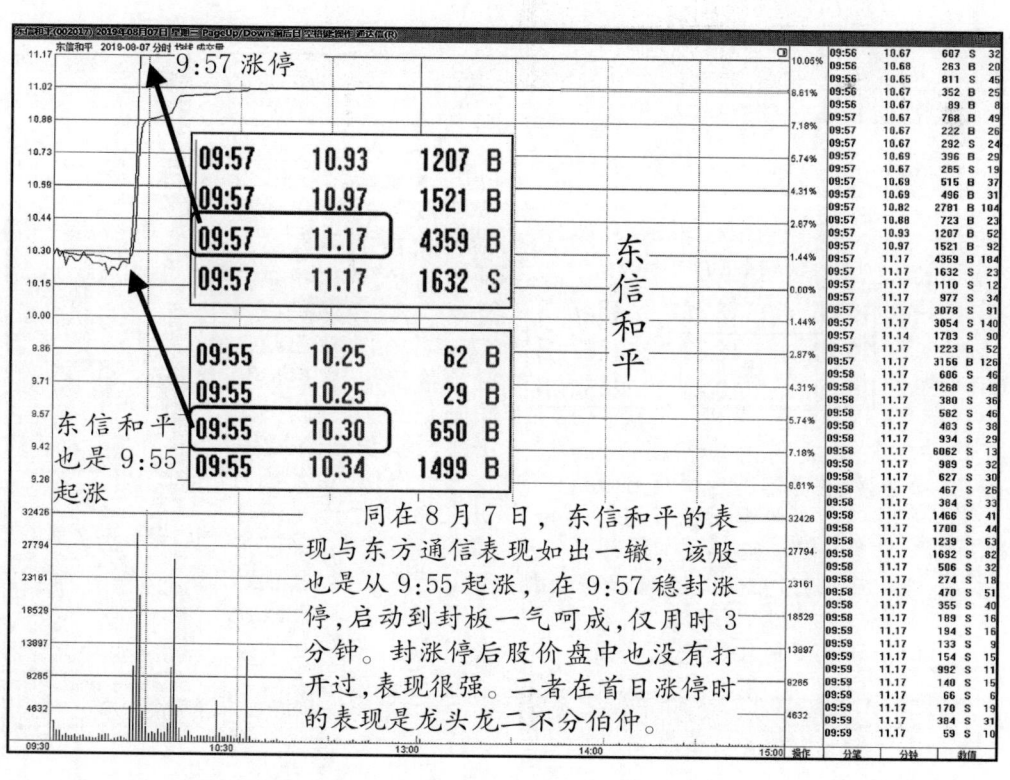

东信和平

9:57 涨停

09:57	10.93	1207	B
09:57	10.97	1521	B
09:57	11.17	4359	B
09:57	11.17	1632	S

09:55	10.25	62	B
09:55	10.25	29	B
09:55	10.30	650	B
09:55	10.34	1499	B

东信和平也是9:55起涨

同在8月7日,东信和平的表现与东方通信表现如出一辙,该股也是从9:55起涨,在9:57稳封涨停,启动到封板一气呵成,仅用时3分钟。封涨停后股价盘中也没有打开过,表现很强。二者在首日涨停时的表现是龙头龙二不分伯仲。

主力行为盘口解密(精选版)

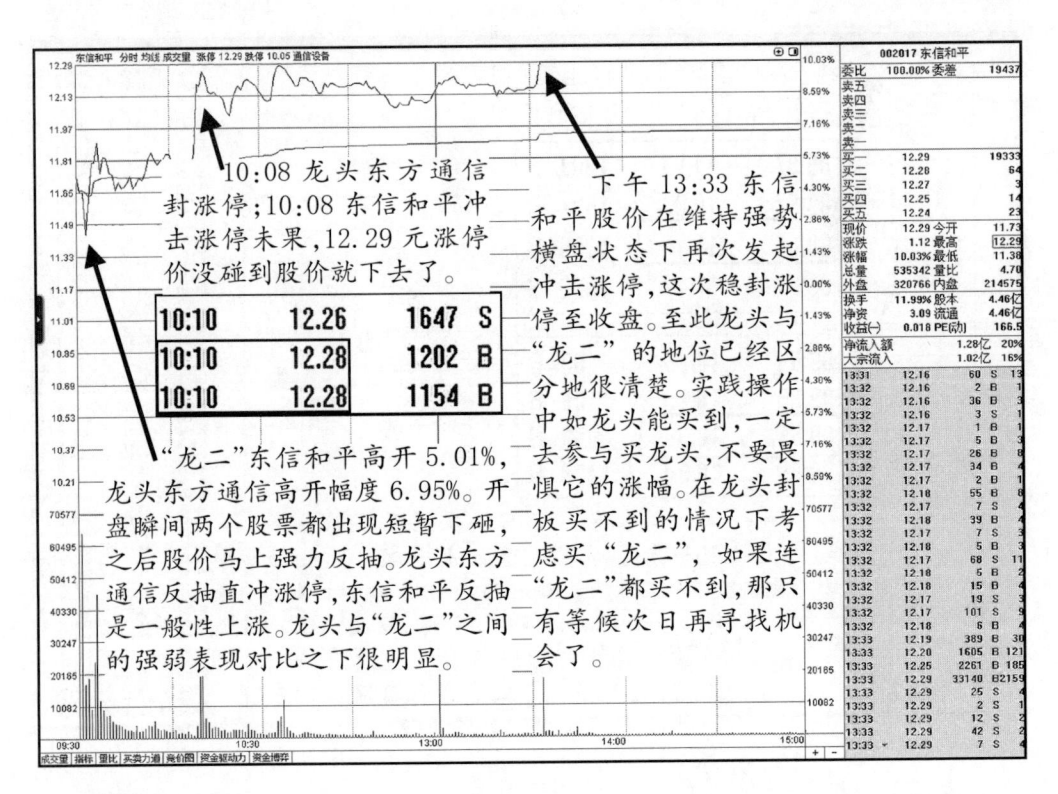

第一个涨停板次日东方通信开盘首次冲涨停没能封死，到10:08再次冲击涨停时才稳稳封起。

8月8日的表现就不同了，开盘就可以看出龙头与龙二之间的差别所在。龙头东方通信高开幅度6.95%，东信和平高开幅度5.01%，涨幅是区别之一。

东方通信在开盘后瞬间下砸，之后股价马上出现强力反抽直冲涨停，并一度封上涨停但没能封死。

09:34	21.30	3925	B
09:34	21.33	4094	B
09:34	21.36	18855	B
09:34	21.36	22560	B

第一次冲涨停价

第二次封涨停

10:08龙头东方通信封涨停；10:08东信和平冲击涨停未果，12.29元涨停价没碰到股价就下去了。

10:10	12.26	1647	S
10:10	12.28	1202	B
10:10	12.28	1154	B

"龙二"东信和平高开5.01%，龙头东方通信高开幅度6.95%。开盘瞬间两个股票都出现短暂下砸，之后股价马上强力反抽。龙头东方通信反抽直冲涨停，东信和平反抽是一般性上涨。龙头与"龙二"之间的强弱表现对比之下很明显。

下午13:33东信和平股价在维持强势横盘状态下再次发起冲击涨停，这次稳封涨停至收盘。至此龙头与"龙二"的地位已经区分地很清楚。实践操作中如龙头能买到，一定去参与买龙头，不要畏惧它的涨幅。在龙头封板买不到的情况下考虑买"龙二"，如果连"龙二"都买不到，那只有等候次日再寻找机会了。

332

大盘恐慌性急速跳水减仓技巧

股市曾流行这么一句话:"会买的是徒弟,会卖的是师傅",这句话虽然片面,但也有合理的部分,首先赚钱的先决条件是选到好股票,也就是要买到好股票。买到好股后赚多赚少就得看卖的手艺了。卖得好可以多赚,同时卖得好也可以少亏。大部分投资者十分重视买的选择与研究,对卖的研究投入较少或不太重视。

大盘走势影响个股表现,强势上升市场与弱势下跌市场差别很大,不同市场环境下卖出自然有不同的抉择。在股指盘中出现跳水时个股肯定大受影响,面对短线暴跌应如何卖出?有没有什么好的技巧?现在重点讨论个股急跌时的卖出技巧。

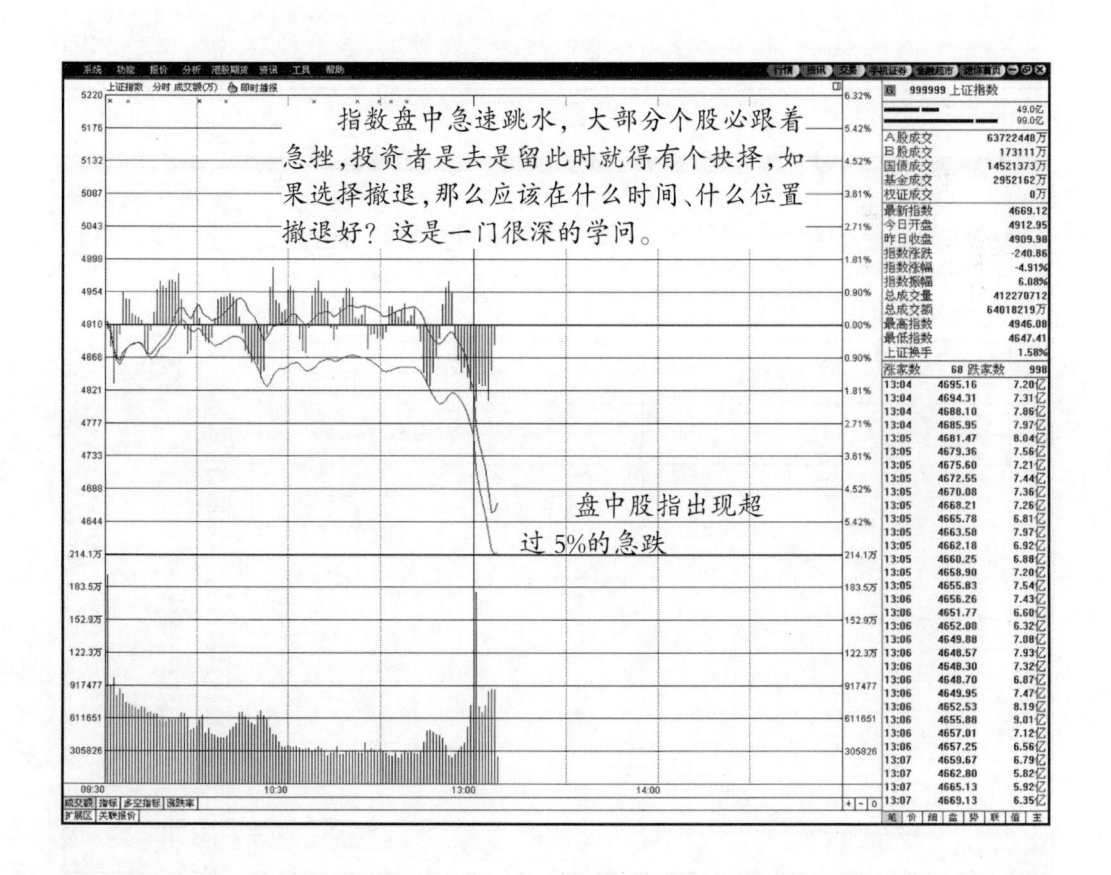

指数盘中急速跳水,大部分个股必跟着急挫,投资者是去是留此时就得有个抉择,如果选择撤退,那么应该在什么时间、什么位置撤退好?这是一门很深的学问。

盘中股指出现超过5%的急跌

主力行为盘口解密(精选版)

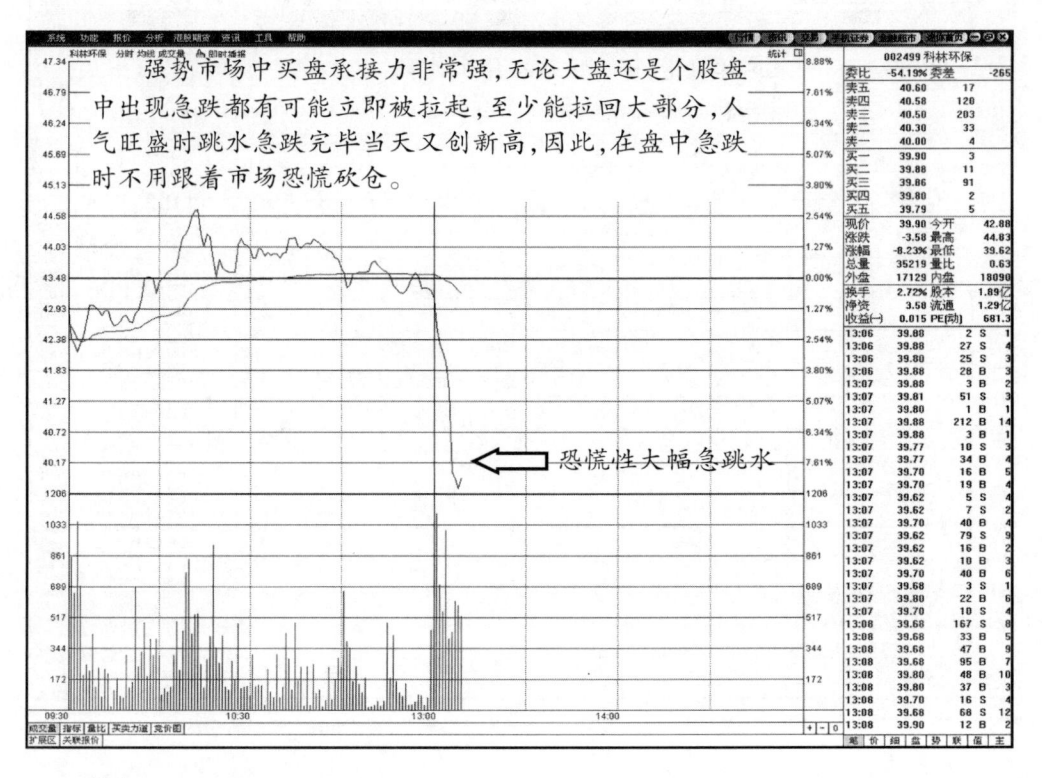

第一时间撤退位

市场出现恐慌时,盘中涨停的品种打开涨停跟着跳水并没有什么稀奇,如持有这样的品种决定要走,应该什么时间走?当然是在涨停被砸开的第一时间走,但因砸开后下跌太急未能及时卖出怎么处理?

牛市盘中出现急跌是正常的,急跌时建议先看盘,不用恐慌砍仓。

强势市场中买盘承接力非常强,无论大盘还是个股盘中出现急跌都有可能立即被拉起,至少能拉回大部分,人气旺盛时跳水急跌完毕当天又创新高,因此,在盘中急跌时不用跟着市场恐慌砍仓。

← 恐慌性大幅急跳水

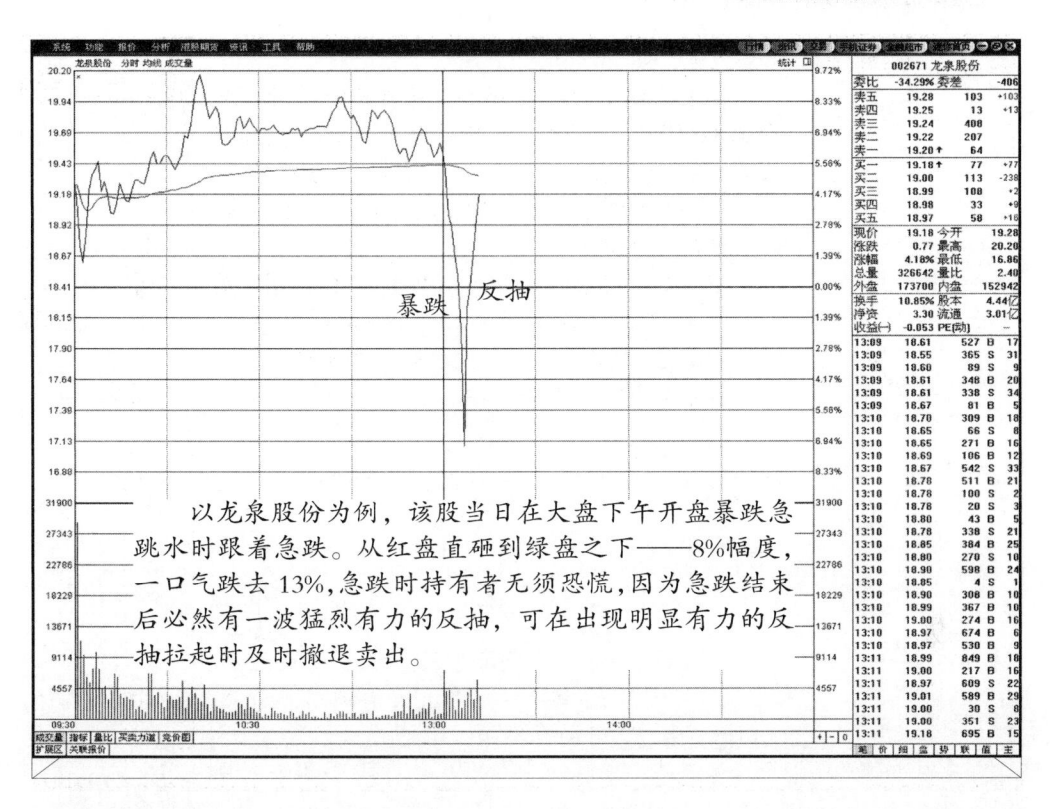

第十章 特殊盘面分析

暴跌　反抽

以龙泉股份为例，该股当日在大盘下午开盘暴跌急跳水时跟着急跌。从红盘直砸到绿盘之下——8%幅度，一口气跌去13%，急跌时持有者无须恐慌，因为急跌结束后必然有一波猛烈有力的反抽，可在出现明显有力的反抽拉起时及时撤退卖出。

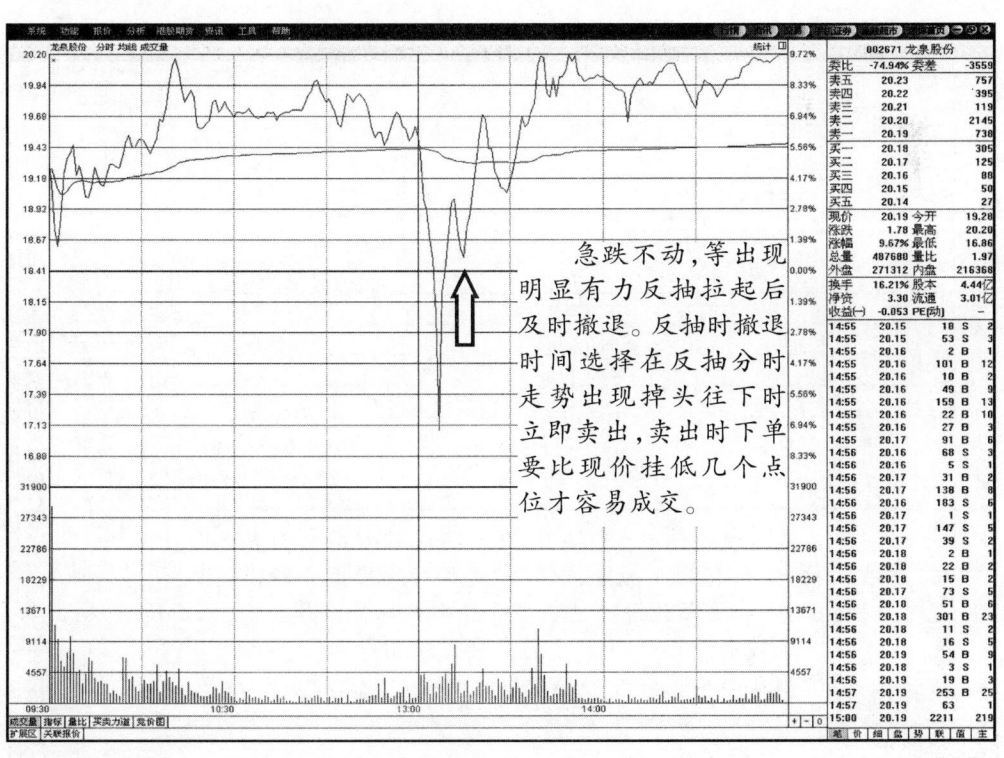

急跌不动，等出现明显有力反抽拉起后及时撤退。反抽时撤退时间选择在反抽分时走势出现掉头往下时立即卖出，卖出时下单要比现价挂低几个点位才容易成交。

主力行为盘口解密(精选版)

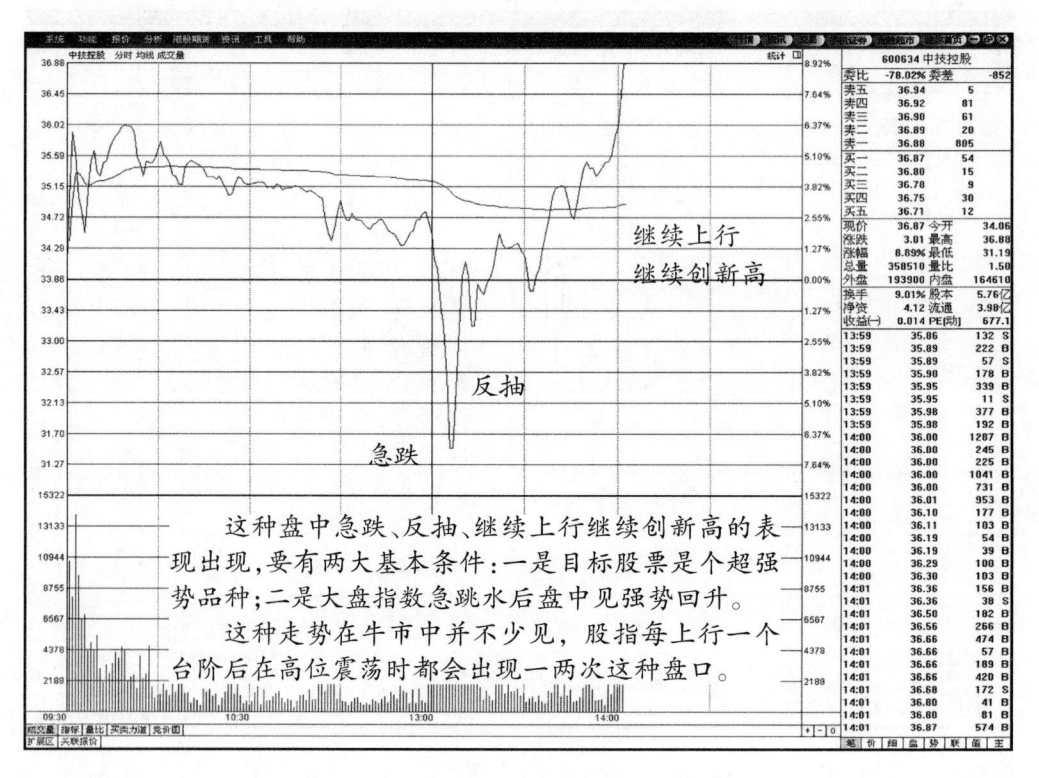

个股无论是自身原因还是因为大盘盘中跳水影响出现急跌,急跌后大都会出现一波较有力的反抽。如是因大盘尾盘大跳水影响,尾盘最后15分钟内出现的急跌,部分是没出现反抽就已收市,这种情况出现得较少。

盘中急跌后如市场处于弱势或个股是因利空急跌,应该在急跌后在第一波有力反抽时撤退,反抽出现掉头时立即卖出,此情况容易出现一波有力反抽后股价继续下行走弱。

← 急跌

← 反抽

早盘急跌出现一波有力反抽如不撤退,股价继续下行走弱有麻烦。

继续上行
继续创新高

反抽

急跌

这种盘中急跌、反抽、继续上行继续创新高的表现出现,要有两大基本条件:一是目标股票是个超强势品种;二是大盘指数急跳水后盘中见强势回升。

这种走势在牛市中并不少见,股指每上行一个台阶后在高位震荡时都会出现一两次这种盘口。

恐慌性跳水行为与底部特征

从心理学上分析，人的情绪产生恐慌，是在受外界因素的影响下自我意识的不安！在相同的环境刺激下既有个体恐慌，也会引发群体性恐慌。由个体到小群体再到大面积，恐慌情绪会蔓延；大面积恐慌情绪蔓延后就形成羊群效应。当然这只是羊群效应中的一种。

股票恐慌性跳水的三种情况

股票市场中恐慌效应可分为三大类别：个股出现恐慌，板块出现恐慌，整个市场出现恐慌。个股出现恐慌一般是利空消息出现后，持有该股的投资者争先恐后拼命出逃形成的。板块恐慌一般是政策或者重大事件等利空消息的影响形成。如日本大地震"福岛核泄漏"事件就引发A股中的核电设备制造板块个股出现阶段性恐慌大跳水。再如2008年"三聚氰胺奶粉事件"导致国内大部分乳制品业上市公司股价出现整体恐慌大跌。影响整个市场出现恐慌跳水的因素非常多，既有政策性的也有突发性的，无论哪一种都对股票市场不利，都会对投资者信心造成打击。有时大市出现恐慌砸盘跳水是大盘自身运行规律导致，不是外界力量的影响，这种市场自身内在的运行波动调节导致的恐慌跳水是没有理由可言的。

恐慌性跳水特征

个股出现恐慌性跳水，板块出现恐慌性跳水，既可能与大盘当时的走势无关。也可能是大盘出现恐慌性大跳水的影响导致的。而整个市场出现的恐慌性大跳水，恐慌性体现在两方面：一是大盘暴跌，二是大面积个股跟随暴跌。

个股出现恐慌性跳水有时是无量暴跌，有时则是放量下跌。这取决于当时的恐慌程度。如果恐慌程度不严重还是有买盘敢于入市接货的，有大量买盘敢于入市接货股价还大跌说明持有者特别恐慌，出逃者特别多。由大盘出现大跳水引发的极度恐慌，大家都只想着往外跑，

主力行为盘口解密(精选版)

敢入市的资金很少。这是导致没有多少成交量或只用几百手甚至几十手卖单就能将股价砸低几个百分点的原因。一般出现因大盘大跌而引发的个股大面积恐慌性跳水，个股往往都是无量砸盘暴跌。无量砸盘不但体现出卖盘信心崩溃恐慌，也体现了现金持有者对当前形势感到恐慌，没有信心而不敢入市。无量跳水空跌是极度恐慌的表现。

以下是单个个股恐慌性跳水暴跌行为。

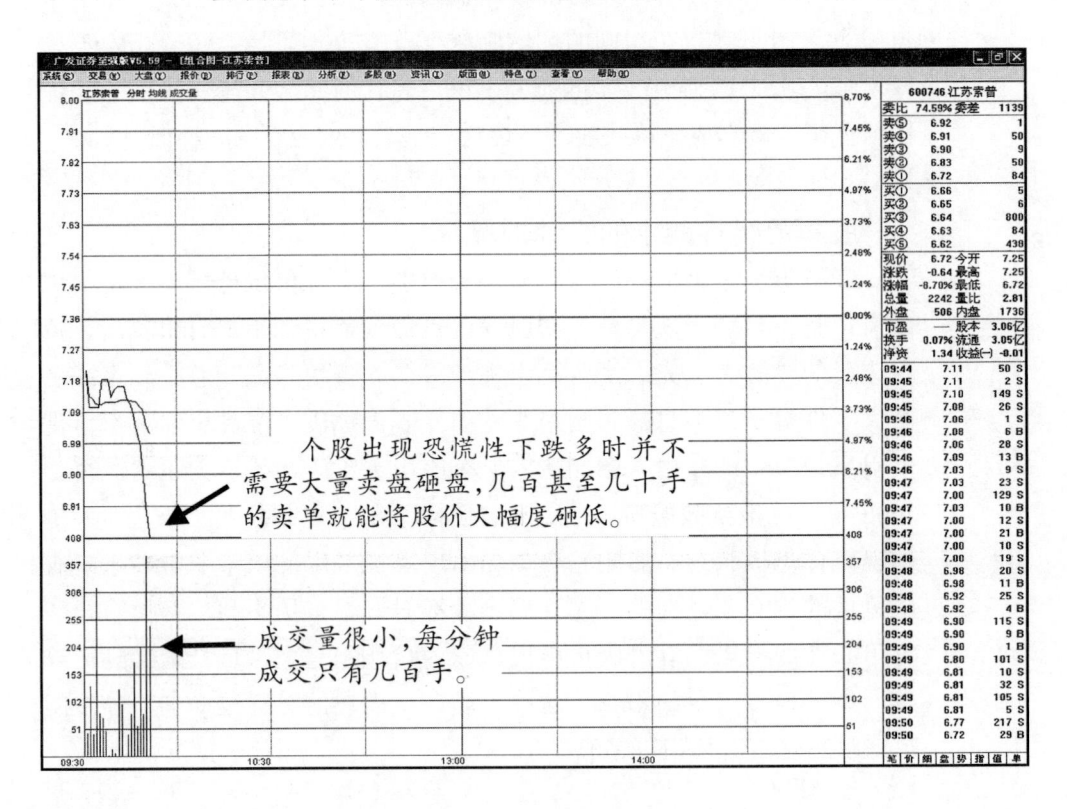

个股出现恐慌性下跌多时并不需要大量卖盘砸盘，几百甚至几十手的卖单就能将股价大幅度砸低。

成交量很小，每分钟成交只有几百手。

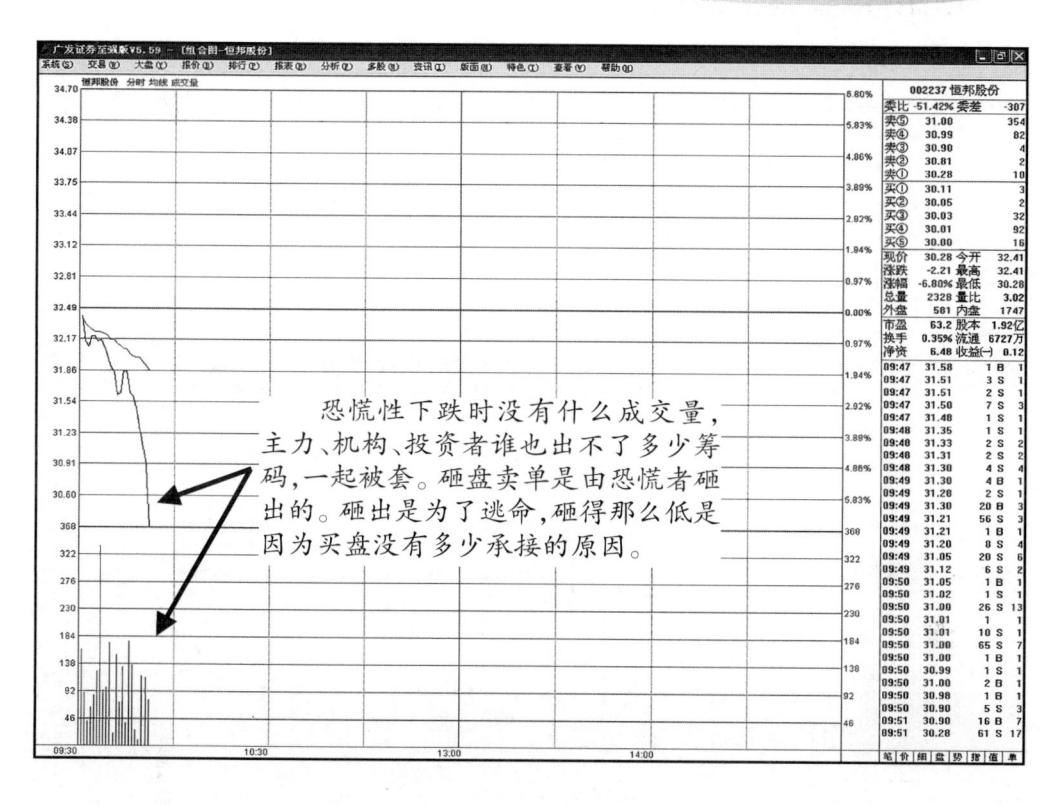

第十章 特殊盘面分析

恐慌性下跌时没有什么成交量，主力、机构、投资者谁也出不了多少筹码，一起被套。砸盘卖单是由恐慌者砸出的。砸出是为了逃命，砸得那么低是因为买盘没有多少承接的原因。

以下是板块效应恐慌性跳水暴跌行为。

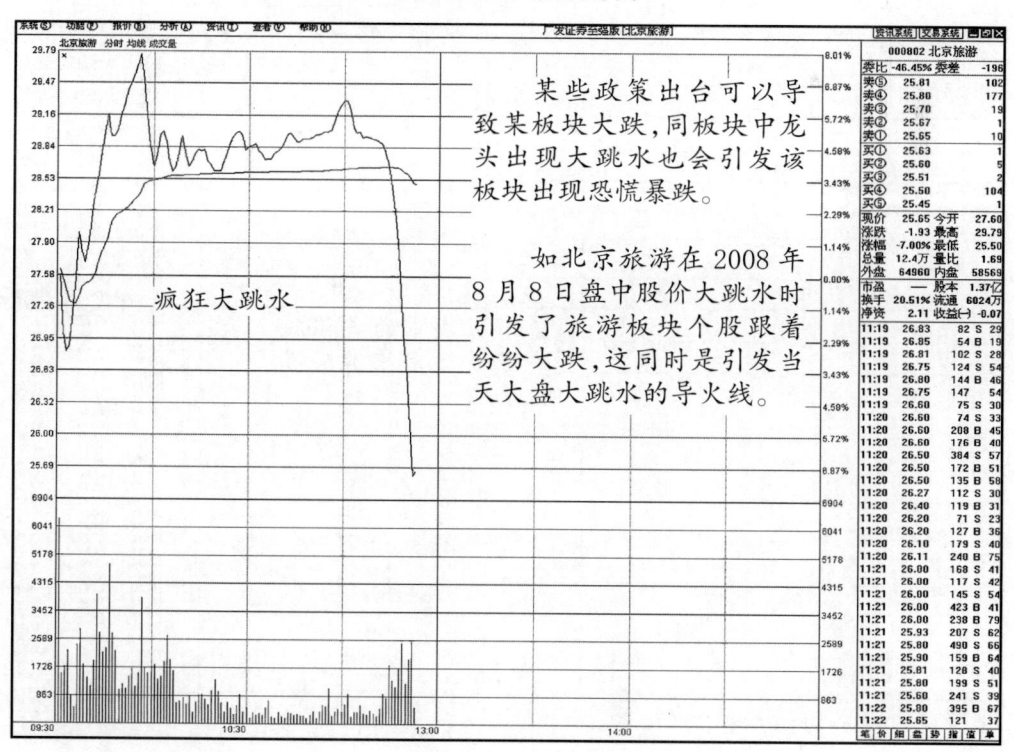

某些政策出台可以导致某板块大跌，同板块中龙头出现大跳水也会引发该板块出现恐慌暴跌。

如北京旅游在2008年8月8日盘中股价大跳水时引发了旅游板块个股跟着纷纷大跌，这同时是引发当天大盘大跳水的导火线。

疯狂大跳水

339

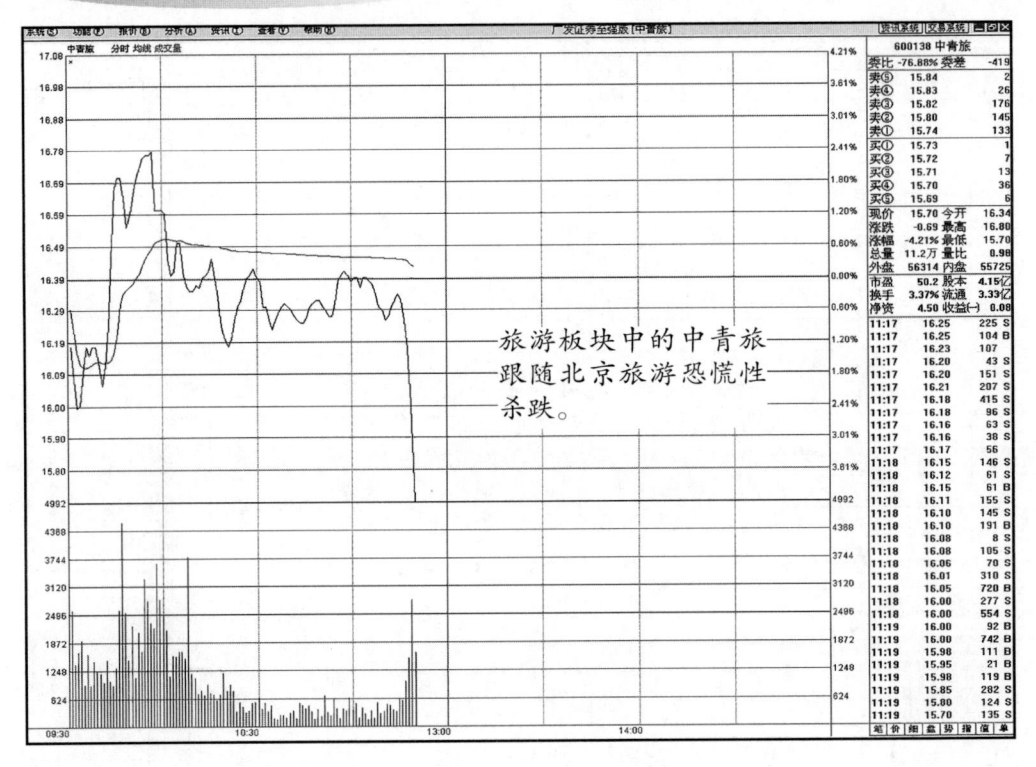

主力行为盘口解密(精选版)

旅游板块中的中青旅跟随北京旅游恐慌性杀跌。

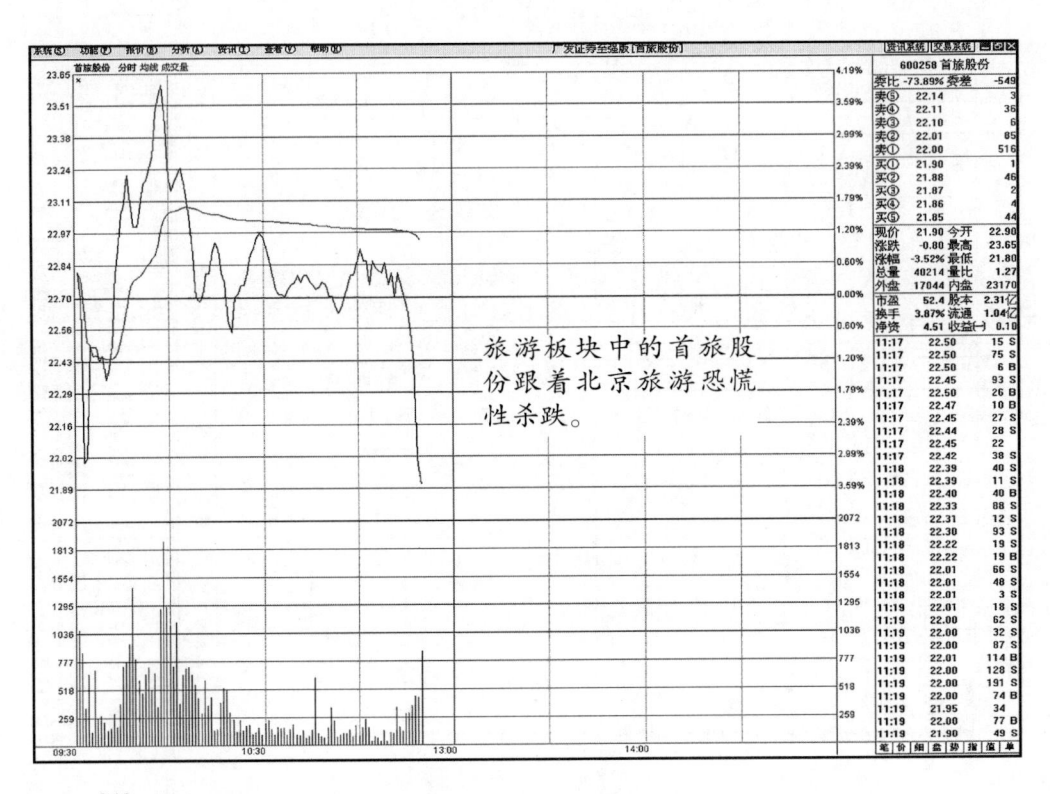

旅游板块中的首旅股份跟着北京旅游恐慌性杀跌。

日本大地震"福岛核泄漏"事件后，2011年3月16日，温家宝总理主持召开国务院常务会议，宣布立即停建不符合安全标准的核电站；核安全规划批准前，暂停审批核电项目等。此消息一出，本来已经大跌的核电板块雪上加霜，次日开盘核电板块个股纷纷暴跌。这是一次利空消息影响板块恐慌性暴跌。

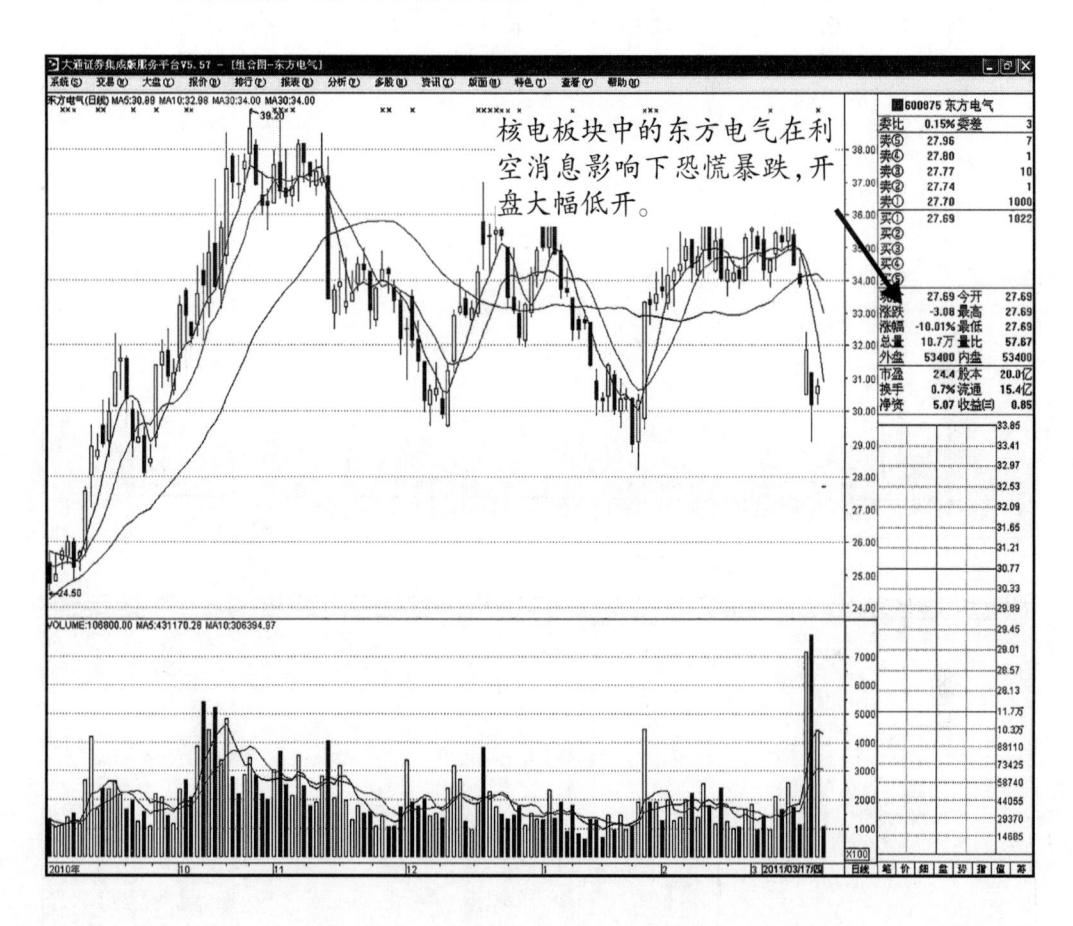

核电板块中的东方电气在利空消息影响下恐慌暴跌，开盘大幅低开。

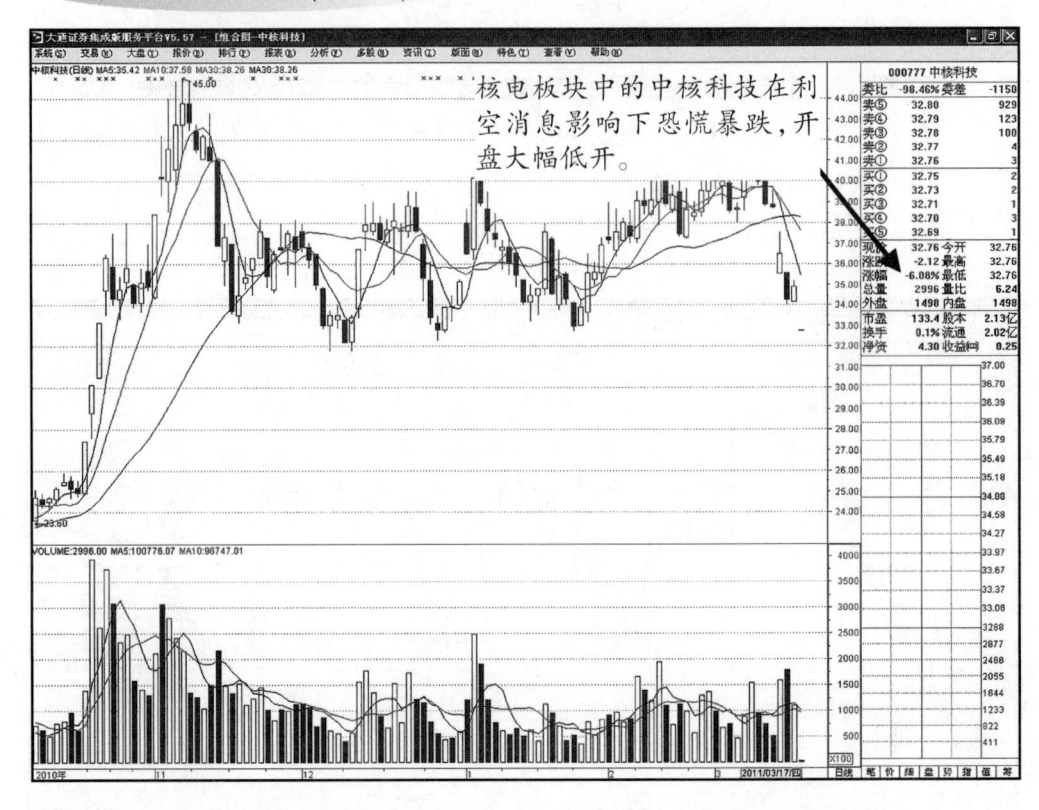

主力行为盘口解密(精选版)

核电板块中的中核科技在利空消息影响下恐慌暴跌，开盘大幅低开。

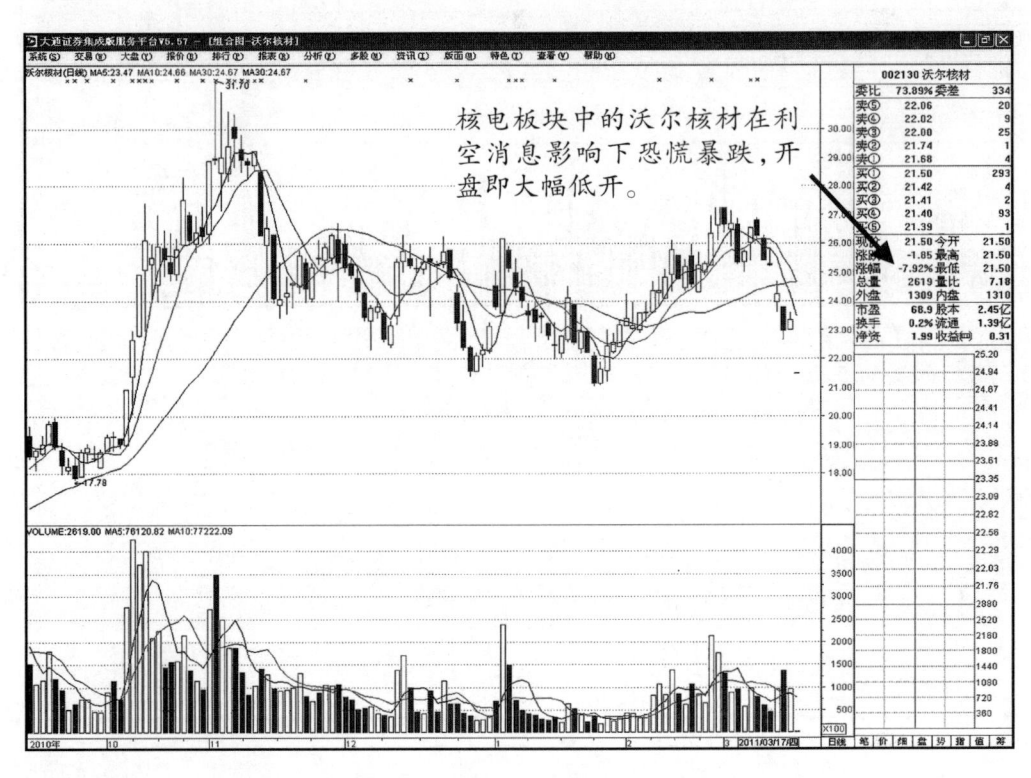

核电板块中的沃尔核材在利空消息影响下恐慌暴跌，开盘即大幅低开。

第十章 特殊盘面分析

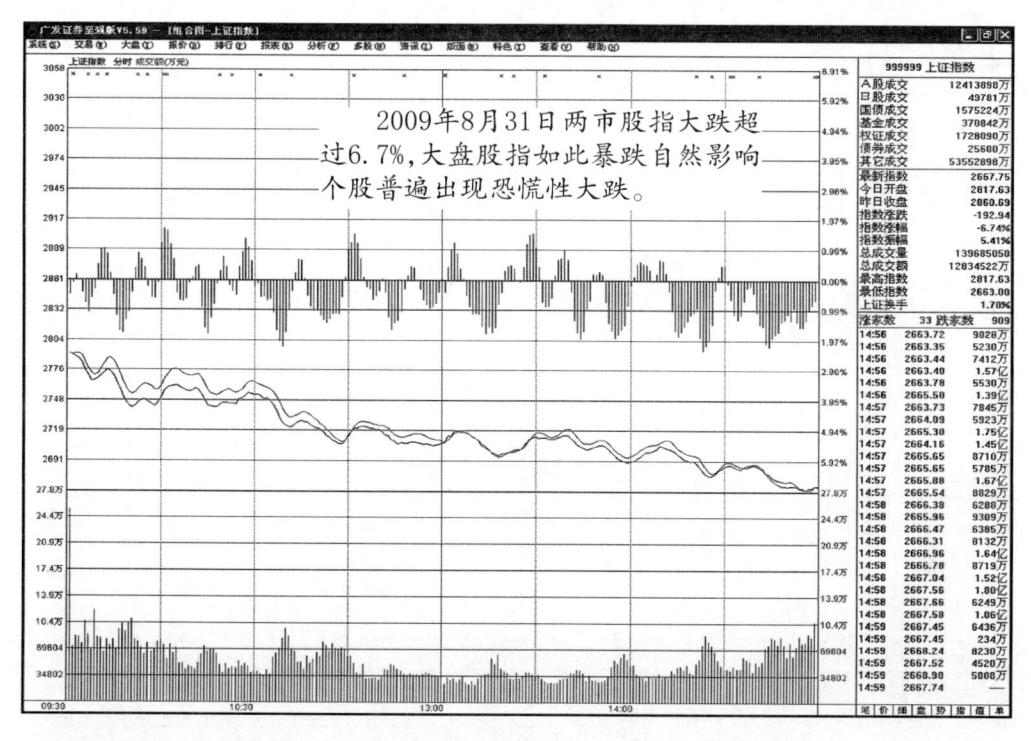

以下是大盘下跌导致整个市场出现恐慌性跳水行为。

2009年8月31日两市股指大跌超过6.7%，大盘股指如此暴跌自然影响个股普遍出现恐慌性大跌。

跌停板——当日仅仅上海市场收市跌停板个股就好几板，这是极度恐慌市场。

主力行为盘口解密(精选版)

在一轮大熊市的暴跌中，大盘与个股可以出现多次恐慌性跳水。大熊市中股指并不一定一路下跌，中间也会有反弹。每一个下跌阶段股指由震荡下跌到出现恐慌性急跌，急跌后指数随之出现反抽，这是股指见底的一个重要特征。一个完整的大熊市，期间一般都会经历三次恐慌性跳水。第三次恐慌性跳水出现后股指将彻底反转见底。

恐慌性跳水下跌是非理性行为，非理性下跌行为在跌幅上不可测，但非理性下跌行为在时间上一般是短暂的。由大盘下跌引发的个股大面积非理性暴跌一般在1～3个交易日结束。有时非理性暴跌在一个交易日就完成暴跌与反转两个截然不同的动作。在非理性暴跌出现时要及时撤退，万万不能入市。非理性暴跌出现时往往最疯狂的5分钟暴跌就可以致命。

强势股跳水补跌行为

在一轮大盘的明显下跌中，可能有小部分个股走势独立或者逆市上升，但这些独立或者逆市上升的个股大部分会在大盘见底前的最后下跌中，出现恐慌性补跌。这种明显的群体性补跌行为是大盘即将见底的一个信号。

大盘中级调整行情低位见底的判断信号：之前一直横盘不跌或者逆市上升的强势股终于无力支撑，纷纷大幅补跌。强势补跌的时间一般在两至三个交易日。

主力行为盘口解密(精选版)

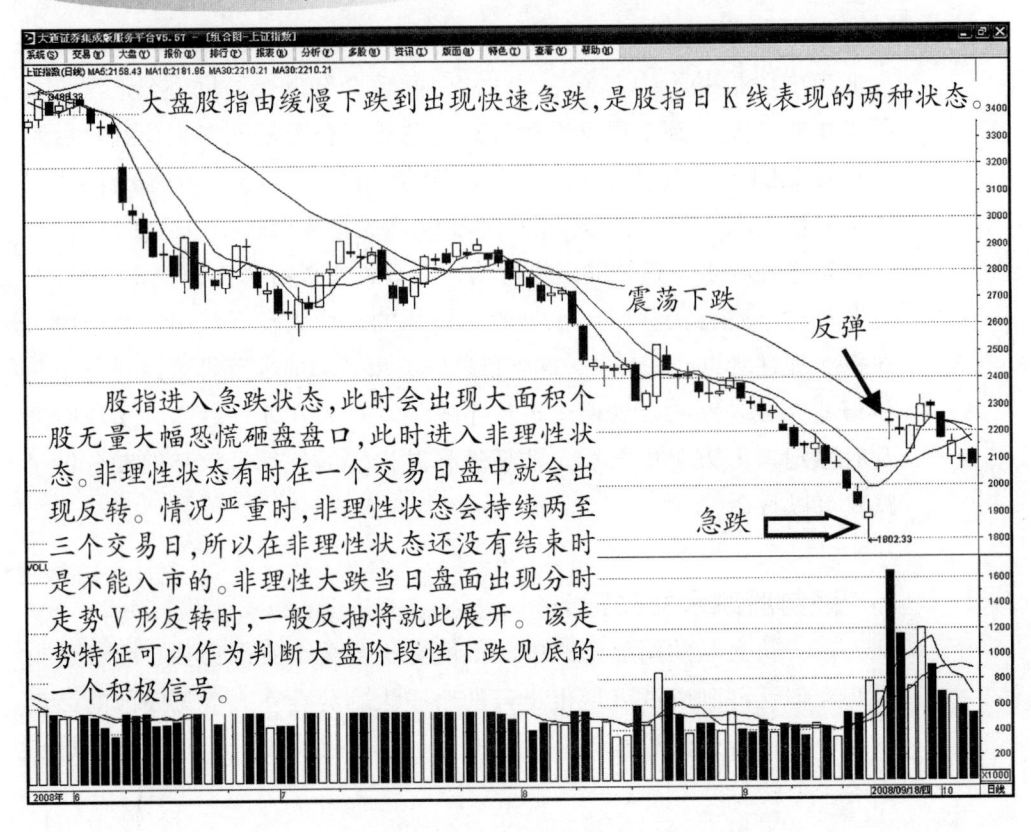

大盘股指由缓慢下跌到出现快速急跌,是股指日K线表现的两种状态。

震荡下跌

反弹

股指进入急跌状态,此时会出现大面积个股无量大幅恐慌砸盘盘口,此时进入非理性状态。非理性状态有时在一个交易日盘中就会出现反转。情况严重时,非理性状态会持续两至三个交易日,所以在非理性状态还没有结束时是不能入市的。非理性大跌当日盘面出现分时走势V形反转时,一般反抽将就此展开。该走势特征可以作为判断大盘阶段性下跌见底的一个积极信号。

急跌

闪崩盘口特征以及处理方法

闪崩即瞬间崩塌,崩塌的危害性很大,非死即伤,甚至有灭顶之灾。想想生活中那些高层建筑或崇山峻岭瞬间崩塌的场景,令人十分恐惧。A股市场中某些个股盘中或者K线突然毫无征兆出现暴跌,也可以用闪崩来形容。

个股下跌闪崩说明暴跌在瞬间发生和完成。股价闪崩暴跌体现在两方面:一是盘中股价闪崩暴跌,分时表现为接近直线90度角下挫;二是体现在日K线上,日K线出现连续大阴或者连续一字板直线下挫。

个股出现闪崩的原因有多个:①指数下跌引发恐慌性抛盘砸盘;②上市公司突发重大利空;③机构突然砸盘出货;④日常成交非常清

淡品种遇抛盘；⑤不可预测的突发因素影响（如卖家下单数量、价格、方向出错等）。

以上影响因素中前四项最常见。当批量个股在盘中几乎同时发生闪崩时说明当时市场处于非常恐慌状态。如2018年1月31日和2月1日的大市盘面就是如此，百家以上中小盘股跌停，遇到"局部流动性危机"出现闪崩。

闪崩出现在盘中有两种表现：一是分时直线下挫，但没有砸到跌停；二是分时直线下挫直砸至跌停。日K线闪崩一般当天股价都是以封跌停收场，而且短线连续暴跌幅度巨大。大部分日K线闪崩个股都是由股价盘中闪崩开始作为暴跌导火索，因此个股如盘中出现闪崩状态，闪崩出现后分时直线下挫但没有砸到跌停，首次反抽时立即撤退。当闪崩出现分时直线砸到跌停时，立即挂跌停价排队卖出。盘中出现闪崩砸到跌停的个股90%跌停会封得死死的，在跌停时瞬间下单排队卖出，手慢了都难以成交。如闪崩个股当日牢牢封跌停收盘，次日必然大幅低开甚至一字板跌停开盘。

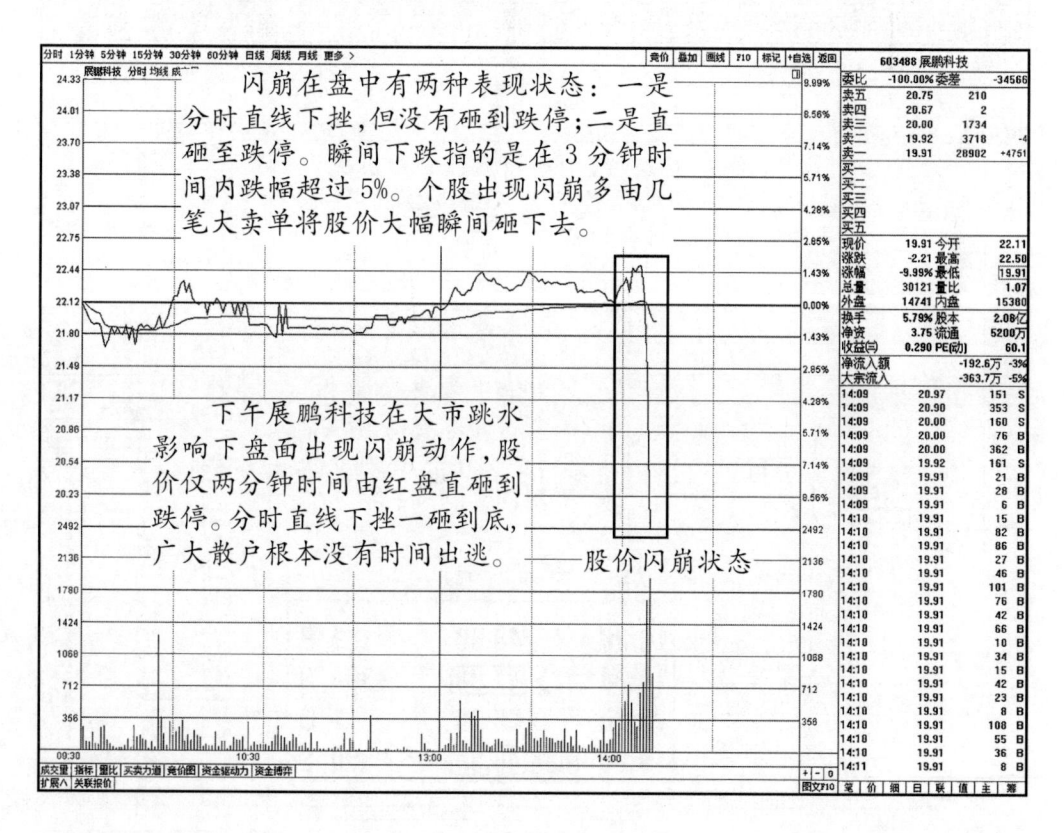

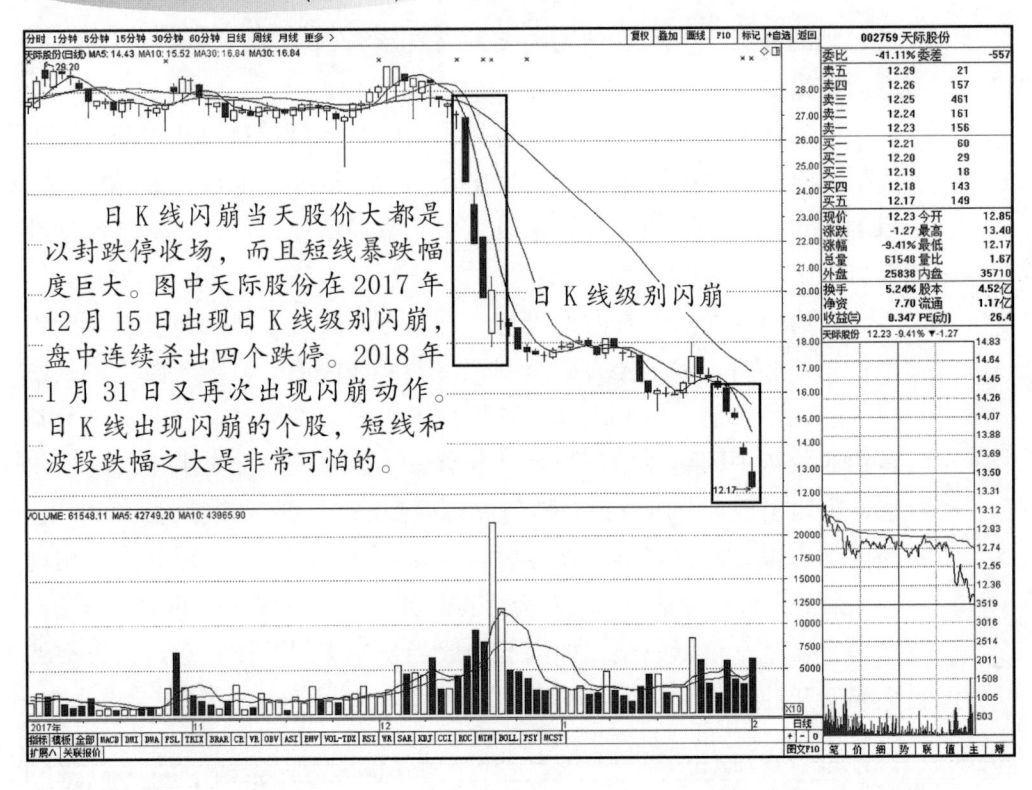

主力行为盘口解密(精选版)

日K线闪崩当天股价大都是以封跌停收场，而且短线暴跌幅度巨大。图中天际股份在2017年12月15日出现日K线级别闪崩，盘中连续杀出四个跌停。2018年1月31日又再次出现闪崩动作。日K线出现闪崩的个股，短线和波段跌幅之大是非常可怕的。

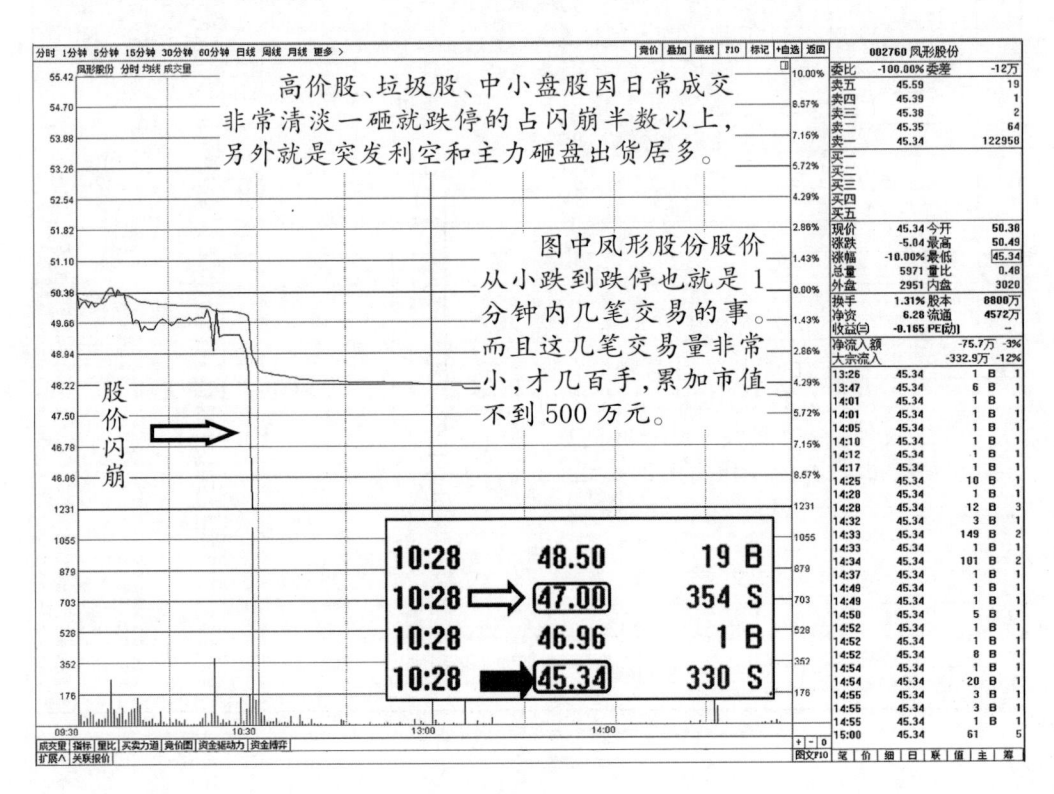

高价股、垃圾股、中小盘股因日常成交非常清淡一砸就跌停的占闪崩半数以上，另外就是突发利空和主力砸盘出货居多。

图中凤形股份股价从小跌到跌停也就是1分钟内几笔交易的事。而且这几笔交易量非常小，才几百手，累加市值不到500万元。

股价闪崩

时间	价格	量	方向
10:28	48.50	19	B
10:28 →	47.00	354	S
10:28	46.96	1	B
10:28 ⇒	45.34	330	S

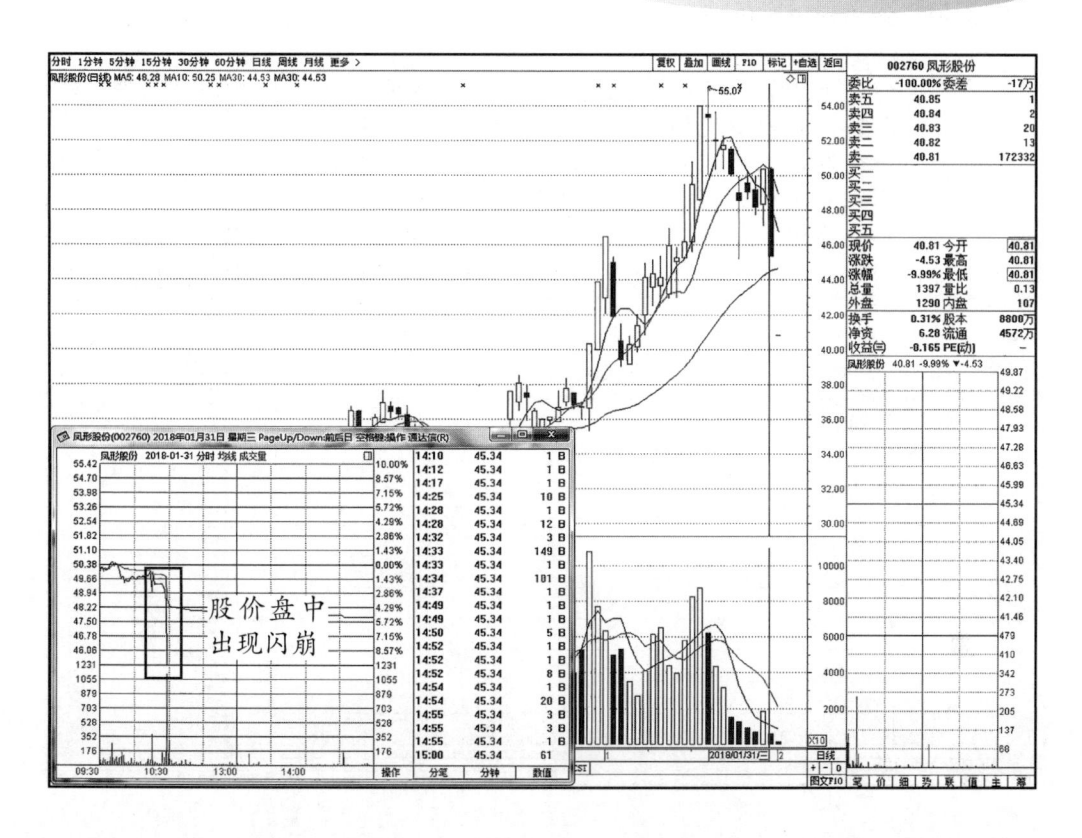

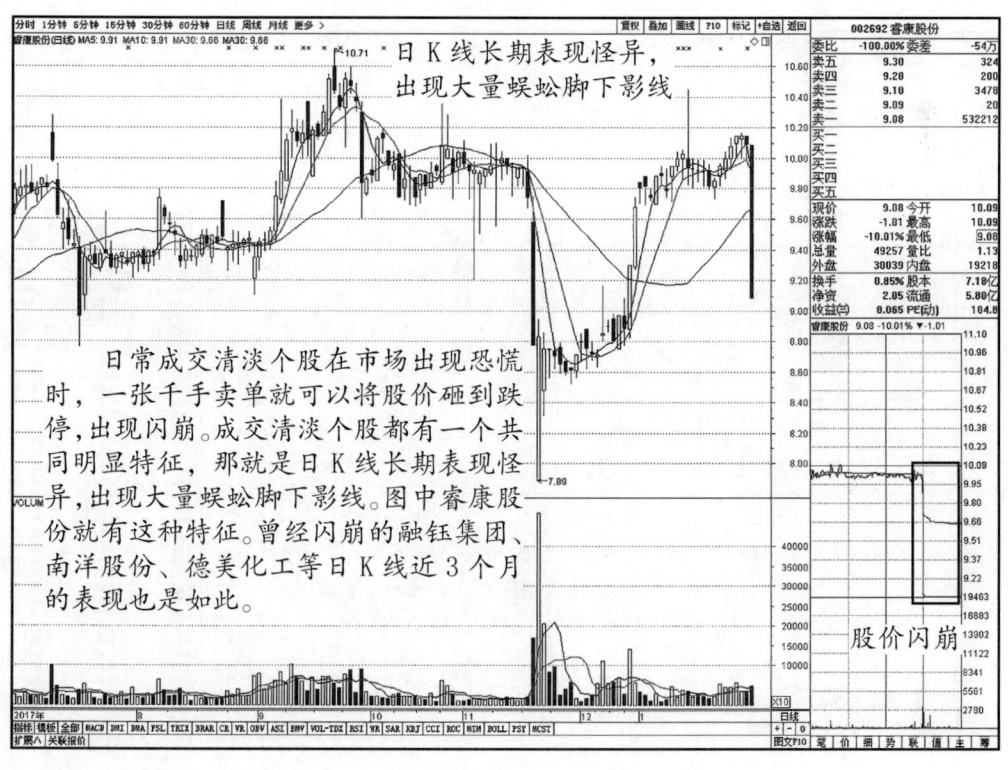

第十章 特殊盘面分析

股价盘中出现闪崩

日K线长期表现怪异，出现大量蜈蚣脚下影线

日常成交清淡个股在市场出现恐慌时，一张千手卖单就可以将股价砸到跌停，出现闪崩。成交清淡个股都有一个共同明显特征，那就是日K线长期表现怪异，出现大量蜈蚣脚下影线。图中睿康股份就有这种特征。曾经闪崩的融钰集团、南洋股份、德美化工等日K线近3个月的表现也是如此。

股价闪崩

主力行为盘口解密(精选版)

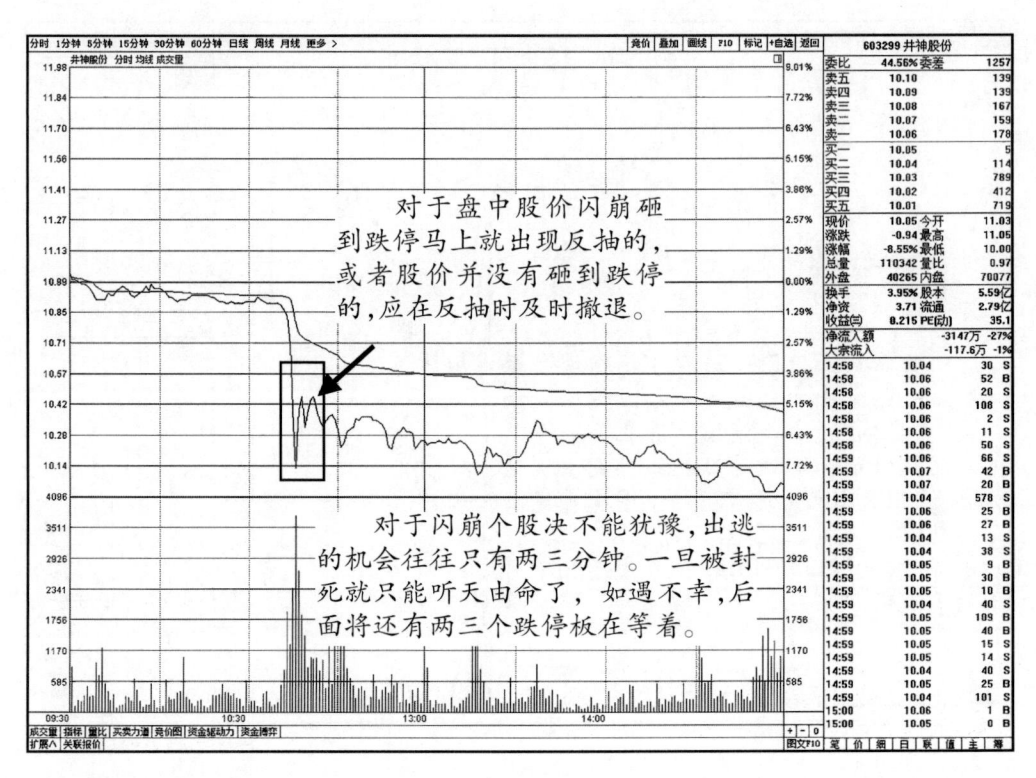

盘中股价闪崩直砸跌停，部分在砸到跌停瞬间就出现反抽，反抽时应马上撤退。小部分封跌停后有机会打开跌停，在跌停打开时应趁机走人。闪崩个股封跌停后能打开跌停的只占小部分，大部分会牢牢封死至收市。

闪崩个股出现跌停应立即排队卖出，能打开跌停的更要趁机走人。

股价闪崩直砸跌停

对于盘中股价闪崩砸到跌停马上就出现反抽的，或者股价并没有砸到跌停的，应在反抽时及时撤退。

对于闪崩个股决不能犹豫，出逃的机会往往只有两三分钟。一旦被封死就只能听天由命了，如遇不幸，后面将还有两三个跌停板在等着。

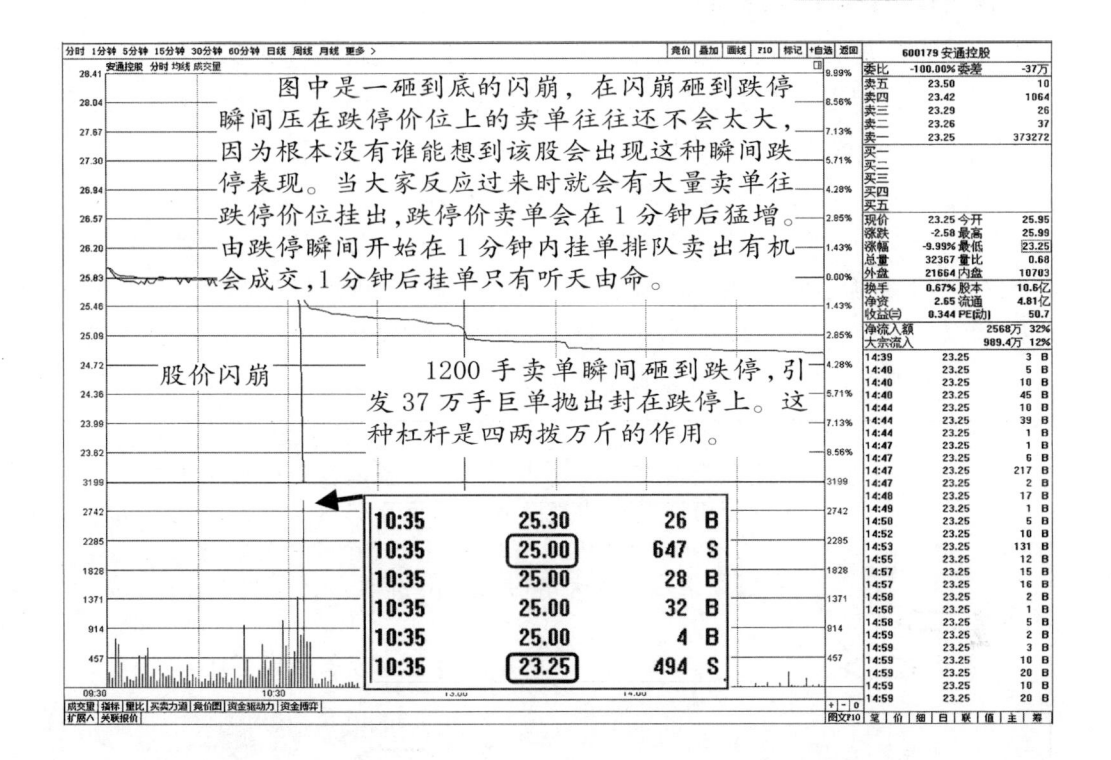

最后恐慌急跌状态的后续表现

急跌是股票市场中对股价出现快速大跌状态的一种描述。急跌是一种泛指,既可以出现在盘中,也可以体现在日K线上。出现在盘中是一种短暂的价格表现,持续时间短,往往只有几分钟或十几分钟。出现在日K线中是一种短线状态表现,持续时间大都一个交易日以上,十个交易日以内。急跌出现在盘中,价格往往只是快速跌去十个百分点,出现在日K线中,则可以快速跌去几十个百分点。急跌在股票市场中对做多者不是什么好事,但对于空仓者却未尝是坏事,因为个股由慢慢下跌到最后出现急跌,急跌结束后意味着该股阶段性见底。

在一般市场(非长期熊市状态)和熊市中,急跌是否是真正见底?市况不同环境不同有不同表现。在一般市场中,个股由慢慢下跌到出现急跌,急跌后绝大部分就是阶段见底。这里阶段见底是指急跌结束后的至少三个月内价格不会再创新低。而在已经走出超过一年漫长熊市状况就不同了,熊市中股价跌了再跌,急跌反抽后再慢跌又急跌,这种表现可

主力行为盘口解密(精选版)

以反复出现多次。所以在漫长熊市中股价由慢跌到出现急跌,急跌结束后只能说阶段性止跌,不能轻言见底。熊市中股价急跌后也会出现反弹,反弹时间一般维持在一个月左右。

实际上熊市中股价急跌后反弹分为两种状态:一是股价以30°~45°角反弹,绝大部分个股难有更强劲的反弹;二是部分表现弱势个股并没明显的反弹,价格以横盘状态代替了反弹。反弹或横盘维持一个月左右后股价又会重新走下坡路,这是熊市中的常见状态。下面就举一些例子说明这两种表现让大家有个初步认识。

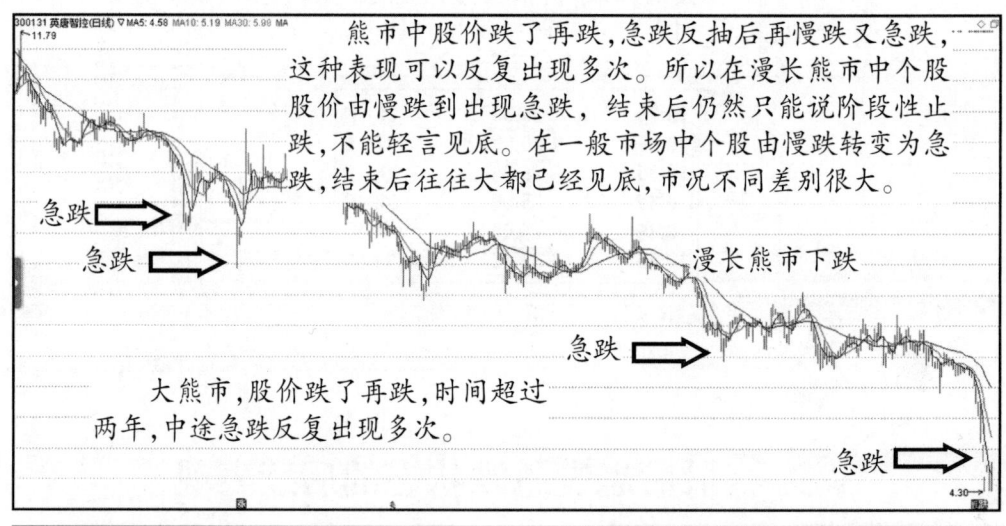

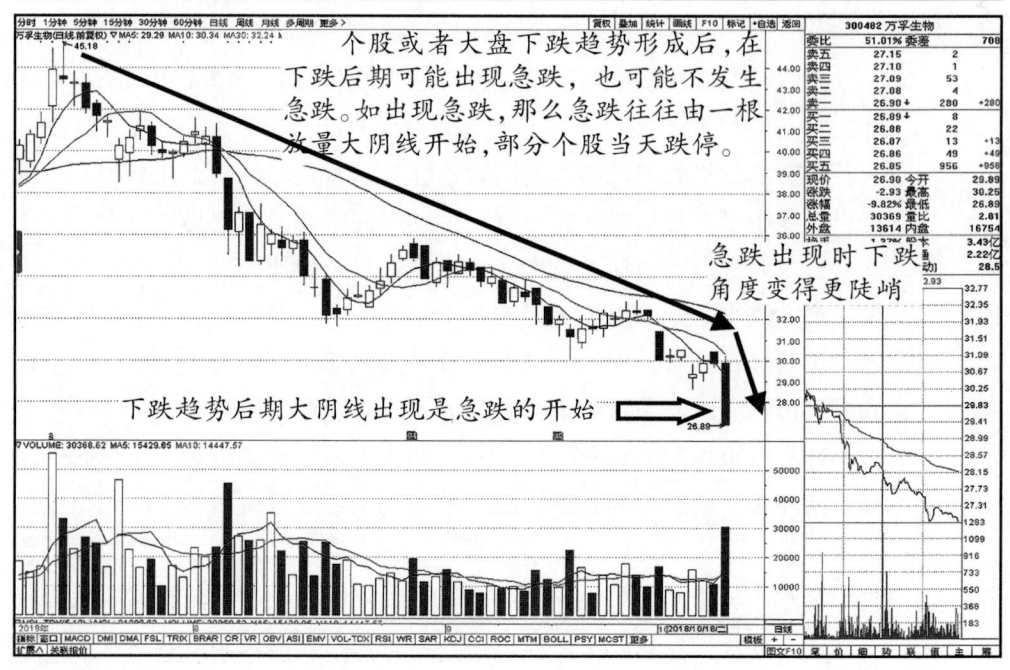

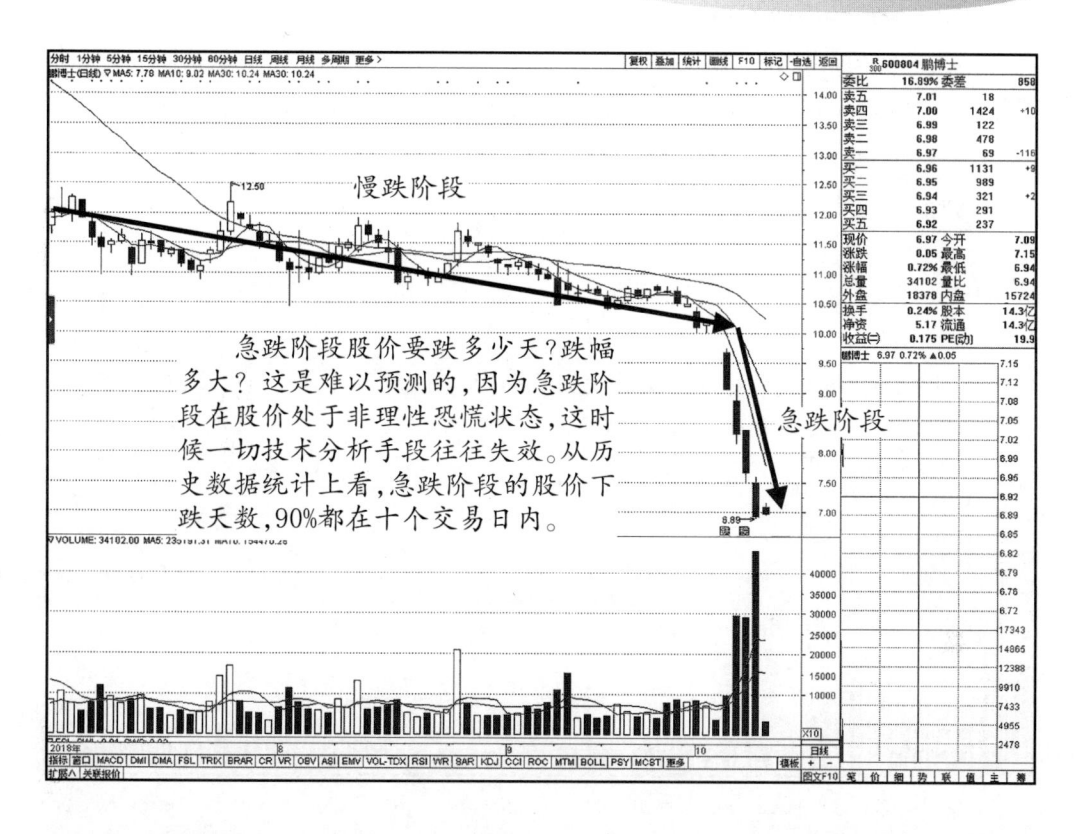

第十章 特殊盘面分析

慢跌阶段

急跌阶段股价要跌多少天？跌幅多大？这是难以预测的，因为急跌阶段在股价处于非理性恐慌状态，这时候一切技术分析手段往往失效。从历史数据统计上看，急跌阶段的股价下跌天数，90%都在十个交易日内。

急跌阶段

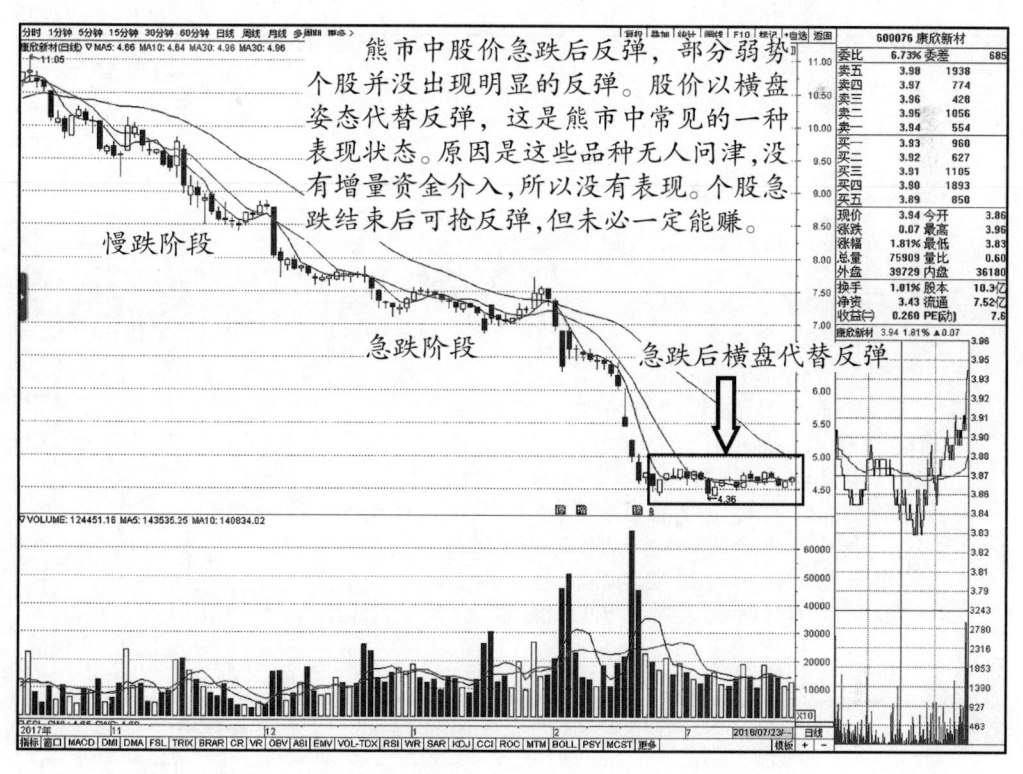

熊市中股价急跌后反弹，部分弱势个股并没出现明显的反弹。股价以横盘姿态代替反弹，这是熊市中常见的一种表现状态。原因是这些品种无人问津，没有增量资金介入，所以没有表现。个股急跌结束后可抢反弹，但未必一定能赚。

慢跌阶段

急跌阶段

急跌后横盘代替反弹

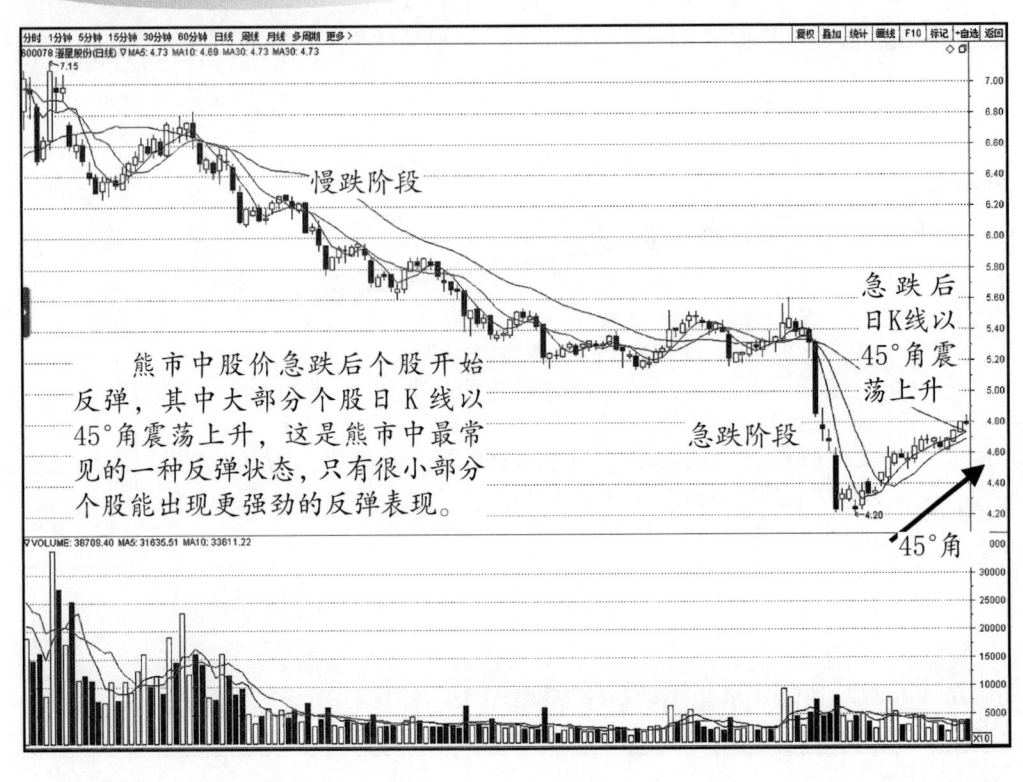

主力行为盘口解密(精选版)

熊市中股价急跌后个股开始反弹，其中大部分个股日K线以45°角震荡上升，这是熊市中最常见的一种反弹状态，只有很小部分个股能出现更强劲的反弹表现。

急跌后日K线以45°角震荡上升

急跌阶段

45°角

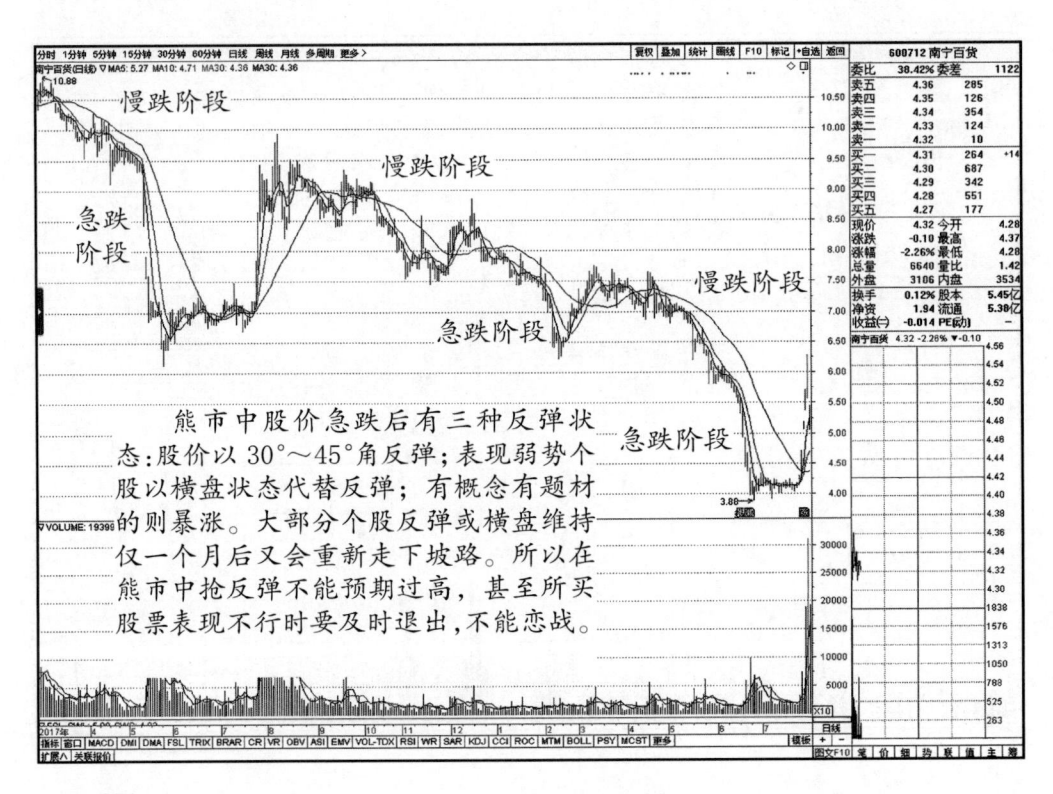

慢跌阶段

急跌阶段

慢跌阶段

慢跌阶段

急跌阶段

急跌阶段

熊市中股价急跌后有三种反弹状态:股价以30°~45°角反弹;表现弱势个股以横盘状态代替反弹;有概念有题材的则暴涨。大部分个股反弹或横盘维持仅一个月后又会重新走下坡路。所以在熊市中抢反弹不能预期过高，甚至所买股票表现不行时要及时退出，不能恋战。

濒临死亡的分时走势

心理学家肯尼斯·赖因格将人类的"濒死体验"分为四个阶段,其中第一阶段是感到极度的平静、安详和轻松。这是描述人类在死亡之际的一种感觉。在股票市场中个股也有一种十分奇特的分时走势,这种下跌分时走势几乎不理会当日指数的升跌波动,盘中一直维持十分独立、仿佛不受外界影响似的下跌。盘中整体或局部分时走势维持30°～60°角下行,下行过程中既没出现明显的急跳水,也没有明显的强力反弹,一切表现都像即将濒临死亡者那么的平静安详。

个股出现濒临死亡分时走势的原因有几方面:①某大机构压价出货,买盘有多少就出多少,并不理会市场波动;②大盘股指分时出现濒临死亡分时走势,个股跟着大盘走势的表现;③市场空方做空行为高度一致导致。

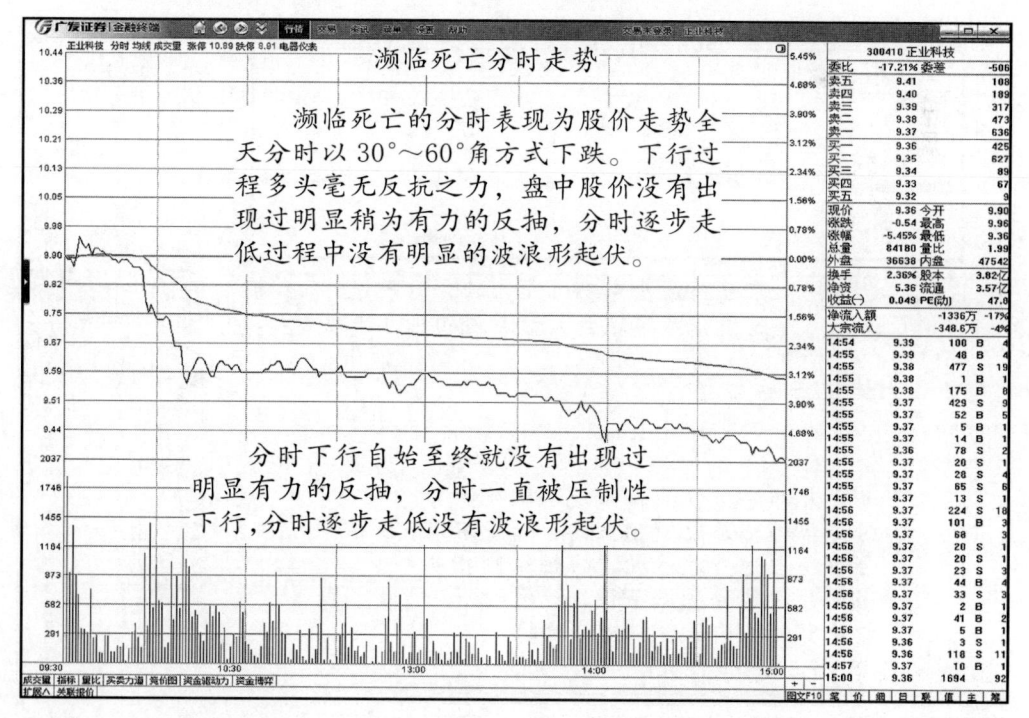

个股出现濒临死亡分时走势,后市短线继续看跌。

濒临死亡的分时表现为股价走势全天分时以30°～60°角方式下跌。下行过程多头毫无反抗之力,盘中股价没有出现过明显稍为有力的反抽,分时逐步走低过程中没有明显的波浪形起伏。

分时下行自始至终就没有出现过明显有力的反抽,分时一直被压制性下行,分时逐步走低没有波浪形起伏。

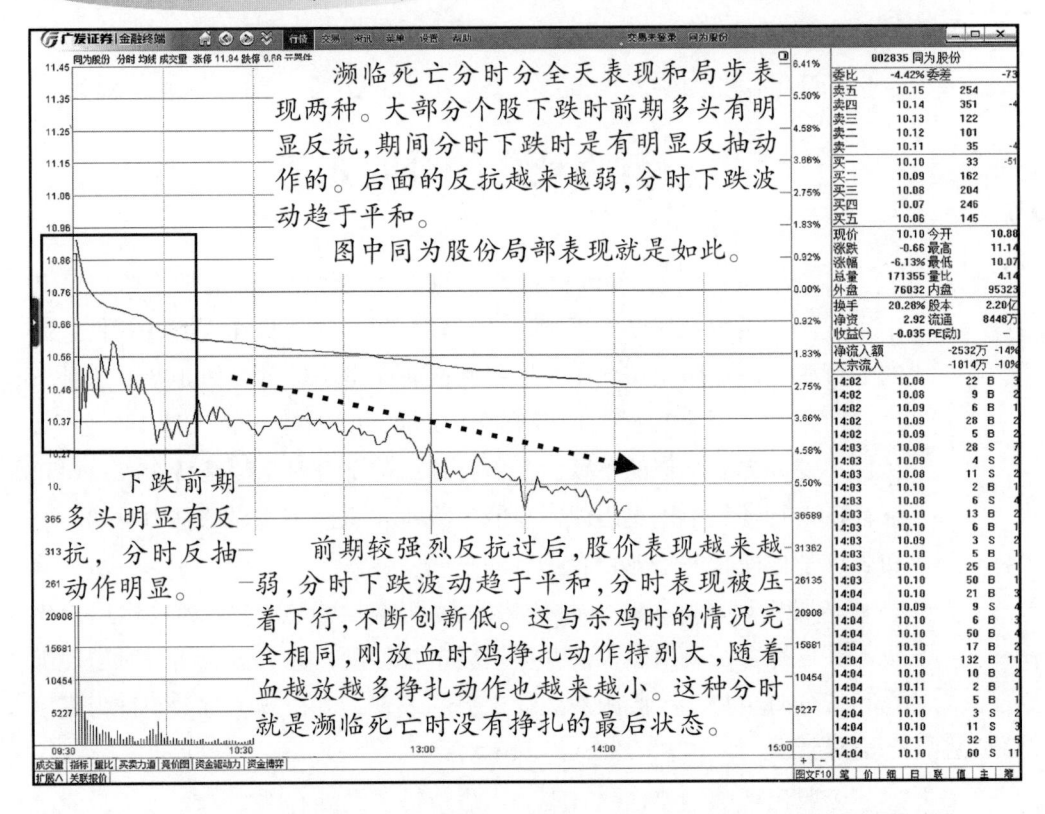

主力行为盘口解密(精选版)

濒临死亡分时分全天表现和局步表现两种。大部分个股下跌时前期多头有明显反抗，期间分时下跌时是有明显反抽动作的。后面的反抗越来越弱，分时下跌波动趋于平和。

图中同为股份局部表现就是如此。

下跌前期多头明显有反抗，分时反抽动作明显。

前期较强烈反抗过后，股价表现越来越弱，分时下跌波动趋于平和，分时表现被压着下行，不断创新低。这与杀鸡时的情况完全相同，刚放血时鸡挣扎动作特别大，随着血越放越多挣扎动作也越来越小。这种分时就是濒临死亡时没有挣扎的最后状态。

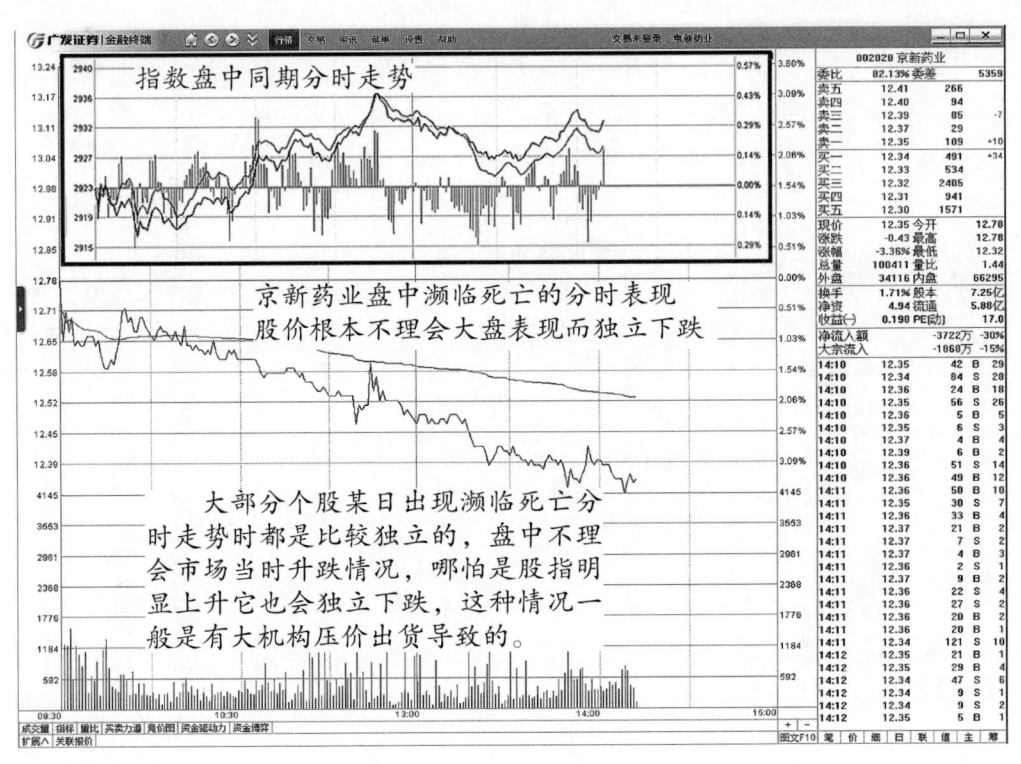

指数盘中同期分时走势

京新药业盘中濒临死亡的分时表现
股价根本不理会大盘表现而独立下跌

大部分个股某日出现濒临死亡分时走势时都是比较独立的，盘中不理会市场当时升跌情况，哪怕是股指明显上升它也会独立下跌，这种情况一般是有大机构压价出货导致的。

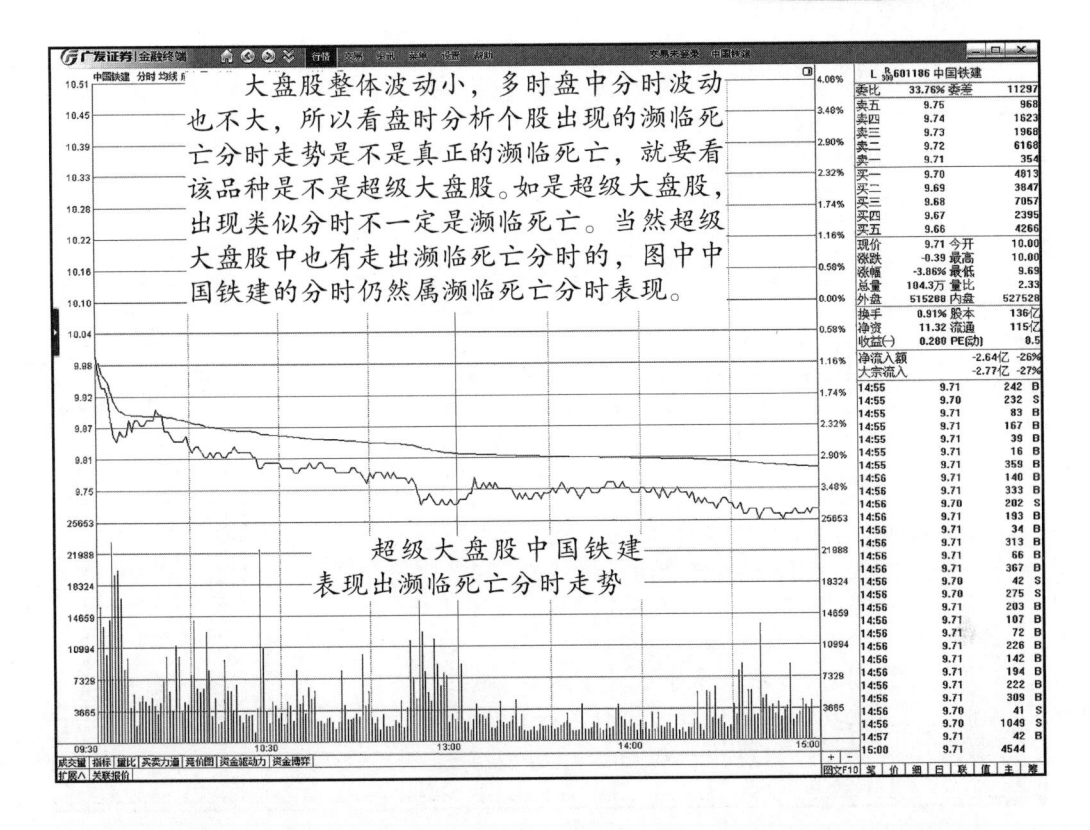

第十章 特殊盘面分析

大盘股整体波动小,多时盘中分时波动也不大,所以看盘时分析个股出现的濒临死亡分时走势是不是真正的濒临死亡,就要看该品种是不是超级大盘股。如是超级大盘股,出现类似分时不一定是濒临死亡。当然超级大盘股中也有走出濒临死亡分时的,图中中国铁建的分时仍然属濒临死亡分时表现。

超级大盘股中国铁建表现出濒临死亡分时走势

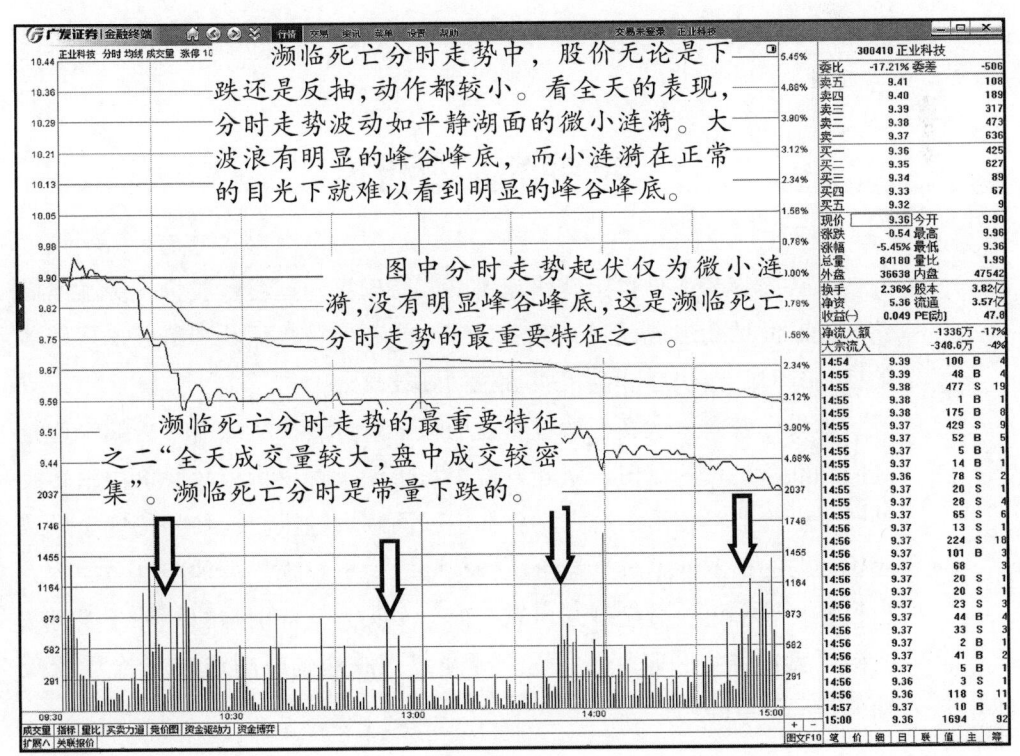

濒临死亡分时走势中,股价无论是下跌还是反抽,动作都较小。看全天的表现,分时走势波动如平静湖面的微小涟漪。大波浪有明显的峰谷峰底,而小涟漪在正常的目光下就难以看到明显的峰谷峰底。

图中分时走势起伏仅为微小涟漪,没有明显峰谷峰底,这是濒临死亡分时走势的最重要特征之一。

濒临死亡分时走势的最重要特征之二"全天成交量较大,盘中成交较密集"。濒临死亡分时是带量下跌的。

357

[图示：广发证券金融终端 002817 黄山胶囊 分时图]

股价日常有起有落，最可怕的并不是股价下跌，而是股价下跌后没有丁点的反弹反抽。个股出现跌下去容易反抽难的盘口，意味着短期面临严重困难。濒临死亡分时其实就是下跌容易反抽难盘口，盘中下行过程中没有出现明显有力的反抽，股价严重受空头压制。个股盘面出现濒临死亡分时走势，除了当天股价下跌，后市短线也不为乐观。

横盘状态濒临死亡分时表现

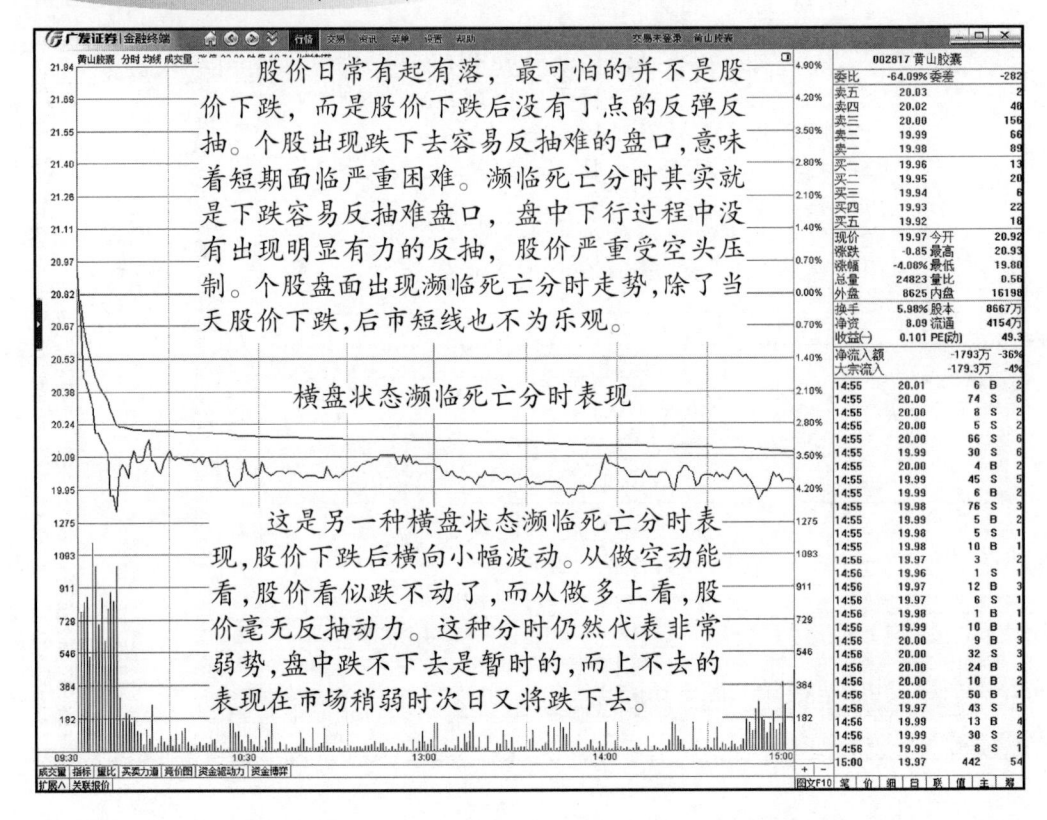

这是另一种横盘状态濒临死亡分时表现，股价下跌后横向小幅波动。从做空动能看，股价看似跌不动了，而从做多上看，股价毫无反抽动力。这种分时仍然代表非常弱势，盘中跌不下去是暂时的，而上不去的表现在市场稍弱时次日又将跌下去。

反弹的平盘价魔咒

强势股容易在早盘出现快速杀跌，待抛售潮过后，股价在绿盘下震荡一段时间后会出现反弹。跌后反弹方式有多种，活跃强势股出现较多的就是分时一波快速冲高将股价拉回到红盘之上。

如果你曾大量认真观察过早盘明显下跌，股价从绿盘下一波快速拉高回到红盘种的盘口，就能发现平盘价是个神秘价位。股价由跌转反抽时平盘价非常容易出现大卖单挂出或面临大抛压。这种神秘现象导致股价较弱的根本冲不过平盘价就掉头回去。一般强势品种冲过平盘价后也很容易被密集的卖盘砸回，只有部分多头力量特别强的品种才能有效突破平盘价强势回归。平盘价对于早盘下跌达到或超过3%的个股的反抽就是一道屏障。

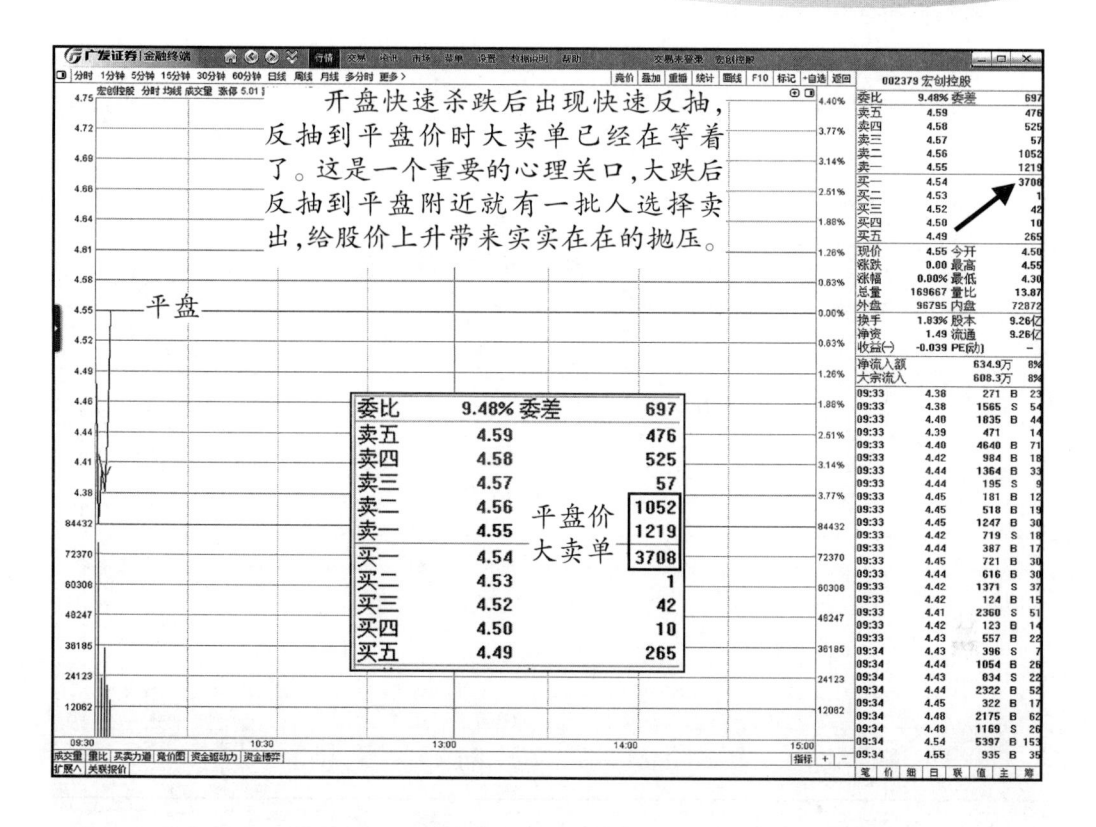

第十章 特殊盘面分析

开盘快速杀跌后出现快速反抽，反抽到平盘价时大卖单已经在等着了。这是一个重要的心理关口，大跌后反抽到平盘附近就有一批人选择卖出，给股价上升带来实实在在的抛压。

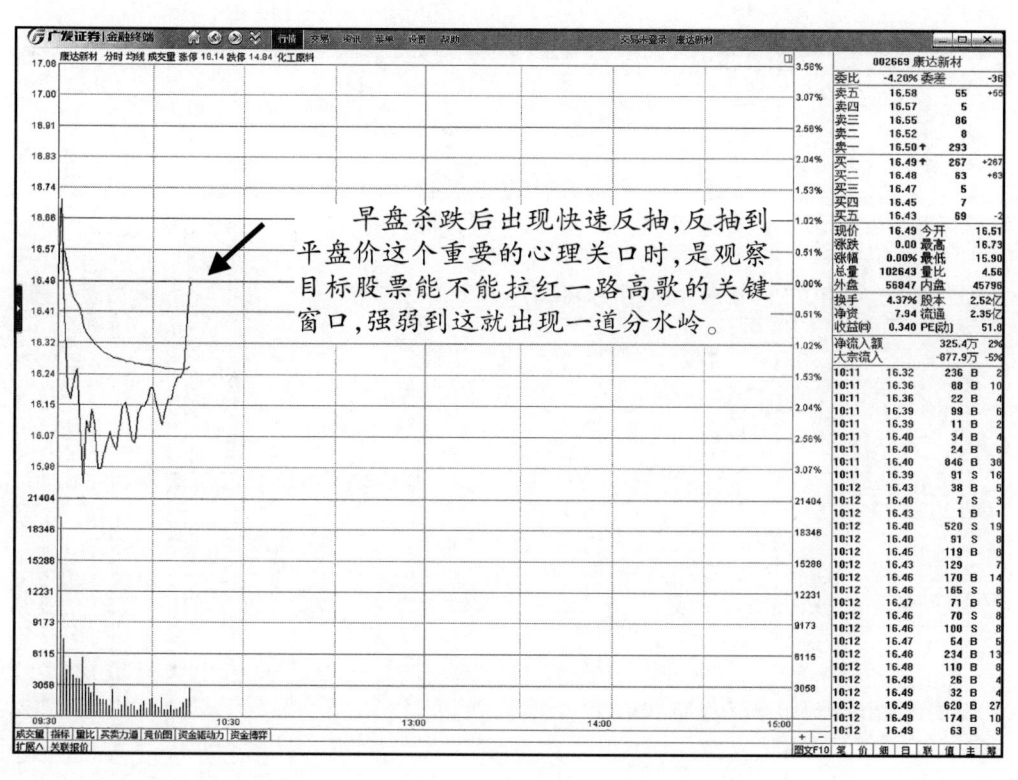

早盘杀跌后出现快速反抽，反抽到平盘价这个重要的心理关口时，是观察目标股票能不能拉红一路高歌的关键窗口，强弱到这就出现一道分水岭。

359

主力行为盘口解密(精选版)

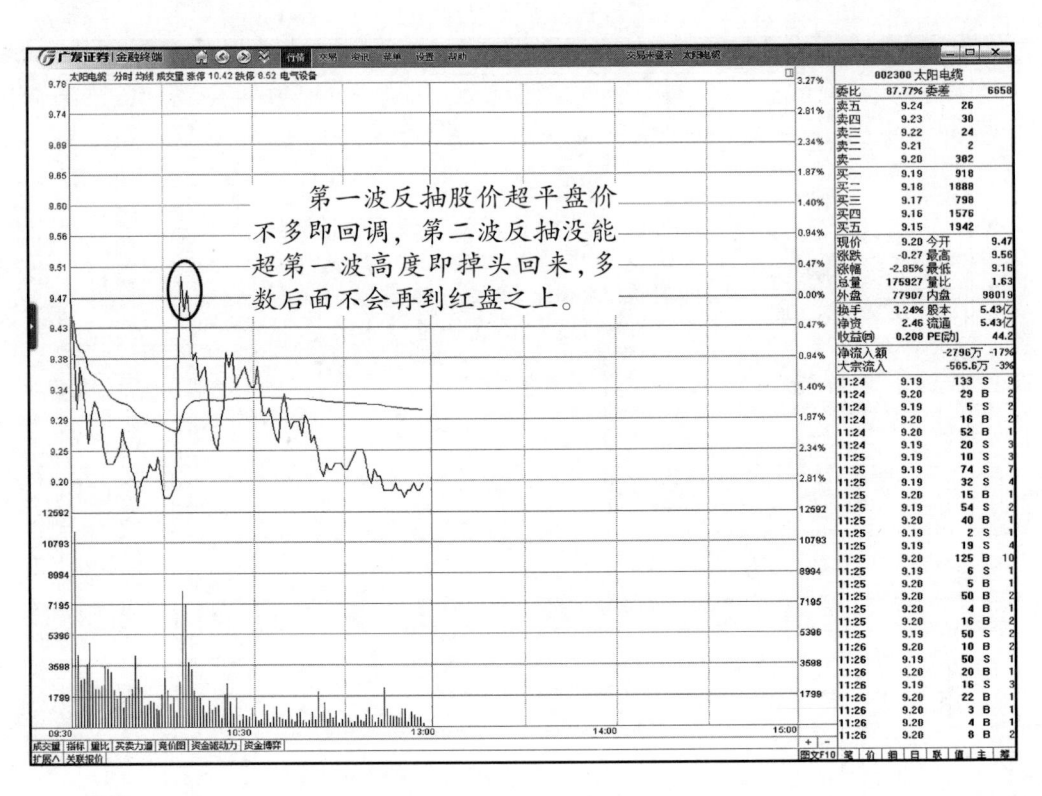

反抽突破平盘价马上回撤的看第二波反抽，第二波反抽若能出现强势上行则可持有，若第二波反抽无力则立即处置。相当多个股盘中最有力的反抽就是第一波反抽，仅到红盘附近就结束，后面震荡下行。

第一波反抽股价超平盘价不多即回调，第二波反抽没能超第一波高度即掉头回来，多数后面不会再到红盘之上。

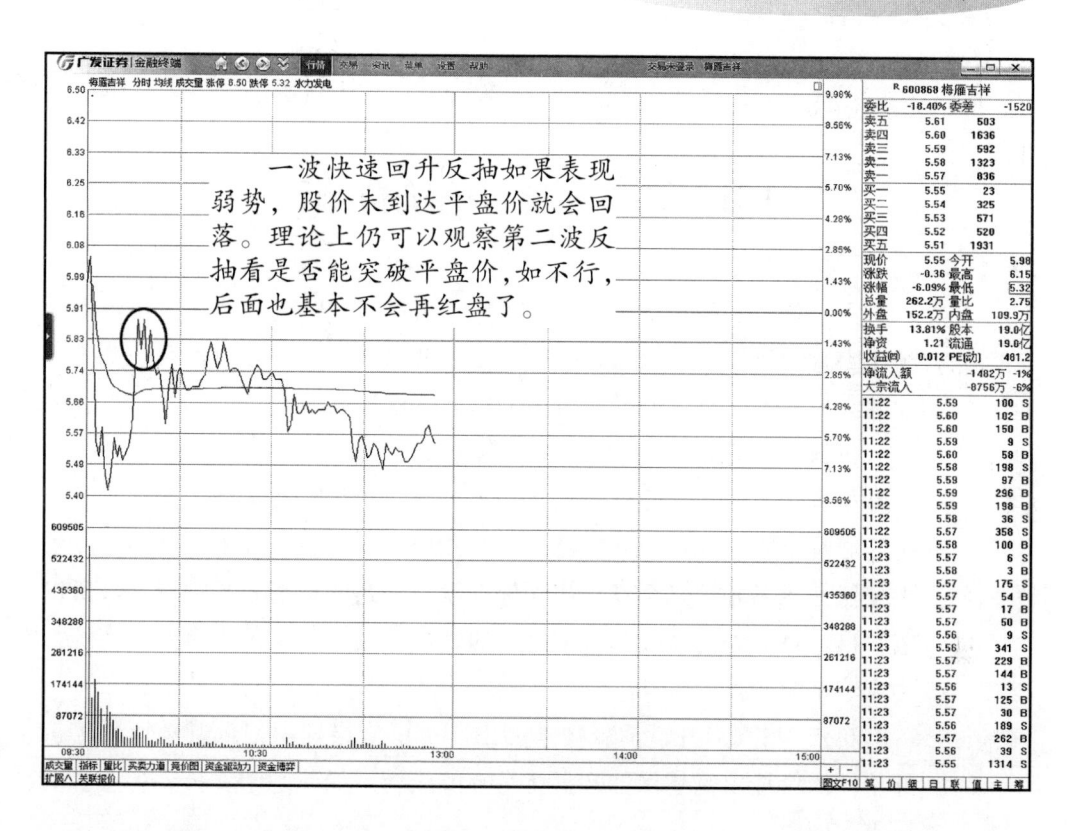

一波快速回升反抽如果表现弱势，股价未到达平盘价就会回落。理论上仍可以观察第二波反抽看是否能突破平盘价，如不行，后面也基本不会再红盘了。

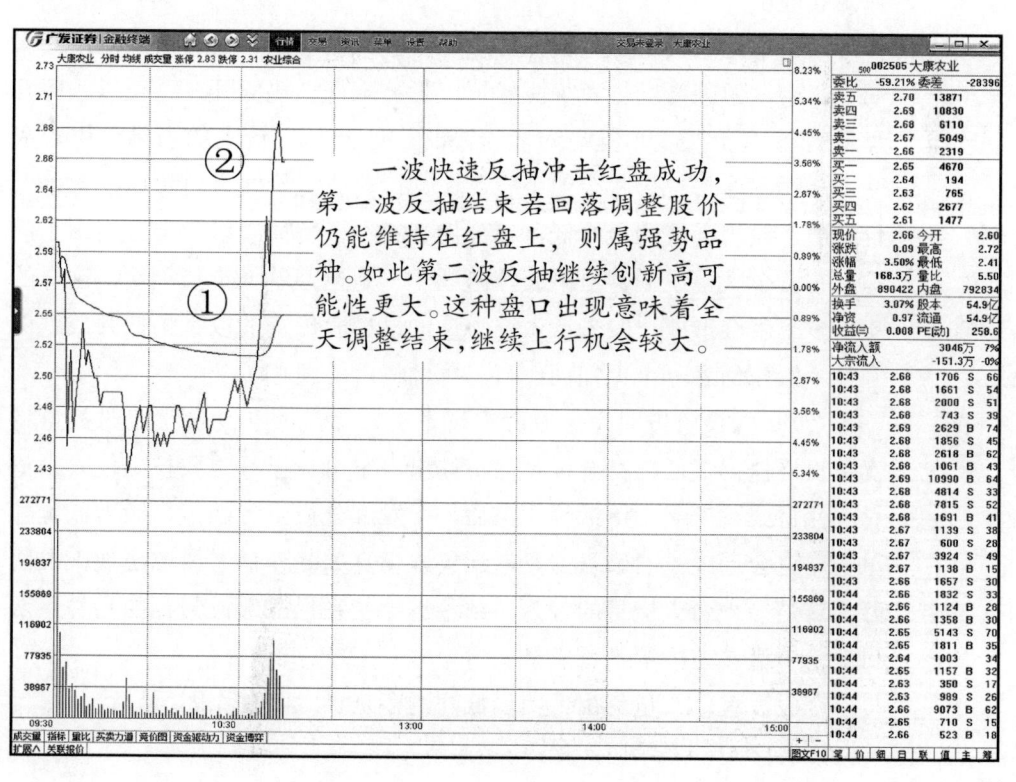

一波快速反抽冲击红盘成功，第一波反抽结束若回落调整股价仍能维持在红盘上，则属强势品种。如此第二波反抽继续创新高可能性更大。这种盘口出现意味着全天调整结束，继续上行机会较大。

主力行为盘口解密(精选版)

揭秘大户无知"挖坑自埋"行为

　　大家都以为股市中主力实力雄厚,可以呼风唤雨。事实上市场中除了实力主力可以影响股价,在一些重要节点上,手持几百万甚至几十万元的大户或散户也能明显影响个股短期价格波动。

　　每日早盘竞价和 9:30 开盘是两重要节点。市场中非活跃品种竞价时参与者一般较少,股性不活跃的小盘股只用少量资金或少量筹码就能明显影响个股开盘价。几百万元有时几十万元的资金或筹码就能令股价大幅低开或高开,乃至跌停或涨停开盘。正是此节点容易被操纵,所以监管机构对此处的监管是特别严格的。这些大户乃至散户有两种竞价行为影响个股开盘。

　　(1)一些大户开盘前就挂单卖出,卖单价格挂得很低甚至以跌停价挂单,低价挂出是想保证开盘就马上能成交。如此急于卖掉,各有各的原因和理由。

　　殊不知他的卖单虽只有几百手,市值不大,以为对股价开盘没什么明显影响,但因为竞价者少而导致该股被压得大幅低开,甚至以跌停开盘。9:15 竞价买卖单挂出对股价高开、低开具有较大的引领作用,成交不活跃、参与竞价者少的个股,在竞价前或竞价时有百手以上卖单低价挂出,股价会被明显压低,部分投资者不了解情况以为该公司出了问题,有资金大幅压低甚至砸跌停出逃,于是也跟着低价挂单卖,这样的卖单多了就会形成一股恐慌做空力量,最后股价真的以大幅低开或跌停开盘。始作俑者一个无知动作自己挖坑将自己埋了。

　　(2)一些投资者对手上个股表现不满,为泄愤在竞价卖出时故意将卖单价格挂得很低,甚至以跌停价挂出,宁可自己亏也要拉上他人来垫背。几百或过千手卖单低价压出后,引发部分投资者恐慌并跟着低价挂单卖,这会形成一股砸盘力量,结果开盘真如始作俑者所愿出现大幅低开。这是一种引火烧身的行为。部分上一交易日涨停没封死的品种,次日竞价惨遭卖方大幅砸低低开。

　　个股没有什么量就出现明显低开的多是以上两种原因所导致。

第十章 特殊盘面分析

下面就以如意集团为例,展示其竞价小卖单压价导致恐慌引发大跌开盘细节,让大家认识这种大户无知挖坑自埋行为。

① 002193 如意集团
委比	-2.92% 委差	-128
卖五		
卖四	开始竞价时明显高开	
卖三		
卖二		128
卖一	8.54	2127
买一	8.54	2127
买二		
买三	2127 手买单将股价	
买四	竞价托高在 4.27%价位。	
买五		
现价	↓ 今开	
涨跌	0.35 最高	
涨幅	4.27% 最低	

② 002193 如意集团
委比	-3.01% 委差	-58
卖五		
卖四		
卖三		
卖二		58
卖一	8.20	936
买一	8.20	936
买二		
买三	2127 手买单撤下部	
买四	分,剩余 936 手,竞价涨幅	
买五	只有 0.12%了。	
现价	↓ 今开	
涨跌	0.01 最高	
涨幅	0.12% 最低	

③ 002193 如意集团
委比	3.72% 委差	65
卖五		
卖四	买单只剩 906 手,此时	
卖三	竞价跌幅 4.76%。	
卖二		
卖一	7.80	841
买一	7.80	841
买二		65
买三	这 800 多手中部	
买四	分卖单以 7.8 元或更	
买五	低价挂出来竞卖。	
现价	↓ 今开	
涨跌	-0.39 最高	
涨幅	-4.76% 最低	

④ 002193 如意集团
委比	-4.38% 委差	-146
卖五		
卖四		
卖三		
卖二		146
卖一	8.45	1592
买一	8.45	1592
买二		
买三	一个大户迅速以高价挂出	
买四	大概 700 手,股价马上由跌	
买五	4.76 元回到涨 3.17%价格上。	
现价	↓ 今开	
涨跌	0.26 最高	
涨幅	3.17% 最低	

363

主力行为盘口解密(精选版)

以上是如意集团9：15开始竞价的4个细节，从竞价买卖单与竞价涨跌幅变化中可以看到，几百手的竞价买卖单也能明显影响当时的价格。

① 002193 如意集团

委比	-7.51%	委差	-112
卖五			
卖四			
卖三			
卖二			112
卖一	7.37		690
买一	7.37		690

买单剩余690手时竞价跌幅10%，跌停，这690手+112手卖单大部分以跌停价挂出的。

现价		今开	
涨跌	-0.82	最高	
涨幅	-10.01%	最低	

② 002193 如意集团

委比	-33.90%	委差	-1084
卖五			
卖四			前面690+112手卖单
卖三			竞价，跌幅10%，跌停开始
卖二			引发恐慌，卖单开始增加。 1084
卖一	7.37		1057
买一	7.37		1057

现价		今开	
涨跌	-0.82	最高	
涨幅	-10.01%	最低	

③ 002193 如意集团

委比	-16.74%	委差	-811
卖五			
卖四		竞价跌停后买单卖单都	
卖三		在增加，增加速度并不快。	
卖二			811
卖一	7.37		2017
买一	7.37		2017

现价		今开	
涨跌	-0.82	最高	
涨幅	-10.01%	最低	

④ 002193 如意集团

委比	-10.13%	委差	-570
卖五			
卖四			
卖三			570
卖二			2528
卖一	7.37		2528
买一	7.37		

增单只是一百几十手地加，价格压在跌停价不变，也就是说买入的都没有往上加价。

现价		今开	
涨跌	-0.82	最高	
涨幅	-10.01%	最低	

第十章 特殊盘面分析

竞价一段时间后，在卖单撤剩只有 690 手时，股价跌幅为 10%，即跌停价，这 690+112 手就是以跌停价挂出的。在竞价买单量较小的状态下，这 800 手左右以跌停价挂出犹如一枚地雷引信，不知情散户看竞价跌停以为不妙，跟着以跌停价挂单卖出，累积数量加大，恐慌蔓延。

这是如意集团竞价图，一开始价格由平盘往上走高,后直线下跌至跌停价。

方框内竞价单是卖盘挂单状态,数量约 700 手。数据没显示每笔价格,推断那笔 300 手大单就是以跌停价挂出压低股价的罪魁祸首。它的挂出在买盘量不足的情况下令竞价压到跌停价。300 手价格 7.37 元也就 22 万元的市值,真不大,但跌停价对散户的影响很大。

罪魁祸首 300 手压到 7.37 元跌停价挂出,引发其他散户不断地以跌停价挂出。

散户在跌停价挂出的卖单累积越来越多,买盘没法抬上去。竞价后期引发更多抛盘以跌停价挂出。仅几张百手以上抛单加起来就近 3000 手,显然这不是什么主力机构的卖单。

365

主力行为盘口解密(精选版)

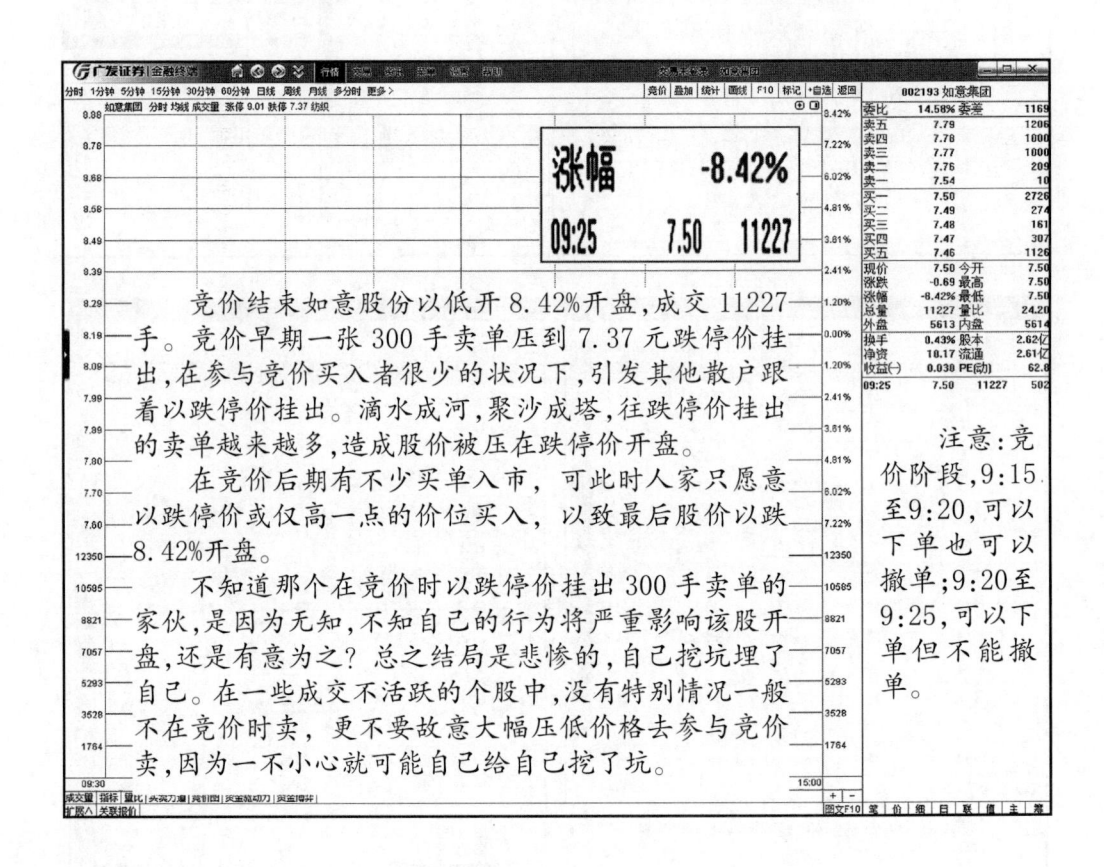

	002193 如意集团				002193 如意集团	
委比	17.79% 委差	3109		委比	3.34% 委差	586
卖五				卖五		
卖四				卖四		
卖三				卖三		
卖二				卖二		
卖一	7.37	7186		卖一	7.45	8474
买一	7.37	7186		买一	7.45	8474
买二		3109		买二		586
买三	竞价后期买盘倒是大于卖盘,但价格还是被压在跌停价上。			买三	临竞价结束,买盘稍微大于卖盘,价格已经有所抬高	
买四				买四		
买五				买五		
现价		今开		现价		今开
涨跌	-0.82	最高		涨跌		最高
涨幅	-10.01%	最低		涨幅	-9.04%	最低

竞价结束如意股份以低开 8.42% 开盘,成交 11227 手。竞价早期一张 300 手卖单压到 7.37 元跌停价挂出,在参与竞价买入者很少的状况下,引发其他散户跟着以跌停价挂出。滴水成河,聚沙成塔,往跌停价挂出的卖单越来越多,造成股价被压在跌停价开盘。

在竞价后期有不少买单入市,可此时人家只愿意以跌停价或仅高一点的价位买入,以致最后股价以跌 8.42% 开盘。

不知道那个在竞价时以跌停价挂出 300 手卖单的家伙,是因为无知,不知自己的行为将严重影响该股开盘,还是有意为之? 总之结局是悲惨的,自己挖坑埋了自己。在一些成交不活跃的个股中,没有特别情况一般不在竞价时卖,更不要故意大幅压低价格去参与竞价卖,因为一不小心就可能自己给自己挖了坑。

注意:竞价阶段,9:15至9:20,可以下单也可以撤单;9:20至9:25,可以下单但不能撤单。

主力灵活操盘由出货到反手做多

机构运作一般都有自己的操盘线路和整体规划，但并非任何交易都会按照事前设定好的计划一成不变。机构操盘手临场操作也会根据市场环境的变化，对原操作计划做出灵活的调整，甚至做出反方向的交易。对原计划做出的灵活调整和改变会明显地体现在个股短线交易盘面中。

柳化股份涨停时一主力大量买入。分析发现该主力是个专门做短线的主力。根据柳化股份的盘面表现和该主力的操盘习惯，预测柳化股份盘口将出现明显的主力运作痕迹。下面就以柳化股份数日的盘面走势，剖析该主力操盘手灵活操盘的一些显著特征。

2013年5月17日

涨幅 10.07%

由于5月16日涨停时一主力已大量介入柳化股份。5月17日9:15竞价时该主力就出来做盘了。开盘竞价主力动用5000余手买单就将股价推到涨停位6.12元。这是一种吸引投资者目光的做盘手段。该股昨天涨停，今日开盘竞价又出现涨停，引来关注的人自然不会少。

主力行为盘口解密(精选版)

卖②		
卖①	5.56	311
买①	5.56	311
买②		257
买③		

根据竞价规则，个股开盘竞价时间为9:15至9:25。其中9:15至9:20期间既可以下单也可以撤单。9:20至9:25期间只可以下单，不可以撤单。

9:20还未结束，柳化股份主力挂出的5000余手6.12元买单已全部撤单。原来的涨停看不到了，现在竞价已经回落到昨天收盘价5.56元。主力只是做盘以吸引投资者目光，希望吸引他人也来参与高价竞价。9:20结束前撤单是主力惯用手段。

卖⑤	5.60	59
卖④	5.59	113
卖③	5.58	23
卖②	5.57	2
卖①	5.56	25758
买①	5.55	20
买②	5.54	30
买③	5.52	1
买④	5.51	14
买⑤	5.50	91

9:25竞价结束，柳化股份以昨天收盘价5.56元开盘。竞价结束前突然压出25000余手5.56元卖单，这也是主力操盘手计划内的操作。

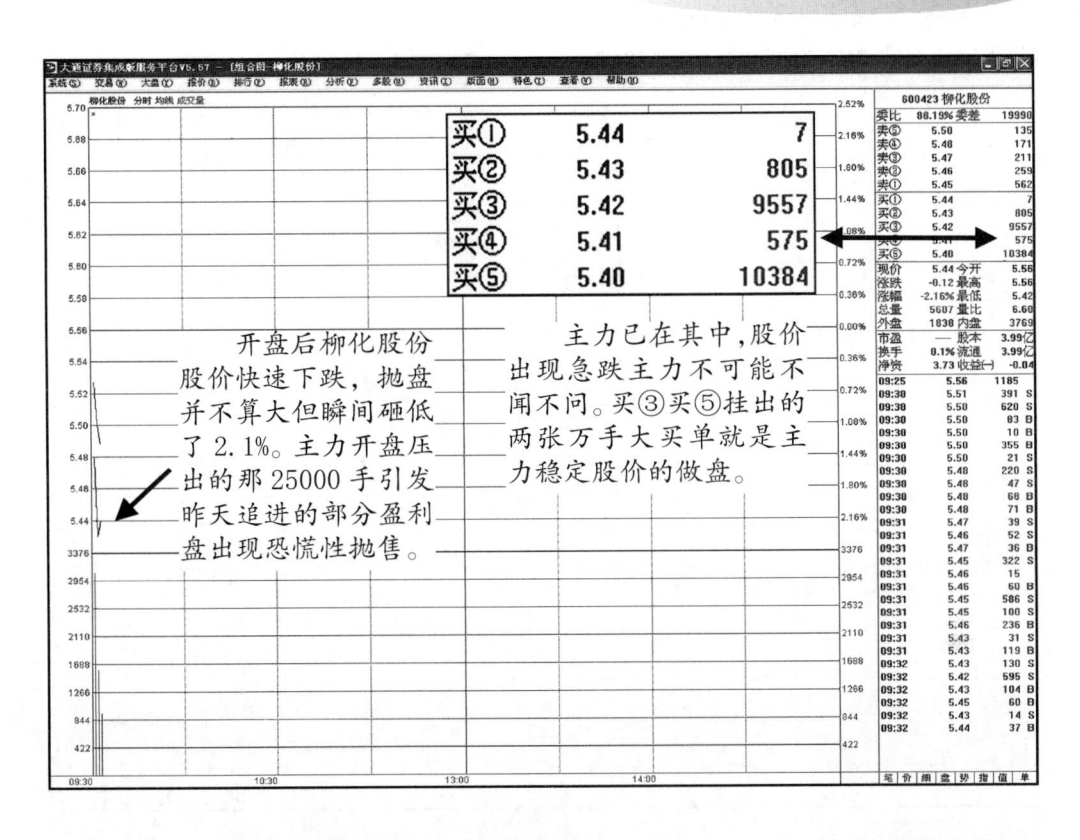

第十章 特殊盘面分析

买①	5.44	7
买②	5.43	805
买③	5.42	9557
买④	5.41	575
买⑤	5.40	10384

开盘后柳化股份股价快速下跌，抛盘并不算大但瞬间砸低了2.1%。主力开盘压出的那25000手引发昨天追进的部分盈利盘出现恐慌性抛售。

主力已在其中，股价出现急跌主力不可能不闻不问。买③买⑤挂出的两张万手大买单就是主力稳定股价的做盘。

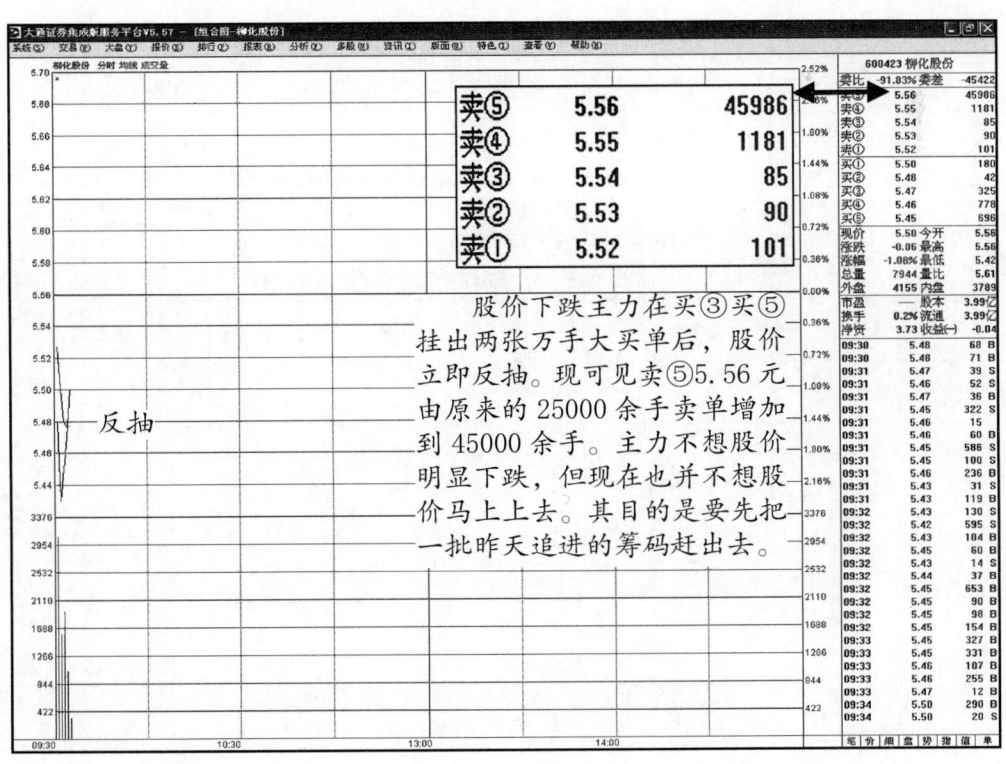

卖⑤	5.56	45986
卖④	5.55	1181
卖③	5.54	85
卖②	5.53	90
卖①	5.52	101

反抽

股价下跌主力在买③买⑤挂出两张万手大买单后，股价立即反抽。现可见卖⑤5.56元由原来的25000余手卖单增加到45000余手。主力不想股价明显下跌，但现在也并不想股价马上上去。其目的是要先把一批昨天追进的筹码赶出去。

369

主力行为盘口解密(精选版)

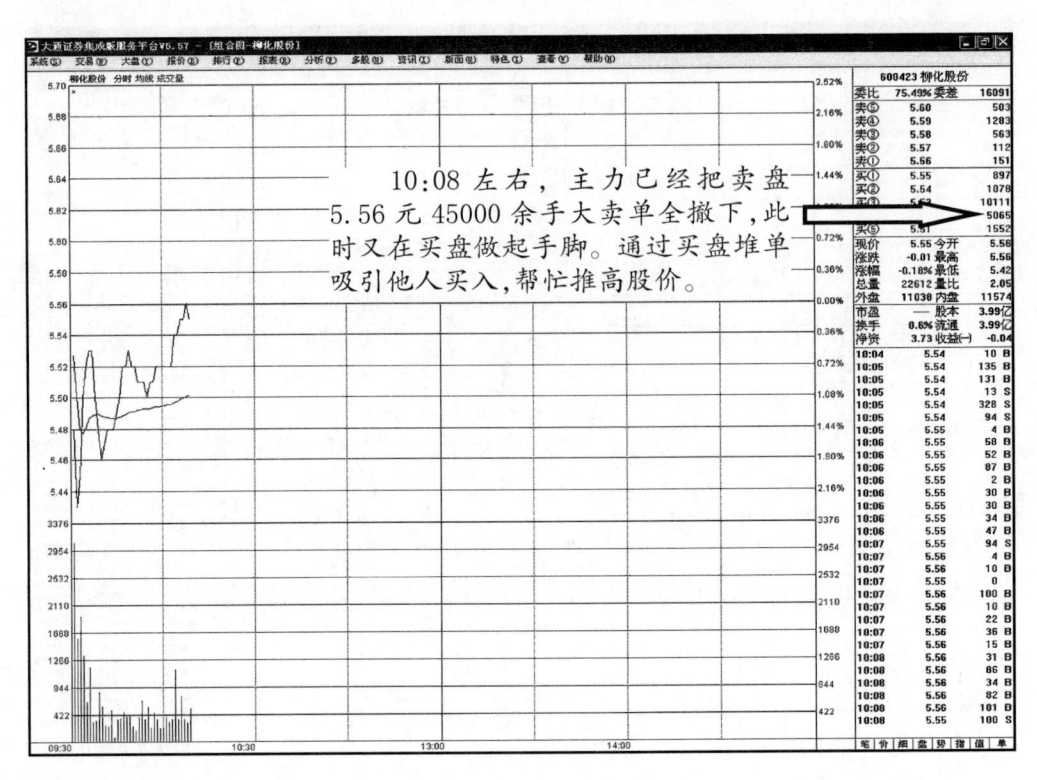

9:47仍可见卖盘5.56元45000余手大卖单还在压着。主力采用上压下托的手段在折磨跟风者,全力将昨天部分跟风盈利盘赶出去。

10:08左右,主力已经把卖盘5.56元45000余手大卖单全撤下,此时又在买盘做起手脚。通过买盘堆单吸引他人买入,帮忙推高股价。

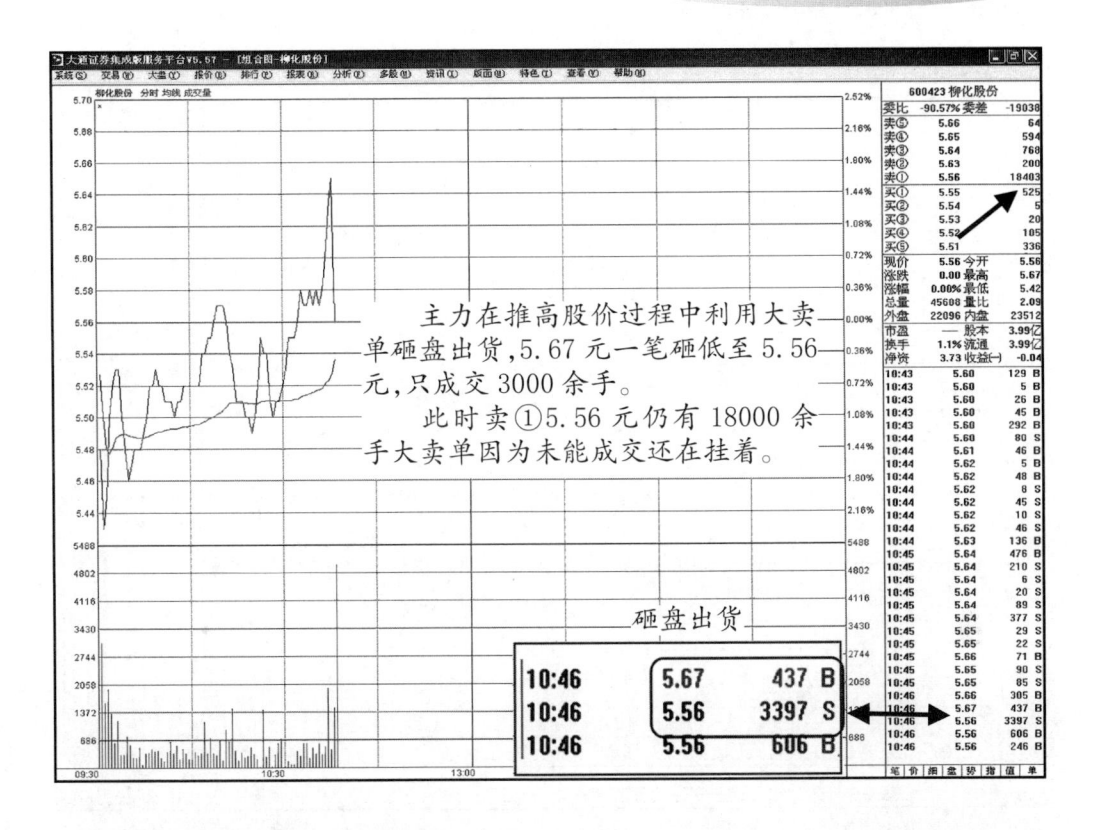

第十章 特殊盘面分析

主力在推高股价过程中利用大卖单砸盘出货,5.67元一笔砸低至5.56元,只成交3000余手。

此时卖①5.56元仍有18000余手大卖单因为未能成交还在挂着。

砸盘出货

10:46	5.67	437	B
10:46	5.56	3397	S
10:46	5.56	606	B

卖⑤	5.64	758
卖④	5.63	400
卖③	5.62	78
卖②	5.59	6
卖①	5.56	42024
买①	5.55	313
买②	5.54	5

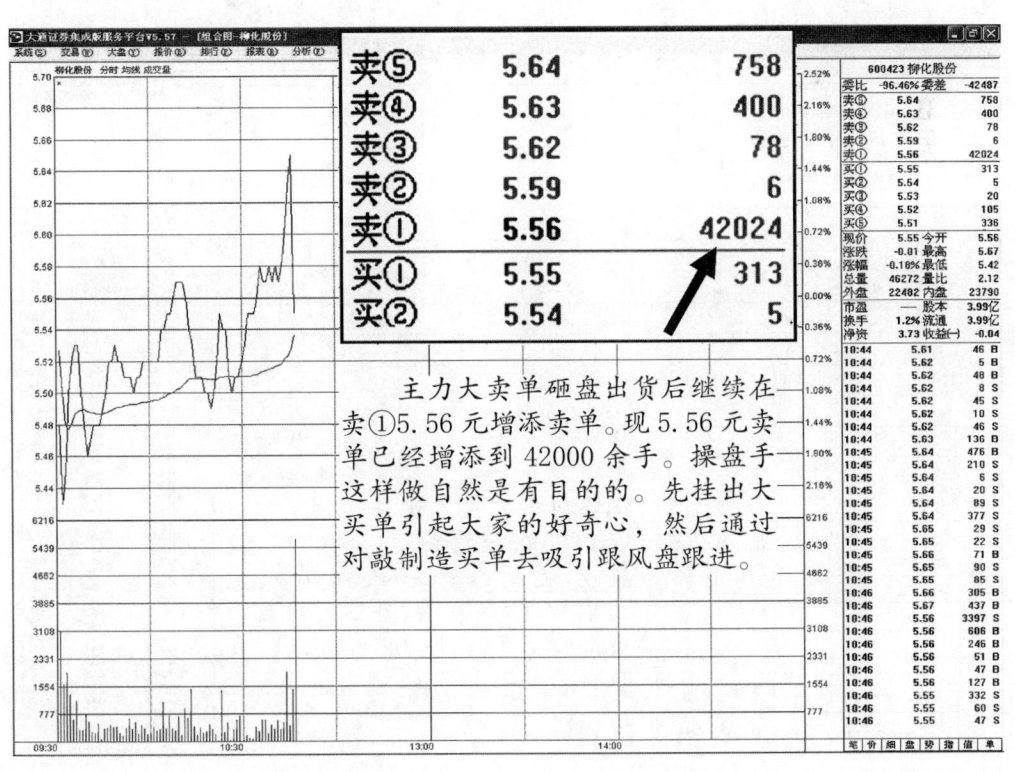

主力大卖单砸盘出货后继续在卖①5.56元增添卖单。现5.56元卖单已经增添到42000余手。操盘手这样做自然是有目的的。先挂出大买单引起大家的好奇心,然后通过对敲制造买单去吸引跟风盘跟进。

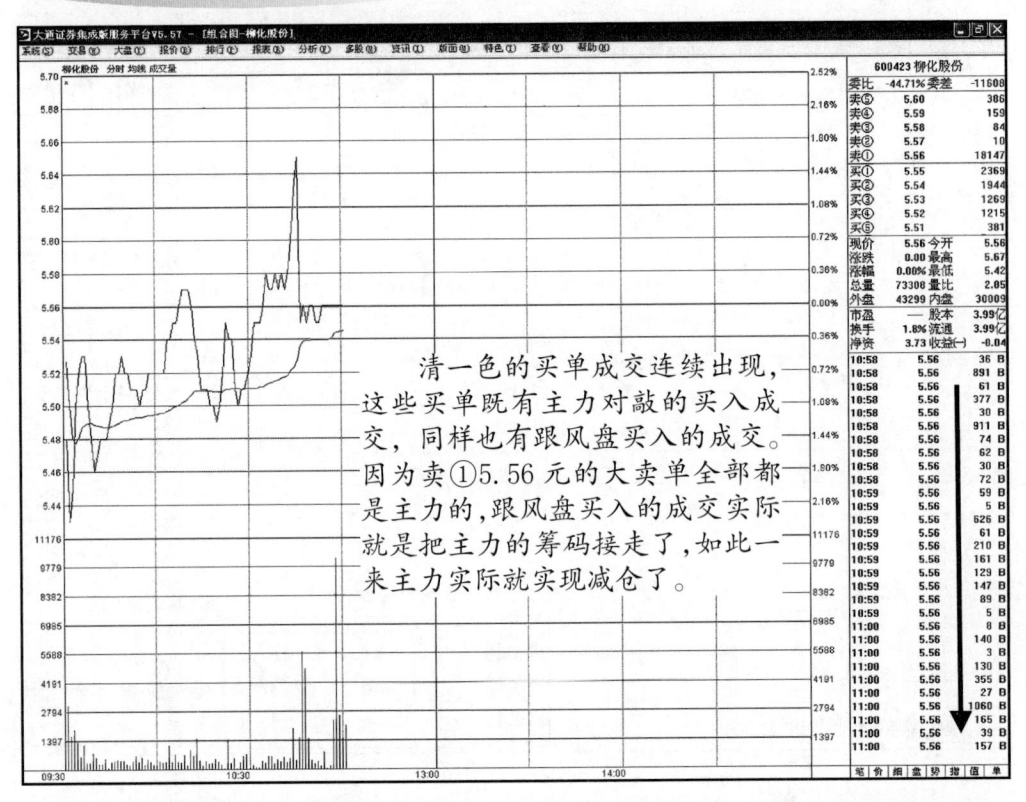

主力行为盘口解密(精选版)

清一色的买单成交连续出现，这些买单既有主力对敲的买入成交，同样也有跟风盘买入的成交。因为卖①5.56元的大卖单全部都是主力的，跟风盘买入的成交实际就是把主力的筹码接走了，如此一来主力实际就实现减仓了。

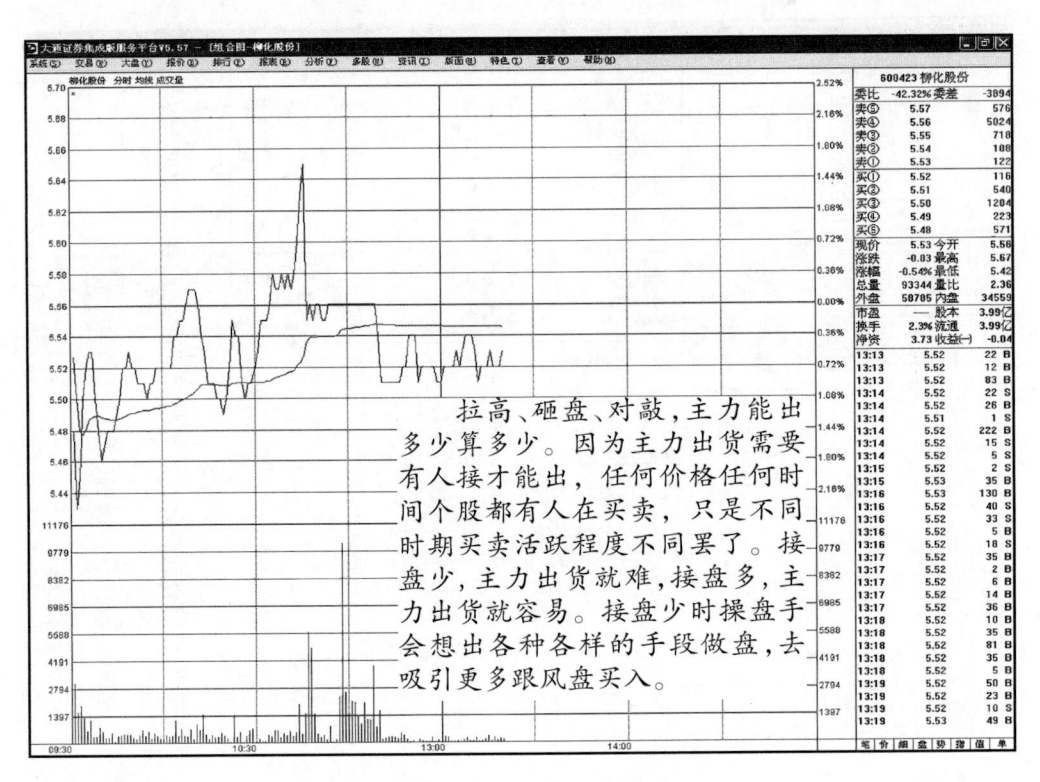

拉高、砸盘、对敲，主力能出多少算多少。因为主力出货需要有人接才能出，任何价格任何时间个股都有人在买卖，只是不同时期买卖活跃程度不同罢了。接盘少，主力出货就难，接盘多，主力出货就容易。接盘少时操盘手会想出各种各样的手段做盘，去吸引更多跟风盘买入。

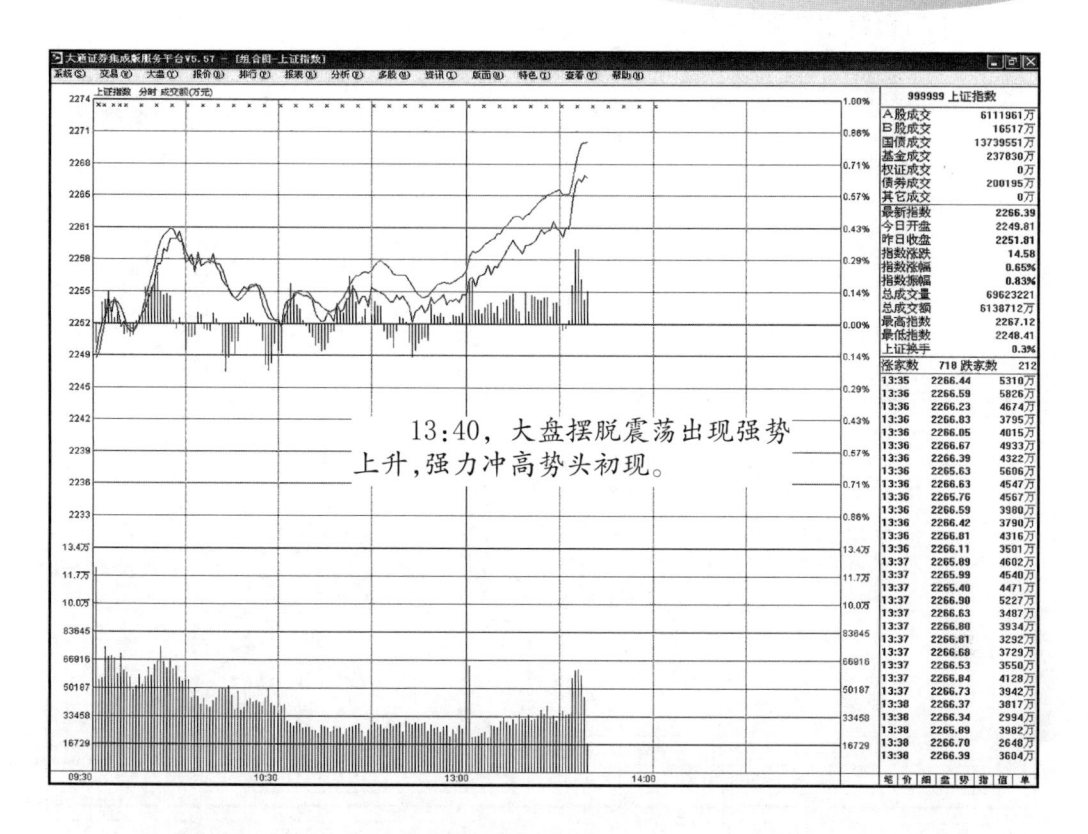

13:40，大盘摆脱震荡出现强势上升，强力冲高势头初现。

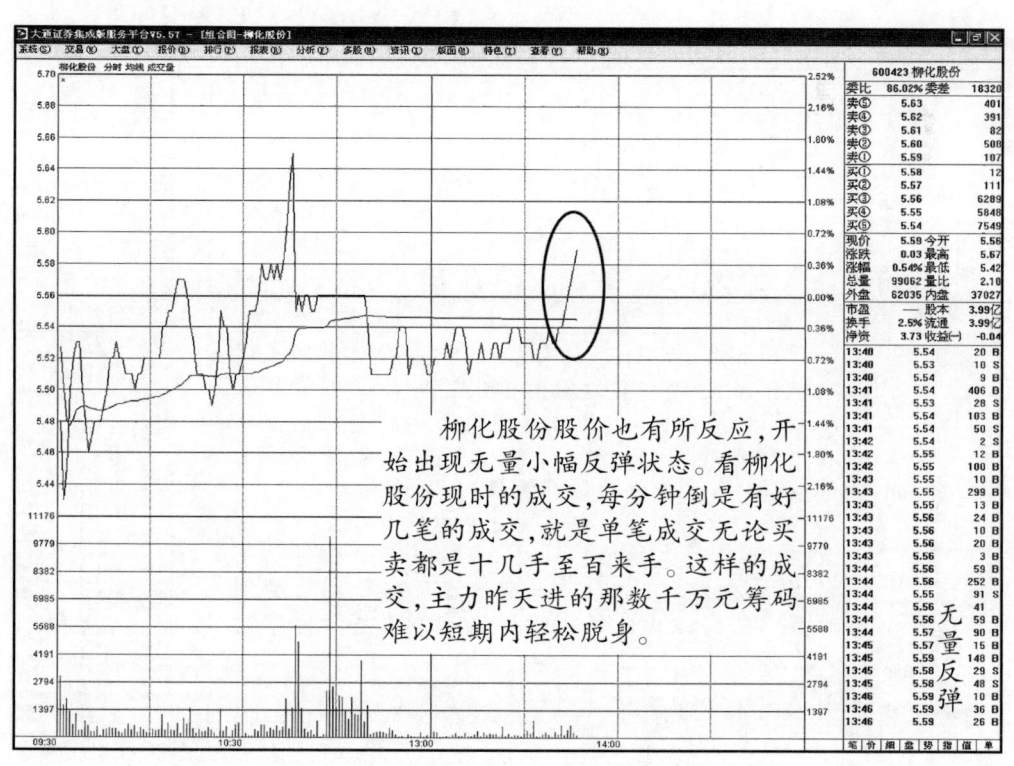

柳化股份股价也有所反应，开始出现无量小幅反弹状态。看柳化股份现时的成交，每分钟倒是有好几笔的成交，就是单笔成交无论买卖都是十几手至百来手。这样的成交，主力昨天进的那数千万元筹码难以短期内轻松脱身。

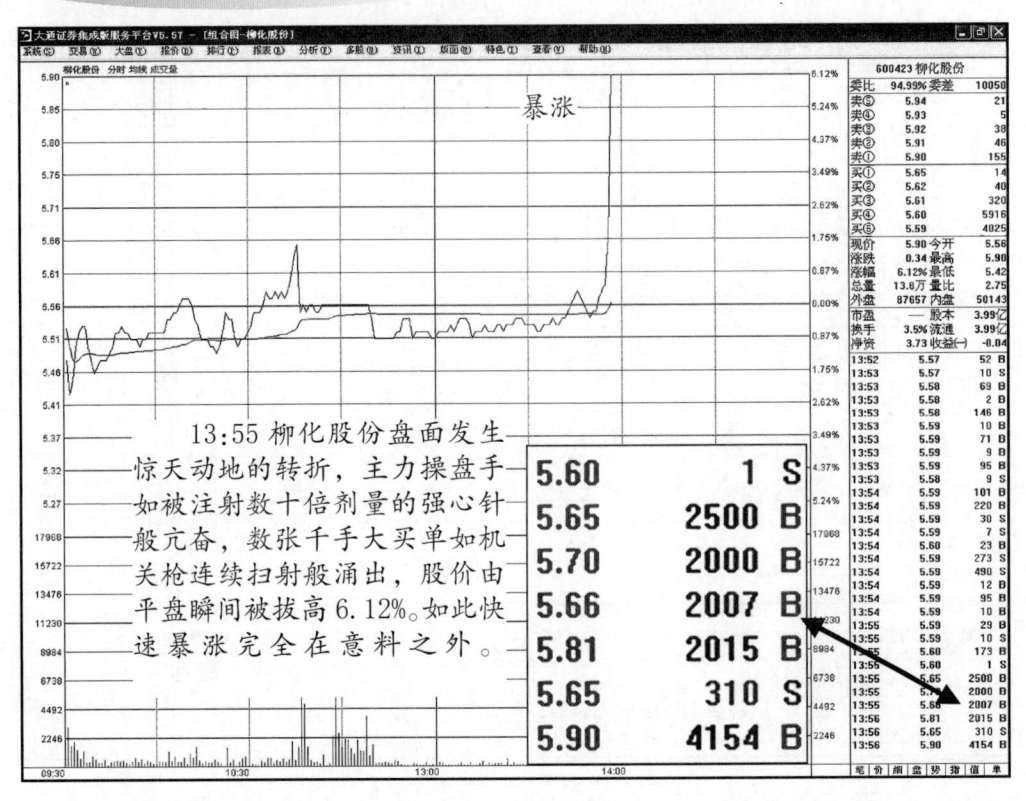

主力行为盘口解密(精选版)

13:55 柳化股份盘面发生惊天动地的转折，主力操盘手如被注射数十倍剂量的强心针般亢奋，数张千手大买单如机关枪连续扫射般涌出，股价由平盘瞬间被拔高6.12%。如此快速暴涨完全在意料之外。

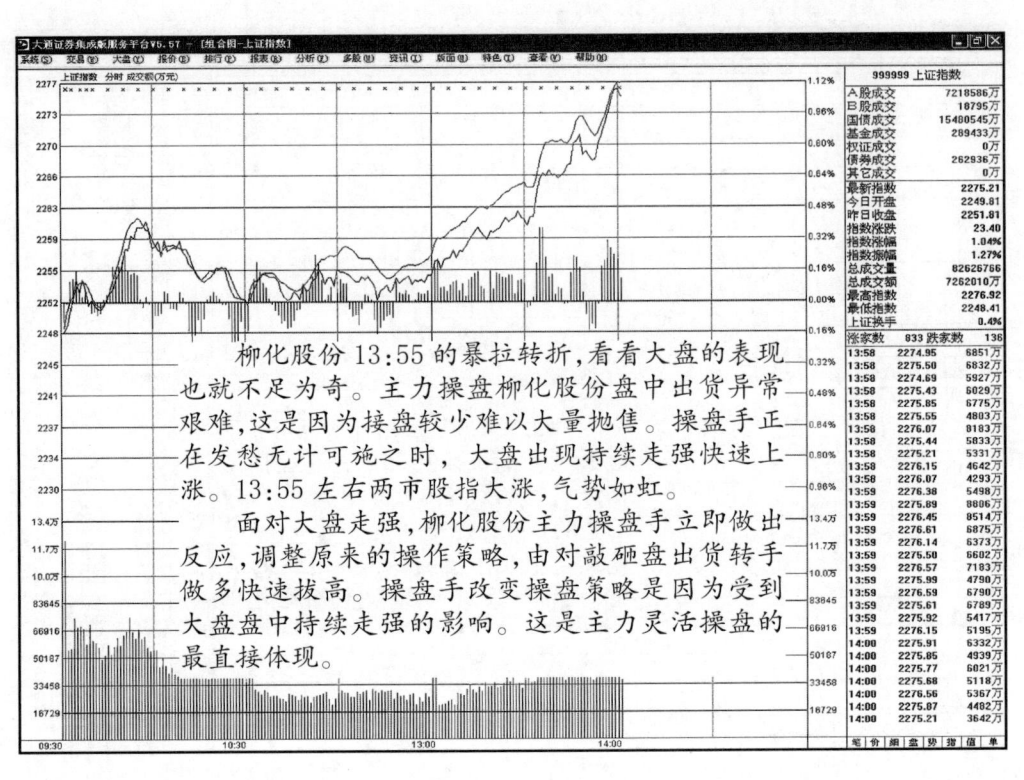

柳化股份13:55的暴拉转折，看看大盘的表现也就不足为奇。主力操盘柳化股份盘中出货异常艰难，这是因为接盘较少难以大量抛售。操盘手正在发愁无计可施之时，大盘出现持续走强快速上涨。13:55左右两市股指大涨，气势如虹。

面对大盘走强，柳化股份主力操盘手立即做出反应，调整原来的操作策略，由对敲砸盘出货转手做多快速拔高。操盘手改变操盘策略是因为受到大盘盘中持续走强的影响。这是主力灵活操盘的最直接体现。

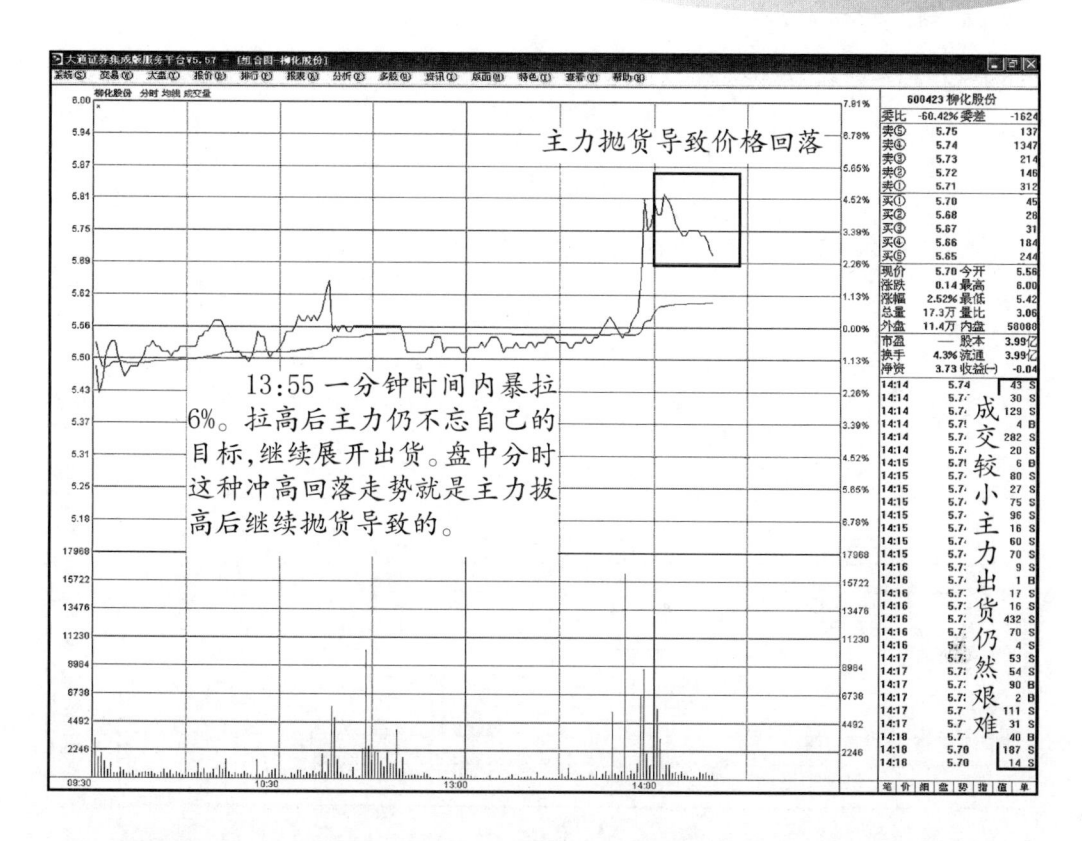

第十章 特殊盘面分析

主力抛货导致价格回落

13:55 一分钟时间内暴拉6%。拉高后主力仍不忘自己的目标，继续展开出货。盘中分时这种冲高回落走势就是主力拔高后继续抛货导致的。

成交较小主力出货仍然艰难

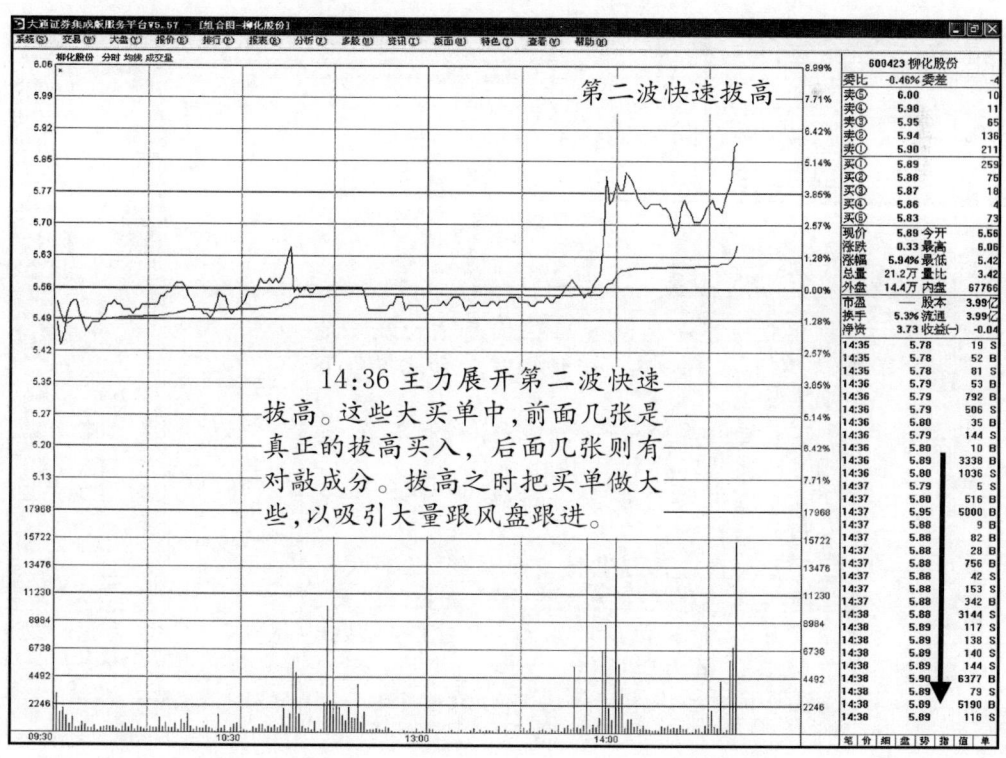

第二波快速拔高

14:36 主力展开第二波快速拔高。这些大买单中，前面几张是真正的拔高买入，后面几张则有对敲成分。拔高之时把买单做大些，以吸引大量跟风盘跟进。

375

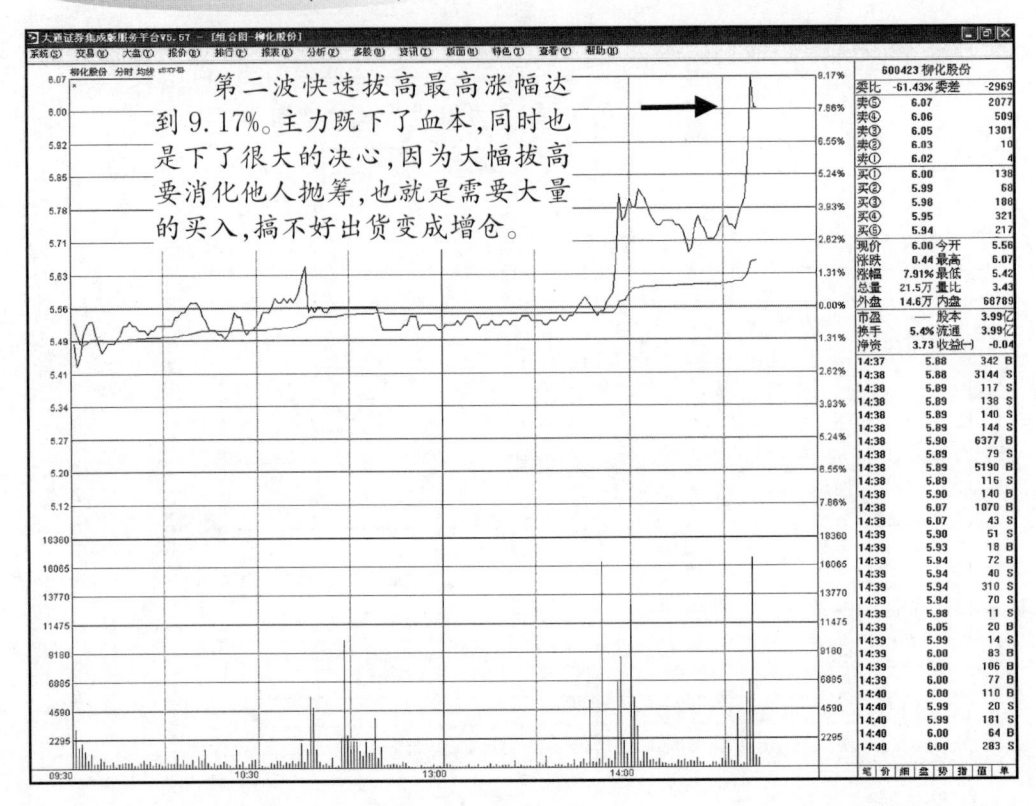

主力行为盘口解密(精选版)

第二波快速拔高最高涨幅达到9.17%。主力既下了血本,同时也是下了很大的决心,因为大幅拔高要消化他人抛筹,也就是需要大量的买入,搞不好出货变成增仓。

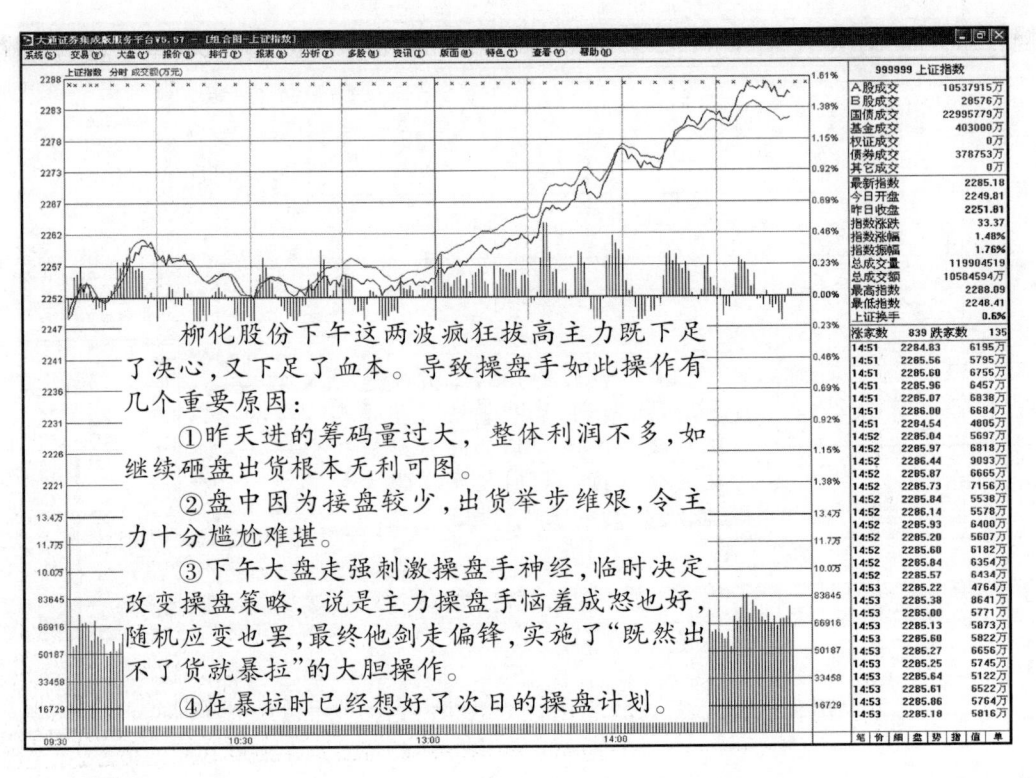

柳化股份下午这两波疯狂拔高主力既下足了决心,又下足了血本。导致操盘手如此操作有几个重要原因:

①昨天进的筹码量过大,整体利润不多,如继续砸盘出货根本无利可图。

②盘中因为接盘较少,出货举步维艰,令主力十分尴尬难堪。

③下午大盘走强刺激操盘手神经,临时决定改变操盘策略,说是主力操盘手恼羞成怒也好,随机应变也罢,最终他剑走偏锋,实施了"既然出不了货就暴拉"的大胆操作。

④在暴拉时已经想好了次日的操盘计划。

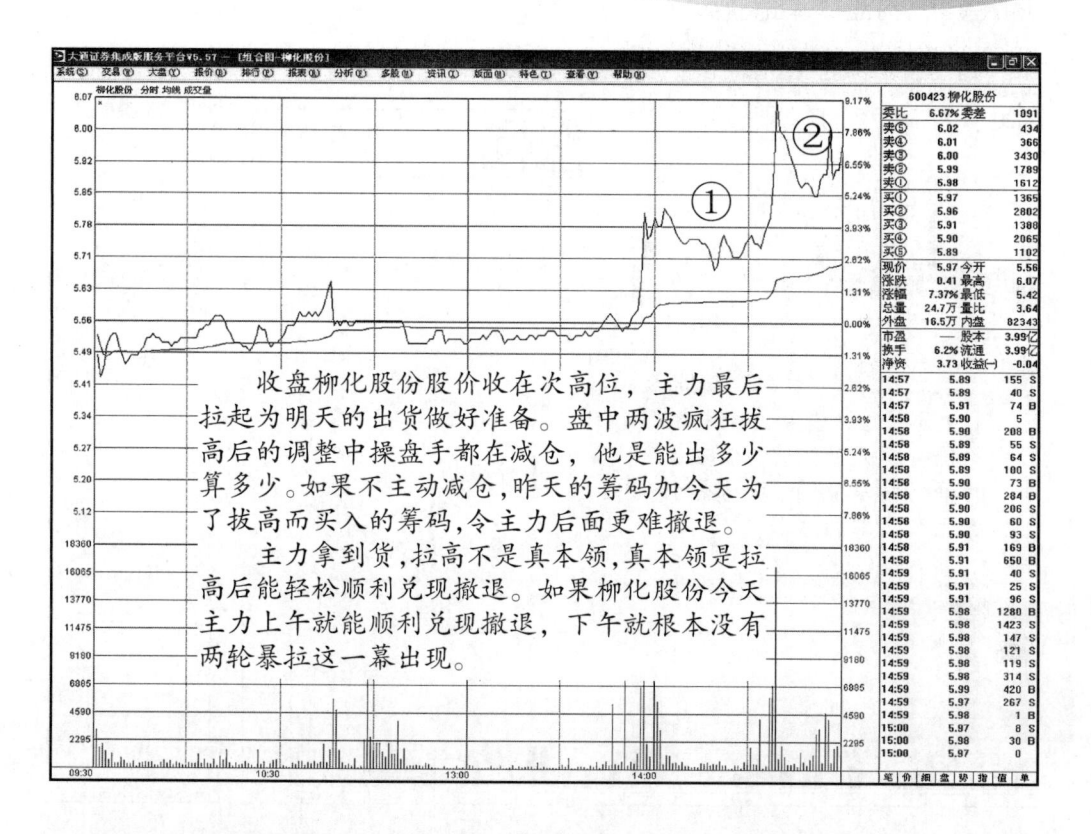

第十章 特殊盘面分析

收盘柳化股份股价收在次高位，主力最后拉起为明天的出货做好准备。盘中两波疯狂拔高后的调整中操盘手都在减仓，他是能出多少算多少。如果不主动减仓，昨天的筹码加今天为了拔高而买入的筹码，令主力后面更难撤退。

主力拿到货，拉高不是真本领，真本领是拉高后能轻松顺利兑现撤退。如果柳化股份今天主力上午就能顺利兑现撤退，下午就根本没有两轮暴拉这一幕出现。

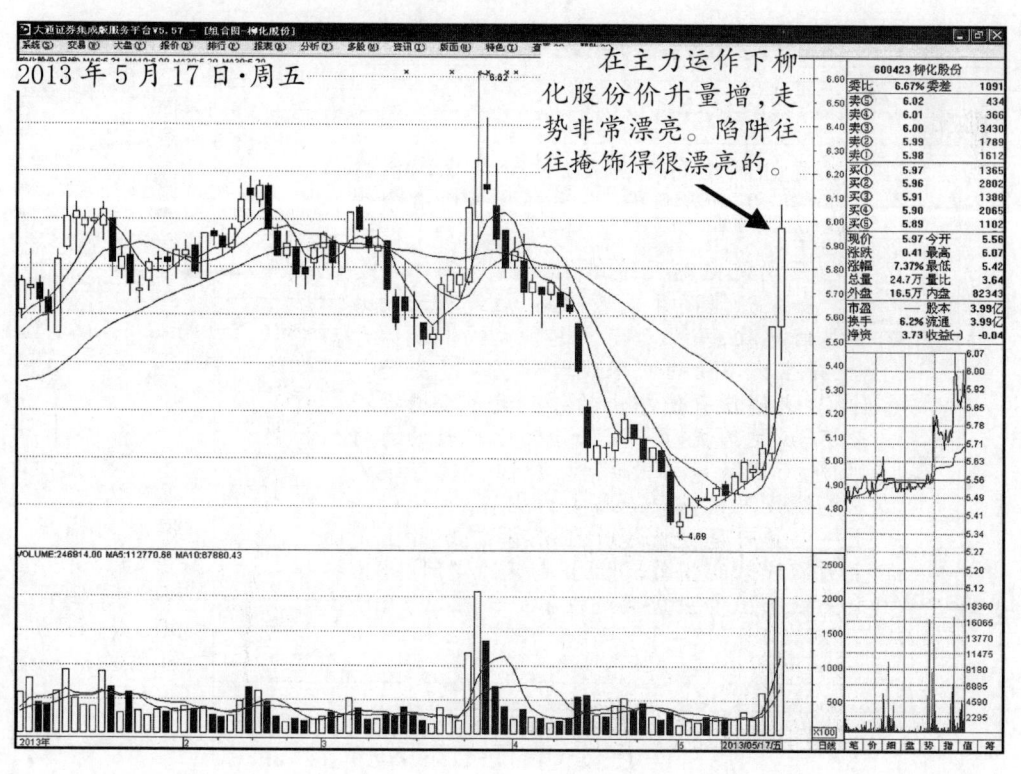

2013年5月17日·周五

在主力运作下柳化股份价升量增，走势非常漂亮。陷阱往往掩饰得很漂亮的。

377

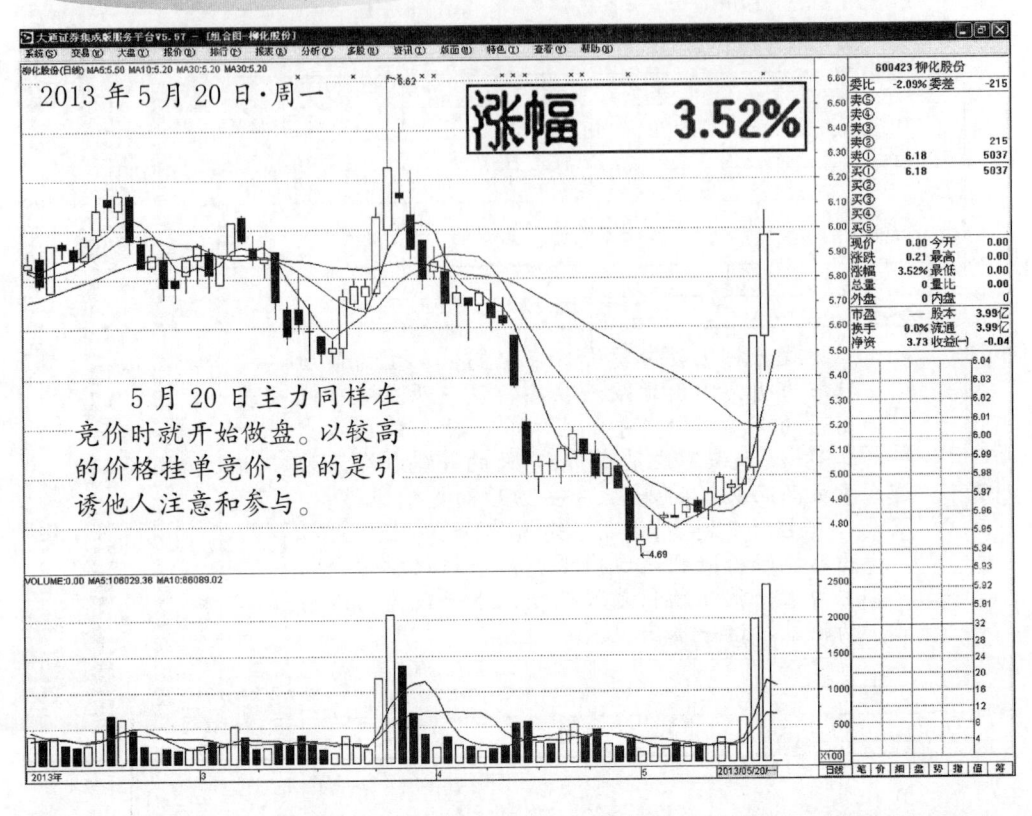

主力行为盘口解密(精选版)

2013年5月20日·周一

涨幅 3.52%

5月20日主力同样在竞价时就开始做盘。以较高的价格挂单竞价，目的是引诱他人注意和参与。

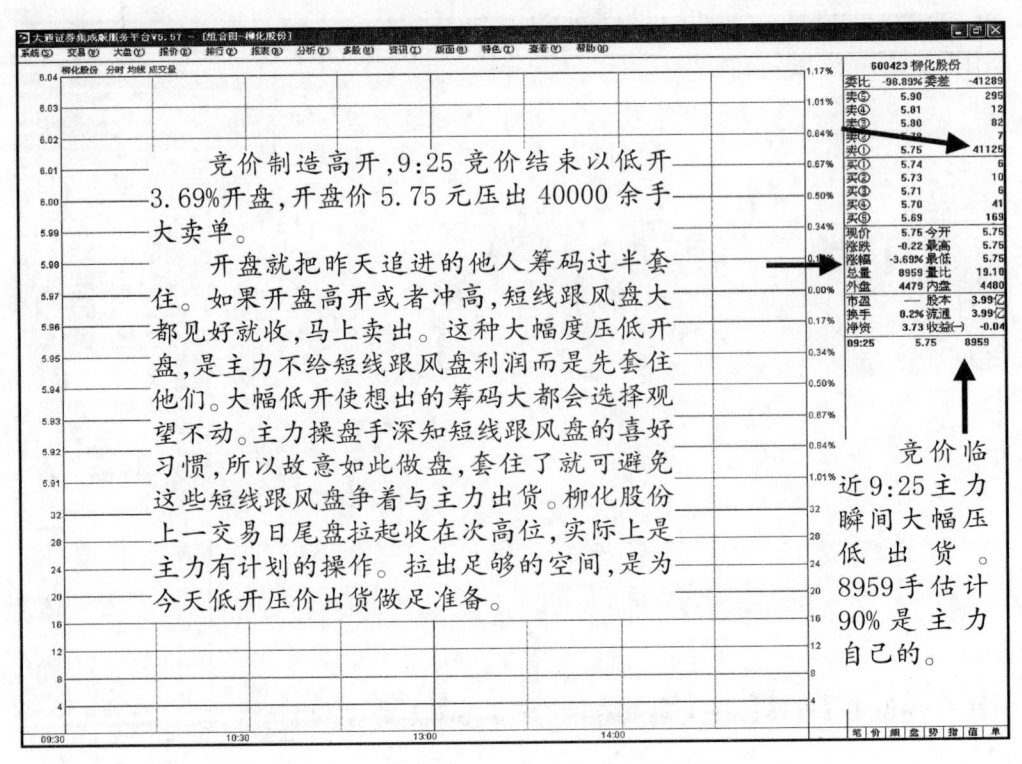

竞价制造高开，9:25竞价结束以低开3.69%开盘，开盘价5.75元压出40000余手大卖单。

开盘就把昨天追进的他人筹码过半套住。如果开盘高开或者冲高，短线跟风盘大都见好就收，马上卖出。这种大幅度压低开盘，是主力不给短线跟风盘利润而是先套住他们。大幅低开使想出的筹码大都会选择观望不动。主力操盘手深知短线跟风盘的喜好习惯，所以故意如此做盘，套住了就可避免这些短线跟风盘争着与主力出货。柳化股份上一交易日尾盘拉起收在次高位，实际上是主力有计划的操作。拉出足够的空间，是为今天低开压价出货做足准备。

竞价临近9:25主力瞬间大幅压低出货。8959手估计90%是主力自己的。

如果你非要问："主力平开或开盘拉高就出利润不是更多吗？"这个问题实际上面已经解释了。短线跟风盘最喜欢这些股票高开或开盘就拉高，因为跟风盘昨天追进，大部分已小有利润，高开或开盘就拉高正符合他们心意，见好就收，获利卖出。要高开或拉高，主力就需要继续买入，而拉高后短线跟风盘争着与主力出货。主力筹码多，这时是干不过短线跟风盘的。所以主力不会顺着有利于短线跟风盘方向去操作，而是反向操作，一开盘就套住这些人，看你怎么跑。

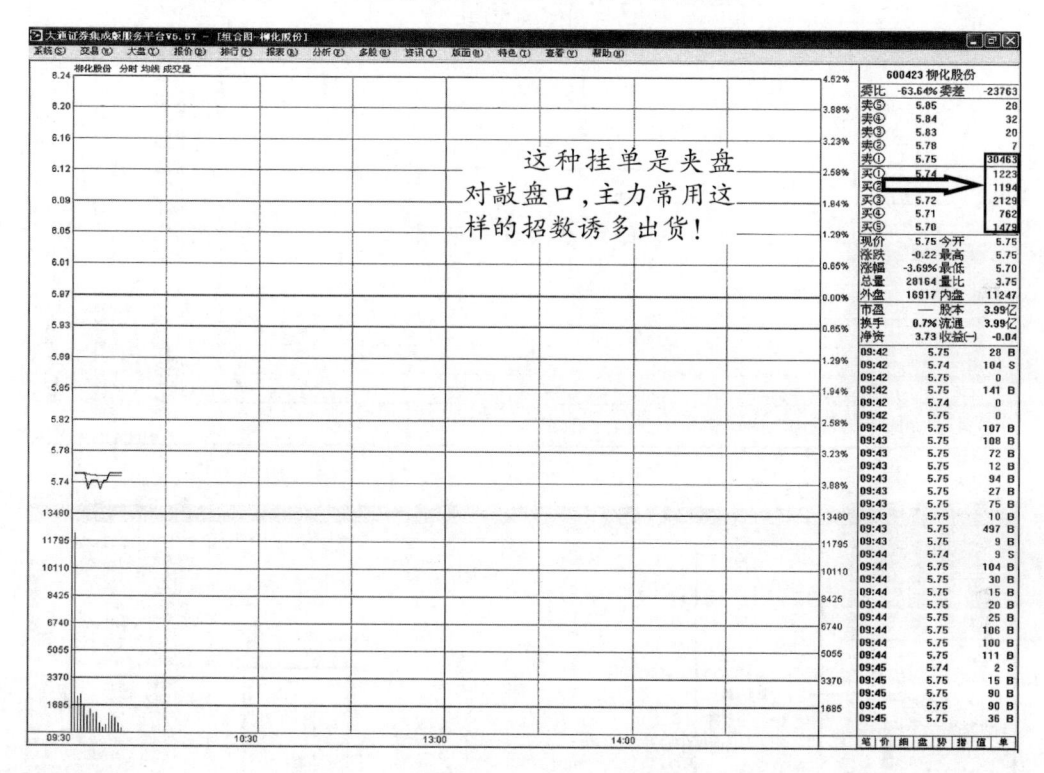

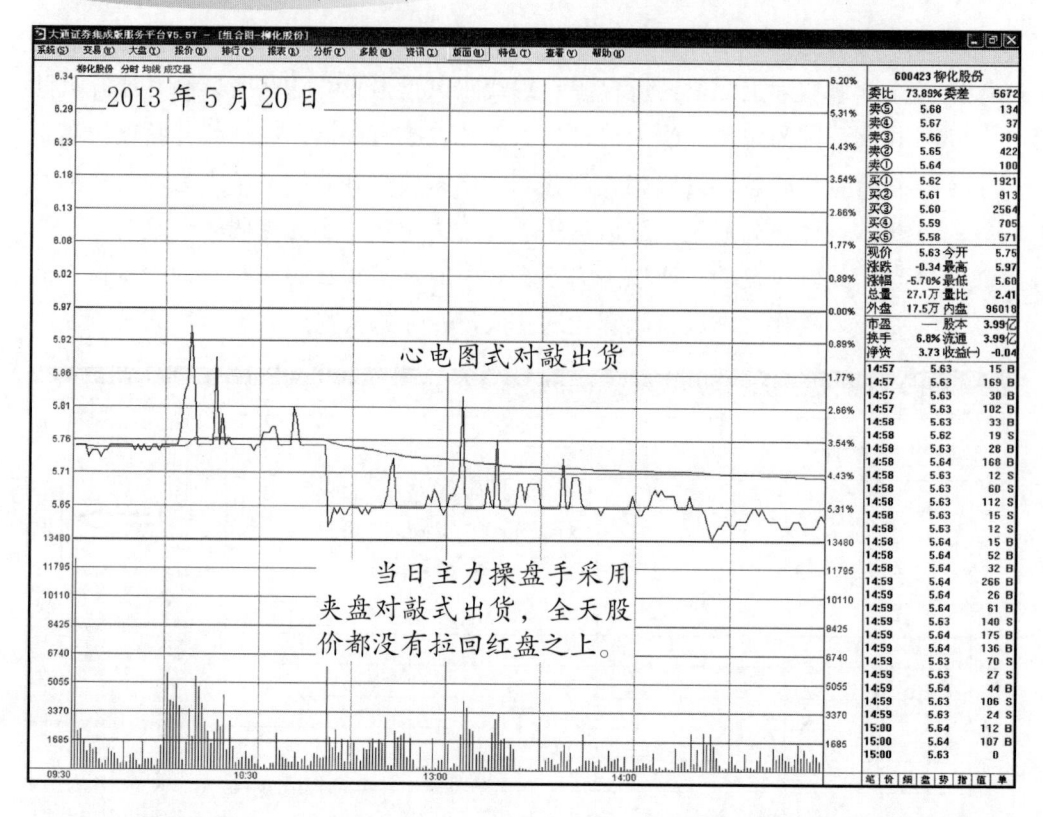

主力行为盘口解密(精选版)

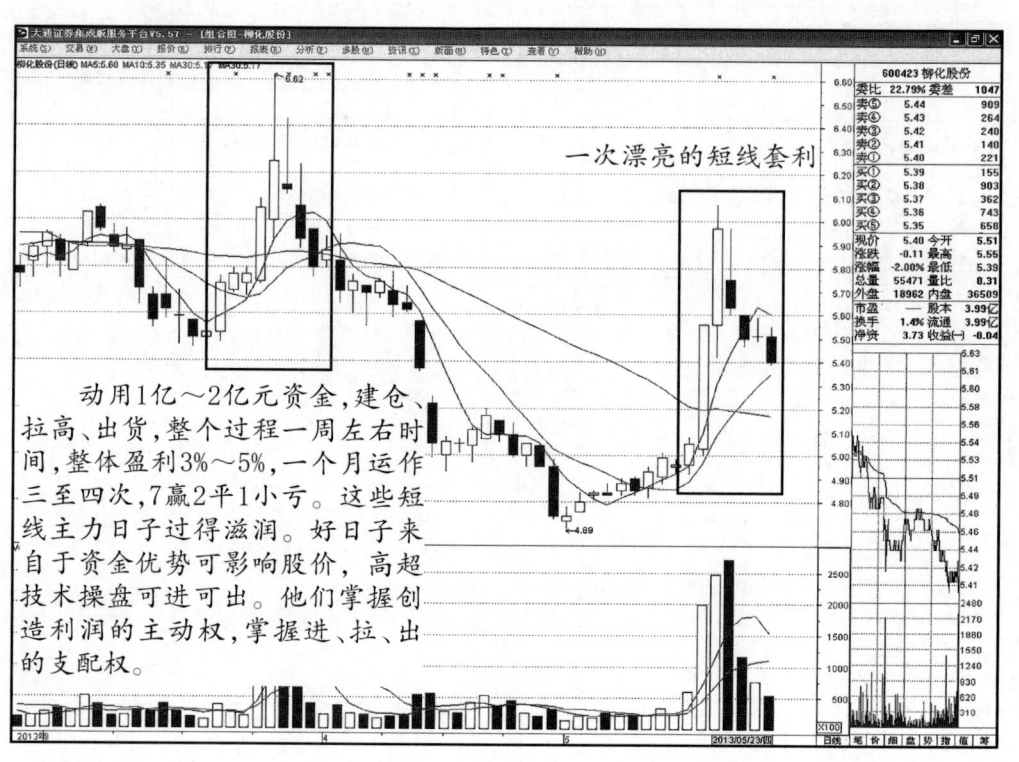

2013年5月20日

心电图式对敲出货

当日主力操盘手采用夹盘对敲式出货，全天股价都没有拉回红盘之上。

一次漂亮的短线套利

动用1亿~2亿元资金，建仓、拉高、出货，整个过程一周左右时间，整体盈利3%~5%，一个月运作三至四次，7赢2平1小亏。这些短线主力日子过得滋润。好日子来自于资金优势可影响股价，高超技术操盘可进可出。他们掌握创造利润的主动权，掌握进、拉、出的支配权。

揭秘主力运作思路

主力行为分析终极目标是看清大资金主力运作思路轨迹并能预测未来。轨迹是过去留下的印记，通过历史轨迹印记看清是谁在里面运作，前面做过什么，现在正在做什么，下一步将会怎么做。

几乎任何一只股票都有大户和机构持有，但如不属运作性质的资金那就没有什么意义。所谓运作性质资金是指会主动干扰影响价格的资金，只有这种资金才会出来操盘、引领股价涨跌。

个股出现运作性质资金操盘，就有了之前、现时和后面的表现。通过对其过去和现在的轨迹印记，分析预测主力下一步将如何操作，如有机会则跟进，若是风险则远离回避。

分析主力进场时间、持仓成本、过去和现在，就是分析主力运作轨迹，从中看清楚主力操盘思路。

了解主力运作思路第一步是先发现主力，这可以在盘面中发现。通过大买卖单、大买卖单成交、托单、压单、连续拉升动作、连续砸盘动作、量价异常等这些表现去甄别。

分析主力运作思路的方法和步骤：①通过盘面异动发现主力做盘；②分析主力全天表现及做盘重要环节和结果；③看上一交易日主力有没有做盘动作，以及干了什么；④看一周以来量价表现和每日分时走势中主力做盘要点，分析关联性；⑤看一个月以来主力做过什么大动作，结果如何；⑥看3个月以来表现，看主力做盘完成了什么阶段操作；⑦看半年来甚至一年来的表现，区分主力做盘运作的各个阶段。

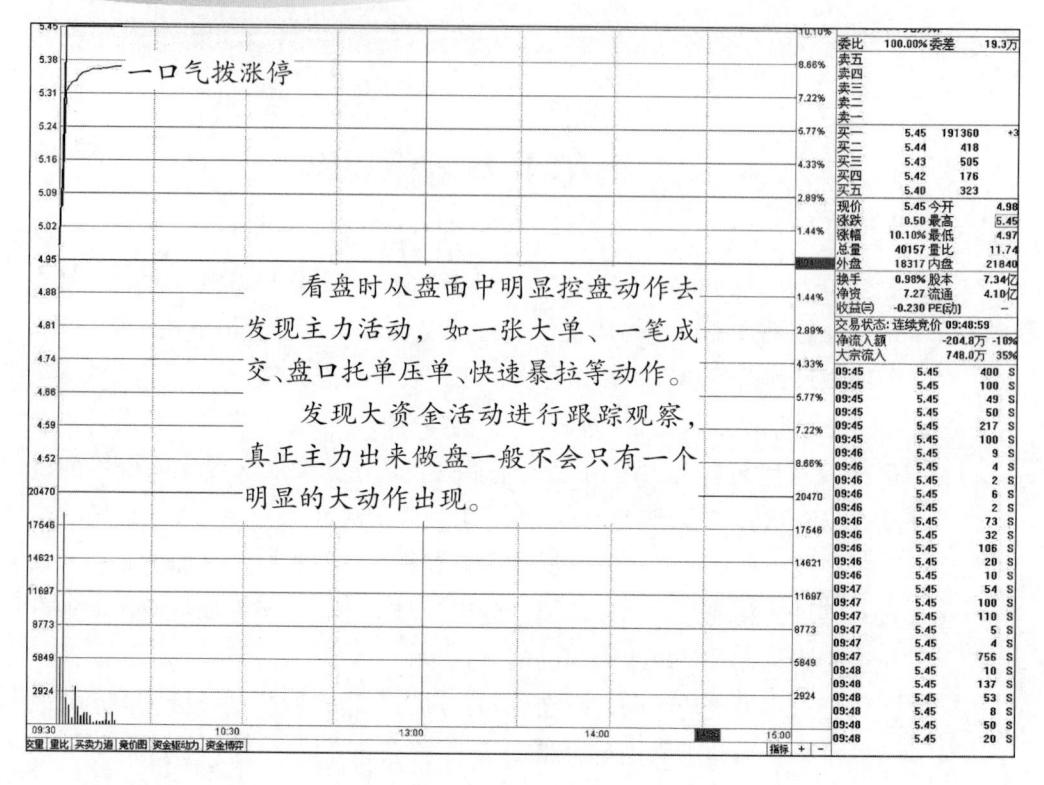

主力行为盘口解密(精选版)

一口气拨涨停

看盘时从盘面中明显控盘动作去发现主力活动，如一张大单、一笔成交、盘口托单压单、快速暴拉等动作。

发现大资金活动进行跟踪观察，真正主力出来做盘一般不会只有一个明显的大动作出现。

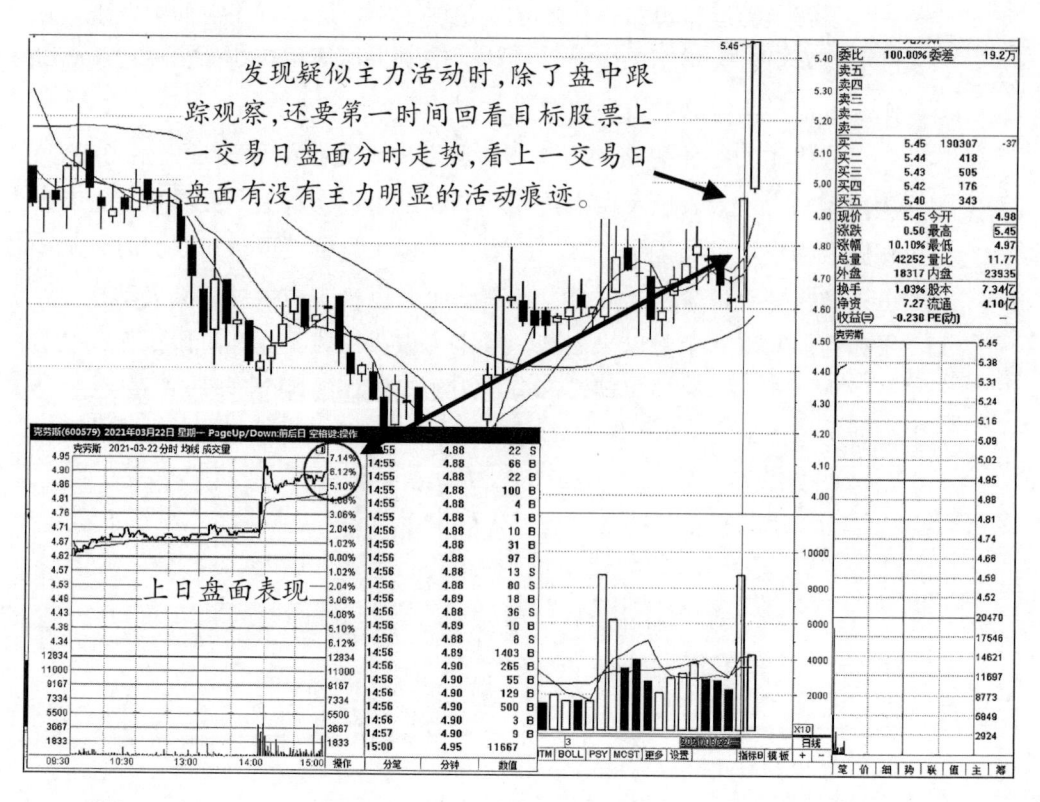

发现疑似主力活动时，除了盘中跟踪观察，还要第一时间回看目标股票上一交易日盘面分时走势，看上一交易日盘面有没有主力明显的活动痕迹。

上日盘面表现

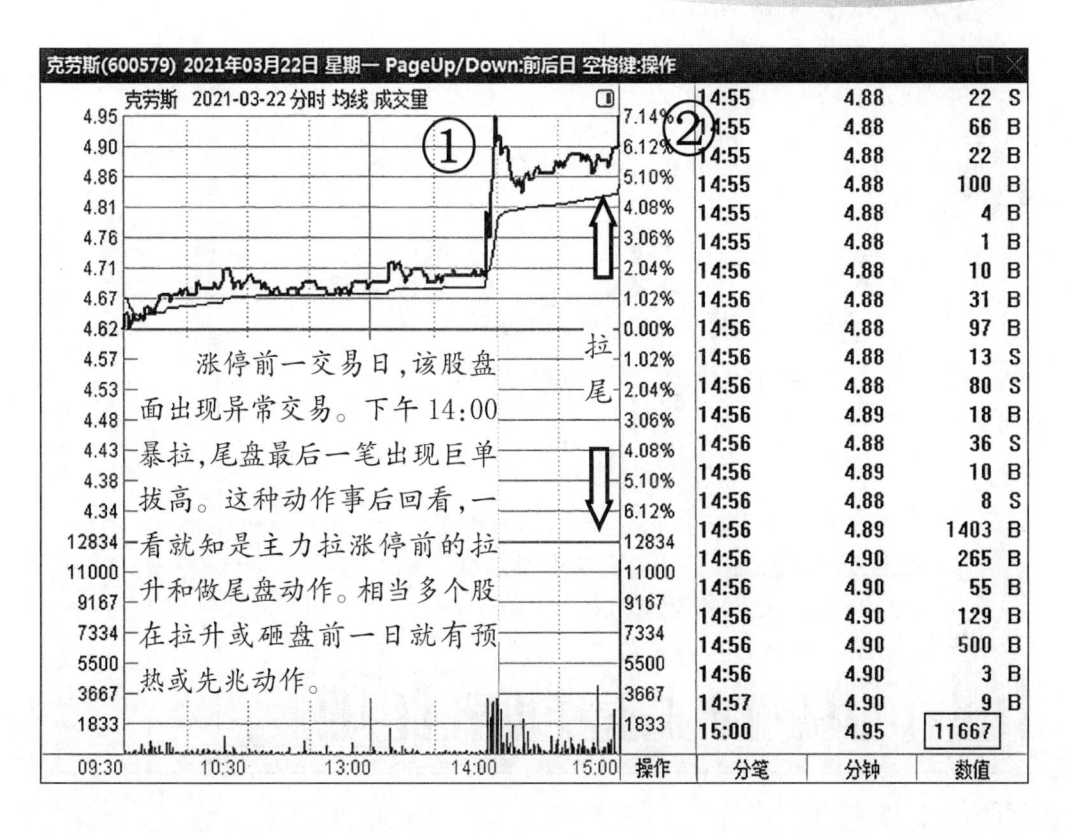

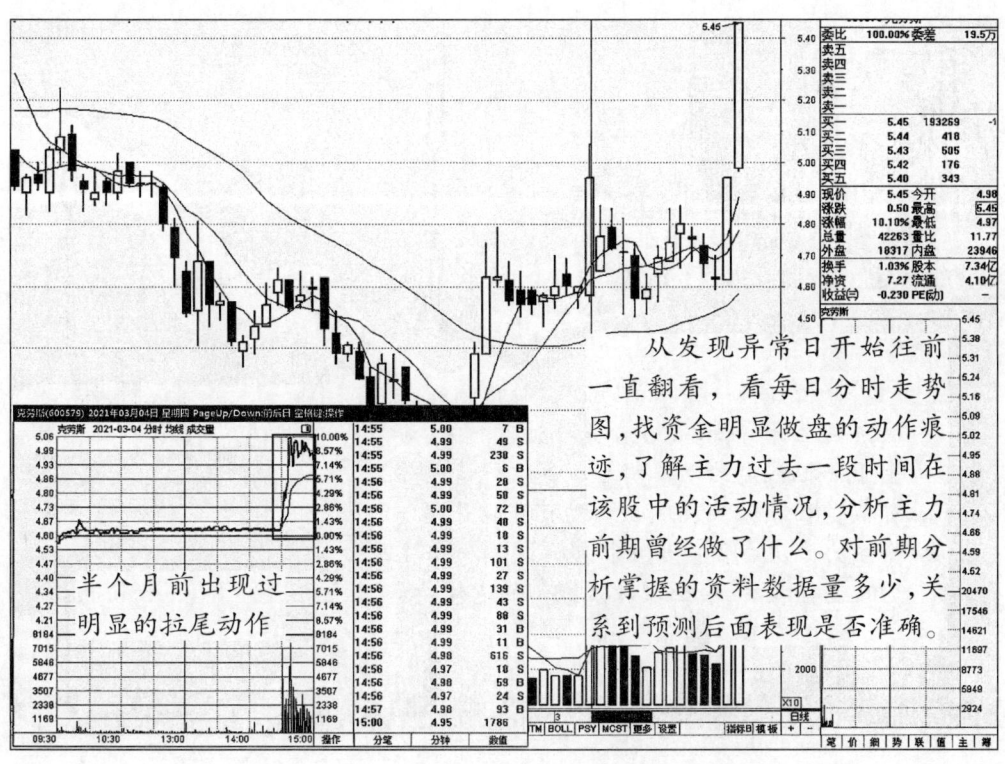

涨停前一交易日，该股盘面出现异常交易。下午14:00暴拉，尾盘最后一笔出现巨单拔高。这种动作事后回看，一看就知是主力拉涨停前的拉升和做尾盘动作。相当多个股在拉升或砸盘前一日就有预热或先兆动作。

半个月前出现过明显的拉尾动作

从发现异常日开始往前一直翻看，看每日分时走势图，找资金明显做盘的动作痕迹，了解主力过去一段时间在该股中的活动情况，分析主力前期曾经做了什么。对前期分析掌握的资料数据量多少，关系到预测后面表现是否准确。

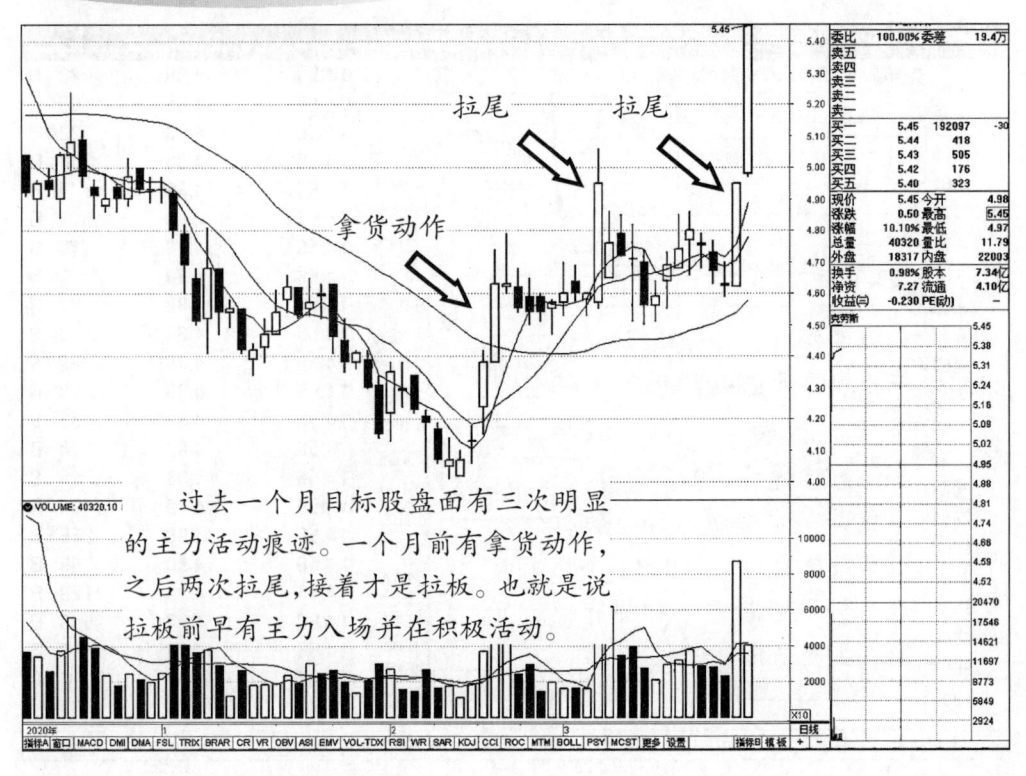

主力行为盘口解密(精选版)

过去一个月目标股盘面有三次明显的主力活动痕迹。一个月前有拿货动作，之后两次拉尾，接着才是拉板。也就是说拉板前早有主力入场并在积极活动。

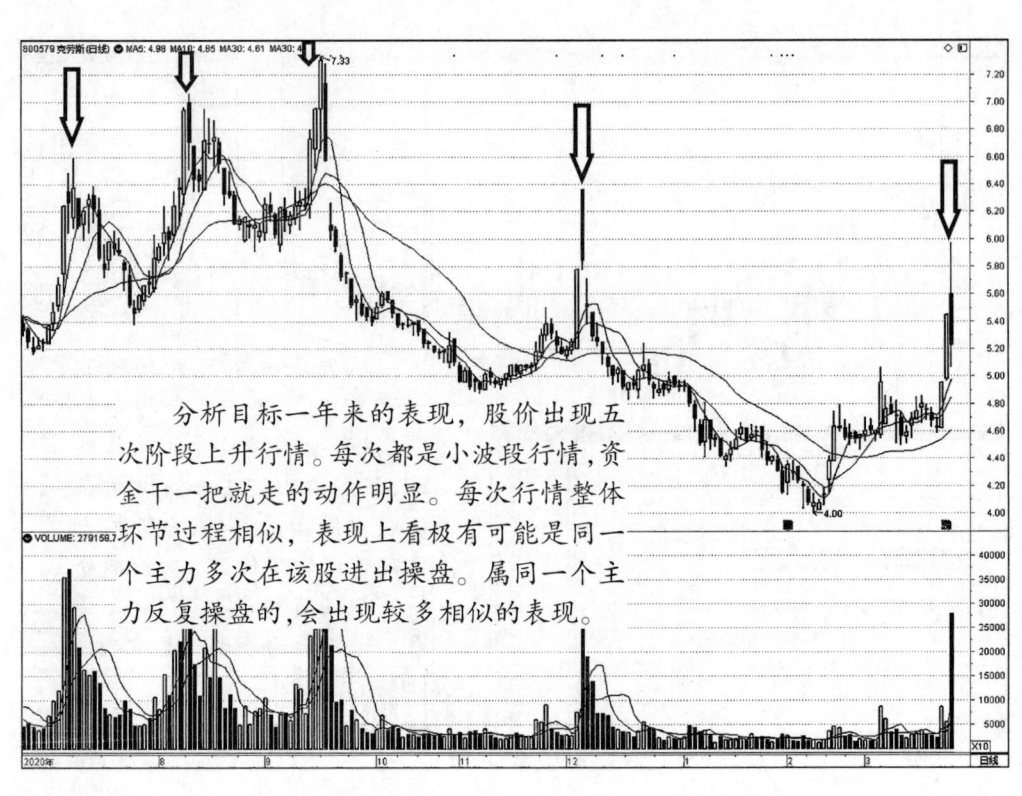

分析目标一年来的表现，股价出现五次阶段上升行情。每次都是小波段行情，资金干一把就走的动作明显。每次行情整体环节过程相似，表现上看极有可能是同一个主力多次在该股进出操盘。属同一个主力反复操盘的，会出现较多相似的表现。

发现主力活动的方法步骤

　　一个人要在股市中获得成功，必须从生活的角度去思考股市中的各种问题。人生在世什么事情都看得清清楚楚想得透透彻彻是几乎不可能的，只能是将部分事和物看清看透。在股市中想将每只股票每一刻的表现都看清看透，也是不可能的，没有人具备这样的能力，其实也不需要具备这样的能力，只要能看清一小部分个股某时刻的走势就足够了。选出自己能看清的目标，盯着这些品种，从中寻找机会，就足以令自己发家致富了。拥有正确的认知力和正确的理念才能令你消除困惑，朝正确的方向前进。

　　怎么弄清楚一只股票有没有机构在活动或有没有新资金介入，通常每个人都有自己的方法。笔者也有一套自己的方法和一些步骤。

　　研究看盘分为"动态看盘"和"静态看盘"两种。动态看盘就是在交易时间看盘，静态看盘就是在非交易时间看盘。交易时间看盘有它的特点，第一是能感知当时的盘面盘口、市场情绪和交易气氛。市场情绪和盘面交易气氛在非交易时间看盘是无法获知的。动态看盘看的是过程，静态看盘看的是结果。动态看盘能获得更多的盘口交易信息。

　　静态看盘分析个股有没有机构活动或有没有新资金进入，笔者的简单方法和步骤如下：①看多日K线、看量能变化；②看分时走势表现；③看盘中成交明细；④看多日分时走势连贯分析。

静态看盘分析个股有没有机构活动或有没有新资金进入，可先从个股位置和数日K线表现入手。个股无论在什么位置，有交易就有资金进出。低位时资金进场的更多是有实力的机构，进场时肯定是阳多阴少或都是中阳。因此找价格在低位，阳多阴少或全是阳线的品种看，这些多是资金在活动或正在进场。

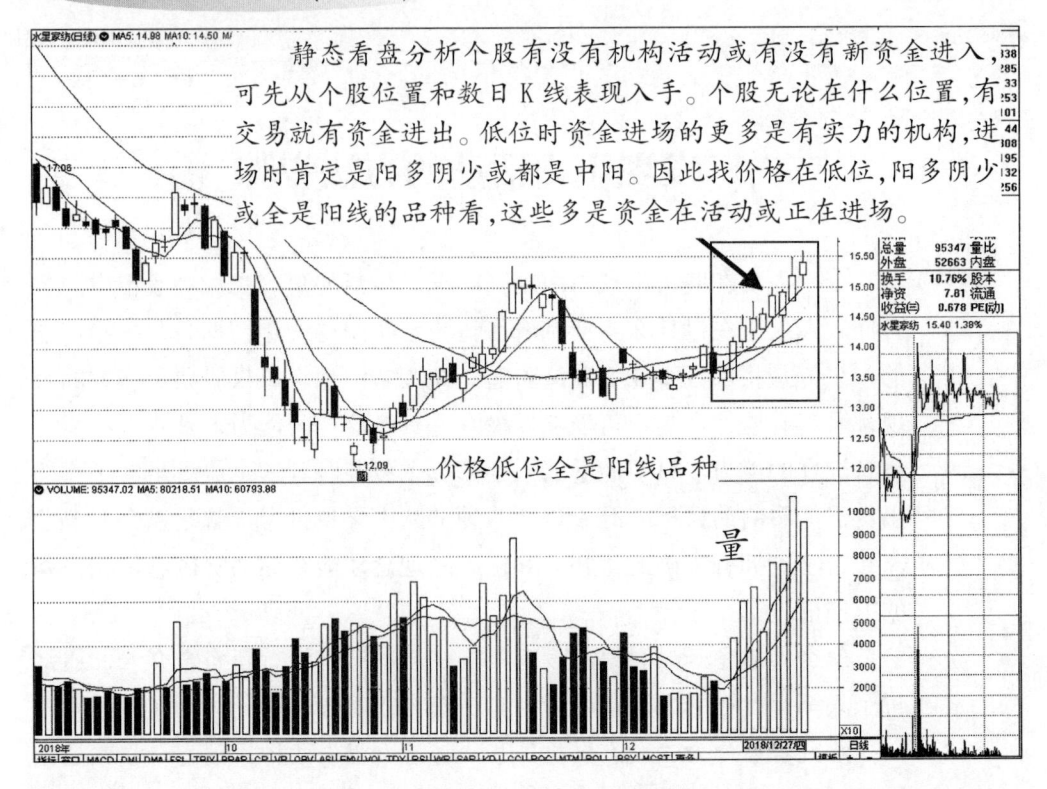

价格低位全是阳线品种

量

日K线表现是分析研究的重要对象，日K线整体涨跌幅情况、排列状态、上升流畅度、形态等都是分析资金活动的重要表现。

短期日K线表现

日K线对应的量能非常重要，机构活动或者进场要从量能变化入手去分析。在个股连续多日温和放量，成交不活跃或者换手处于很低的状态时，资金出来活动或者入场都会导致成交量明显放大。因此明显放量是一个重要的信号。

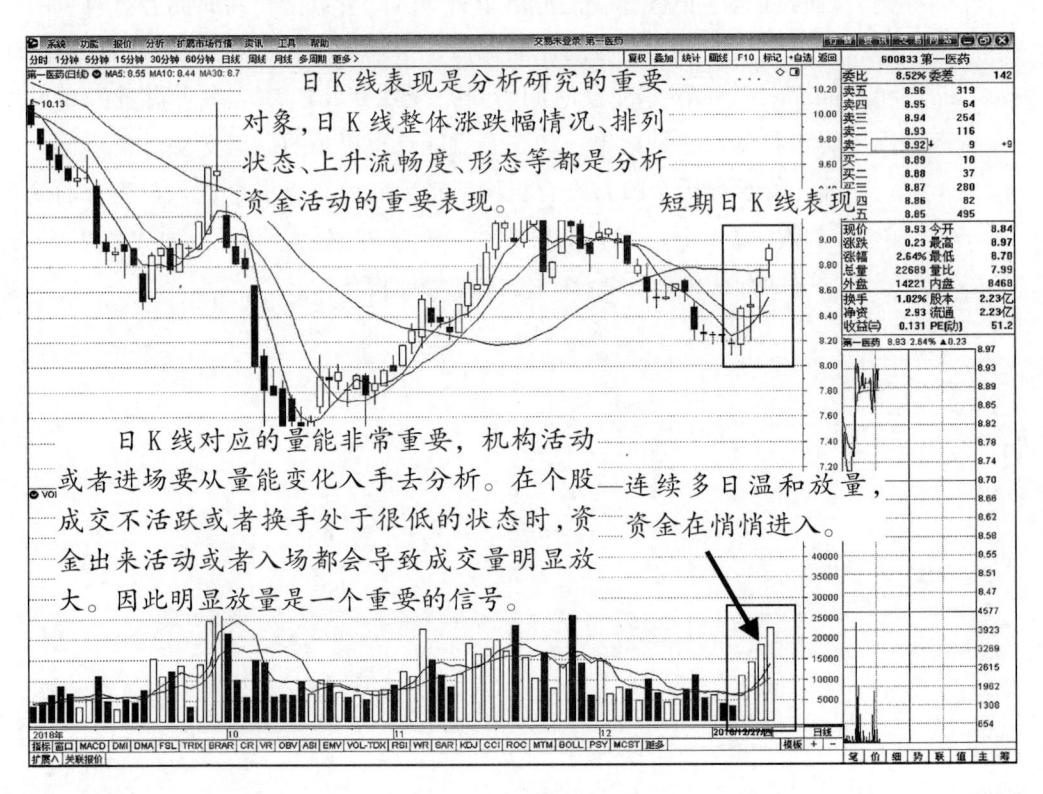

资金在悄悄进入。

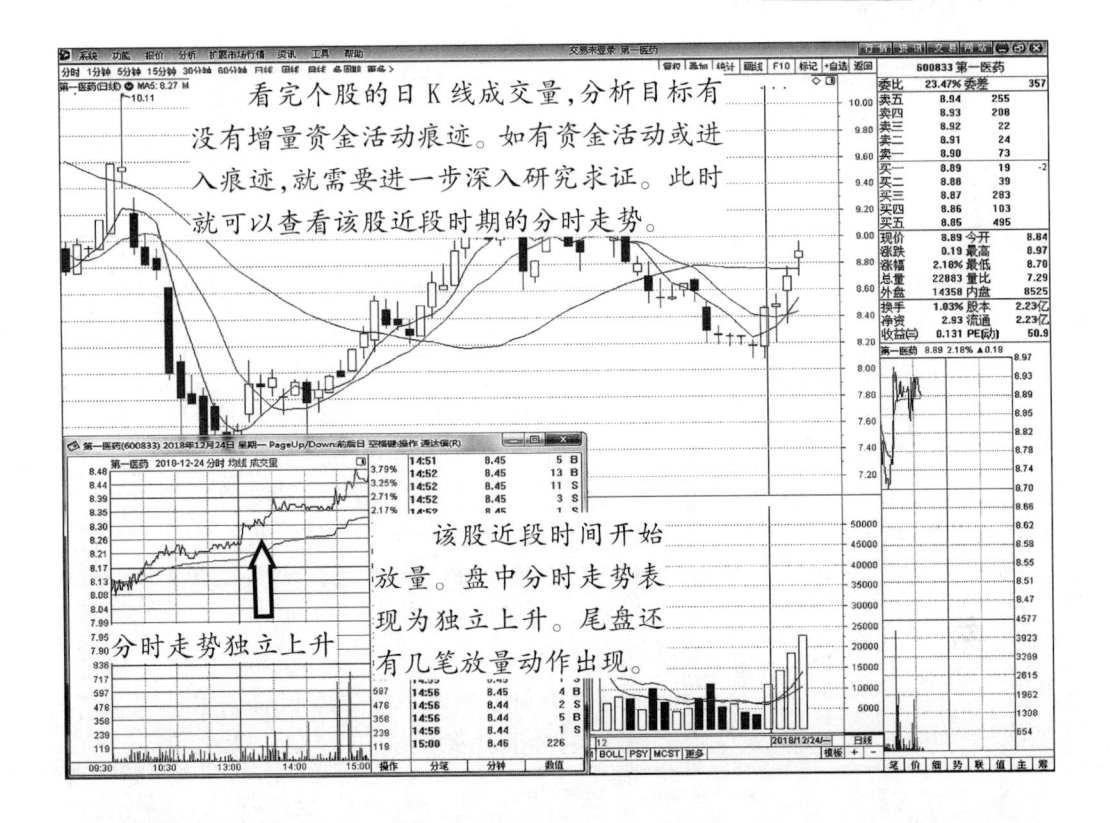

第十章 特殊盘面分析

看完个股的日K线成交量,分析目标有没有增量资金活动痕迹。如有资金活动或进入痕迹,就需要进一步深入研究求证。此时就可以查看该股近段时期的分时走势。

该股近段时间开始放量。盘中分时走势表现为独立上升。尾盘还有几笔放量动作出现。

分时走势独立上升

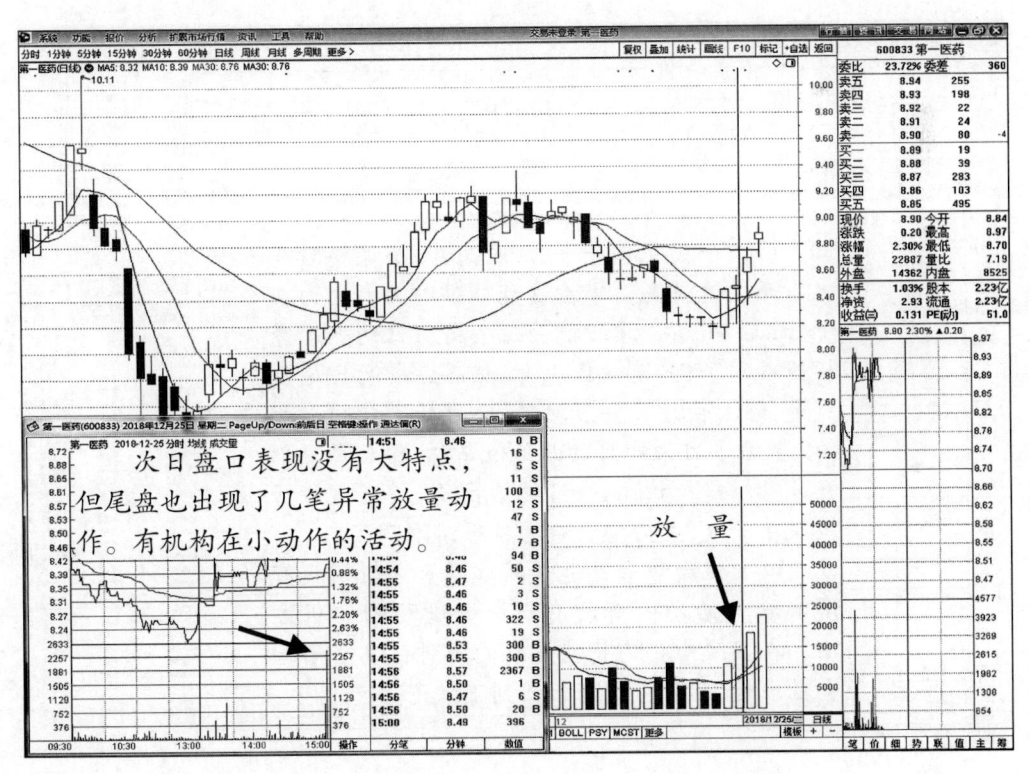

次日盘口表现没有大特点,但尾盘也出现了几笔异常放量动作。有机构在小动作的活动。

放量

主力行为盘口解密(精选版)

第三个交易日快速拉尾盘现象十分明显。前两日机构是小心翼翼地做,今日是大胆张扬地做。估计是因为当前市场太弱,主力尾盘才敢出来活动,将股价做高一把。发现个股有主力出来活动其实并不难,难的是通过分析去预测他现在在做什么,后面将要做什么。

第四个交易日一早,该股高开,小调整后马上展开快速拉高。单看这盘口难以洞悉主力在干什么,而结合该股前面三个交易日的表现分析就不同了:先是独立上升,然后连续两日尾盘放量,昨天快速大幅度拉尾,今日开盘就明显拔高。主力多日来的目的是低位拿货,然后每日都在尾盘拉起或拉高,今日继续拉高。将多日行情串联在一起,主力操盘行为就很清晰明了。

以上几大步骤是笔者简单看盘分析个股有没有机构活动或有没有新资金进场的分析方法。在实践中仍需将能看到的各种信息全面综合在一起,然后再去分析研判下结论。

388

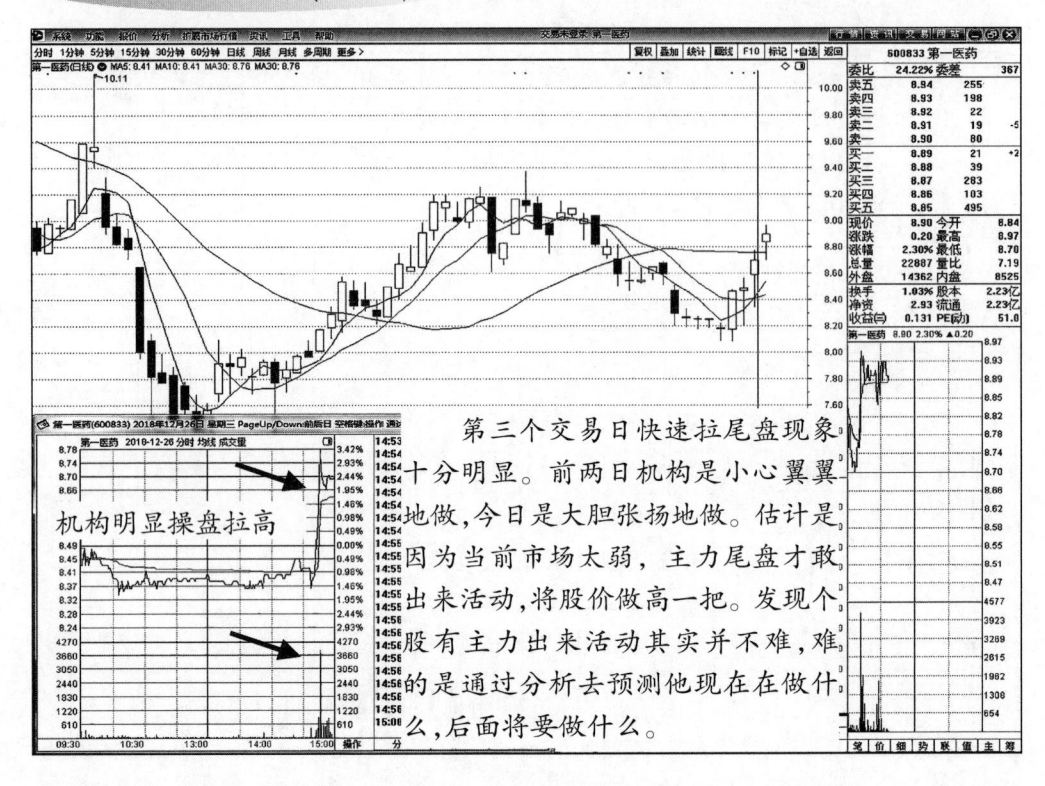

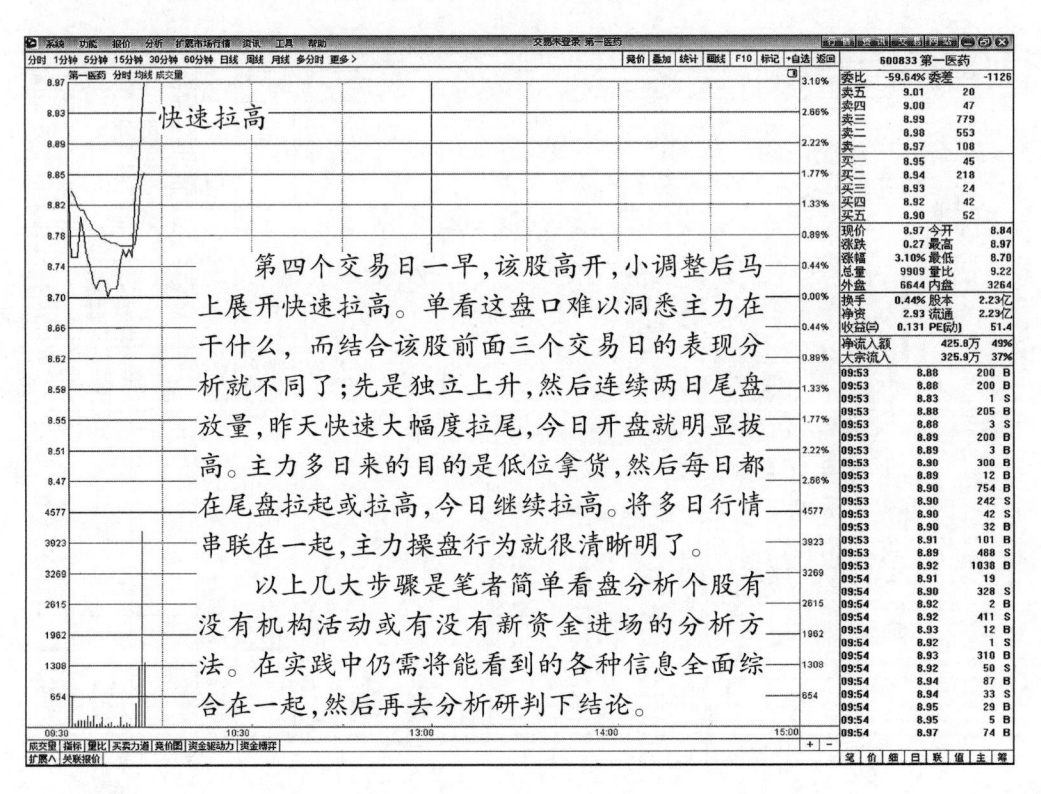

盘中寻找主力入场推高品种

证券市场选股和操作各师各法，不求手段相同只求结果能实现盈利。对于短线操作，盘中即时选股买入是一种普遍现象。盘中选股除了目标股票本身，更注重的是选择一个理想的切入点。短线操作目的之一是不参与个股横盘和调整，因此一买就涨是短线选股的基本要求。

一买就涨的品种有哪些？应从什么地方入手？这是短线选手们要思考和解决的问题。

从技术分析角度看，一买就涨的品种在选择方向上有两种：①调整结束准备回升的品种；②明显拉升中的品种。

对于调整结束准备回升的品种，要准确判断难度比较大，它是对一个点的判断。明显拉升中的品种是一条线分析判断，较容易发现和把握。

实践中选择明显拉升中品种，按时间周期分有两种：盘中拉升和K线上升两个级别，选股时谁主谁次必须分清确定。实践时既可以以日K线为主选股，盘中分时确定切入点，也可以以盘中分时为主去研究日K线，然后再回到盘中找切入点。以分时为主的短线选股方法并不完全以盘口分时走势形态为判断核心，建议以分时走势形态为基础，结合大资金活动为核心。个股出现大资金活动，以进场吸筹和推高股价两种行为为核心。

主力吸筹明显的品种，股价必然会出现上升，但此阶段主力不愿意股价大幅上行。在主力吸筹扫货时股价上行，停止扫货时股价马上调整。只有在主力进入拉升阶段时，才利用各种办法不断连续做高股价。因此选股操作，选择主力正在拉升推高品种是最好的。

主力正拉升推高的品种盘面有什么特点？这是参与者要弄清楚的。下面将一些分析方法经验拿出来与各位分享。

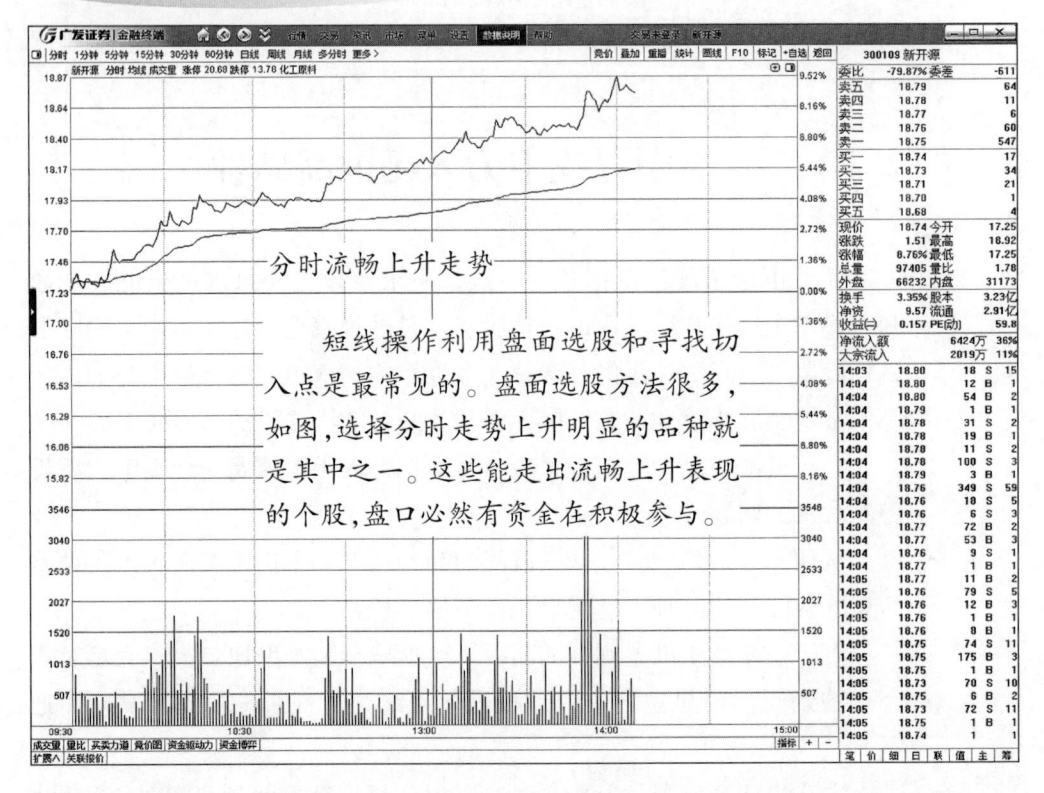

主力行为盘口解密(精选版)

分时流畅上升走势

短线操作利用盘面选股和寻找切入点是最常见的。盘面选股方法很多,如图,选择分时走势上升明显的品种就是其中之一。这些能走出流畅上升表现的个股,盘口必然有资金在积极参与。

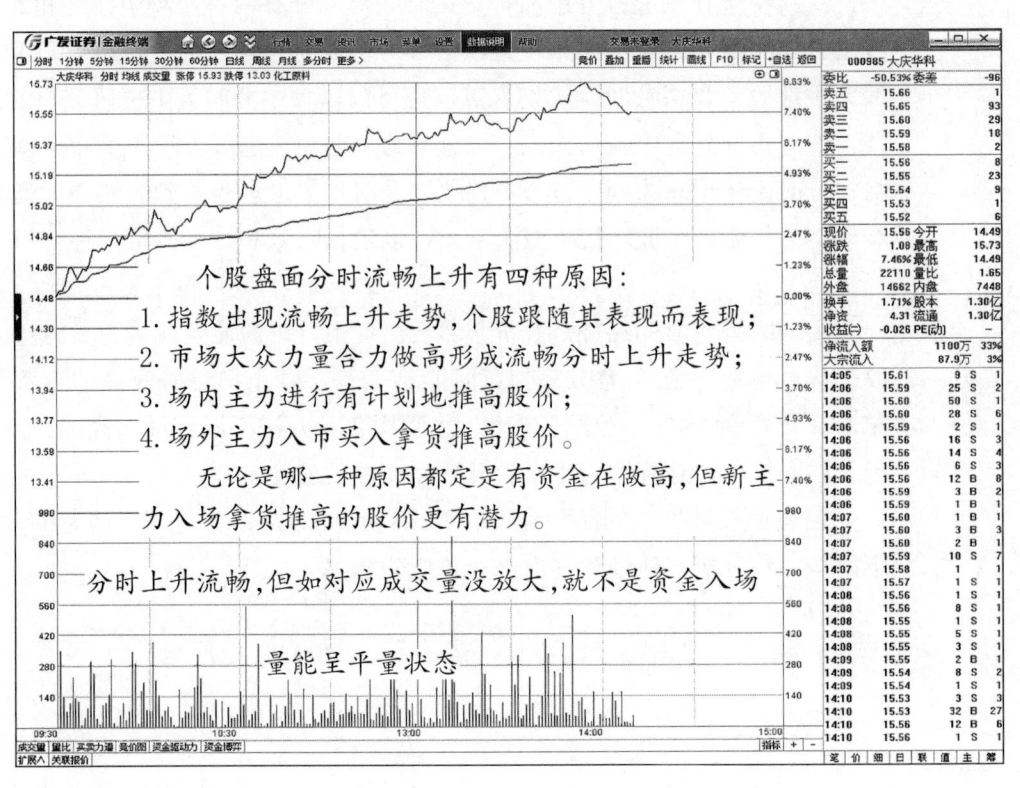

个股盘面分时流畅上升有四种原因:
1. 指数出现流畅上升走势,个股跟随其表现而表现;
2. 市场大众力量合力做高形成流畅分时上升走势;
3. 场内主力进行有计划地推高股价;
4. 场外主力入市买入拿货推高股价。

无论是哪一种原因都定是有资金在做高,但新主力入场拿货推高的股价更有潜力。

分时上升流畅,但如对应成交量没放大,就不是资金入场

量能呈平量状态

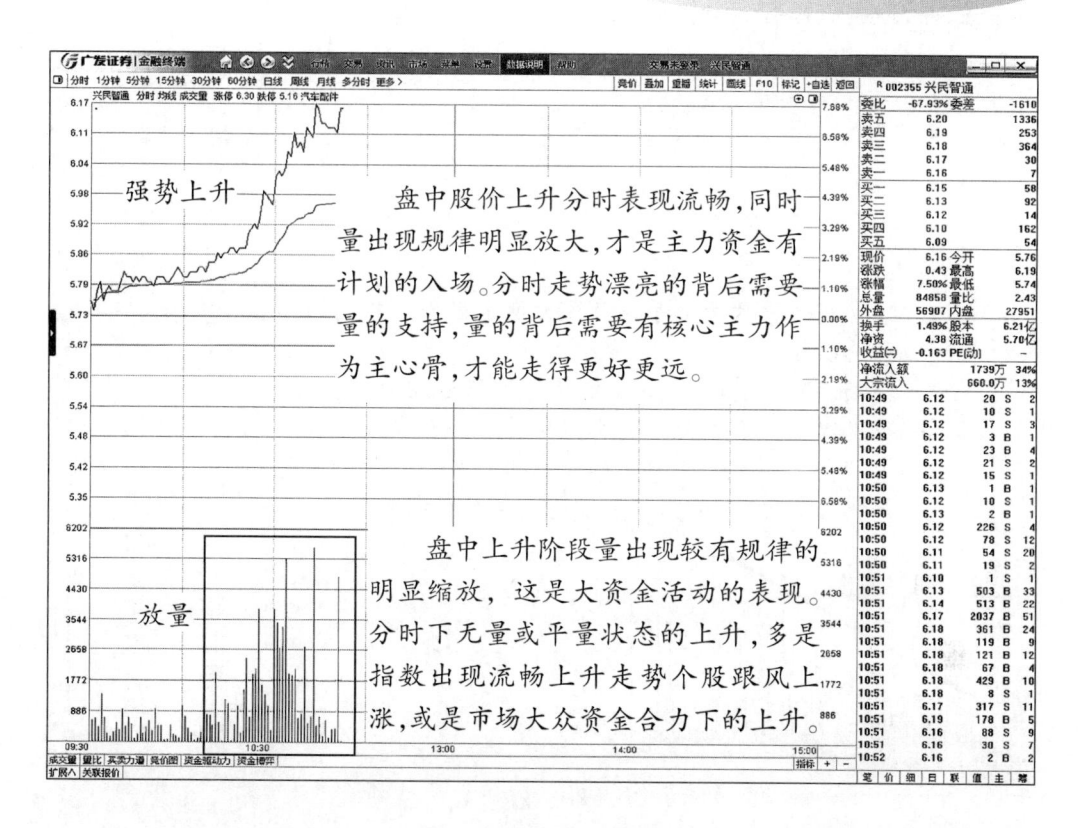

第十章 特殊盘面分析

强势上升

盘中股价上升分时表现流畅，同时量出现规律明显放大，才是主力资金有计划的入场。分时走势漂亮的背后需要量的支持，量的背后需要有核心主力作为主心骨，才能走得更好更远。

放量

盘中上升阶段量出现较有规律的明显缩放，这是大资金活动的表现。分时下无量或平量状态的上升，多是指数出现流畅上升走势个股跟风上涨，或是市场大众资金合力下的上升。

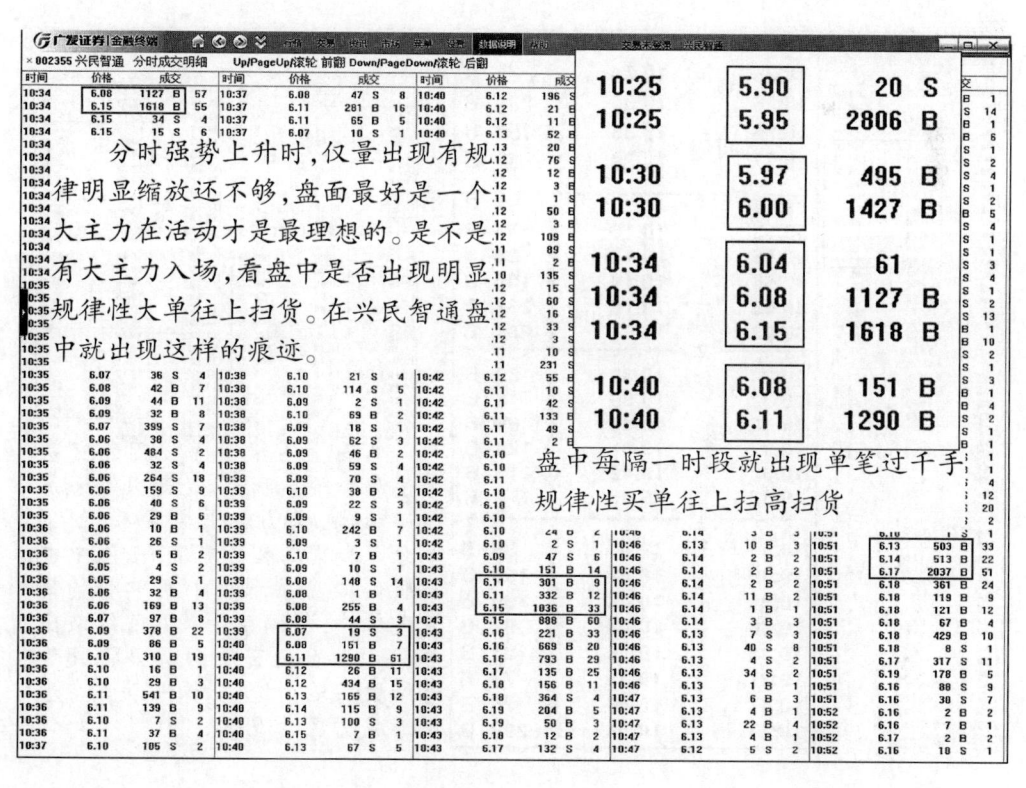

分时强势上升时，仅量出现有规律明显缩放还不够，盘面最好是一个大主力在活动才是最理想的。是不是有大主力入场，看盘中是否出现明显规律性大单往上扫货。在兴民智通盘中就出现这样的痕迹。

时间	价格	成交	买卖
10:25	5.90	20	S
10:25	5.95	2806	B
10:30	5.97	495	B
10:30	6.00	1427	B
10:34	6.04	61	
10:34	6.08	1127	B
10:34	6.15	1618	B
10:40	6.08	151	B
10:40	6.11	1290	B

盘中每隔一时段就出现单笔过千手规律性买单往上扫高扫货

主力行为盘口解密(精选版)

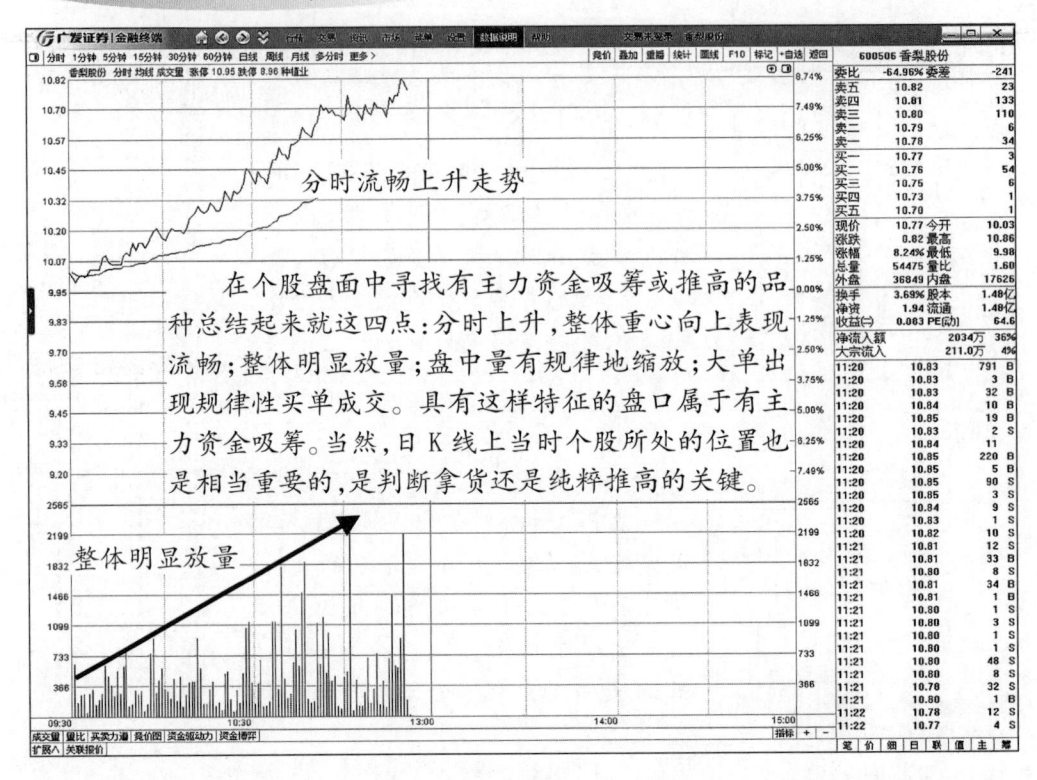

在个股盘面中寻找有主力资金吸筹或推高的品种总结起来就这四点：分时上升，整体重心向上表现流畅；整体明显放量；盘中量有规律地缩放；大单出现规律性买单成交。具有这样特征的盘口属于有主力资金吸筹。当然，日K线上当时个股所处的位置也是相当重要的，是判断拿货还是纯粹推高的关键。

图中标注：分时流畅上升走势；整体明显放量；间歇性买单突袭密集紧凑式拉升

不同主力操盘手使用的交易方法和手段差别大。无论吸筹还是为了推高，主力都需要买入，但下单方式和紧凑程度不同。如图中香梨股份操盘手利用小买单密集紧凑式拉升，每隔数分钟就连续敲出多笔几十至几百手的买单将股价连续拔高多个价位。这一动作在盘中形成明显的规律。

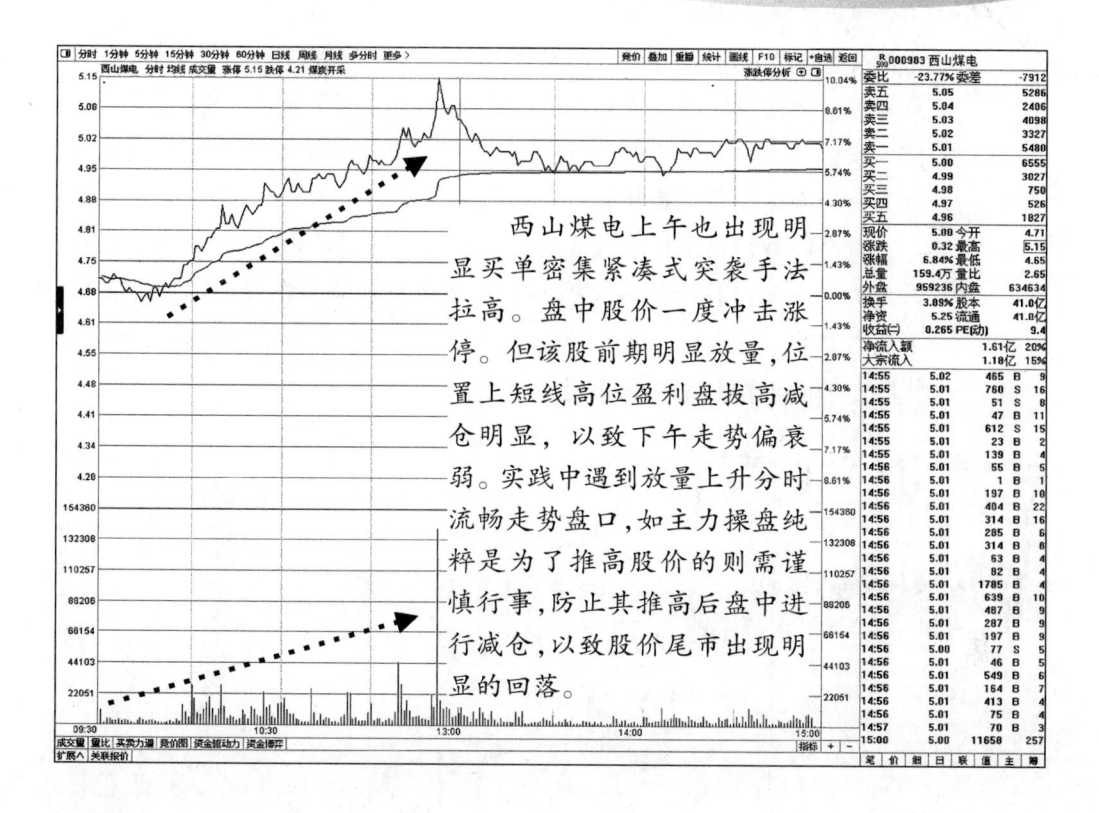

西山煤电上午也出现明显买单密集紧凑式突袭手法拉高。盘中股价一度冲击涨停。但该股前期明显放量，位置上短线高位盈利盘拔高减仓明显，以致下午走势偏衰弱。实践中遇到放量上升分时流畅走势盘口，如主力操盘纯粹是为了推高股价的则需谨慎行事，防止其推高后盘中进行减仓，以致股价尾市出现明显的回落。

同一主力操盘K线和分时留下的痕迹

  人们若某件事从一开始就做得很成功，那么后面大都会利用已取得的成功经验去指导下一次操作。如果继续成功，则会反复利用前面成功的经验去操作。股市中也是同样，如果投资者利用某种方法赚钱了，下次继续使用同样的方法去操盘的机会很大。

  主力操盘也是如此，利用成功经验去做反复操作是必然的。在股市里无论是一般投资者还是主力，其操盘行为、方法、思路出现重复都是正常和常见的。实践中这种重复并不是完全绝对相同的重复，而是一种行为动作类同或十分接近的重复，也就是股市中常说的"历史不会简单地重复，但历史在重演！"

  个体投资者日常交易对市场对个股的影响力小，其个体行为动作不足以在个股中留下明显的规律性痕迹，而大主力交易行为动作大，他们的行为动作可能在个股中留下明显可见的痕迹。主力在个股上反复有规

主力行为盘口解密(精选版)

律的交易就是历史在重演。重复同样的行为导致个股常出现有规律的可见表现。个股某阶段出现相同或相似的表现,可推测其运作属同一个机构。实践中可通过个股历史上次表现状态去演绎接下来将发生的表现,推演其后面将出现的走势。

看个股规律历史重演表现可以从K线上察看,也可以从个股盘口分时走势上入手,盘中的成交明细也是了解察看规律性表现的重要窗口。下面以合肥城建为例,通过分析该股日K线和盘口分时走势规律性表现状况,加深大家对规律性表现的印象。

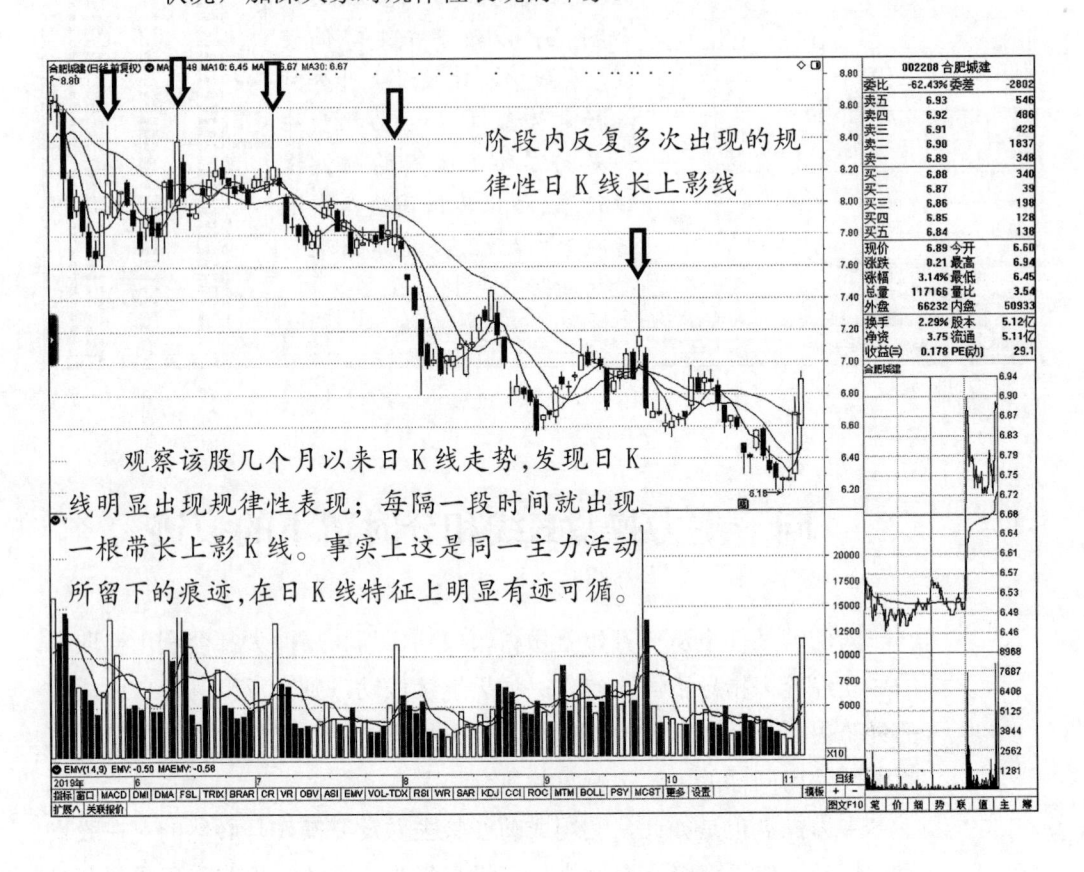

阶段内反复多次出现的规律性日K线长上影线

观察该股几个月以来日K线走势,发现日K线明显出现规律性表现;每隔一段时间就出现一根带长上影K线。事实上这是同一主力活动所留下的痕迹,在日K线特征上明显有迹可循。

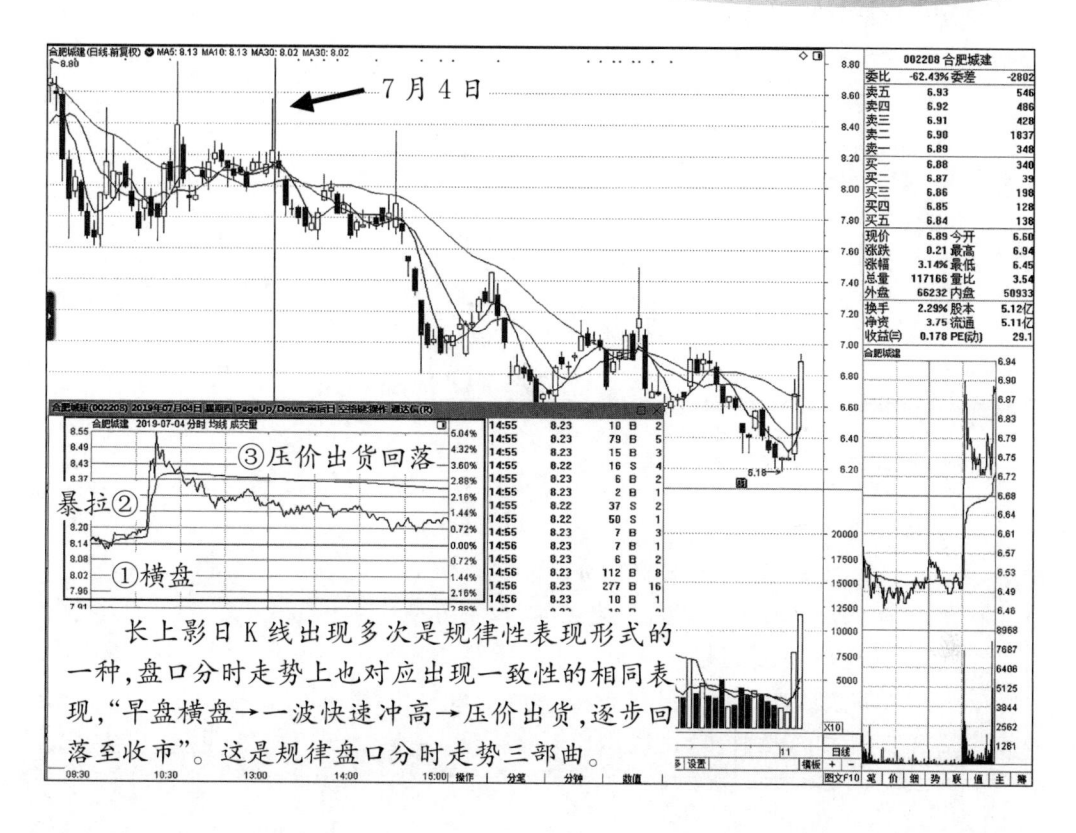

第十章 特殊盘面分析

7月4日 ←

③压价出货回落

暴拉②

①横盘

　　长上影日K线出现多次是规律性表现形式的一种，盘口分时走势上也对应出现一致性的相同表现，"早盘横盘→一波快速冲高→压价出货，逐步回落至收市"。这是规律盘口分时走势三部曲。

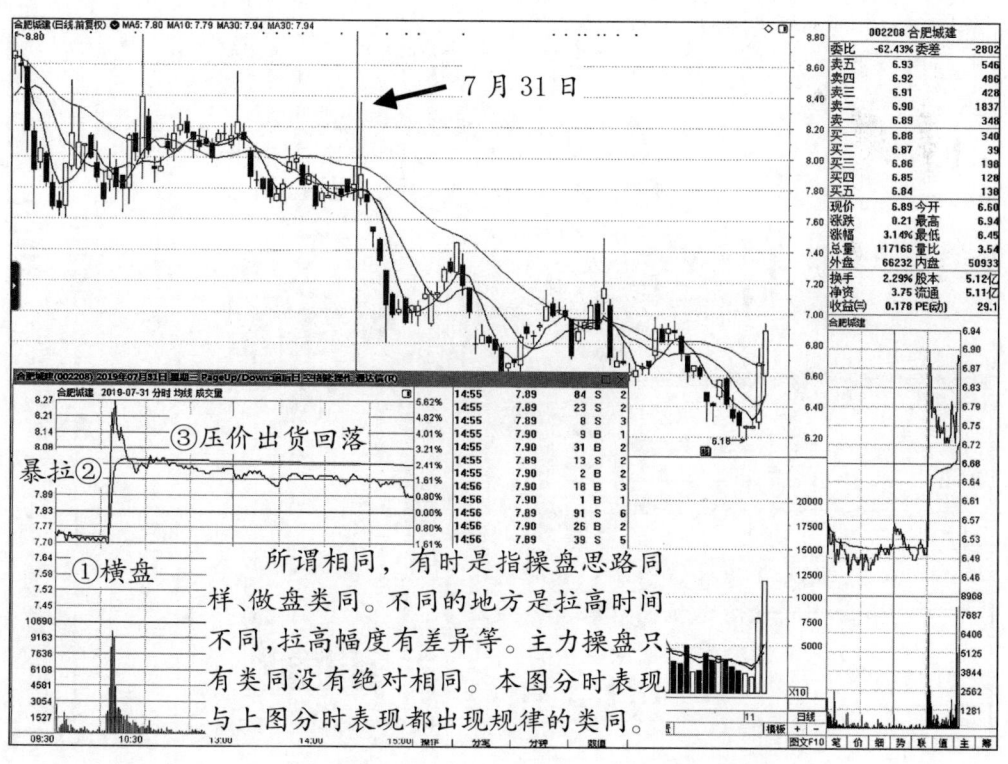

7月31日 ←

③压价出货回落

暴拉②

①横盘　　所谓相同，有时是指操盘思路同样、做盘类同。不同的地方是拉高时间不同，拉高幅度有差异等。主力操盘只有类同没有绝对相同。本图分时表现与上图分时表现都出现规律的类同。

395

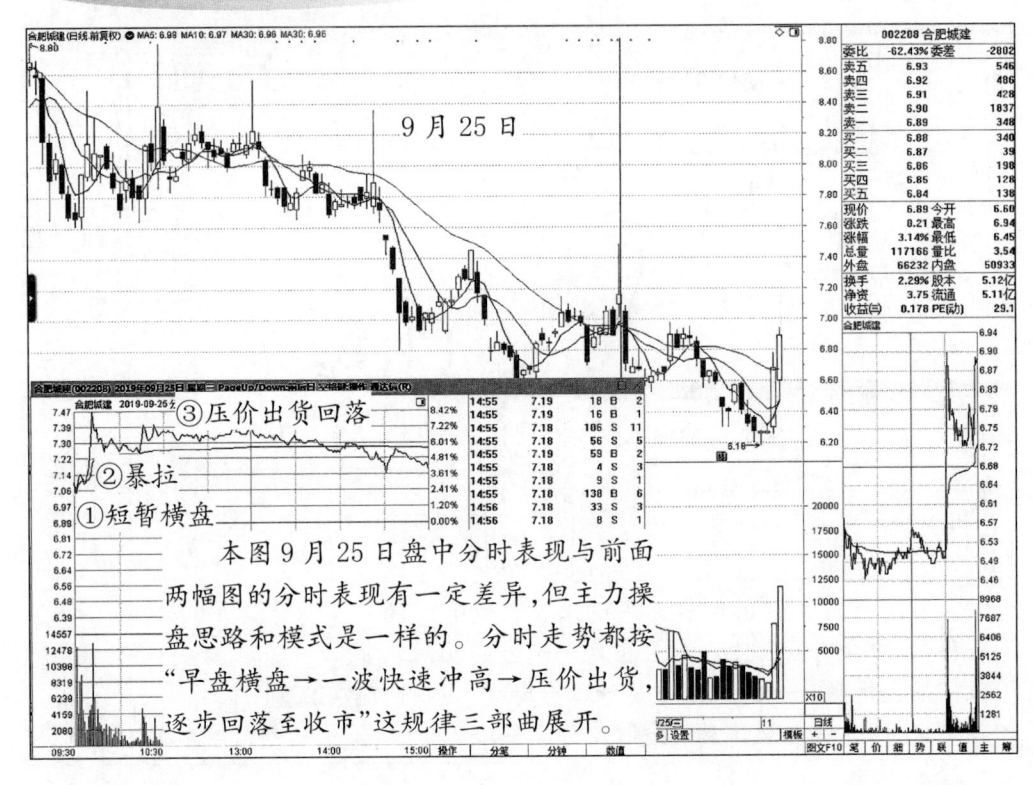

主力行为盘口解密(精选版)

9月25日

③压价出货回落
②暴拉
①短暂横盘

本图9月25日盘中分时表现与前面两幅图的分时表现有一定差异,但主力操盘思路和模式是一样的。分时走势都按"早盘横盘→一波快速冲高→压价出货,逐步回落至收市"这规律三部曲展开。

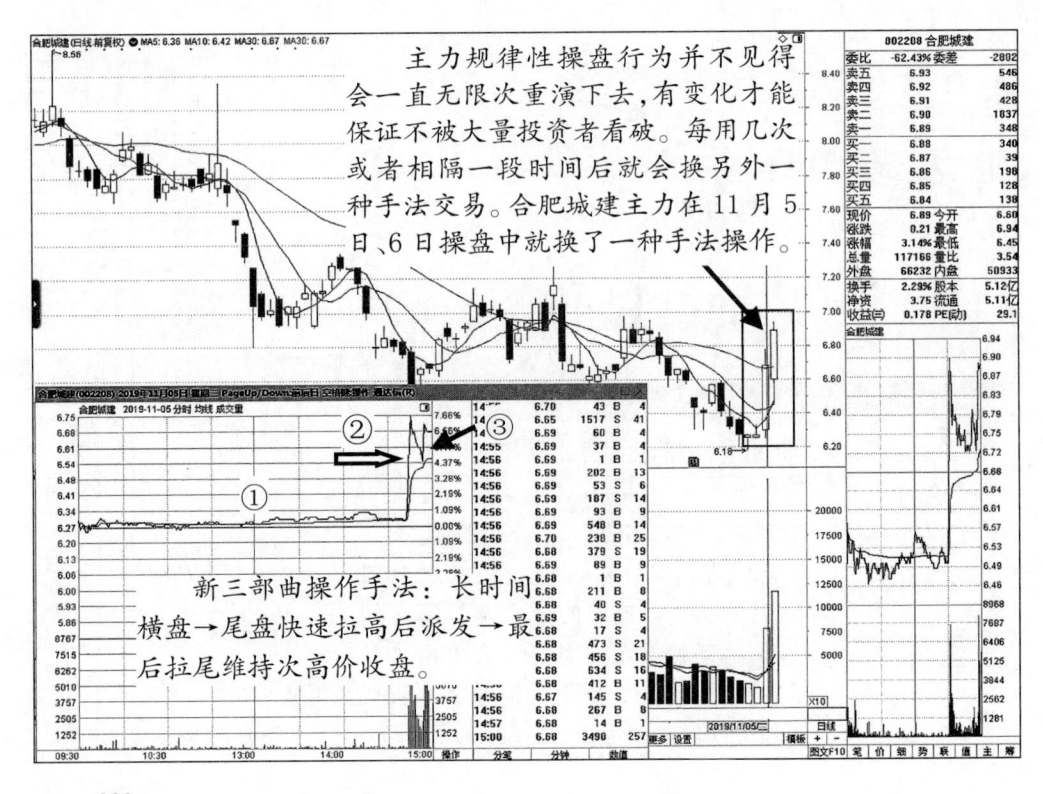

主力规律性操盘行为并不见得会一直无限次重演下去,有变化才能保证不被大量投资者看破。每用几次或者相隔一段时间后就会换另外一种手法交易。合肥城建主力在11月5日、6日操盘中就换了一种手法操作。

新三部曲操作手法:长时间横盘→尾盘快速拉高后派发→最后拉尾维持次高价收盘。

396

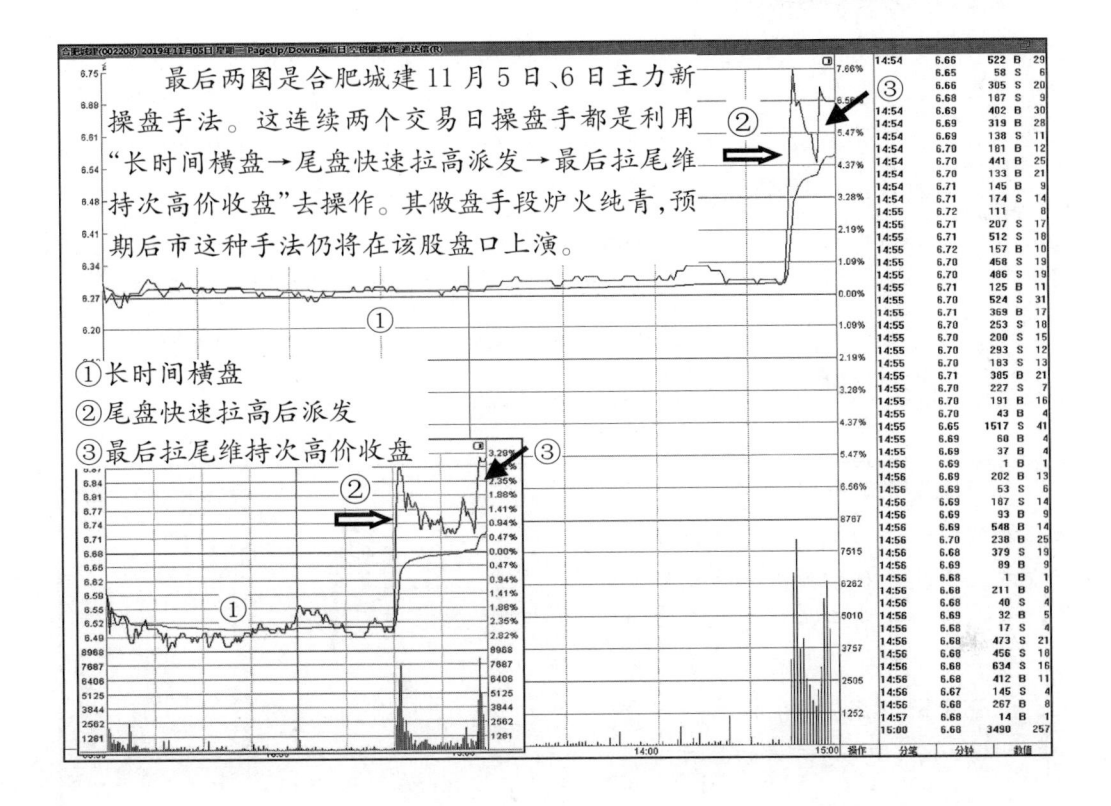

识别容易连续跌停的强势股

个股的升跌波动是由多方面因素影响形成的，影响最明显的因素在不同时期各不相同。小盘股整体波动大一些。大主力活动操盘的个股容易出现暴涨暴跌。如小盘加大主力活动双重因素同时叠加，这些个股表现就会更活跃，波动也更大。小盘股如被主力高度控盘，难免会出现大起大落。

主力控盘度高的个股容易暴涨暴跌，暴涨时往往以连续大阳或连续涨停方式上行，见顶后也大都以连续大阴线或跌停方式下跌。个股见顶若是以连续阴线下跌，盘中尚可随时退出，若是连续跌停，持有者则只能被动等候收割了。入市操作之时要尽量控制避免进入高风险品种。主力高控盘小盘股易暴利也易巨亏，整体风险高，需要操盘者有丰富实践经验，因此掌握识别主力高控盘品种的分析判断技能非常有必要。

主力高控盘个股有明显的特征，其盘口经常出现形态各异的怪异分时走势，如直线操控走势、心电图式跳动走势、怪异控制性走势、大量对敲成交等。

实盘初步看中某些个股后，可翻看该股近两三个月的历史盘口，查看其每日分时走势图，看有没有经常出现走势怪异的分时表现。如发现其近期存在明显的怪异分时表现，则尽量不选这样的品种作为介入目标，如果非要参与，就要做好止损计划。下图列举两个主力短炒明显且最后利用跌停方式出货的品种给大家作为学习样板。分别是博通股份、正川股份。

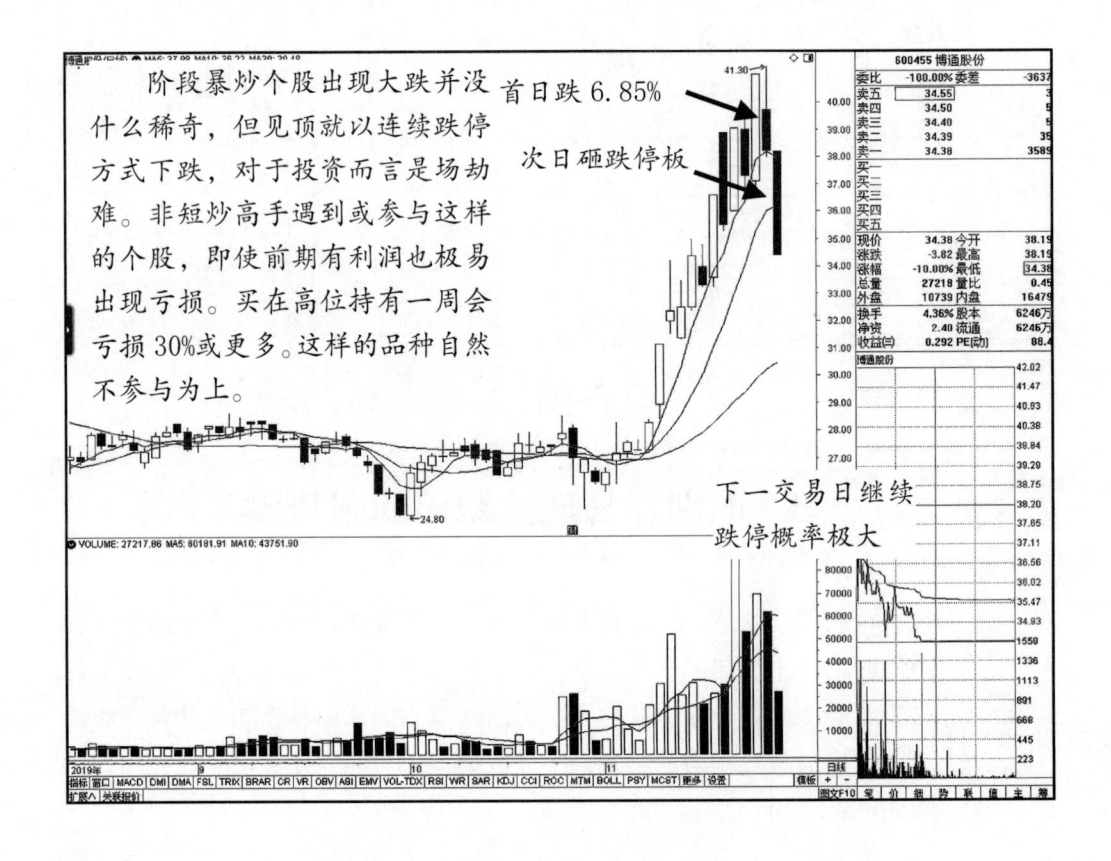

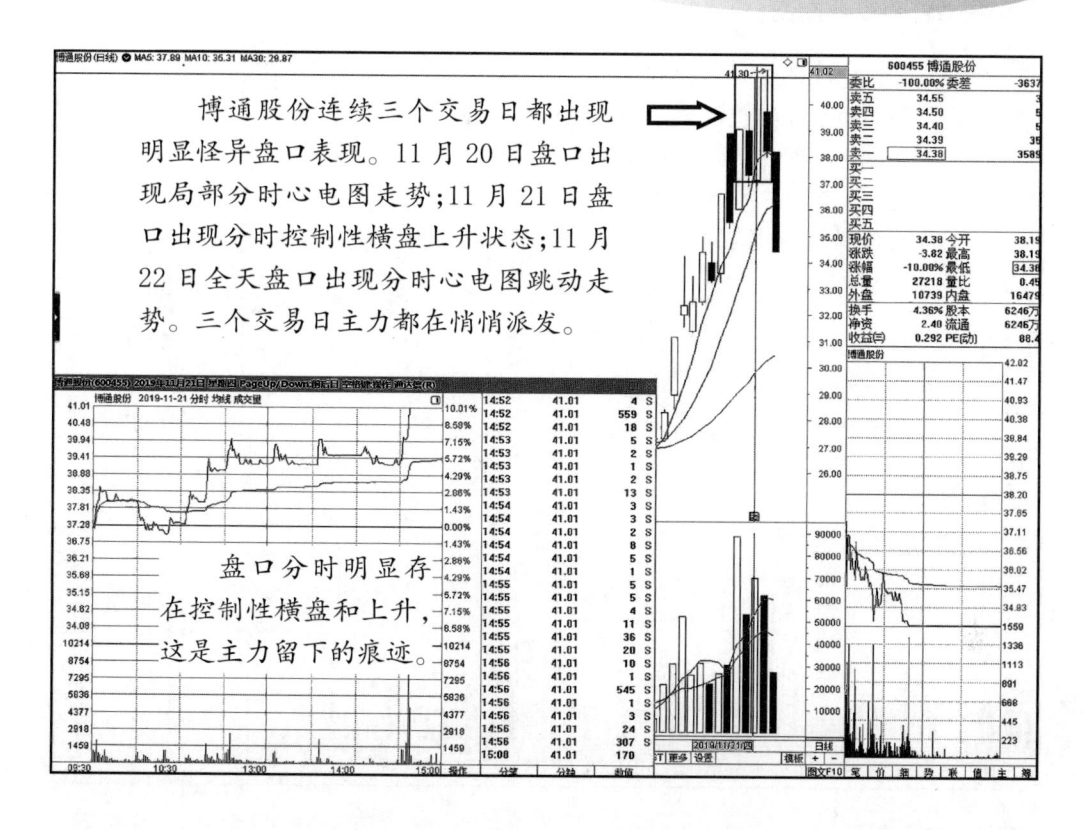

博通股份连续三个交易日都出现明显怪异盘口表现。11月20日盘口出现局部分时心电图走势;11月21日盘口出现分时控制性横盘上升状态;11月22日全天盘口出现分时心电图跳动走势。三个交易日主力都在悄悄派发。

盘口分时明显存在控制性横盘和上升,这是主力留下的痕迹。

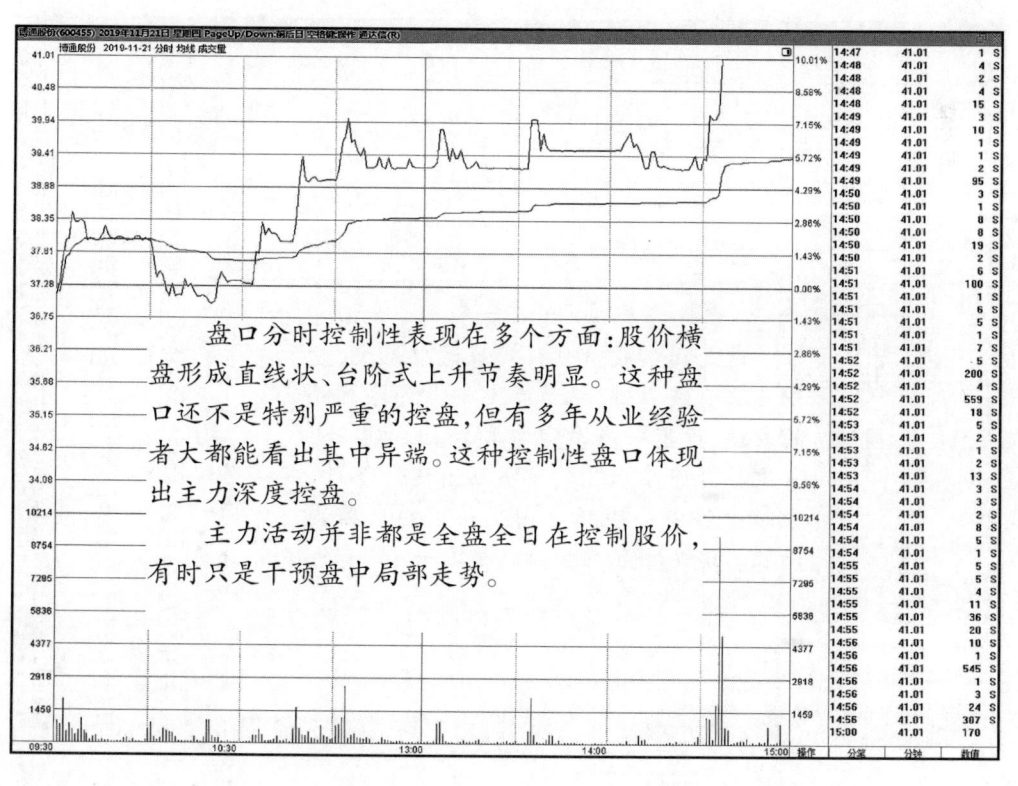

盘口分时控制性表现在多个方面:股价横盘形成直线状、台阶式上升节奏明显。这种盘口还不是特别严重的控盘,但有多年从业经验者大都能看出其中异端。这种控制性盘口体现出主力深度控盘。

主力活动并非都是全盘全日在控制股价,有时只是干预盘中局部走势。

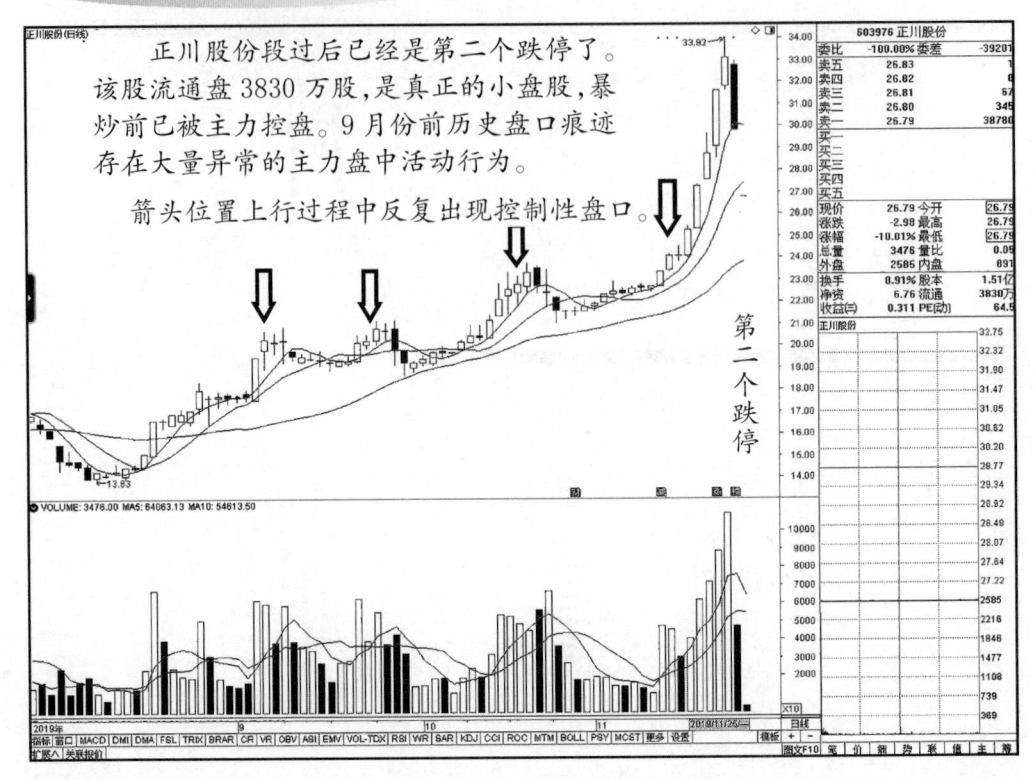

主力行为盘口解密(精选版)

正川股份段过后已经是第二个跌停了。该股流通盘3830万股,是真正的小盘股,暴炒前已被主力控盘。9月份前历史盘口痕迹存在大量异常的主力盘中活动行为。

箭头位置上行过程中反复出现控制性盘口。

第二个跌停

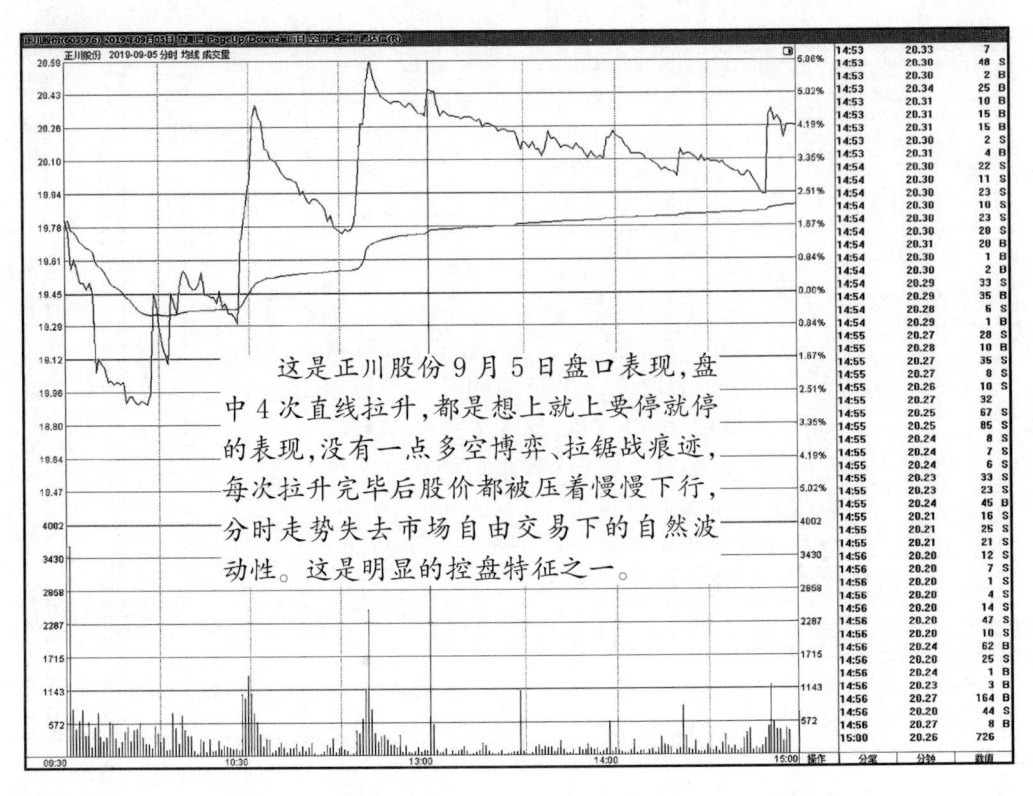

这是正川股份9月5日盘口表现,盘中4次直线拉升,都是想上就上要停就停的表现,没有一点多空博弈、拉锯战痕迹,每次拉升完毕后股价都被压着慢慢下行,分时走势失去市场自由交易下的自然波动性。这是明显的控盘特征之一。

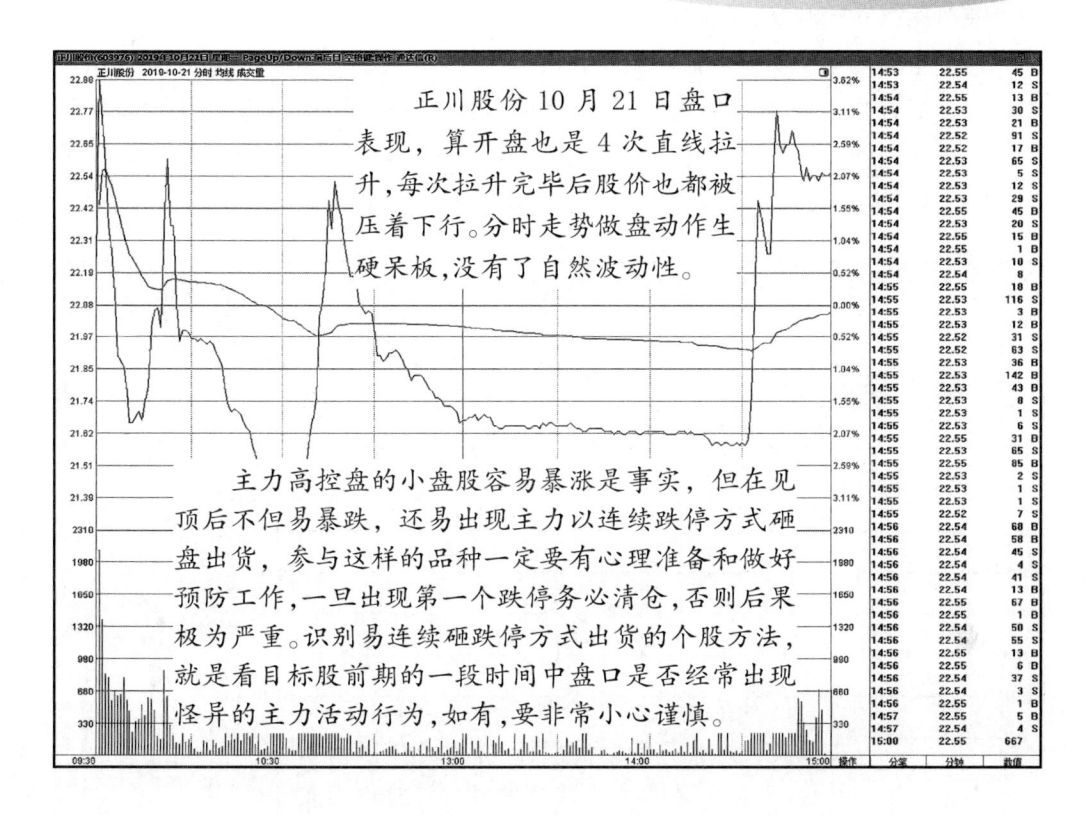

正川股份10月21日盘口表现，算开盘也是4次直线拉升，每次拉升完毕后股价也都被压着下行。分时走势做盘动作生硬呆板，没有了自然波动性。

主力高控盘的小盘股容易暴涨是事实，但在见顶后不但易暴跌，还易出现主力以连续跌停方式砸盘出货，参与这样的品种一定要有心理准备和做好预防工作，一旦出现第一个跌停务必清仓，否则后果极为严重。识别易连续砸跌停方式出货的个股方法，就是看目标股前期的一段时间中盘口是否经常出现怪异的主力活动行为，如有，要非常小心谨慎。

操盘手"一招鲜，吃遍天"神奇手法

"食过返寻味"是一句粤语口头禅，是指对于一些好味道的菜肴，吃过后令人经常牵挂，最终会回去当时吃过的地方再次品尝一番。引申意：对于曾经获得利益或带来身心愉悦的地方（或物品）经常牵挂，以至于去重新经历一遍。

股票市场中主力运作某只个股时轻松赚到钱，也往往容易出现又返回来再做一把的行为，长期观察发现短线主力最喜欢做这一动作。通过大量分析涨停板龙虎榜数据，可发现同一证券营业部在同一只股票不同时段反复出现。另一种"食过返寻味"行为是，主力在操盘过程中运用某一招操盘获得成功，往后也会反复使用这一招在同一只股票或者不同品种中操作。

维维股份2016年4—5月表现中，就有一主力反复多次运用同一招数操盘，从中轻松赚钱。该主力的特别招数就是在临收盘前几分钟利用大

主力行为盘口解密(精选版)

量筹码集中明显砸盘，制造异常走势，以此吸引一般投资者注意，次日高开高走拔高股价，然后减仓去赚差价。在一个月左右时间中反复操作了四次，每次都成功套利赚取到差价。下面跟随该股走势表现去认识了解该主力是如何利用"食过返寻味"反复套利赚取到差价的。

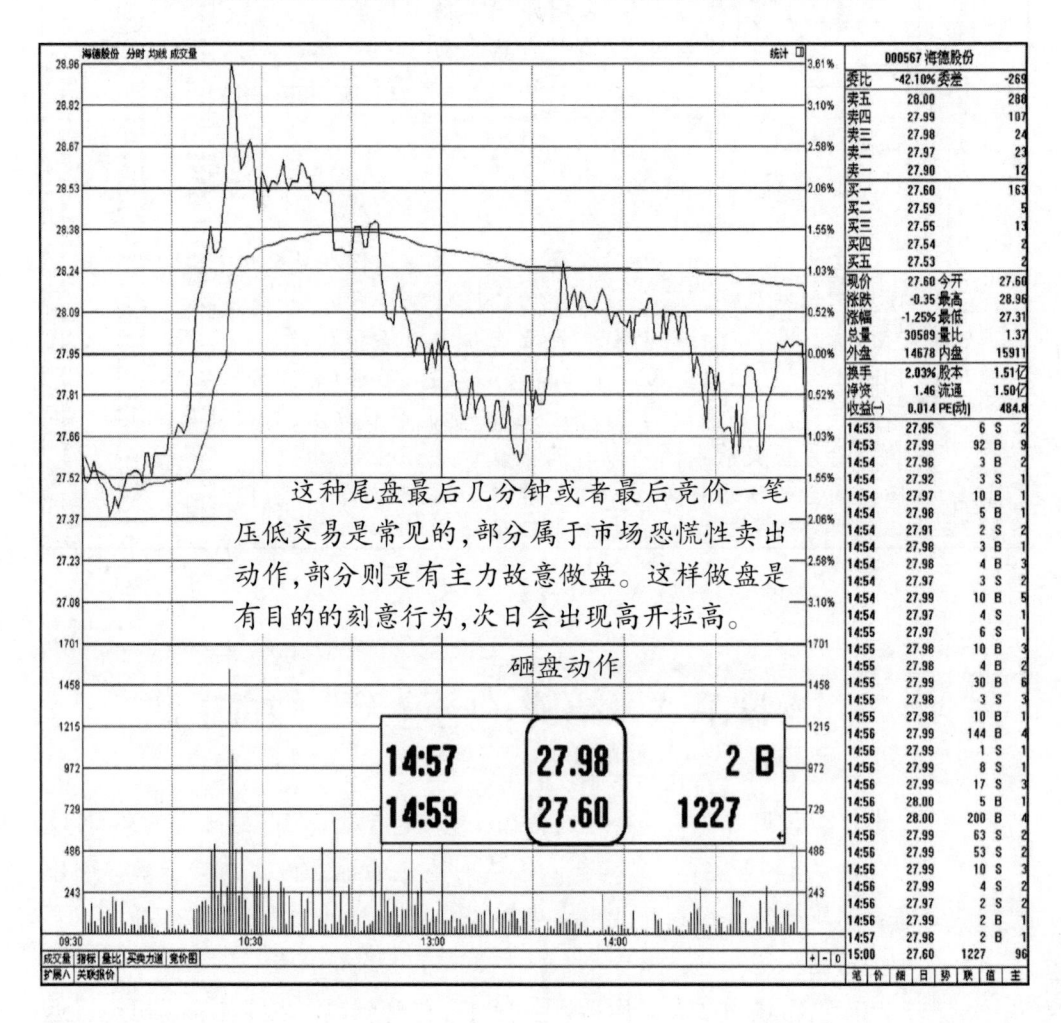

这种尾盘最后几分钟或者最后竞价一笔压低交易是常见的，部分属于市场恐慌性卖出动作，部分则是有主力故意做盘。这样做盘是有目的的刻意行为，次日会出现高开拉高。

砸盘动作

第十章 特殊盘面分析

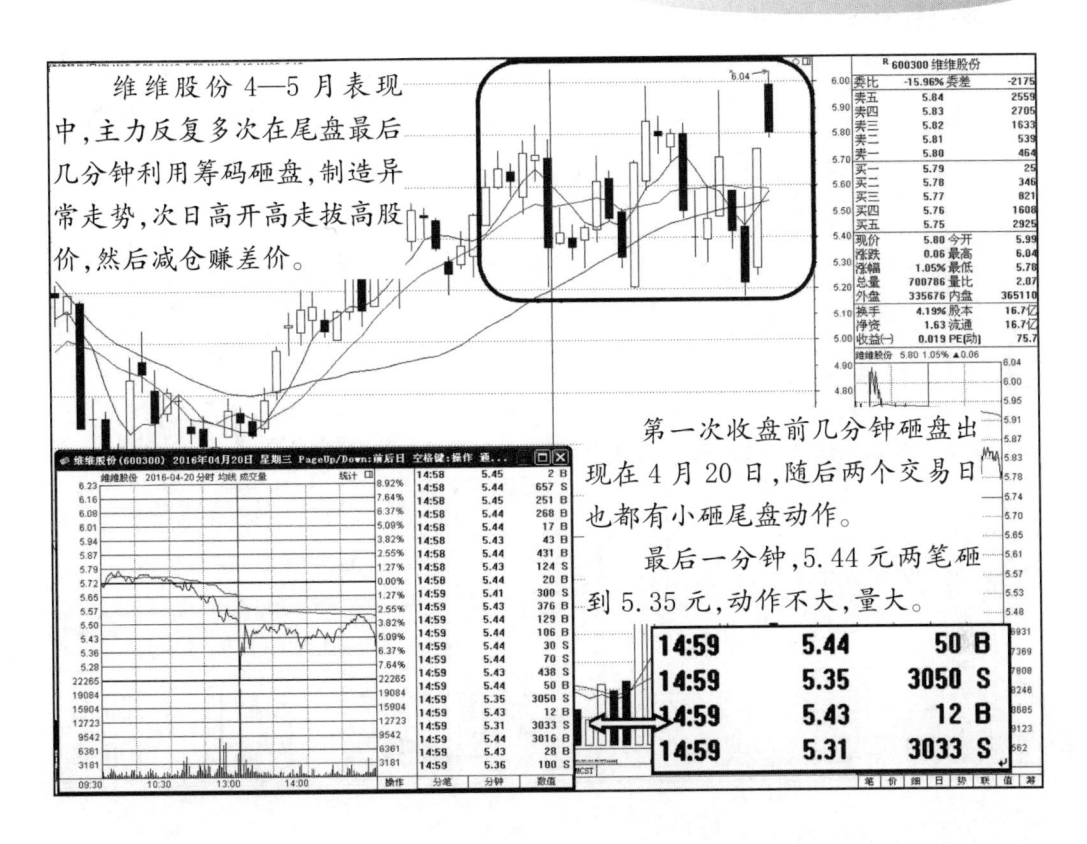

维维股份4—5月表现中，主力反复多次在尾盘最后几分钟利用筹码砸盘，制造异常走势，次日高开高走拔高股价，然后减仓赚差价。

第一次收盘前几分钟砸盘出现在4月20日，随后两个交易日也都有小砸尾盘动作。

最后一分钟，5.44元两笔砸到5.35元，动作不大，量大。

14:59	5.44	50 B
14:59	5.35	3050 S
14:59	5.43	12 B
14:59	5.31	3033 S

第二次明显尾盘砸盘出现在4月27日和28日，其中以28日动作最为明显。

最后一分钟，5.37元一笔砸到5.28元，随后接连拉升两日。

| 14:59 | 5.37 | 11495 B |
| 14:59 | 5.28 | 8843 S |

403

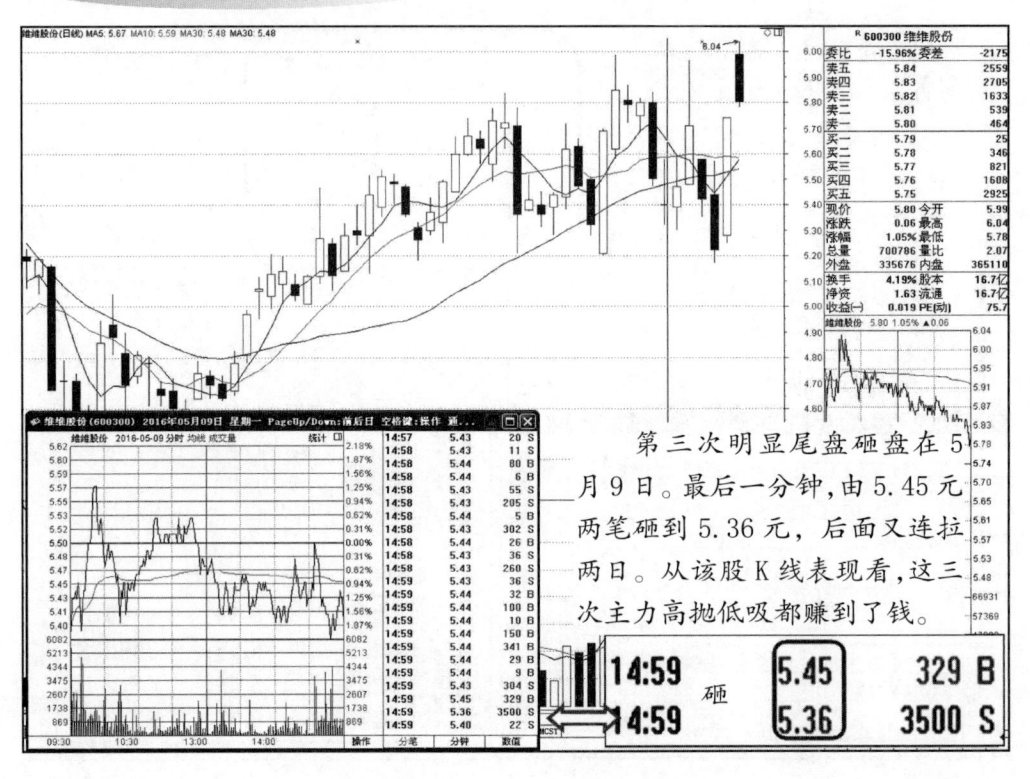

主力行为盘口解密(精选版)

第三次明显尾盘砸盘在5月9日。最后一分钟,由5.45元两笔砸到5.36元,后面又连拉两日。从该股K线表现看,这三次主力高抛低吸都赚到了钱。

5月13日第四次操作。一个月左右的时间反复操作四次都套利成功,真是一招鲜吃遍天。

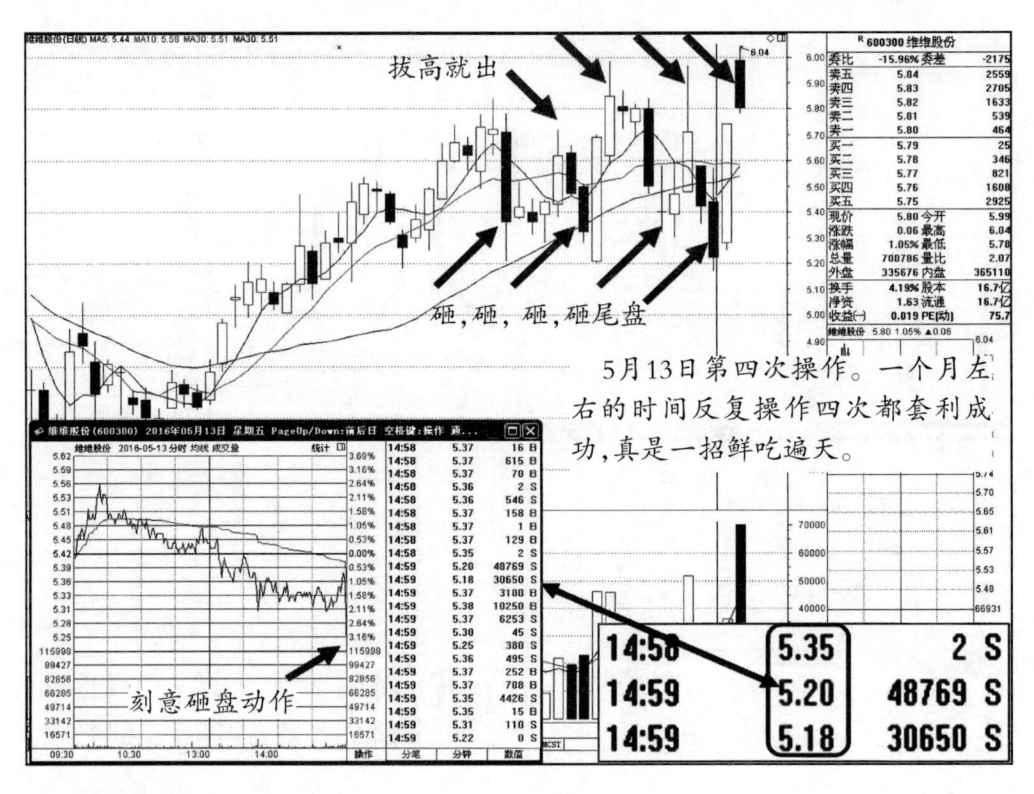

拔高就出

砸,砸,砸,砸尾盘

刻意砸盘动作

盘中交易狠角色的影响力

股价在任何位置都有看空者和看多者，正因如此才有买卖盘的挂单和成交，每一笔成交的背后都是交易分歧者的行动结果。个别机构或大户交易手段特别凶狠，看好时不惜打高1%甚至2%价格往上抢，看空也不惜打低1%甚至2%价格往下砸出，这些交易者的行为动作成为影响个股盘中阶段性表现的风向标。一个大户的疯狂做多动作能引发一定数量的其他交易者跟着做多，股价在这些资金的推动下出现一波快速上涨。一个疯狂的砸盘卖出动作也能引发一定数量的其他交易者跟着做空卖出，引致股价出现一波快速下跌，而这些动作并非全都是由大主力所为。

看盘时要对这些大主力外的狠角色行为作出区分，预判他们盘中动作的影响力。因为这些狠角色的行为动作，既能影响个股盘中几分钟的升跌表现，也可能会影响到动作出现后至当日收市前的较长时间表现。下面先来认识一些这类狠角色盘口交易行为动作在盘中的表现状况。

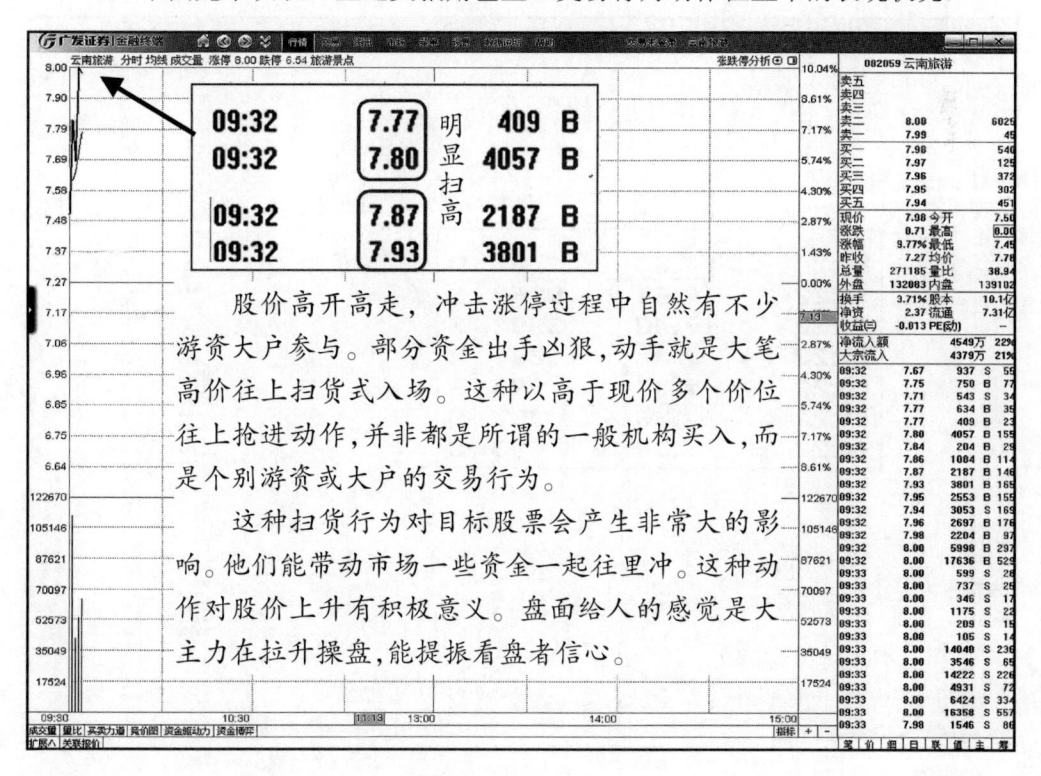

股价高开高走，冲击涨停过程中自然有不少游资大户参与。部分资金出手凶狠，动手就是大笔高价往上扫货式入场。这种以高于现价多个价位往上抢进动作，并非都是所谓的一般机构买入，而是个别游资或大户的交易行为。

这种扫货行为对目标股票会产生非常大的影响。他们能带动市场一些资金一起往里冲。这种动作对股价上升有积极意义。盘面给人的感觉是大主力在拉升操盘，能提振看盘者信心。

主力行为盘口解密(精选版)

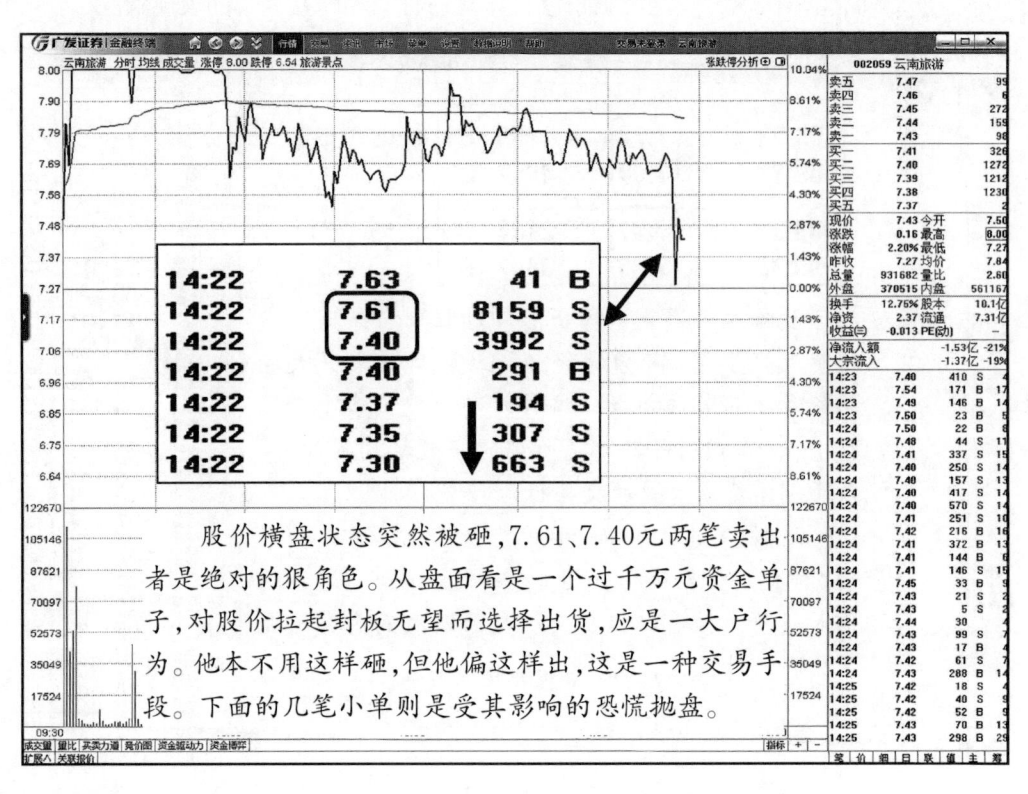

封板25000手毫无忌惮砸盘,这种动作也是狠角色行为,其影响力也很大,它可能引发抛盘汹涌而出冲击开板。

开板下跌过程中也充斥着狠角色动作,低于市场价若干价位砸盘是常见的。单量有大有小,在恐慌时几百手也能将股价砸低超一个百分点。若同时出现几个这样的狠角色,股价就会被砸得很惨。这种狠角色砸盘对目标的伤害很大,极为打击人气。而这些砸盘多是一些普通机构或大户所为。

股价横盘状态突然被砸,7.61、7.40元两笔卖出者是绝对的狠角色。从盘面看是一个过千万元资金单子,对股价拉起封板无望而选择出货,应是一大户行为。他本不用这样砸,但他偏这样出,这是一种交易手段。下面的几笔小单则是受其影响的恐慌抛盘。

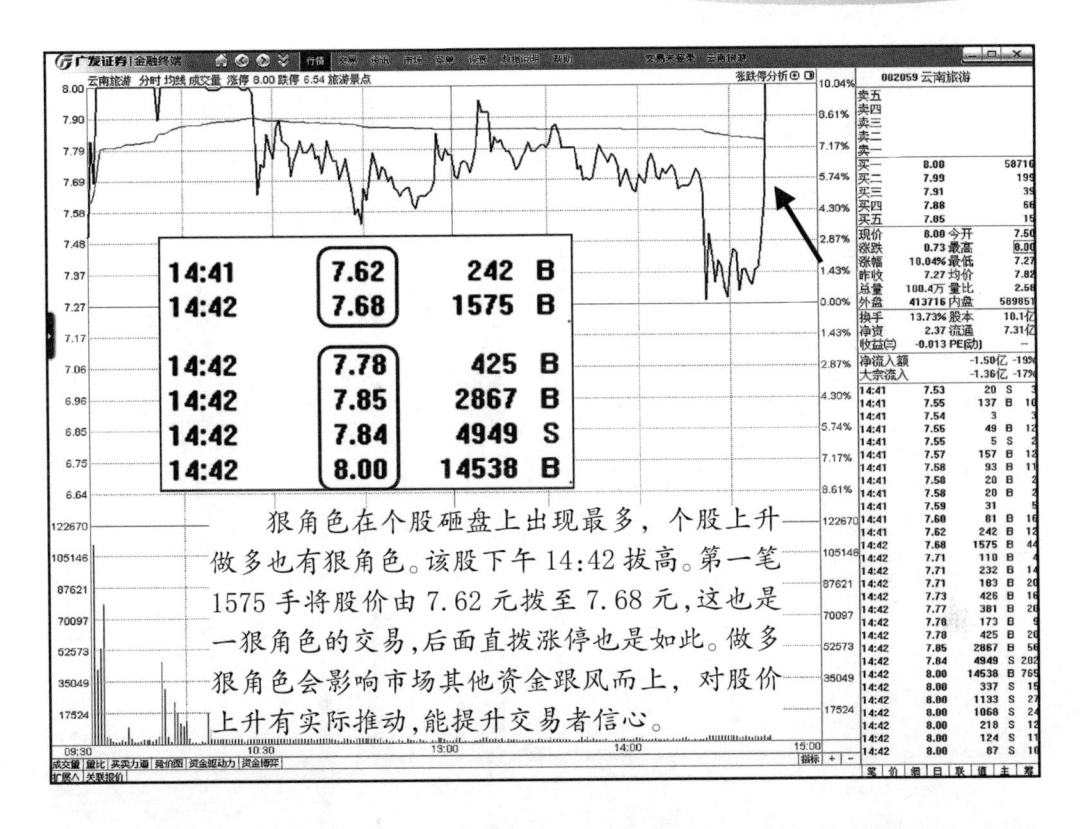

狠角色在个股砸盘上出现最多，个股上升做多也有狠角色。该股下午 14:42 拨高。第一笔 1575 手将股价由 7.62 元拨至 7.68 元，这也是一狠角色的交易，后面直拨涨停也是如此。做多狠角色会影响市场其他资金跟风而上，对股价上升有实际推动，能提升交易者信心。

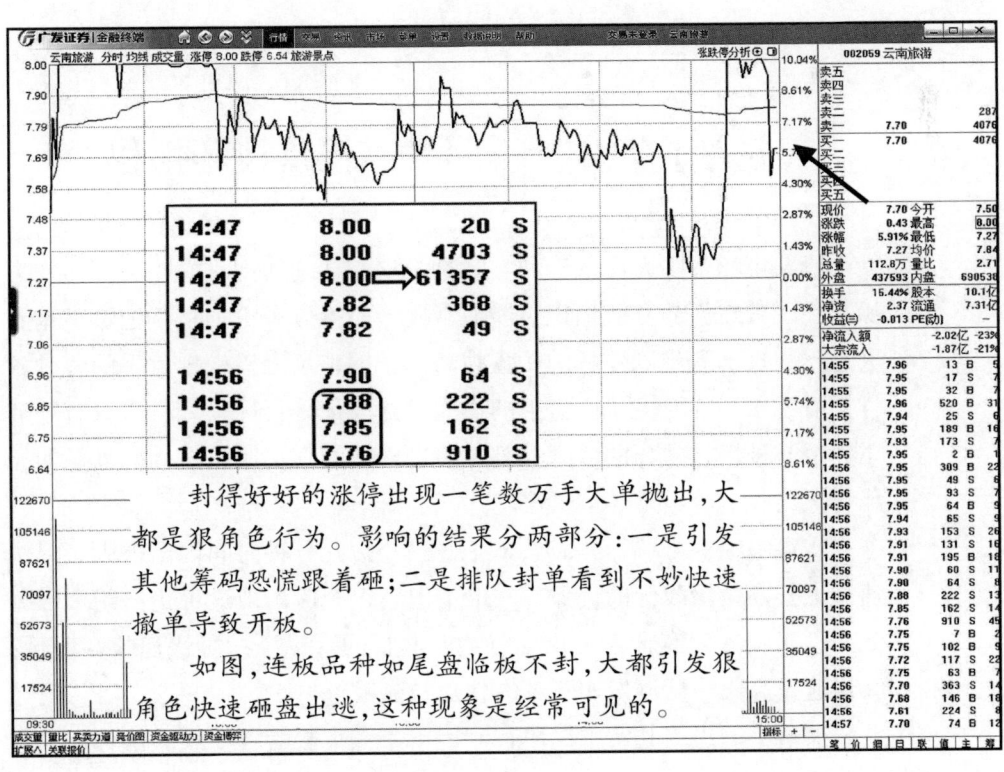

封得好好的涨停出现一笔数万手大单抛出，大都是狠角色行为。影响的结果分两部分：一是引发其他筹码恐慌跟着砸；二是排队封单看到不妙快速撤单导致开板。

如图，连板品种如尾盘临板不封，大都引发狠角色快速砸盘出逃，这种现象是经常可见的。

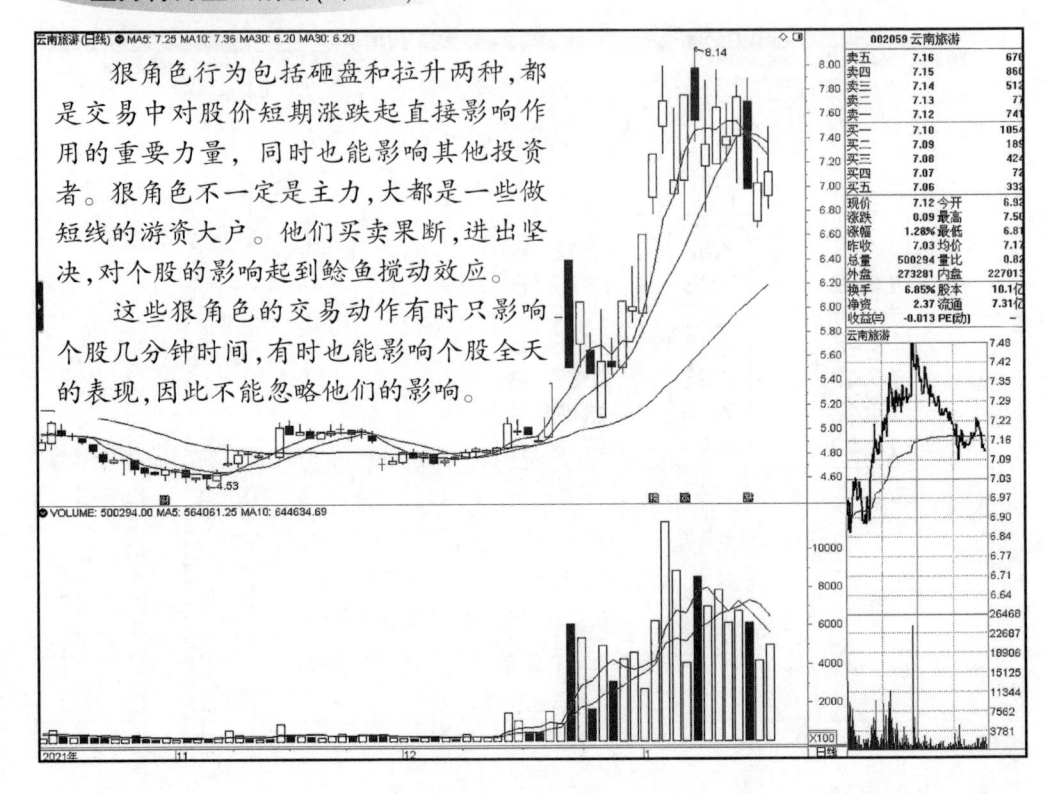

狠角色行为包括砸盘和拉升两种，都是交易中对股价短期涨跌起直接影响作用的重要力量，同时也能影响其他投资者。狠角色不一定是主力，大都是一些做短线的游资大户。他们买卖果断，进出坚决，对个股的影响起到鲶鱼搅动效应。

这些狠角色的交易动作有时只影响个股几分钟时间，有时也能影响个股全天的表现，因此不能忽略他们的影响。

主力下午开盘瞬间拔高操盘技巧揭秘

股票市场中主力操盘套利实际是一项有计划的项目操作。作为主力操盘手，其掌握的专业知识技能通常比一般投资者更丰富，他们掌握着大量一般投资者难以理解的做盘技巧。了解市场上机构操盘手的各种各样操盘手法，就要先从操盘手的操作思路与最终目标去分析。只有了解主力每一种操作技巧的成因与基本原理，才能真正明白机构操盘手的操作含义。

实盘中经常可看一些股票下午开盘短短几分钟时间内出现大买单快速往上扫高拉抬股价的现象。一般情况下，个股出现这种走势绝大部分是主力机构刻意有计划的操盘行为，其目的有三个：①快速拉高股价；②快速拉高股价后派发出货；③快速拉高吸筹。

操盘手的思路其实很简单，利用下午开盘看盘者少或大部分还未进入交易状态就快速拉高，此时拉高能有效避免更多的抛盘，动用更少的资金就能拉到想要的幅度。开盘快速拉升，使目标股票在行情软件涨速榜上出现，能引来更多关注的目光，以吸引更多跟风盘跟进或入场接货。

小部分主力利用下午开盘就快速拉高进行吸筹，股价在快速拔高后成交量开始明显放大，成交活跃便于收集筹码。部分短线主力往往利用下午开盘快速拉高收筹，利用接近90°角方式拔高，直到目标股票涨停。这是吸筹与拉升相结合操作。

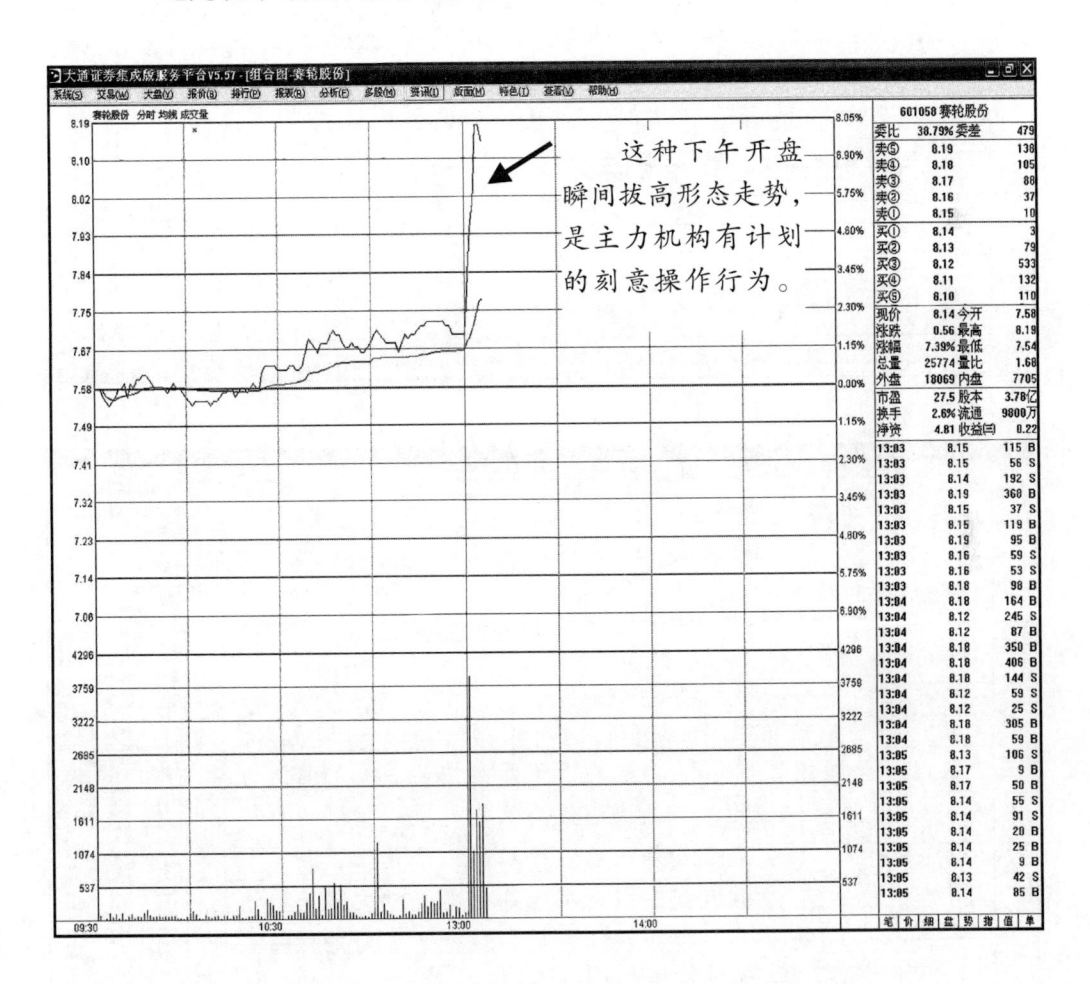

这种下午开盘瞬间拔高形态走势，是主力机构有计划的刻意操作行为。

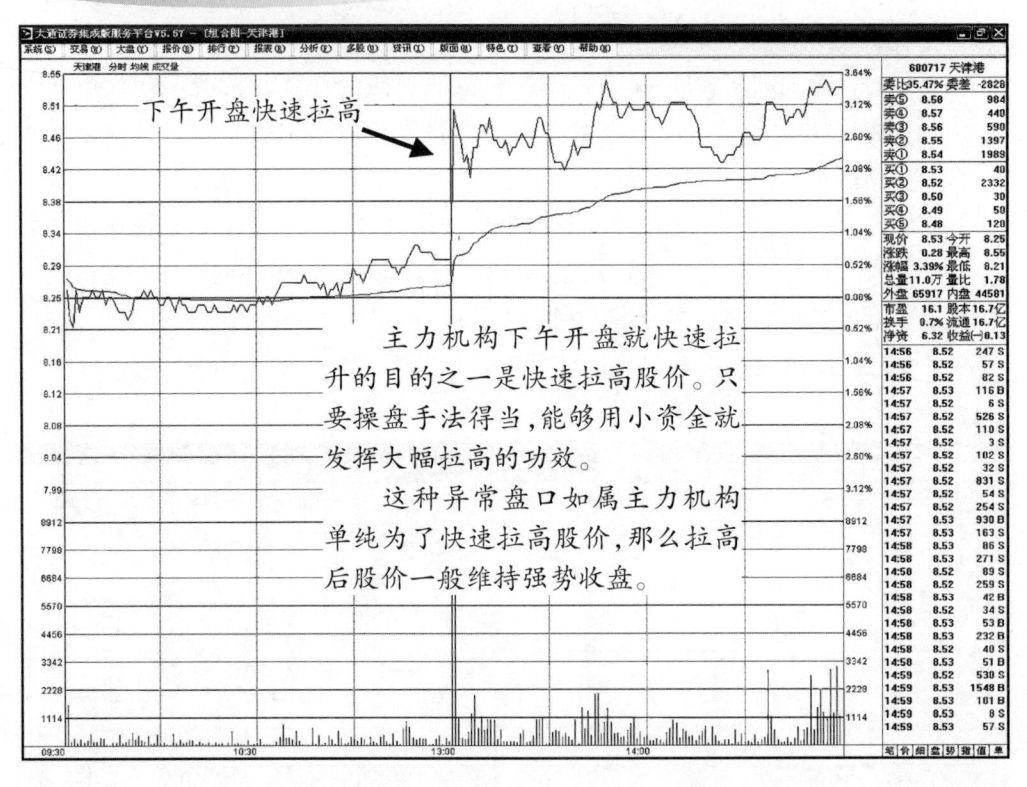

主力行为盘口解密(精选版)

下午开盘快速拉高

主力机构下午开盘就快速拉升的目的之一是快速拉高股价。只要操盘手法得当,能够用小资金就发挥大幅拉高的功效。

这种异常盘口如属主力机构单纯为了快速拉高股价,那么拉高后股价一般维持强势收盘。

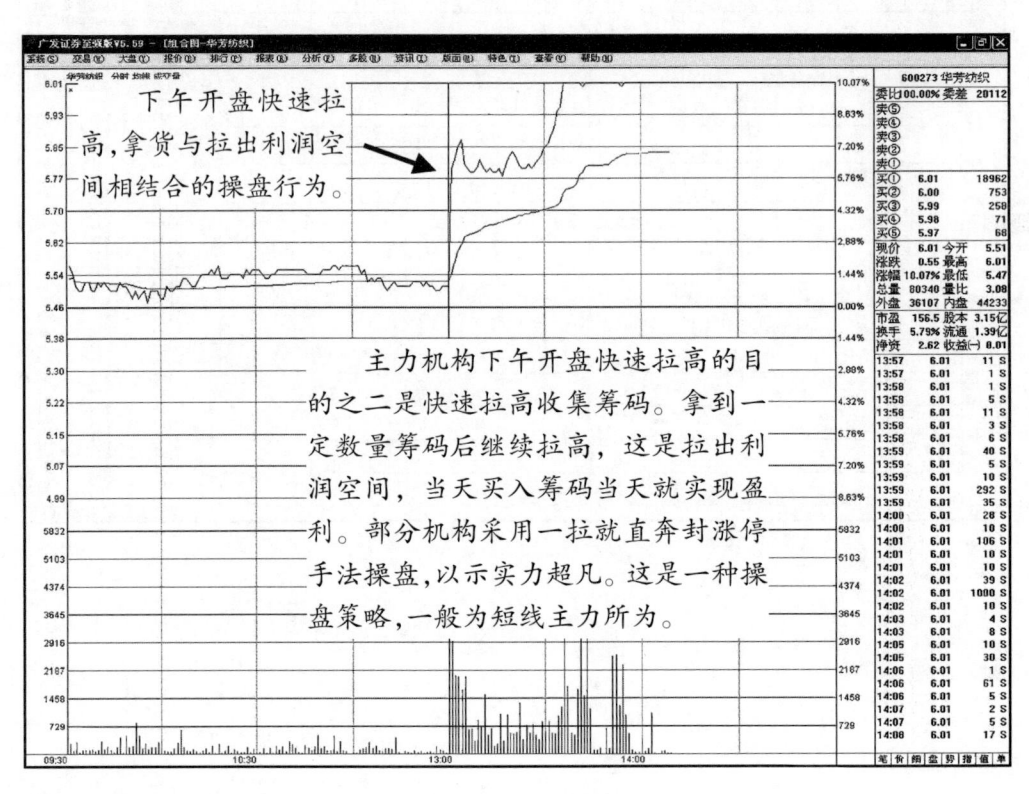

下午开盘快速拉高,拿货与拉出利润空间相结合的操盘行为。

主力机构下午开盘快速拉高的目的之二是快速拉高收集筹码。拿到一定数量筹码后继续拉高,这是拉出利润空间,当天买入筹码当天就实现盈利。部分机构采用一拉就直奔封涨停手法操盘,以示实力超凡。这是一种操盘策略,一般为短线主力所为。

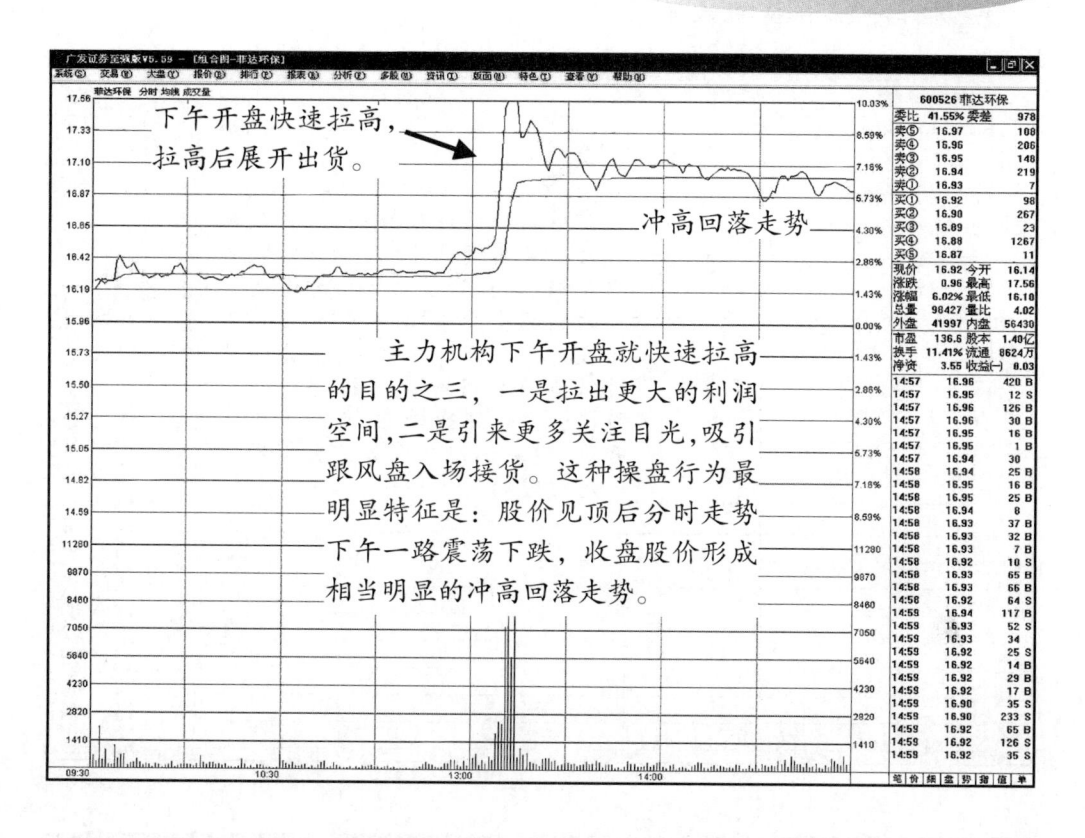

中午收盘前与下午开盘时主力瞬间拔高行为剖析

中午收盘前或下午开盘时瞬间拔高操盘行为，大都是个股主力有计划的操作。中午收盘前或下午开盘时瞬间拔高能引起大量投资者的注意，在拔高时涨幅大，目标股票会在股票行情软件5分钟涨速榜上出现并停留，这相当于在全国投资者面前做一次免费广告。主力这样的操作可以挑起大家的好奇心，吸引目光。在主力派货过程中必须要有更多人注意，才有更多人跟风买入接货。

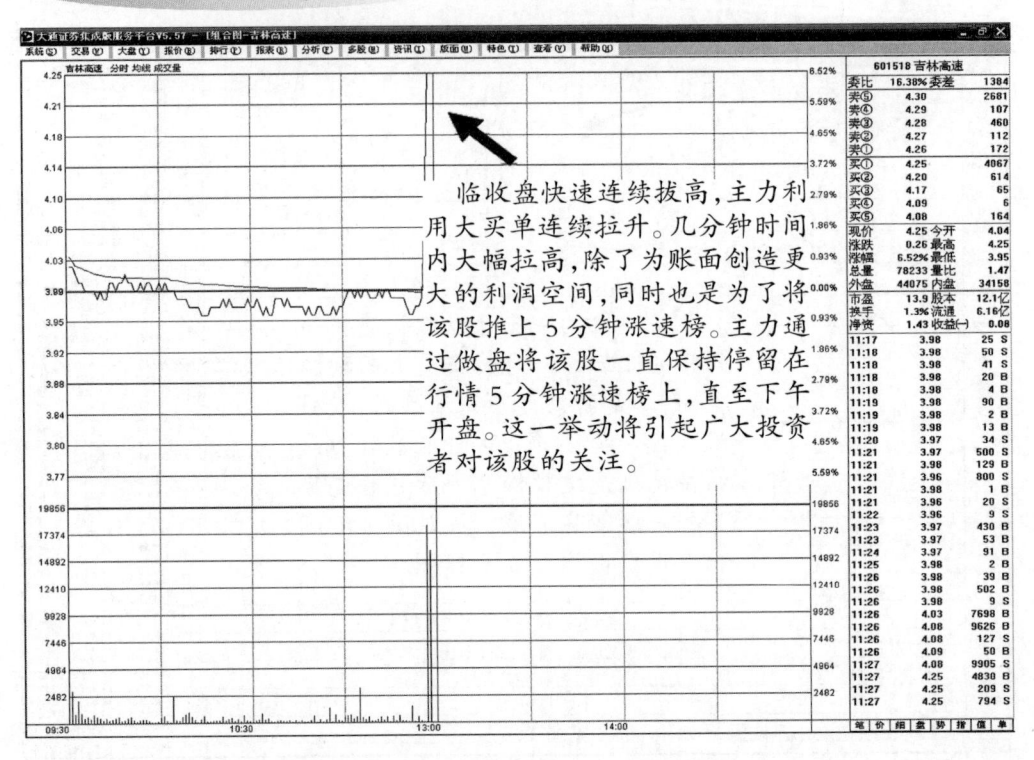

主力行为盘口解密(精选版)

临收盘快速连续拔高，主力利用大买单连续拉升。几分钟时间内大幅拉高，除了为账面创造更大的利润空间，同时也是为了将该股推上5分钟涨速榜。主力通过做盘将该股一直保持停留在行情5分钟涨速榜上，直至下午开盘。这一举动将引起广大投资者对该股的关注。

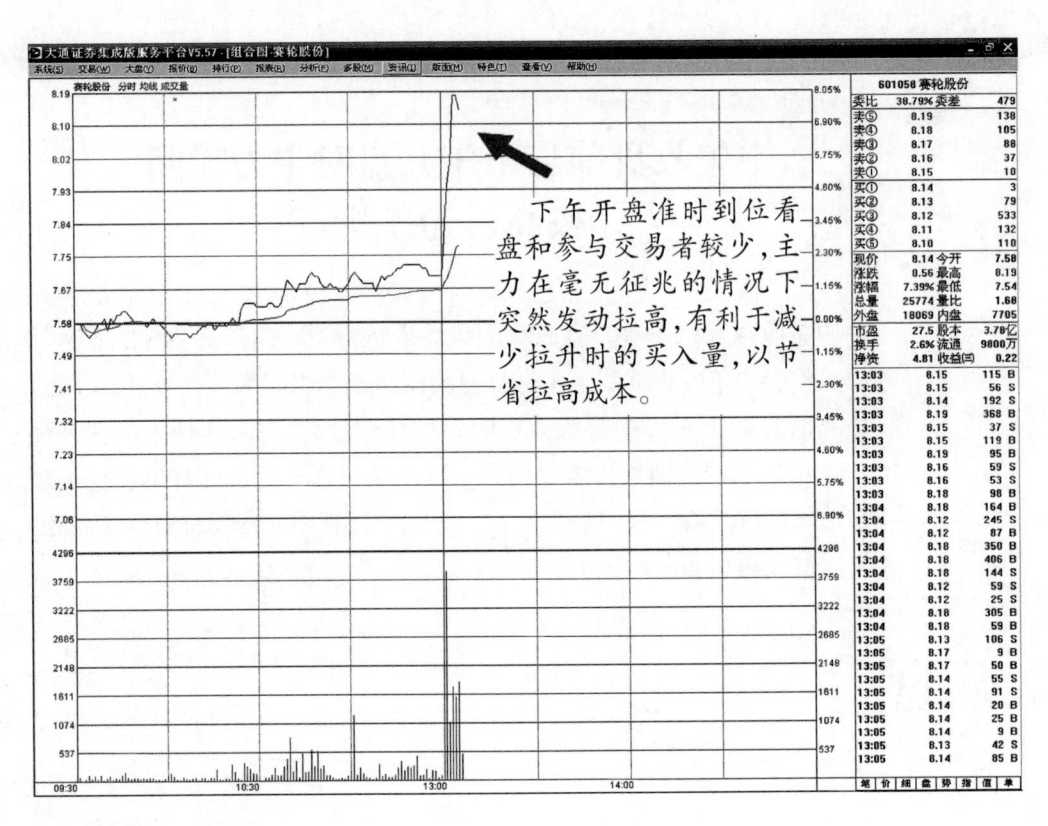

下午开盘准时到位看盘和参与交易者较少，主力在毫无征兆的情况下突然发动拉高，有利于减少拉升时的买入量，以节省拉高成本。

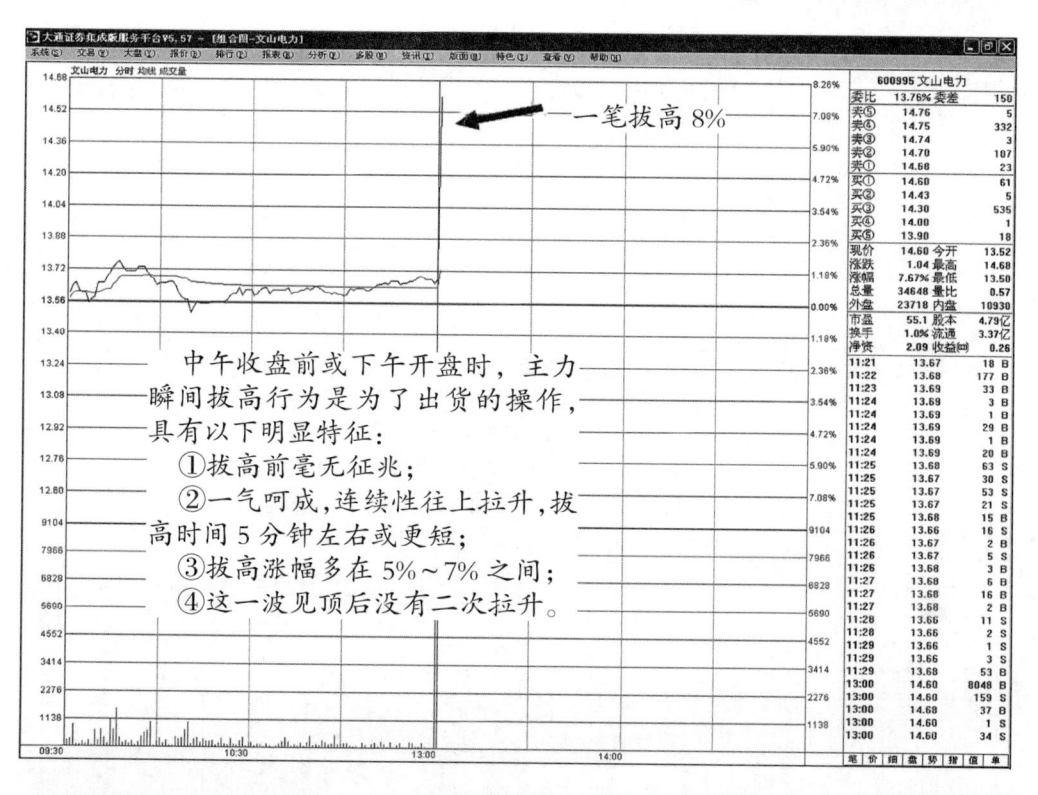

中午收盘前或下午开盘时，主力瞬间拔高行为是为了出货的操作，具有以下明显特征：
① 拔高前毫无征兆；
② 一气呵成，连续性往上拉升，拔高时间5分钟左右或更短；
③ 拔高涨幅多在5%~7%之间；
④ 这一波见顶后没有二次拉升。

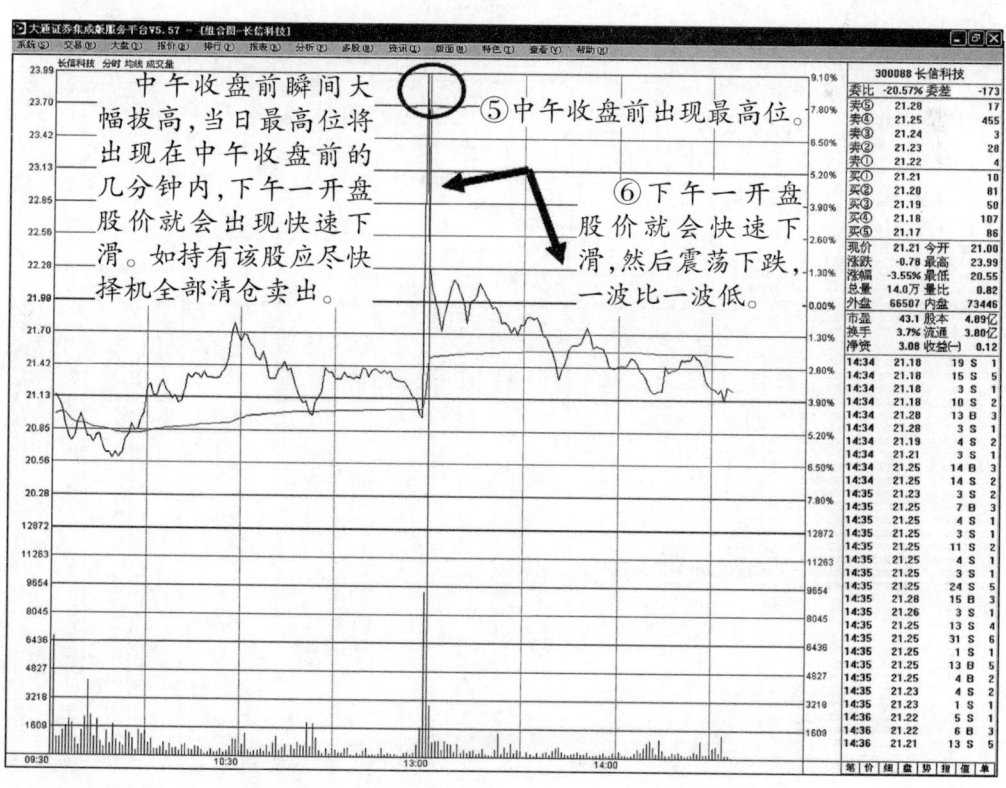

中午收盘前瞬间大幅拔高，当日最高位将出现在中午收盘前的几分钟内，下午一开盘股价就会出现快速下滑。如持有该股应尽快择机全部清仓卖出。

⑤ 中午收盘前出现最高位。
⑥ 下午一开盘股价就会快速下滑，然后震荡下跌，一波比一波低。

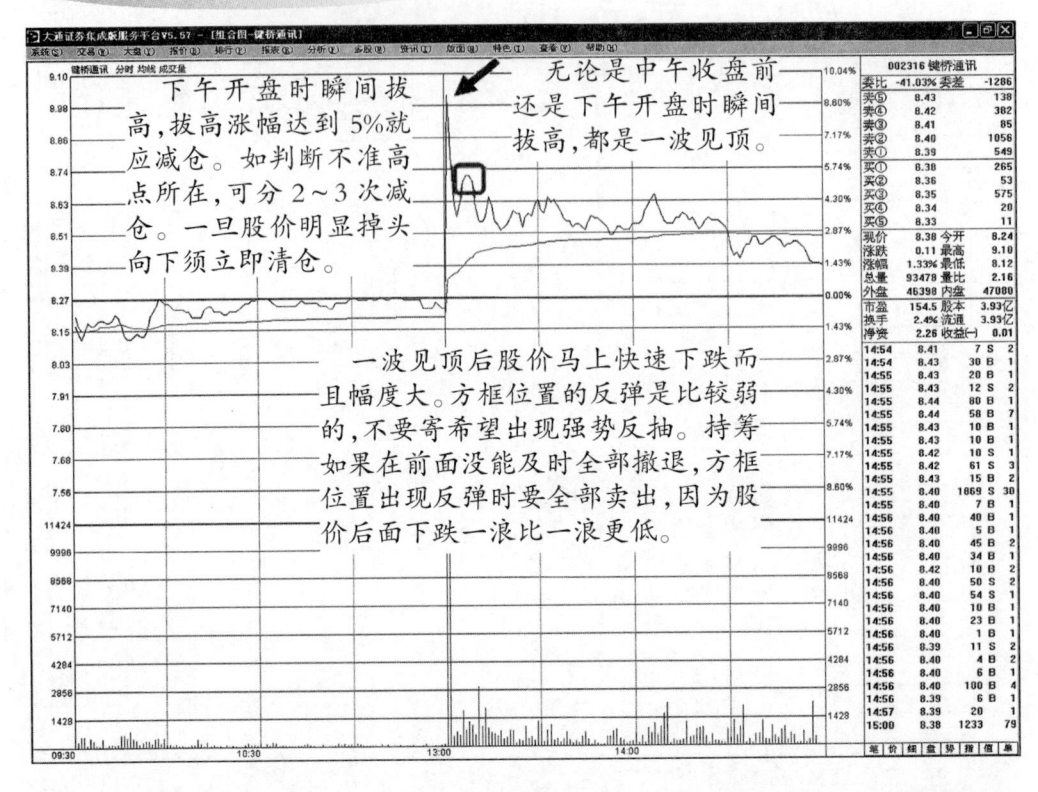

主力行为盘口解密(精选版)

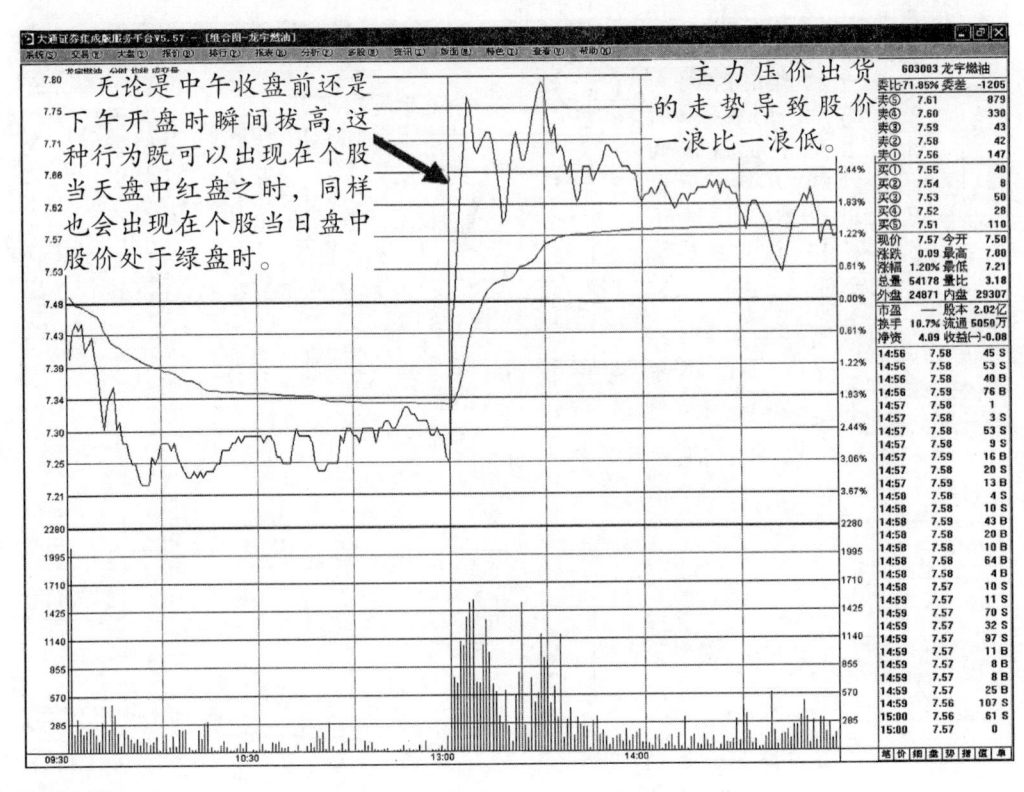

下午开盘时瞬间拔高,拔高涨幅达到5%就应减仓。如判断不准高点所在,可分2~3次减仓。一旦股价明显掉头向下须立即清仓。

无论是中午收盘前还是下午开盘时瞬间拔高,都是一波见顶。

一波见顶后股价马上快速下跌而且幅度大。方框位置的反弹是比较弱的,不要寄希望出现强势反抽。持筹如果在前面没能及时全部撤退,方框位置出现反弹时要全部卖出,因为股价后面下跌一浪比一浪更低。

无论是中午收盘前还是下午开盘时瞬间拔高,这种行为既可以出现在个股当天盘中红盘之时,同样也会出现在个股当日盘中股价处于绿盘时。

主力压价出货的走势导致股价一浪比一浪低。

这种中午收盘前或下午开盘时瞬间拔高出货的股票,在该股前一两周的分时走势中,一般都能找到明显有主力活动的痕迹。明显有主力活动痕迹则说明这种拔高行为并不是一般大众的孤立买卖行为。

龙宇燃油7月8日下午开盘时,主力瞬间拔高出货。看前面几日的分时发现,原来该股7月5日尾盘就明显有资金已在收集筹码了。

下午开盘时瞬间拔高出货。

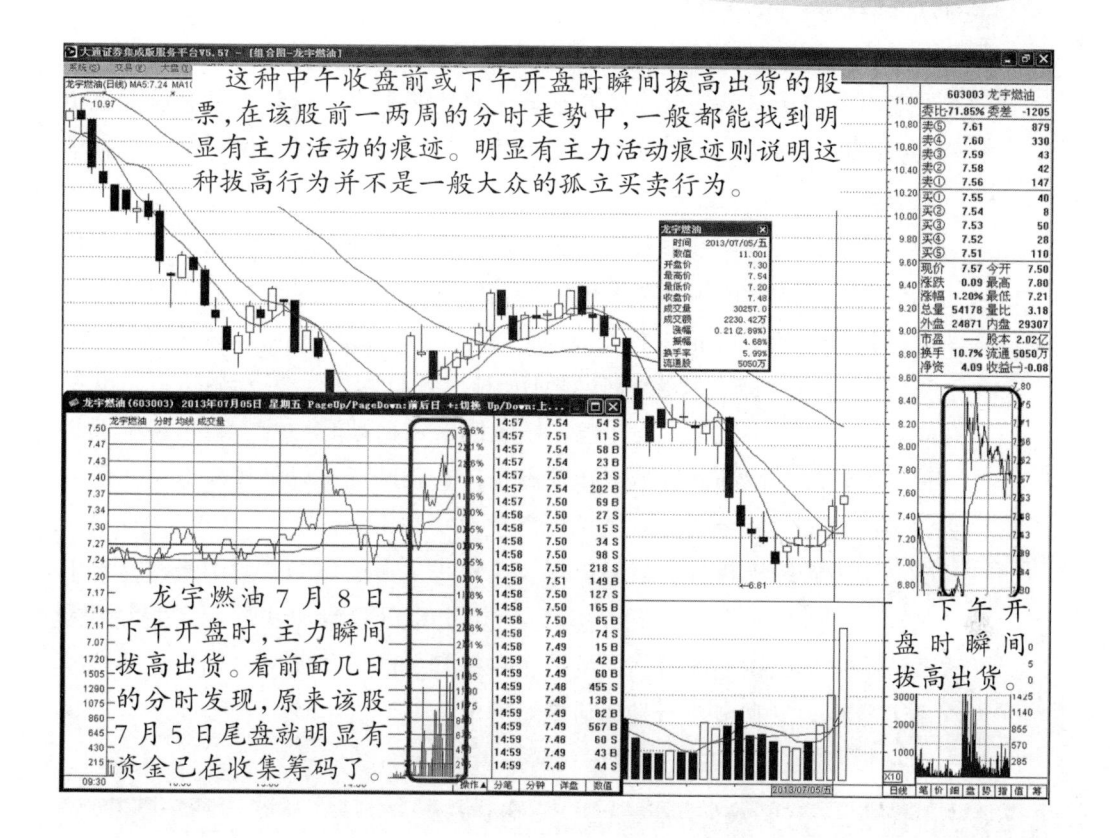

主力看盘看错后的操作

股友常有疑问,谁是主力?主力看盘会不会看错?主力会不会被套?主力被套后怎么处理?个别主力资金量巨大,可以影响甚至控制某只个股二级市场的股价走势,但并不是手持大资金的机构就一定是主力。部分机构在股票市场中运作的资金量巨大,但他们的买卖都以投资为目的,这样的机构算不上真正的主力。除了拥有巨大资金量,有计划、有组织运作个股价格的大机构才能列入真正的主力行列。

开放式基金现时是A股市场最大的投资机构群体,他们管理的资金非常庞大。有时也会出现同系多只基金买入持有同一只股票的情况,但基金绝大部分的操作都是一般投资行为。基金经理看盘会不会看错?会不会被套?分析众多基金多年以来的操作情况可以发现,在股指每年波动中，大部分基金仓位没有能在大盘趋势波动高低点做出相应的增减，屡屡出现股指暴跌后其仓位几乎毫无变化的事实。这是看错大盘、看错大势的直接体现。至于基金会不会被套相信就不用过多讨论了，大家早已有答案。

管理大资金，又有意识、有计划操盘谋利的主力，绝大部分出现在一般人难以接触的地下私募中。无论一般投资者还是机构、主力，看错阶段性行情或者看错大势是常有之事。主力被套也不是什么稀奇的事。主力看错大盘被套，被套后如何应对，各有差别。实力不同、态度不同，自然也有不同的应对策略。主力因看错而被套后一般会出现以下几种常见情况：①随波逐流或止损离场；②强硬抵抗以伺机撤退；③逆市做多；④组织资金适当时机拉高自救。

主力看错大盘被套后的操作，在短线主力运作的个股中最容易看出来。下面以2011年8月5日至9日这三个交易日股市大跌时一些主力因未看清形势，在错误的时间入场被套和被套后的操作实例，剖析这些短线主力看错大盘和被套后是如何应对的。

1. 随波逐流或止损离场

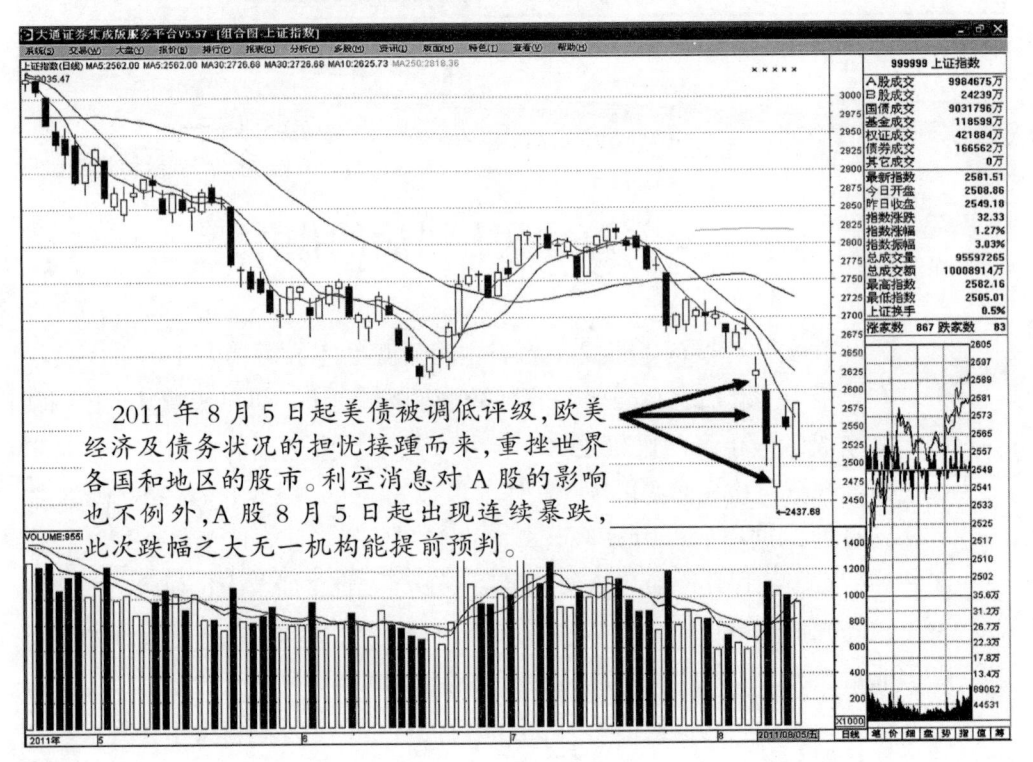

第十章 特殊盘面分析

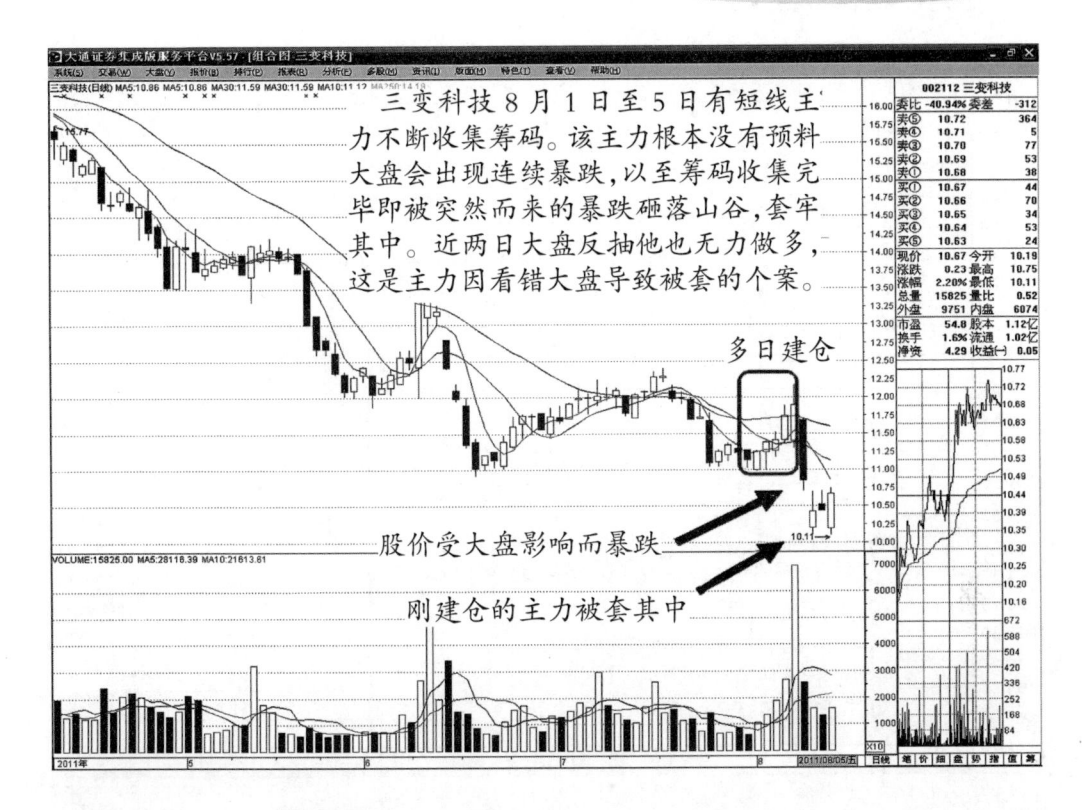

三变科技8月1日至5日有短线主力不断收集筹码。该主力根本没有预料大盘会出现连续暴跌，以至筹码收集完毕即被突然而来的暴跌砸落山谷，套牢其中。近两日大盘反抽他也无力做多，这是主力因看错大盘导致被套的个案。

多日建仓

股价受大盘影响而暴跌

刚建仓的主力被套其中

2. 硬强抵抗

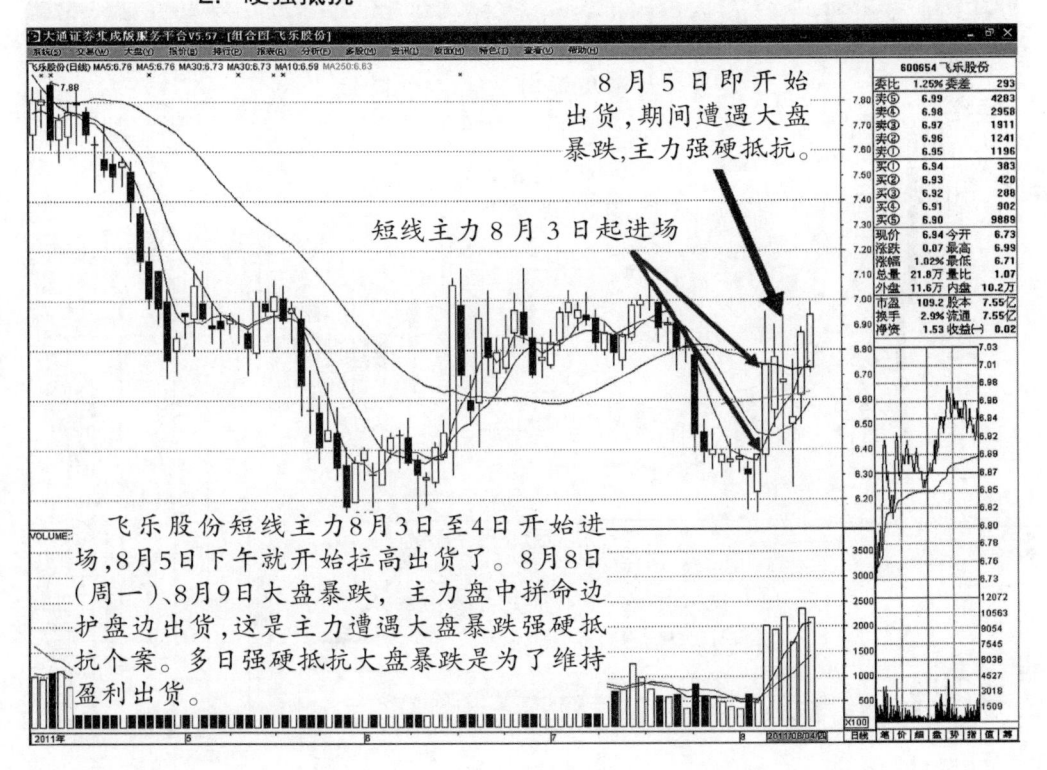

8月5日即开始出货，期间遭遇大盘暴跌，主力强硬抵抗。

短线主力8月3日起进场

飞乐股份短线主力8月3日至4日开始进场，8月5日下午就开始拉高出货了。8月8日（周一）、8月9日大盘暴跌，主力盘中拼命边护盘边出货，这是主力遭遇大盘暴跌强硬抵抗个案。多日强硬抵抗大盘暴跌是为了维持盈利出货。

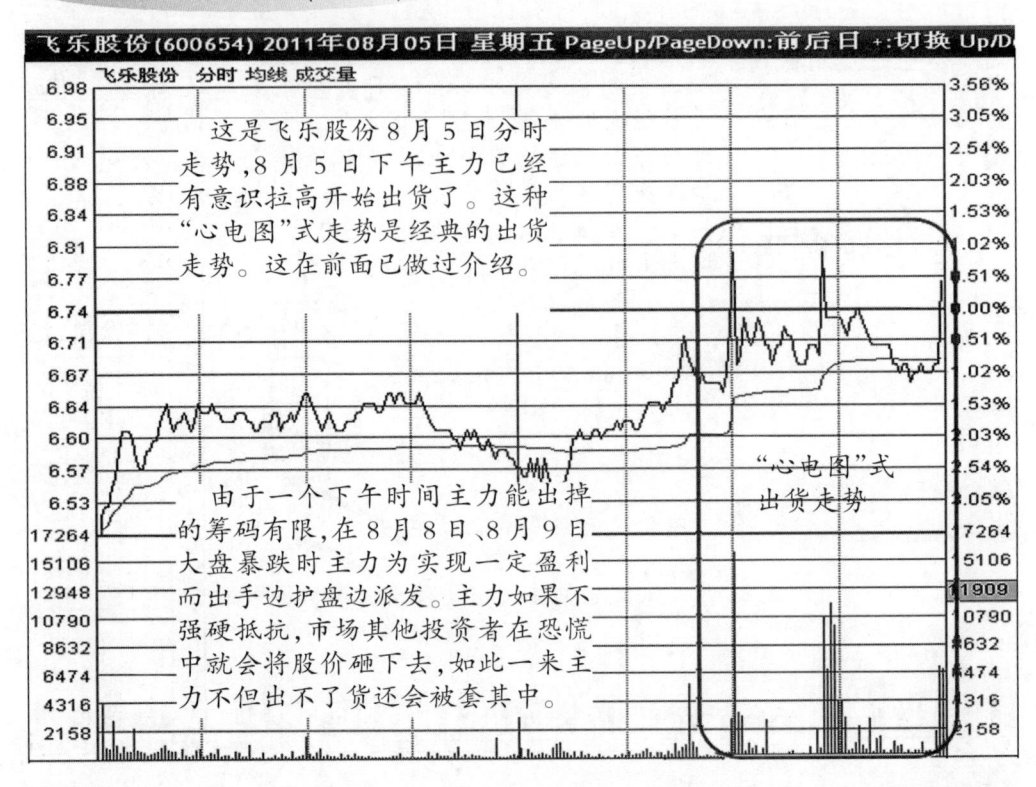

主力行为盘口解密(精选版)

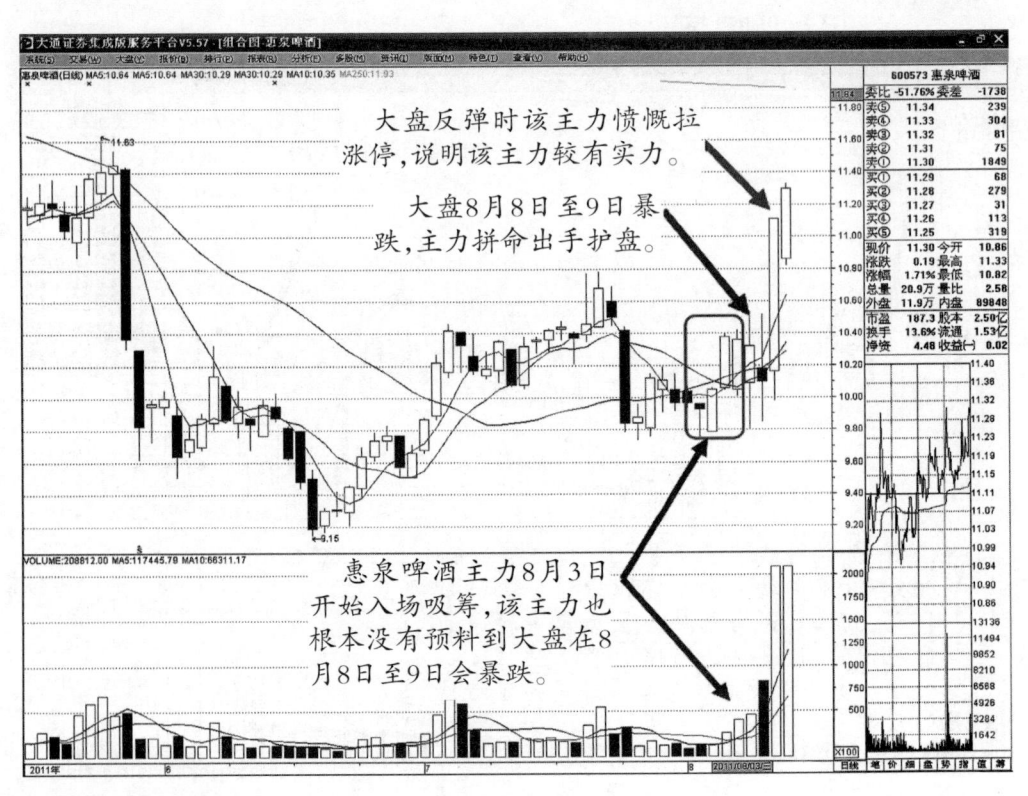

这是飞乐股份8月5日分时走势，8月5日下午主力已经有意识拉高开始出货了。这种"心电图"式走势是经典的出货走势。这在前面已做过介绍。

"心电图"式出货走势

由于一个下午时间主力能出掉的筹码有限，在8月8日、8月9日大盘暴跌时主力为实现一定盈利而出手边护盘边派发。主力如果不强硬抵抗，市场其他投资者在恐慌中就会将股价砸下去，如此一来主力不但出不了货还会被套其中。

大盘反弹时该主力愤慨拉涨停，说明该主力较有实力。

大盘8月8日至9日暴跌，主力拼命出手护盘。

惠泉啤酒主力8月3日开始入场吸筹，该主力也根本没有预料到大盘在8月8日至9日会暴跌。

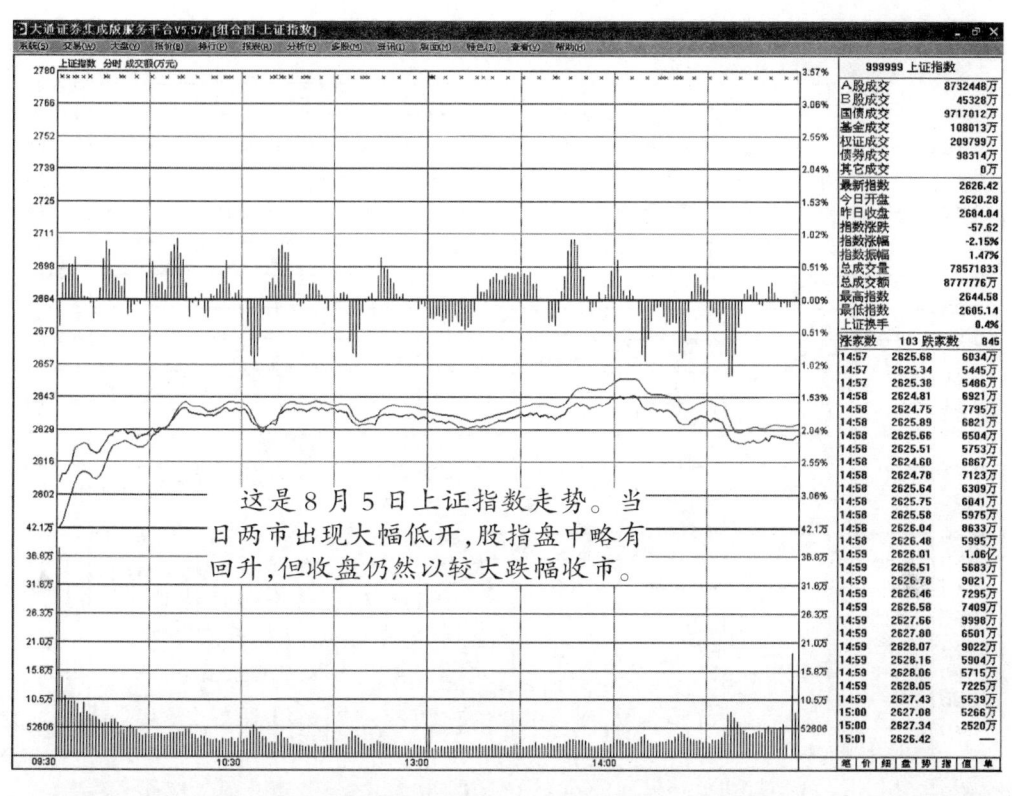

第十章 特殊盘面分析

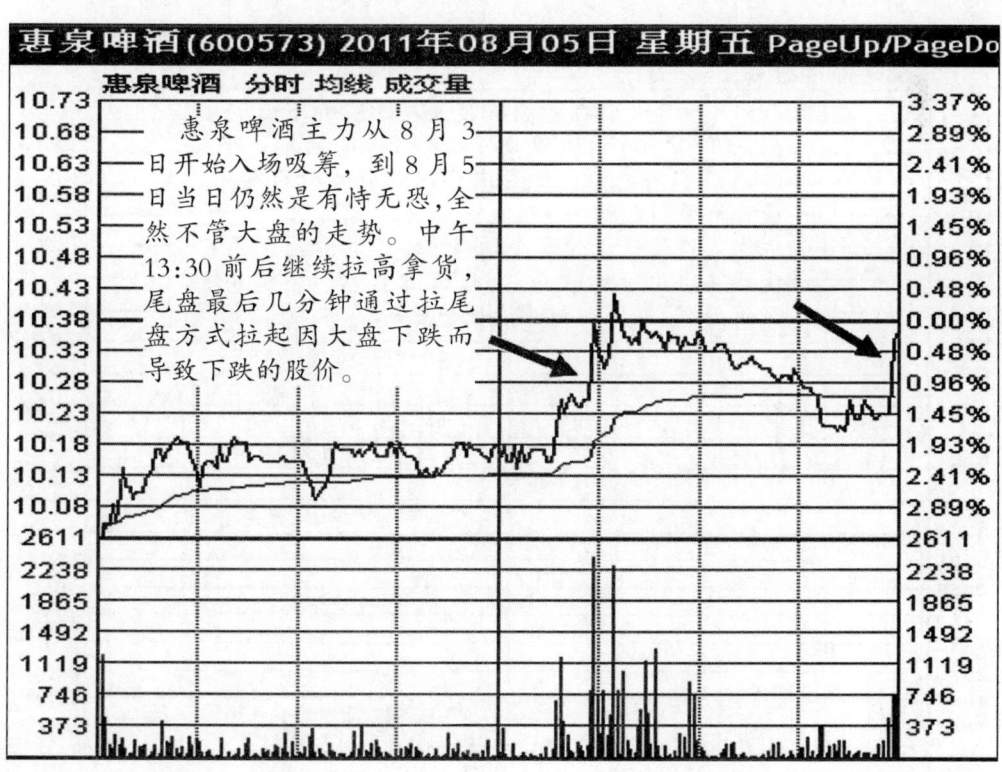

这是8月5日上证指数走势。当日两市出现大幅低开,股指盘中略有回升,但收盘仍然以较大跌幅收市。

惠泉啤酒主力从8月3日开始入场吸筹,到8月5日当日仍然是有恃无恐,全然不管大盘的走势。中午13:30前后继续拉高拿货,尾盘最后几分钟通过拉尾盘方式拉起因大盘下跌而导致下跌的股价。

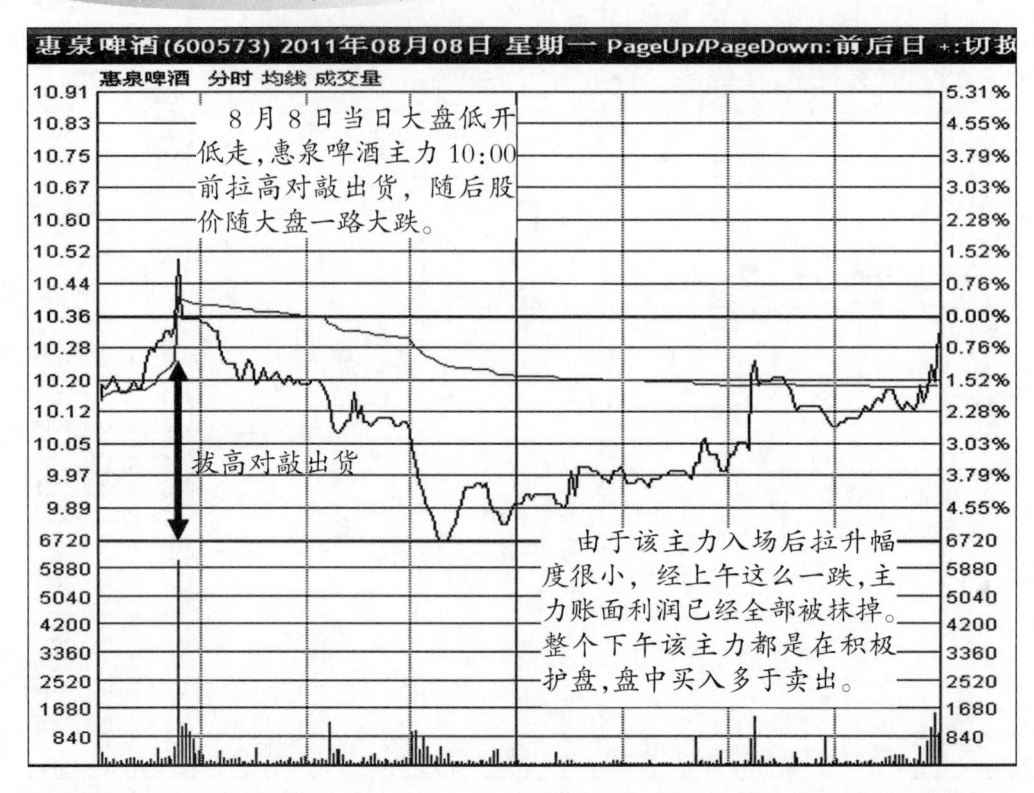

主力行为盘口解密(精选版)

惠泉啤酒(600573) 2011年08月08日 星期一

8月8日当日大盘低开低走,惠泉啤酒主力10:00前拉高对敲出货,随后股价随大盘一路大跌。

拔高对敲出货

由于该主力入场后拉升幅度很小,经上午这么一跌,主力账面利润已经全部被抹掉。整个下午该主力都是在积极护盘,盘中买入多于卖出。

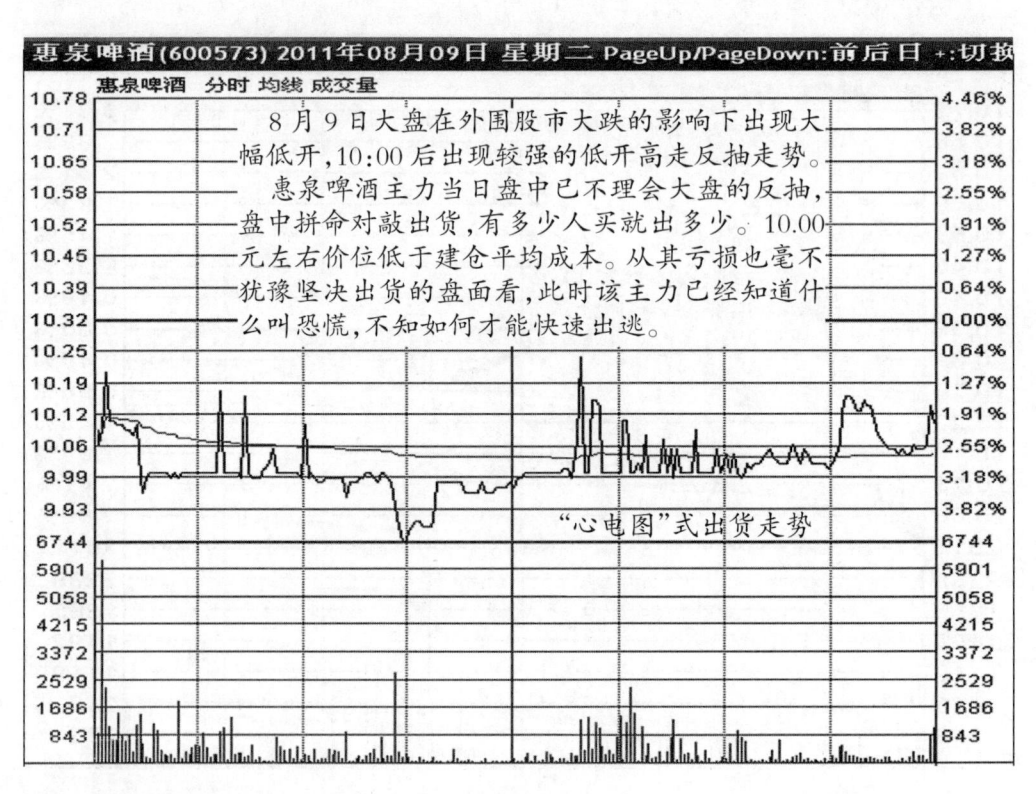

惠泉啤酒(600573) 2011年08月09日 星期二

8月9日大盘在外围股市大跌的影响下出现大幅低开,10:00后出现较强的低开高走反抽走势。

惠泉啤酒主力当日盘中已不理会大盘的反抽,盘中拼命对敲出货,有多少人买就出多少。10.00元左右价位低于建仓平均成本。从其亏损也毫不犹豫坚决出货的盘面看,此时该主力已经知道什么叫恐慌,不知如何才能快速出逃。

"心电图"式出货走势

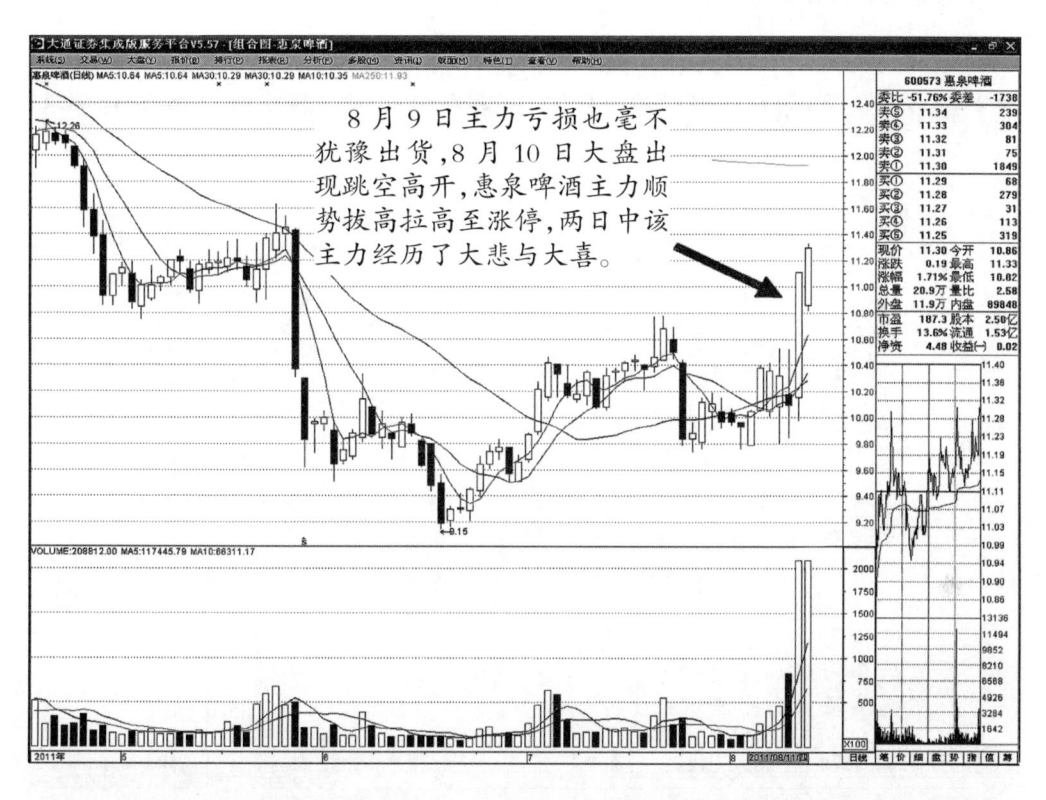

第十章 特殊盘面分析

8月9日主力亏损也毫不犹豫出货,8月10日大盘出现跳空高开,惠泉啤酒主力顺势拔高拉高至涨停,两日中该主力经历了大悲与大喜。

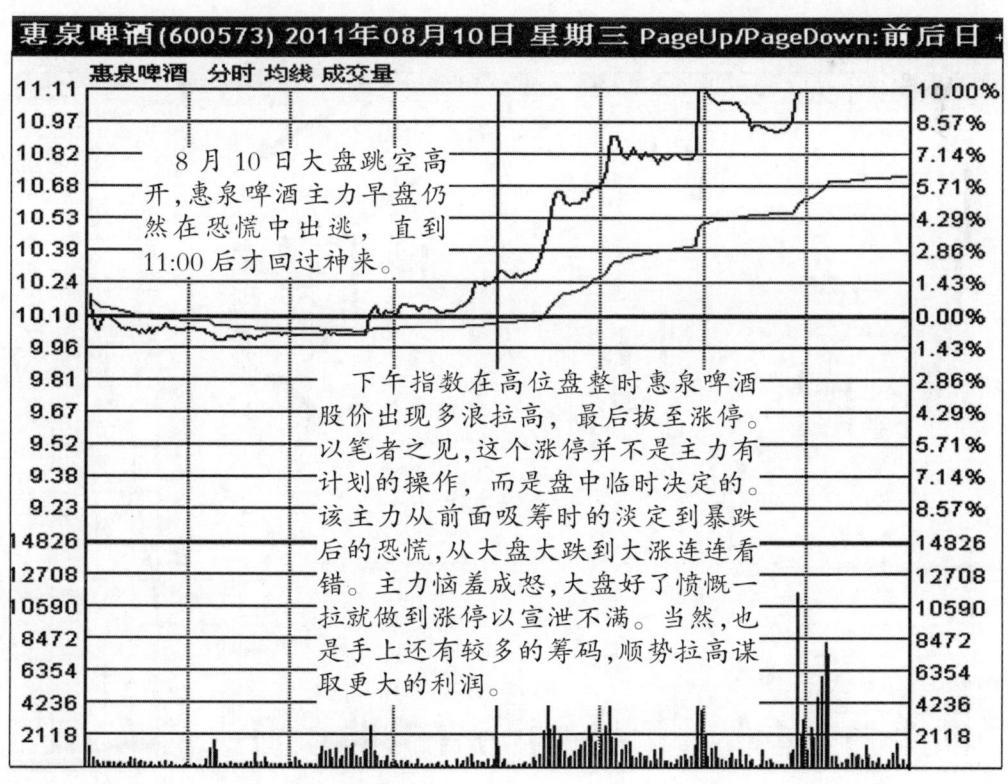

惠泉啤酒(600573) 2011年08月10日 星期三 PageUp/PageDown:前后日

8月10日大盘跳空高开,惠泉啤酒主力早盘仍然在恐慌中出逃,直到11:00后才回过神来。

下午指数在高位盘整时惠泉啤酒股价出现多浪拉高,最后拔至涨停。以笔者之见,这个涨停并不是主力有计划的操作,而是盘中临时决定的。该主力从前面吸筹时的淡定到暴跌后的恐慌,从大盘大跌到大涨连连看错。主力恼羞成怒,大盘好了愤慨一拉就做到涨停以宣泄不满。当然,也是手上还有较多的筹码,顺势拉高谋取更大的利润。

3. 逆市做多

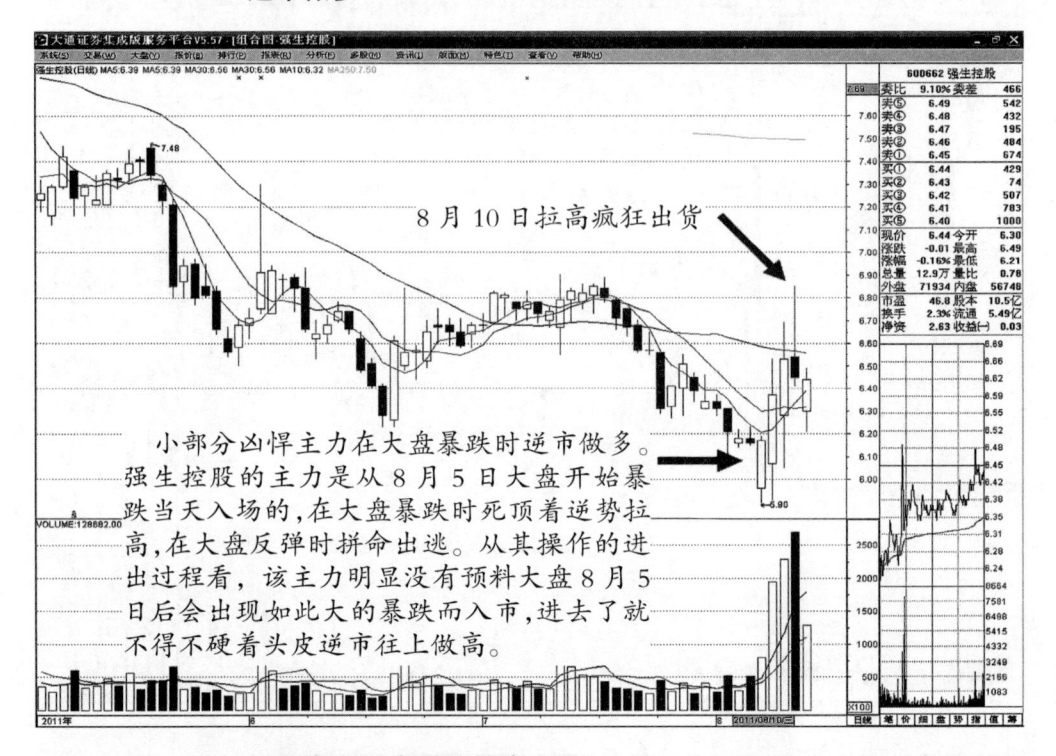

8月10日拉高疯狂出货

小部分凶悍主力在大盘暴跌时逆市做多。强生控股的主力是从8月5日大盘开始暴跌当天入场的,在大盘暴跌时死顶着逆势拉高,在大盘反弹时拼命出逃。从其操作的进出过程看,该主力明显没有预料大盘8月5日后会出现如此大的暴跌而入市,进去了就不得不硬着头皮逆市往上做高。

4. 组织资金适当时机拉高自救

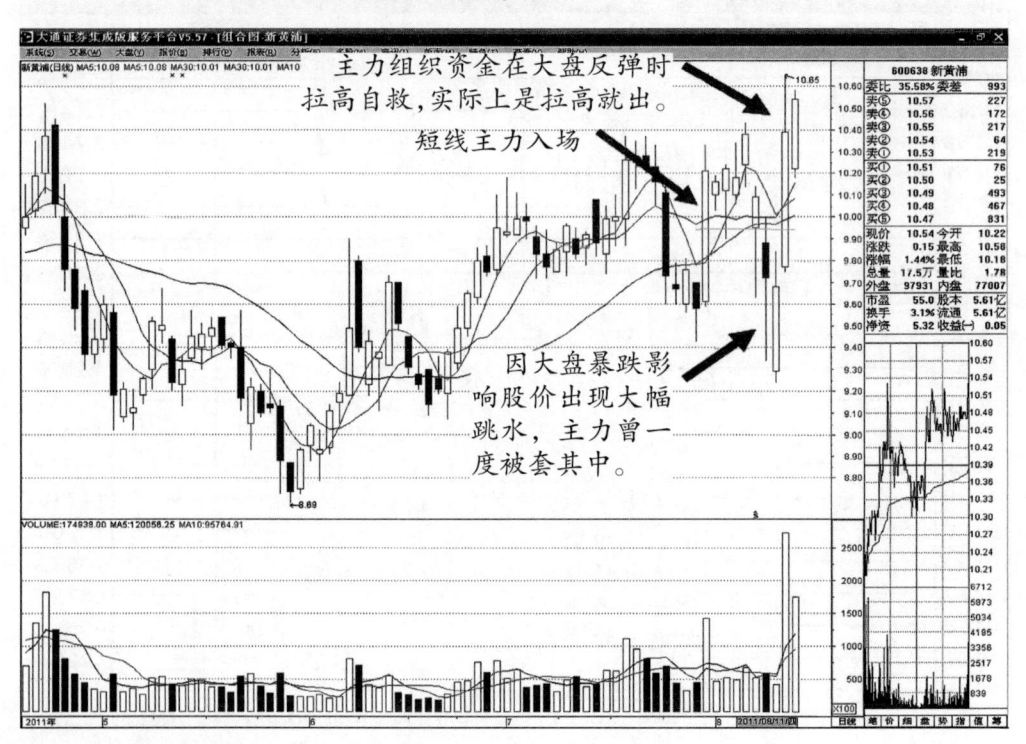

主力组织资金在大盘反弹时拉高自救,实际上是拉高就出。

短线主力入场

因大盘暴跌影响股价出现大幅跳水,主力曾一度被套其中。

著名短线游资扎堆现象

很多短线游资机构在实践中相互学习、取长补短，每个成熟的机构都掌握一套或多套严谨的选股交易模型。这些主力选股介入有章有法，卖出有严格标准。赚时知操作，亏时处理有方法有纪律，以至于不少主力的操作手段类同，有时会出现主力扎堆同一热门股票进而引发相互砸盘、多败俱伤的情况。

下面以神州泰岳表现为例，通过盘面走势结合公开数据看看多个著名短线游资"群殴"状况。

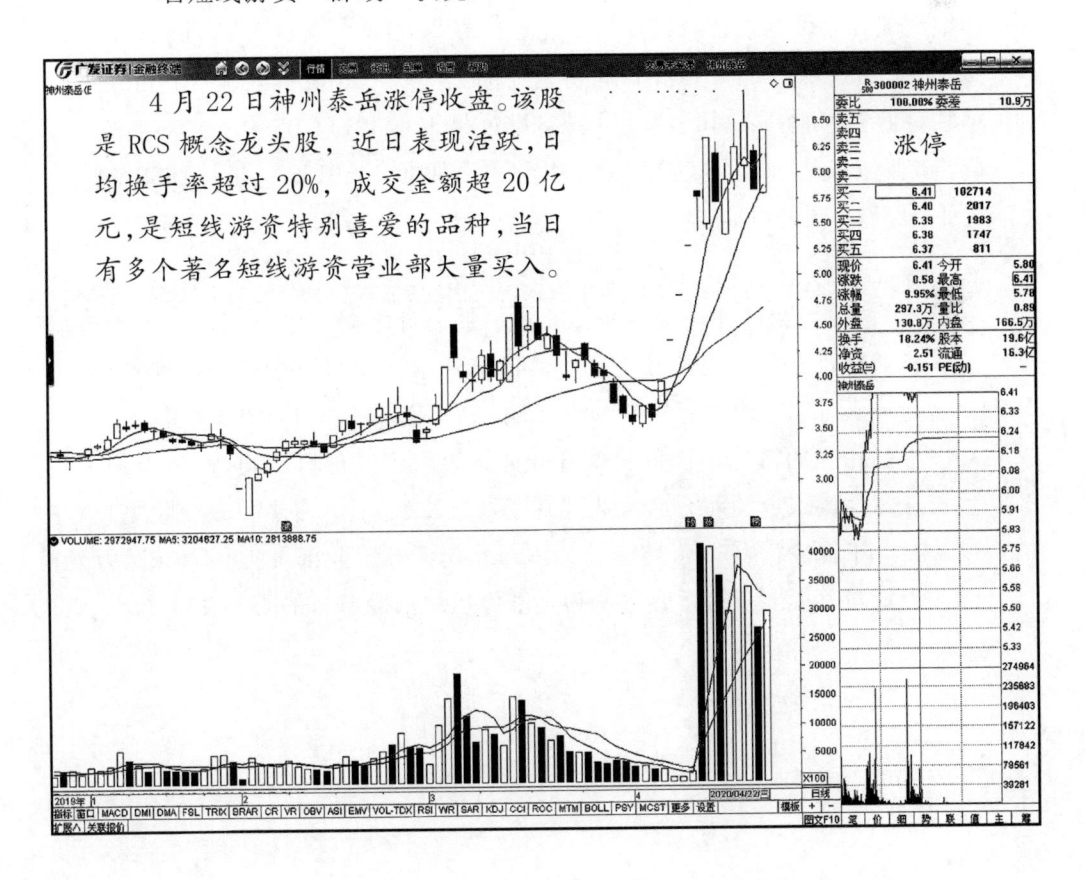

4月22日神州泰岳涨停收盘。该股是RCS概念龙头股，近日表现活跃，日均换手率超过20%，成交金额超20亿元，是短线游资特别喜爱的品种，当日有多个著名短线游资营业部大量买入。

主力行为盘口解密(精选版)

深圳证券市场 2019 年 4 月 22 日公开信息

买入金额前5名营业部名称	买入金额（万元）	卖出金额（万元）
中信证券股份有限公司上海分公司	6307.03	0
南京证券股份有限公司南京大钟亭证券营业部	5461.24	70.10
华泰证券股份有限公司太原体育路证券营业部	5131.18	9.58
东吴证券股份有限公司苏州西北街证券营业部	3671.94	3511.16
中国银河证券股份有限公司厦门美湖路证券营业部	3308.91	9.01

卖出金额前5名营业部名称	买入金额（万元）	卖出金额（万元）
中国银河证券股份有限公司成都科华北路证券营业部	0.60	4567.77
东吴证券股份有限公司苏州西北街证券营业部	3671.94	3511.16
国泰君安证券股份有限公司上海江苏路证券营业部	2114.07	3494.37
安信证券股份有限公司北京复兴门外大街证券营业部	591.63	1838.94
广发证券股份有限公司吴江仲英大道证券营业部	1239.63	1631.58

从4月22日神州泰岳涨停收盘后的公开数据可以看到，买入前五名营业部都是日常以短线交易为主的营业部。这些机构的操作80%以上都是今天进明天出的超短线交易，同一个股票在同一日同时进了几个操盘手法相当的机构，次日的博弈鹿死谁手就难以预料。4月22日神州泰岳涨停，买入金额前五名营业部共买入近2.4亿元，占当日成交总量13%左右，不算少。其中东吴证券苏州西北街证券营业部主力买入3671万元，当日同时卖出3511万元，明显是涨停后将前面持有的筹码兑现了。

第十章 特殊盘面分析

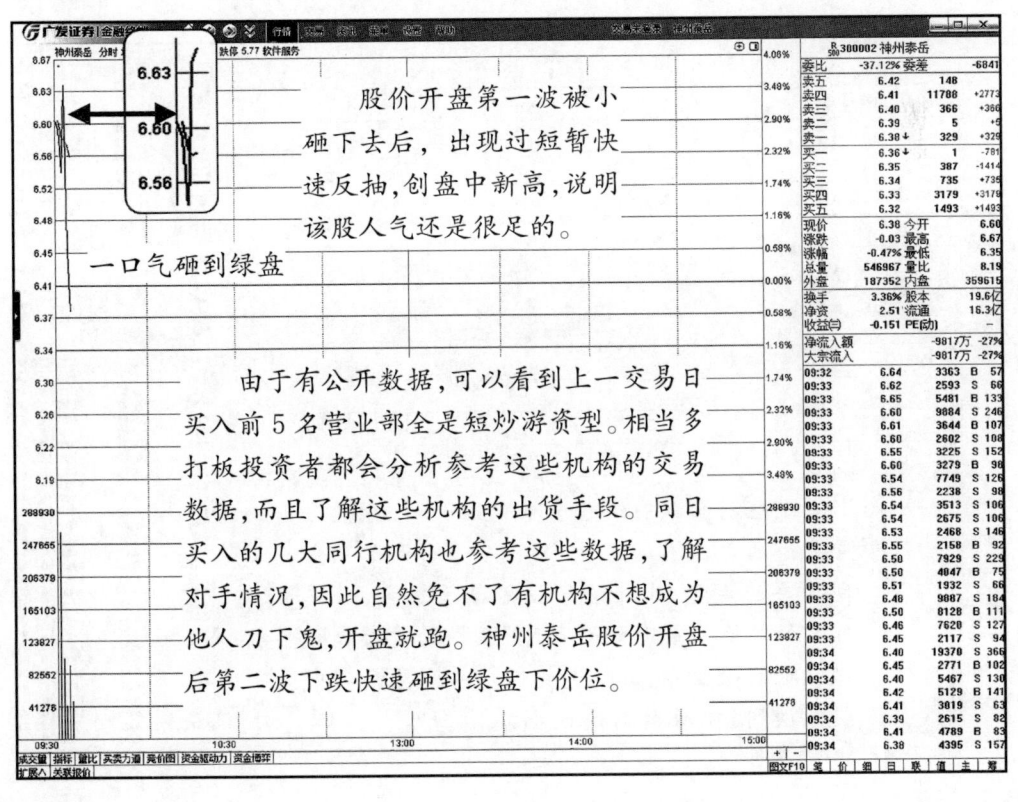

4月23日

高开低走

4月23日神州泰岳开盘竞价高开2.96%,成交4500万元。9:30开盘就出现有筹码明显压价出逃痕迹。部分专业打板机构和普通投资者于涨停次日开盘就走是常态,因此股价被砸下来没有什么可奇怪的。

一口气砸到绿盘

股价开盘第一波被小砸下去后,出现过短暂快速反抽,创盘中新高,说明该股人气还是很足的。

由于有公开数据,可以看到上一交易日买入前5名营业部全是短炒游资型。相当多打板投资者都会分析参考这些机构的交易数据,而且了解这些机构的出货手段。同日买入的几大同行机构也参考这些数据,了解对手情况,因此自然免不了有机构不想成为他人刀下鬼,开盘就跑。神州泰岳股价开盘后第二波下跌快速砸到绿盘下价位。

主力行为盘口解密(精选版)

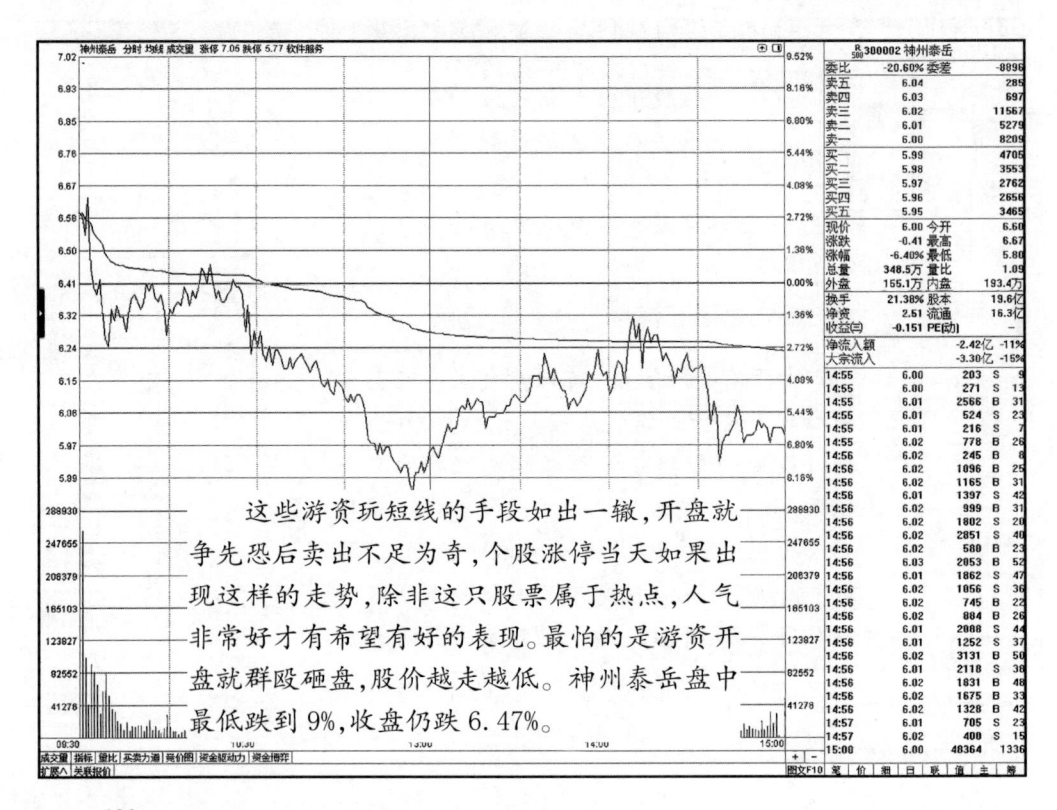

可以断定 4 月 22 日介入神州泰岳的多个短线游资机构在 4 月 23 日开盘就开始争先恐后卖出。高开低走连续三轮砸盘是其慌不择路相互践踏的结果。

这些游资玩短线的手段如出一辙,开盘就争先恐后卖出不足为奇,个股涨停当天如果出现这样的走势,除非这只股票属于热点,人气非常好才有希望有好的表现。最怕的是游资开盘就群殴砸盘,股价越走越低。神州泰岳盘中最低跌到 9%,收盘仍跌 6.47%。

深圳证券市场2020年4月22日公开信息

信息类型：日涨幅偏离值达到7%

涨跌幅：9.95%　成交量（万股）：29729.48　成交金额（万元）184898.24

前5大席位净买入额12854.5万元

买入金额前5名营业部名称	买入金额（万元）	卖出金额（万元）
中信证券股份有限公司上海分公司	6307.03	0
南京证券股份有限公司南京大钟亭证券营业部	5461.24	70.10
华泰证券股份有限公司太原体育路证券营业部	5131.18	9.58
东吴证券股份有限公司苏州西北街证券营业部	3671.94	3511.16
中国银河证券股份有限公司厦门美湖路证券营业部	3308.91	9.01

现在将神州泰岳4月22日买入前5名营业部的买入量与4月23日卖出前5名营业部的卖出量作比较，看看这些游资的操作状况。

①第一名中信证券上海分公司买入6307万元，卖出6019万元，亏损288万元，亏损幅度4.6%。

②第二名南京证券南京大钟亭证券营业部买入5461万元，卖出5237万元，亏损224万元，亏损幅度4.1%。

③第三名华泰证券太原体育路证券营业部买入5131万元，卖4846万元，亏损285万元，亏损幅度5.55%。

④第四名东吴证券苏州西北街证券营业部买入3671万元，卖出3765万元，盈利4万元，盈利幅度可忽略不计。

⑤第五名中国银河证券厦门美湖路证券营业部买入3308万元，卖3280万元，亏损28万元，亏损幅度为0.85%。

4月22日涨停日买进的前5名营业部游资23日全部卖出，仅第四名东吴证券苏州西北街证券营业部盈利4万元，其他四名营业部游资全部亏损，砍仓离场。

亏损最少的是第五名中国银河证券厦门美湖路证券营业部，亏损28万元，亏损幅度0.85%。亏损幅度最大的是第三名华泰证券太原体育路证券营业部亏损285万元，亏损幅度5.55%。另外中信证券亏损288万元，亏损幅度4.6%；南京证券南京大钟亭证券营业部亏损224万元，亏损幅度4.1%紧跟其后。

主力行为盘口解密(精选版)

4月23日早盘游资砸盘时间表是这样定调的：开盘第一波东吴证券苏州西北街证券营业部马上开始出货，第二波砸盘主力军是中国银河证券厦门美湖路证券营业部，其他三个营业部大均在10：30分后股价下跌近3%后才磨刀霍霍。

虽说神州泰岳这两周来日均成交金额超过20亿元，但这五大主力拿了2.4亿元筹码，在没涨停有巨大封单状态下，想要在半小时内快速集中卖掉难度非常大。单个机构5000万元筹码以6.4元计算近8万手，想在10分钟内跑完也有一定难度，如果非要跑光也只有不断砸盘了。因为东吴证券苏州西北街证券营业主力早前就在里面，其整体成本可能是最低的，所以他可以在高开第一波就砸盘而出。该主力操盘手十分清楚，买入前五名都是短炒者，自己不砸同行一定也会砸，自己成本低先动手有着最优条件。对于同一批机构同时进入一个股票，成本低的机构自然占优势，有更大主动权。

南京证券南京大钟亭证券营业部主力是出了名的短炒者，他们自然也想在第一时间出货。估计他们应预估神州泰岳4月23日开盘后能出现大幅冲高甚至涨停行情，是以观察一下再说的思路看着，结果其他同行仗着成本低先砸盘出逃了，无奈处于劣势。红盘之上股价下行时不排除他们也减仓，只是数量有限，大部分筹码出在大跌低位。抢着出和接着出这些都是机构群殴现象。

喜欢做短线特别是打板的投资者，应该多看个股涨停行情公开数据，了解哪些营业部是专门做短线的。一旦某个股同日有多家短线机构同时争相大量买入，次日就要小心提防他们出现同行"群殴"。